全国教育科学“十一五”规划重点课题研究成果

ZHONGGUO JICHUJIAOYU XUEKENIANJIAN

中国基础教育学科年鉴

地理卷

DILIJUAN

2009

北京师范大学出版集团
BEIJING NORMAL UNIVERSITY PUBLISHING GROUP
北京师范大学出版社

图书在版编目(CIP)数据

中国基础教育学科年鉴．地理卷．2009/仇奔波主编．—北京：北京师范大学出版社，2011.1
ISBN 978-7-303-11623-2

Ⅰ.①中…　Ⅱ.①仇…　Ⅲ.①基础教育—中国—2009—年鉴②地理课—教学研究—中小学　Ⅳ.①G639.2-54②G633.552

中国版本图书馆 CIP 数据核字(2010)第 263028 号

出版发行：北京师范大学出版社　www.bnup.com.cn
北京新街口外大街 19 号
邮政编码：100875
印　　刷：江苏凤凰盐城印刷有限公司
经　　销：全国新华书店
开　　本：140 mm×260 mm
印　　张：54.5
字　　数：827 千字
版　　次：2011 年 3 月第 1 版
印　　次：2011 年 3 月第 1 次印刷
定　　价：178.00 元

责任编辑：刘秀兰　　装帧设计：揽胜视觉
责任校对：张春燕　　责任印制：马鸿麟

全国教育科学“十一五”规划
重点课题

课题负责人	曹志祥　夏锦文　刘　军
专家组组长	夏锦文
专家组副组长	张连红　刘　坚　郭宁生
年鉴总主编	刘　军
核心组成员	李水平　严华银　马　复
	王晓英　钱再见　吴小晴
	仇奔波　吴　伟　陆　真
	汪　忠　韩中健　周　兵
	姚　红　李　艺　朱家雄

学科年鉴编写委员会

专家指导委员会

主　　任　陈　澄

委　　员　王　建　袁书琪　袁孝亭　韦志榕　林培英
夏志芳　刘树风　左　伟　刘新民　李俊亭

编写委员会

学科主编　仇奔波

本卷主编　仇奔波

本卷副主编　马　骏

核心成员　仇奔波　马　骏　薛　秋　孙小娟　朱雪梅
王传兵　夏志锋　刘桂侠　王小丽　余映红

本卷作者　仇奔波　马　骏　刘　全　薛　秋　孙小娟
朱雪梅　王传兵　刘桂侠　夏志锋　王小丽
余映红　朱　慧　周　霞　吴春燕　陈　茜
李榆容　李金国　潘丽玲　高　燕　王珏华
刘秀兰

总　序

21 世纪初启动的基础教育课程改革，从实验到推广，已经走过十年的历程了。十年改革，促进了先进教育理念的广泛传播，推动了教育教学实践的深刻变革，对我国基础教育的改革与发展、教育现代化水平的提高产生了重大而深远的影响。

伴随着课程改革的不断推进，我国基础教育课程资源的开发与建设工作受到了前所未有的重视，得到了前所未有的发展。十年来，经国家审查通过的基础教育教材已经覆盖义务教育 22 个学科、普通高中 16 个学科，共 330 余种，彻底改变了计划经济时代一纲一本的局面。不仅资源的数量种类空前丰富，而且质量和水平明显提升；现代信息技术推广使用，呈现方式和传输方式发生巨大变化；开发主体多元，社会参与资源开发的积极性日渐提高；国家和地方的基础教育资源中心相继成立。一大批具有中国特色、富有时代特点、体现素质教育要求的课程资源得到开发与应用，受到广大师生的喜爱，得到社会的好评，为培养青少年的创新精神和实践能力，为亿万学生的德、智、体、美全面发展，作出了重要贡献。课程资源开发、建设与应用的丰硕成果，既是课程改革成就的生动体现，也是课程改革得以健康、顺利开展的有力支撑。

当前，我国基础教育已经发展到一个新阶段。为了坚持教育的公益性和普惠性，保障人民群众享有接受良好教育的机会，最近颁布的《国家中长期教育改革和发展规划纲要（2010～2020 年）》提出了努力办好每一所学校、教好每一个学生的奋斗目标。提高质量是基础教育改革发展的核心任务，促进公平是国家坚持的基本教育政策。面对基础教育改革发展的新形势、新任务，基础教育课程改革也进入总结经验、完善制度、突破难点、深入推进的新阶段。要在总结经验的基础上，清醒地分析课程改革面临的困难和问题，着力加强课程改革保障机制建设，深化基础教育课程改革。

对于与课程改革紧密相连的基础教育课程资源的开发、建设与应用，在充分肯定成绩的同时，也要客观地分析面临的困难和问题。比如，从总体上看，新开发的资源水平参差不齐，优质教育资源缺乏；资源的开发与深刻变革的教学模式不相适应，能为教学提供有效服务的资源不足；资源开发与应用缺乏规范的管理，资源分散，难以集中共享；即使是基于网络的资源，也由于缺乏协调机制，共享不充分；对于面广量大的学科资源，缺乏必要的汇总、分类、整理，更缺乏深入系统的研究，大大影响了资源的保护和综合开发应用。对这些问题，全国教育科学"十一五"规划重点课题"基础教育学科资源保护开发与应用研究"给予了关注。课题组的专家团队通过调查取样，对课程改革以来我国基础教育课程资源，主要是学科资源开发建设工作现状作了深入分析，并开展了实验研究和比较研究，总结课程改革以来我国基础教育课程资源开发与应用的成绩、经验，分析问题与不足，为我们全面把握和衡量基础教育学科资源开发与应用的状况与发展动态提供了富有价值的研究成果。尤为可贵的是课题组的专家们研究的步伐并未止于对现状的分析与总结，而是针对基础教育课程资源分散、难以为广大教师及专业工作者有效利用的突出问题，提出了编纂《中国基础教育学科年鉴》的对策性构想，并且直接参与编纂工作。这个课题从立项至今，两年有余，课题成果除了有关基础教育学科资源保护开发与应用的研究报告外，还包括语文、数学、英语、政治、历史、地理、物理、化学、生物、音乐、美术、体育与健康、信息技术、通用技术和学前教育煌煌十数卷的《中国基础教育学科年鉴》（以下简称《年鉴》），可喜可贺。

《年鉴》对我国基础教育课程改革与建设中产生的浩如烟海的资源与信息进行了分类与整理，对优秀资源和重要信息进行了汇总和推介。同时，拓宽视野，放眼世界，介绍了国外基础教育课程资源开发与应用的动态。提供的信息量大，覆盖面广，时效性强。《年鉴》对信息与资源不仅进行了汇总，同时也进行了梳理、分析、比较、鉴别。《年鉴》的编写不仅是资源收集聚合的过程，也是总结研究的过程。

《年鉴》的编纂和出版，是一项开创性的工作。《年鉴》不仅可作为从事课程资源开发的专业工作者的参考材料，而且将为教育行政管理者、教研人员和科研工作者的管理、决策和教研、科研工作提供资料和依据，对广大中小学教师从事教育和研修，也是有益的帮手。关注中国教育改革的国外同行和专家，也会把《年鉴》作为了解中国基础教育的一个重要窗口，开展交流的一个重要平台。

正因为《年鉴》的编纂是一项开创性的工作，它富有探索性，必定会留下不少需要完善和提高的空间。我想，走进这个平台，利用这个载体和工具的专业工作者和教育工作者，也一定会像关心基础教育课程资源开发和应用一样，关心《年鉴》，促进它的提高与成长。

王湛

2010年9月30日

王湛，教育部原副部长，现任教育部总督学顾问、国家基础教育课程教材专家工作委员会主任.

总前言

课程改革以来，我国基础教育领域发生了巨大的变革，语文、数学、英语、政治、历史、地理、物理、化学、生物、音乐、美术、体育与健康、信息技术、通用技术和学前教育等学科在课程与教学方面都有了重大发展，涌现出一大批优秀的成果。对这些成果进行分类、整理与总结是十分必要的。为此，“基础教育学科资源保护开发与应用研究”课题应运而生，并且被列为全国教育科学“十一五”规划重点课题。

《中国基础教育学科年鉴》是该课题的重要成果之一，通过对我国基础教育学科资源进行搜集、整理、归纳，从而实现资源的综合应用、开发和保护。依据我国课程的设置，《中国基础教育学科年鉴》设置语文、数学、英语、政治、历史、地理、物理、化学、生物、音乐、美术、体育与健康、信息技术、学前教育等学科分卷，自 2008 年始，每学科每年出一卷，主要内容包括专家视野、政策文件、概况与摘要、学科动态、研究机构、学术团体、名校名师、大事记、著作及论文索引等。2008 年之前的学科资源将以回顾版的形式进行整理保护。

《中国基础教育学科年鉴》的出版弥补了我国基础教育各学科一直以来没有年鉴的缺憾，意义重大。

1. 收集基础教育学科资料，总结基础教育课程改革过程中的经验

各级教育行政部门为指导课程改革下发了系列规范性文件，各级教研部门做出了许多有创意的举措，课程专家研究出了众多的理论成果，一线教师积极探索、勇于实践，积累了宝贵的经验。科学、全面、系统地总结经验，认定和推广优秀成果，推进国家基础教育发展，是一项重大历史使命。《中国基础教育学科年鉴》对浩如烟海的各学科信息资源进行分类、整理和总结，为基础教育课程改革提供翔实的资料，为各级行政管理者及教研人员提供有效的信息，为学校之间加强交流搭建平台，促使教育工作者及时总结基础教育课程改革过程中的经验。

2. 促进基础教育学科教学的发展

基础教育课程改革要求教师成为研究型的教师。要成为一名研究型的教师，就必须做一个终身学习者。《中国基础教育学科年鉴》有利于我国基础教育教师及时了解国内各地以及国外基础教育动态，开阔视野，完善自己的知识体系，提高自身的教学和科研能力，同时也为学生自主学习提供了丰富的素材，有利于提高学生的自主学习能力。

3. **有利于推进中外教育文化交流**

胡锦涛总书记在党的十七大报告中明确提出“加强对外文化交流”“增强中华文化国际影响力”的要求。《中国基础教育学科年鉴》总结我国基础教育学科教学发展状况，同时借鉴国外基础教育学科教学经验，加强中外文化教育特别是基础教育领域的交流与合作，向世界传播中华文明。

《中国基础教育学科年鉴》的编写是一个规模宏大、涵盖我国基础教育各个学科的工程，由南京红色历程文化教育有限公司策划，得到了教育界诸多专家、学者和一线教师的热情支持，特别是得到教育部基础教育课程教材发展中心和南京师范大学、北京师范大学等高校以及各省市教育部门的支持与帮助。参加编写的人员包括教授、副教授、研究员、副研究员，中学特级教师、高级教师和一级教师数百人。北京师范大学出版集团北京师范大学出版社担负了繁重的出版工作，付出了大量人力、财力和辛勤劳动。在此，向关心和支持这项工作的单位和个人，向工作在第一线的所有同志表示衷心感谢！

《中国基础教育学科年鉴》涉及我国基础教育学科资源的搜集、整理、总结，所以书中有大量已发表论文的摘要。因涉及范围太广，故无法一一通知原作者。如有稿费问题，请作者与教育部基础教育课程教材发展中心基础教育学科资源保护开发与应用研究课题办公室①联系，稿费将按国家标准支付。

尽管我们已经付出了极大的努力，但疏漏和谬误在所难免，敬请专家和广大教师指正。

《中国基础教育学科年鉴》编写委员会

2010 年 12 月 14 日

① 江苏省南京市宁海路 122 号南京师范大学专家东楼一楼．联系电话：025-83200848.

前　言

人类进入21世纪以来，全球的社会、经济、文化和科技水平已取得了突飞猛进的发展和进步。这种催人奋进的形势也在无形中对我国基础地理教育提出了与时俱进的要求，并产生相应的影响。

“地理在各个不同级别的教育中都可以成为有活力、有作用和有兴趣的科目，并有助于终身欣赏和认识这个世界。”《地理教育国际宪章》中的这段话道出了现代地理教育的价值所在。同时也对基础地理教育要注意知识创新、立足学科前沿、更新教学内容、改革教学方法等方面提出新的要求。

一、社会的发展拓宽了基础地理教育的视野

我国改革开放30年来，社会的物质文明和精神文明产生了人类历史上少有的飞跃，现代化改变了人们的生产和生活方式，也导致了传统观念的变革。我们正在步入开放型和高效率的信息社会，这就对基础地理教育内容的设置和传授方式提出了变革更新的要求。社会发展要求基础地理教育从全新的角度、广阔的视野去看待社会、经济和生态环境问题，去重新审视我们赖以生存的自然环境，对人地关系和可持续发展作出综合性和前瞻性的深入思考。我们应该加强综合分析的力度，加大理解问题的深度，侧重自然地理与人文地理的结合、部门地理与区域地理的结合，拓展学生的知识视野，培养学生敏锐的观察力和创造性思维能力。关注我国社会建设的一系列重大举措，全面反映我国社会经济发展空间格局的演变态势，深入阐述倾斜与均衡、效益与公平、沿海与内地、近期与长远等一系列重大发展关系，要求学生理解改革开放对于我国社会经济发展所造成的深远影响，以及国家一系列重大改革举措的总体思路和内在联系。

进入21世纪以来，世界的政治地理和经济地理又发生了新的变化。东西方关系的巨变、南北关系的尖锐，贫困问题、难民问题、宗教问题，在世界热点地区更加突出。我们的基础地理教育应加强“冷战”后世界新格局的重新评价及对于世界形势的影响；对于第三世界中经济迅速崛起的国家和地区的重新认识；高科技和知识经济对于世界新格局的影响；世界热点地区和热点问题的深度分析和再认识；我国的综合国力、竞争力、国际地位和未来影响，城市化进程中导致人口和产业在空间上的集聚，并使一个地区的社会发展产生质的飞跃，如何正确理解城市化的正效应和负效应？等等，基础地理教育也应开展专题研究和探讨。

环境的演变与保护应属于基础地理教育重点研究的问题。人类社会经济活动的逐渐加剧引发了一系列的环境恶化和生态灾难，全球气候的变化、厄尔尼诺暖流的异常、自然灾害日趋频繁、极地冰盖的融化导致海平面上升、极地上空的臭氧空洞、生物多样化遭受的威胁。2008 年，我国南方冬季罕见的冰雪灾害、“5·12”四川汶川特大地震灾害、我国北方秋冬长时间的旱情等防灾减灾的课题，要从地理原因上予以深刻剖析，赋予学生危机感和使命感。要反对急功近利、涸泽而渔、不计后果的短期行为，重大政策的出台与实施一定要经过认真和反复的科学论证，三思后行。过去我们衡量一个城市社会经济发达的标准是看有多少高楼、汽车、立交桥、道路和商店，而今则需重点考虑城市的精神内涵、文化品位、发展特色、绿化覆盖率、建筑风格等。尤其是科技、人才和信息的集约程度，以及能否提供既朝气蓬勃又舒适宜人的城市环境和人们的幸福指数。

人口持续增长和人地关系日趋紧张是当今社会的重大问题之一，并由此加剧了环境恶化、生态破坏和多种自然灾害。基础地理教育应强调在新形势下人口控制的重要性，要求学生理解协调人地关系的深远意义。基础地理教育应注重培养学生的社会责任心和公民素质。社会发展使我们对于地理环境和人地关系的认识更为深刻，视野更加开阔，要求教材更新滞后的地理观念，要求学生考虑更多的环境问题，培养更好的环保习惯。对地理课程的内容提出新的更高的要求，强调学生应树立新道德观和环境观，增强对国家的责任感。许多生态的破坏和环境灾难是由于部分人只顾眼前，不顾长远造成的。如破坏草场、乱砍滥伐，造成北方土地严重沙化，引发频繁的沙尘暴。学生应通过地理课程的学习，对这些毁坏生态环境的恶劣行径有深恶痛绝的认识，树立起良好的社会责任心，养成可持续发展的道德观念。

二、经济的发展加快了基础地理教育的步伐

一方面，经济发展中出现的新理论、新现象、新趋势，如知识经济、新经济理论、经济全球化、世界经济一体化等极大丰富了我国地理课程内容；另一方面，经济发展中出现的种种现实问题，如资源耗竭、环境污染、人口爆炸、城市差距、贫富矛盾等，对地理教育的深化与社会经济实际相结合提出新挑战。另外，经济发展中新理论、新技术、新方法的运用，使地理教育中经济和环境分析、区位和行为决策分析方法更为科学全面，既可为地理课程增加更多生动有趣的辅助学习资料，又有利于学生分析问题、解决问题能力的培养和独立思考、创新意识的建立。

基础地理教育必须顺应经济全球化的发展趋势，必须增加有关世界经济全球化、一体化的内容，向学生系统介绍经济全球化、一体化的基本概念，形成原因，现状特征和发展趋势，要使学生认识到传统的各国各地区的自成体系、自我封闭的经济格局已经打破，现代世界是一个开放的巨系统，国与国、区域与区域之间时刻都在进行物资、技术、人员、信息的传输交换，任何国家或地区都只是全球经济和市场主体中的组成部分，都必须参与全球范围的竞争。中国加入 WTO 意味着全面开放市场并与世界经济接轨，并参与竞争。

基础地理教育应当引导学生正确分析全球经济形势和国际市场行情的变化，掌握世界经济的变化趋势。地理课程还应增加知识经济和新经济的内容。自 20 世纪 70 年代以来，科技进步逐步成为经济发展的决定性因素，小平同志提出的“科学技术是第一生产力”已成为现实。人类社会正在步入一个以智力资源的占有、配置、知识的生产、分配、使用（消费）为最重要因素的时代——知识经济时代。当今世界，谁不重视知识，不尊重人才，不注重科技创新，谁都将被知识的洪流淘汰。所谓新经济，即由新技术革命所推动的经济发展与增长。新经济之所以新，主要是因为当前推动经济增长和发展的信息技术革命具有产业链长的特点，其相关产品的生产可分解出许多更细的、更独立的新行业，且这些新行业不必占用较多的稀缺资源，再加上计算机、互联网的方便、快捷和应用性极广的特点，推动了一大批高新技术中小企业迅猛崛起，从而出现了一个技术创新的高潮时期。对于新经济时代地理现象的认识，可以采用各种灵活、生动、形象的方式来达到。例如，可以为学生提供一系列对比强烈且鲜明的数据、表格图画、数码照片等，来分析或表现传统经济与新经济时代的区别特征。

基础地理教育要适应经济发展多元化、复杂化和开放化的要求。在经济全球化的大趋势下，由于各国各地区的经济发展水平存在着巨大差异，经济发展也呈现出多元化、复杂化和开放化的特征。每一个国家或地区都有自身的特点，其经济基础、资源状况、投资环境、技术进步、人力、智力、教育资源的条件各不相同，因而其经济特征各异，所走的经济发展道路亦千差万别。各国、各地区必须根据自身的条件和国际市场状况以及投资、技术的来源等来确定自身的发展道路。

基础地理教育必须贯彻社会经济可持续发展的思想。知识经济与新经济应是促进人类社会与自然环境协调、可持续发展的经济。所谓可持续发展是指，既满足当代人的需要，又不损害后代人的发展利益。其核心思想是：健康的经济发展应建立在生态可持续能力、社会公正和人民积极参与自身发展决策的基础上，不单纯用国民生产总值指标，更是用社会、经济、文化及环境等多项指标来全面衡量的综合发展。比如，从某一种地方资源的开发生产，到国际性的大宗贸易；从手工作坊的设立，到高新技术开发区的建设，都要能从资源、环境、人类自身发展的角度来分析其社会、经济、环境的效益。

三、文化的发展繁荣了基础地理教育的内涵

文化包含着精神层面、物质层面和体制制度等层面。而且文化在本质上不是一个既定的事物，而是一个不断发展的过程，即文化发展。地理学主要是从区域性综合性的角度研究文化现象乃至文化内涵。文化发展对于地理课程的影响，主要反映在区域文化景观的变化和差异方面，进而体现了国家和地区的文化内涵与精神文明。

物质文化对于基础地理教育的影响往往表现为直接性和动态性的内容。社会经济发展导致物质文化的高层次和多样化。建筑文化、交通文化、居住文化、饮食文化和服饰文化等随着社会经济的发展进步都发生了很大变化。随着社会经济的发展，世界各地的文化景观发生了巨大变化，并深刻影响着人们的生活方式和居住环境。现代化的交通运输大大缩短了国家与国家、地区与地区、城市与城市间的相对距离，高效率的信息联通手段广泛沟通了各地的思想与文化，这在很大程度上改变了人们传统的文化观念，使之能够及时地了解外界变化，更深刻地思考和更科学地处理一些重大现实问题。

制度文化反映的是个人与他人、个体与群体之间的关系。制度一旦形成便成为人们社会行为的准则，并具备强制性和权威性，而且对物质文化和精神文化有重要影响和制约作用。基础地理教育应从此角度出发，使学生养成良好的公民素质和积极的社会态度。社会经济在飞速发展，人类文明也在不断更新。为了确保人类与环境的协调发展，制定了一系列规章制度作为人地关系协调发展的行为准则。它体现了一个地区、一个国家乃至全球的主流文化方向，这就是制度文化。有了破坏森林的行为，才有了

《森林法》；有了破坏和污染的现象，才有了《环境保护法》。

精神文化主要指文化心理、社会意识和价值观念等，它是人们认识地理环境、改造自然界，逐步实现人地关系协调的行为准则。基础地理教育应从此角度强调认识世界、改造世界的科学性和客观性，并把环境教育和可持续发展作为地理教育的核心内容。要注意培养学生的爱国情感，强调人的全面和谐发展和良好精神素养。引导学生在对待有关自然环境和社会环境的事务时，具有积极主动的参与态度和宽容、理智、负责的行为倾向。

基础地理美学教育的核心应立足于人类与环境的协调美，即人与自然高层次的和谐统一，追求古人提倡的“天人合一”的高尚境界。

此外，地理学本身的发展也对基础地理教育产生很大的影响。如自然地理学、人文地理学和3S技术的发展等，在这里就略谈了。

四、教师的发展是基础地理教育的关键

首先，地理教师在学校的地理教育过程中应扮演好各种角色，如：地理知识、原理、技巧的传授者——这一角色的完成不仅有赖于地理专业知识的丰厚，还涉及传统的策略、方法、技能、技巧等。地理校本课程的开发者——今后衡量地理教师专业化水平以及工作实绩的重要标志，也许不会仅仅着重于教得如何，还要看他能否胜任地理课程的开发，包括课程开发前的调查、课程目标、内容、实施、评价等的确定，必要教材的编写等。培养地理智能的辅导者——地理智能的培养是渗透在教学过程中的内向性、隐蔽性与潜在性的教学行为，不像知识传授那么具体。但教师让学生观察一幅地图、感知一种景观、记忆一个地名、理解一条原理、分析一张表格、解决一个问题，往往都是在进行智能培养。地理教学中的思想教育者——教学过程是师生共度的人生片断，教师和学生进行的不仅仅是知识的对话，还是感情的对话、思想的对话、人生的对话。课堂秩序的管理者——教师要在改进教学上寻找出路，教师在学生心目中产生一种胜任感和成功感，就能把和谐愉悦感染全班，“亲其师才能信其道”。学生人格的示范者——教师的仪表、风度、教态、语言都会对学生起感染作用。教师对地理教学治学严谨，一丝不苟，居高临下，游刃有余。对学生满腔热情、耐心教导等教学态度都会对学生产生深刻地影响。除了以上几种“角色”以外，地理教师实际上还扮演了教具的制作者与保管员、收集地理信息的资料员、课外活动的指导者、地理教学论与教育心理学的专家等角色。“多面手”

不是天生的，而是在教学实践中磨炼出来的。众多角色中“传授者”仍然是中心角色。另外，地理教师成为学生人格发展的榜样是极其重要的。

其次，地理教师应具备良好的心理品质，才能更好地培养学生的心理品质。如广泛的兴趣爱好——地理学科涉及面极其广泛，要生动地、联系实际地讲解地理知识，没有广泛的知识面是难以做到的。敏锐的观察力——地理教师的观察力主要表现在两大方面：一是对自然与社会活动中的种种地理事物的观察，开阔自己的视野，充实自己的知识，以弥补课堂内容之不足，更好地开展地理教学。二是对学生学习过程的观察，探索地理学习心理特点和规律；清晰的记忆力——主要表现在对教材内容、教材以外信息、学生情况等方面的熟悉程度。丰富的空间想象力——是一个地理教师的良好的心理素养，是引导学生认识地理事象、掌握地理概念的前提，是研究地理问题、发展地理思维的基础。综合型的思维能力——地理教师只有良好的综合能力，才能引导学生正确认识地理环境，把握要素联系，培养他们良好的综合思维品质。坚强的意志力——教到老，学到老，地理教师平时的钻研教学规律，深入教改探索、长期观察实验、进行野外考察等，没有锲而不舍、坚忍不拔的意志力是不行的。强烈的感染力——教师的情操、情调、情绪、激情、心境、理智感、道德感、美感都会自然而然地影响学生。因此地理教师要具有良好的情感、态度和价值观，在教学过程中才能激发学生热爱自然、热爱生活、热爱祖国、热爱知识的情感态度和价值观，增强对学生的感染力。

再次，许多地理教师都有渴望成功的心理。在这支队伍中，有一些不甘满足现状而在教学生涯中辛勤耕耘、渴望成功的探索者。他们往往被有些人看成“瞎起劲”，而这正是他们的可爱之处。这种“瞎起劲”正是一种可贵的求胜心理，是不断超越自我的精神状态。其主要表现在：

1. 喜欢亲自探索自然界奥秘，而不被书本局限，并敢于修正与补充其不足。

2. 对传统的教学方法与手段感到厌倦，处心积虑地运用创新教学手段，并对现代教育技术的运用情有独钟，往往成为多媒体课件制作的能手和基于网络技术的地理教学高手。

3. 重视指导学生的研究性学习与各类地理竞赛活动，以期学生获得优秀成绩与荣誉。

4. 注意经验总结与理论研究，善于从各个侧面选题，如“地理教学的风格刍议”“地理有效教学的方法把握研究”“地理教学中的美育发现问题研究”“研究性学习中动手实验的设计问题研究”等。

5. 经常研究教学中的问题和地理教学刊物的选稿动向，投其所好，及时出击，所撰稿件经常被采用。

6. 著书立说是他们的追求，他们的地理教育力与地理著作，对广大地理教师和学生都产生很大的积极影响。

7. 结合乡土地理教学和乡土教材编制，不仅培养了学生的综合分析能力，而且体现了教师为地方经济建言献策的自身价值。有的地理教师还被邀请担任地方国土整治和地区发展规划的参谋。

总而言之，这些地理教师敢于破除“神秘感”和“守旧”思想，具有强烈的探索、求异、创新、竞争精神，有着自我价值实现求得社会承认的良好心理状态。我国的基础地理教育事业应培养出一大批这样的先进代表人物，让中国的基础地理教育事业呈现出更加美好的灿烂前景！

受教育部的委托，我们承担了《中国基础地理教育 2009 年年鉴》的编写任务。全体编写人员自我加压、披星戴月、不辞辛苦、抢抓时间、严谨编写，花费近一年时间，终于将这本《年鉴》付梓。由于水平所限，不当、不全、疏漏错误之处敬请读者批评指正。

在编写过程中，得到南京师范大学副校长、教授、博士生导师王建和华东师范大学教授、博士生导师、中国教育学会地理教学研究会理事长陈澄等著名学者的赐稿，在此一并表示衷心的感谢！

本《年鉴》由南京师范大学教授、地理教材研发中心主任仇奔波担任主编，扬州市邗江区教研室副主任马骏担任副主编。参加编写的主要人员有：仇奔波、马骏、刘全、薛秋、孙小娟、朱雪梅、王传兵、夏志锋、刘桂侠、王小丽、余映红等。

编 者

2010 年 12 月 15 日

目　录

专家视野

政策文件

概况与摘要

学科动态

高等院校　学术机构

学术期刊

中学名校

大事记

著作、论文索引

论文索引 …………………………………………………… 775

专家视野

论二十一世纪的地理学

王 建[①]

摘 要 随着地理学和地理信息技术的发展，地理学服务社会经济的能力在增强，地理学得到了社会越来越广泛的认可。随着人类活动半径的扩大，以及社会可持续发展所面临的全球性资源和环境问题的日趋严重，社会对于地理学的需求越来越大，地理学面临着很好的发展机遇。在二十一世纪，地理学将会逐渐成为科学的地理学、技术的地理学、系统的地理学、统一的地理学、全球的地理学、发展的地理学、生活的地理学与和谐的地理学。二十一世纪将成为地理学大有作为的世纪。

关键词 地理学 发展 趋势 二十一世纪

在过去的二十世纪，随着经济社会的发展以及科学技术的进步，地理学取得了长足的进步。与社会、经济的结合越来越密切，对社会、经济发展的贡献越来越大[1,2]，观测实验手段越来越先进，对过程规律与作用机制的分析越来越深入[2,3]。地理学的综合性、区域性和系统性更加明显，其环境性、实证性和应用性进一步得到重视[4]。因此，李吉均先生（1991）曾总结说，现代地理学是全球的地理学、建设的地理学、统一的地理学、圈层相互作用的地理学、高技术的地理学[5]。白光润教授（2006）也指出，现代地理学是全球的地理学、建设的地理学、统一的地理学、综合的地理学、高技术的地理学[6]。

在二十一世纪，地理学将会向什么方向发展？这是许多地理学家都在思考的问题。我们结合国家精品课程的建设以及国家“十一五”规划教材的编写，也进行了系统的思考。认为在二十一世纪，地理学的发展存在八大趋势。

一、更富科学性的地理学

随着地理学的发展，地理学逐步从经验的地理学走向实验和

① 王建，男，教授，博士生导师，南京师范大学副校长。主编国家“面向21世纪”“十一五”规划高校地理教材和国家新课程标准中学地理教材，主持“21世纪初高等教育教学改革项目”和“《现代自然地理学》国家级精品课程建设基金项目”。刘复刚、张茂恒、白世彪、梁中、陈霞参加课题研究并提供部分成果。

实证的地理学[5]，更加重视地球表层的物理过程、化学过程、生物过程和人文过程[3,7]的实验、观测和模拟；从定性描述的地理学走向定性分析与定量研究相结合的地理学，更加重视过程反馈机制的探究和相互关系的模拟计算与分析，并且模型更加科学化[2,3]；从站在地表看地表的地理学走向从地表以外来看地表的地理学，对地表环境的认识越来越全面。人类对自身赖以生存的地表环境的地理特征的认识越来越深入，对其地理规律的把握越来越准确。地理学的科学性大大增强，已经具备现代科学的主要特征[3]。过去那种一想起地理学，就会想起地名和矿产，想起地方志，想起风水和风水先生的地理学，已经成为历史。现在只要提到区域规划、地缘政治、环境演变、全球变化、资源管理、灾害防治、全球定位、卫星导航、圈层相互作用、人与环境的相互影响、区域可持续发展等，都会立刻想到地理学和地理学家。可以说地理学正在走向科学的地理学，走向地理科学[8]，二十一世纪的地理学将会成为科学的地理学。

二、技术特色越来越明显的地理学

随着科技的发展，越来越多的技术被应用于地理学的研究和调查，如全球定位系统、遥感、信息管理和分析技术等[1]。新技术及其应用一直是国际地理学发展的重要标志，地理信息将伴随计算机网络和交通导航系统的普及而触及社会生活的各个角落，凡是与空间位置有关的各种科学研究、地理信息、系统软件、空间分析的理论和方法都将成为地理学基本的研究手段和工具[2]。甚至地理学的理论与方法已经融入一些技术中成为具有地理学特色的技术，如地理学理论、方法与信息技术的结合形成了地理信息系统，地图与电子技术的结合生成了电子地图。数字地球技术也是基于地球坐标的，由地图、遥感、定位、信息、网络、可视化等技术有机结合的产物。地理信息科学与技术突飞猛进，正在改变和改造着地理学。自 20 世纪 60 年代，尤其是 80 年代以来，研究方法和地理信息科学成为发展最迅速的专业和领域[9,10]，地理学出现了技术化的趋势[10]。地理科学的信息化越来越明显[11]，地理学的技术特色越来越显著，地理学正逐渐走向信息的地理学、技术的地理学。

三、走向地球表层系统科学的地理学

地理学是研究人类赖以生存的地球表层环境以及人与环境相互作用的学科[12]。从系统学的角度来说，地球表层环境就是一个系统——地球表层系统[12-17]。地理学就是研究地球表层系统的核心学科[12]。地球表层系统是由岩石圈、大气圈、水圈、生物圈与人类圈相互作用构成的系统。实际上，岩石圈、大气圈、水圈、生物圈与人类圈本身，就是一个个相对独立而又相互联系的系统。作为地理学研究和考察的重要对象——区域，也是系统。区域内部，地貌、岩石、土壤、水文、气候、动物、植物和人类等多要素相互交叉、相互融合；区域之间，也通过物质流、能量流和信息流相互联系、相互作用。吴传钧院士倡导的人地关系地域系统研究，就是把区域看做人地相互作用下的系统进行研究。地理学还着重研究时间和空间尺度的依赖性[1]。实际上，不同空间尺度的依赖性，就是不同层次地域系统之间的相互联系性；不同时间尺度的依赖性，主要表现为系统衍化过程中不同要素之间的相互作用与反馈。地理学的特色和优势，就在于从系统的角度去研究地球表层环境的组成、结构、运行机制及其区域分异规律，从系统科学的角度去研究和考察地球表层环境与人类的相互作用。乔莱和肯尼迪（1971）在地理系统中区分出四种系统：现象系统、串联系统、过程－反应系统和控制系统[18]。斯特拉勒（1997）以《自然地理学——人类环境的系统与科学》为题编写出版了自然地理学教材[16]。克里斯托福森（1998）也以《地学系统——自然地理学导论》为题编写出版了大学教科书[17]。

系统性已经成为地理学的性质与特征，地理学正在成为系统的地理学，正在逐步走向地理系统科学，走向地球表层系统科学[9,15]。

四、更加统一的地理学

社会发展到今天，在地球表面很难找到一处丝毫没有受到人类干扰和影响的纯粹的自然环境，也找不到一处丝毫没有打上自然环境烙印的人文环境。地理学作为一个整体，不能分成自然和人文两部分[19]。因此，从研究对象上来说，自然地理学与人文地理学是无法决然分开的。

阿努钦（1960）曾经提出统一地理学的思想，提倡自然地理学与人文地理学的结合[6]。劳甫洛夫（1982）专门撰文阐述“现代地理学的发展趋势与统一性问题”，认为地理学处在自然科学和社会科学的边缘上，是自然社会科学[20]。而地理学发展到今天，除了强调自然地理学与人文地理学的结合外，还应该强调自然地理学、人文地理学与地理信息技术的结合。

从学科体系上来说，地理学通常包含三个二级学科：自然地理学、人文地理学、地图学与地理信息系统（我国国家学科分类体系）。三个二级学科分别具有理科、文科和工科的性质。三个二级学科是地理学三个不可分割的部分，地理学自身具有文、理、工三者结合的性质。可是过去由于学科的分化以及对专业的强调，三个二级学科之间的交叉和融合显得比较薄弱。自然地理学家对于人文因素对自然过程的影响重视不够；人文地理学家对于自然因素对人文过程的作用考虑得不够全面；地图与地理信息系统专家从技术和系统层面考虑得较多，而在主动与自然地理或者人文地理融合、解决地理学问题方面还不够深入和普遍；自然地理学家和人文地理学家，不是把地理信息技术作为自身素质的重要组成部分，而更多是把它作为可以利用也可以不用的一个工具和手段。三个学科和专业之间的老师、学生、研究生的交流也不够深入和广泛。甚至在一些学校，地理学的三个二级学科被分化和隔离到不同的学院或者学科。

尽管学科的分化促进了各个二级学科向纵深方向发展。可是学科发展到今天，这种分化已经在一定程度上限制了地理学的整体发展和继续发展。三者的融合，地理学的统一，成为必然趋势。二十一世纪的地理学应该成为统一的地理学。

五、更加全球化的地理学

地理学研究的对象是地球表层环境。地球表层环境，覆盖或者环绕了整个地球。因此，地理学的研究对象具有全球性。

地球表层环境是岩石圈、大气圈、水圈、生物圈和人类圈相互作用而形成的。在空间尺度上，岩石圈、大气圈、水圈、生物圈和人类圈是全球尺度的。圈层相互作用，不是局限于某个地点或者地区，而是全球性的。

在地球表层，不断地进行着物质的循环、能量的流动和信息的交换。而物质的循环、能量的流动和信息的交换，并不局限于局部，往往跨越了地区和国家的界限，跨越了大陆和大洋，也就是具有全球性。

人类活动的范围越来越大，速度越来越快。从沿海到内陆，从平原到高原，从赤道到两极，几乎都遍布了人类活动的足迹。经济的全球化，使得原料的配置、生产的组织、产品的销售，不再局限于某个地区或者国家。区域之间、地区之间的联系性越来越强。

温室效应、环境污染、资源短缺、生态破坏、物种灭绝，不再是局部地区和某个国家所面临的问题，而是已经超出了地区和国家的界限，成为一个全人类所面临着的全球性的问题。

区域性是地理学的重要性质，研究区域分异是地理学的重要任务。要研究区域分异，必须从整个地表环境着眼，才可能得出比较全面和准确的认识。

所有这些都决定了，以地球表层环境以及人与环境相互作用为研究内容的地理学，具有全球的性质。地理学的研究应该从全球着眼，地理学家应该具有全球的视野。认识全球化的潮流及其影响，已经成为国际地理学发展的趋势[2]。

随着空间观测与监测技术的发展，使得对地球整体观测和研究成为可能。因此，地理学成为全球的地理学，不仅仅是社会和学科发展的必然要求，而且逐步成为可能。所以说，二十一世纪的地理学将逐步成为全球的地理学。

六、服务发展的地理学

在二十世纪初，美国就出版了《世界农业地理》，创办了《经济地理》杂志，这标志着地理学的应用受到了重视，地理学出现了应用化的倾向。第二次世界大战以后，由于社会经济恢复和建设的要求，地理学在英、美受到进一步重视，并开始广泛地应用到社会经济的许多方面，如农业土地利用、城市规划、交通运输与工业布局，等等[20]。在中国，任美锷先生在 20 世纪 40 年代就提倡地理研究要为经济建设服务，提出了建设地理学的思想[21]。中国的地理学研究也逐步从 50 年代着重于对资源调查、农业地理的关注，扩大到对旅游地理、城市规划、土地利用、商业地理、生态建设等方面的关注[10]。如 20 世纪 50 年代开展自然资源综合考察，60 年代开始自然区划与农业区划，70 年代开展海岸和海涂资源综合调查，80 年代开始国土规划和城市规划，90 年代开始国情综合研究和地区经济可持续发展研究[22]。可以说，在地理学要面向社会和经济，为社会、经济服务的过程中，建设地理学的思想和概念越来越成为共识，这在农业社会、工业社会阶段，不仅促进了经济的建设，而且促进了地理学学科的发展。然而，逐步进入后工业化社会阶段的今天，社会的主题不再仅仅是“建设”和“开发”，而“保护”“发展”，特别是“可持续发展”成为越来越重要的主题。因此，地理学不仅应该成为建设的地理学，而且应该成为发展的地理学和可持续发展的地理学。

经济、社会的发展，离不开资源、环境的支撑。资源、环境的形成和分布规律的研究，以及资源、环境的调查、利用和规划，均离不开地理学。社会在地方、全国和国际尺度上面临的许多问题具有非常重要的地理特征，地理学家对局部地区和全球尺度上的各种问题，如灾害管理、了解全球性环境与经济变化及其与全球变化的关系，以及制定有效的策略方面已经作出了重大贡献[1]。实际上，中国的地理学已经在城市规划、旅游规划、土地利用、自然区划、环境和灾害评估与管理方法等方面发挥了重要的作用，并且在一些重大社会经济建设项目的建设实施中发挥了不可替代的作用，如青藏铁路选线、沙漠公路建造、“南水北调”工程论证，等等。

经济、社会的可持续发展，离不开资源、环境的可持续，离不开人类与地表环境的协调共处。而地理学就是研究地球表层环境以及人与环境相互作用的学科。因此，经济、社会的可持续发展，离不开地理学。

二十一世纪议程的主题是“资源、环境、人口与可持续发展”。资源的评估、环境的规划、人地关系的协调，以及社会的可持续发展，都离不开地理学。地理学应该并且能够在二十一世纪议程的实施中，发挥重要的作用。从这个意义上来说，二十一世纪的地理学将成为人类社会发展离不开的地理学，成为发展的地理学。

七、走向生活的地理学

地理学是与人类生活关系最密切的学科之一。过去常常以“上知天文，下知地理”来形容一个人的知识渊博。在现实生活中一个人可以不知道天文，但不能不知道地理。地理学的知识与技能，已逐步成为现代人素质的重要组成部分，地理教育正在成为素质教育的重要环节。美国已经制订计划进行地理扫盲，实施一些计划以支持从幼儿园到高中的地理教育，同时要求地理学应该对大学生的训练作出更有效的贡献，并且还要进行社会培训，以改善公众、商界、政府以及非政府组织各级领导人的地理能力[1]。

随着地理学科学性、技术性和系统性的加强，地理学在社会和生活中的作用越来越大。衣、食、住、行都离不开地理学。不同地方气候条件不同，衣着厚薄应不同；不同地方有不同的饮食习惯和风俗，食物口味也不同；不同地区的房屋结构和功能不同，并且居住习俗也不同；不同地区的交通条件和交通网络不同，通达性千差万别。过去由于交通条件的限制，一个人的活动空间相对很小，有的人也许一辈子都没有走出一个村庄或者一个乡镇。而现在随着科学技术的进步和社会的发展，世界变得越来越小。可能今天在东半球，明天已经到了西半球；早上可能在赤道，晚上可能已经到了极地；刚才还在东海之滨，几个小时后已经到了青藏高原；刚才还在莽莽林海穿行，不一会儿可能就在茫茫戈壁和荒漠跋涉。由于生活空间的扩大，生活对地理知识和技能的依赖则越来越大。

实际上，生活中遇到的许多问题也都与地理学密切相关。假如你要到南极旅游，你应该选择几月份出发？老板要求你在24

小时之内到美国与一家公司签订协议，路上需要花费十几个小时，你是什么时候出发更好？如果计划在山区建造一处房屋，你选择在什么地貌部位更好？如果你去一个泥石流灾害严重的地区进行考察或者旅游，为了避免灾害的威胁，你会选择什么时间和季节出行？你建议关节炎或心血管病人去哪里疗养，有可能使病情得到缓解？

地理学与生活的关系将越来越密切，二十一世纪的地理学将成为生活离不开的地理学，成为生活的地理学。

八、服务和谐的地理学

（一）人地和谐

天地耦合孕育了生命，生地耦合诞生了人类[23]。随着社会生产力的提高，人类不再仅仅是修饰和局部改造地表环境，而是在大范围地改造甚至在改变整个地球的生态系统。人类已经成为一种与自然力量相抗衡甚至在某些方面超越自然力量的作用力。在不经意中，人类正在动摇自己生存的基础——地球表层环境；正在破坏自己的摇篮——地球生态系统。协调人地关系，保护地球生态，促进人类和社会的可持续发展，已经成为二十一世纪的主题。地理学，应该在协调人地关系、维护人类生态环境、保证人类社会的可持续发展方面，发挥更大的作用。作为以人类赖以生存的地球表层环境，以及人与地表环境相互作用为研究内容的地理学，在人类生态研究与保护方面将发挥不可替代的作用。因此，二十一世纪的地理学将成为研究和促进人地和谐的地理学。

（二）人人和谐

国际间的战争、区域间的冲突、部落间的争斗、人与人之间的争斗等，已经成为威胁世界和平和可持续发展的重要因素。尽管要平息战争、解决冲突，需要政治、外交、经济和技术等多方面的手段和措施，但地理学也可以发挥重要的作用。例如区域发展规划和策略的制定，城镇规划、聚落地理的研究，在一定程度上可以通过科学规划、合理布局，来缓和地区之间与某一区域内部人与人之间的紧张关系，创造一种和谐的社会环境。地理学应该成为促进人与人关系和谐的地理学。

伍光和教授倡导自然地理学要从综合走向和谐[24]，二十一世纪的地理学应该成为服务于人地和谐和社会和谐的学科。

综上所述，地理学的科学性、技术性、系统性、统一性、全球性、应用性将越来越强，将成为经济建设、人地和谐、社会可持续发展、人类生活离不开的学科。在二十一世纪，地理学将走向科学的地理学、技术的地理学、系统的地理学、统一的地理学、全球的地理学、发展的地理学、生活的地理学及和谐的地理学。

经济全球化、知识化，社会网络化、信息化，教育大众化、国际化，地球科学的系统化、技术化，给地理学的发展带来了新的机遇，同时也使得地理学面临新的挑战。只要地理学工作者勇敢迎接挑战，努力抓住机遇并善于利用机遇，积极开拓创新，地理学将会迎来一个辉煌发展的时期，二十一世纪将成为地理学大有作为的世纪。

参考文献

[1] 美国国家研究院地学，环境与资源委员会，地球科学与资源局重新发现地理学委员会编．黄润华译．重新发现地理学[M]. 北京：学苑出版社，2002.

[2] 蔡运龙，陆大道，周一星，等．地理科学的中国进展与国际趋势[J]. 地理学报，2004，59(6)：804－810.

[3] 宋长青，冷疏影．当代地理学特征、发展趋势及中国地理学研究进展[J]. 地球科学进展，2005，20(6)：595－599.

[4] 王建，仇奔波，张茂恒．对地理学新课标的理解以及对地理学新动态的认识．中学地理教学参考，2007(11)：4－5.

[5] 李吉均．关于地理学在中国的发展前景之思考．吴传钧，刘昌明，吴覆平．世纪之交的中国地理学[M]. 北京：人民教育出版社，1999：1－11.

[6] 白光润．地理科学导论[M]. 北京：高等教育出版社，2006：286－288.

[7] 李春初．抓住机遇，迎接挑战——地理学家应积极开展地球系统科学的研究，陆地系统科学与地理综合研究[M]. 北京：科学出版社，1999：17－19.

[8] 钱学森．论地理科学[M]. 杭州：浙江教育出版社，1994.

[9] 吴巧新，吴殿廷，刘睿文，宋金平．美国地理学百年发展脉络分析，地球科学进展[J]. 2007，22(11)：1118－1128.

[10] 刘睿文，吴殿廷，吴巧新．中国近现代地理学发展脉络研究——基于《地理学报》学术论文的统计分析[J]. 地球科学进展，2006，21(9)：938－948.

[11] 陈述彭．地理科学的信息化与现代化[J]. 地理科学，2001，21(3)：193－197.

[12] 王建主编．现代自然地理学[M]. 北京：高等教育出版社，2001.

[13] 美国国家航空和宇航管理局地球系统科学委员会，陈泮勤，马振华，王庚辰译．地球系统科学[M]. 北京：地震出版社，1992.

[14] 陆大道，地球表层系统研究与地理学理论发展，中国地理学会编．地理学的理论与实践 [M]. 北京：科学出版社，2001：1－6.

[15] 王建．地球表层自然环境与地球表层自然系统 [J]. 地理教育，2001(4) 4－6.

[16] Strahler A. H. and A. N. Strahler，Physical Geography—Science and Systems of the Human Environment. John Wiley & Sons，Inc. New York，1997.

[17] Christopherso R. W.，Geosystems—An Introduction to Physical Geography（Third Edition). Prentice Hall，Upper Saddle River，NJ07458，1998.

[18] 朱宇姝，项怡娴．20 世纪 50 年代以来英国地理学发展及地理学思想评述[J]. 中山大学研究生学刊（自然科学、医学版)，2006，27(3)：13－20.

[19] 理查德·哈特向著，叶光庭译．地理学的性质——当前地理学思想评述[M]. 北京：商务印书馆，1996：458.

[20] 郑昭佩．地理学思想史[M]. 北京：科学出版社，2008：98－119.

[21] 任美锷．建设地理新论[M]. 北京：商务印书馆，1946.

[22] 黄莉敏，曹晓滨．中国地理学的发展及其方向演变[J]. 咸宁学院学报，2006，26(3)：158－161.

[23] 王建，曹光杰，王国祥．具有中国特色的地球系统科学的前沿领域：三角洲人地耦合系统[J]. 科学中国人，2004(12)：64－65.

[24] 伍光和．从综合走向和谐——自然地理学教学的感悟[J]. 中国大学教学，2007(6)：23－24.

2008 年中学地理教育：继往开来，稳步推进

陈 澄[①] 仇奔波[②]

摘 要 初中地理新课程在全国范围进行了 7 年成功实验，

① 陈澄，华东师范大学资源与环境学院教授，博士生导师。中国教育学会地理教学研究会理事长，国家地理课程标准研制组组长，教育部全国中小学教材审定委员会地理学科审查组组长。

② 仇奔波，南京师范大学地理科学学院教授，地理教材研究发展中心主任。国家地理课程标准研制组核心成员。

《全日制义务教育地理课程标准（实验稿）》历经4年两度修订，正式文本于2008年基本定稿，课程已趋于成熟。高中地理新课程通过4年的逐步推广，2008年全国实施高中地理新课程的省、直辖市和自治区达到19个，据统计已有316万学生顺利结束了新课程学习，高中地理新课程实验工作正健康、有序地稳步推进。回顾我国地理课程改革的历程，当今的新课程有力地促进了地理教育的发展，也存在一些值得关注与探索的问题。

关键词　地理新课程　地理课程标准　修订　实施

目前，我国的基础教育地理课程改革步入了稳定发展时期，初中地理新课程实施已趋向成熟，高中地理新课程的实验工作正在积极推进。总体看，地理新课程改革取得了许多宝贵的经验，促进了地理教育事业的发展。

一、初中地理课程标准的修订取得重大进展

初中地理新课程于2001年9月首先在全国27个省市的38个国家级实验区进行实验，有47万学生开始学习新课程。至2003年秋，实验区达1 642个，参加实验的学生达3 500万，占同年级学生总人数的47%。参照国际上的通行做法，一般说来实验范围达到50%左右，即可以考虑在全国推广。因而2004年，教育部启动了《全日制义务教育地理课程标准（实验稿）》（以下简称《初中地理课标》）的修订工作，由地理课程标准研制组全体核心成员、新课标实验教材主编、实验区部分教研员组成工作组，进行了《初中地理课标》的第一次修订。第一次修订形成的《初中地理课标》文本并未颁布，为了更多地听取第一线广大中学地理教师的意见，教育部又于2007年启动了第二次修订，修订工作于2008年基本完成。

《初中地理课标》第二次修订工作由中科院院士、国际地理联合会副主席刘昌明教授牵头，邀请北京大学、南京大学等高校地理学界著名专家教授参加，并汇集了各版本地理实验教材的主编、多位教育部中学地理教材审查委员、中学地理特级教师以及课标研制组主要核心成员等各方面人员参与，以保证修订工作的权威性、客观性和继承性。第二次修订工作启动后进行了全国范围的问卷调查和座谈调查，调查范围共涉及29个省级行政单位、42个国家级实验区的1 620位地理教师。为了确保反馈结果的客观、公正，调查问卷由各实验区教师独立填写完成，然后直接邮寄至全国中小学计算机教育研究中心，并由该中心进行数据统计、梳理成“修改建议”。由于《初中地理课标》在制定

的过程中，曾经听取了科学院、高校、政府行政职能部门、工厂、农村、教育研究部门以及中学等各个方面的建设性意见（未经实践检验的“静态”意见），所以第二次修订工作的重点，主要是听取来自教学实验区第一线的师生在教学实践基础上的“动态”意见。

来自广大中学第一线的地理教师，对于成功实施7年的义务教育地理课程改革给予充分的肯定，认为“从总体来看，这是一次成功的改革”，地理课程标准“充分体现了课程改革的新趋势和社会发展、学科发展和学生个性发展对基础教育阶段地理课程所提出的新要求”，“突出重点培养学生的探究能力、创新精神、社会责任心和环境伦理观”，“地理课程标准设计有重大突破，提升了地理教育在国民素质教育中的价值”，“地理课程标准的亮点是：紧扣时代脉搏；教学理念新颖；课程评价富有创新性；教学内容结构设计灵活；有利于学生的发展；目标陈述指导性强”。中学地理教师普遍认为“随着实验的深入，明显感到对地理课程标准的把握比开始时更准确了、理解更深刻了，也就更能体会到地理课程改革的必要性和有效性了”。

由于实验区的调查结果表明初中地理课程标准编制的指导思想、设计思路、基本理念基本正确，因而第二次修订工作的思路是保持原来课程标准的成功设计：地理课程标准文本的框架结构保持不变，仍然由“前言”“课程目标”“内容标准”“实施建议”4大部分组成，各部分的内部结构也基本保持不变；初中地理课程内容的体系结构保持不变，仍然由“地球与地图”“世界地理”“中国地理”“乡土地理”4大块组成；内容标准以表格和条目为主的呈现方式不变，内容标准以行为动词（以学生为主体）的表述方式也不变。

2008年基本定稿的《初中地理课标》修订文本的主要变动，有以下几个方面：

1. 对一些让教师感到表述得不够清楚的“内容标准”加以修订，对部分“内容标准”的文字表述和行为动词作了修饰。

2. 适当增加反映我国社会主义建设最新成果以及国家最新发展战略的“内容标准”。

3. 删除了部分让教师和学生感到操作困难或条件不允许的“活动建议”。

4. 对于有关乡土地理的“内容标准”和“活动建议”进行了全面的梳理和调整。

5. 删除内容较陈旧或不够理想的“教学案例”和“评价案例”，增加来自实验区的成功“教学案例”和“评价案例”。

6. 对“前言”和“课程目标”中的部分文字进行修改，与《普通高中地理课程标准（实验）》（以下简称《高中地理课标》）保持连续和呼应。

目前，《初中地理课标》修订文本已提交教育部审定，预计2009年经教育部批准后的《初中地理课标》正式文件即将颁布实施，依据课程标准进行调整、修订的新版教科书和地图册也将随之出版。可以想见，随着地理课程教材改革一系列举措的出台，我国的义务教育地理教育事业必将迈上一个新台阶。

二、高中地理新课程的实施稳步推进

高中地理新课程的实验，首批于2004年9月在广东、山东、宁夏和海南4个省区展开，次年实验区范围扩大到江苏省。2006～2007年福建、浙江、安徽、辽宁、天津、黑龙江、吉林、陕西、湖南和北京等省市陆续进入高中地理新课程实验阶段。2008年秋，又有江西、山西、河南、新疆（包括新疆建设兵团）4个省区，开始实施高中地理新课程。至此，我国实施高中地理新课程的省（自治区、直辖市）已达19个。此外，上海市业已启动中小学第二期课程教材改革，并已实施仅适用于上海地区的高中地理课程。

高中地理新课程的推进，首先实行的是“东部突破”战略。由于我国东部地区经济、文化、教育等各方面条件相对比较优越，有利于课程改革的顺利开展，因而新课程启动的前三年（2004～2006年），实验区绝大部分分布于我国东部地区（“东8、中1、西1”）。而至2008年，全国开展高中新课程实验的省、市、自治区总数已达到了19个，实现了“东、中、西稳步推进”（“东9、中7、西3”）。首批开展高中地理新课程实验的广东、山东、宁夏和海南4个省区的学生已于2007年进行高考，2008年江苏省也进行新课程后的高考，评价制度改革步入探索阶段。

高中地理新课程的实施，基本上是健康的、有序的。在高中地理新课程实验区，虽然新课程的新结构、新素材给广大高中地理教师带来了各种困难和挑战，但总体上来说，新课程、新理念给学校的地理教学带来了新思路、新内容、新方法和新气象，突出表现在以下几个方面：

1. 实验区地理教师对于高中地理课程基本理念的理解逐步加深。高中地理课程的基本理念，是根据高中地理课程的性质和功能定位的要求衍生而来的。其中最核心的理念，概括起来就是一句话："高中地理课程谋求基础性、时代性、选择性的和谐统一。"首先，实验区地理教师在教学中，能够重视高中地理课程的基础性、经典性和继承性，依照课程标准积极提供未来公民必备的地理知识，增强学生的地理学习能力和生存能力，关注人口、资源、环境和区域发展等问题。其次，地理教师在教学中能突出教学内容的先进性和时代性，引领学生关注当前地理科学的发展趋势，了解自然地理和人文地理研究的最新成果，注重地理信息技术的应用。再次，教师能积极展示地理课程的多样性和选择性，以满足学生探索自然奥秘、认识社会生活环境、掌握现代地理科学技术方法等不同的学习需要。实验区的地理教师还力图将课程的基本理念贯穿于整个高中地理必修和选修模块教学的各个环节之中，包括教学目标的制定、教学内容的选择、教学活动的设计以及教学评价的实施等。

2. 新的课程基本理念给学校、班级带来了新方法、新面貌。表现为实验区的地理课堂教学不再是单一的接受性学习、上课"照本（即课本）宣科"和满足于"教师讲，学生听"的基本格局，而是尽力倡导多种学习方式合理结合，重视对地理问题的探究，鼓励学生开展地理观测、地理考察、地理实验、地理调查和地理专题研究等形式多样的实践活动。学生也不再是单纯地"听"和"记"，而是能够积极"动脑、动手、动口"，主动地投入到地理学习之中，努力尝试开展自主学习、合作学习和探究学习。

3. 高中地理新课程将可持续发展教育作为本学科的一项重任。我国是一个发展中国家，新中国成立 60 多年来，特别是改革开放 30 年以来，我国经济建设取得了举世瞩目的成就。但在经济高速增长的同时，也面临着相当严峻的挑战：我国人口基数大，人均的淡水、耕地、森林、草场资源不到世界人均水平的三分之一；我国洪涝、干旱、地震等各种自然灾害频繁，每年造成的损失巨大；我国的环境形势严峻，城市环境污染仍在加剧，并在向农村蔓延，生态破坏的范围在扩大……国情决定了我国必须走可持续发展之路。广大中学地理教师清楚地知道，可持续发展是一项全球性的全民战略，它的实现必须依靠全民参与。所以，对未来的国家建设者、目前的高中学生进行可持续发展教育确乃当务之急。同时，可持续发展教育也是当前基础教育对学生进行"素质教育"的一个重要方面。教师们认识到高中地理课程以可持续发展理念作为课程内容的核心论题是十分必要的，这是由可持续发展的内涵以及地理学科的性质所决定的。在基础教育所有的学科之中，地理学科是最适宜以较多的篇幅进行可持续发展教育的学科，是中小学可持续发展教育的主渠道。地理学科能够从全球的角度、宏观的角度、综合的角度、区域的角度来分析全球环境并进行可持续发展教育。新课程实验区的地理教师在教学中能够紧扣可持续发展战略这一核心论题，并且在教学目标的制定、教学内容的选择、教学活动的设计以及教学评价的实施等方面都能够以可持续发展作为一个重要的元素。目前，我国高中地理课程的可持续发展教育已经取得了一定的成效。

4. 新课程强调地理信息技术在地理学习中的应用。当今世界，信息技术飞速发展，地理信息技术对资源与环境可持续发展、经济建设与社会进步的巨大作用日益显现。地理信息技术是地理科学发展的重要内容，加之其在社会生产、生活中的广泛应用和价值，高中地理新课程学习地理信息技术的内容，对于提高学生的素质意义重大。目前，实验区高中地理教师对于地理信息技术重要性的认识日益提高，已由原来的“疑惑、畏难”，转为现在的“积极、主动”。在教学中，除了上好高中地理必修、选修模块中有关地理信息技术的内容以外，地理教师还注意培养学生通过网络获取地理信息资源的习惯与能力，加强对学生地理信息素养的培养，尽力争取提供个别化的学习环境，并充分认识到地理信息技术还是一种教学技术手段，进而高度重视学校多媒体网络化地理专用教室的建设，等等。

5. 高中地理教研活动蓬勃开展。在实验区，随着高中地理新课程的逐步推广，校内、校际以及县（市）、地、省（直辖市、自治区）等各级培训活动和教研活动空前活跃，这对于地理教师理解新课程理念、熟悉必修和选修模块的内容和结构、切磋解决教学难点和重点之对策、交流教学方法和经验、开拓教学新的模式和视野、丰富地理信息和资料、提高地理教师的教学素养等方面，都起到了积极的作用。我国基础教育地理课程的改革、高中地理新课程的实施，给实验区的各项地理教学活动带来了活力。

三、中学地理课程改革的思考与展望

新中国成立以后我国中学的地理课程设置经历过两次“大起大落”：20 世纪 50 年代初期到中期，初高中有五个年级学习《自然地理》《中国地理》《世界地理》《中国经济地理》《外国经济地理》5 门地理课程，周学时达到峰值。但与此同时片面强调效仿苏联经验，也引入一些不正确或不适合我国国情的理论、经验，例如，将自然地理与经济地理截然分开等。20 世纪 50 年代后期直至 60 年代，中小学地理课时屡遭削减，高中和小学阶段的地理课程相继被取消，“文革”期间更是一度停开地理课程。党的十一届三中全会以后，地理基础教育课程逐步得到恢复，学时也由少到多，逐步得到增加，不仅在初中开设了《中国地理》和《世界地理》课程，小学地理课程也得到恢复，以后在高中一年级（或高中二年级），以及高中三年级的文科班也都开设了地理课程。恢复高考后，地理被列为文科高考科目而再现辉煌，但地理学科的功能定位并不清晰，例如，大学“学地理的不考（高考）地理，而考地理的又不学地理”，初中区域地理内容占试题比例过大等。1993 年开始几乎全国所有省市都取消地理高考，地理教育再度坠入低谷。

今天，我们欣喜地看到，以素质教育为主旨的新世纪课程改革给地理教育带来的新转机。首先是高中地理的课程性质得以科学定位，成为唯一的一门跨“科学”和“人文与社会”两个学习领域的课程（实际上，地理必修和选修模块中的“地理信息技术应用”还涉足“技术”学习领域），课程地位得以提升，地理与物理、化学、历史、生物学科一样拥有 6 个必修学分，并另设《环境保护》《旅游地理》《自然灾害与防治》《地理信息技术应用》《海洋地理》《城乡规划》《宇宙与地球》7 个令人瞩目的选修模块。其次是教科书建设取得了可喜的进展，由过去“一纲一本”发展为“一标多本”。在新课程实验区，深入研究不同版本教科书和分析“学情”，“用教材教”而不再是“教教材”，已成为许多教师的自觉行动。再次是课程教学模式和教师教学行为方式的变化，促进了学生学习方式的转变，多元化的评价方式，调动了师生的积极性和主动性。

现代地理学是一门包含自然科学、人文社会科学和工程技术科学的综合性学科，并已建立起相当完整而独特的学科体系。中小学地理教育不仅是国民素质教育的重要组成部分，同时也是培养未来的地球科学、资源与环境科学、减灾防灾科学人才的重要基础。如何整合义务教育与普通高中教育以及职业教育，乃至高校专业教育的地理学科内容；如何在“地球系统科学”和“区域可持续发展科学”的框架下，构建中国地理教育新的体系结构；如何优化教科书内容和教学方式，将减灾防灾应急知识和必要的应急救援演练等融入灾害地理教育之中，培养学生的安全意识和自救、互救能力等，都是亟待探索的新问题。2008 年举行的中国地理学会年会第 18 分会场主题“新课程与有效教学及高考评价与课程整合”，中国教育学会地理教学研究会 2008 年学术年会主题“地理课程改革回顾与展望”，都反映了人们对地理课程改革进行深入研讨和反思的期望，体现出对深化课程改革与发展的新诉求。

随着地理课程改革向纵深推进，各种问题逐步凸显。当前地理课堂教学中某些“重形式、轻实效”的倾向值得警惕：少数学校领导和教师长期受应试教育影响，仍恪守“教学效果最终要看学生考分，得高分才是硬道理”的信条；地理课堂教学中教师“一言堂”“满堂灌”虽受抑制，但“满堂问（提问）”却风行一时，师生互动流于形式；“同桌讨论”“小组交流”“班级展示”过于频繁，合作学习简单化；滥用教学媒体，令学生因无所适从而导致无所用心；地理教学“活动”表面化，难以实现地理课程目标和真正提高学科素养；等等。

其实地理课堂教学是有其特殊规律和特殊要求的。例如，阅读地图和地理图表的训练，对于地理学习具有特别重要的意义。地图是研究地理环境的有效工具。首先，不同尺度的地理空间，很难或者根本无法供学生直接观察与研究，而地图采用数学方法和独特表现手法，将地理环境既抽象又直观地呈现给学生，提供了在地理教学过程中观察、认识与分析地理事物的可能性。其次，地理环境组成要素以及各要素间的联系纷繁复杂，很多地理事物的本质特征被表象掩盖而不易发现，地图运用符号形式，可根据教学需要，高度概括地表现地理环境的本质特征和相互联系性。再次，地理事物往往都经历长期、缓慢的发展过程并具有周期性特点，这导致了学生观察、认识地理环境的困难。地图可同时反映地理环境在不同时间序列中的状态，表现地理过程的特点，克服时间延续上的障碍。因此，如何引导学生学习“对生活有用”“对终身发展有用”的地理，在义务教育阶段培养学生根据需要选择和使用常用地图（以纸质地图为主），查找所需要的地理信息，养成在日常生活中运用地图的习惯，在高中阶段培养学生学会查找和使用网络或光盘形式的电子地图，并初步掌握判读简单遥感图像、应用 GPS 定位和导航等基本技术手段，都是当前教学中有待于深入探索的问题。

当前课程改革新趋势和地理学科发展、社会发展、学生个性发展对基础教育地理课程改革，特别是高中地理课程改革提出了许多新任务、新要求和新课题。全国的大、中学校应更加紧密地携手合作，加强地理课程、教材、教学与评价研究，高度重视地理师资培训，内化新课程理念和提高地理专业素养，在教师的自我完善中努力完成从“教学技术熟练者”到“教学反思性实践者”的角色转换，实现由“做一辈子教师”到“一辈子学做教师”的观念转变，巩固成果，开拓进取，去迎接我国地理教育更加光辉灿烂的明天。

2008年中国基础教育地理学科发展报告

《中国基础教育学科年鉴·地理卷》编辑部①

摘 要 2008年我国中学地理新课程改革继续推进，并步入健康、有序的发展阶段。四川汶川特大地震后痛定思痛，有关自然灾害与防治的课程内容和教学方式受到关注。中国作为海洋大国，在尖锐复杂的国际海洋斗争背景下，摒弃“重陆轻海”的陈旧观念，重视海洋国情教育，增强海洋意识，已刻不容缓。新课程带来新变化，各种地理高考模式在实践探索中谋求新发展。体现地理学科新思想、新内容的新课程，呼唤课程理念、教学模式和师资培训思路不断创新。与时俱进，筹划未来，学科与教学发展过程中凸显的新情况、新问题、新挑战仍须积极应对。

关键词 中学地理 学科发展 课程改革 灾害防治 海洋国情 专业发展

2008年是大事、要事，喜庆事、揪心事集中的一年。南方雪灾、汶川地震、“阿扁”垮台、三聚氰胺“毒奶粉”、北京奥运、“神七”升天、国际金融危机、两岸实现“三通”（即台湾地区与祖国大陆直接通邮、通航、通商）等自然地理和人文地理事件，都是开展地理教育的优质课程资源。我国改革开放30年、基础教育新课改7年多来，我们欣喜地看到：新的地理课程理念开始从少数专家的学术理想，变成广大一线教师自觉的课堂行动；课改范围从点上试验，变成面上推广；组织实施也从重点扶持，开始步入常态发展阶段。

一、地理新课程改革稳步推进

2001年9月初中地理新课程首先在27个省市的38个国家级实验区进行实验，有47万学生开始学习新课程。至2003年秋，全国共有1 642个实验区、3 500万中小学生进入义务教育新课程。实际上，新课程已经从实验进入了推广阶段。[1]此后不久，全国初中年级全部进入地理新课程。实践证明：实施初中地理新课程对于学习“对生活有用”和“对终身发展有用”的地理，改变地理学习方式，构建“开放式”和“基于现代信息技术”的地理课程，以及“建立学习结果与学习过程并重的评价机制”等都产生了积极影响。

在高中新课程实验方面，2003年11月教育部召开部长办公会议研究决定：同意广东、山东、宁夏和海南作为实验省份于

① 本年度报告由主编南京师范大学教授仇奔波执笔。

2004 年秋季开展普通高中新课程实验。同时对普通高中新课程实验工作做出规划：2004 年秋季，4 个省（区）参加高中新课程实验，参加实验的起始年级学生总数约占 13%；2005 年，8～10 个省份参加普通高中新课程实验，参加实验的起始年级学生总数约占 25%～30%；2006 年，15～18 个省参加普通高中新课程实验，参加实验的起始年级学生总数约占 50%～60%；2007 年，原则上全国普通高中起始年级全部进入新课程。[1]然而，高中新课程实验遇到的实际困难比初中大得多。以地理新课程为例，除了面临教育理念更新和高考升学压力等因素外，以“必修”加“选修”模块形式大力更新课程结构、优化教学内容，以突显课程的时代性、基础性和选择性，给广大高中地理教师带来了各种困难和挑战。2005 年，真正进入高中新课程的只有江苏 1 个省。2006～2007 年福建、浙江、安徽、辽宁、天津、黑龙江、吉林、陕西、湖南和北京等省市陆续进入高中地理新课程实验阶段。

据《中国教育报》报道：至 2008 年 6 月，全国已有 316 万毕业生结束高中新课程学习。根据教育部基础教育课程改革的总体部署，以及自愿申请，同意山西、江西、河南、新疆 4 个省（区）以及新疆生产建设兵团于 2008 年秋季开始全面进行普通高中新课程实验。[2]如果加上根据上海市中小学（幼儿园）课程改革委员会制定的课程方案和《上海市中学地理课程标准（试行稿）》编写地理教科书、开展“二期课改”的上海市。截至 2008 年，全国已有 20 个省（自治区、直辖市）实施高中新课程实验。总之，在教育部统一部署下，高中地理新课程实行“东部突破”“东、中、西稳步推进”“滚动发展”的战略，取得成功。2008 年我国中学地理新课程改革继续向前推进，并步入健康、有序的平稳发展阶段。新课程、新理念给高中地理教学带来了新思路、新内容、新方法和新气象，推动了中学地理教育的发展和学生综合素质的提高，并为全国普通高中全部进入新课程奠定了坚实的基础和创造了成功的经验。

二、汶川地震后灾害教育痛定思痛

请看以下三则报道：

● 2004 年 12 月 26 日，印度洋发生海啸时，10 岁英国女孩蒂莉·史密斯正和家人在泰国普吉岛海滩散步。当她观察到海浪突然急速后退，海水冒起泡沫，这与她在地理课上学到的海啸发生前的迹象完全一样。蒂莉马上告诉妈妈说，海啸要来了。史密斯夫妇随即向海滩上的其他度假者和附近一家酒店的工作人员发出了警告，100 多名游客在海啸到达前几分钟撤退，幸免于难。蒂莉的故事提醒我们，教育攸关生死。美国前总统克林顿在会见蒂莉前说，“所有孩子都应当接受减灾教育，这样他们就能知道，在自然灾害发生时应该做什么。”[3]

● 2008 年 5 月 12 日，四川汶川里氏 8 级地震发生后，都江堰聚源中学初三学生郭婷婷和同学被困废墟里，惊慌过后，郭婷婷带领同学们高唱《团结就是力量》鼓劲。获救后她对记者说：我们的教室在二楼。地震发生的时候，正在上数学课。当时很多同学被压在下面，看不到光，呼吸也很困难，我的腿被两根大柱子夹着。很多同学都哭了，大声地叫，我就没有哭。…… 后来我第一个带同学唱《团结就是力量》。……我们班有 64 个同学，只活着出来 25 个。[4]

●“5·12”汶川特大地震发生时，离震中很近的四川安县桑枣中学师生无一伤亡。该校从 2005 年开始，每学期要在全校组织一次紧急疏散的演习。由于平时的多次演习，地震发生后，全校2 200多名学生、上百名教师，从不同的教学楼和不同的教室中全部冲到操场，按班级站好，用时仅 1 分 36 秒。[5]

我们在为英国女孩蒂莉·史密斯庆幸、为中国女孩郭婷婷面对死神如此勇敢无畏而震惊的同时，更应该对桑枣中学未雨绸缪的远见卓识以及“师生无一伤亡”喝彩！

火山、地震、泥石流等地质灾害，台风、寒潮、干旱、洪涝等气象灾害历来是中小学地理传统的学习内容。不过长期以来，地理教科书主要是对灾害现象和成灾过程的描述、灾害成因的解释，以及主要自然灾害类型与分布规律的简单介绍，而教学方式也仅仅局限于课堂讲授，至多是看一些影像资料。

高中地理新课改使上述情况有所改观，除了必修模块规定“以某种自然灾害为例，简述其发生的主要原因及危害”等内容外，还专设《自然灾害与防治》选修模块，内容涵盖“主要自然灾害的类型与分布”“我国的主要自然灾害”“自然灾害与环境”“防灾与减灾”四大专题。汶川特大地震是新中国成立以来破坏性最强、涉及范围最广、救灾难度最大的一次地震灾害，地震导致中小学校舍损毁和师生伤亡惨重。痛定思痛，震后地理课程中有关自然灾害与防治的内容和教学方式等，引人关注。我国的中小学灾害地理教育仍须进一步加强，在学习有关灾害地理知识的同时，加强实用性。从“生活的地理”“文化的地理”和“科学的地理”不同层面努力提高减灾、防灾意识，因地制宜地优化灾害地理学习内容，转变教学方式，适当开展一些实践活动，例如模拟以某自然灾害为背景的援救演习，把减灾、防灾应急知识教育纳入教学内容，以培养学生的安全意识和自救与互救能力。

三、认识国际海洋斗争，提高海洋维权意识

2008 年国际海洋斗争依然尖锐、复杂。

● 钓鱼岛又称钓鱼台、钓鱼台群岛、钓鱼台列岛（日本人称其为“尖阁列岛”），位于中国东海大陆架的东部边缘，自古以来就是中国神圣领土不可分割的一部分，在地质构造上是附属于台湾省的大陆岛。在中日之间友好气氛下，日方又趁机挑起钓鱼岛主权问题争端，试图拉美国下水，给中国找麻烦，自己趁机混水摸鱼。[6]

● 中日东海合作迈出可喜的第一步：为使东海成为和平、合作、友好之海，中国企业欢迎日本法人按照中国对外合作开采海洋石油资源的有关法律，参加对春晓现有油气田的开发。……这是在承认春晓油气田是中国在自己的大陆架上自主开发，行使东海大陆架资源开发的两项主权权利和三项专属管辖权的基础上，依照中华人民共和国法律，以投资或合作的方式参与春晓油气田的开采和开发。而绝不是什么“共同开发”。日方提前片面报道，且有人将此说成是“中日共同开发春晓油气田”，混淆视听，这是有意为之，若不是愚昧无知，便是别有用心。[7]

● 台湾岛是我国固有领土。它地处亚太经济与科技发达地区及世界石油、天然橡胶等战略物资重要产地的结合部，是我国通向远洋最便捷的“门户”，也是我国国防建设和开发深海远洋资源的前沿阵地。台湾“大选”后，陈水扁“政府”垮台，“台独”势力受到打击，海峡两岸实现“三通”。[8]“一国两制，统一中国”意义重大。

● 第四次“国际极地年”（2007～2008 年）期间，中国极地科考成果辉煌。2008 年 7 月 11 日至 9 月 24 日，122 名科考队员乘“雪龙”号极地科考船，累计航行 12 000 海里，圆满完成了中国对北极地区的第 3 次综合科学考察任务。这是一次成果丰硕的“科技之旅”、战天斗地的“艰辛之旅”、承前启后的“开拓之旅”。[9]中国第 25 次南极科学考察队于 2008 年 10 月 20 日乘“雪龙”号极地科考船从上海启程。考察期间在南极内陆冰盖的最高点冰穹 A 地区建立的我国第一个南极内陆考察站——昆仑站，实现了（已经完成的工作）我国南极考察从南极大陆边缘向南极内陆扩展的新跨越，使我国成为第一个在南极内陆建站的发展中国家。它也是我国继南极长城站、中山站和北极黄河站之后建立的第四个极地科学考察站。[10]

● 15 世纪以来中国最大的海军远征：中国海军护航编队 169 舰、171 舰及微山湖号补给舰 12 月 26 日从三亚出发，开赴印度洋亚丁湾、索马里海域执行护航任务。[11]

为应对21世纪——"海洋世纪"的挑战，在高中地理新课程中，《海洋地理》被列为七个选修模块之一。根据其"内容标准"，实验教科书可整合为"探索海洋奥秘""开发海洋资源""保护海洋环境""维护海洋权益"四大专题。[12]以海洋作为探究对象，从自然地理、经济地理、环境地理和政治地理等地理学多分支学科、多视角、多层面地引导青少年学生"知海""爱海""护海"。

目前已出版的4个版本《海洋地理》教科书，图文并茂、各有千秋。然而，海洋地理教育尚未引起足够的重视。据调查：参加新课程实验的内地各省区，几乎都未选修《海洋地理》，沿海除江苏省外，选修《海洋地理》的也不多；学生的海洋意识淡薄，对我国"海洋国情"知之甚少，问及我国国土面积，脱口而出就是"960万平方千米"！须知：根据《联合国海洋法公约》规定和我国的主张，我国享有完全排他性主要的领海面积为38.8万平方千米；周围海区应划归我国主权及主权权利所管辖的海域，包括内水、领海、大陆架和专属经济区，总面积约300万平方千米（即我国海洋国土总面积），相当于我国陆地面积的1/3。[13]此外，我国在公海、国际海底以及极地等也都享有权益；我国船舶在用于国际航行的海峡享有过境通行权。

我国是一个海陆兼备的大国。自古以来，海洋与中华民族的生存与发展休戚相关。然而时至今日，摒弃"重陆轻海"的陈旧观念，学习海洋地理，加强海洋国情教育，利用丰富多彩的课程资源和开展生动有益的探究活动，增强海洋意识、建设"海洋强国"的任务依旧十分艰巨。

四、地理课程标准在实验中不断修改完善

国家课程标准是教材编写、教学、评估和考试命题的依据，是国家管理和评价课程的基础。应体现国家对不同阶段的学生在知识与技能、过程与方法、情感态度与价值观等方面的基本要求，规定各门课程的性质、目标、内容框架，提出教学和评价建议。[14]《全日制义务教育地理课程标准（实验稿）》（以下简称《初中地理课标》）和《普通高中地理课程标准（实验）》（以下简称《高中地理课标》）是地理新课改的指导性文件和标志性成果之一。

《初中地理课标》经历了7年实验并得到认可，被认为"充分体现了课程改革的新趋势和社会发展、学科发展和学生个性发展对基础教育阶段地理课程所提出的新要求""突出重点培养学生的探究能力、创新精神、社会责任心和环境伦理观”。“地理课程标准设计有重大突破，提升了地理教育在国民素质教育中的价值”“其亮点是：紧扣时代脉搏；教学理念新颖；课程评价富有创新性；教学内容结构设计灵活；有利于学生的发展；目标陈述指导性强”。中学地理教师普遍认为“随着实验的深入，明显感到对地理课程标准的把握比开始时更准确了、理解更深刻了，也就更能体会到地理课程改革的必要性和有效性了”。

2008 年，《初中地理课标》在教育部领导、中国地理学界权威学者主持下，广泛吸收来自各方面的意见和建议，完成新的修订文本提交教育部审定，待教育部批准后正式颁布实施。依据课程标准进行调整、修订的各种新版教科书和地图册也将随之出版。可以预见，我国的义务教育阶段中的地理课程与教学又将迈上一个新台阶。

《高中地理课标》自 2004 年颁布以来，经受住时间以及广大师生的实践检验，其科学性、先进性、有效性和可操作性等都得到了验证。然而，在高中地理课程理论研究以及教科书编写和教学实践中，不断总结与反思，使之日臻完善，是一项十分艰巨而艰苦的工作任务，包括对于课程标准在内的“指导性文件”也不例外。2008 年华东师范大学陈大路等，结合城市地理学中的有关概念，以及不同版本高中地理实验教科书的相关内容，对《高中地理课标》“内容标准”中出现“城市的空间结构”“城市地域结构”等提出质疑，并提出了具体修订方案，便是一例。[15]

五、地理高考在实践探索中求发展

新课程带来新变化，各种地理高考模式在实践探索中谋求新发展。2008 年地理高考方案精彩纷呈，自主命题的省区已扩大到 16 个。与地理相关的高考试卷，除北京、上海春季“文综卷”外，多达 14 套。其中，既有地理“单科卷”，又有与政治、历史合一的“文综卷”等，并以后者为主。

广东、山东、宁夏和海南等省区是 2004 年率先进入高中新课程的省区，2008 年地理高考已是第二次；江苏省则是进入新课程后的首次高考。新课程背景下的地理高考方案格外令人瞩目，它使地理学科的考试评价改革步入一个新的探索阶段。

- 广东省“3＋文科基础/理科基础＋*X*”方案。“3”为语、数、外（以下同）；“文科基础”或“理科基础”为必修课的“综合卷”；“*X*”为任一门选考科目，其中地理“单科卷”为 150 分，考试时间 120 分钟，由本省自主命题。
- 山东省“3＋*X*＋1”方案。“*X*”指“文科综合”或“理科综合”。“文综卷”包含政、史、地3科必修和部分选修内容，由本省自主命题。

● 海南省“3+3+基础会考”方案。地理包含在第二个“3”中，文科考生须考政、史、地3门单科科目；而理科考生“基础会考”，须考涵盖政、史、地以及通用技术和信息技术的“会考卷”。地理“单科卷”分值为100分，考试时间90分钟，由国家考试中心命题。

● 宁夏区“3+文综/理综”（即“3+小综合”）方案。作为高中新课程实验区，国家考试中心专门为其命制的新课程“文综卷”中，包括地理以及政治、历史3个学科的内容。

● 江苏省“3+学业水平测试+综合素质评价”方案。高考录取依据有3项：起主导作用“3”是语、数、外3科的高考成绩。“学业水平测试”为单科考试，分“必修测试”与“选修测试”两大类。考生需从理、化、生、政、历、地6科中选定2科作为“选修测试”科目，其中物理、历史必选其一，分别代表“理科”和“文科”方向，其余4科则任选一科（例如，历史+地理，属文科方向；物理+地理，属理科方向），考试与语、数、外同期进行；“必修测试”是选定以外的其他4科，以及技术（包括信息技术和通用技术），在高二年级的第二学期进行，俗称“小高考”。“必修测试”中，地理“单科卷”为100分，考试时间75分钟；“选修测试”中，地理“单科卷”为120分，考试时间100分钟，均由本省自主命题。“必修学业水平测试”成绩以A(优秀)、B(良好)、C(及格)、D(不及格)四个等级公布；“选修学业水平测试”成绩以A+、A、B+、B、C、D六个等级公布。

2008年涉及地理学科高考“单科卷”和“综合卷”都力图依据“全面素质教育”的要求，努力继承和创新，体现出“能力立意”的命题指导思想，突出了时代性、基础性、发展性和选择性，加强了学科内及学科间的知识与能力综合。试题对获取和解读地理信息、运用地理基本知识与地理基本技能、描述和阐释地理原理与规律、发现和探究地理问题等能力要求有所提高。由于新课程实验省区大多自主命题，试题题型、内容“稳中有变”，关顾“身边的地理”，更富有乡土特色。试题凸显新课程理念，反映《高中地理课标》整体要求，其内容不拘泥于某个版本的教科书，对推进中学地理课改具有积极作用。对于选修模块，试题提供给考生较大的选择空间。例如，江苏“单科卷”从四组选做题中任选两组作答；山东“文综卷”要求从三组选做题中任选一组作答。

纵观2008年，地理高考理论研究与实践探索等方面存在的问题主要有：新课程背景下的地理高考内容优化与创新等理论研究有待加强；追踪信息科学发展、作为高中地理新课程“亮点”的“地理信息技术应用”，在考试中鲜有体现；别开生面、令人“眼前一亮”的试题还不多，试题质量仍须提高。因此，如何进一步用好高考“指挥棒”，增强对素质教育的导向作用；优化命题者的学科结构与人员结构；建立和健全科学、完善的试题评估与监审体系等，任重而道远。

六、师资培训在不断总结中开拓创新

新世纪新课改是一项涉及面很广的复杂的系统工程，又是一项业务性很强、要求很高的工作任务。坚持加强教师培训，建立国家级、省区级、地市级三级骨干教师培训网络，并实行“先培训，后上岗；不培训，不上岗”等重大举措是推进基础教育课程改革实验顺利进行、课改深入发展的有力保障。

体现现代地理科学新思想、新内容、新方法、新技术手段的地理新课程呼唤新的课程理念和教学模式。2001年以来，中学地理师资培训在不断总结经验的基础上，2008年培训思路又有所创新。

以国家级地理骨干教师培训为例，为确保不变形、不走样，2004年、2005年两年均在新课改策源地——首都北京举行，分别由教育部基础教育司和首都师范大学牵头，对来自广东、山东、海南、宁夏以及江苏、福建的约200名教师和教研员进行培训，其培训合格后，负责各自省级和地市级培训。

2006年起，实行“就近原则”。例如，南京师范大学地理科学学院接受教育部任务，在江苏泰州市就近承担浙江、安徽以及福建三省70余名骨干教师的新课程培训。2007年实行“送培下省”。南京师范大学、华东师范大学等五个教育部认定的高中地理培训基地派出专家分赴陕西、湖南“送培下省”。在当年秋季学期即将进入高中地理新课程实验的省份，进行骨干教师的国家级培训。

高中地理新课程网络远程培训2007年开始试点，2008年在新进入的课改实验区进一步推行。由首都师范大学林培英、王能智教授以及中学优秀教师组成的“教育部2008年普通高中课改实验省区教师远程培训”专家团队，在对山西、江西、河南、新疆以及新疆生产建设兵团等新进入普通高中新课程实验的省级行政单位近6 000多名学员进行的为期10天的培训中，256个班级共递交约4万份作业；《地理学科全国课程简报》10期，共刊登学员优秀作业120篇，其范围之广、规模之大、参与者之多、效率之高、意义之深远，前所未有。

在这所“没有围墙的大学校”里，江西一位即将上岗的新教师说：“集中培训的时间虽然只有10天，但是我们在即将登上的三尺讲台上，将会继续抓好个人素质建设，不断探索新知识，不断寻求好的工作方法，为促进国家教育事业稳定、可持续、健康和谐发展不断努力，为实现瑞金在赣闽边境地区崛起而奋斗。”不仅在培训中个人有所收获，学员之间也互相学习。新老教师相互学习，网上网下相互交流，不仅交流了经验，也建立了深厚的友谊。培训者与学员们表示：10天以来，所有的人都付出了许多，正所谓“千里培训一线牵”，我们会一如既往的努力，为地理新课程的未来、为地理教育的未来贡献我们所有的力量。[16]

七、地理教育改革的思考与展望

在新世纪新课改顺利推进并已取得成效的形势下，我们要冷静而认真地思考课程改革的新趋势和地理学科发展、社会发展、学生个性发展与综合素质的全面发展，对基础教育阶段地理课程所提出的新要求，与时俱进，筹划未来，积极应对地理学科与教学发展过程中凸显的新情况、新问题、新挑战。

第一，课程立意要高、性质定位要准，内容要体现时代性、基础性、发展性和选择性。现代地理学是一门包容自然科学、人文社会科学和工程技术科学的综合性学科，并已建立起相当完整而独特的学科体系。中学地理新课程以人口、资源、环境和社会的可持续发展为主旨，“学好地理，培养发展观”。如果说义务教育阶段“地理课程以区域地理学习为主，原则上不涉及较深层次的成因问题”，基本体现“文科倾向”的话，那么高中教育阶段的地理课程则涉及“科学”和“人文与社会”两个学习领域，是中学唯一兼跨文、理和“技术”学习领域的课程。所以说，大部分省区继续将高中地理新课程纳入“文科”或“文综”高考科目，对于学科长远发展和人才培养，既不科学、也不妥当。

第二，“一纲多本”教材多样化的实质是倡导新教材科学化、合理化和特色化，反对趋同化。随着课改日益深入，广大教师对《地理课程标准》的内涵和教材的认识日趋成熟。现行高中地理4个版本实验教科书，为教学活动提供了发展空间。而另一方面，教科书“只不过为教学提供例子”，教学实践中如何变“教”教材为“用”教材，且“用好”“用活”教材，而又不增加学生的学业与经济负担，是地理新课程实施中有待进一步探索的实际问题。

第三，“课改”不“改课”，新课程改革则难以深入持久地发展下去！坚决反对将探究学习、自主学习、合作学习形式化、表面化、庸俗化。要进一步探讨如何实实在在地利用有限的课堂教学时间和结合社会综合实践等活动，引导学生爱学地理、会学地理和学好地理，走出“副科”阴影，促进地理课程可持续发展。

第四，地理教学评价应注重学习过程评价和学习结果评价的结合，重视反映学生发展状况的过程性评价，实现评价目标多元化、评价手段多样化，强调形成性评价与终结性评价相结合、定性评价与定量评价相结合、反思性评价与鼓励性评价相结合。本年度结合具体案例，对地理考试命题、考试测量评价等研究有所加强；在校本课程评价、地理教研组评价等方面有所进展。学生“一张试卷定终身”、教师“一节课定终身”的状况正在逐步改变。然而，在地理教学评价等领域仍缺乏重大的理论建树。今后应特别加强对于具有地理学科特色的评价理论、地理素养评价标准、地理评价操作体系，以及地理测试的促进功能等方面的研究，争取为解决实践问题作出更大贡献。

第五，教师培训，理念更新是关键。地理学在 20 世纪取得一系列成就，其中对世界产生重大影响的有：区域分异规律，区域综合研究，人地关系思想，人与环境互动研究，人类参与的地球系统，对地观测与地理信息技术，自然地理过程，空间结构、空间过程理论，地缘政治与地缘经济思想，从经验主义、实证主义到人本主义、结构主义的地理学方法论等。[17] 在当代地理科学大发展的背景下，“重课改理念，轻学科发展理念”不行！否则，难以提高教师专业素养、完成传统地理观念向现代地理观念的转变。因此，及时为中学一线地理教师“充电”，有计划地将地球系统科学、区域可持续发展科学，以及地理信息科学等领域的新理论、新成果、新方法、新手段渗透到教师培训之中，提高教师自身专业发展“后劲”，将是各级培训机构一项长期而艰巨的任务。

参考文献

[1] 王湛．巩固成果，开拓进取，深入开展基础教育课程改革的实验与推广工作——在全国基础教育课程改革实验工作座谈会上的讲话．普通高中地理课程标准（实验）解读［M]．南京：江苏教育出版社，2004.

[2] 教育部关于同意山西等省（区、兵团）2008 年进行普通高中新课程实验的批复．教育部网．http：//www.moe.edu.cn/edoas

[3] http：//www. sinotoys. net/forum
[4] http：//travel. sohu. com/20080601
[5] http：//portal. sdteacher. gov. cn/Course)
[6] 中国新闻网 . http：//www. chinanews. com. cn/gn/news
[7] 北青网—北京青年报：08/06/21. http：//bjyouth. ynet. com
[8] 搜狐网 . http：//news. sohu. com/s2008/chenyunlinfangtai
[9] 记中国第三次北极科考：冰雪铸佳绩　极区奏凯歌 . 中国政府网 . http：//www. gov. cn/jrzg/2008－09/24/content).
[10] “雪龙”号科考船圆满完成既定任务 . 人民网 . http：//www. people. com. cn/GB/9102662. htm
[11] 中国海军舰艇编队起航赴亚丁湾、索马里海域执行护航任务 . 新华网 . http：//news. xinhuanet. com/newscenter/2008－12/26/content
[12] 南京师范大学地理教材研究发展中心，普通高中课程标准实验教科书·地理·选修·海洋地理[M]. 济南：山东教育出版社，2005.
[13] 倪绍祥 . 我国国土资源的利用与保护[M]. 南京：江苏教育出版社，2000.
[14] 中华人民共和国教育部 . 基础教育课程改革纲要（试行）. 2001.
[15] 陈大路 . 从高中地理教科书看课程标准中概念的编订——以“城市的空间结构”和“城市地域结构”为例[J]. 课程·教材·教法，2008(11).
[16] http：//geo. cersp. com/ztts
[17] 中国地理学会 . 地理科学学科发展报告（2006～2007)[R]. 北京：中国科学技术出版社，2007.

政　策　文　件

国务院关于基础教育改革与发展的决定

国发［2001］21号

各省、自治区、直辖市人民政府，国务院各部委、各直属机构：

改革开放以来，我国基础教育取得了辉煌成就。基本普及九年义务教育和基本扫除青壮年文盲（简称“两基”）的目标初步实现，素质教育全面推进。但我国基础教育总体水平还不高，发展不平衡，一些地方对基础教育仍然重视不够。进入新世纪，基础教育面临着新的挑战，改革与发展的任务仍十分艰巨。

为了切实贯彻《中华人民共和国教育法》《中华人民共和国义务教育法》《中华人民共和国教师法》《中华人民共和国未成年人保护法》等有关法律，实施《中华人民共和国国民经济和社会发展第十个五年计划纲要》，全面贯彻党的教育方针，大力推进基础教育的改革和健康发展，特作如下决定。

一、确立基础教育在社会主义现代化建设中的战略地位，坚持基础教育优先发展

1. 高举邓小平理论伟大旗帜，以邓小平同志“教育要面向现代化，面向世界，面向未来”和江泽民同志“三个代表”重要思想为指导，坚持教育必须为社会主义现代化建设服务，为人民服务，必须与生产劳动和社会实践相结合，培养德、智、体、美等全面发展的社会主义事业建设者和接班人。

基础教育是科教兴国的奠基工程，对提高中华民族素质、培养各级各类人才，促进社会主义现代化建设具有全局性、基础性和先导性作用。保持教育适度超前发展，必须把基础教育摆在优先地位并作为基础设施建设和教育事业发展的重点领域，切实予以保障。

2. “十五”期间，地方各级人民政府要坚持将普及九年义务教育和扫除青壮年文盲作为教育工作的“重中之重”，进一步扩大九年义务教育人口覆盖范围，初中阶段入学率达到90％以上，青壮年非文盲率保持在95％以上；高中阶段入学率达到60％左右，学前教育进一步发展。

按照“积极进取、实事求是、分区规划、分类指导”的原则，不同地区基础教育事业发展的基本任务是：

(1) 占全国人口15%左右、未实现“两基”的贫困地区要打好“两基”攻坚战，普及初等义务教育，积极推进九年义务教育和扫除青壮年文盲，适度发展高中阶段教育，积极发展学前一年教育。

(2) 占全国人口50%左右、已实现“两基”的农村地区，重点抓好巩固提高工作，义务教育学校办学条件明显改善，教育质量和办学效益进一步提高，高中阶段教育有较大发展，积极发展学前三年教育。

(3) 占全国人口35%左右的大中城市和经济发达地区，高水平、高质量普及九年义务教育，基本满足社会对高中阶段教育和学前三年教育的需求，重视发展儿童早期教育。到2010年，基础教育总体水平接近或达到世界中等发达国家水平。

3.“十五”期间，基础教育改革进一步深化，素质教育取得明显成效。德育工作的针对性、实效性和主动性进一步增强，青少年学生健康成长的社会环境进一步优化。形成适应时代发展要求的新的基础教育课程体系及国家基本要求指导下的教材多样化格局，建立并进一步完善适应素质教育要求的考试评价制度和招生选拔制度，有条件的地方要取得新的突破。

全国乡(镇)以上有条件的中小学基本普及信息技术教育。初步形成适应基础教育改革和发展的教师教育体系，中小学人事制度改革取得显著进展，教师队伍的职业道德和业务水平明显提高。农村教育管理体制进一步完善，基础教育尤其是农村义务教育投入和按时足额发放中小学教师工资的保障机制进一步落实，社会力量办学进一步发展和规范。

4. 大力发展高中阶段教育，促进高中阶段教育协调发展。有步骤地在大中城市和经济发达地区普及高中阶段教育。挖掘现有学校潜力并鼓励有条件的地区实行完全中学的高、初中分离，扩大高中规模。鼓励社会力量采取多种形式发展高中阶段教育。保持普通高中与中等职业学校的合理比例，促进协调发展。鼓励发展普通教育与职业教育沟通的高级中学。支持已经普及九年义务教育的中西部农村地区发展高中阶段教育。

5. 重视和发展学前教育。大力发展以社区为依托，公办与民办相结合的多种形式的学前教育和儿童早期教育服务。加强乡(镇)中心幼儿园建设并发挥其对村办幼儿园(班)的指导作用。

二、完善管理体制，保障经费投入，推进农村义务教育持续健康发展

6. 加强农村义务教育是涉及农村经济社会发展全局的一项战略任务。农村义务教育量大面广、基础薄弱、任务重、难度大，是实施义务教育的重点和难点。各级人民政府要牢固树立实施科教兴国战略必须首先落实到义务教育上来的思想；牢固树立解决好我国农业、农村和农民问题，要依靠大力发展农村教育，提高劳动者整体素质的思想，切实重视和加强农村义务教育。

7. 进一步完善农村义务教育管理体制。实行在国务院领导下，由地方政府负责、分级管理、以县为主的体制。国家确定义务教育的教学制度、课程设置、课程标准，审定教科书。中央和省级人民政府要通过转移支付，加大对贫困地区和少数民族地区义务教育的扶持力度。省级和地(市)级人民政府要加强教育统筹规划，搞好组织协调，在安排对下级转移支付资金时要保证农村义务教育发展的需要。县级人民政府对本地农村义务教育负有主要责任，要抓好中小学的规划、布局调整、建设和管理，统一发放教职工工资，负责中小学校长、教师的管理，指导学校教育教学工作。乡(镇)人民政府要承担相应的农村义务教育的办学责任，根据国家规定筹措教育经费，改善办学条件，提高教师待遇。继续发挥村民自治组织在实施义务教育中的作用。乡（镇)、村都有维护学校的治安和安全、动员适龄儿童入学等责任。

8. 确保农村中小学教师工资发放是地方各级人民政府的责任。省级人民政府要统筹制定农村义务教育发展和中小学布局调整的规划，严格实行教师资格制度，逐县核定教师编制和工资总额，对财力不足、发放教师工资确有困难的县，要通过调整财政体制和增加转移支付的办法解决农村中小学教师工资发放问题。县级人民政府要强化对教师工资的管理，从 2001 年起，将农村中小学教师工资的管理上收到县，为此，原乡(镇)财政收入中用于农村中小学教职工工资发放的部分要相应划拨上交到县级财政，并按规定设立“工资资金专户”。财政安排的教师工资性支出，由财政部门根据核定的编制和中央统一规定的工资项目及标准，通过银行直接拨入教师在银行开设的个人账户中。在此基础上，为支持国家扶贫开发工作重点县等中西部困难地区建立农村中小学教师工资保障机制，中央财政将给予适当补助。

各级人民政府要进一步加强对教师工资经费的监管，实行举报制度，对于不能保证教师工资发放，挪用挤占教师工资资金的地方，一经查实，要停止中央财政的转移支付，扣回转移支付资金，并追究主要领导人的责任。

9. 各地要依据《中华人民共和国教育法》、《中华人民共和国义务教育法》规定，继续做好农村教育附加征收和管理工作。农村中小学危房改造的教育集资，必须严格按照有关规定执行。提倡农民通过义务劳动支持农村中小学危房改造。

实行农村税费改革试点的地区，要把农村税费改革与促进农村义务教育健康发展结合起来，对因税费改革而减少的教育经费，有关地方人民政府应在改革后的财政预算和上级转移支付资金中优先安排，确保当地农村义务教育投入不低于农村税费改革前的水平。

10. 地方各级人民政府要把农村学校建设列入基础设施建设的统一规划，高度重视农村中小学危房的改造，统筹安排相应的校舍建设资金。乡(镇)、村对新建、扩建校舍所必需的土地，应按有关规定进行划拨。

合理安排农村中小学正常运转所需经费。由省级人民政府根据当地农村中小学实际公用经费支出情况，核定本地区该项经费的标准和定额。除从学校按规定收取的杂费中开支外，其余不足部分由县、乡两级人民政府予以安排。

11. 采取有力措施，坚决刹住一些地方和学校的乱收费，控制学校收费标准，切实减轻学生家长特别是农村学生家长负担。在国家扶贫开发工作重点县等农村贫困地区义务教育阶段，实行由中央有关部门规定杂费、书本费标准的“一费制”收费制度；对其他地区，由省级人民政府按照国家有关规定，结合当地实际，确定本地区杂费、书本费的标准。杂费收入应全部用于补充学校公用经费的不足，不得用于教师工资、津贴、福利、基建等开支。

地方各级人民政府和任何单位不得截留、平调和挪用农村中小学收费资金；严禁借收费搞不正之风和腐败行为。进一步加强监管和检查，完善举报制度，对违反规定乱收费和挪用挤占中小学收费资金的行为，要及时严肃查处。政府有关部门和学校要进一步加强财务管理，努力提高经费使用效益。

12. 针对薄弱环节，采取有力措施，巩固普及九年义务教育成果。地方各级人民政府要把农村初中义务教育作为普及九年义务教育巩固提高的重点，努力满足初中学龄人口高峰期的就学需求，并采取措施切实降低农村初中辍学率。将残疾儿童少年的义务教育作为普及九年义务教育巩固提高工作的重要任务。要重视解决流动人口子女接受义务教育问题，以流入地区政府管理为主，以全日制公办中小学为主，采取多种形式，依法保障流动人口子女接受义务教育的权利。继续抓好农村女童教育。

13. 因地制宜调整农村义务教育学校布局。按照小学就近入学、初中相对集中、优化教育资源配置的原则，合理规划和调整学校布局。农村小学和教学点要在方便学生就近入学的前提下适当合并，在交通不便的地区仍需保留必要的教学点，防止因布局调整造成学生辍学。学校布局调整要与危房改造、规范学制、城镇化发展、移民搬迁等统筹规划。调整后的校舍等资产要保证用于发展教育事业。在有需要又有条件的地方，可举办寄宿制学校。

14. 规范义务教育学制。“十五”期间，国家将整体设置九年义务教育课程。现实行“五三”学制的地区，2005 年基本完成向“六三”学制过渡。有条件的地方，可以实行九年一贯制。

15. 抓住西部大开发有利时机，推动贫困地区和少数民族地区义务教育发展。继续实施第二期“国家贫困地区义务教育工程”，省级人民政府也应制定相关政策，加大对贫困地区和少数民族地区义务教育的投入力度。继续实施“东部地区学校对口支援西部贫困地区学校工程”“大中城市学校对口支援本地贫困地区学校工程”。采取切实措施，加大对少数民族地区实施义务教育的支持力度，提高适龄儿童入学率。重视加强边境地区义务教育。继续办好内地“西藏班”“新疆班”。各级人民政府要完善并落实中小学助学金制度。从 2001 年开始，对贫困地区家庭经济困难的中小学生进行免费提供教科书制度的试点，在农村地区推广使用经济适用型教材。采取减免杂费、书本费、寄宿费等办法减轻家庭经济困难学生的负担。

16. 巩固扩大扫除青壮年文盲成果，大力推进贫困地区、少数民族和妇女扫除青壮年文盲工作。农村学校要积极参与扫除青壮年文盲工作，扫除青壮年文盲教育要与推广实用技术相结合。完善扫除青壮年文盲奖励机制，表彰先进。

三、深化教育教学改革，扎实推进素质教育

17. 实施素质教育，必须全面贯彻党的教育方针，认真落实《中共中央国务院关于深化教育改革全面推进素质教育的决定》（中发［1999］9 号），端正教育思想，转变教育观念，面向全体学生，加强学生思想品德教育，重视培养学生的创新精神和实践能力，为学生全面发展和终身发展奠定基础。

实施素质教育，促进学生德、智、体、美等全面发展，应当体现时代要求。要使学生具有爱国主义、集体主义精神，热爱社会主义，继承和发扬中华民族的优秀传统和革命传统；具有社会主义民主法制意识，遵守国家法律和社会公德；逐步形成正确的世界观、人生观和价值观；具有社会责任感，努力为人民服务；具有初步的创新精神、实践能力、科学和人文素养以及环境意识；具有适应终身学习的基础知识、基本技能和方法；具有健壮的体魄和良好的心理素质，养成健康的审美情趣和生活方式，成为有理想、有道德、有文化、有纪律的一代新人。

18. 切实增强德育工作的针对性、实效性和主动性。加强爱国主义、集体主义和社会主义教育，加强中华民族优良传统、革命传统教育和国防教育，加强思想品质和道德教育并贯穿于教育的全过程。主动适应新形势的要求，针对不同年龄学生的特点，调整和充实德育内容，改进德育工作的方式方法。

小学从行为习惯养成入手，重点进行社会公德教育，进行爱祖国、爱人民、爱劳动、爱科学、爱社会主义教育，联系实际对学生进行热爱家乡、热爱集体以及社会、生活常识教育。初中加强国情教育、法制教育、纪律教育和品格修养。高中阶段注重进行马列主义、毛泽东思想和邓小平理论基本观点教育。对中学生进行正确的世界观、人生观、价值观教育。要对中小学生进行民族团结教育。加强中小学生的心理健康教育。

丰富多彩的教育活动和社会实践活动是中小学德育的重要载体。小学以生动活泼的课内外教育教学活动为主，中学要加强社会实践环节。中小学校要设置多种服务岗位，让更多学生得到实践锻炼的机会。要将青少年校外活动场所建设纳入社区建设规划。各地要多渠道筹集资金，建设一批青少年学生活动场所和社会实践基地。建立、健全各级青少年学生校外教育联席会议或相应机构，加强对青少年学生校外教育工作的统筹和协调。大力加强校园文化建设，优化校园育人环境，使中小学成为弘扬正气、团结友爱、生动活泼、秩序井然的精神文明建设基地。

19. 加快构建符合素质教育要求的新的基础教育课程体系。适应社会发展和科技进步，根据不同年龄学生的认知规律，优化课程结构、调整课程门类、更新课程内容、引导学生积极主动学习。小学加强综合课程，初中分科课程与综合课程相结合，高中以分科课程为主。从小学起逐步按地区统一开设外语课，中小学增设信息技术教育课和综合实践活动，中学设置选修课。普通高中要设置技术类课程。中小学都要积极开展科学技术普及活动。加强劳动教育，积极组织中小学生参加力所能及的社会公益劳动，培养学生热爱劳动、热爱劳动人民的情感，掌握一定的劳动技能。

农村中学的课程设置要根据现代农业发展和农村产业结构调整的需要，深化“农科教相结合”和基础教育、职业教育、成人教育的“三教统筹”等项改革，试行“绿色证书”教育并与农业科技推广等结合。

实行国家、地方、学校三级课程管理。国家制定中小学课程发展总体规划，确定国家课程门类和课时，制定国家课程标准，宏观指导中小学课程实施。在保证实施国家课程的基础上，鼓励地方开发适应本地区的地方课程，学校可开发或选用适合本校特点的课程。探索课程持续发展的机制，组织专家、学者和经验丰富的中小学教师参与基础教育课程改革。

20. 贯彻“健康第一”的思想，切实提高学生体质和健康水平。增加体育课时并保证学生每天参加一小时体育活动。开展经常性小型多样的学生体育比赛，培养学生团队精神和顽强意志。加强传染病预防工作和学校饮食卫生管理，防止传染病流行和食物中毒事件发生。制定并实施学生体质健康标准。有条件的地区要推行“学生饮用奶计划”。

21. 中小学要按照国家规定开设艺术课程，提高艺术教育教学质量。充分挖掘社会艺术教育资源，因地制宜地开展经常性的、丰富多彩的校内外艺术活动。各级人民政府和有关部门要重视艺术教育教师队伍建设、场地建设和器材配备工作，保证学校艺术教育的必要条件。

22. 教材编写核准、教材审查实行国务院教育行政部门和省级教育行政部门两级管理，实行国家基本要求指导下的教材多样化。国务院教育行政部门负责核准国家课程的教材编写，审定国家课程的教材及跨省（自治区、直辖市）使用的地方课程的教材；省级教育行政部门负责地方课程教材编写的核准和教材的审定。经国务院教育行政部门授权，省级教育行政部门可审定部分国家课程的教材。

改革中小学教材指定出版的方式和单一渠道发行的体制，试行出版发行公开竞标的办法，做到“课前到书，人手一册”。制定中小学教材版式的国家标准，保证教材质量，降低教材成本和价格。

23. 积极开展教育教学改革和教育科学研究。继续重视基础知识、基本技能的教学并关注情感、态度的培养；充分利用各种课程资源，培养学生收集、处理和利用信息的能力；开展研究性学习，培养学生提出问题、研究问题、解决问题的能力；鼓励合作学习，促进学生之间相互交流、共同发展，促进师生教学相长。各地要建立教育教学改革实验区和实验学校，探索、实验并推广新课程教材和先进的教学方法。各地要建设一批实施素质教育的示范性普通高中。有条件的普通高中可与高等学校合作，探索创新人才培养的途径。

广大教师要积极参加教学实验和教育科研，教研机构要充分发挥教学研究、指导和服务等作用。高等师范院校、教育科研院所要积极参与基础教育课程教材改革和教学实验。

注意借鉴国外教学改革的先进经验。奖励并推广基础教育教学改革优秀成果。

24. 继续减轻中小学生过重的课业负担，尊重学生人格，遵循学生身心发展规律，保证中小学生身心健康成长。要加强教学管理，改进教学方法，提高教学质量。要丰富学生课余生活，组织好学生课外活动。

进一步加强对滥发学生用书、学具及其他学生用品的治理。任何部门和单位不得向学校搭售或强迫学校订购教辅材料，中小学校不得组织学生统一购买各种形式的教辅材料。

25. 改革考试评价和招生选拔制度。探索科学的评价办法，发现和发展学生的潜能，帮助学生树立自信心，促进学生积极主动地发展。改革考试内容和方法，小学成绩评定应实行等级制；中学部分学科实行开卷考试，重视实验操作能力考查。学校和教师不得公布学生考试成绩和按考试结果公开排名。推动各地积极改革省级普通高中毕业会考。要按照有助于高等学校选拔人才、有助于中学实施素质教育、有助于扩大高等学校办学自主权的原则，加强对学生能力和素质的考查，改革高等学校招生考试内容，探索多次机会、双向选择、综合评价的考试、选拔方式，推进高等学校招生考试和选拔制度改革。在科学研究、发明创造及其他方面有特殊才能并取得突出成绩的学生，免试进入高等学校学习。

26. 大力普及信息技术教育，以信息化带动教育现代化。各地要科学规划，全面推进，因地制宜，注重实效，以多种方式逐步实施中小学“校校通”工程。努力为学校配备多媒体教学设备、教育软件和接收我国卫星传送的教育节目的设备。有条件地区要统筹规划，实现学校与互联网的连接，开设信息技术课程，推进信息技术在教育教学中的应用。开发、建设共享的中小学教育资源库。加强学校信息网络管理，提供文明健康、积极向上的网络环境。

积极支持农村学校开展信息技术教育，国家将重点支持中西部贫困地区开展信息技术教育。

支持鼓励企业和社会各界对中小学教育信息化的投入。各级人民政府和教育行政部门要重视常规实验教学，因地制宜地加强中小学实验室、图书馆（室）及体育、艺术、劳动技术等教育设施的建设，并充分向学生开放，提高教学仪器设备、图书的使用效益。鼓励各地乡（镇）中小学建立中心实验室、图书馆等，辐射周边学校。

27. 要认真贯彻实施《中华人民共和国国家通用语言文字法》，进一步加强中小学推广普通话、用字规范化工作，推广普及国家通用语言文字，把普及普通话、用字规范化纳入教育教学要求，提高学生语言文字应用能力和规范意识。

四、完善教师教育体系，深化人事制度改革，大力加强中小学教师队伍建设

28. 建设一支高素质的教师队伍是扎实推进素质教育的关键。完善以现有师范院校为主体、其他高等学校共同参与、培养培训相衔接的开放的教师教育体系。加强师范院校的学科建设，鼓励综合性大学和其他非师范类高等学校举办教育院系或开设获得教师资格所需课程。支持西部地区师范院校的建设。以有条件的师范大学和综合性大学为依托建设一批开放式教师教育网络学院。

推进师范教育结构调整，逐步实现三级师范向二级师范的过渡。有条件的地区要培养具有专科学历的小学教师和本科学历初中教师，逐步提高高中教师的学历，扩大教育硕士的培养规模和招生范围。制订适应中小学实施素质教育需要的师资培养规格与课程计划，探索新的培养模式，加强教学实践环节，增强师范毕业生的教育教学与终身发展能力。

以转变教育观念，提高职业道德和教育教学水平为重点，紧密结合基础教育课程改革，加强中小学教师继续教育工作，健全教师培训制度，加强培训基地建设。加大信息技术、外语、艺术类和综合类课程师资的培训力度，应用优秀的教学软件，开展多媒体辅助教学。加强中青年教师的培训工作。

在教师培训中，要充分利用远程教育的方式，就地就近进行，以节省开支。对贫困地区教师应实行免费培训。

29. 加强骨干教师队伍建设。实施“跨世纪园丁工程”等教师培训计划，培养一大批在教育教学工作中起骨干、示范作用的优秀教师和一批教育名师。在教育对口支援工作中，援助地区的学校要为受援地区的学校培养、培训骨干教师。

30. 加强中小学教师编制管理。中央编制部门要会同教育、财政部门制定科学合理的中小学教职工编制标准。省级人民政府要按照国家有关规定和编制标准，根据本地实际情况，制定本地区的实施办法。各地要核定中小学教职工编制，规范学校内设机构和岗位设置，加强编制管理。对违反编制规定擅自增加教职工人数的，要严肃处理。

大力推进中小学人事制度改革。全面实施教师资格制度，严把教师进口关。优先录用师范院校毕业生到义务教育学校任教。高中教师的补充，在录用师范院校毕业生任教的同时，注意吸收具有教师资格的其他高等学校毕业生。推行教师聘任制，建立“能进能出、能上能下”的教师任用新机制。根据中小学教师的职业特点，实现教师职务聘任和岗位聘任的统一。建立激励机制，健全和完善考核制度，辞退不能履行职责的教师。

调整优化教师队伍。实施教师资格准入制度，严格教师资格条件，坚决辞退不具备教师资格的人员，逐步清退代课人员，精简、压缩中小学非教学人员。政府部门和事业单位不得占用或变相占用中小学教职工编制，清理各类“在编不在岗”人员。

31. 依法完善中小学教师和校长的管理体制。落实《中华人民共和国教师法》规定的中小学教师的管理权限。县级以上教育行政部门依法履行中小学教师的资格认定、招聘录用、职务评聘、培养培训和考核等管理职能。

改革中小学校长的选拔任用和管理制度。高级中学和完全中学校长一般由县级以上教育行政部门提名、考察或参与考察，按干部管理权限任用和聘任；其他中小学校长由县级教育行政部门选拔任用并归口管理。推行中小学校长聘任制，明确校长的任职资格，逐步建立校长公开招聘、竞争上岗的机制。实行校长任期制，可以连聘连任。积极推进校长职级制。

五、推进办学体制改革，促进社会力量办学健康发展

32. 基础教育以政府办学为主，积极鼓励社会力量办学。义务教育坚持以政府办学为主，社会力量办学为补充；学前教育以政府办园为骨干，积极鼓励社会力量举办幼儿园；普通高中教育在继续发展公办学校的同时，积极鼓励社会力量办学。

对民办学校在招生、教师职务评聘、教研活动、表彰奖励等方面与公办学校一视同仁。政府要对办学成绩显著者予以表彰奖励。社会力量举办的全日制中小学办学所得合法资金，在留足学校发展资金后，可适当安排经费奖励学校举办者。各级教育行政部门要加强对民办中小学、幼儿园教育教学的指导和监督，要认真审核其办学资格和条件，规范其办学行为，保证其全面贯彻党的教育方针。

33. 积极鼓励企业、社会团体和公民个人对基础教育捐赠，捐赠者享受国家有关优惠政策。对纳税人通过非营利的社会团体和国家机关向农村义务教育的捐赠，在应纳税所得额中全额扣除，具体办法另行制定。国家和地方对捐助基础教育有突出贡献的单位和个人予以表彰。

34. 稳妥地搞好国有企业中小学分离工作。制定政策，多渠道筹措资金，落实分离中小学的办学经费，保障企业所属中小学分离工作顺利实施。企业中小学的分离应尊重企业的意愿。

统筹安排好编制内具备教师资格的企业中小学教师。转由地方人民政府管理的企业中小学的校园、校舍、设施、设备等，不得挪用、侵占和截留，确保校产不流失。可通过办学体制改革的试验探索企业中小学分离形式。企业要继续办好未分离的中小学。

35. 加强对公办学校办学体制改革试验的领导和管理。公办学校办学体制改革要有利于改造薄弱学校，满足群众的教育需求，扩大优质教育资源。薄弱学校、国有企业所属中小学和政府新建的学校等，在保证国有资产不流失的前提下，可以进行按民办学校机制运行的改革试验。地方人民政府和教育行政部门要加强领导和管理，确保义务教育的实施和办学体制改革试验工作的健康开展。

六、加强领导，动员全社会关心支持，保障基础教育改革与发展的顺利进行

36. 各级人民政府要努力实践“三个代表”重要思想和实施科教兴国战略，宁可在别的方面忍耐一点儿，也要保证教育尤其是基础教育优先发展。要将基础教育工作列入议事日程，及时研究新情况、新问题，制定促进基础教育发展的措施，努力增加对基础教育的投入。

各级领导同志要经常深入中小学，了解情况，指导工作，帮助学校解决办学中的突出问题。要将基础教育工作的情况作为考核地方各级人民政府领导同志的重要内容。

各级人民政府及有关部门要认真履行各自的职责，切实将基础教育事业的发展纳入国民经济和社会发展计划，切实将基础教育作为基础设施建设和教育事业发展的重点领域，切实保障基础教育改革和发展的经费投入，切实保障中小学教师工资的足额按时发放，切实治理中小学乱收费，切实加强学校安全工作和周边治安环境的治理，切实加强青少年学生活动场所建设，切实加强文化市场的管理，为基础教育事业发展和青少年学生健康成长创造良好的条件和社会环境。

37. 坚持依法治教，完善基础教育法制建设。各级人民政府及有关部门要认真贯彻执行教育的有关法律、法规，提高依法治教意识，严格履行法律赋予的职责，完善行政执法监督机制，加大执法监督力度，加强学校管理，依法保障学校、教师和学生的合法权益。

将依法治教与以德治教紧密结合。各级教育行政部门和全体教育工作者，要提高以德治教的自觉性，不断加强职业道德建设，为人师表、教书育人、管理育人、服务育人、环境育人。学校教育要坚持把德育工作摆在素质教育的首要位置，以科学的理论武装人、以正确的舆论引导人、以高尚的精神塑造人、以优秀的作品鼓舞人，把学校建成社会主义精神文明建设的重要阵地。

38. 切实加强学校安全工作。各级人民政府及有关部门和学校要以对人民高度负责的态度，从维护社会稳定的大局出发，牢固树立“安全第一”的意识，建立、健全确保师生安全的各项规章制度。严格学校管理，狠抓落实，采取积极的预防措施，重点防范危及师生安全的危房倒塌、食物中毒、交通、溺水等事故。要重视和加强对师生的安全教育，增强安全防范意识和自我保护能力。尽快制定中小学生伤害事故处理的有关法规，建立、健全中小学安全工作责任制和事故责任追究制，确保师生人身安全和学校教育教学活动正常进行。切实维护学校及周边治安秩序，加强群防群治，警民合作，严厉打击扰乱学校治安的违法犯罪活动。

39. 加强和完善教育督导制度。坚持督政与督学相结合，继续做好贫困地区“两基”评估验收工作，保证验收质量；对已实现“两基”的地区，建立巩固提高工作的复查和督察制度。

积极开展对基础教育热点难点问题的专项督导检查。在推进实施素质教育工作中发挥教育督导工作的保障作用，建立对地区和学校实施素质教育的评价机制。“十五”期间，国家和地方对实施素质教育的先进地区、单位和个人进行表彰。

40. 重视家庭教育。通过家庭访问等多种方式与学生家长建立经常性联系，加强对家庭教育的指导，帮助家长树立正确的教育观念，为子女健康成长营造良好的家庭环境。工会、共青团、妇联等团体要开展丰富多彩的家庭教育活动。

学校要加强和社区的沟通与合作，充分利用社区资源，开展丰富多彩、文明健康的教育活动，营造有利于青少年学生健康成长的社区环境。

基础教育是全社会的共同事业。继续支持开展“希望工程”“春蕾计划”及城镇居民对农村贫困学生进行“一帮一”等多种形式的助学活动。新闻媒体要进一步加大对实施科教兴国战略，推进基础教育改革与发展的宣传力度。国家机关、企事业单位、社会团体等要发挥各自优势，共同努力，形成全社会关心、支持基础教育的良好社会氛围。

基础教育课程改革纲要（试行）

教基［2001］17号

改革开放以来，我国基础教育取得了辉煌成就，基础教育课程建设也取得了显著成绩。但是，我国基础教育总体水平还不高，原有的基础教育课程已不能完全适应时代发展的需要。为贯彻《中共中央国务院关于深化教育改革全面推进素质教育的决定》（中发［1999］9号）和《国务院关于基础教育改革与发展的决定》（国发［2001］21号），教育部决定，大力推进基础教育课程改革，调整和改革基础教育的课程体系、结构、内容，构建符合素质教育要求的新的基础教育课程体系。

新的课程体系涵盖幼儿教育、义务教育和普通高中教育。

一、课程改革的目标

1. 基础教育课程改革要以邓小平同志关于“教育要面向现代化，面向世界，面向未来”和江泽民同志“三个代表”重要思想为指导，全面贯彻党的教育方针，全面推进素质教育。

新课程的培养目标应体现时代要求。要使学生具有爱国主义、集体主义精神，热爱社会主义，继承和发扬中华民族的优秀传统和革命传统；具有社会主义民主法制意识，遵守国家法律和社会公德；逐步形成正确的世界观、人生观、价值观；具有社会责任感，努力为人民服务；具有初步的创新精神、实践能力、科学和人文素养以及环境意识；具有适应终身学习的基础知识、基本技能和方法；具有健壮的体魄和良好的心理素质，养成健康的审美情趣和生活方式，成为有理想、有道德、有文化、有纪律的一代新人。

2. 基础教育课程改革的具体目标。

改变课程过于注重知识传授的倾向，强调形成积极主动的学习态度，使获得基础知识与基本技能的过程同时成为学会学习和形成正确价值观的过程。

改变课程结构过于强调学科本位、科目过多和缺乏整合的现状，整体设置九年一贯的课程门类和课时比例，并设置综合课程，以适应不同地区和学生发展的需求，体现课程结构的均衡性、综合性和选择性。

改变课程内容“难、繁、偏、旧”和过于注重书本知识的现状，加强课程内容与学生生活以及现代社会和科技发展的联系，关注学生的学习兴趣和经验，精选终身学习必备的基础知识和技能。

改变课程实施过于强调接受学习、死记硬背、机械训练的现状，倡导学生主动参与、乐于探究、勤于动手，培养学生搜集和处理信息的能力、获取新知识的能力、分析和解决问题的能力以及交流与合作的能力。

改变课程评价过分强调甄别与选拔的功能，发挥评价促进学生发展、教师提高和改进教学实践的功能。

改变课程管理过于集中的状况，实行国家、地方、学校三级课程管理，增强课程对地方、学校及学生的适应性。

二、课程结构

3. 整体设置九年一贯的义务教育课程。

小学阶段以综合课程为主。小学低年级开设品德与生活、语文、数学、体育、艺术（或音乐、美术）等课程；小学中高年级开设品德与社会、语文、数学、科学、外语、综合实践活动、体育、艺术（或音乐、美术）等课程。

初中阶段设置分科与综合相结合的课程，主要包括思想品德、语文、数学、外语、科学（或物理、化学、生物）、历史与社会（或历史、地理）、体育与健康、艺术（或音乐、美术）以及综合实践活动。积极倡导各地选择综合课程。学校应努力创造条件开设选修课程。在义务教育阶段的语文、艺术、美术课中要加强写字教学。

4. 高中以分科课程为主。为使学生在普遍达到基本要求的前提下实现有个性的发展，课程标准应有不同水平的要求，在开设必修课的同时，设置丰富多样的选修课程，开设技术类课程。积极试行学分制管理。

5. 从小学至高中设置综合实践活动并作为必修课程，其内容主要包括：信息技术教育、研究性学习、社区服务与社会实践以及劳动与技术教育。强调学生通过实践，增强探究和创新意识，学习科学研究的方法，发展综合运用知识的能力。增进学校与社会的密切联系，培养学生的社会责任感。在课程的实施过程中，加强信息技术教育，培养学生利用信息技术的意识和能力。了解必要的通用技术和职业分工，形成初步技术能力。

6. 农村中学课程要为当地社会经济发展服务，在达到国家课程基本要求的同时，可根据现代农业发展和农村产业结构的调整，因地制宜地设置符合当地需要的课程，深化“农科教相结合”和“三教统筹”等项改革，试行通过“绿色证书”教育及其他技术培训获得“双证”的做法。城市普通中学也要逐步开设职业技术课程。

三、课程标准

7. 国家课程标准是教材编写、教学、评估和考试命题的依据，是国家管理和评价课程的基础。应体现国家对不同阶段的学生在知识与技能、过程与方法、情感态度与价值观等方面的基本要求，规定各门课程的性质、目标、内容框架，提出教学和评价建议。

8. 制定国家课程标准要依据各门课程的特点，结合具体内容，加强德育工作的针对性、实效性和主动性，对学生进行爱国主义、集体主义和社会主义教育，加强中华民族优良传统、革命传统教育和国防教育，加强思想品质和道德教育，引导学生树立正确的世界观、人生观和价值观；要倡导科学精神、科学态度和科学方法，引导学生创新与实践。

9. 幼儿园教育要依据幼儿身心发展的特点和教育规律，坚持保教结合和以游戏为基本活动的原则，与家庭和社区密切配合，培养幼儿良好的行为习惯，保护和启发幼儿的好奇心和求知欲，促进幼儿身心全面和谐发展。

义务教育课程标准应适应普及义务教育的要求，让绝大多数学生经过努力都能够达到，体现国家对公民素质的基本要求，着眼于培养学生终身学习的愿望和能力。

普通高中课程标准应在坚持使学生普遍达到基本要求的前提下，有一定的层次性和选择性，并开设选修课程，以利于学生获得更多的选择和发展的机会，为培养学生的生存能力、实践能力和创造能力打下良好的基础。

四、教学过程

10. 教师在教学过程中应与学生积极互动、共同发展，要处理好传授知识与培养能力的关系，注重培养学生的独立性和自主性，引导学生质疑、调查、探究，在实践中学习，促进学生在教师指导下主动地、富有个性地学习。教师应尊重学生的人格，关注个体差异，满足不同学生的学习需要，创设能引导学生主动参与的教育环境，激发学生的学习积极性，培养学生掌握和运用知识的态度和能力，使每个学生都能得到充分的发展。

11. 大力推进信息技术在教学过程中的普遍应用，促进信息技术与学科课程的整合，逐步实现教学内容的呈现方式、学生的学习方式、教师的教学方式和师生互动方式的变革，充分发挥信息技术的优势，为学生的学习和发展提供丰富多彩的教育环境和有力的学习工具。

五、教材开发与管理

12. 教材改革应有利于引导学生利用已有的知识与经验，主动探索知识的发生与发展，同时也应有利于教师创造性地进行教学。教材内容的选择应符合课程标准的要求，体现学生身心发展特点，反映社会、政治、经济、科技的发展需求；教材内容的组织应多样、生动，有利于学生探究，并提出观察、实验、操作、调查、讨论的建议。

积极开发并合理利用校内外各种课程资源。学校应充分发挥图书馆、实验室、专用教室及各类教学设施和实践基地的作用；广泛利用校外的图书馆、博物馆、展览馆、科技馆、工厂、农村、部队和科研院所等各种社会资源以及丰富的自然资源；积极利用并开发信息化课程资源。

13. 完善基础教育教材管理制度，实现教材的高质量与多样化。

实行国家基本要求指导下的教材多样化政策，鼓励有关机构、出版部门等依据国家课程标准组织编写中小学教材。建立教材编写的核准制度，教材编写者应根据教育部《关于中小学教材编写审定管理暂行办法》，向教育部申报，经资格核准通过后，方可编写。完善教材审查制度，除经教育部授权省级教材审查委员会外，按照国家课程标准编写的教材及跨省使用的地方课程的教材须经全国中小学教材审查委员会审查；地方教材须经省级教材审查委员会审查。教材审查实行编审分离。

改革中小学教材指定出版的方式和单一渠道发行的体制，严格遵循中小学教材版式的国家标准。教材的出版和发行试行公开竞标，国家免费提供的经济适用型教材实行政府采购，保证教材质量，降低价格。

加强对教材使用的管理。教育行政部门定期向学校和社会公布经审查通过的中小学教材目录，并逐步建立教材评价制度和在教育行政部门及专家指导下的教材选用制度。改革用行政手段指定使用教材的做法，严禁以不正当竞争手段推销教材。

六、课程评价

14. 建立促进学生全面发展的评价体系。评价不仅要关注学生的学业成绩，而且要发现和发展学生多方面的潜能，了解学生发展中的需求，帮助学生认识自我，建立自信。发挥评价的教育功能，促进学生在原有水平上的发展。

建立促进教师不断提高的评价体系。强调教师对自己教学行为的分析与反思，建立以教师自评为主，校长、教师、学生、家长共同参与的评价制度，使教师从多种渠道获得信息，不断提高教学水平。

建立促进课程不断发展的评价体系。周期性地对学校课程执行的情况、课程实施中的问题进行分析评估，调整课程内容、改进教学管理，形成课程不断革新的机制。

15. 继续改革和完善考试制度。

在已经普及九年义务教育的地区，实行小学毕业生免试就近升学的办法。鼓励各地中小学自行组织毕业考试。完善初中升高中的考试管理制度，考试内容应加强与社会实际和学生生活经验的联系，重视考查学生分析问题、解决问题的能力，部分学科可实行开卷考试。高中毕业会考改革方案由省级教育行政部门制定，继续实行会考的地方应突出水平考试的性质，减轻学生考试的负担。

高等学校招生考试制度改革，应与基础教育课程改革相衔接。要按照有助于高等学校选拔人才、有助于中学实施素质教育、有助于扩大高等学校办学自主权的原则，加强对学生能力和素质的考查，改革高等学校招生考试内容，探索提供多次机会、双向选择、综合评价的考试、选拔方式。

考试命题要依据课程标准，杜绝设置偏题、怪题的现象。教师应对每位学生的考试情况作出具体的分析指导，不得公布学生考试成绩和按考试成绩排列名次。

七、课程管理

16. 为保障和促进课程对不同地区、学校、学生的要求，实行国家、地方和学校三级课程管理。

教育部总体规划基础教育课程，制定基础教育课程管理政策，确定国家课程门类和课时。制定国家课程标准，积极试行新的课程评价制度。

省级教育行政部门依据国家课程管理政策和本地实际情况，制订本省（自治区、直辖市）实施国家课程的计划，规划地方课程，报教育部备案并组织实施。经教育部批准，省级教育行政部门可单独制订本省（自治区、直辖市）范围内使用的课程计划和课程标准。

学校在执行国家课程和地方课程的同时，应视当地社会、经济发展的具体情况，结合本校的传统和优势、学生的兴趣和需要，开发或选用适合本校的课程。各级教育行政部门要对课程的实施和开发进行指导和监督，学校有权利和责任反映在实施国家课程和地方课程中所遇到的问题。

八、教师的培养和培训

17. 师范院校和其他承担基础教育师资培养和培训任务的高等学校和培训机构应根据基础教育课程改革的目标与内容，调整培养目标、专业设置、课程结构，改革教学方法。中小学教师继续教育应以基础教育课程改革为核心内容。

地方教育行政部门应制订有效、持续的师资培训计划，教师进修培训机构要以实施新课程所必需的培训为主要任务，确保培训工作与新一轮课程改革的推进同步进行。

九、课程改革的组织与实施

18. 教育部领导并统筹管理全国基础教育课程改革工作；省级教育行政部门领导并规划本省（自治区、直辖市）的基础教育课程改革工作。

19. 基础教育课程改革是一项系统工程。应始终贯彻“先立后破，先实验后推广”的工作方针。各省（自治区、直辖市）都应建立课程改革实验区，实验区应分层推进，发挥示范、培训和指导的作用，加快实验区的滚动发展，为过渡到新课程做好准备。

基础教育课程改革必须坚持民主参与、科学决策的原则，积极鼓励高等院校、科研院所的专家、学者和中小学教师投身中小学课程教材改革；支持部分师范大学成立“基础教育课程研究中心”，开展中小学课程改革的研究工作，并积极参与基础教育课程改革实践；在教育行政部门的领导下，各中小学教研机构要把基础教育课程改革作为中心工作，充分发挥教学研究、指导和服务等作用，并与基础教育课程研究中心建立联系，发挥各自的优势，共同推进基础教育课程改革；建立教育部门、家长以及社会各界有效参与课程建设和学校管理的制度；积极发挥新闻媒体的作用，引导社会各界深入讨论、关心并支持课程改革。

20. 建立课程教材持续发展的保障机制。各级教育行政部门应设立基础教育课程改革的专项经费。

为使新课程体系在实验区顺利推进，教育部在高考、中考、课程设置等方面对实验区给予政策支持。对参加基础教育课程改革的单位、集体、个人所取得的优秀成果，予以奖励。

普通高中课程方案（实验）

中华人民共和国教育部制订

教基［2003］6号

普通高中课程方案以教育要“三个面向”的指示和“三个代表”重要思想为指导，坚持全面贯彻党的教育方针，认真落实《中共中央国务院关于深化教育改革全面推进素质教育的决定》和《国务院关于基础教育改革与发展的决定》，适应时代发展的需要，立足我国实际，借鉴国际课程改革的有益经验，大力推进教育创新，努力构建具有中国特色、充满活力的普通高中课程体系，为造就数以亿计的高素质劳动者、数以千万计的专门人才和一大批拔尖创新人才奠定基础。

一、普通高中教育的培养目标

普通高中教育是在九年义务教育基础上进一步提高国民素质、面向大众的基础教育。普通高中教育为学生的终身发展奠定基础。

普通高中教育应全面落实《国务院关于基础教育改革与发展的决定》所确定的基础教育培养目标，并特别强调使学生：初步形成正确的世界观、人生观、价值观。

热爱社会主义祖国，热爱中国共产党，自觉维护国家尊严和利益，继承中华民族的优秀传统，弘扬民族精神，有为民族振兴和社会进步作贡献的志向与愿望。

具有民主与法制意识，遵守国家法律和社会公德，维护社会正义，自觉行使公民的权利，履行公民的义务，对自己的行为负责，具有社会责任感。

具有终身学习的愿望和能力，掌握适应时代发展需要的基础知识和基本技能，学会收集、判断和处理信息，具有初步的科学与人文素养、环境意识、创新精神与实践能力。

具有强健的体魄、顽强的意志，形成积极健康的生活方式和审美情趣，初步具有独立生活的能力、职业意识、创业精神和人生规划能力。

正确认识自己，尊重他人，学会交流与合作，具有团队精神，理解文化的多样性，初步具有面向世界的开放意识。

为实现上述培养目标，普通高中课程应：

（1）精选终身学习必备的基础内容，增强与社会进步、科技发展、学生经验的联系，拓展视野，引导创新与实践。

（2）适应社会需求的多样化和学生全面而有个性的发展，构建重基础、多样化、有层次、综合性的课程结构。

（3）创设有利于引导学生主动学习的课程实施环境，提高学生自主学习、合作交流以及分析和解决问题的能力。

（4）建立发展性评价体系。改进校内评价，实行学生学业成绩与成长记录相结合的综合评价方式；建立教育质量监测机制。

（5）赋予学校合理而充分的课程自主权，为学校创造性地实施国家课程、因地制宜地开发学校课程，为学生有效选择课程提供保障。

二、课程结构

1. 课程结构

普通高中课程由学习领域、科目和模块三个层次构成。

（1）学习领域

高中课程设置了语言与文学、数学、人文与社会、科学、技术、艺术、体育与健康和综合实践活动八个学习领域。

设置学习领域能更好地反映现代科学综合化的趋势，有利于在学习领域的视野下研制各科课程标准，指导教师教学；有利于整体规划课程内容，提高学生的综合素养，体现对高中学生全面发展的要求；同时，要求学生每一学年在所有学习领域都获得一定学分，以防止学生过早偏科，避免科目过多，有利于学生全面发展。

（2）科目

每一领域由课程价值相近的若干科目组成。八个学习领域共包括语文、数学、外语（英语、日语、俄语等）、思想政治、历史、地理、物理、化学、生物、艺术（或音乐、美术）、体育与健康、技术等 12～13 个科目。其中技术、艺术是新增设的科目，艺术与音乐、美术并行设置，供学校选择。鼓励有条件的学校开设两种或多种外语。

（3）模块

每一科目由若干模块组成。模块之间既相互独立，又反映学科内容的逻辑联系。每一模块都有明确的教育目标，并围绕某一特定内容，整合学生经验和相关内容，构成相对完整的学习单元；每一模块都对教师教学行为和学生学习方式提出要求与建议。

模块的设置有利于解决学校科目设置相对稳定与现代科学迅

猛发展的矛盾，并便于适时调整课程内容；有利于学校充分利用场地、设备等资源，提供丰富多样的课程，为学校有特色的发展创造条件；有利于学校灵活安排课程，学生自主选择并及时调整课程，形成有个性的课程修习计划。

2. 课程设置及其说明

普通高中学制为三年。课程由必修和选修两部分构成，并通过学分描述学生的课程修习状况。具体设置如下：

<table>
<tr><th>学习领域</th><th>科目</th><th>必修学分
（共计 116 学分）</th><th>选修学分Ⅰ</th><th>选修学分Ⅱ</th></tr>
<tr><td rowspan="2">语言与文学</td><td>语文</td><td>10</td><td rowspan="16">根据社会对人才多样化的需求，适应学生不同潜能和发展的需要，在共同必修的基础上，各科课程标准分类别、分层次设置若干选修模块，供学生选择。</td><td rowspan="16">学校根据当地社会、经济、科技、文化发展的需要和学生的兴趣，开设若干选修模块，供学生选择。</td></tr>
<tr><td>外语</td><td>10</td></tr>
<tr><td>数学</td><td>数学</td><td>10</td></tr>
<tr><td rowspan="3">人文与社会</td><td>思想政治</td><td>8</td></tr>
<tr><td>历史</td><td>6</td></tr>
<tr><td rowspan="2">地理</td><td rowspan="2">6</td></tr>
<tr><td rowspan="4">科学</td></tr>
<tr><td>物理</td><td>6</td></tr>
<tr><td>化学</td><td>6</td></tr>
<tr><td>生物</td><td>6</td></tr>
<tr><td>技术</td><td>技术
（含信息技术和通用技术）</td><td>8</td></tr>
<tr><td>艺术</td><td>艺术或
音乐、美术</td><td>6</td></tr>
<tr><td>体育与健康</td><td>体育与健康</td><td>11</td></tr>
<tr><td rowspan="3">综合实践活动</td><td>研究性学习活动</td><td>15</td></tr>
<tr><td>社区服务</td><td>2</td></tr>
<tr><td>社会实践</td><td>6</td></tr>
</table>

说明：

（1）每学年 52 周，其中教学时间 40 周，社会实践 1 周，假期（包括寒暑假、节假日和农忙假）11 周。

（2）每学期分两段安排课程，每段 10 周，其中 9 周授课，1 周复习考试。每个模块通常为 36 学时，一般按一周 4 学时安排，可在一个学段内完成。

（3）学生学习一个模块并通过考核，可获得 2 学分（其中体育与健康、艺术、音乐、美术每个模块原则上为 18 学时，相当于 1 学分)，学分由学校认定。技术的 8 个必修学分中，信息技术和通用技术各 4 学分。

(4) 研究性学习活动是每个学生的必修课程，三年共计 15 学分。设置研究性学习活动旨在引导学生关注社会、经济、科技和生活中的问题，通过自主探究、亲身实践的过程综合地运用已有知识和经验解决问题，学会学习，培养学生的人文精神和科学素养。

此外，学生每学年必须参加 1 周的社会实践，获得 2 学分。三年中学生必须参加不少于 10 个工作日的社区服务，获得 2 学分。

(5) 学生毕业的学分要求：学生每学年在每个学习领域都必须获得一定学分，三年中获得 116 个必修学分（包括研究性学习活动 15 学分，社区服务 2 学分，社会实践 6 学分)，在选修 2 中至少获得 6 学分，总学分达到 144 方可毕业。

三、课程内容

高中课程内容的选择遵循如下基本原则：

时代性——课程内容的选择体现当代社会进步和科技发展，反映各学科的发展趋势，关注学生的经验，增强课程内容与社会生活的联系。同时，根据时代发展需要及时调整、更新。

基础性——强调掌握必需的经典知识及灵活运用的能力；注重培养学生浓厚的学习兴趣、旺盛的求知欲、积极的探索精神、坚持真理的态度；注重培养搜集和处理信息的能力、获取新知识的能力、分析和解决问题的能力、交流与合作的能力。高中课程内容既进一步提升所有学生的共同基础，同时更为每一位学生的发展奠定不同基础。

选择性——为适应社会对多样化人才的需求，满足不同学生的发展需要，在保证每个学生达到共同基础的前提下，各学科分类别、分层次设计了多样的、可供不同发展潜能学生选择的课程内容，以满足学生对课程的不同需求。

国家通过制定各科目课程标准规定高中课程的主要内容和要求。

四、课程实施与评价

1. 合理而有序地安排课程

高中一年级主要设置必修课程，逐步增设选修课程，学生可跨班级选修；高三下学期，学校应保证每个学生有必要的体育、艺术等活动时间，同时鼓励学生按照自己的兴趣和需要继续修习某些课程，获得一定学分，也可以安排总复习。

学校在保证开设好所有必修模块的同时，要积极创造条件，制定开设选修课程的规划，逐步开设丰富多彩的、高质量的选修课程。

为加强集体主义教育，发展学生的团队精神和合作意识，高中三年以行政班为单位进行学生管理，开展教育活动。

2. 建立选课指导制度，引导学生形成有个性的课程修习计划

学校要积极进行制度创新，建立行之有效的校内选课指导制度，避免学生选课的盲目性。学校应提供课程设置说明和选课指导手册，并在选课前及时提供给学生。班主任及其他教师有指导学生选课的责任，并与学生建立相对固定而长久的联系，为学生形成符合个人特点的、合理的课程修习计划提供指导和帮助。学校要引导家长正确对待和帮助学生选课。

学校要鼓励学生在感兴趣、有潜能的方面，选修更多的模块，使学生实现有个性的发展。

3. 建立以校为本的教学研究制度

学校应建立以校为本的教学研究制度，鼓励教师针对教学实践中的问题开展教学研究，重视不同学科教师的交流与研讨，建设有利于引导教师创造性实施课程的环境，使课程的实施过程成为教师专业成长的过程。学校应与教研部门、高等院校等建立联系，形成有力推动课程发展的专业咨询、指导和教师进修网络。

4. 充分挖掘课程资源，建立课程资源共享机制

为保障高中课程的实施，学校应加强课程资源建设，充分挖掘并有效利用校内现有课程资源。同时，大力加强校际之间以及学校与社区之间的合作，充分利用职业技术教育的资源，努力实现课程资源的共享。

学校课程的开发要因地制宜，努力为当地经济建设和社会发展服务，注重普通高中教育、职业技术教育与成人教育的融合与渗透。农村地区的高中学校要结合农村建设和发展的实际开发课程资源。

学校课程既可以由学校独立开发或联校开发，也可以联合高校、科研院所等共同开发；要积极利用和开发基于现代信息技术的课程资源，建立广泛而有效的课程资源网络。

5. 建立发展性评价制度

实行学生学业成绩与成长记录相结合的综合评价方式。学校应根据目标多元、方式多样、注重过程的评价原则，综合运用观察、交流、测验、实际操作、作品展示、自评与互评

等多种方式，为学生建立综合、动态的成长记录手册，全面反映学生的成长历程。教育行政部门要对高中教育质量进行监测。

福建省普通高中新课程地理学科教学实施指导意见（试行）

福建省普通高中新课程地理教学实施指导组

为贯彻落实教育部《基础教育课程改革纲要（试行）》《普通高中课程方案（实验）》和《普通高中地理课程标准（实验）》（以下简称《标准》），加强和改进高中地理学科教育教学工作，推进我省普通高中地理新课程的实施，结合我省实际，特提出福建省普通高中新课程地理学科教学实施指导意见。

一、领会课程理念

（一）在课程目标上注重培养学生必备的地理素养

培养现代公民必备的地理素养是高中地理课程的核心内容。地理素养是一个人由训练和实践而获得的地理知识、地理技能、地理能力、地理意识、地理情感等的有机构成与综合反映。地理素养的培养通过高中地理课程总目标的实现才能达到。而高中地理新课程目标在知识与技能维度上主要要求学生掌握基本知识和原理，获得地理学习与研究的基本技能；在过程与方法维度上，要求学生应用所学的地理知识对地理信息进行整理、分析及运用，通过对学习和生活中发现的问题进行探究，运用适当的方法和手段，表达、交流、反思自己地理学习和探究的体会、见解和成果，发展学生的地理思维能力，初步掌握学习和探究地理问题的基本方法和技术手段；在情感、态度与价值观维度上，重点在于激发学生探究地理问题的兴趣和动机，增强爱国主义情感，树立科学的人口观、资源观、环境观和可持续发展观，以提高学生的科学精神与人文素养。总之，高中地理课程目标是通过从知识与技能、过程与方法、情感、态度与价值观三个维度对学生加以培养，使学生具有掌握地理知识、运用地理技能、获取地理信息、探索地理问题、关爱乡土、关爱祖国、关爱全球、学会生存、学会学习与合作的素养及可持续发展的素养。

（二）课程结构上体现基础性、多样性与选择性

为满足学生不同的地理学习需要，高中地理课程设置了 3 个必修模块和 7 个选修模块，这些国家课程不仅体现基础性，而且也体现了多样性与选择性。在此基础上，可根据当地经济、社

会、文化发展的特点和学生的个性化学习需求，进一步开发配合高中地理教育的“地方”课程和“校本”课程。同时，要利用高中“综合实践活动”课程的时间与空间，开展地理与相关学科“携手”的研究性学习活动。此外，还可成立地理学习兴趣小组，以满足学有余力的学生的地理学习需要。

（三）在课程实施上重视对地理问题的探究

提高教师的“提问”质量，培养学生的问题意识与“提问”能力。课堂教学中教师运用多种教学方式，转变学生的学习方式；倡导自主学习、合作学习和探究学习式的学习方式，不断提高学生的地理学习能力。开展地理观测、地理考察、地理实验、地理调查和地理专题研究等实践活动，培养学生的实践能力，在发现问题和解决问题的实践中激发他们的潜能和创造力，促进学生素质的整体提高。

（四）在教学手段、教学资源上强调信息技术在地理学习中的应用

重视开发和应用以信息技术为基础的教学方法和教学手段，有条件的学校，要合理利用网络提供的地理信息资源，优化地理教学结构，突破时空障碍，为学生提供个性化的学习环境，创造性地开展地理教学活动，不断拓展教学视野，培养学生的地理信息技术和信息素养。

（五）在课程评价上注重学习过程与学习结果相结合的地理教学发展性评价

新课程评价既重视终结性评价，也重视过程性评价；强调实现地理学习评价目标多元化、评价手段的多样化；强调形成性评价与终结性评价相结合、定性评价与定量评价相结合、反思性评价与激励性评价相结合的地理学习评价。

二、理解课程结构

（一）高中地理课程结构

普通高中地理课程与九年义务教育地理课程相衔接，是高中阶段学生学习地球科学知识、认识人类活动与地理环境关系、进一步掌握地理学习和地理研究方法，树立可持续发展观的一门基础课程，跨“人文与社会”“科学”两个学习领域。

高中地理课程从兼顾社会、学科和学生这三个方面的因素出发，谋求基础性、时代性、选择性的互相统一和渗透整合，并力图将这一指导思想贯穿于整个高中地理课程框架设计、目标制定、内容选择、标准拟定、活动安排以及课堂教学方案设计和教学评价体系构建之中。

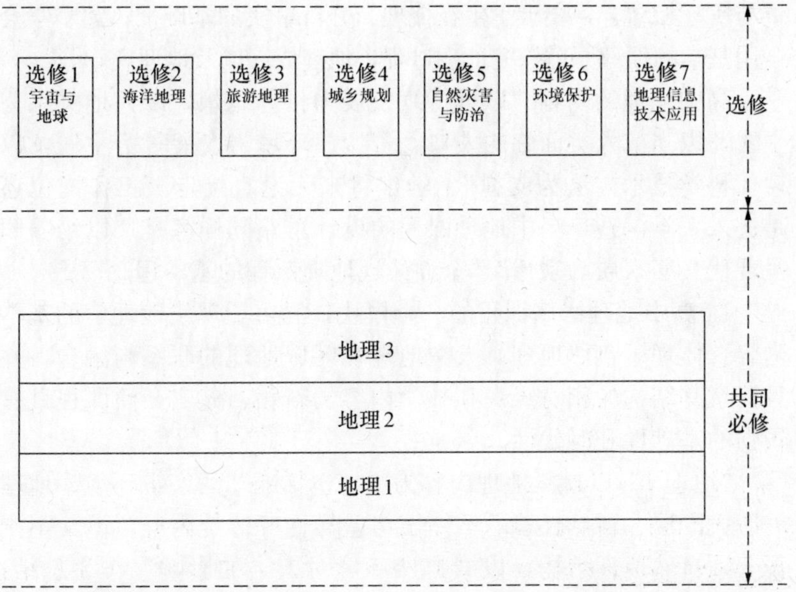

选修1 宇宙与地球	选修2 海洋地理	选修3 旅游地理	选修4 城乡规划	选修5 自然灾害与防治	选修6 环境保护	选修7 地理信息技术应用	选修
地理3							共同必修
地理2							
地理1							

高中地理课程共包含10个模块，其中“地理1”“地理2”“地理3”3个为共同必修模块；“宇宙与地球”“海洋地理”“旅游地理”“城乡规划”“自然灾害与防治”“环境保护”“地理信息技术应用”7个模块为选修模块。

在课程的必修与选修模块设置中，有以下基本思考：

1. 学生必须完成共同必修模块“地理1”“地理2”“地理3”3个模块的学习，各2学分，共获得6学分。

2. 完成必修模块的学习后，学生可根据学习兴趣、能力发展倾向、国家高考方案以及学校的条件，从下列三个方案中选择一个方案修习。

方案一	人文社会科学发展倾向的学生	必须从选修系列的7个模块中选择修习2～3个模块，各2学分，获得4～6学分。
方案二	理工科发展倾向的学生	鼓励有志于从事地学、环境、农林、水利、军事等相关专业的学生，从选修系列的7个模块中选择修习1～2个模块，各2学分，获得2～4学分。
方案三	综合发展倾向的学生（“大综合”高考）	有志于从事地学、环境、农林、水利、经济、管理、新闻、旅游、军事等相关专业的学生，可从选修系列的7个模块中选择修习2个模块，各2学分，获得4学分。

（二）课程模块说明

高中地理课程是基础教育地理课程体系的有机组成部分，“注重与实际相结合，要求学生在梳理、分析事实的基础上，逐步学会运用基本的地理原理探究地理过程、地理成因以及地理规律等”。

高中地理的内容“以可持续发展为指导思想，以人地关系为主线，以当前人类面临的人口、资源、环境、发展等为主题，以现代科学技术方法为支撑”。学生将来无论直接走上工作岗位还是进入大学深造，高中地理课程的设计思路同样都是“以培养国民现代文明素质为宗旨”“全面体现地理课程的基本理念”。

1. 高中地理必修课程的 3 个模块，涵盖了现代地理学的基本内容，体现了自然地理、人文地理和区域地理的联系与融合，并且注意其结构的相对统一和教学内容的新颖、充实，使课程具有较强的基础性和时代性。

“地理 1”以自然地理内容为主，包括地球的宇宙环境、地球的四大圈层、自然环境的整体性与差异性等传统内容，但又不拘泥于纯自然地理结构，以“自然环境对人类的影响”作为总结，紧扣可持续发展这一核心论题。

“地理 2”以人文地理内容为主，包括人口与城市、工农业区位因素等经典内容，但又不拘泥于纯人文地理结构，以“人类与地理环境的协调发展”结尾，阐述可持续发展的缘由、基本内涵和任务。

“地理 3”以区域作为载体，介绍区域同人类的关系、区域的开发整治等，同样紧扣可持续发展这一核心论题。最后还介绍体现时代气息的地理信息技术的应用，紧跟地理科学的时代步伐，顺应世界发展的潮流。

2. 高中地理选修课由“宇宙与地球”“海洋地理”“旅游地理”“城乡规划”“自然灾害与防治”“环境保护”“地理信息技术应用”7 个模块组成，除了个别模块以外，基本上是学习应用地理。

高中地理选修课所有的选修模块之间都没有递进关系而是平行的。《标准》对于选修课程的学习顺序不作具体规定，“选修课可以在必修课之前、之后或者同时开设”。

《标准》规定，除了因条件不具备可暂缓开设“地理信息技术应用”模块以外，其他的地理选修模块原则上各个学校都应开设。

三、把握内容标准

“内容标准”是《标准》中最重要的组成部分，它将地理“必修课程”和“选修课程”作为内容标准的两大部分，规定了学生高中地理课程的学习内容和学习目标。

“内容标准”与全日制普通高中地理教学大纲中的“教学内容和教学要求”一样，都具有规范课程内容的功能。但二者相比，“内容标准”在如下几个方面体现出特色：

（一）关于内容选择

《标准》中的内容选择瞄准当今世界及我国的重大问题、常见问题以及关乎国民利益和民众关心的焦点问题；瞄准地理科学发展的前沿；瞄准学生的学习兴趣和终身发展的需要。在保留地理学科经典知识、理论和方法的同时，删除“繁、难、偏、旧”的内容，引入了现代地理学的最新知识、观点、理论和科学研究方法。

（二）关于活动建议

在“活动建议”中，有大量的地理科学方法教育、学法指导和情感渗透，其目的是，在教学活动中，使知识与知识获得的背景和活动结合起来，为学生的实践、经历和体验提供机会，并使学生的知识与技能，过程与方法，情感、态度与价值观得到有序、和谐的发展。

“活动建议”是教师组织地理教学活动的参考性意见，属于弹性要求。教师在教学实施过程中，可根据当地和学校的条件以及学生的实际情况，灵活运用，并从“活动建议”中得到启发，拓宽设计思路，进行创造性劳动，组织更多有效的课内外地理活动。

（三）关于目标表述方式

“内容标准”为体现“以学生发展为本”的课程新理念，采用相关的行为动词对结果性目标和体验性目标进行表述，其行为的主体是学生。

结果性目标明确提出了学生的学习结果，主要用于“知识与技能”领域，表述时使用行为动词来测量评价。例如，在“绘制全球气压带、风带分布示意图，说出气压带、风带的分布，移动规律及其对气候的影响”“阐述太阳对地球的影响”“分析地球运动的地理意义”等条目中，通过行为动词“绘制”“说出”“阐述”“分析”提出了在知识技能上需要达成的学习目标。

体验性目标描述的是学生的心理感受和体验，主要呈现于“过程与方法”和“情感、态度与价值观”的目标中。例如，在“理解个人在环境保护中应具备的态度、责任和行为准则”“领悟走可持续发展之路是人类的必然选择；认识在可持续发展过程中，个人应具备的态度和责任”等条目中，通过“理解”“领悟”“认识”等行为动词提出体验性学习目标，其表述是体验性的、过程性的。

四、课程教学实施

（一）地理模块教学实施

1. 地理模块课程开设方案

根据《普通高中课程方案（实验）》和我省高中地理教学实

际情况，高中地理模块开设可采取：共同必修模块采用按学段安排课程或按学期安排课程两种开课模式；选修模块均采用按学段安排课程开课模式。具体方案如下：

方案一

	上学期		下学期	
	第一学段	第二学段	第一学段	第二学段
高一学年	必修 1	必修 2	必修 3	选修
高二学年	选修	选修	选修	选修
高三学年	选修	高三总复习		

方案二

	上学期		下学期	
	第一学段	第二学段	第一学段	第二学段
高一学年	必修 1	必修 1	必修 2	必修 3
高二学年	选修	选修	选修	选修
高三学年	选修	高三总复习		

方案三

	上学期		下学期	
	第一学段	第二学段	第一学段	第二学段
高一学年	必修 1	必修 1	必修 2	必修 2
高二学年	必修 3 选修	必修 3 选修	选修	选修
高三学年	选修	高三总复习		

按学段安排课程模式，每周 4 学时，一个学段完成一个模块的教学任务；按学期安排课程模式，每周 2 学时，一个学期两个学段完成一个模块的教学任务。

按学段安排课程模式，在相对较短、较集中的时段内完成整个模块的教学。这种教学安排模式的优势是并行开设的学科必修课程相对较少，学生并行学习的科目数量负担相对较轻，课余时间较多。不足之处是要求学生在相对短的时间内基本上能够吸收、消化地理原理和基本过程的知识，这对刚进入高中阶段学习的学生素质提出了较高要求。按学期安排课程模式，由于与以往旧课程排课相似，学校管理与教师较容易适应，比较适合多数学校师资人员数量、设备和设施等基本要求。但这种课程设置模式由于并行开设的学科必修课程相对较多，学生并行学习的科目数量负担相对较重，课余时间较少，又对学生学习的效果构成了较大压力。建议各校根据自己的实际条件，在上述方案中选择一种方案。

2. 地理模块课程开设的说明

（1）高中地理课程由共同必修课程与选修课程组成。必修课程由“地理1”“地理2”“地理3”（各2学分，36学时）3个模块组成。这3个必修模块是递进关系，必须依次开设。“地理1”“地理2”“地理3”既相对独立，又相互联系构成一个整体，这3个模块都紧紧围绕可持续发展理论展开，体现了现代地理学的常识性、基础性和素养性。

（2）高中地理选修课程由“宇宙与地球”“海洋地理”“旅游地理”“城乡规划”“自然灾害与防治”“环境保护”“地理信息技术应用”（各2学分，36学时）7个模块组成。这些选修模块涉及地理学的理论、应用、技术等各个层面，选择的内容大多关注人们生产、生活与地理密切相关的领域，突显地理学的学科特点与应用价值，并且有些选修模块的设置是以目前中学地理教学界的教学实践为依据，以高中学生的兴趣爱好为出发点，目的是开阔学生的视野，发展学生的个性特长，进一步提高学生的科学精神与人文素养。选修模块内容是平行关系，《标准》对于选修课程学习顺序不作具体规定，即任何一门地理选修模块都可以在高一、高二或者高三开设。建议各校在一个学段内可同时开设若干个选修模块供学生选择，选修模块开设顺序由各校根据具体情况自主决定。各校应发挥自身优势尽量开齐所有模块，并让尽可能多的学生选修。

（3）学校可根据《标准》的精神，结合本校实际情况，灵活处理地理必修课和选修1、选修2（校本课程）的开设。为保障“地理3”模块的教学顺利开展，学校可积极尝试在开设“地理3”之前或同时，开设地理选修2“海洋地理”校本课程。

（4）所有高中学生都必须修完3个地理必修模块课程，并获得6个学分。理科方向发展的学生，可选学“宇宙与地球”“海洋地理”“自然灾害与防治”“环境保护”等自然地理模块，既获得了毕业必需的学分，又为继续深造奠定了知识基础。文科方向发展的学生，必须在选修课程的6个模块中，至少选择2个模块进行学习，并获得相应的学分。

（5）开设“地理信息技术应用”是《标准》“强调信息技术在地理学习中的应用”的具体体现。但鉴于地理新课程实验亟待解决的问题很多，当前师资、设备、场地等条件不具备开设该课程的条件。因此，首次进入高中新课程实验年级的高考内容暂不涉及该模块。

（二）教学中应注意的几个问题

1. 将地理课程标准具体化为课堂教与学目标和教学知识框架

（1）教师首先要有扎实的结构化的学科知识与学科化的教育学心理学知识。例如，地理基本知识（培养现代公民必备的人口、资源、环境、发展等基本问题及以谋求经济、社会、生态相互协调的可持续发展内容为核心的地理知识，特别是地理基本概念、地理基本过程、地理基本原理、地理基本规律）、地理基本技能（地理观测观察，地理实验，地理调查，阅读、绘制、运用地理图表）、地理基本能力（主动探究地理问题的意识和能力，获取地理信息的意识和能力，地理判断、解释、预测与评价能力，地理表述能力）、地理研究基本方法（地理观察、区域分析与综合、地理比较等）、地理情感（地理学习兴趣、地理学习动机、地理学习意志、文化情操、地理审美情趣等）、地理态度（科学精神与人文关怀的统一）、地理意识（空间意识、环境意识、全球意识等）与地理价值观（人口观、资源观、环境观和发展观等）。

（2）教学目标应涵盖知识与技能，过程与方法，情感、态度与价值观三个维度的要求。知识与技能体现了《标准》的双基要求，过程与方法侧重于学习能力的培养，以及蕴涵其中的情感态度与价值观是未来社会公民素养的重要组成部分。高中地理教学应在充分体现知识与能力目标的同时，保证学生在掌握知识培养能力的过程中体验与习得情感、态度和价值观，让情感、态度和价值观的知识内化成学生道德智慧、意志品质与行为习惯，实现知识与技能，过程与方法和情感、态度与价值观的有机结合。

（3）《标准》是制定教学目标的根本依据，但是不能把《标准》中的“课程内容标准”等同于教学目标。我们要将教学目标具体化为学生学习所要达到的目标，即知识层面的“了解”“理解”“应用”等（老教师特别要注意防止思维定式，对照新旧大纲与《标准》之间的区别，坚决删节传统教材中“繁、难、偏、旧”内容），技能层面的“模仿”“独立操作 ”“迁移”等，过程与方法和情感、态度与价值观的“经历（感受）”“反应（认同）”“领悟（内化）”等；同时，我们还要将地理课程标准具体化为课堂教学的知识框架，从某种意义上来说，新教材没有教师参与的提纲挈领式升华总结，仅靠学生自己是比较困难的，所以在教学中教师最终要以结构化、系统化的知识来参与学生的知识体系建构。

2. 将教材内容与结构具体化为教学资源与程序

（1）理清教科书编写思路。教科书通过“设计情景、引发问题”，将静态知识内化为学生自主学习的驱动力；通过“提供信息，安排活动”将文字、图像、问题等内容信息化、活动化，为学生自主学习、合作学习和探究学习搭建起平台，实现了知识与技能、过程与方法的有机整合，在深刻领悟和体验过程中，使学生的情感得到进一步升华。而“阅读材料”“单元活动”等，又为学生拓展视野、提升能力、继续深造奠定了坚实基础。

（2）紧扣《标准》要求，创造性重组、生成教学内容。高中新课程改革一大特色是原则性的《标准》、多版本的教材，它给老师提供了多元化的选择，同时也给老师带来选择的难度，需要教师更多的创造性劳动。例如：高中地理新课程极其重视案例教学，针对各种案例分析教学。案例的选择极其重要，样本取样有无代表性、真实性，体现的规律原理是否具有普遍性、时代性，地理事象与原理规律之间是否具有逻辑性、表征性，案例本身是否具有挑战性、趣味性，也就是说案例是否具备探究价值这是首先要考虑的问题，课本上的案例并非是唯一的，其所表述的地理事实本身也并不需要学生原原本本的识记，为此，教师可以比较各版本教材案例或身边乡土典型事例或时事热点事件，选择确定最适合所教学生进行探究的案例和与案例紧密联系的系列材料，并在教学过程中创造性重组、生成教学内容。

3. 将课程改革理念具体化为教学行为策略

（1）领会新课程倡导的课堂行为的转变方式。新课程倡导的课堂行为的转变方式，就学生学习性质而言，从过去注重以记忆模仿为特征的接受学习转而重视以理解创造为特征的发现学习；就学习过程而言，从过去注重现成知识的内化转而重视由事实归纳结论，再内化为认知结构，重视直觉感悟与逻辑推理相结合的探究过程，个性化与公理化相结合的发展过程；就教学流程而言，从过去注重教师引出问题—归纳总结—模仿练习—巩固记忆转而注重设立情境—发现探究—归纳分享—建构体系—实践体验；就课堂管理而言，从过去以指令与服从为特征的教师权威型转而建议与采纳为特征的顾问型和以参与与合作为特征的同伴型。

（2）要给学生以充分的时间与宽松的空间，进行探究，分享发现，合作总结。对具有探究价值的核心地理问题，教师完全可以根据学生原有知识存量与能力水平以及课堂实际，进行与之相适应的积极旁观、线索提示或启发步骤直至结论呈现。但无论如何，学生探究过程是不能省略的，或长或短，或成功或失败，在某种程度上来说并不重要，重要的是探究的体验、探究方法的习得。因此，学生能发现什么就实说什么，能感悟多少就交流多少，教师要善于等待，不要急于设圈套、硬启发、亮观点。同时，透过地理事象所揭示的地理原理与规律，必须要求学生理解记忆，这既是课堂的知识技能目标，也是方法与过程以及情感、态度与价值观的不可或缺的载体。

(3) 为学生自主合作探究拓展途径。教师应有的放矢地延伸课堂，让对某个地理问题感兴趣的学生能在课后继续探究，教师要以顾问的身份进行合理的人员组织、必要的方法指导和信息咨询服务，并建立有效的反馈途径与激励机制，使地理课堂教学活动自然延伸成为实践性的合作探究学习活动。

(4) 根据教学内容性质以及校情、学情实事求是地确定教学方式。严格地说，讲解法、演示法、问答法、讨论法、活动法、自学法等各种教学方式都有它适用的时间与对象。一般而言，地理事实性知识较适合自学法、问答法等，地理原理性知识较适合讨论法、演示法、讲解法等，地理程序性知识较适合活动法、演示法等，我们一定要避免从一个极端走到另外一个极端。

4. 充分发挥地理观察、实验、实践活动的教育功能

(1) 教师首先要善于进行知识整合，在理解《标准》深刻内涵、洞察学情校情的基础上，将具有应用价值的地理内容案例化、情境化、活动化。

(2) 教师要重在引导学生透过案例、情境的具体事实即要透过地理事象探究其所蕴涵的地理原理与规律，注重学生的思维训练和方法体验。

(3) 鼓励学生自主组合，形成合作团队，并由团队成员民主推出召集人，适当分工，将所获得的地理原理与规律指导实际生产与生活实践，经文献检索、观测观察、实地验证、调查访谈、发现问题、提出假设、实践创新、综合论证、成果展示等，让学生在行动中体验，在体验中学习，在学习中内化，在内化中习惯，在习惯中成功。

(4) 教师要善于通过积极旁观、适时反馈，促进学生提高自己的元认知能力即自知之明、自控之能、自主之行。为此，教师要全面提升自己的教育素养，增强新课改理念行动力，整合升华教与学指导经验，进一步加深对学科知识的理解程度。

5. 重视地理信息技术的应用

教师要积极推动信息技术与地理学习的整合，营造有利于学生形成地理信息意识和能力的教学环境。教师要合理使用地理教学信息资源，重视开发和应用以信息技术为基础的教学方法和教学手段，培养学生的学习能力。有条件的学校，要合理

利用网络提供的地理信息资源、电子地图和信息技术优化地理教学结构。

（三）尊重学生发展需要，指导学生自主选择课程模块

高中地理课程为学生提供了多样化的课程模块，给学生的学习以较大的选择空间。教师一方面要鼓励学生根据国家规定的课程方案和毕业要求，以及各自的潜能和兴趣爱好，制订地理学习计划，自主选择地理课程模块；另一方面要深入了解学生的学习基础、已有的地理知识水平、能力发展水平以及兴趣、爱好和潜能，对学生选择学习课程模块和安排学习顺序给予指导。

选课指导时，教师要让学生充分了解所开设的选修课程的主要内容、要求和特点，并且让学生明白，选课既是为了满足自己当前的学习需要，也是为了锻炼自己，学习自我规划。教师要帮助学生了解社会发展状况和趋势，指导学生制订适合自己的课程修习计划和个人发展计划。教师在指导学生选课的过程中，要综合考虑以下因素：

1. 学生的个性特征（包括性格、兴趣爱好、特长与潜能、发展意向）；

2. 学生的学习背景（包括学业成绩、知识结构、成长记录）；

3. 学生家长对子女的期望（包括专业和职业的选择）；

4. 社会背景（包括招生、就业、人才需求）；

5. 学校实际（包括师资、设备、场地、地域特点）。

五、课程教学评价

教学评价是以教学目标为依据，运用可操作的科学手段，通过系统地收集有关的教学信息，对教学活动的过程和结果作出价值上的判断。教学评价在课程实施中具有教育导向和质量监控的重要作用。通过教学评价可提高教学的成效，促进课程目标的实现。新课程教学评价的特点是要注重评价的过程性、多元性、多样性和发展性。

（一）教师教学评价

教师教学评价的目的是激励教师不断提高教育教学能力，帮助教师成长。通过评价促进地理教师课程执行能力、课程开发能力、课程创新能力的形成和发展。强调地理教师要对自己的教学行为进行分析与反思。学校要建立以地理教师自评为主，校长、教师、学生、家长共同参与的评价机制，使地理教师以多种渠道获得信息，不断调整、改进教学方法，提高教学水平。

课堂是教学的主阵地，因此要注重对教师进行课堂教学评价（可参照下表）。

普通高中地理课堂教学评价指标（试用）

评价项目		评价等级			
		优秀	良好	合格	不合格
教学目标	1. 符合课程标准的程度				
	2. 符合学生实际的程度				
	3. 符合可操作的程度				
学习条件	4. 学习环境的创设				
	5. 学习资源的开发利用				
学习活动的指导与调控	6. 学习指导的范围和有效度				
	7. 教学过程调控的范围和有效度				
学生活动	8. 学生参与活动的态度				
	9. 学生参与活动的广度				
	10. 学生参与活动的深度				
课堂气氛	11. 课堂气氛的宽松程度				
	12. 课堂气氛的融洽程度				
教学效果	13. 目标达成度				
	14. 解决问题的灵活性				
	15. 学生的精神状态				
教师素养	16. 语言表达和板书				
	17. 教师精神面貌				
	18. 其他教学基本功				
学科特色	19. 读图、用图、绘图等技能训练				
	20. 合理组织地理考察与实践活动				
评价陈述					

（二）学生学习评价

学生学习评价是为了发挥其激励与发展功能，使学生从评价中获得成功的体验，激发学习兴趣，积极参与学习活动，提高地理学习水平。学生学习评价要注重过程性评价和终结性评价相结合。

1. 过程性评价

过程性评价是指在地理教学活动中进行的评价，其目的在于及时反馈信息，发现存在的问题与缺陷，并以此为依据修改、完善教学方案或帮助学生改进学习。过程性评价的形式很多，一般有学生成长记录、学习成绩检测、非正式评价等，如地理课堂学习评价、单元检测评价、地理实践活动评价、学生地理学习档案等。从操作层面上看，建议教师将学生地理课内、课外评价结果与学生阶段性测试成绩综合在一起，共同构成过程性评价的成绩。

（1）地理课堂学习评价

学生地理课堂学习评价是地理课程过程性评价的重要内容。对学生地理课堂活动情况进行评价，旨在让教师反思自己的教学行为，调控自己的教学状态，改进自己教学活动的方式、方法，提高教学效益。

地理课堂学习评价表

班级＿＿＿＿＿　学生姓名＿＿＿＿＿　评价者＿＿＿＿＿

评价项目		评价等级		
一级指标	二级指标	A	B	C
学习态度	1. 学习意义认识明确			
	2. 学习自主意识较强			
	3. 团队合作精神好			
学习习惯和方法	4. 学习习惯良好			
	5. 正确选择学习方法			
	6. 优化学习策略			
回答与解决问题	7. 善于独立思考			
	8. 积极主动发言			
	9. 创造性解决问题			
学习成果	10. 及时完成作业			
	11. 注重探究过程			
	12. 培养学习能力			
评价语				

备注：1. 评价等级（在相应栏中打“√”）：A＝好，B＝中，C＝有待改进。
2. 评价者包括学生、教师等。

（2）单元检测评价

单元检测评价是地理教师组织的在一章或一个单元学习完毕后进行的学习成绩检测，它可以在比较短的时间内普遍地检查每个学生的学习质量。单元检测要紧扣《标准》的目标要求，突出重点，全面考查。在测验后教师要对试卷进行批阅和点评，使学生尽快了解得失的原因；对成绩不达标的学生，要实行针对性的补偿矫正，及时弥补学生学习中的缺陷。

（3）地理实践活动评价

对学生进行地理实践活动评价，也是过程性评价的主要内容之一。评价学生地理实践活动情况，可以参考学生地理实践活动评价表。

学生地理实践活动评价表

班级______ 学生姓名______ 评价者______

评价指标		评价等级		
		A	B	C
准备阶段	1. 参与活动热情高			
	2. 制订方案切实可行			
	3. 团队合作意识强			
实施阶段	4. 善于提出与发现问题			
	5. 收集过程材料翔实			
	6. 独立思考与探究问题			
	7. 研究成果新颖独到			
反馈阶段	8. 反思学习过程与探究方法			
	9. 增强地理学习兴趣			
评价语				

备注：1. 评价等级（在相应栏中打“√”）：A=好，B=中，C=有待改进。
2. 评价者包括学生、教师等。

（4）学生地理学习档案

学生地理学习档案是地理教师有意识地收集学生地理学习学业成绩、地理作品以及其他有关地理学习的相关证据，以反映学生在地理学习领域的努力程度、进步程度和成就而设计的。也就是说，是用来收集和记录学生个人、教师、家长和同学作出的地理学习评价的有关材料，目的是判断学生的地理学习能力，以监控学生的成长过程。

地理学习档案目录

序号	档 案 内 容	小 结
1	入学地理考试成绩记录	
2	地理学习行为记录（学习态度、习惯、爱好、方法等）	
3	地理作业样本	
4	自我鉴定、家长观察记录、教师评语等	
5	测验成绩、学生自评成绩、同学互评成绩等	
6	地理课外实践活动成绩、地理作品等	
7	地理竞赛奖励证书与表彰证书，社区实践活动等	
8	其他地理学业成绩标志性成果	
备注		

2. 终结性评价

终结性评价是对已制订好的地理教育方案、计划、课程等的整体效益做全面鉴定所进行的测评。它主要着眼于对整个地理教育教学阶段（一个模块）或部分阶段（几个单元）学习成果进行全面的评定。与过程性评价相比，它涵盖的范围较广，其测评的重点是具有广泛迁移效果和学生后续学习所必须掌握的地理知识和技能。

阶段测评是在学完一个模块或学完几个单元的整体知识后，

由学校或上级教研部门命题，由学校组织的成绩检测考试。它一般要求学生全面地复习并进一步理解已学过的知识，形成完整的知识体系并牢固掌握它。

（三）学分认定评价

学分认定评价是高中新课程的重要特征之一。学校是高中学生学分认定的主要权力机构。一般是在某一模块（必修或选修）学习结束后，由学校或各级教育行政部门统一组织命题与考试后，学校或教师根据考试成绩结合《标准》来认定的，其目的是验证学生是否达到了《标准》所规定的课程目标的要求。

学生地理课程模块学业成绩报告单

<table>
<tr><td colspan="3" rowspan="2">项目</td><td colspan="4">教师评价</td><td rowspan="11">自我评语：

学生签名：
年　月　日</td></tr>
<tr><td>优秀</td><td>良好</td><td>一般</td><td>待提高</td></tr>
<tr><td rowspan="14">日常学习</td><td rowspan="6">课堂学习</td><td>发言的主动性</td><td></td><td></td><td></td><td></td></tr>
<tr><td>信息综合运用学习</td><td></td><td></td><td></td><td></td></tr>
<tr><td>质疑学习</td><td></td><td></td><td></td><td></td></tr>
<tr><td>合作学习</td><td></td><td></td><td></td><td></td></tr>
<tr><td>自主学习</td><td></td><td></td><td></td><td></td></tr>
<tr><td>个性化学习</td><td></td><td></td><td></td><td></td></tr>
<tr><td rowspan="3">作业练习</td><td>按时完成</td><td></td><td></td><td></td><td></td></tr>
<tr><td>独立完成</td><td></td><td></td><td></td><td></td></tr>
<tr><td>正确率</td><td></td><td></td><td></td><td></td></tr>
<tr><td rowspan="5">地理活动</td><td>兴趣、好奇心</td><td></td><td></td><td></td><td></td><td rowspan="5">教师寄语：

教师签名：
年　月　日</td></tr>
<tr><td>投入程度</td><td></td><td></td><td></td><td></td></tr>
<tr><td>合作态度</td><td></td><td></td><td></td><td></td></tr>
<tr><td>意志力</td><td></td><td></td><td></td><td></td></tr>
<tr><td>探索精神</td><td></td><td></td><td></td><td></td></tr>
<tr><td rowspan="7">模块成绩与项目成果</td><td rowspan="3">知识技能</td><td>识记</td><td colspan="2" rowspan="2">测验成绩</td><td colspan="2" rowspan="2">获得学分</td><td rowspan="7">家长寄语：

家长签名：
年　月　日</td></tr>
<tr><td>理解</td></tr>
<tr><td>应用</td><td colspan="2"></td><td colspan="2"></td></tr>
<tr><td rowspan="4">项目成果</td><td>综合性</td><td colspan="4" rowspan="4">（等第制）</td></tr>
<tr><td>完整性</td></tr>
<tr><td>应用性</td></tr>
<tr><td>创新性</td></tr>
</table>

六、课程资源开发与利用

树立科学的地理课程资源观，强化地理课程资源意识，对于高中地理新课程的实施至关重要。地理教师要确立“教师是最重要的课程资源”的理念，不断提高自身素质，从各校实际出发，因地制宜地充分开发与合理利用地理课程资源，注重教学过程中师生互动的课程资源动态生成，丰富地理课程内容，增强地理教学活力，把地理课程资源的开发与利用纳入地理课程实施计划，各级高中课改样本校及各类优秀地理教师应为建立校际课程资源的共建与共享机制作出更多的贡献，从而为学生的多样选择性学习需要提供丰富多彩的课程资源。

（一）积极建设和充分利用学校地理课程资源库

注重学校地理课程资源的调查，分门别类地建立地理课程资源档案，并逐步建立地理课程资源库。教师结合学校的实际、学生的学习需要及师生自身的经历和体验，不断提高学校地理课程资源的利用率。

1. 教科书是学生学习地理课程的最基本的课程资源。但是，教科书并非唯一的课程资源。教师要创造性地“用教科书教”，重视选用版本教科书的“再开发”，注意吸收其他版本教科书的特色精华，实现合理重组与优化整合。

2. 教学所需的挂图、模型、标本、实验器材、图书资料、电教器材、教学实践场所等都是学校重要的地理课程资源。其中，必备的设备和教学用图有：地球仪、等高线地形模型、幻灯机、投影仪、投影图片、天文望远镜、主要岩石和矿物标本，各种有关的政区图、自然地理图、经济地理图、专题要素图、景观图等。

3. 学校所在地区的地理要素、地理景观、主要地理事物等，也是学校地理课程资源库的重要组成部分。

4. 优质配套教辅资料也是不可忽视的地理课程资源。学校、教师应依据《标准》要求，立足实际精选。

5. 学校要注重地理课程资源的积累和更新。除添置必要的地理教学图书、设备以外，还应自制各种地理教具、学具，开发各种地理教学软件，不断扩大地理课程资源库的容量。在有条件的学校，要逐步完善地理信息技术教学所需的软硬件设备（空间定位系统接收机、遥感图像、地理信息系统软件及相关的硬件设备等），提高地理课程资源库的质量，以适应社会发展、科技进步和地理教学自身发展的需要。

6. 学校要加强地理教学设施的建设，要求配置地理专用教室，有条件的学校建设多媒体网络化的地理专用教室。

7. 教师应鼓励和指导学生组织地理兴趣小组，开展天文、气象、地质地貌等丰富多彩的地理观测和观察活动；鼓励学生编辑地理小报、墙报、板报，布置地理橱窗；鼓励学生利用学校广播站或有线电视网、校园网传播自编的地理节目。

（二）合理开发校外地理课程资源

校外丰富的地理课程资源是校内资源的重要补充，学校要善于挖掘和合理开发社区地理课程资源，注重回归生活实际，有效支持学校地理课程发展。

1. 校外地理课程资源丰富多样，包括青少年活动中心、地理教育基地、图书馆、科技馆、气象台、地震台、水文站、天文馆、博物馆、陈列馆、展览馆和主题公园，科研单位、大专院校、政府有关部门，广播、电视、报刊、网络等信息媒体，区域自然地理环境和人文景观，等等。学校、教师要加强与社会各界的沟通联系，寻求多方合作，针对城镇与乡村、沿海与山区的地理环境特点，合理开发利用校外地理课程资源。

2. 加强学校与社区的合作，把乡土地理作为综合性学习的载体，让学生体验生活化地理。学校、教师要组织和引导学生走进大自然，参与社区服务与社会实践，开展参观、调查、考察、旅行等活动，逐步创建地理实习基地，邀请相关人士进行演讲和座谈。

3. 加强区域间、学校间的合作与交流，建立、健全校内外课程资源的共建共享机制，构建开放式地理课程。

（三）加快网络地理课程资源的开发与利用

学校和教师要努力创造条件并充分利用网络地理课程资源为地理教学服务，同时也要积极参与网络地理课程资源的开发与建设，努力实现现代信息技术与地理课程的有效整合。教师要善于通过网络（包括影视资源）获取地理课程有效信息，借助地理网站进行教学反思与交流研讨，从而不断丰富网络地理课程资源。教师要指导学生合理选择和有效利用网络资源，增长地理见识，拓展地理视野，改进学习方式。网络地理课程资源既可以由学校、教师开发，也可以联合高校、科研院所、教研部门等共同开发，努力构建区域性地理课程资源网站，促进现代信息技术背景下的教师专业发展和学生全面发展。

七、课程实施保障措施

为使高中地理新课程的实施工作在各地各校顺利推进，各地各校应加强领导，在师资培训、专家指导、利用与开发课程资源、校本教研、教学管理、专项督导评估、设立专项经费、奖励先进、鞭策落后等方面提供一系列政策与措施上的保障。

（一）加强组织管理，建立和完善督导制度

各级教育行政部门和教研部门要根据各地的实际，加强对本地区以及各校高中地理新课程实施工作的督导评估，要对实施过程跟踪调研、检查和监督，及时反馈情况、及时解决实施过程中出现的问题和遇到的困难，注意总结经验，发现典型，加以推广。各校要认真做好对本校高中地理新课程实施工作的自我评估，努力改进工作，不断提高实施水平，确保新课程的实施能健康有序地开展。

（二）建立与新课程相关的教研制度

各校应建立以校为本的教学研究制度，健全并完善集体备课制度，以课堂教学为突破口，进行地理学科新课程的教学研究。充分发挥集体智慧，围绕课程标准共同探讨教学方法，制订教学计划，并通过说课的形式交流教学设计，积极参与开展校内或校际间的地理新课程教学设计的课题研究。

各校应设立高中地理新课程实施的专项经费，对在新课程实施工作中作出突出贡献、取得优秀成绩的集体、个人，应予以奖励。

（三）成立专家指导小组，建立教师培训制度，提高教师培训效益

发挥我省各市、区地理特级教师、学科带头人等骨干教师的带头作用，成立“地理新课程实验推进研究小组”，通过多种形式交流体现高中地理新课程理念的行之有效的经验与做法，研讨新课程实施过程中出现的实际问题，寻找解决的对策。

各地应建立地理教师分级全员培训制度，设立培训基地，提供多种展示平台，促进教师交流和资源共享；除了岗前培训，还应实施岗中培训，以专题研究、专业研修、示范校观摩与研讨的形式，解决实践中产生的、依靠学校或教师难以解决的问题。

江苏省普通高中地理课程改革实施指导意见（试行）

江苏省教育厅

苏教基［2005］24 号

江苏省从 2005 年秋自高中一年级开始进行新一轮普通高中课程改革实验，这是江苏省基础教育迎接 21 世纪挑战的又一项重大决策。普通高中教育的培养目标是通过《普通高中课程方案

（实验）》设置的所有课程发挥的整体教育功能来实现的。地理课程是普通高中设置的一门学科课程，属于国家课程。地理课程与其他高中课程互相配合，对于实现普通高中教育的培养目标，具有独特的不可替代的作用。课程改革的关键在于实施。为贯彻落实《江苏省普通高中课程改革实施方案（试行）》，特制定《江苏省普通高中地理课程改革实施指导意见（试行）》。

一、指导思想和总体目标

普通高中地理课程与九年义务教育阶段课程相衔接，是高中阶段学生学习地球科学知识、认识人类活动与地理环境的关系、进一步掌握地理学习和地理研究方法、树立可持续发展观的一门基础课程，跨“人文与社会”和“科学”两个学习领域。高中地理课程由必修课程与选修课程组成。

普通高中地理新课程的实施以教育要“三个面向”和“三个代表”重要思想为指导，坚持全面贯彻党的教育方针，坚持科学发展观，认真落实《普通高中地理课程标准（实验）》的各项要求，努力适应时代发展的需要，立足江苏的实际，借鉴国内外高中地理课程改革的有益经验，积极稳妥而富有创造性地推动普通高中地理新课程在江苏的全面实施。

普通高中地理新课程实施的总体目标是：全面体现《普通高中地理课程标准（实验）》提出的课程的基本理念，落实课程目标，达成课程标准；提高地理新课程实施水平，充分发挥高中地理课程在普通高中课程体系中为促进学生的终身发展、全面而有个性的发展的独特作用，进一步提高全省中学地理教师的思想道德素质和专业化水平，大力促进全省高中地理课程教育教学质量的提高，全面提升全省高中生的地理素养和现代文明素质；在实践和理论上积极探索和总结高中地理新课程实施的经验，为进一步构建和完善具有中国特色、充满活力的普通高中地理课程体系作出江苏应有的贡献。

二、推进普通高中地理新课程的实施步骤

实现高中地理新课程实施的总体目标，不可能一蹴而就，需要有计划、分阶段、按步骤地进行。实施高中地理新课程，必须加强工作的计划性，科学合理地统筹规划不同阶段的主要工作任务，使各个阶段的工作任务具体明确，做到有章可循、按章办事，并在实施过程中适时加以调整和完善。

2005～2008 年是全省高中地理新课程实施的关键时期。不同学年工作的特点和中心有所不同，其实施步骤大致可分为前期准备、实施启动、调控推进、深化完善四个阶段。各个阶段的工作

不是截然分开的，既有联系又有区别，不要绝对化。

1. 前期准备阶段（2005 年秋季开学之前）

（1）着重抓好岗前师资培训工作，为高中地理新课程的全面实施打下较为坚实的师资基础。高中地理新课程的师资培训工作必须做到“先培训、后上岗；不培训、不上岗”。凡是首批担任高中地理新课程教学的教师，在秋季开学前，应先对全校地理教师进行说课试讲，听取大家的建议，然后修订教案才可进课堂。

（2）省、市分别成立相应的“普通高中地理课程改革专家指导小组”。省、市“普通高中地理课程改革专家指导小组”对高中地理新课程的实施情况进行调研，并发挥在教学研究、信息交流、咨询服务和专业指导等方面的作用。各市专家指导小组要及时向省专家指导小组通报本市的实施情况，提供典型经验，反映各种意见和建议。

（3）研究制定相应的规章制度。各市、县（市、区）应在对本地区高中地理教学现状调查研究的基础上，研究制定与普通高中地理新课程实施相关的师资培训、教材使用、校本教研、评估督导等规章制度。

（4）根据江苏省教育厅颁布的新的普通高中课程设置方案，各校做好高中地理新课程的周课时安排。

2. 实施启动阶段（2005 年 9 月～2006 年 7 月）

（1）广泛开展以校为本的师资培训，建立起新型的教师培训模式。各校应把省、市、县（市、区）培训与校本培训结合起来，把培训与教研教学结合起来，要求地理教师人人参与校本培训。

（2）以课题研究带动校本教学研究的开展。高中地理新课程的实施要坚持教科研的引领作用，加强课题研究，并以课题研究推动校本教研，群策群力，集思广益，提高校本教研工作的针对性和实效性。各地各校尤其要加强对高中地理新课程课堂教学评价、学生学习评价的研究，研制操作性强、指示简明、方法易行的《普通高中地理新课程教学评价方案》。

（3）以先进典型推动高中地理新课程的实施。从调查研究入手，各市确定一所作为高中地理新课程实施基地的学校，充分发挥地理学科基地典型示范、培训和指导的作用。总结取得的阶段性成果，召开经验交流会、表彰会，举办学生学习成果展示，评选优秀教学论文、优秀教学设计、活动方案、优秀课、精彩教学片断和多媒体课件等活动。

（4）探索建立在诚信基础上的高中地理课程学分管理机制，

确保各校学分认定的权威性和真实性。遵循客观、公正、透明的原则，严格学分认定标准、程序，规范操作过程，严禁学分认定中弄虚作假的行为。

（5）加强督导评估。要定期不定期地对各市、县（市、区）、各校高中地理新课程的实施进行督查、评估与指导。

（6）研究并进行高中地理新课程考试改革试验。

3. 调控推进阶段（2006 年 9 月～2007 年 7 月）

（1）总结经验，反思调控。在总结前两个阶段工作得失的基础上，针对遇到的问题和存在的不足，提出相应的整改措施。

（2）启动属于选修学分Ⅰ的地理选修课程。

（3）各校根据《江苏省普通高中学分管理指导意见（试行）》，并在广泛吸取各地高中地理新课程教学评价、考试改革的经验和研究成果的基础上，研制《普通高中学生地理学业成绩评价及学分管理方案（试行）》。

4. 深化完善阶段（2007 年 9 月～2008 年 7 月）

（1）研究制订《江苏省普通高中地理新课程实施评估方案（试行）》。

（2）对各市、各校高中地理新课程的实施工作进行全面系统的评估，全面修订和完善实施工作的方案和措施。

（3）探究江苏省高考新方案对高中地理教学的影响，研究提出相应的策略。

（4）全面系统地对《普通高中地理课程标准（实验）》和不同版本的实验教科书提出进一步修改和完善的建议，并反馈给相关部门。

（5）规划部署 2008 年秋季开学后的工作。

三、坚持把转变地理教师的教育教学观念放在新课程实施的首位

课程理念是课程实施的行动指南。课程理念体现了课程的性质和目标追求，集中反映了课程的价值取向，居于课程的核心地位。高中地理新课程的实施，关键在于进一步转变实施者的教育教学观念。高中地理新课程倡导的基本理念要求每位地理教师从根本上转变高中地理教育的价值观、课程观、学生观、知识观以及课程管理与评价观。《普通高中地理课程标准（实验）》是普通高中地理教材编写、教学、评估和考试命题的依据，是管理和评价高中地理课程的基础。在认真学习《普通高中地理课程标准（实验）》和钻研实验教材的基础上，理解与把握高中地理新课程的基本理念，并把高中地理新课程的基本理念转化为每个地理教师的信念和行动，使自己的教育教学思想随着时代的前进、地理教学的实践和课程理论的发展而不断进步。每个地理教师都要充满实施新课程的紧迫感、使命感，树立进一步转变教育教学观念的意识，努力在继承中创新、开拓、前进。地理教师在实施高中地理新课程的实践中，要始终坚持把转变教育教学观念放在首位，自觉努力促使自己变革教育教学观念，将自己的角色重新定位，不能仅满足于做一个地理知识与技能的传授者，还要成为学生学习地理的研究者、指导者和合作者，创设民主平等、共同发展的师生关系。

四、以课堂教学改革为重点，进一步促进地理教师教学方式和学生地理学习方式的转变

课堂教学是课程实施的主要途径，教学方式和学习方式是课程的基本要素。高中地理新课程改革的理念与实施策略最终都需要落实到课堂教学中，体现在教学活动中。进一步促进地理教师教学方式和学生地理学习方式的转变，对于地理新课程的实施具有战略性的意义。实施以培养学生的创新精神和实践能力为重点的素质教育，呼唤改变教师以传授知识技能为主的教学方式和学生以被动接受知识技能为主的学习方式。教师的教学方式和学生的学习方式两者是相辅相成的，教师的教学方式服务于学生的学习方式。学是教的出发点，要求学生改变学习方式，必然要求教师改变教学方式。教师的教学方式要有利于促进学生在教师指导下主动地、富有个性地学习；有利于学生养成获取对终身发展必备的基本素养的学习方式，克服死记硬背、机械被动、脱离社会、脱离生活经验的学习方式。高中地理新课程的教学要体现课程改革的理念、目标与实施策略，需要地理教师在教学过程中针对高中学生的心理发展规律和不同的学习需要，积极探索和引导学生灵活运用自主学习、合作学习、探究学习等多样化的学习方式，提高学生自主学习、合作交流、批判性思考以及分析和解决地理问题的能力。高中地理新课程的教学应把知识与技能、过程与方法、情感态度与价值观融为一个有机的整体，激发学生学习地理的积极性，进一步培养学生掌握和运用地理知识的态度和能力。地理教师要积极探索课堂教学改革，在设计教学时要充分考虑：(1)引导学生形成正确的地理观念；(2)指导学生开展观察、实践、探索和研究活动；(3)采用适应学生个别差异的教学方式；(4)发展学生的批判性思维和创新性思维；(5)重视地理教学信息资源和信息技术的利用。

五、建立普通高中地理选课指导制度

《普通高中课程方案（实验）》指出："建立选课指导制度，引导学生形成有个性的课程修习计划。”学校在保证开设好地理必修课程的同时，要制定并落实开设由“宇宙与地球”“海洋地理”“自然灾害与防治”“旅游地理”“城乡规划”“环境保护”“地理信息技术应用”7个模块组成的地理选修课程的规划。鼓励有条件的学校根据当地社会、经济、科技、文化发展的需要和学生的兴趣，开设属于选修学分Ⅱ的地理校本课程。地理校本课程是因地制宜，因校制宜，充分利用当地和学校的课程资源，以学校为基地开发的、可供学生自主选择的地理课程。地理校本课程的开发实施采用模块的方式，各模块的学时和学分设置与国家课程必修、选修模块的规定相同。学校要建立行之有效的地理选课指导制度，尊重学生的兴趣和选择，既要避免学生选课的盲目性和随意性，也要避免教师的包办代替，让学生在自主选择中健康成长，实现有个性的发展。学校应提供地理课程设置说明和地理选课指导手册，并在选课前及时提供给学生。地理教师负责指导学生选择地理选修课程，帮助学生形成自己的地理学习计划，成为学生“选课的咨询人员”，并与学生建立相对固定的联系，为学生形成符合个人特点的、合理的地理课程修习计划提供指导和帮助。有志于从事地学、环境、农林、水利、经济、管理、新闻、旅游、军事等相关专业的学生，建议在地理选修课程中修满4学分。

六、加强对高中地理新课程教学评价的研究，建立和逐步完善地理教学发展性评价体系

教学评价在课程的实施中具有教育导向与质量监控的重要作用。在对高中地理新课程教学评价进行深入研究的基础上，建立和逐步完善地理教学发展性评价体系，充分发挥地理教学发展性评价的教育功能，促进教师、学生在原有水平上的发展，对于积极推动地理新课程的实施至关重要。

建立促进地理教师专业发展的评价体系。要全面、科学、准确地评价地理教师的教学工作，将教师教学工作与教师专业发展评价统一起来。通过评价促进地理教师课程执行能力、课程开发能力、课程创新能力的形成和发展。强调地理教师对自己教学行为的分析与反思，建立以地理教师自评为主，校长、教师、学生、家长共同参与的评价机制，使地理教师从多种渠道获得信息，不断提高教学水平。

建立促进学生地理学习，提高学习水平的评价体系。地理学习评价是为了发挥其激励与发展功能，使学生从评价中获得成功的体验，激发学习兴趣，积极参与学习活动，提高地理学习水平。“注重学习过程评价和学习结果评价的结合。重视反映学生发展状况的过程性评价，实现评价目标多元化、评价手段多样化，强调形成性评价与终结性评价相结合、定性评价与定量评价相结合、反思性评价与激励性评价相结合”，既是高中地理新课程的基本理念之一，也是高中地理新课程学习发展性评价的基本原则。通过地理学习发展性评价体系的建立和逐步完善，科学引导地理新课程的实施。

地理学习评价，要在知识与技能评价的基础上，关注对学生价值判断能力、批判性思考能力、社会责任感、人生规划能力形成状况的评价。在教学活动和学习评价中，要重过程、重应用、重体验、重全员参与。教师可以从教学实际出发，注意和重视使用下列发展性评价方法：(1)对地理知识理解与应用的评价；(2)对地理技能形成与运用的评价；(3)对地理科学方法掌握及探究活动质量的评价；(4)对地理学习活动中情感、态度与价值观形成的评价；(5)注重评价方式的多样化和针对性。

考试评价是教学评价的重要组成部分，考试评价要符合课程改革的方向，方式要灵活多样。要积极稳妥地推进高中地理考试的改革，逐步实现变单一的书面笔试为灵活多样的考试方式，侧重考查学生地理学习和解决地理问题的能力；减少封闭型试题的数量，增加开放探究性试题；考试内容应加强与社会实际和学生生活经验的联系。地理学习评价除了书面测验、口头表达、作业、小论文展示、地理图表的绘制与分析等常用评价方式外，还要关注学生在讨论、实地观察、探究等学习活动中的表现与反应，并给予必要、及时、适当的鼓励性评价和指导性评价。要重视学生的自评和互评。各校都应实行学生地理学业成绩与地理学习档案相结合的综合、动态的评价方式，全面反映学生学习高中地理的历程。地理学习档案就是根据地理课程目标，有意识地将学生的相关作品及其他有关证据收集起来，通过合理的分析与解释，真实反映学生在地理学习与发展过程中的优势与不足，真实反映学生在达到课程目标过程中付出的努力与进步，并通过学生的自我反思激励学生取得更大的进步。地理学习发展性评价结果建议采用评语和等级评价相结合的方式。

七、充分利用与开发地理课程资源，建立校内校外地理课程资源的协调和共享机制

课程资源是课程实施的必要条件。高中地理新课程的实施，对利用与开发地理课程资源提出了新的要求。普通高中地理课程标准和教材是高中地理课程资源最基本的组成部分，是高中地理新课程的基本素材和课程实施的基本条件之一。但地理课程资源不是只有课程标准和教材，要改变把地理教材作为唯一的地理课程资源的观念，合理构建开放式地理课程的结构和功能。要充分利用与开发地理课程资源，丰富高中地理课程内容，增强地理教学活力。

1. 积极建设学校地理课程资源库

通过调查，掌握学校地理课程资源的情况，分门别类地建立地理课程资源档案，并逐步建立地理课程资源库。

教科书以及教学所需的挂图、模型、标本、实验器材、图书资料、电教器材、教学实践场所等都是学校重要的地理课程资源。其中，必备的设备和教学用图有：地球仪、等高线地形模型、幻灯机、投影仪、投影图片、天文望远镜、主要岩石和矿物标本；各种有关的政区图、自然地理图、经济地理图、专题要素图、景观图等。

此外，学校所在地区的地理要素、地理景观、主要地理事物等，也是学校地理课程资源库的重要组成部分。

应注重地理课程资源的积累和更新。除添置必要的地理教学图书、设备以外，还应自制各种地理教具、学具，开发各种地理教学软件，不断扩大地理课程资源库的容量。在有条件的学校，要逐步完善地理信息技术教学所需的软硬件设备（空间定位系统接收机、遥感图像、地理信息系统软件及相关的硬件设备等），提高地理课程资源库的质量，以适应社会发展、科技进步和地理教学自身发展的需要。

2. 充分利用学校地理课程资源

教师要结合学校的实际和学生的学习需要，充分利用学校已有的地理课程资源，以及可用于课程教学的师生自身的经历和体验。

教师应鼓励和指导学生组织地理兴趣小组，开展天文、气象、地质地貌等丰富多彩的地理观测和观察活动；鼓励学生编辑地理小报、墙报、板报，布置地理橱窗；鼓励学生利用学校广播站或有线电视网、校园网传播自编的地理节目。

学校要加强地理教学设施的建设，要求配置地理教学专用教室，同时要逐步创建地理实习基地。

3. 合理开发校外地理课程资源

校外地理课程资源丰富多样，包括青少年活动中心、地理教育基地、图书馆、科技馆、气象台、天文馆、博物馆、陈列馆、展览馆和主题公园，科研单位、大专院校、政府有关部门，广播、电视、报刊、网络等信息媒体，区域自然地理环境和人文景观，等等。教师要加强与社会各界的沟通联系，寻求多方合作，合理开发利用校外地理课程资源。

教师要组织和引导学生走进大自然，参与社会实践，开展参观、调查、考察、旅行等活动，邀请相关人士进行演讲和座谈。

4. 积极发挥网络资源的作用

要大力加强校际之间以及学校与社区之间的合作，充分利用各种网络资源，努力实现地理课程资源的共建和共享。教师要充分利用网络资源为地理教学服务，同时也要积极参与网络资源的建设，运用网络技术贡献自己的教学经验和成果，使之成为网络资源的一部分。还要鼓励学生学会合理选择和有效利用网络资源，从而增加和丰富自己学习地理的经验。地理课程资源既可以由学校开发或联校开发，也可以联合高校、科研院所、教研部门等共同开发；要积极利用和开发基于现代信息技术的地理课程资源，建立广泛而有效的地理课程资源网络。

八、建立高中地理新课程的教师培训制度，有计划、有步骤地开展各级各类高中地理新课程的教师培训工作

推进高中地理新课程的实施，地理教师起着关键性作用。搞好高中地理新课程教师的培训工作，是顺利实施高中地理新课程的重要前提，贯穿于整个实施工作之中，需要常抓不懈。为形成适应高中地理新课程实施需要的、有利于地理教师专业主动发展的机制，各校应建立以校为本的教师培训制度。各地各校应对高中地理新课程的教师培训进行规划和部署，做到有计划、有步骤地开展各级各类高中地理新课程的师资培训工作。新课程教师培训是一项系统工程。与高中地理新课程的基本理念相适应，高中地理教师新课程的培训，要坚持参与性、主动性、发展性原则和“边培训、边实施、边研究、边总结、边提高、边开发”的原则。高中地理新课程的培训主要以集中与分散相结合，省与地方、学校相结合，指导与服务相结合，培训与教研相结合的形式，开展灵活多样的研修活动，实现高中地理新课程教师“全员培训”“全面培训”“全程培训”的目标。培训方式采取专题报告、讨论、研修、案例分析等多种方式，确保培训工作的有效进行。

培训的主要内容应覆盖四部分：(1)普通高中课程方案通识培训——主要是使教师从对国内外高中课程发展的了解中，认识和理解我国普通高中新课程的培养目标、课程结构、课程内容、实施与评价策略等，使教师深入认识高中新课程的教育价值和创新点、实施难点，做好实施新课程的思想准备。(2)地理课程标准培训——指导教师解读地理课程标准，使教师从地理学科课程改革中理解课程标准，提升教师的课程意识和课程建设与开发的能力，力求在教学行动中体现出课程标准的教育理念。(3)地理新教材的培训——为教师创造性地理解、把握和使用教材提供指导。(4)地理专业知识与技能的培训——对地理新课程中增加的新内容和技能进行专业培训，为地理教师的专业化学习和发展提供系统有序的指导。高中地理教师也应加强自我规划、自我研修、自我反思，不断提高教学能力和业务水平。

高中地理新课程的培训，应当注意整合培训资源，充分发挥课程专家、地理课程标准的研制者、教材编写者、高校地理教师、地理教研人员、中学骨干地理教师的合力作用。所有高中地理教师都应积极参加系统的地理新课程的培训，在一种新的培训情境中走进地理新课程，走进实践与理论、思考与行动、学习与发展互动的教师专业生活，与地理新课程共同成长。

九、建立以校为本的地理教学研究制度，加强省、市、县(市、区)、学校地理教研网络的建设，促进地理教师的专业发展

高中地理新课程蕴涵着教学即研究的教学理念。学校应建立以校为本的地理教学研究制度，鼓励地理教师“为改进自己的教学而研究，针对自己的教学问题而研究，在自己的教学过程中开展研究”。要努力建设有利于引导地理教师创造性实施地理新课程的环境，使地理新课程的实施过程成为地理教师专业成长的过程。立足于通过制度化、规范化的校本教学研究来提高地理教师的专业水平，并不是要求学校自我封闭，而要强调开展合作式与开放式的校本教学研究，在合作与开放中解决自身存在的地理教研问题，形成和发展学校地理教学的特色。学校应与教研部门、有关高等院校等建立联系，形成推动地理新课程发展的专业咨询、指导和教师进修网络。要加强省、市、县（市、区)、学校地理教研网络的建设，为学校地理新课程的教学提供优质服务，促进地理教师的专业成长。省、市、县（市、区）教研室和学校应将地理校本教研纳入教研工作计划，建立学校、教师积极参与地理教研的民主管理机制，以教研推动地理新课程的实施，引导教师将地理新课程实施中出现的热点和难点问题作为研究课题，在校本教研中提升教师的专业水平和研究水平。

十、建立高中地理新课程实施工作持续发展的保障机制

为使高中地理新课程的实施工作在各地各校顺利推进，各地各校应加强领导，在师资培训、专家指导、利用与开发课程资源、校本教研、教学管理、专项督导评估、设立专项经费、奖励先进、鞭策后进等方面提供一系列政策与措施上的保障。

各级教育行政部门和教研部门要根据各地的实际，加强对本地区以及各校高中地理新课程实施工作的督导评估。要对实施过程跟踪调研，检查和监督，及时反馈情况，及时解决实施过程中出现的问题和困难，注意总结经验，发现典型，加以推广。各校要认真做好对本校高中地理新课程实施工作的自我评估，努力改进工作，不断提高实施水平，确保新课程的实施能健康有序地开展。

各校应设立高中地理新课程实施的专项经费。对在高中地理新课程实施工作中作出突出贡献，取得优秀成绩的集体、个人，应予以奖励。

各地高中地理新课程的实施应建立教育行政部门、教研部门、专家学者、地理教师、学生、家长以及社会各界广泛参与、密切配合的有效机制。

2008 年普通高等学校招生全国统一考试
文科综合科考试大纲的说明（地理科）节录

Ⅰ. 考试性质

普通高等学校招生全国统一考试是合格的高中毕业生和具有同等学力的考生参加的选拔性考试。高等学校根据考生成绩，按已确定的招生计划，德、智、体全面衡量，择优录取。因此，高考应具有较高的信度、效度，必要的区分度和适当的难度。

Ⅱ. 考试内容

一、考核目标与要求

文科综合能力测试强调对历史、地理、政治各学科知识的整体、综合把握。测试既反映学科和学科间的联系，又注重多层次、多角度分析、解决问题的思维能力。

据此，本大纲拟订了“文科综合能力测试”的考核目标与要求。其中“考核目标”即综合测试的能力目标，“要求”是分别对每一考核目标不同层次和水平的界定。

要求 目标	Ⅰ	Ⅱ	Ⅲ
获取和解读信息	获取试题提供的信息，理解试题要求以及考查意图。	提炼信息的有效内容和价值，并对其进行分析与整合。	组织和应用相关学科的信息，形成综合性的信息解读。
调动和运用知识	将所学知识与试题的形式和内容建立正确的联系。	准确地运用相关知识和有关信息认识和说明问题。	体现学科渗透，运用相关学科的知识原理分析问题。

续表

要求 目标	Ⅰ	Ⅱ	Ⅲ
描述和阐释事物	正确表述事物的现象，准确描述和解释事物的特征。	把握事物的本质和规律，并作出正确的阐释。	辩证地、历史地考察事物，对事物进行学科的和跨学科的描述与阐释，意义完整。
论证和探讨问题	运用判断、归纳、演绎、比较、概括等方法论证问题。	在论证中观点明确、表述清晰、逻辑严谨。	综合运用相关学科的原理、方法论证和探讨问题，体现创新性思维。

二、考试范围

（一）政治（略）

（二）历史（略）

（三）地理

第一部分　自然地理和地图

1. 宇宙中的地球

（1）地球是宇宙中的一个天体

地球的宇宙环境。地球是太阳系中一颗既普通又特殊的行星。

（2）日地关系

太阳系概况。地球在太阳系中的位置。

太阳能量的来源。

太阳活动及其对地球的影响。

（3）地球

地球的形状和大小，地轴、两极，经线，本初子午线，经度，赤道，纬线，纬度，经纬圈及其地理意义。

东、西半球的划分，南、北半球的划分，高、中、低纬的划分，南、北回归线，南、北极圈。

时区的划分，日界线，国际标准时间，北京时间，区时的应用。

地球自转的方向、速度和周期，地球自转的地理意义。

地球公转的方向、轨道、速度和周期，黄赤交角，地球公转的地理意义。

(4) 宇宙探测

宇宙探测的意义，宇宙探测的现状。

2. 大气

(1) 大气的组成和垂直分层

大气的组成。

大气垂直分层及各层对人类活动的影响。

(2) 对流层大气的热状况和大气的运动

大气的受热过程。

气温的日变化和年变化，气温分布的一般规律。

大气垂直运动和水平运动的成因，三圈环流与气压带、风带的形成，大气环流与水热输送的关系。

(3) 大气降水

降水的时间变化。

世界年降水量的分布。

(4) 天气、气候与人类

锋面、低压、高压、锋面气旋等天气系统的特点。

主要气候类型及分布。

影响气候的主要因素。

光、热、水、风等气候资源及其利用。

寒潮、台风、暴雨、大风等气象灾害的危害及防御。

地球温室效应、臭氧层破坏、酸雨等现象产生的原因及危害。

(5) 气压、气温、降水等值线图、柱状图等图形语言的解读和应用。

3. 海洋

(1) 海水的性质和运动

海洋表层平均盐度、温度的分布和变化规律。

洋流，洋流的分布规律，洋流对地理环境的影响。

(2) 海洋开发

海洋资源的主要类型及其开发利用现状与前景。

海洋空间的重要性、开发利用现状与前景。

中国临近海域，主要渔场和海洋水产，主要盐场。

(3) 海洋环境保护

主要的海洋环境问题，保护海洋环境的主要措施。

4. 陆地

(1) 陆地的组成要素及其运动

主要造岩矿物，三大类岩石，地壳物质循环的组成、过程及其对地表的影响。

板块构造学说的主要内容，板块运动对地表的影响。

陆地水体类型及其相互关系，自然界的水循环及其意义。

生物在陆地环境形成过程中的作用。

土壤的形成及其在陆地环境中的作用。

(2) 地理环境的整体性和地域分异规律

地理环境的整体性。

地域分异规律。

(3) 陆地资源和地质灾害

陆地自然资源的特点，陆地自然资源对人类活动的影响，陆地自然资源的开发利用与保护。

中国主要陆地自然资源的特点。

主要地质灾害及其防御。

5. 地图

地图上的方向和比例尺。

常用图例、注记。

海拔（绝对高度）和相对高度，等高（深）线和地形图，地形剖面图。

第二部分　人文地理

1. 人类的生产活动与地理环境

(1) 农业

农业区位要素。

主要的农业地域类型及其特点。

中国主要农作物的分布，中国的畜牧业和水产业。

(2) 工业

工业区位因素，工业发展与区位的关系。

不同类型工业区位的特点。

中国主要工业基地和工业中心的分布、特点和形成条件。

2. 人口与环境

(1) 人口的增长与分布

影响人口增长和分布的主要因素。

世界人口的增长，世界人口的分布。

中国人口的增长和分布，中国的人口政策。

(2) 人口数量与环境

人口数量与环境的关系。

不同地区的人口增长状况。

环境承载力，合理容量，控制人口数量的意义。

(3) 人口素质与环境

影响人口身体素质的主要环境因素。

人口的文化素质对环境的影响。

(4) 人口迁移与环境

影响人口迁移的因素。

我国人口迁移的现状和原因。

3. 人类的居住地——聚落

(1) 聚落的形成

乡村、城市的起源及发展。

(2) 城市的区位

自然、经济、社会等因素对城市发展的影响。

(3) 城市化

城市化及其进程。

城市化过程中产生的问题以及解决途径。

(4) 城市地域结构

城市地域功能分区，不同城市地域结构的特点。

城市的合理规划。

4. 人类活动的地域联系

(1) 人类活动地域联系的主要方式及作用

人类活动地域联系的主要方式（交通运输、通信、商业、服务业等）及作用。

(2) 交通运输和通信

主要运输方式及其特点。

交通运输线、站的区位因素，交通运输网的形成与发展。

中国主要交通运输线、铁路枢纽和港口。

城市的道路交通网络。

现代通信手段和通信网络的作用。

(3) 商业贸易

商业中心的区位因素，商业网点的布局。

中国主要商业中心，主要进出口商品，主要贸易国家和地区。

当代金融、贸易的国际联系及特点。

5. 文化景观

(1) 文化景观

文化景观的形成，文化景观与环境的关系。

(2) 文化源地与文化传播
文化源地，文化传播、文化扩散的主要途径。
6. 旅游活动与环境
(1) 旅游活动及其作用
旅游活动的特点，旅游活动的作用。
(2) 地理环境与旅游
旅游资源及其特性，旅游资源的价值。
中国的旅游资源。
旅游景观欣赏的基本要求。
(3) 旅游活动与地理环境的协调发展
旅游活动中的环境问题。
旅游活动的规模应与环境承载力相适应。
7. 世界政治经济地理格局
(1) 世界政治地理格局
世界政治多极化趋势，国际政治的地缘合作与冲突。
(2) 世界经济地理格局
世界经济全球化趋势，经济全球化对区域发展的影响。
国际经济的区域合作与竞争。
(3) 综合国力
综合国力的影响因素，提高综合国力的途径。
8. 人类面临的环境问题与可持续发展
(1) 环境问题
环境问题的产生。
环境问题的防治。
中国的环境问题与环境保护。
(2) 可持续发展
人地关系的演变。
可持续发展的概念和原则。
中国的可持续发展战略。

第三部分 世界地理

1. 世界地理概况
(1) 世界的陆地和海洋
世界海陆分布，海底地形，陆地地形。
(2) 世界的居民和国家
世界主要人种的分布。
世界的国家和地区。

2. 世界地理分区

东亚，东南亚，南亚，中亚，西亚，北非，撒哈拉以南的非洲，欧洲西部，欧洲东部和北欧，北美，拉丁美洲，大洋洲，南极洲。

各区的位置、范围，主要国家及主要城市，主要区域特征。

3. 世界主要国家的地理特征

日本，印度，埃及，德国，俄罗斯，美国，巴西，澳大利亚。

第四部分 中国地理

1. 中国的疆域和行政区划

地理位置，国土构成，行政区划。

2. 中国的民族

统一的多民族国家，中国民族分布特点及主要少数民族的地区分布。

3. 中国的地形

地形的总体特征，各类地形的特征和分布。

地形对中国自然环境和经济发展的影响。

中国地震带和火山的分布。

4. 中国的气候

冬、夏季气温分布特点及其成因。

年降水量的分布特点及其成因，季风活动对降水的影响，季风区和非季风区。

气候的主要特征。

主要气象灾害及其对生产、生活的影响。

5. 中国的河流和湖泊

外流区和内流区，主要河流及其水文特征，湖泊的分布，主要湖泊。

长江、黄河、珠江的概况，水系及水文特征，经济意义，开发利用和治理。

京杭运河概况。

6. 中国的区域差异

中国三大自然区的空间位置和基本特征。

东部季风区内部的差异。

中国自然区域差异对人类活动的影响。

7. 北方地区

地理位置和范围。

气候、地形特征及其与农业生产、灾害防治的关系。

重工业基地和能源工业基地。

主要城市。

8. 南方地区

地理位置和范围。

气候、地形特征及其与农业生产、灾害防治的关系。

轻纺工业和有色金属工业。

主要城市。

9. 西北地区

地理位置和范围。

气候、地形特征，农、牧业生产特点，保护草原，治理沙漠。

主要矿产地。

主要城市。

10. 青藏地区

地理位置和范围。

高寒气候，农牧业生产特点。

能源和矿产资源。

主要城市。

11. 香港特别行政区、澳门特别行政区和中国台湾

地理位置和范围。

经济发展的特点。

中国台湾的地形、自然资源和主要城市。

12. 中国国土的整治与开发

水土流失发生的原因、危害及治理。

荒漠化产生的原因、危害及防治。

大型水利工程建设及流域综合治理。

资源的跨区域调配。

山区开发面临的问题及综合开发途径。

农业低产区存在的原因及综合治理。

商品农业发展的条件、问题及发展趋势。

交通建设对区域发展的意义，重大交通工程建设面临的困难及解决措施。

海岛、海域开发的意义、面临的问题及环境保护。

城市发展面临的问题，城市新区发展的模式。

Ⅲ. 命题指导思想

以能力测试为主，考查考生所学相关课程基础知识、基本技能的掌握程度和综合运用所学知识分析、解决实际问题的能力。

Ⅳ. **考试形式与试卷结构**

1. 答卷方式

闭卷、笔试。

2. 考试时间

120 分钟。试卷满分 300 分。

3. 题型

试卷一般包括选择题和综合题等题型。

4. 内容比例

三科的内容比例与中学阶段课程计划规定的三个学科的总课时数比例大体相当。

5. 试题难度

试卷包括容易题、中等难度题和难题，以中等难度题为主。

6. 组卷

试题按题型、内容等进行排列，选择题在前，综合题在后。同一题型中同一学科的试题相对集中，同一题型中的不同题目尽量按由易到难的顺序排列。

2008 年普通高等学校招生全国统一考试
地理科考试大纲的说明（广东卷）

Ⅰ. **命题指导思想**

体现普通高中新课程的理念，反映地理学科课程标准的整体要求，考查考生初步的科学与人文素养及创新意识，注重能力和素质考查，注重时代性和实践性，促进素质教育的实施。

试题以能力立意为主导，注重考查考生的地理学习能力和学科素养，即考生对所学相关地理课程基础知识、基本技能的掌握程度和综合运用所学知识分析、解决问题的能力。

命题以《2008 年普通高等学校招生全国统一考试地理科考试大纲（课程实验版）》和本说明为依据。试题适应于使用经全国中小学教材审定委员会初审通过的各版本普通高中课程标准实验教科书的考生。

Ⅱ. **考试内容**

一、考核目标与要求

（一）获取和解读地理信息

● 能够从题目的文字表述中获取地理信息，包括读取题目的要求和各种有关地理事物定性、定量的信息。

● 能够快速、全面、准确地获取图形语言形式的地理信息，包括判读和分析各种地理图表所承载的信息。

● 能够准确和完整地理解所获取的地理信息。

（二）调动和运用地理知识、基本技能

● 能够调动和运用基本的地理数据、地理概念、地理事物的主要特征及分布、地理原理与规律等知识，对题目要求作答。

● 能够调动和运用自主学习过程中获得的相关地理信息。

● 能够选择和运用中学其他学科的基本技能解决地理问题。

● 能够运用地理基本技能，如地理坐标的判断和识别，不同类型地理数据之间的转换，不同类型地理图表的填绘，地理数据和地理图表之间的转换，基本的地理观测、地理实验等。

（三）描述和阐释地理事物、地理基本原理与规律

● 能够用简洁的文字语言、图形语言或其他表达方式描述地理概念，地理事物的特征，地理事物的分布和发展变化，地理基本原理与规律的要点。

● 能够运用所学的地理知识和相关学科的知识，通过比较、判断、分析，阐释地理基本原理与规律。

（四）论证和探讨地理问题

● 能够发现或提出科学的、具有创新意识的地理问题。

● 能够提出必要的论据，论证和解决地理问题。

● 能够用科学的语言、正确的逻辑关系，表达出论证和解决问题的过程与结果。

● 能够运用正确的地理观念，探讨、评价现实中的地理问题。

二、考试范围

考试内容主要包括下列的必考内容、选考内容，以及与必考内容相关的《全日制义务教育地理课程标准（实验稿）》有关内容。对所列考试内容的考查程度不超过课程标准规定的要求。

（一）必考内容

自然地理

1. 宇宙中的地球

（1）地理所处的宇宙环境，地球是太阳系中一颗既普通又特殊的行星。

（2）太阳对地球的影响。

（3）地球运动的地理意义。

（4）地球圈层结构及各圈层的主要特点。

2. 自然环境中的物质运动和能量交换

（1）地壳物质循环。

（2）地表形态的内、外力因素。

（3）大气受热过程。

(4) 全球气压带、风带的分布、移动规律及其对气候的影响。

(5) 锋面、低压、高压等天气系统的特点。

(6) 水循环的过程和主要环节，水循环的地理意义。

(7) 世界洋流的分布规律，洋流对地理环境的影响。

3. 自然环境的整体性和差异性

(1) 自然地理要素在地理环境形成和演变中的作用。

(2) 地理环境各要素的相互作用，地理环境的整体性。

(3) 地理环境的地域分异规律。

4. 自然环境对人类活动的影响

(1) 地表形态对聚落及交通路线分布的影响。

(2) 全球气候变化对人类活动的影响。

(3) 自然资源对人类生存与发展的意义。

(4) 自然灾害发生的主要原因及危害。

人文地理

1. 人口与城市

(1) 不同人口增长模式的主要特点及地区分布。

(2) 人口迁移的主要原因。

(3) 环境承载力与人口合理容量的区别。

(4) 城市的空间结构及其形成原因。

(5) 不同规模城市服务功能的差异。

(6) 城市化的过程和特点，城市化对地理环境的影响。

(7) 地域文化对人口或城市的影响。

2. 生产活动与地域联系

(1) 农业区位因素，主要农业地域类型的特点及其形成条件。

(2) 工业区位因素，工业地域的形成条件与发展特点。

(3) 农业或工业生产活动对地理环境的影响。

(4) 生产活动中地域联系的重要性和主要方式。

(5) 交通运输方式和布局的变化对聚落空间形态和商业网点布局的影响。

3. 人类与地理环境的协调发展

(1) 人地关系思想的历史演变。

(2) 人类所面临的主要环境问题。

(3) 可持续发展的基本内涵，协调人地关系的主要途径。

(4) 走可持续发展之路。

区域可持续发展

1. 区域地理环境与人类活动

（1）区域的含义。

（2）不同区域自然环境、人类活动的差异。

（3）不同发展阶段地理环境对人类生产和生活方式的影响。

2. 区域可持续发展

（1）产业转移和资源跨区域调配对区域地理环境的影响。

（2）区域存在的环境与发展问题及其产生的危害，以及有关的治理保护措施。

（3）流域开发的地理条件，开发建设的基本内容，综合治理的对策措施。

（4）区域农业生产的条件、布局特点、问题，农业持续发展的方法与途径。

（5）区域能源、矿产资源的开发与区域可持续发展的关系。

（6）区域工业化和城市化的推进过程，产生的主要问题及解决措施。

3. 地理信息技术的应用

（1）遥感（RS）在资源普查、环境和灾害检测中的应用。

（2）全球定位系统（GPS）在定位导航中的应用。

（3）地理信息系统（GIS）在城市管理中的功能。

（4）数字地球的含义。

（二）选考内容

旅游地理

1. 旅游资源的类型与分布

（1）旅游资源的概念与内涵。

（2）常见的旅游资源类型，旅游资源的多样性。

（3）自然旅游资源与人文旅游资源的共同性与差异性。

（4）我国的“世界文化与自然遗产”的位置与分布及重要性。

2. 旅游资源的综合评价

（1）旅游景观的观赏方法。

（2）中外主要的著名旅游景区的景观特点。

（3）从地理角度分析某些典型景区景观特点的形成原因。

（4）旅游资源开发条件评价的主要内容。

（5）评价某区域旅游资源的开发条件。

3. 旅游规划与旅游活动设计

（1）旅游景区基本要素及其相互影响。

（2）根据某区域的地理资料，对该区域旅游景区的景点、交通和服务设施进行规划设计。

（3）结合旅游资源信息，选择选定合理的旅游路线。

（4）分析影响旅游安全的因素，并提出相应的安全防范措施。

4. 旅游与区域发展

（1）旅游业对社会、经济、文化发展的作用。

（2）旅游活动和景区建设对环境的主要影响。

（3）旅游开发过程中环境保护措施。

环境保护

1. 环境与环境问题

（1）环境及环境问题的概念。

（2）人类与环境的关系。

（3）环境问题成因及危害。

（4）当前人类面临的主要环境问题。

2. 资源问题与资源的利用、保护

（1）自然资源的概念和主要类型。

（2）主要的资源问题及其产生的原因。

（3）非可再生资源尤其是矿产资源的利用现状及其耗竭对人类活动的影响，人类应对措施。

（4）非可再生资源尤其是矿产资源的开发对环境的影响，人类的环保措施。

（5）可再生资源的不合理利用所产生的问题、合理利用的成功经验。

3. 生态环境问题与生态环境保护

（1）主要生态环境问题及其产生的原因和形成过程。

（2）生态环境问题与周围环境的相互关系。

（3）我国不同区域的主要生态环境问题。

（4）不同区域的生态环境保护的主要措施及作用。

4. 环境污染与防治

（1）主要的环境污染问题。

（2）主要的环境污染问题形成的原因、过程及危害。

（3）环境污染问题的解决方法和预防措施。

5. 环境管理

（1）环境管理的概念、基本内容和手段。

（2）当前全球环境问题的管理和全球合作行动。

（3）个人在环境保护中应有的态度、担负的责任和应采取的行动。

Ⅲ. 考试形式

答卷方式：闭卷、笔答。考试时间：120 分钟。分值：满分 150 分。

Ⅳ. 试卷结构和题型

全卷分为单项选择题、双项选择题和综合题，共 37 小题，其中设有 2 道选做题，每位考生作答 36 小题。

选择题分值约占 50%，包括 20 道单项选择题和 10 道双项选择题；综合题（包括填绘简图、计算、读图分析、案例分析、综合论述等）分值约占 50%，共 7 道小题（每位考生只作答 6 道小题）。

综合题分为必做题和选做题。

选做题，题序是 36、37 小题，旅游地理、环境保护各一小题，考生任选一题。

Ⅴ. 内容比例

自然地理占 30%左右；

人文地理占 30%左右；

区域可持续发展占 33%～34%；

选考内容（旅游地理或环境保护）占 6%～7%。

Ⅵ. 试题难易比例

全卷以中等难度题为主。

2008 年普通高等学校招生全国统一考试
地理科说明（江苏卷）

一、命题指导思想

2008 江苏省普通高等学校招生全国统一考试地理科（江苏卷）的命题以有利于推进中学地理课程改革，提高地理教学质量；有利于减轻中学生过重的学业负担，促进学生全面协调地发展；有利于高等学校更加科学自主地择优选拔合格新生的思想为指导，充分体现普通高中地理新课程的基本理念，切实反映普通高中地理课程标准的整体要求。

实行江苏省新高考方案中设置的选修科目学业水平测试，既加强了对普通高中的课程管理和质量监控，又为高等学校招生提供了更多有效的考生信息。因此，选修科目学业水平测试具有较高的信度、效度，必要的区分度和适当的难度。

地理科考试的命题坚持以能力立意为主导，旨在考查考生的地理学习能力和地理素养，即考生对所学地理课程的基本知识、基本原理、基本技能的掌握程度，以及综合运用所学知识、技能与基本观念分析地理问题，解决地理问题的能力。

地理科考试的命题力求稳中有变、稳中出新，试题设计应在科学性、基础性、公平性、时代性和创新性等方面达到和谐统一，贴近考生实际，不出偏题和怪题。

二、考试内容及要求

根据普通高等学校对新生文化素质和能力的要求，依据教育部颁布的《普通高中地理课程标准（实验）》和教育部考试中心制订的《普通高等学校招生全国统一考试地理考试大纲（课程标准实验版）》，参照江苏省教育厅颁布的《江苏省普通高中地理课程标准教学要求》和《江苏省普通高中新课程选修Ⅰ模块开设指导意见》，并结合江苏省高中地理教学的实际，确定地理科考试的内容及要求。

（一）考核目标与要求

1. 获取和解读地理信息

● 能够快速、全面、准确地从题目的文字表述和地理图表中获取有关地理信息。

● 能够正确理解所获取的地理信息。

2. 掌握和运用地理基本知识与地理基本技能

● 能够掌握和运用基本的地理数据、地理概念、地理事物的主要特征及分布、地理基本原理与规律等知识。

● 能够掌握和运用地理基本技能，如判读、填绘地理图表，完成地理计算，进行地理观测和地理实验等。

3. 描述和阐释地理事物、地理基本原理与规律

● 能够用准确简洁的文字和图表等表达方式描述地理概念，地理事物的主要特征、分布和发展变化，地理基本原理与规律的要点。

● 能够运用所学的地理知识和相关学科的知识，通过比较、判断、分析，阐释地理基本原理与规律。

4. 发现和探究地理问题

● 能够从学习和生活中发现地理问题。

● 能够运用正确的地理观念，探究、评价现实中的地理问题，并提出解决问题的对策。

（二）考试范围与要求

考试范围包括必考内容与选考内容两部分。必考内容由共同必修课程“地理 1”“地理 2”和“地理 3”三个模块组成。选考内容由选修课程中的“海洋地理”“旅游地理”“城乡规划”和“环境保护”四个模块组成，考生可根据本人的选修情况，选择其中两个模块的题目，按题目要求作答。

对所列考试内容的考查程度不超过《普通高中地理课程标准

(实验)》规定的要求。

第一部分 必考内容

地理1

<table>
<tr><th colspan="2">考 试 要 点</th><th>具体考试内容及要求</th></tr>
<tr><td rowspan="4">宇宙中的地球</td><td>(1) 地球所处的宇宙环境</td><td>天体系统
太阳系概况
地球在太阳系中的位置
地球是太阳系中一颗既普通又特殊的行星</td></tr>
<tr><td>(2) 太阳对地球的影响</td><td>太阳辐射对地球的影响
太阳活动及其对地球的影响</td></tr>
<tr><td>(3) 地球运动的地理意义</td><td>地球自转的方向、速度和周期
地球公转的方向、轨道、速度和周期
黄赤交角的地理意义
地球自转和公转的地理意义</td></tr>
<tr><td>(4) 地球的圈层结构</td><td>地球的圈层结构及各圈层的主要特点</td></tr>
<tr><td rowspan="7">自然环境中的物质运动和能量交换</td><td>(1) 地壳内部物质循环</td><td>三大类岩石
地壳内部物质循环的过程</td></tr>
<tr><td>(2) 地表形态变化的内外力因素</td><td>褶皱、断层的特点、成因及其地表形态
流水、风力、冰川等外力作用对地表形态的塑造</td></tr>
<tr><td>(3) 大气受热过程</td><td>大气的受热过程
大气保温作用的基本原理
大气热力环流的形成过程</td></tr>
<tr><td>(4) 气压带与风带</td><td>全球气压带、风带的分布及移动规律
全球气压带、风带的分布及移动规律对气候的影响
季风环流</td></tr>
<tr><td>(5) 天气系统</td><td>锋面、低压、高压等天气系统的特点</td></tr>
<tr><td>(6) 水循环</td><td>水循环的过程和主要环节
自然界水循环的地理意义</td></tr>
<tr><td>(7) 洋流</td><td>洋流及其分布规律
洋流对地理环境的影响</td></tr>
</table>

续表

考试要点		具体考试内容及要求
自然环境的整体性和差异性	(1) 自然地理要素与地理环境	自然地理环境的组成要素 自然地理要素在地理环境形成和演变中的作用
	(2) 地理环境的整体性	地理环境各要素的相互作用 地理环境的整体性及其对人类活动的意义
	(3) 地理环境的地域分异规律	地域分异规律 地理环境的差异性及其对人类活动的意义
自然环境对人类活动的影响	(1) 地表形态与聚落及交通线路	聚落的形成 地表形态对聚落分布的影响 地表形态对交通线路分布的影响
	(2) 全球气候变化与人类活动	全球气候变暖的趋势及其影响
	(3) 自然资源与人类活动	在不同生产力条件下，自然资源的数量、质量对人类生存与发展的意义
	(4) 自然灾害	自然灾害的含义 自然灾害发生的主要原因及危害

地理 2

考试要点		具体考试内容及要求
人口与城市	(1) 人口增长模式	不同人口增长模式的主要特点及地区分布
	(2) 人口迁移	影响人口迁移的主要因素
	(3) 人口数量与环境	环境承载力与人口合理容量的区别
	(4) 城市的空间结构	城市的空间结构及其形成原因
	(5) 城市服务功能	不同规模城市服务功能的差异
	(6) 城市化	城市化的过程和特点 城市化对地理环境的影响
	(7) 地域文化	地域文化对人口或城市的影响

续表

考试要点		具体考试内容及要求
生产活动与地域联系	(1) 农业区位与农业地域类型	影响农业区位的主要因素 主要农业地域类型的特点及其形成条件
	(2) 工业区位与工业地域	影响工业区位的主要因素 工业地域的形成条件与发展特点
	(3) 生产活动对地理环境的影响	农业生产活动对地理环境的影响 工业生产活动对地理环境的影响
	(4) 生产活动中的地域联系	生产活动中地域联系的重要性 生产活动中地域联系的主要方式
	(5) 交通与聚落、商业网点	交通运输方式和布局的变化对聚落空间形态的影响 交通运输方式和布局的变化对商业网点布局的影响
人类与地理环境的协调发展	(1) 人地关系思想的历史演变	人地关系思想在不同历史阶段的特点
	(2) 环境问题	人类所面临的主要环境问题 环境问题产生的主要原因
	(3) 走可持续发展之路	可持续发展的基本内涵 协调人地关系的主要途径 走可持续发展之路是人类的必然选择

地理 3

考试要点		具体考试内容及要求
区域地理环境与人类活动	(1) 区域地理环境对人类生产和生活方式的影响	区域的含义 不同区域自然环境及人类活动的差异 不同发展阶段地理环境对人类生产和生活方式的影响
	(2) 产业转移和资源跨区域调配对区域地理环境的影响	产业转移对区域地理环境的影响 资源跨区域调配对区域地理环境的影响

续表

考 试 要 点		具体考试内容及要求
区域可持续发展	(1) 区域环境与发展问题	区域存在的环境与发展问题，造成的危害，综合治理与保护措施
	(2) 流域的开发	流域开发的地理条件，开发建设的基本内容，综合治理的对策措施
	(3) 区域农业生产与农业持续发展	区域农业生产的条件、布局特点和存在的问题 区域农业持续发展的方法与途径
	(4) 区域能源和矿产资源的开发与区域可持续发展	区域能源和矿产资源的合理开发与区域可持续发展的关系
	(5) 区域工业化和城市化	区域工业化和城市化的推进过程，产生的主要问题，以及解决这些问题的对策和措施
地理信息技术的应用	(1) 遥感 (RS)	遥感在资源普查、环境和灾害监测中的应用
	(2) 全球定位系统 (GPS)	全球定位系统在定位导航中的应用
	(3) 地理信息系统 (GIS)	地理信息系统在城市管理中的功能
	(4) 数字地球	数字地球的含义

第二部分 选考内容

海洋地理

考 试 要 点		具体考试内容及要求
海洋和海岸带	(1) 海底地形	海底主要地貌类型 海底扩张学说、板块构造学说的主要观点 海底地形的形成和分布规律
	(2) 海水温度与盐度	海洋表层温度的分布规律 不同海区海水温度随水深的变化规律 海洋表层盐度的分布规律

续表

考试要点		具体考试内容及要求
海洋和海岸带	(3) 海—气相互作用	海—气的相互作用及其对全球水、热平衡的影响 厄尔尼诺、拉尼娜现象及其对全球气候的影响
	(4) 海水运动	波浪、潮汐、洋流等海水运动形式的主要成因及其作用
	(5) 海岸与海岸带	海岸类型及其特点 海岸带开发利用的主要方式
	(6) 海平面变化	海平面变化对海岸带自然环境以及社会经济发展的重大影响 应对海平面上升的主要措施
海洋开发	(1) 海水资源	海水资源开发利用的特点和现状
	(2) 海洋化学资源	海洋化学资源的主要类型及其开发利用的特点和现状
	(3) 海底矿产资源	海底矿产资源开发利用的特点和现状 海洋油气资源以及锰结核
	(4) 海洋能	潮汐能、波浪能的特点以及开发利用的前景
	(5) 海洋生物资源	海洋生物资源的主要类型 海洋生物资源开发利用中存在的问题及对策
	(6) 海洋空间	开发利用海洋空间资源的重要性及其主要方式
	(7) 海洋旅游	海洋旅游业的现状及发展前景
海洋环境问题与保护	(1) 海洋自然灾害	风暴潮、海啸的成因、危害及应对措施
	(2) 海洋污染与环境保护	海洋主要污染源的来源及其对海洋环境产生的危害 保护海洋生态环境的主要对策
海洋权益	(1) 海域的划分	内水、领海、毗连区、大陆架、专属经济区和公海等概念
	(2) 我国海洋国情	我国海洋国情的基本特点 维护我国海洋权益的重要意义
	(3) 国际海洋秩序	建立和维护国际海洋秩序的重要性 《联合国海洋法公约》的意义

旅游地理

考 试 要 点		具体考试内容及要求
旅游资源的类型与分布	（1）旅游资源的分类	旅游资源的内涵 旅游资源的多样性 自然旅游资源与人文旅游资源的区别
	（2）我国的世界遗产	我国的“世界文化与自然遗产”的分布及其重要价值
旅游资源的综合评价	（1）旅游景观的观赏	旅游景观的观赏方法 旅游区的景观特点及成因
	（2）旅游资源的评价	旅游资源开发条件评价的基本内容
旅游规划与活动设计	（1）旅游景区规划	旅游景区的基本要素 旅游景点、交通和服务设施的规划设计
	（2）旅游活动设计	旅游信息的收集 旅游点的确定 旅游路线的选择
	（3）旅游安全	地形、气候、水文等与旅游安全 旅游安全防范措施
旅游与区域发展	（1）旅游业	旅游业的发展对社会、经济、文化的作用
	（2）旅游与环境	旅游与景区建设对地理环境的影响 旅游开发过程中的环境保护措施

城乡规划

考 试 要 点		具体考试内容及要求
城乡发展与城市化	（1）城市的形成和发展	城市聚落和乡村聚落的形成 城市在不同发展阶段的主要特征
	（2）城市化过程	发达国家和发展中国家城市化过程的特征 中国城市化过程的特征 城市化与经济发展的相互关系，城市化的意义

续表

考试要点		具体考试内容及要求
城乡发展与城市化	(3) 城市环境问题	城市环境问题的主要表现 城市环境问题的主要成因与相应的治理对策
	(4) 乡村聚落与集市	不同地理环境对乡村聚落分布的影响 乡村聚落的分布特点及其成因 乡村集市的分布特点及其成因
城乡分布	(1) 现代城市或村镇	现代城市或村镇的空间形态、景观特色及其变化趋势
	(2) 城镇布局	实现城镇的合理布局和协调发展的主要途径
	(3) 城乡特色景观和传统文化的保护	城乡特色景观和传统文化的价值 保护城乡特色景观和传统文化的对策措施
城乡规划	(1) 城乡规划的意义	城乡规划的主要内容 城乡规划对于城乡可持续发展的意义
	(2) 城乡规划的主要原则和基本方法	城乡规划中土地利用、项目选址、功能分区的主要原则和基本方法
	(3) 在城乡规划中，主要部门的一般布局原则	在城乡规划中，工业、农业、交通运输业、商业、文化等部门的一般布局原则
城乡建设与生活环境	(1) 城乡人居环境的评价	城乡人居环境的基本评价内容 房地产开发的地理区位因素 居住小区的环境特点和结构功能
	(2) 商业布局与生活	商业布局与人们生活的关系 不同商业部门布局的特点与功能评价
	(3) 城市交通网络	不同类型的城市交通网络的特点
	(4) 文化设施布局与生活	城乡的基本文化设施类型及其主要功能 文化设施布局与人们生活的关系

环境保护

考试要点		具体考试内容及要求
环境与环境问题	(1) 人类与环境	环境的概念和分类 人类与环境的相互关系
	(2) 环境问题	环境问题产生的主要原因及危害 当前人类所面临的主要环境问题
资源问题与资源的利用、保护	(1) 资源问题	自然资源的概念及分类 主要的资源问题及其产生的原因
	(2) 非可再生资源	非可再生资源耗竭对人类活动的影响 合理开发、利用非可再生资源的主要措施 非可再生资源开发过程中应采取的环境保护措施
	(3) 可再生资源	人类对可再生资源不合理利用所造成的问题 人类对可再生资源保护、合理利用的成功经验
生态环境问题与生态环境保护	(1) 生态环境问题	主要的生态环境问题及其产生的原因 生态环境问题形成的一般过程 某一区域的生态环境问题对其他区域的影响 我国不同区域的主要生态环境问题
	(2) 生态环境保护	生态环境保护的重要意义 生态环境保护的主要措施及其作用
环境污染与防治	(1) 环境污染问题	主要的环境污染问题 环境污染形成的原因、过程及危害 我国环境污染的现状
	(2) 环境污染的防治	防治环境污染的主要措施
环境管理	(1) 环境管理的内容和手段	环境管理的基本内容 环境管理的主要手段
	(2) 环境管理与国际行动	当前全球环境问题的管理与国际行动
	(3) 环境管理与公众参与	公众参与在环境保护中的作用 个人在环境保护中应具备的态度、责任和行为准则

三、考试形式与试卷结构

（一）考试形式

闭卷、笔试。考试时间 100 分钟。试卷满分为 120 分。

（二）内容比例

自然地理　约 40％～60％　　人文地理　约 40％～60％

必考内容　约 85％　　选考内容　约 15％

（三）试题类型及分值比例

试卷包括选择题和综合题等。

选择题分为 18 道单项选择题和 8 道双项选择题，均为必做题，满分 60 分。

综合题共 60 分，其中必做题满分 40 分，选做题满分 20 分（选做题共 4 道，每位考生只需选做 2 道）。

（四）试题难易度比例

容易题、中等难度题、难题三者的比例大致为 3∶5∶2。

2008 年普通高等学校招生全国统一考试 地理科说明（上海卷）

一、考试性质

上海市地理学科高考是为高等学校招生而进行的选拔考试。其指导思想是既要有利于高等学校选拔合格新生，又要有利于中学实施素质教育和培养学生的创新精神和实践能力，促进中学的地理教学改革。

考试对象为 2008 年上海市选考地理科的考生。

二、考试目标

地理学科考试旨在考查考生的地理素养，即地理知识、地理技能和地理思维能力，并且侧重地理思维能力的考查。具体考查目标为：

地理知识：

1. 重要的地理事物和现象的名称和分布，重要的地理数据。

2. 当前国内外发生的与地理学科相关的重要事件。

3. 地理的基本概念、基本原理和基本规律。

4. 我国区域地理的主要特征以及世界各大洲、地区和国家的主要地理特征。

5. 我国的基本国情、基本国策和有关政策法规，国土开发和整治的措施；国外在资源开发、经济和人口发展、环境保护等方面的经验和教训。

地理技能：

1. 阅读各类地理图表和文字资料，获取地理信息。

2. 设计和绘制地理图表，进行各种地理计算。

3. 对地理思维过程进行文字准确、条理清楚、逻辑严密的表述。

地理思维：

1. 分析、比较和归纳不同区域的主要地理特征。

2. 分析、解释各类地理事物的空间结构、联系及其发展变化规律。

3. 分析和评价各类地理资料，分析、评价和反思人类在地理环境中的各种活动，发现地理问题、解释地理问题，提出解决问题的思路。

三、考试细则

1. 考试方法和试卷总分

考试方法为闭卷书面考试。试卷总分为 150 分。

2. 考试时间

考试时间为 120 分钟。

3. 考试目标和内容占总分比例

“地理知识”考查占 25％～35％，“地理技能”考查占 20％～30％，“地理思维”考查占 40％～50％。

“区域地理部分”内容考查占 30％～40％，“资源、经济、人口和环境部分”内容考查占 60％～70％。

4. 试卷结构

试卷分为选择题和综合分析题两大类。选择题采用机器阅卷，考生应将答案涂在答题卡上；综合分析题答案写在试卷上。

2008 年有部分使用二期课改地理课程标准的学生参加高考。考虑到二期课改的课程标准与一期课改课程标准存在较大的差异，2008 年地理试卷采取“一卷两分叉”的形式，即试卷分为“共同部分”和“选择部分”。所有考生必须应答“共同部分”试题。“选择部分”分为 A、B 两组，其中 A 组适用于“使用二期课改地理课程标准”的考生，B 组适用于“使用一期课改地理课程标准”的考生。考生可以任选一组答题，但不可以跨组交叉答题。考生答题前须首先确认选择 A 组或 B 组，如果考生没有选择，并对两组试题均作出应答，则只对 A 组试题进行评分。

四、考试内容

根据①上海市《全日制高级中学地理学科课程标准（修订本)》(1998 年 8 月版）和上海市教育委员会印发的《关于本市 2002 年度高三年级教学内容调整和教学进度安排的意见》，②上海市中小学课程教材改革委员会办公室颁发的《上海市中学地理课程标准》(试行稿)确定考试内容。考虑到使用二期课改地理课程标准的学生的实际情况，具体考试内容安排如下：

区域地理部分

内　容	
一、中国地理	
1. 国土和疆域	(1) 地理位置 (2) 行政区划
2. 中国的近海	(3) 海区概况 (4) 海洋资源
3. 人口和民族	(5) 人口的增长和分布特点 (6) 人口问题和对策 (7) 多民族国家
4. 中国的地形	(8) 地形基本特征 (9) 主要山脉、高原、盆地、平原和丘陵 (10) 地形对经济的影响
5. 中国的气候	(11) 气候特征及其成因 (12) 气温分布及其原因 (13) 降水分布及其变化 (14) 气候的评价
6. 中国的陆地水	(15) 流域和水系 (16) 主要河流、湖泊及其开发治理 (17) 水资源特点及其开发利用
7. 中国的农业	(18) 农业的地位、成就和任务 (19) 耕作业、林业、畜牧业、渔业 (20) 四大农业区
8. 中国的工业	(21) 工业发展的成就和问题 (22) 能源工业、钢铁工业、电子工业 (23) 工业地带和工业基地
9. 中国的交通运输业	(24) 交通运输的发展和布局 (25) 铁路运输、水上运输
10. 中国的贸易	(26) 国内贸易 (27) 对外贸易

续表

内　容	
二、世界地理	
11. 世界概述	(28) 世界海陆分布 (29) 陆地地形 (30) 世界气候 (31) 世界居民 (32) 世界的国家、联合国 (33) 时区、区时和日界线
12. 亚洲	(34) 亚洲概述 (35) 东亚 (36) 东南亚 (37) 南亚 (38) 中亚和西亚
13. 非洲	(39) 非洲概述
14. 欧洲	(40) 欧洲概述
15. 北美洲	(41) 北美洲概述 (42) 中美洲和西印度群岛
16. 南美洲	(43) 南美洲概述
17. 大洋洲	(44) 大洋洲概述
18. 南极洲	(45) 南极洲概述
三、主要国家	
19. 日本	(46) 位置及领土构成 (47) 多山岛国及其对经济的影响 (48) 气候和矿产资源概况及其对经济的影响 (49) 主要工业部门及其在世界上的地位 (50) 工业布局特点及其原因 (51) 组成太平洋沿岸工业地带的工业区及其主要工业中心 (52) 太平洋沿岸工业地带的形成原因 (53) 农业特点 (54) 主要城市和港口
20. 俄罗斯	(55) 面积、人口、民族和疆域 (56) 主要平原、高山、山地及其分布 (57) 主要河流 (58) 气候特点 (59) 地形、气候对农业的影响 (60) 主要农业部门 (61) 工业发展特点和主要工业区 (62) 交通运输 (63) 主要城市和港口

续表

内容	
21. 美国	(64) 面积和领土构成 (65) 人口和居民种族构成 (66) 地形的三个纵列带 (67) 气候特征 (68) 地形、气候对农业的影响 (69) 主要河流和湖泊及其水运意义 (70) 水资源和矿产资源 (71) 经济特征 (72) 工业特征 (73) 工业部门结构 (74) 东北部、东南部、西部工业区的形成、主要特点和工业中心 (75) 农业特点 (76) 主要农产品及其在世界上的地位 (77) 主要农业带的特点和分布 (78) 主要城市和港口
22. 新加坡、印度尼西亚、印度、巴基斯坦、埃及、英国、法国、德国、意大利、加拿大、巴西、阿根廷、澳大利亚	(79) 主要自然地理特征 (80) 主要人文地理特征

资源、经济、人口和环境部分

A组：适用于“使用二期课改地理课程标准”的考生

主题	要点
1. 地球在宇宙中的位置	(1) 天体系统 (2) 太阳系 (3) 地球生命物质的存在条件
2. 月球对地球的意义	(4) 月相 (5) 月相与潮汐变化 (6) 日食与月食的发生条件
3. 人类对太空的探索	(7) 太空探索的历程 (8) 太空探索的意义
4. 地球运动的地理意义	(9) 地球自转和公转 (10) 地方时和区时 (11) 地转偏向力 (12) 正午太阳高度和昼夜长短变化 (13) 四季

续表

主　　题	要　　点
5. 板块构造与地震、火山	（14）板块构造学说 （15）地震要素与火山类型 （16）地震、火山的形成与分布
6. 地貌与经济建设	（17）三大类岩石的基本特点 （18）等高线地形图 （19）地貌对经济建设的影响
7. 大气运动与天气气候	（20）大气的垂直分层 （21）行星风系 （22）季风 （23）常见的天气系统 （24）主要气候类型的特点及成因 （25）人类活动对气候的影响
8. 水循环与水资源	（26）水循环的类型及其意义 （27）水资源的时空分布、河水的补给 （28）水资源问题
9. 海洋环境与海洋资源	（29）洋流的形成、分布规律及其对环境的影响 （30）厄尔尼诺和拉尼娜现象 （31）海洋资源及其开发
10. 人口与人口容量	（32）人口增长 （33）人口分布与迁移 （34）影响环境人口容量的因素
11. 城市化	（35）城市化进程 （36）城市化问题及其对策
12. 农业区位与农业地域类型	（37）农业区位条件 （38）世界主要农业地域类型 （39）现代农业
13. 工业区位与工业区	（40）工业区位条件 （41）世界主要工业区 （42）高新技术产业
14. 第三产业与经济发展	（43）产业结构及其变化 （44）第三产业的发展 （45）第三产业的地域差异
15. 地域文化差异	（46）环境对文化的影响 （47）中国的地域文化

续表

主 题	要 点
16. 地域分异规律	(48) 地理环境的基本特征 (49) 地带性分异 (50) 非地带性分异
17. 自然资源与自然灾害	(51) 自然资源的分类与特征 (52) 我国自然资源的基本特点 (53) 自然资源与区域经济发展 (54) 资源管理 (55) 自然灾害的主要类型 (56) 主要自然灾害的时空分布特点 (57) 我国的主要自然灾害及其成因 (58) 自然灾害的防治
18. 区域开发整治	(59) 生态环境治理典型案例分析 (60) 资源开发典型案例分析 (61) 产业结构优化调整典型案例分析 (62) 区域(流域)经济协调发展典型案例分析
19. 地理信息技术的应用	(63) 遥感、全球卫星定位系统、地理信息系统的含义 (64) “3S”应用的意义

B组:适用于“使用一期课改地理课程标准”的考生

内 容	
一、地球的宇宙环境	
1. 地球在宇宙中的地位	(1) 常见的天体类别、恒星的基本特征 (2) 天体系统和天体系统的层次
2. 太阳与太阳系	(3) 太阳概况 (4) 太阳外部结构的三个层次及各层的主要太阳活动、太阳活动的平均周期和主要标志、太阳活动对地球的影响 (5) 太阳系的组成和八大行星的名称,类地行星和类木行星的特征 (6) 地球上存在生命物体的条件
3. 月球	(7) 月球对地球的意义 (8) 月球及月相变化
4. 地球运动及其地理意义	(9) 地球自转及其地理意义 (10) 地球公转及其地理意义、黄赤交角

续表

内　容	
二、地球的圈层结构及其地理环境	
5. 地球的圈层结构	（11）地球内部圈层及其界面，地壳、地幔和地核的特点 （12）地球外部圈层
6. 岩石圈与地壳的变动	（13）岩石圈的范围，三大类岩石的成因及其特点 （14）褶皱和褶皱山系、断层和断层构造 （15）地震的成因分类、构造地震的成因 （16）震源、震中、震级和烈度 （17）地震带的分布 （18）板块构造学说的主要内容及板块运动对地表形态的影响
7. 大气圈	（19）大气的主要成分，干净空气的主要成分 （20）大气的垂直分层，对流层、平流层、热层、散逸层的主要特征 （21）影响太阳辐射强度的主要因素，年太阳总辐射量的分布，大气运动的能量来源 （22）空气水平运动的成因 （23）大气环流及其意义 （24）行星风系的概念，地球上的气压带和风带 （25）东亚季风和南亚季风，地球上的气压带和风带
8. 水圈	（26）组成水圈的主要水体 （27）水循环的含义和意义 （28）海陆间循环，海上内循环，陆上内循环 （29）人类活动对水循环的影响 （30）海水盐度及全球海水平均盐度、影响海水盐度分布的因素、海洋表面盐度分布的规律 （31）洋流的含义及分类、风海流的成因、洋流的分布规律、洋流对地理环境的影响 （32）河水补给的主要类型、河流径流量的变化 （33）潜水和承压地下水、人类活动对地下水的影响

续表

内容	
9. 地理环境的基本特征	（34）组成地理环境的要素 （35）地理环境的整体性和地域差异性 （36）地带性规律和非地带性分异 （37）自然带的含义、世界陆地自然带的分布、与自然带相应的气候类型和典型植被 （38）地理环境发展简史、地理环境的不可逆性
三、自然资源	
10. 概述	（39）自然资源的概念、分类和基本特征 （40）人类活动与自然资源问题
11. 气候资源	（41）气候资源的组成 （42）气候与人类生产、生活的关系 （43）衡量光照资源的指标、世界和我国光照资源的分布、光照资源的利用 （44）表示热量资源的方式、热量资源的分布及其与农业的关系 （45）气候资源的合理利用和保护
12. 水资源	（46）水资源的概念和特点 （47）水资源及其分布 （48）衡量地区水资源数量的指标 （49）水资源的空间分布和时间分配 （50）我国水资源的基本国情 （51）世界水资源紧缺的原因 （52）水资源的利用和保护
13. 土地资源	（53）土地、土地资源及土地利用分类 （54）世界土地资源的分布和利用 （55）土地利用的主要问题 （56）我国土地资源的基本国情和土地利用的基本国策
14. 生物资源	（57）森林在环境中的作用 （58）了解热带森林和亚寒带针叶林的分布 （59）世界和我国的森林覆盖率、森林面积居世界前列的国家、我国森林资源的基本国情 （60）世界草场资源的类型和分布、我国草场资源的基本国情、草场资源的利用和保护

续表

	内　容
15. 矿产资源	（61）我国矿产资源的基本国情 （62）世界和我国主要铁矿的分布 （63）合理开发利用矿产资源的主要途径
16. 能源资源	（64）能源资源的含义和分类 （65）煤、石油和天然气、水能、核能的主要特点 （66）世界最主要的煤带、世界煤炭储量丰富的国家、我国煤炭资源的分布 （67）世界两大产油带、世界石油储量丰富的国家、我国石油资源的分布及主要油田 （68）我国水能资源的基本国情 （69）能源资源的利用和保护
四、人类的经济活动	
17. 概述	（70）世界生产力发展的阶段 （71）产业部门的分类 （72）发达国家和发展中国家人均国民生产总值及产业结构的差异 （73）我国的产业结构
18. 农业生产及其地域类型	（74）农业的含义和农业生产的特点 （75）影响农业生产、布局的自然条件和社会经济因素 （76）不同国家的农业部门结构 （77）小麦、水稻、玉米的分布 （78）世界主要粮食生产国和出口国 （79）粮食问题和解决途径 （80）经济作物的特点、主要经济作物的生产国和出口国 （81）按发展途径划分的主要畜牧业类型 （82）我国农业发展的主要条件 （83）农业生产地域类型的含义、世界农业生产主要地域类型的分布和特点、世界农业生产主要地域类型的形成条件
19. 工业生产及其地域体系	（84）工业的部门分类、影响工业布局的主要因素 （85）世界能源生产和消费的不平衡、世界主要能源生产、出口、进口的国家和地区 （86）世界钢铁工业布局的变化 （87）我国工业发展的地理条件 （88）工业地域类型、工业区的主要类型、世界主要工业带

续表

内容	
20. 交通运输和国际贸易	(89) 交通运输业的重要性 (90) 海洋运输的主要特点及主要货流、世界和我国主要海港、世界主要航海线 (91) 国际贸易的意义及地区差异、影响国际贸易的主要因素、发达国家和发展中国家的出口商品构成 (92) 建立出口加工区的意义及主要条件 (93) 我国的经济特区
五、人口和城市	
21. 人口发展和人口问题	(94) 人口问题和人口政策的含义 (95) 发达国家和发展中国家的人口问题 (96) 中国人口分布的特点、人口问题的主要表现和现阶段的人口政策
22. 人口的分布、迁移和流动	(97) 世界人口分布的趋向性、稠密区和稀疏区 (98) 影响人口分布的主要因素、人口分布与自然环境的关系
23. 城市的发展和城市化问题	(99) 城市的基本特征及其分类 (100) 城市内部的职能分区 (101) 城市化的含义、特点和标志 (102) 我国城市规模划分的标准、我国城市化发展的特点 (103) 世界城市化的发展特点、发达国家与发展中国家城市化的差异 (104) 城市化中的问题、解决城市问题的途径
六、协调人地关系与可持续发展	
24. 概述	(105) 地理环境的含义 (106) 人地关系及其主要表现、走可持续发展道路的意义
25. 自然灾害及其防治	(107) 自然灾害的含义、分类及特性 (108) 世界上最大的灾害带及其成因 (109) 我国主要灾害类型 (110) 我国水旱灾害的分布和原因、黄淮海平原旱涝灾害的防治、长江的主要治理工程 (111) 我国风沙和台风灾害严重的地区及其治理、我国水土流失严重的地区及其治理、我国荒漠和荒漠化严重的地区及其治理 (112) 我国减灾对策

续表

	内　容
26. 环境污染及其治理	(113) 环境污染的含义及类型 (114) 大气污染的来源、影响大气污染程度的因素 (115) 大气污染、河流污染、土壤污染的危害 (116) 环境污染产生的原因及其防治
27. 国土开发整治	(117) 国土开发整治的意义 (118) 自然资源开发的要求 (119) 生产力合理布局的要求 (120) 我国重点开发区的四种类型、京津唐、沪宁杭、以山西为中心的能源基地、海南岛等重点开发区的位置范围、区域条件、开发方向和开发重点

江苏省普通高中地理课程标准教学要求（2006 年）

《江苏省普通高中地理课程标准教学要求》（以下简称《教学要求》）主要是将高中地理课程标准中的“标准”进行梳理和细化，结合江苏省普通高中地理教学的实际，针对其中的具体标准提出较为明确的教学要求，帮助教师恰当地把握教学的深度、广度，从知识与技能、过程与方法、情感态度与价值观的三个维度落实课程目标，为教师提供具有针对性且操作性强的教学建议。

《教学要求》包括三部分内容：一是“标准”，涵盖了高中地理课程标准当中三个必修模块（“地理 1”“地理 2”“地理 3”）和四个选修模块（“海洋地理”“旅游地理”“城乡规划”及“环境保护”）的内容标准。二是“学习要求”，主要是依据各项内容标准提出的具体学习要求。学习要求涉及三个必修模块和四个选修模块中应掌握的地理基本知识、原理和规律，并进一步明确了知识与技能、过程与方法、情感态度与价值观的三维目标要求。三是“教学建议”，主要是就各项标准如何实现课程标准，提出了相应的教学活动建议和教学说明，并对某些标准的教学范围和教学深度进行了限制。教学活动建议中所涉及的讨论、辩论、观测、实验、考察、撰写小论文等，目的是创设合作学习、自主学习和探究学习的情境，帮助学生提高从学习和生活中发现地理问题、分析并提出解决问题对策的能力。教学说明是对“标准”中的某些问题给予一定的解释与说明，使其明确化，便于教师合理地把握“教学要求”。

高中地理课程标准中有较多的“标准”是要求运用地理图表来说明有关地理事物、地理基本原理或规律的。“运用图表”是过程与方法目标的一种具体体现，包含着阅读地理图表和绘制地理图表两个层次的要求。考虑到高中生的认知规律和培养学生地理技能的目标要求，《教学要求》中对“运用图表”给予了较为明确的规定，有的是要求学生通过阅读地理图表描述、分析和运用有关地理事物、地理基本原理与规律，有些则是要求学生学会绘制地理图表来说明某个地理问题。此外，“标准”中还有一些内容是要求运用案例或者有关资料来阐述某些地理问题的，而不同版本的教材选择的案例不尽相同，针对这一情况，《教学要求》也给予了具体说明。案例教学并不是要教师拘泥于案例所提供的具体事实，单纯就案例讲案例，而是通过对案例的解读和分析，帮助学生掌握运用地理基本原理、规律来分析、评价地理问题的方法，并在分析其他案例时能融会贯通，举一反三。否则即使案例讲得再多，收效也不大。

必 修

地理 1

“地理 1”侧重于自然地理，重点阐述了自然地理环境是人类赖以生存的基础，及其对人类活动的影响。本模块包括“宇宙中的地球”“自然环境中的物质运动和能量交换”“自然环境的整体性和差异性”“自然环境对人类活动的影响”四部分内容。本模块旨在帮助学生获得地球和宇宙环境的基础知识，了解自然地理环境的主要特征；理解自然地理环境和各要素是相互联系、相互作用的有机整体，差异性是地理环境的显著特征；认识在人地关系中，人不只是被动地依赖于自然环境，还具有主观能动性，要因时制宜、因地制宜，谋求人与自然环境的协调发展。

一、宇宙中的地球

<table>
<tr><th>内容标准</th><th>学习要求</th><th>教学建议</th></tr>
<tr><td rowspan="5">描述地球所处宇宙环境，运用资料说明地球是太阳系中一颗既普通又特殊的行星。</td><td>1. 知道宇宙中的天体类别。</td><td rowspan="5">1. 组织学生观察某种天文现象，并查阅有关资料说出自己的观察结果和体会。
2. 引导学生查阅人类探索宇宙的有关资料，激发学生探索宇宙奥秘的兴趣。</td></tr>
<tr><td>2. 理解不同级别的天体系统的关系。</td></tr>
<tr><td>3. 掌握地球在太阳系中的位置。</td></tr>
<tr><td>4. 阅读太阳系八大行星的特征资料，理解地球是太阳系中一颗既普通又特殊的行星，以科学的观点认识宇宙。</td></tr>
<tr><td>5. 理解地球存在生命的条件和原因，培养热爱地球、珍爱生命的情感。</td></tr>
</table>

续表

内容标准	学习要求	教学建议
阐述太阳对地球的影响。	1. 理解太阳辐射对地球的影响。 2. 了解太阳大气层的分层。 3. 运用图表资料，理解太阳活动（主要是黑子和耀斑）对地球的影响。	1. 指导学生观察太阳黑子等天文现象，加深理解太阳活动对地球的影响。 2. 注意运用辩证的观点看待宇宙环境对地球的影响。如太阳辐射既有有利的影响，也有不利的影响。
分析地球运动的地理意义。	1. 掌握地球自转的方向、周期和速度。 2. 理解昼夜更替及地方时产生的原因。 3. 能联系实际进行简单的区时换算。 4. 了解地转偏向力对地表物体水平运动方向的影响。 5. 掌握地球公转的方向、轨道、周期、速度。 6. 理解黄赤交角及其地理意义。 7. 绘制太阳直射点移动轨迹示意图，掌握太阳直射点的移动规律。 8. 掌握昼夜长短及正午太阳高度角纬度变化规律及季节变化规律。 9. 了解四季的形成原因。	1. 指导学生运用教具、学具，或通过计算机模拟来演示地球的自转与公转，并解释昼夜更替与四季的形成原因。 2. 地球运动是地球公转、自转运动叠加、合成的结果，注意分析两种运动之间的关系。
说出地球的圈层结构，概括各圈层的主要特点。	1. 绘制示意图，说出地球的内部圈层结构，并概括各圈层的主要特点。 2. 了解岩石圈的组成。 3. 了解地球外部圈层的结构及与人类活动的关系。	运用模型，配合所绘制的示意图，说明地球的圈层结构。

二、自然环境中的物质运动和能量交换

内容标准	学习要求	教学建议
运用示意图说明地壳内部物质循环过程。	1. 知道岩石圈的三大类岩石。	对教材中涉及的矿物及岩石名称要求学生只作一般性了解。
	2. 阅读并能绘制简单示意图说明地壳内部物质的循环过程。	
结合实例，分析造成地表形态变化的内、外力因素。	1. 了解内、外力作用的能量来源及其表现形式。	根据当地的自然条件，组织学生进行地质、地貌的野外观察。
	2. 了解地壳运动形成的地质构造（褶皱、断层）的特点及其地表形态。	
	3. 举例说明流水、风力、冰川等外力作用对地表形态的塑造。	
	4. 以某种常见地表形态为例，分析其形成变化的内、外力因素，以运动、变化的观点看待地表形态的形成与演化。	
运用图表说明大气受热过程。	1. 阅读示意图说明大气受热过程、大气保温作用的基本原理。	组织学生利用身边可以找到的材料（如透明塑料袋、塑料薄膜、玻璃瓶等）和温度计，做一次模拟大气温度效应的小实验。
	2. 绘制简单示意图，理解大气热力环流的形成过程。	
	3. 理解大气水平运动的成因。	
	4. 通过大气热力环流的基本原理解释城市热岛效应、海陆热力环流等现象。	
绘制全球气压带、风带分布示意图，说出气压带、风带的分布、移动规律及其对气候的影响。	1. 理解三圈环流的形成过程。	不要求系统讲述气候类型的成因，可举例说明气压带、风带的分布及移动对气候的影响，让学生掌握分析气候类型成因的方法。
	2. 阅读并绘制全球气压带、风带分布及其季节移动示意图，掌握全球气压带及风带的分布及移动规律。	
	3. 理解海陆分布对气压带分布的影响及季风环流的形成。	
	4. 举例说明气压带、风带的分布及移动规律对气候的影响。	
运用简易天气图，简要分析锋面、低压、高压等天气系统的特点。	1. 知道锋面的概念、类型。	组织学生查阅有关资料了解影响本地区常见的天气系统，并指导学生运用简易天气图分析这些天气系统的特点。
	2. 运用图表，简要分析锋面系统的特点及对天气的影响。	
	3. 运用图表，简要分析低压、高压系统的特点及对天气的影响。	

续表

内容标准	学习要求	教学建议
运用示意图，说出水循环的过程和主要环节，说明水循环的地理意义。	1. 了解水循环的概念。 2. 运用示意图，说明水循环的过程和主要环节。 3. 了解河流主要的补给方式。 4. 理解水循环的地理意义，增强水资源保护意识。	组织学生查阅有关资料或结合生活实例，讨论人类活动对水循环的影响。
运用地图，归纳世界洋流分布规律，说明洋流对地理环境的影响。	1. 了解洋流的概念及类型（寒流、暖流）。 2. 运用地图，归纳世界洋流的分布规律，并能绘制世界洋流分布模式简图。 3. 阅读有关地图分析洋流对地理环境的影响。	对洋流按成因分类不作要求。

三、自然环境的整体性和差异性

内容标准	学习要求	教学建议
举例说明某自然地理要素在地理环境形成和演变中的作用。	1. 知道自然地理环境的组成要素。 2. 以某自然地理要素为例说明其在地理环境形成和演变中的作用。	不要求系统介绍每一要素对地理环境的作用，举例说明即可。
举例说明地理环境各要素的相互作用，理解地理环境的整体性。	通过地理环境要素的物质运动与能量交换过程说明各要素间的相互作用，理解地理环境的整体性。 举例说明某一地理环境要素的变化会导致其他要素以至整体地理环境的改变，进一步理解地理环境的整体性，树立地理事物普遍联系的观点。	组织学生收集某区域的相关资料，讨论某一地理环境要素产生变化，会对区域中其他地理要素产生怎样的影响，加深对地理环境整体性的理解，培养学生综合分析地理事物与现象的能力。
运用地图分析地理环境的地域分异规律。	阅读“世界陆地自然带分布图”和景观图了解自然地理环境的差异性。 阅读“世界陆地自然带分布图”和“垂直自然带图”，归纳地理环境从赤道到两极、从沿海向内陆及垂直地带的地域分异规律。	组织学生收集相关图片或者结合学生在旅游活动中的亲身体验，谈谈对自然地理环境差异性的认识。

四、自然环境对人类活动的影响

内容标准	学习要求	教学建议
举例说明地表形态对聚落及交通线路分布的影响。	了解聚落分布及交通线路选线应考虑的自然因素。	1. 运用等高线地形图分析地表形态对聚落及交通线路分布的影响。 2. 引导学生运用辩证的观点看待自然环境与人类活动的关系。
	举例说明地表形态对聚落及交通线路分布的影响，理解自然条件对人类活动有着深刻的影响，甚至有着制约作用。	
根据有关资料，说明全球气候变化对人类活动的影响。	阅读图表资料，了解全球气候的变化周期，并据此归纳各时期气候变化特点。	1. 目前全球变暖有自然本身的原因，也有人为原因，教学中应强调人类活动对气候变暖的加剧作用。 2. 观看气候变暖的科教片，对学生进行环境教育，增强学生环境保护意识。
	阅读图表资料，了解近百年来全球气候变暖的趋势。	
	根据资料说明全球气候变化对人类活动的影响。	
以某种自然资源为例，说明在不同生产力条件下，自然资源的数量、质量对人类生存与发展的意义。	理解自然资源是人类赖以生存和发展的物质基础，并具有自然与社会的双重属性。	对具体自然资源的分布特点及开发利用状况作一般了解，主要培养学生用历史发展的观点，理解不同生产力条件下，自然资源对人类活动的影响。
	以某种自然资源为例，说明不同历史阶段，不同生产力条件下，自然资源的数量与质量对人类生存与发展的意义，树立科学的资源观和可持续发展观。	
以某种自然灾害为例，简述其发生的主要原因及危害。	了解自然灾害的基本概念。	1. 人类活动对于一些自然灾害的发生有时起着诱发、加剧的作用。因此，在自然灾害发生成因的分析中应考虑到人为因素的作用。 2. 组织学生收集资料，了解在面对某种自然灾害时应采取的自救与互助的方法或者措施。
	以某种自然灾害为例，说明其发生的主要原因及危害。	
	了解对这种自然灾害的监测和防治措施。	

地理 2

“地理 2”侧重于人文地理，主要阐述人类活动对地理环境的影响。本模块包括“人口与城市”“生产活动与地域联系”“人类与地理环境的协调发展”三部分内容。本模块旨在帮助学生了解人口、城市发展与地理环境的关系以及人类生产活动与地域的联系，认识人类从事任何活动都应该尊重自然规律，注意协调人与地理环境的关系；引导学生了解人地关系思想的历史演变及背景，理解可持续发展的意义及协调人地关系的主要途径，形成科学的人口观、资源观、环境观和可持续发展观念。

一、人口与城市

内容标准	学习要求	教学建议
分析不同人口增长模式的主要特点及地区分布。	知道世界人口增长模式的主要类型，掌握人口增长模式的判断方法。	指导学生收集本地人口统计数据，绘制人口统计图表，探究本地人口的增长模式，加深对我国人口政策的理解。
	比较、分析不同人口增长模式的主要特点。	
	通过分析不同人口增长模式的分布特点，了解不同地区的人口政策，形成正确的人口观。	
举例说明人口迁移的主要原因。	知道人口迁移的概念。	指导学生查阅本地人口资料，归纳本地人口迁移特点并探究成因。
	运用案例，分析人口迁移的主要原因，归纳影响人口迁移的主要因素。	
说出环境承载力与人口合理容量的区别。	了解环境承载力的概念。	结合实例帮助学生理解环境承载力与人口合理容量所反映的人地关系，树立正确的人口观、资源观和环境观。
	知道影响环境人口容量的因素。	
	区别环境人口容量与人口合理容量的含义。	
运用实例，分析城市的空间结构，解释其形成原因。	阅读有关城市地图，说出城市主要功能区的分布特点并归纳其空间结构特征。	组织学生收集某城市不同时期的地图、照片等资料，探讨、说明城市空间结构所发生的变化及成因。
	结合实例，运用地理原理解释城市空间结构的形成原因。	
联系城市地域结构的有关理论，说明不同规模城市服务功能的差异。	理解不同规模的城市与其服务功能及服务范围的关系，运用发展的观点认识城市规模的变化。	让学生实地调查不同种类商品与其市场服务范围的关系。
	通过实例，了解中心地理论在分析不同规模城市服务功能差异方面的应用。	

续表

内容标准	学习要求	教学建议
运用有关资料，概括城市化的过程和特点，并解释城市化对地理环境的影响。	理解城市化的内涵。	1. 比较发达国家和发展中国家不同的城市发展过程，让学生认识城市化过程的地区差异。 2. 组织学生讨论本区域城市化过程中所出现的问题，并提出相应的对策。
	运用有关资料，概括城市化的过程和特点。	
	运用有关资料，解释城市化对地理环境的影响。	
举例说明地域文化对人口或城市的影响。	运用案例，说明地域文化对人口或城市的影响。	收集资料，指导学生对比不同地区人口或城市的文化差异并探讨成因。

二、生产活动与地域联系

内容标准	学习要求	教学建议
分析农业区位因素，举例说明主要农业地域类型特点及其形成条件。	掌握影响农业区位的因素及农业区位的分析方法。	1. 收集本区域农业资料，判断农业地域类型，并分析其形成条件。 2. 引导学生从地理环境对农业生产影响的角度，认识人类与地理环境的关系。
	运用案例，分析农业地域类型的特点及形成条件，理解农业发展中要遵循因地制宜的原则。	
分析工业区位因素，举例说明工业地域的形成条件与发展特点。	掌握影响工业区位的因素及工业区位的分析方法。	1. 让学生调查和收集本地工业资料，分析影响本地工业的主要区位因素。 2. 让学生扮演来自不同工业地域的规划人员，分析该地区工业的形成条件和发展特点。 3. 引导学生从地理环境对工业生产影响的角度，认识人类与地理环境的关系。
	运用案例，分析工业地域形成条件与发展特点。	

续表

内容标准	学习要求	教学建议
结合实例说明农业或工业生产活动对地理环境的影响。	运用案例，说明农业或工业生产活动对地理环境的影响。	组织学生在本地调查或收集相关资料，讨论本地农业或工业生产对地理环境的有利和不利影响，并针对不利影响尝试提出解决问题的措施。
举例说明生产活动中地域联系的重要性和主要方式。	列举实例说明生产活动中地域联系的重要性。	教学中可以采用情境教学的方法，设置一些生活中可能出现的运输情境和相应的问题，让学生提出解决问题的方案。
	知道生产活动中地域联系的主要方式及各自的特点。	
	根据交通运输的实际情况，选择合适的交通运输方式。	
结合实例，分析交通运输方式和布局的变化对聚落空间形态和商业网点布局的影响。	结合实例，分析交通运输方式和布局的变化对聚落空间形态的影响。	指导学生调查本地交通线路和站点的布局情况，让学生用地理原理解释交通线路和站点布局的原因，并作出评价。
	结合实例，分析交通运输方式和布局的变化对商业网点布局的影响。	

三、人类与地理环境的协调发展

内容标准	学习要求	教学建议
了解人地关系思想的历史演变。	阅读资料，了解人地关系思想演变的几个历史阶段。	设计有关表格，引导学生分析、归纳各阶段人地关系思想的特点，培养学生整理、归纳资料的能力。
	知道不同历史阶段人地关系思想的特点。	
根据有关资料，归纳人类所面临的主要环境问题。	根据有关资料，归纳人类所面临的主要环境问题。	调查本地面临的环境问题，指导学生撰写有关环境治理或生态保护方面的小论文，并展示交流。
	分析产生环境问题的主要原因。	
联系“21 世纪议程”，概述可持续发展的基本内涵，举例说明协调人地关系的主要途径。	理解可持续发展的定义。	以角色扮演的形式模拟当地行政官员、企业领导、居民等，就本地可持续发展中存在的问题提出相应的对策。
	理解可持续发展的内涵和基本原则。	
	运用案例，说明协调人地关系的主要途径。	

续表

内容标准	学习要求	教学建议
领悟走可持续发展之路是人类的必然选择；认识在可持续发展过程中，个人应具备的态度和责任。	结合实例，领悟走可持续发展道路的必然性。	帮助学生对自己日常生活中的环境行为进行反思与评价，鼓励学生积极参与可持续发展的实践活动。
	结合生活实例，认识实现可持续发展个人应采取的行动，增强对社会和自然环境的责任感，养成关心和爱护环境的行为习惯。	

地理 3

“地理 3”是在“地理 1”“地理 2”的基础上，进一步阐述了在一定区域内如何协调人地关系，实现区域的可持续发展等问题。本模块包括“区域地理环境与人类活动”“区域可持续发展”“地理信息技术的应用”三部分内容。本模块以区域为研究对象，结合区域的地理环境特征，在探究相应的可持续发展的对策过程中，帮助学生掌握将地理基本原理与规律应用于实践的方法，以培养学生地理知识的迁移能力和区域综合分析的能力；引导学生初步了解地理信息技术的应用，培养学生的地理信息素养。

一、区域地理环境与人类活动

内容标准	学习要求	教学建议
了解区域的含义。	结合实例，了解区域的概念和区域具有的一般性特征。	引导学生回顾初中世界地理及中国地理中所学习的区域，加深对区域的理解。
	了解不同类型的区域及其划分依据。	
以两个不同区域为例，比较自然环境、人类活动的区域差异。	认识区域内部各要素相互影响、相互制约的整体性特征。	1. 选择两个特征差异较为显著的世界或中国的区域，比较两者的差异。 2. 模拟赴不同区域的旅游，描述这些地区的地理景观和地理现象，说出到不同地区旅行应携带的主要生活用品。
	运用地图或资料，比较两个区域自然环境、人类活动的差异，掌握比较区域差异的基本方法。	
	通过比较，探究区域差异形成的原因。	

续表

内容标准	学习要求	教学建议
以某区域为例，比较不同发展阶段地理环境对人类生产和生活方式的影响。	运用案例，说明不同发展阶段，地理环境对人类生产和生活方式产生的不同影响。	收集当地资源、环境、产业结构、社会经济文化等方面的资料，分析地理环境对该区域发展的影响，尝试预测当地经济发展方向，提出发展对策。
	通过案例分析，理解在不同的历史发展阶段应如何协调人地关系，实现区域可持续发展，树立可持续发展的观念。	
举例说明产业转移和资源跨区域调配对区域地理环境的影响。	举例说明产业转移的概念。	分组收集有关资料，开展资源调出区和调入区之间居民的模拟对话活动，探讨资源跨区域调配对不同区域的利弊影响，并尝试提出相应对策。
	运用实例分析产业转移的影响因素。	
	运用实例理解产业转移对产业移入区和产业迁出区地理环境的影响。	
	通过实例，从资源地区分布存在不均衡性及社会经济发展需要来认识资源跨区域调配的必要性。	
	列举有关实例，分析资源跨区域调配对资源调出区和资源调入区社会经济、地理环境等方面所产生的影响。	

二、区域可持续发展

内容标准	学习要求	教学建议
以某区域为例，分析该区域存在的环境与发展问题，诸如水土流失、荒漠化等发生的原因，森林、湿地等开发利用存在的问题，了解其危害和综合治理保护措施。	以某区域为例，了解该区域存在的主要环境问题。	1. 有条件的地区可以组织调查家乡一片荒废（或利用不合理）的土地，探讨其原因，并规划开发方案。 2. 指导学生利用网络查找有关资料或利用地理信息技术了解我国森林、草场、湿地等资源的分布，并对我国开发利用和保护这些资源的情况进行评价。
	从自然因素和人为因素两方面分析该区域环境问题形成的原因。	
	了解该区域的环境问题或资源开发利用中存在的问题所产生的危害。	
	针对该地区的环境问题或资源开发利用中存在的问题，提出综合治理的措施。	

续表

内容标准	学习要求	教学建议
以某流域为例，分析该流域开发的地理条件，了解该流域开发建设的基本内容，以及综合治理的对策措施。	以某流域为例，运用图表资料，分析该流域的地理环境特征。 分析该流域地理环境要素中，对区域发展的有利因素和制约因素。 在以上分析的基础上，提出该流域规划与发展的主要方向，探究综合治理的对策。	收集有关流域综合开发建设的成功实例，组织学生开展讨论，总结其经验，加深学生对流域开发整治的一般过程和方法的理解。
以某区域为例，分析该区域农业生产的条件、布局特点和问题，了解农业持续发展的方法与途径。	以某区域为例，利用图表分析该区域发展农业生产的自然和社会经济条件。 根据该区域的农业生产条件，分析、评价其农业生产结构和农业布局特点。 分析该区域农业发展中存在的主要问题，探究农业持续发展的方法和途径。	1. 结合当地农业生产实例，理解农业生产过程中要遵循“因地制宜”的原则，加深对农业区域可持续发展的认识。 2. 介绍有关生态农业、特色农业等新型农业的发展状况，使学生了解农业可持续发展的方向。
以某区域为例，分析该区域能源和矿产资源的合理开发与区域可持续发展的关系。	以某区域为例，利用区域资源分布图，了解该区域的能源资源或矿产资源的类型及分布状况。 根据资料分析该区域能源资源或矿产资源开发的区位优势与劣势。 通过资料分析，说出该区域在能源资源或矿产资源在开发利用中存在的主要问题，并提出相应的对策。	1. 引导学生通过对区域资源开发问题的研究，归纳出研究区域可持续发展的基本方法。 2. 调查学校所在地区能源和矿产资源的类型和分布状况，了解其开发利用中存在的主要问题，针对问题提出相应的对策，撰写一篇小论文。

续表

内容标准	学习要求	教学建议
以某经济发达区域为例，分析该区域工业化和城市化的推进过程，以及在此过程中产生的主要问题，了解解决这些问题的对策措施。	以某经济发达区为例，了解区域工业化和城市化之间的关系。	1. 结合学校所在地区的城镇建设实际，探讨城市化对于区域发展的推动作用，以及应当注意的问题。 2. 联系本地实际，讨论某工厂对地方经济的带动作用，以及所带来的环境问题，进而提出改进措施。
	理解该区域工业化和城市化对区域社会经济发展所起的作用。	
	分析该区域工业化和城市化形成的主要因素。	
	分析该区域工业化不同阶段的发展特点以及对城市化进程的影响。	
	根据资料说出区域工业化和城市化过程中出现的问题，并提出解决问题的对策措施。	

三、地理信息技术的应用

内容标准	学习要求	教学建议
结合实例，了解遥感（RS）在资源普查、环境和灾害监测中的应用。	了解地理信息技术的基本概念。	收集一些遥感图像，以加深学生对遥感技术的感性认识。
	了解地理信息技术的应用领域。	
	了解遥感（RS）的概念。	
	了解遥感的基本工作过程。	
	了解遥感在资源普查、环境和灾害监测中的应用，认识遥感在现代社会中所发挥的巨大作用。	
举例说出全球定位系统（GPS）在定位导航中的应用。	了解全球定位系统（GPS）的概念。	结合具体实例，重点介绍贴近学生生活实际GPS应用领域。如给学生展示GPS接收机，参观装有GPS导航系统的交通工具，以加强学生对GPS特点及应用的了解。
	了解全球定位系统（GPS）的组成。	
	了解全球定位系统（GPS）的基本工作过程。	
	举例说出全球定位系统（GPS）在定位导航中的应用。	
运用有关资料，了解地理信息系统（GIS）在城市管理中的功能。	了解地理信息系统（GIS）的概念和功能。	指导学生浏览和操作电子地图，查询城镇、交通、旅游等信息。
	了解地理信息系统（GIS）在城市管理中的应用。	

续表

内容标准	学习要求	教学建议
了解数字地球的含义。	了解数字地球的含义。	1. 指导学生调查学校校园网建设的基本情况，尝试在校园网建立自己的地理网页。 2. 搜集与人们日常生活相关的有关数字地球材料，加强学生对数字地球的认识。
	了解数字地球的应用。	

说明：教学中应结合实例，重点了解地理信息技术的应用，对于技术层面的内容不作较高要求。

选　修

海洋地理

“海洋地理”跨地理科学与海洋科学，具有自然科学、社会科学、技术科学相互交叉渗透的特点。本模块包括“海洋和海岸带”“海洋开发”“海洋环境问题和保护”“海洋权益”四部分内容。本模块旨在帮助学生认识海洋自然环境的基本特征，了解海洋是蕴藏着丰富资源的宝库，对人类生存和发展有着重要的价值；面对日益严重的海洋环境问题，引导学生认识海洋环境问题事关人类未来的生存与发展，鼓励学生积极参与海洋环境保护；从全球普遍关注的海洋维权问题入手，帮助学生客观地认识我国的海洋国情，深刻理解维护我国海洋权益的重要意义，以培养学生的海洋权意识，增强学生热爱祖国的情感。

一、海洋和海岸带

内容标准	学习要求	教学建议
观察海底地形图，运用海底扩张与板块构造学说的主要观点，解释海底地形的形成和分布规律。	观察海底地形图，了解海底的主要地貌类型及其形态特征。	1. 运用海底地形模型或计算机模拟、演示海底地形特征及分布规律。 2. 指导学生观看海底火山喷发的录像，帮助学生理解海底扩张学说。
	运用海底地形图，归纳海底地形的分布规律。	
	运用海底扩张与板块构造学说的主要观点，解释海底地形的形成和分布规律。	

续表

<table>
<tr><th>内容标准</th><th>学习要求</th><th>教学建议</th></tr>
<tr><td rowspan="5">运用图表等资料，归纳海水温度、盐度的分布规律。</td><td>了解表层海水温度的影响因素。</td><td rowspan="5">教学中可结合实例，如介绍热带鱼对海水温度的适应性、死海不“死”等现象，以增强学生对海水温度、盐度的感性认识。</td></tr>
<tr><td>运用地理图表，归纳表层海水温度的水平分布规律及不同海区海水温度在垂直方向上的分布规律。</td></tr>
<tr><td>了解海水盐度的定义。</td></tr>
<tr><td>了解表层海水盐度的影响因素。</td></tr>
<tr><td>运用地理图表，归纳表层海水盐度的水平分布规律。</td></tr>
<tr><td rowspan="2">运用图表，分析海—气相互作用及其对全球水热平衡的影响。</td><td>运用图表，分析海—气间的水分和热量交换过程，理解海—气的相互作用。</td><td rowspan="2">教学时可将风海流作为案例，分析说明海—气相互作用对全球水热平衡的影响，同时结合必修模块中有关洋流的内容，引导学生进一步理解世界洋流的分布规律。</td></tr>
<tr><td>以洋流为例，理解海—气相互作用对全球水热平衡的影响。</td></tr>
<tr><td rowspan="2">简述厄尔尼诺、拉尼娜现象及其对全球气候的影响。</td><td>简述厄尔尼诺和拉尼娜现象。</td><td rowspan="2">1. 关于厄尔尼诺和拉尼娜现象的过程与机制研究，有许多问题尚未有定论，因此，在教学时可侧重问题的探究，不强调答案和结果的确定性。
2. 围绕“厄尔尼诺现象的利与弊”的辩题，运用材料，开展辩论。</td></tr>
<tr><td>运用图表，综合分析厄尔尼诺和拉尼娜现象对全球气候的影响，树立地理环境整体性的观点。</td></tr>
<tr><td rowspan="3">说明波浪、潮汐、洋流等海水运动形式的主要成因及其作用。</td><td>说明波浪的主要成因及其对地理环境和人类活动的影响。</td><td rowspan="3">运用动画软件模拟波浪、潮汐和洋流的运动。</td></tr>
<tr><td>说明潮汐的主要成因及其对地理环境和人类活动的影响。</td></tr>
<tr><td>说明风海流、密度流、补偿流的主要成因及其对地理环境的影响。</td></tr>
<tr><td rowspan="2">运用地图及景观图片，概述海岸的主要类型和特点。</td><td>阅读景观图片，概述海岸带的主要类型和特点。</td><td rowspan="2">请曾经赴海滨旅游的学生，结合亲身的体验，谈谈自己所观赏的海岸的类型及其特点。</td></tr>
<tr><td>运用地图，判读主要海岸类型的分布状况。</td></tr>
</table>

续表

<table>
<tr><th>内容标准</th><th>学习要求</th><th>教学建议</th></tr>
<tr><td rowspan="2">列举海岸带开发利用的主要方式。</td><td>了解海岸线和海岸带的定义。</td><td rowspan="2">1. 沿海地区的学校可以结合当地海岸带开发利用的实例，组织学生讨论海岸带开发对当地经济发展的意义。
2. 收集有关资料，组织学生就海岸带开发中出现的环境问题进行讨论，并尝试寻找解决途径，帮助学生树立海岸带可持续发展的观念。</td></tr>
<tr><td>列举海岸带开发利用的主要方式。</td></tr>
<tr><td rowspan="3">运用资料，说明海平面变化对海岸带自然环境以及社会经济发展的重大影响。</td><td>阅读图表，说明世界海平面变化的总体趋势。</td><td rowspan="3">收集有关资料，并充分发挥想象力，写一篇题为“海平面上升后……”的科幻小故事。</td></tr>
<tr><td>运用资料，说明海平面变化对海岸带自然环境及社会经济发展的重大影响。</td></tr>
<tr><td>列举应对海平面上升的对策措施，增强学生的环境保护意识。</td></tr>
</table>

二、海洋开发

<table>
<tr><th>内容标准</th><th>学习要求</th><th>教学建议</th></tr>
<tr><td rowspan="4">说出海水资源、海洋化学资源、海底矿产资源开发利用的特点和现状。</td><td>了解海水资源开发利用的特点和现状。</td><td rowspan="4">组织学生通过网络或者报纸杂志，收集海洋资源开发利用的新发现和新技术，认识海洋资源开发利用的广阔前景，激发学生探索海洋奥秘的热情。</td></tr>
<tr><td>了解海洋化学资源开发利用的特点和现状。</td></tr>
<tr><td>了解海底矿产资源开发利用的特点和现状。</td></tr>
<tr><td>运用地图，说出世界及我国油气资源的分布状况。</td></tr>
<tr><td rowspan="2">说出潮汐能、波浪能等的特点，以及海洋能的开发前景。</td><td>了解潮汐能、波浪能的特点。</td><td rowspan="2">对教材中所涉及的某些较复杂的工程技术原理不作要求。</td></tr>
<tr><td>列举世界及我国著名的潮汐发电站，说明潮汐能、波浪能的开发前景。</td></tr>
</table>

续表

内容标准	学习要求	教学建议
运用资料，说明海洋生物资源开发利用中存在的问题及对策。	列举海洋生物资源的主要类型。	沿海地区的学校可以组织学生走访当地渔民、参观水产养殖场，了解当地海洋渔业的发展状况和存在的问题，并尝试寻求解决对策。 开展“爱护海洋生物”的图片展览，向学生展示丰富多彩的海洋生物及海洋生物资源受到破坏的有关图片，唤起学生保护海洋环境，珍爱海洋生物的情感。
	阅读地图，了解世界主要渔场的分布。	
	运用资料，说明海洋生物资源开发利用中存在的问题及对策，树立海洋可持续发展的观念。	
举例说明开发利用海洋空间的重要性及其主要方式。	了解海洋空间开发利用的重要性。	收集资料，展示海洋空间开发的成果，并以诗歌、绘画、科幻小说等形式畅想未来的海洋空间开发。
	举例说明开发利用海洋空间的主要方式。	
简述海洋旅游业的现状及发展前景。	了解海洋旅游开发的意义。	海洋旅游资源不仅包括沙滩、海水、海岛等自然旅游资源，还有海岛风情、海洋文物古迹等人文旅游资源。 结合海洋旅游开发的实例，引导学生认识海洋旅游开发应因地制宜，在进行开发的同时要兼顾海洋环境保护，这样才能实现海洋旅游业的可持续发展。
	简述海洋旅游业的现状及发展前景。	

三、海洋环境问题与保护

内容标准	学习要求	教学建议
分析风暴潮、海啸的成因，说出其危害及应对措施。	了解海洋灾害的不同类型。	组织学生观看风暴潮、海啸等有关海洋灾害的影片，帮助学生更深刻地认识海洋灾害所带来的危害。
	分析风暴潮、海啸的成因。	
	阐述风暴潮、海啸的危害及应对措施。	

续表

内容标准	学习要求	教学建议
运用资料，说出海洋主要污染物的来源及其对海洋环境产生的危害，简述保护海洋生态环境的主要对策。	运用资料，说明海洋主要污染物的来源及其对海洋环境的危害。	组织学生收集有关资料，或者结合当地的海洋开发实例，提出海洋开发利用中存在的环境问题，尝试提出解决对策，帮助学生树立海洋环境保护意识。
	运用资料，说明海洋生态环境破坏问题及其对海洋环境的危害。	
	简述保护海洋生态环境的主要对策。	

四、海洋权益

内容标准	学习要求	教学建议
区别内水、领海、毗连区、大陆架、专属经济区和公海等概念。	了解海洋权益的定义。	教学时可以利用示意图帮助学生认识内水、领海、毗连区、大陆架、专属经济区和公海的概念。
	区别内水、领海、毗连区、大陆架、专属经济区和公海的范围及享有的权利。	
根据有关资料，归纳我国海洋国情的基本特点，说明维护我国海洋权益的重要意义。	根据有关资料，归纳我国海洋国情的基本特点，树立中华民族未来生存与发展的危机感和责任感。	收集有关资料，引导学生客观地看待我国海洋国情的基本特点、我国在海洋开发所取得的成就和存在的问题。 结合钓鱼岛、南沙群岛所属权等问题，向学生阐明中国严正捍卫海洋权益的立场，以培养学生的海洋权意识，增强热爱祖国的情感。
	说明维护我国海洋权益的重要意义，培养爱国主义情感。	
举例说出建立和维护国际海洋秩序的重要性。	了解《联合国海洋法公约》的制定对建立国际海洋秩序的意义。	组织学生开展“我们拥有同一个海洋”的主题会，以诗歌朗诵、演讲等形式抒发对海洋的热爱。
	举例说明建立和维护国际海洋秩序的重要性。	

旅游地理

"旅游地理"属于人文地理的分支内容，重点阐述了旅游资源的类型、分布与综合评价；旅游对人类活动和区域发展的影响；旅游规划和旅游活动设计的基本方法。本模块包括"旅游资源的类型与分布""旅游资源的综合评价""旅游规划与旅游活动设计""旅游与区域发展"四部分内容。本模块精选当前旅游发展中的重要地理问题和学生感兴趣的旅游问题，引导学生关注旅游与人口、资源、环境及区域发展的关系，正确认识人地关系，帮助学生树立旅游可持续发展观念。本模块熔知识与情感、兴趣与审美于一炉，对于学生增长旅游知识、形成旅游审美情趣、养成旅游爱好，培养野外实践能力和科学探索精神都有重要的作用。

一、旅游资源的类型与分布

内容标准	学习要求	教学建议
简述旅游资源的内涵，运用资料说明旅游资源的多样性。	简述旅游资源的内涵。	收集世界和中国著名旅游景区的有关资料，在班级进行展示交流，增强学生对旅游资源的感性认识。
	了解旅游资源的分类。	
	运用资料说明旅游资源的多样性。	
比较自然旅游资源与人文旅游资源的区别。	列举实例，比较自然旅游资源和人文旅游资源的区别。	结合学生的旅游经历或通过图片和音像资料，引导学生比较自然旅游资源与人文旅游资源的区别。
	举例说明旅游资源的主要特点。	
在地图上指出我国的"世界文化与自然遗产"，举例说出其重要价值。	在地图上指出我国"世界文化与自然遗产"的名称与分布。	组织学生收集相关资料，举办我国"世界文化与自然遗产"的知识问答或竞赛，培养学生爱国情感和环境保护意识。
	举例说出我国"世界文化与自然遗产"的重要价值。	

二、旅游资源的综合评价

内容标准	学习要求	教学建议
举例说明旅游景观的观赏方法。	结合实例，说明旅游景观的观赏方法。	运用图片或音像资料，引导学生学会旅游景观的观赏方法。 组织学生结合亲身体验，畅谈、交流观赏旅游景观的感受与心得。

续表

内容标准	学习要求	教学建议
运用资料，描述若干中外著名旅游景区的景观特点，并从地理角度说明其形成原因。	初步学会景观特点的描述方法。	让学生模拟担任导游，收集熟悉的某一著名旅游景区资料，尝试写出描述该景观特点的导游词并进行讲解。
	运用资料，描述若干中外著名旅游景区的景观特点，并从地理角度说明其形成原因。	
结合实例，简述旅游资源开发条件评价的基本内容。	结合实例，简述旅游资源开发条件评价的基本内容。	模拟专家评审团，请学生扮演不同角色（如政府官员、当地居民、旅游开发商、环保工作者等），针对某地旅游资源的开发条件进行评价。 让学生调查本地旅游资源，评价其开发条件并撰写小论文，进行交流。
针对某一实例，评价旅游资源的开发条件。	针对某一案例，评价旅游资源的开发条件。	

三、旅游规划与旅游活动设计

内容标准	学习要求	教学建议
分析旅游景区的基本要素以及它们的相互影响，初步学会对旅游景区的景点、交通和服务设施进行规划设计。	知道旅游景区的基本要素。	收集有关资料，结合某旅游景区，分析其基本要素及要素间的相互影响，并能对其进行合理的规划设计。
	分析旅游景区基本要素间的相互影响。	
	初步学会对旅游景区的景点、交通和服务设施进行规划设计的方法。	
学会收集旅游信息，根据旅游资源状况，确定旅游点，选择合理的旅游路线。	学会收集旅游信息，根据旅游资源状况，确定旅游点，选择合理的旅游路线。	收集资料，设计一条“黄金周”的旅游路线。 结合当地旅游实际，设计一条“一日游”的旅游路线。
说明地形、气候、水文等条件与旅游安全的关系，以及应采取的安全防范措施。	说明地形、气候、水文等条件与旅游安全的关系。	观看有关旅游安全防范措施的音像资料，提高学生在旅游活动中的安全意识。 结合某旅游地，组织学生讨论赴该地旅游应当采取的安全措施。
	知道在旅游活动中应采取的安全防范措施。	

四、旅游与区域发展

<table>
<tr><th>内容标准</th><th>学习要求</th><th>教学建议</th></tr>
<tr><td rowspan="2">阐明旅游业的发展对社会、经济、文化的作用。</td><td>了解旅游业的概念。</td><td rowspan="2">收集有关资料，让学生讨论旅游业的发展对社会、经济、文化的作用。</td></tr>
<tr><td>阐明旅游业的发展对社会、经济、文化的作用。</td></tr>
<tr><td rowspan="2">举例说出旅游与景区建设对地理环境的影响。</td><td>举例说出旅游活动对地理环境的影响。</td><td rowspan="2">让学生结合亲身经历，说出旅游活动对地理环境的影响，并讨论如何做一个合格的旅游者，增强学生的社会责任感和环境保护意识。
结合当地实例，分析景区建设对地理环境的影响。</td></tr>
<tr><td>举例说出景区建设对地理环境的影响。</td></tr>
<tr><td>举例说明旅游开发过程中的环境保护措施。</td><td>结合实例，说明旅游开发过程中的环境保护措施。</td><td>组织学生调查当地旅游开发过程中的环境问题，讨论应采取的环境保护措施。
组织一次关于生态旅游的专题讨论会。</td></tr>
</table>

城乡规划

“城乡规划”基于自然地理和人文地理的基础知识和基本技能，从宏观上探讨城市和乡村的地理分布、城乡建设与地理环境的协调发展、构建良好的人居环境等内容。本模块主要由“城乡发展与城市化”“城乡分布”“城乡规划”“城乡建设与生活环境”四部分组成。本模块主要是向高中生普及城乡规划的基础知识，帮助学生科学理解城乡发展变化的规律，正确认识当今城市建设与规划的有关问题，提高自身的观察能力和决策能力。本模块阐述了城乡建设与社会、环境的协调发展的关系，有利于学生树立城乡可持续发展的观念。

一、城乡发展与城市化

内容标准	学习要求	教学建议
举例说明中外城市的形成和发展，归纳城市在不同发展阶段的主要特征。	了解人类聚落的形成过程，认识城市是人类社会发展到一定阶段的产物。	收集中外城市发展的相关案例，组织学生归纳城市在不同发展阶段的主要特征。
	了解城市聚落和乡村聚落的基本概念。	
	了解世界和中国城市的发展过程，并能结合实例说明城市在不同发展阶段的主要特征。	
比较不同国家城市化过程的主要特点及其意义。	比较发达国家和发展中国家城市化过程的特征。	引导学生从城市人口比重、城市用地规模等方面进行讨论，分析不同国家城市化特征和水平的差异。 组织学生收集资料或实地调查，了解自己所在城市或附近大城市的演变历史。
	了解中国城市化过程的特征。	
	分析城市化与经济发展的相互关系，认识城市化的意义。	
举例说明城市环境问题的成因与治理对策。	了解城市环境问题的主要表现。	组织学生收集相关资料或结合自己的生活体验，讨论当前主要的城市环境问题，提出相应的治理措施，并出一期专题板报。
	结合实例，分析城市环境问题的主要成因并提出相应的治理对策，增强城市环境保护意识。	
比较在不同地理环境中，乡村聚落的分布特点，并分析其形成原因。	了解乡村聚落的地理分布特点并分析其成因。	结合实例引导学生分析乡村聚落的形成过程及其与生产力发展的关系。 结合社会实践活动，调查某村落的分布特点和成因。
	比较不同地理环境中的不同因素对乡村聚落分布的影响。	
举例说明乡村集市的分布特点及其成因。	结合实例分析乡村集市的分布特点和成因。	组织学生调查乡村集市，了解乡村集市的服务内容、范围及分布特点。

二、城乡分布

<table>
<tr><th>内容标准</th><th>学习要求</th><th>教学建议</th></tr>
<tr><td rowspan="2">运用资料，分析现代城市或村镇的空间形态、景观特色及其变化趋势。</td><td>了解现代城市或村镇的主要空间形态。</td><td rowspan="2">收集相关地图资料，指导学生从分析某城镇的用地结构入手，讨论其空间形态与功能分区的特点，描述景观特色并预测其变化趋势。</td></tr>
<tr><td>结合实例，分析现代城市或村镇的空间形态、景观特色及其变化趋势。</td></tr>
<tr><td rowspan="2">举例说明在一定的区域范围内，如何实现城镇的合理布局和协调发展。</td><td>了解城镇体系的基本概念。</td><td rowspan="2">结合中外实例，组织学生分组讨论如何实现城镇的合理布局和协调发展，在全班进行交流。</td></tr>
<tr><td>以某区域为例，分析区内城镇等级规模、城市功能定位、城镇之间联系等因素，说明如何实现城镇的合理布局和协调发展。</td></tr>
<tr><td rowspan="3">举例说明城乡发展过程中，为了保护特色景观和传统文化应采取的对策措施。</td><td>了解城乡景观的特点。</td><td rowspan="3">组织学生调查身边的城乡景观，体会其文化内涵，并根据调查的结果，小组合作出一期专题小报。
组织学生收集某地发展过程中对特色景观和传统文化造成破坏的案例，探讨其危害及应采取的保护措施。</td></tr>
<tr><td>了解城乡景观的历史文化价值及其对当地发展的重要意义。</td></tr>
<tr><td>结合实例说明在城乡发展过程中，保护城乡特色景观和保护传统文化的对策措施。</td></tr>
</table>

三、城乡规划

<table>
<tr><th>内容标准</th><th>学习要求</th><th>教学建议</th></tr>
<tr><td rowspan="3">说明城乡规划对于城乡可持续发展的重要意义。</td><td>了解城乡规划的概念。</td><td rowspan="3">组织学生收集现实生活中城乡规划的案例，分组讨论，评价其合理性，若不合理可提出改进建议。</td></tr>
<tr><td>知道城乡规划的主要内容。</td></tr>
<tr><td>理解城乡规划对于城乡可持续发展的重要意义，初步树立城乡可持续发展的观念。</td></tr>
<tr><td rowspan="3">了解城乡规划中土地利用、项目选址、功能分区的主要原则和基本方法。</td><td>了解城乡土地利用的主要方式。</td><td rowspan="3">指导学生结合必修2中有关城市土地利用、功能分区、地域结构的主要原理，理解城乡规划的基本原则和方法。</td></tr>
<tr><td>掌握城乡规划中项目选址的主要原则和基本方法。</td></tr>
<tr><td>掌握城乡规划中功能分区的主要原则和基本方法。</td></tr>
</table>

续表

内容标准	学习要求	教学建议
理解在城乡规划中，工业、农业、交通运输业、商业、文化等部门的一般布局原则。	理解城乡规划中，工业、农业、交通运输业、商业、文化等部门的一般布局原则。	提供具体案例，组织学生分析某区域中产业部门布局的基本原则。

四、城乡建设与生活环境

内容标准	学习要求	教学建议
了解城乡人居环境的基本评价内容，分析房地产开发的地理区位因素，评价居住小区的环境特点与结构功能。	了解城乡人居环境的概念及其组成要素。	结合研究性学习或综合实践活动，走访当地房地产开发商或销售人员，了解房地产开发的地理区位因素。 依据理想人居环境的基本要素，对自己居住的小区作出评价。
	掌握房地产开发的地理区位因素。	
	学会评价居住小区的环境特点和结构功能，树立人地协调的观念。	
说出商业布局与人们生活的关系，以及不同商业部门布局的特点与功能。	了解城市商业的等级与服务功能。	组织学生调查家庭和学校附近商业网点的区位特征，并对其进行评价。
	结合实例说明城市商业布局的一般原则。	
	评价不同商业布局模式的特点与功能。	
结合实例，比较不同的城市交通网络的特点。	结合实例，比较不同的城市交通网络的特点。	调查居住小区附近的交通网络，画出简图。 组织学生为某城市设计合理的交通网络，并举办设计方案大赛。
举例说明文化设施布局与人们生活的关系。	了解城乡中基本的文化设施类型及其主要功能。	组织学生收集资料或实地调查，了解所在城市或附近城市的主要文化设施及其功能，认识其与人们生活的关系。
	结合实例说明文化设施布局与人们生活的关系。	

环境保护

“环境保护”围绕当代人最为关注的“环境问题与环境保护”这一中心内容，重点阐述了人类所面临的主要环境问题，以及这些环境问题产生的原因及危害，并提出了人类应采取的防治措施。本模块主要包括“环境与环境问题”“资源问题与资源的利用、保护”“生态环境问题与生态环境保护”“环境污染与防治”“环境管理”五部分内容。通过本模块的学习将有助于学生更深刻地认识环境问题、资源问题的形成与发展，进一步理解人、社会与自然环境之间相互依存的关系，形成正确的环境观、资源观和可持续发展的观念；有助于学生获得人与环境和谐相处所需要的知识与技能，养成保护环境的良好行为习惯，成为有社会实践能力和责任感的公民。

一、环境与环境问题

内容标准	学习要求	教学建议
举例说明人类与环境的相互关系，形成正确的环境伦理观。	了解环境的概念和分类。	结合教材所提供的案例，以唯物辩证的观点认识人类与环境之间具有相互影响、相互制约的关系。
	结合案例，说明人类与环境的相互关系，树立正确的环境伦理观。	
说出环境问题产生的主要原因及危害。	了解环境问题的表现。	针对本地区某一突出的环境问题，开展调查，探究其产生的原因及危害。
	分析环境问题产生的主要原因。	
	认识环境问题的危害。	
归纳当前人类所面临的主要环境问题。	归纳当前人类所面临的主要环境问题的表现。	提供有关资料，分析不同历史阶段的环境问题，运用比较法归纳当代环境问题的特点。
	认识当代环境问题的主要特点。	

二、资源问题与资源的利用、保护

内容标准	学习要求	教学建议
举例说明主要的资源问题及其产生的原因。	结合实例，理解自然资源的概念、分类及其对人类社会的重要意义。	教学中应加强学生读图能力的培养，指导学生学会运用数据资料和图表认识资源问题的表现及产生原因。
	举例说明主要的资源问题及其产生的原因。	

续表

内容标准	学习要求	教学建议
举例说明非可再生资源耗竭对人类活动的影响，并说出人类采取的相应措施。	结合实例，理解非可再生资源的概念及其特点。	针对我国石油问题，组织学生查阅有关资料，体会石油资源日趋匮乏对我国社会经济发展与人们生活的影响。
	举例说明非可再生资源对于社会经济发展的重要性。	
	举例说明非可再生资源耗竭对人类活动的影响。	
	说出合理开发、利用非可再生资源的主要措施，树立资源可持续利用的观念。	
根据有关资料，说出非可再生资源开发过程中应采取的环境保护措施。	分析在非可再生资源开发与利用过程中的环境问题。	收集某种非可再生资源开发、利用过程中对环境造成不良影响的案例，引导学生认识其危害，并讨论提出解决对策。
	举例说明在非可再生资源开发过程中应采取的环境保护措施。	
结合实例，说明人类对可再生资源不合理利用造成的问题，以及保护、合理利用的成功经验。	结合实例，理解可再生资源的概念及特点。	调查家庭的用水状况，设计一份家庭节约用水的方案，并鼓励学生实施。 围绕城市化过程中耕地被占用的问题召开辩论会，讨论其对社会经济及生态环境的影响，培养学生耕地保护意识。
	结合实例，说明人类对可再生资源不合理利用所造成的问题。	
	结合实例，说明人类对可再生资源保护、合理利用的成功经验，形成正确的资源观。	

三、生态环境问题与生态环境保护

内容标准	学习要求	教学建议
举例说出主要的生态环境问题及其产生的原因。	举例说出主要的生态环境问题。	组织学生观看生态环境破坏的教学录像，增强学生对生态环境问题的感性认识。 在分析生态环境问题产生的原因时，应注重加强对人为原因的分析。
	分析生态环境问题产生的原因。	

续表

内容标准	学习要求	教学建议
以某种生态环境问题为例，描述其形成的一般过程。	以某种生态系统为例，了解该生态系统的特点及主要的环境功能。	教学中可运用计算机模拟某种生态环境问题形成的动态过程，体会人类在此过程中的作用。 可以组织学生利用假期进行一次环保考察活动，如实记录考察活动中的所见所闻，培养学生的实践能力。
	以该种生态环境问题为例，分析其形成的自然原因和人为原因。	
	以该种生态环境问题为例，描述其形成的一般过程。	
举例说明某一区域的生态环境问题对其他区域的影响。	举例说明某一区域的生态环境问题对其他区域的影响，形成地理环境整体观。	以某次洪水或北方沙尘暴为例，说明某一区域的生态环境问题对其他区域的影响。
读图说出我国不同区域的主要生态环境问题。	读图说出我国不同区域的主要生态环境问题。	指导学生运用表格归纳我国不同区域的主要生态环境问题，提高学生的图表分析能力。 收集本地区的相关资料，讨论当地的主要生态环境问题并尝试提出解决问题的措施。
	分析我国不同区域主要生态问题发生的自然背景和人为原因。	
针对某一生态环境问题，说出生态环境保护的主要措施及其作用。	认识生态环境保护的重要意义，树立环境保护和可持续发展的观念。	组织一次环保实践活动，如参观当地的自然保护区、生态农业园区、清洁生产工厂、污水处理厂等，写一篇观后感。
	针对某一生态环境问题，说出生态环境保护的主要措施及其作用。	

四、环境污染与防治

内容标准	学习要求	教学建议
根据有关资料，说出主要的环境污染问题。	了解环境污染的概念及分类。 根据有关资料，说出主要的环境污染问题。 举例说明我国环境污染的现状。	组织学生对自己家庭垃圾的分类、去向做跟踪调查，将调查结果在班级内进行交流。
以某些环境污染事件为例，说明其形成的原因、过程及危害。	以某类环境污染为例，说明其形成原因、过程及危害。 能够就某一污染事件，说出其污染物的来源和造成的危害。	调查学校附近地区的环境污染状况和污染物的来源，分析环境污染对人体健康和周边环境的影响。
针对某类环境污染，说出其防治的主要措施。	针对该类环境污染，说出其防治的主要措施。	组织学生收集资料或实地调查，认识清洁生产、生态农业以及垃圾的分类回收对减轻环境污染，保护生态环境的重要意义。

五、环境管理

内容标准	学习要求	教学建议
说出环境管理的基本内容和主要手段。	了解环境管理的主要思想和基本内容。 结合案例认识实行环境管理对保护环境的重要性。 说出环境管理的主要手段。	就某一环境污染事件，组织学生分角色扮演污染肇事单位、环保部门官员、法律人士、当地群众等人员，举行“模拟法庭”或“模拟环保听证会”，进一步熟悉环境管理的内容和主要手段。

续表

内容标准	学习要求	教学建议
举例说出当前全球环境问题的管理与国际行动。	认识环境管理中加强国际合作的必要性。	配合“地球日”“世界环境日”等，编辑地理小报，介绍一些当前针对全球环境问题的管理与国际行动。
	了解中国参与国际合作的主要形式以及努力履行国际公约的情况。	
	了解联合国三次环境与发展会议的主要内容及其深远影响。	
理解个人在环境保护中应具备的态度、责任和行为准则。	认识公众参与在环境保护中的作用。	举办一次以“环境保护从我做起”为主题的班会。
	认识个人在环境保护中应具备的态度、责任和行为准则，培养公民社会责任感和环境道德。	

概况与摘要

地理课程研究

概　况

通过文献检索，2008 年刊载在重要刊物上的有关地理课程研究的论文约 14 篇，主要涉及地理课程标准的修改建议或概念的修正明确（2 篇），地理课程标准理念、内容、目标研究（4 篇），中国港澳台地区和国外地理课程研究（5 篇），地理课程中环境教育、伦理道德教育研究（3 篇）。分别阐述如下。

一、对地理课程标准的修改建议或概念的修正和明确

2008 年，初、高中课标的完善修订研究又有新进展。初中地理课程标准方面，沈斌、朱志刚认为课标的修改完善需从保持地理课程学习的连贯性和循序渐进性、确立“乡土地理”优先的学习顺序、制定地理教师标准、细化地理学力评价等方面入手，并提出了许多具体修改建议（《中学地理教学参考》，2008 年第 1 期）；陈尔寿先生认为：初中课标中“必须变革‘学科中心’‘知识本位’下的地方志式的地理课程，努力创设一种以区域地理和乡土地理作为学习载体的地理课程”的提法值得商榷，他认为地方志式课程早已杜绝，以乡土地理或区域地理为载体的地理课程早在 1963 年就已确立，无须再行“创设”（《地理教育》，2008 年第 2 期）。高中地理课程标准方面，陈大路、谷晓红研究了课标中出现的“城市的空间结构”“城市地域结构”两个概念在高中各版本教材中的使用偏差，结合城市地理学相关概念，对课程标准中相关概念提出了具体修订方案（《课程·教材·教法》，2008 年第 11 期）。

二、地理课程标准内容、目标研究

2008 年，关于地理课程标准内容的充实修改、过程和方法目标的设计又献佳作。课程标准内容方面，王向东、王海霞回顾了百年来地理课程标准或教学大纲内容的历史演变，明确了课程内容演变的萌芽、确立、发展、完善和成熟五个阶段，提出课程内容编制应体现教育目标、培养目标及地理学科的特点，满足学生

的兴趣和需要（《地理教学》，2008 年第 3 期）。课程的过程和方法目标上，徐有道剖析了地理“过程与方法”课程目标的内涵，从参与教学过程、注重学习过程体验两方面探讨了过程和方法目标在教学中的体现策略（《池州学院学报》，2008 年 22 卷第 2 期）。

三、中国港澳台地区和国外地理课程研究

2008 年，我国港澳台地区和国外地理课程研究论文主要涉及澳门地区与部分发达国家。黄逸恒分析了澳门地理课程认知度缺乏、地理课程多元化的现状与困境，介绍了澳门教师专业发展与地理课程改革的具体做法（《地理教育》，2008 年第 1 期）。而有关国外地理课程研究文章则涉及地理课程标准的比较研究和介绍。如国内外课标对比研究方面，李丽莉从课程目标和课程内容两方面比较了中日地理课程标准，分析两国地理课标的特色和优点（《教学月刊》中学版下册，2008 年第 9 期）；陈皆兵从国家背景、课程目标、编排体系结构、内容标准的构成、内容标准的表述以及面向的对象六个方面比较了中美两国国家地理课程标准，揭示了我国地理课标存在的不足，并提出了修订的参考建议［《江西教育学院学报（社会科学版）》，2008 年第 1 期］。国外课程介绍方面，汤标、张胜前探讨了法国地理课程设置的特点以及对我国地理课程设置的启示（《地理教育》，2008 年第 5 期）；宋昌华介绍了澳大利亚威尔士州的高中毕业证书考试（HSC）的地理课程标准。

四、地理课程中环境教育、伦理道德教育研究

2008 年，地理课程研究仍然呈现出重视环境教育、道德教育的态势。如韩梅比较了《全日制义务教育地理课程标准（实验稿）》与《中小学环境教育实施指南（试行）》两个文件，认为初中地理新课程彰显了环境教育的目标和内容，蕴涵了环境教育的元素和信息，为初中地理课程具体而有效地渗透环境教育搭建了平台（《课程·教材·教法》，2008 年第 2 期）。卢世伦则将高中地理课程中德育的目标内容归纳为辩证唯物主义教育，科学的人口观、资源观、环境观和可持续发展教育，国情、国策及爱国主义教育和法规、法纪教育四个方面（《四川职业技术学院学报》，2008 年第 3 期）。另外，李伟华、魏智勇通过文献调研，从环境伦理道德教育与高中地理课程目标的关系、高中地理课程中环境伦理道德教育的内容体现、高中地理课程中培养学生环境伦理道德的途径以及环境伦理道德教育内容在高中地理教材中演变过程等角度总结了目前高中地理课程中环境伦理道德教育的研究成果［《内蒙古师范大学学报（教育科学版）》，2008 年第 10 期］。

综上所述，2008 年地理课程研究取得了不少重要的成果，对课程标准的修改、完善，对课程内容的合理设置，对借鉴我国港澳台地区和发达国家先进的地理课程经验，对进一步推动环境教育、走人与自然和谐之路产生了积极有效的影响。

论 文 摘 要

初中地理新课程与环境教育的相关性分析

韩 梅

地理课程是基础教育阶段唯一以地理环境、人地关系和可持续发展为基本内容的课程，它承担了环境教育的重要内容，是渗透环境教育的主要载体。

本文以《全日制义务教育地理课程标准（实验稿）》为切入点，将初中地理课程标准与2003年教育部颁布的《中小学环境教育实施指南（试行）》作比较，分别从课程基本理念的“指向性”要求、课程目标与环境教育目标的相关性、课程内容与环境教育内容的相互支持性、课程实施对环境教育目标的达成性等角度分析初中地理新课程与环境教育的关系。作者认为初中地理新课程彰显环境教育的目标和内容，蕴涵环境教育元素和信息，为初中地理课程具体而有效地渗透环境教育搭建了平台。

最后作者在综合分析的基础上指出：初中地理新课程为渗透环境教育作了全方位的铺垫，从理念的引领、目标的相关、内容的支持到措施的落实，层层推进、环环相扣，充分发挥初中地理课程渗透环境教育的载体功能，有效地促进学生综合环境素质的提升。

《课程·教材·教法》2008年第2期

对《全日制义务教育地理课程标准（实验稿）》的修改建议

沈 斌 朱志刚

文章对《全日制义务教育地理课程标准（实验稿）》提出了一些具体的修改建议，具有较强的可操作性。

作者提出的修改建议主要有：1. 保持地理课程学习的连贯性，在地理课程标准中明确提出“建议将乡土地理作为九年级学习的内容”的要求。2. 保证地理课程学习的循序渐进性，就学生的地理学习能力和研究能力的发展建议划分出阶段性的目标，并结合各学习内容采用螺旋上升的递进要求。3. 希望地理课程学习“宜从乡土始”，就乡土教材编写和审查提出“乡土地理教材可以由各地方（省、市、县）编写；由省（自治区、直辖市）的教材审查委员会根据地理课程标准的要求组织审查”。4. 规定地理教师标准，使地理课程向高水平实施，在“教学建议”部分阐述义务教育阶段的地理教师标准。5. 倡导地理课程评价，重在评价地理学力，将“评价建议”项目细化为“标准、能级要求、评价思路、评价工具、评价结果呈现”等。最后，作者还就义务教育地理课程标准各个部分内容提出了一些具体的修改意见。

《中学地理教学参考》2008 年第 1 期

对地理课程“学科中心”“知识本位”问题的商榷

陈尔寿

文章认为《全日制义务教育地理课程标准（实验稿）》提出的“必须变革‘学科中心’‘知识本位’下的地方志式的地理课程，努力创设一种以区域地理和乡土地理作为学习载体的地理课程”值得商榷。

作者认为早在 1922 年，我国近代地理学奠基人竺可桢就主张变革地方志式的地理课程，新中国成立后则早已杜绝；而以乡土地理或区域地理为载体的地理课程早在 1963 年的初级中学地理教学大纲中就已建立，并沿用到 2000 年颁发的义务教育《初级中学地理教学大纲》中，无须再行“创设”。

作者从历史和现实角度探讨了地理学的“学科中心”是“人地关系”。“人与自然的和谐”是“落实科学发展观”和“构建和谐社会”战略思想的重要组成部分，“人地关系”作为地理学科中心，既符合地理课程设置的目的，也体现了当代我国社会主义建设的意识。

另外，在地理知识培养方面，作者提醒到“如果没有厚实的基础知识，要求学生具有‘实践能力’和‘探究意识’，将成为‘无源之水，无本之木’的空论和幻想”。

《地理教育》2008 年第 2 期

地理课程内容的历史演变与编制基准

王向东　王海霞

本文探讨了百年来地理课程标准或教学大纲内容的历史演变

与编制基准。

作者将地理课程内容的历史演变划分为五个阶段。1. 萌芽阶段（1902～1955），课程内容以地方志为主，其顺序是先“中国地理”后“外国地理”，部分课程标准或教学大纲涉及自然地理内容。2. 确立阶段（1956～1977），课程内容具有较强的逻辑体系，从自然地理、经济地理要素角度选择和安排内容，有效地探索了地理课程内容的组织结构。3. 发展阶段（1978～1991），基本确立了一条比较明确的逻辑线索，即初中阶段以区域地理知识为主，高中以系统地理知识为主。4. 完善阶段（1992～2000），课程内容的组织结构日益稳定，形成了比较明确的逻辑主线，强调以人地关系观点和可持续发展观点为核心构建内容，力求体现课程内容的基础性、综合性和实践性。5. 成熟阶段（2001 年至今），初中地理课程内容以促进学生终身发展为目标，关注方法培养和情感态度价值观教育，注重学生的体验与参与；高中地理课程内容从公民素质教育出发，强调自然地理、人文地理及区域地理内容的联系和融合，区域地理以案例分析方式选择内容，设置七个选修课模块，供学生针对性选择。

作者认为地理课程内容的编制应在体现教育目标、培养目标的基本规定基础上，满足学生的兴趣和需要，着重体现地理学科的特点。具体的编制基准是：1. 地理课程内容要体现地理学的综合性；2. 地理课程内容要体现地理学的区域性；3. 突出地理课程内容的基础性；4. 地理课程内容要贴近社会生活与学生生活。

《地理教学》2008 年第 2 期

高中地理课程标准的过程与方法目标设计

徐有道

《全日制普通高中地理课程标准（实验稿）》提出了“过程与方法”课程目标。本文剖析了地理“过程与方法”课程目标的内涵，并探讨了这一课程目标在教学中的体现策略。

一、“过程与方法”的内涵。“地理过程”通常是指地理科学研究的一般过程，亦指学生的学习过程，即学生获得知识技能以及情感体验的过程；“地理方法”是指地理科学方法，即地理科学研究活动中所运用的独特的科学思维方式与行为方式。过程与方法是相互联系、本质统一的。“过程与方法”的课程目标要求学生了解地理科学研究的一般过程，体验积极生动的学习过程，掌握一定的科学方法，如地理特色浓郁的地理观察法、区域比较法、野外调查法及区域综合分析法等，以及其他一般科学方法，如资料和事实处理方法、实验方法等，进而培养他们提出问题、分析问题和解决问题的能力。具体来讲，“过程与方法”目标可分为行为目标、过程目标和表现目标三个方面。

二、上述地理“过程与方法”具体目标的体现策略。首先是参与教学过程，实现行为目标，包括：1. 还课堂于学生，在知识教学中实现行为目标；2. 积极开展地理课外活动，在实践过程中实现行为目标。其次是注重学习过程体验，实现过程目标，涉及两点：1. 运用过程与方法教学，关注学生的学习过程；2. 探究活动让学生经历完整的学习过程。再次是创造展示平台。实现表现目标，分为：1. 创设自由平等的学习氛围，让学生勇于发表自己的看法；2. 总结探究成果。让学生展现探究过程中所应用的方法和感受。

《池州学院学报》2008 年 22 卷第 2 期

从高中地理教科书看课程标准中概念的编订——以“城市的空间结构”和“城市地域结构”为例

陈大路　谷晓红

本文比较研究了普通高中地理课程标准出现的“城市的空间结构”“城市地域结构”两个概念在高中各版本教材中的使用偏差，结合城市地理学相关概念，对课程标准中相关概念提出了具体修订方案。

作者首先从《普通高中地理课程标准（实验）》《普通高中地理课程标准（实验）解读》两个角度佐证了“城市的空间结构”是城市内部研究，“城市地域结构”是城市外部研究。随后作者在比较了五个版本教科书相关内容基础上指出：1. 各版本教科书遵循了课程标准制定的主体框架，即包括城市内部研究和城市外部研究两部分内容。2. 没有一个版本的教科书完整地采用课程标准中“城市的空间结构”和“城市地域结构”这两个概念，并遵循课程标准指示的含义。

根据《地理学名词》《大百科全书·地理学》中的相关概念，作者认为城市内部研究使用“城市地域结构”一词，城市外部研究使用“城市体系”一词是比较权威的。因此，作者最后提出了对高中地理课程标准中有关城市空间关系的内容的修订意见：1. 将“城市的空间结构”改为“城市地域结构”；2. 将“城市地域结构”改为“城市体系”；3. 将“规模”改为“等级”；4. 考虑增加“说明”或“注释”，“城市地域结构”属城市的微观研究或内部研究，“城市体系”属城市的宏观研究或外部研究。

《课程·教材·教法》2008 年第 11 期

澳门地理课程与教师专业发展

黄逸恒

文章详细阐述了澳门地理课程的现状与困境，并对澳门教师专业发展与地理课程改革提出了具体做法。作者认为澳门地理课程的现状及其存在的问题与困境主要有两点：

一、地理教师对课程的认识仍未充分。澳门现行的地理课程为1999年颁发的初中部分的《地理课程大纲》和高中部分的《地理课程大纲》。两个阶段的大纲内容包括两部分："大纲"和"教学/学习组织计划"。第一部分的"大纲"陈述了序言、总目标、主题内容、教学指引、预计节数和评价六项内容；第二部分的"教学/学习组织计划"则详列初、高中各级之目标、内容、工作建议和评核等细节。1999年颁行的两部课程大纲事实上已对中学阶段地理课程做出比较整体性的规划，但只建议私立学校参考跟随，因此上述课程文件未能广泛影响占学生人数95%的私立学校。因而使得不少地理教师，缺乏对课程的理解以及对课程发展的重视。

二、地理课程的多元是课程改革必须面对的难题。澳门四类学制的学校（中华教育会的属会学校、公立学校、葡语学校、天主教学校联会的属会学校）的地理课程会因学校各自的实际情况而设置，因此地理课程目标和课程内容在学校层面存在强烈的多元性。

最后作者重点思考了教师专业发展与澳门地理课程改革的关系，提出强化课程知识在地理教师职前及在职培训中的地位、倡议地理教师开展行动研究、加强课程规划与课程实施者之间的协作关系、致力于推动教师参与地理教材的建设。

《地理教育》2008年第1期

法国中学地理课程设置特点探析

汤标　张胜前

文章深入探讨了法国地理课程设置的特点及对我国地理课程设置的启示。

作者首先介绍了法国地理课程概况：1. 从初、高中地理课程设置上看，地理始终是法国中学阶段必修课之一；2. 在具体形式上，与历史合并成一门课程，实行质量较高的高中毕业会考和高考制度；3. 在课程内容选择上，区域地理比重较大；4. 在课程结构编排上，将传统系统地理内容与区域地理内容划分为阶段明显又循环进行的内容体系和结构。

文章重点归纳了法国地理课程设置特点，主要有：1. 整合不同科目，课程形式具有综合性；2. 重视基础知识，课程结构具有完整性；3. 重视地理素养，课程设置具有连续性；4. 符合认知规律，课程逻辑具有科学性；5. 注重学生差异，课程安排具有差异性；6. 紧扣时代脉搏，课程内容具有现代性。最后作者从我国中学地理课程设置需要关注差异性、注重连续性两个方面阐述了法国地理课程设置对我国地理课程的启示。

《地理教育》2008 年第 5 期

浅析澳大利亚地理课程标准——以新南威尔士州 HSC 为例

宋昌华

新南威尔士州（以下简称新州）的高中毕业证书考试（HSC）在澳大利亚最为出色，其教学大纲和课程标准在澳大利亚具有典型性。

该文分析了新州 HSC 高中地理课程标准的主要内容和特点，最后评析了 HSC 地理课程标准。HSC 地理课程标准主要包括：1. 危机中的生态环境，学习的重点是对危机中的生态系统的运行、管理及保护进行地理调查；2. 城市空间，学习的重点是对国际大都市、百万人口城市及大城市的城市动态和城市区位等进行地理调查；3. 人类与经济活动，学习的重点是结合当地和全球的文献对经济活动进行地理调查。

作者认为 HSC 地理课程的特点主要有：学习内容包括理论和实践两个部分，并且理论学习和实践活动紧密联系；学习内容具有突出的现实意义；学习成果要求运用数学思维和技能分析地理数据，这一点充分体现了地理科学文理兼具的学科特性。最后，文章评析了 HSC 地理课程标准，认为该标准充分体现了“以学生发展为中心”的教育思想；注重培养学生的创新精神、动手能力和地理技能；注重对学生进行全面公正的评价，既重视对基础知识的掌握，又注重能力和技能的提高；重视学生的学术研究，在“地理写作”中提出完成“结构完整的论文”的要求。

《地理教育》2008 年第 6 期

地理教材研究

概　况

长期以来，我国实行“一纲一本”国家统一编制教材的制度。但是，随着时间的推移，全国统编的一套地理教材已不能适应当前社会发展的需要。教育部于2001年颁布了《基础教育改革纲要（试行）》（以下简称《纲要》），并在《纲要》第五项内容“教材开发与管理”中明确规定：“实行国家基本要求指导下的教材多样化政策，鼓励有关机构、出版部门等依据国家课程标准组织编写中小学教材。”这标志着我国地理教材迎来了“一标多本”、教材多样化的时代。

依据《纲要》精神，教育部于2001年颁布了《全日制义务教育地理课程标准（实验稿）》，随后在2003年颁布了《普通高中地理课程标准（实验）》。

2002年义务教育课程标准地理新教材以两种形式出现，一种是地理教材；另一种是综合课中的《历史与社会》。目前，经全国中小学教材审定委员会初审通过的义务教育地理教科书主要有：

人民教育出版社课程教材研究所、地理课程教材研究开发中心编著，樊杰、韦志榕主编，人民教育出版社出版（人教版）；

朱翔、陈民众主编，湖南教育出版社出版（湘教版）；

北京师范大学基础教育课程标准实验教材总编委员会组编、国家基础教育课程标准实验教材地理编写组编写，王民主编，中国地图出版社出版（中图版）；

蔡运龙主编，商务印书馆和星球地图出版社出版（商务—星球版）；

广东省教学教材研究室编著，潘安定主编，广东人民出版社出版（粤版）；

高培英、王宇鸿主编，山西教育出版社出版（晋教版）；

北京市仁爱教育研究所编著，王辑慈主编，大象出版社出版（大象版）；

陈澄主编，上海教育出版社出版（沪教版）（供上海地区六年级、七年级学生使用）。

目前，经全国中小学教材审定委员会初审通过的普通高中课程标准实验教科书有4套：

人民教育出版社课程教材研究所、地理课程教材研究开发中心编著，樊杰、韦志榕主编，人民教育出版社出版（人教版）；

朱翔、陈民众主编，湖南教育出版社出版（湘教版）；

北京师范大学基础教育课程标准实验教材总编委员会组编，王民主编，中国地图出版社出版（北师大—中图版）；

南京师范大学地理教材研究发展中心编著，王建、邹健主编，山东教育出版社出版（南京师大—鲁教版）。

地理新教材在结构体系、内容表述、图表系统、练习设计等方面都有标新独到之处。地理教材呈现出“百花争艳”的新局面。随之，地理教材的研究也呈现出“百家争鸣”的景象。

2008 年度发表在重要刊物上的有关地理教材研究的文献大约有 15 篇，主要涵盖不同版本地理教材的比较研究（6 篇），地理教材的评价、解析（3 篇），地理教材发展变化的历史回顾与总结（2 篇），地理教材设计（2 篇），国外地理教材研究（2 篇）。分别阐述如下：

一、地理教材的比较研究

2008 年，地理教材的比较研究的热点是不同版本教材对比及教学建议。如，钟作慈比较了人教版和中图版的高中《地理》实验教材（必修部分），认为两套教材对文字与图像的选配和对重点与难点内容的把握均体现了课程标准的要求，但在内容的选择与组织上存在差异；建议教师使用教材时依据课程标准、结合教学实际，灵活处理教材，补充或替换教学内容，充分运用本地教学案例（《教育科学研究》2008 年第 2 期）。李卫华则结合江苏省 2008 年考试说明，对比分析了人教版、湘教版、鲁教版和中图版的高中《地理 2》教材，提出了各个考试要点的教学建议（《中学地理教学参考》2008 年第 11 期）。李金国总结了高中四套版本教材作业系统的共性和特性，建议对不同版本教材的作业系统加以重组和整合，因地、因时地处理教材中的作业系统（《地理教学》2008 年第 6 期）。2008 年有关地理教材研究的另一个重要方面是结合具体章节或地理概念、原理、规律来探讨不同版本教材之间的差异。如杨国栋写的“不同版本教材对地域分异规律表述的比较”（《地理教学》2008 年第 6 期），尚炜等作者写的“对不同版本高中地理教材中宇宙中的地球一章的比较”（《地理教学》2008 年第 8 期）。

二、地理教材的评析

2008 年地理教材评析文章主要是中学一线教师及教研员对教材使用后的分析，强调教材的理念、功能、特点等方面的内容。如，李元平总结了高中四套版本教材的独特之处：人教版地理教材体现“继承、发展、创新”；中图版教材采用内容、探究双系列的呈现模式；湘教版教材突出综合性、基础性、现代性和实践性；鲁教版教材个性鲜明、结构新颖（《教育理论与实践》2008 年第 10 期）。胡星荣详细解析了人教版高中《地理 1》（第三版）与旧版的内容变化，指出教材时代感强，用语科学、客观、简练，地图完备、规范等特点（《中学地理教学参考》2008 年第 10

期）。徐洁冰则深入阐述了人教版高中地理教科书图像系统的设计原则、分类和功能（《中学地理教学参考》2008 年第 7 期）。

三、地理教材发展变化的历史回顾与总结

2008 年有关地理教材发展变化的历史回顾与总结的相关文章，主要是讨论教科书的成长历程以及教科书的载体功能变化。如，林培英梳理了近百年来我国学校地理教科书编写的历史，认为地理教科书的基本功能已经从单纯承载地理知识发展到同时承载地理教学方法及地理教学过程的设计，并指出该变化在 2001 年以后颁布的地理课程标准（实验稿）实验教科书中有了突出的体现（《首都师范大学学报　社科版》2008 年第 2 期）。韦志榕则系统回顾了人民教育出版社近三十年来编写出版的地理教科书，认为地理教材的发展经历了三个重要阶段，并从“教什么”和“怎么教”总结了地理教材改革的轨迹（《地理教育》2008 年第 5 期）。

四、地理教材设计研究

2008 年地理教材设计方面的研究主要是针对教科书中的内容表述、活动设计方面的研究。如，夏志芳等作者指出地理教科书尤其是人文地理部分内容中的确定性结论往往会引起种种不良教学行为，建议地理教科书以探究式、方法式、素材式的方式呈现确定性结论（《全球教育展望》2008 年第 8 期）。林培英比较分析了高中《地理 2》不同版本教材活动栏目中使用的行为动词与课程标准中的行为动词类别和频次差异、不同教材之间行为动词使用量的区别以及各版本教材中的优势活动与低频活动，提出了关注课程标准中的行为动词、加大优势活动的比例等教科书编写活动方面的建议（《中学地理教学参考》2008 年第 3 期）。

五、国外地理教材研究

2008 年国外地理教材研究主要是介绍教材的编写特色。如王俊友等作者研究了俄罗斯中学地理教科书图像系统的优缺点，建议我国地理教科书在图像系统设置上以人地关系为主线，重视图像的质量、扩大选取图像的类别（《中学地理教学参考》2008 年第 3 期）。张胜前等作者总结了英国中学地理教材《Green Pieces》的编写特色，认为该教材以环境问题为中心、采用“问题探究式”编写模式，很好地兼顾了教材与学科知识体系、教材与社会、教材与学生之间的关系（《地理教学》2008 年第 2 期）。

综观 2008 年有关地理教材方面的研究文献，重点是地理教材的比较研究以及相应的教学建议，在教材的回顾总结、教材的评价、教材的设计等方面都有新的创新和突破，在研究国外地理教材上突出编写特色研究；然而，有关初中和小学地理教材的研究未见太多的报道。

论 文 摘 要

学校地理教科书作用变化的讨论——我国地理课程变革中的继承与发展研究之教科书篇

林培英　孙玥

本文是“北京市人才强教计划——学术创新团队——首都基础教育发展理论与实践”项目的部分成果。

作者通过梳理近百年来我国学校地理教科书编写的历史，认为地理教科书的基本功能已经从单纯承载地理知识发展到同时承载地理教学方法及地理教学过程的设计，在所具有的功能上发生了根本性的变化，这种变化在 2001 年以后颁布的地理课程标准（实验稿）实验教科书中有了突出的体现。

在分析地理教科书作用变化的基础上，本文讨论了两个问题。一是如何看待地理教科书承载功能的变化，作者认为这种变化的过程是与地理教学理念的改变同步发生的，地理教科书具有的功能与所处时代社会、经济发展阶段以及教育者的教育理念有关。二是有关“教教材”与“用教材教”的争论，作者指出这一争论的实质是如何看待教科书与教学的关系，而非表面上“教”与“用”的讨论，问题讨论的内在意义在于理解课堂教学正在逐步开放，教学的关注点不能只停留在教师是否把教科书上的内容讲清楚，要关注的是学生是否真正得到进步和发展。

文章最后辩证地指出：百年来地理教科书的变化有优势也有局限性，人们对它的看法也会各有不同，对地理教科书功能的认识和讨论，对教科书承载地理教学方法和教学过程设计功能的评价，还将是地理课程研究的重要议题之一。

《首都师范大学学报　社科版》2008 年第 2 期

俄罗斯中学地理教科书的图像系统

王俊友　朱良

图像系统是地理教科书表层结构的重要组成部分，是使地理教学系统化、形象化、情景化、趣味化的有效手段。

本文以俄罗斯 ДРОФА 出版社的七年级地理《ГЕОГРАФИЯ: НАШ ДОМ - ЗЕМЛЯ》(地球——我们的家)为例，研究俄罗斯中学地理教科书的图像系统。俄罗斯中学地理教科书的图像系统类型多样，有地图、地理景观图、地理示意图、地理统计图表。其中，地理景观图所占比重最大，可分为景观照片和景观素描图，两者数量基本相当，均为彩色，直观性强，并大量使用地理学家的肖像素描图；地图数量仅次于景观图，色彩丰富，印刷美观，图幅很大，效果较好，并且非常重视历史地图在教学中的作用，不足的是地图分配不均；地理示意图数量偏少，但设计质量较高；地理统计图数量、类型偏少。其总体特点是数量较少，类型较全，各类图像数量相差比较大。

通过对俄罗斯中学地理教科书图像系统的研究，笔者对我国地理教科书图像系统的设置提出如下建议：1. 提高教科书图像的质量；2. 以“人—地”关系为主线，结合教学目标、知识内容以及不同年龄阶段学生的认知思维特征等多方面因素，来综合考虑教科书中图像设置的多少、不同图像类别的设置；3. 加强地理示意图和景观素描图在图像系统中的作用；4. 适当地增加人物肖像图和历史地图的数量；5. 重视图像的综合教育功能。

《中学地理教学参考》2008 年第 3 期

英国中学地理教材《Green Pieces》的编写特色

张胜前　李家清

由剑桥大学出版社 1992 年出版的《Green Pieces》(绿片)是 David Lambert 根据《英国国家地理标准》为“关键阶段 3”的学生编写的剑桥地理系列之一。该系列还有《Jigsaw》和《Society pieces》两本。

《Green Pieces》分八个单元：第一单元　人们对土地的利用；第二单元　食品；第三单元　今天天气怎样；第四单元　水塑造地形；第五单元　水—— 一种稀缺的资源；第六单元　工业与环境；第七单元　自然灾害；第八单元　自然资源的消耗。这些都是以“环境问题”为中心，向人们展示了人们是怎样利用环境以及有时环境是怎样被人们虐待的。

《Green Pieces》以环境问题为中心采用“问题探究式”编写模式，这很好地兼顾了教材与学科知识体系、教材与社会、教材与学生之间的关系，呈现出与我国不同的编写特色，具体表现在：一、尊重课程标准；二、重视学生经验；三、创设多种情境；四、设计问题解决；五、引用鲜活信息；六、注重过程反馈；七、建构知识网络。

对《国家地理课程标准》的尊重有利于保障探究问题的科学性；单元结尾知识网络的构建有利于学生掌握单元知识体系；各种情景的创设、已有经验的回顾和报刊资料的应用一方面符合学生学习的心理；另一方面也有利于所探究问题的解决。过程反馈贯穿整个单元有利于激发学生思维，同时也有利于加深学生对所探究问题的进一步理解。

《地理教学》2008 年第 2 期

人教版与地图版高中新课程《地理》实验教材（必修部分）比较及教学建议

钟作慈

北京市普通高中课程改革实验中地理学科选用的两套教材分别为人民教育出版社编写出版的高中《地理》新课程标准教材和北京师范大学与北京教育科学研究院联合编写、中国地图出版社出版的高中《地理》新课程标准教材。本文对这两套实验教材（必修部分）进行了比较研究，并在此基础上提出了一些教学建议。

两套教材对文字与图像的选配和对重点与难点内容的把握均体现了课程标准的要求，且文字与图像的匹配性和教材的可读性均较强。

但两套教材在内容的选择与组织上存在差异。首先，两套教材是对课程标准的“内容标准”相关内容的选择与组织有一定差异，具体表现在：两套教材均依据课程标准的基本条目和基本要求选择和组织教材内容，但分章明显不同；在文字和图像的选配上存在一定差异；在案例的选用上也有较大差异。其次，两套教材对教学过程和教学活动的设计和引导思路与呈现方式显著不同，具体表现在：两套教材都力求通过多样化的栏目设置来提示基本的教学线索，引导教师对教学方式的恰当选择与应用，但在教学过程的设计上存在差异；都将探究活动显性化，但探究活动的设计明显不同；都设置了研究性课题，但课题的选编也明显不同。

建议教师使用教材时应注意以下几个问题：教师使用教材时应认真学习并把握课程标准的基本要求，依据课程标准恰当运用教材；结合教学实际，灵活处理教材；补充或替换教学内容，充分运用本地案例。

《教育科学研究》2008 年第 2 期

以行为动词为标识　研究教科书“活动”设计初探——以高中地理课程标准实验教科书《地理 2》为例

林培英

本文是 2006 年度北京市教委人文社会科学研究计划项目《基础教育地理教材比较与教材编写研究》的部分成果。

中学地理教科书在多年的发展中，逐渐形成了以“栏目”作为正文以外内容呈现形式的编写模式，“栏目”——尤其是“活动类”栏目的设置和作用是地理教科书研究的焦点之一。作者用“行为动词”作为“活动”的标识，通过研究教科书所用行为动词来研究教科书中活动的设计，并提出对教科书编写活动设计方面的具体建议。

文章统计了人教版、中图版、湘教版和鲁教版《地理 2》活动栏目中行为动词，以及高中地理课标“课程目标”“内容标准”条目中行为动词的名称和频次。据此，作者比较分析了 4 本教科书使用的行为动词与课程标准中的行为动词类别和频次差异，4 本教科书之间行为动词使用量的区别，以及各版本教材中的优势活动与低频活动。

最后，作者提出对教科书编写活动设计方面的建议：1. 关注课程标准中的行为动词，让课程标准中规定的行为动词成为教科书的优势活动；2. 统筹安排学生的活动，加大优势活动的比例，避免活动的过度分散和低频率活动过多的情况；3. 通过以行为动词为标识的活动设计形成教科书的特色，将某个或某类活动作为教科书的优势活动，围绕优势活动设计其他活动，使教科书在某种能力培养方面有突出表现。

《中学地理教学参考》2008 年第 3 期

三十年地理教科书（人教版）回顾

韦志榕

1978 年到 2008 年，是我国基础地理教育极其重要的发展阶段。

1978 年到 1985 年，是“文化大革命”结束到《中华人民共和国义务教育法》颁布之前的一段时期。这期间有三套普通中小学地理教科书问世。第一套是 1978 年出版的《全日制十年制学校初中课本（试用本）中国地理》和《全日制十年制学校初中课本（试用本）世界地理》及其在此基础上于 1984 年改编的《初级中学课本中国地理》（上、下册）和《初级中学课本世界地理》

（上、下册）。第二套是 1981 年编写出版的《小学课本地理》，供五年制小学的四年级和六年制小学的五年级学生用。第三套是 1982 年编写出版的《高级中学地理》（上、下册），这套教科书在我国高中地理教科书建设中具有里程碑的意义。

1986 年到 2000 年，是国家颁布《中华人民共和国义务教育法》到最近一次基础教育课程改革之前的一段时期。这期间有三套普通中小学地理教科书问世。根据 1988 年初颁布的《九年义务教育全日制小学社会教学大纲》和《九年义务教育全日制初级中学地理教学大纲（初审稿）》，人教社于 1991 年至 1994 年陆续推出了新中国第一套小学社会教科书，同时，人教社编写了九年制义务教育地理教科书。根据 1996 年颁布的《全日制普通高级中学地理教学大纲（供试验用）》，人教社于 1997 年出版了《全日制普通高级中学教科书（试验本）地理》一套四册，在山西、江西和天津试验。

2000 年至今，是最新一次基础教育课程改革的时期，目前仍然在进行中。这期间有一套初中地理教科书、一套高中地理教科书、一套初中历史与社会教科书（包括部分地理内容）、一套小学品德与社会教科书（包括部分地理内容）问世。新的义务教育课程方案中，小学阶段将社会课与品德课融合，部分地理内容综合其中；初中阶段实行分科与综合并行的课程模式，与地理相关的课程，“分科”为地理课程，“综合”为科学课程和历史与社会课程。高中课程方案中，地理课程有三门必修课程和七门选修课程。根据课程方案制订的上述各学段各学科课程标准，是教科书的编写依据。2001～2003 年，人教社先后编写和出版了《义务教育课程标准实验教科书小学品德与生活》《义务教育课程标准实验教科书小学品德与社会》《义务教育课程标准实验教科书 7～9 年级地理》《义务教育课程标准实验教科书 7～9 年级历史与社会》等多套教科书。2004～2005 年，人教社先后编写和出版了《普通高中课程标准实验教科书地理》一套十册，这是人教社教科书编写和出版历史上的第十套教科书。该文同时对三个编写阶段的指导思想、编写特色、教学建议和实施状况进行了阐述。

《地理教育》2008 年第 5 期

高中地理教科书（人教版）的图像系统与功能

徐洁冰

本文主要阐述了人教版高中地理教科书图像系统的设计原则、分类和功能。

文章首先从图像系统与文字系统的关系、图像类型的选择以及图像的解释论述了地理教科书图像系统的设计原则。1. 图像系统与文字系统相互配合，在教科书正文中的难点或不易以文字表达处配上图像为最佳，应注意图像在学习内容前后排列的不同作用；2. 图像类型的选择应着眼于图像的写实程度和学生的特性；3. 图像的解释说明以学生正确理解图像为出发点，吸引学生注意图像的内容重点。

作者将高中地理教科书中出现的图像划分为地图、地理景观图、地理示意图、地理统计图和其他图像五类，并指出了各类图像的使用说明。

文章最后重点论述了人教版高中地理教科书图像系统的功能。作者将地理教科书的图像归纳为五种不同的功能类别。1. 装饰性功能，主要是增加教科书对学生的吸引力，引发学生的学习动机；2. 表征性功能，表述教学内容所描述的事件、人物和概念等重要元素；3. 组织性功能，强调文字叙述中人、事、物的关系或其程序与步骤；4. 理解性功能，帮助学生理解较为困难及抽象复杂的概念或原理；5. 转换性功能，将抽象的概念和知识转换为具体的图像。

《中学地理教学参考》2008 年第 7 期

地理教科书中的确定性结论对教学行为的负面影响

夏志芳　陈大路

本文是夏志芳主持的教育部人文社会科学重点研究基地重大课题“基于课程标准的课堂教学行为研究”成果之一。

文章针对当前我国中学地理教科书充满确定性结论的现实，分析了由不适当的确定性结论引发的种种不良教学行为，并提出了改进的设想。

文章首先指出了地理教科书中的确定性结论引发的照本宣科、被动解释、死记硬背、过于烦琐、问题泛化、联系失当等种种不恰当教学行为和后果，由此引发了作者对地理教科书中确定性结论的思考。一是可以进入地理教科书的确定性结论，要区分确定性结论属于自然地理还是人文地理，自然地理中的结论确定性强，宜入选；而人文地理中的结论主观色彩浓，应少进入教科书。另外，还要考虑结论的可理解程度或难度，应将有一定难度，需要认真思考才能领会的确定性结论编入教科书。二是地理教科书呈现概念的方式，应根据概念的难度和学生的接受情况来确定采用科学概念的表达方式还是生活语言的表达方式。三是探讨了比地理教科书中确定性结论更重要的方面：解决问题、过程和方法，地理教科书在关注确定性结论的同时，更要关心结论是怎样获得的，这样才能认识到结论的适用条件，认识也才能更多元、全面、科学。

作者最后强调：地理教科书，特别是人文地理内容的教科书要减少确定性结论，以探究式、方法式、素材式的方式呈现确定性结论；地理教师在教学设计时要正确面对教科书中的确定性结论，以减少确定性结论对教学行为产生的负面影响。

《全球教育展望》2008 年第 8 期

理念创新、各具特色的高中地理教科书——普通高中课程标准实验教科书评析

李元平

随着新一轮的基础教育课程改革，由人民教育出版社、中国地图出版社、湖南教育出版社、山东教育出版社分别出版的高中新课标地理教材，经国家审定通过，已于 2004 年秋季供实验区使用。本文通过对这四个版本教材进行比较研究，总结了它们的共性特点和独特之处。

四个版本的教材均体现了新课改理念，具有四大共性特点：注重地理观念和地理视角；反映地理的应用价值；突出学生的自主学习；体现基础性和时代性。同时，它们各具特色。

人教版地理教材体现“继承、发展、创新”。教材形成了以下主要特点：遵循研究性学习的思想与方法；为教学改革留下广阔的空间；紧密联系社会实际和学生的体验；注重学生对学习内容的再现和灵活应用；恰当处理继承和创新的关系。另外，教材采用阅读与活动、问题研究、案例、读图思考、课文等活泼多样的呈现形式，形成了教材体例结构的特色。

中图版教材的核心特色是设计内容系列、探究系列双系列的呈现方式，贯穿探究性学习的观念和方法。另一大特色是教材紧密联系社会和学生的实际，突出“新”和“活”。

湘教版教材突出综合性、基础性、现代性和实践性。本文对此套教材的总体特色和必修各模块特点进行了具体分析和介绍。该教材总体特色有：优化组合课程内容；设置多种地理学习层次；重视地理教学信息资源和信息技术的利用；注重养成学生的批判性思维和创造性思维；选择联系学生实际、反映时代特征的

素材；内容呈现方式符合学生的身心特点和接受能力；加强学生的地理理性思维的培养；重视教材的系列化建设。必修模块由于侧重不同，各有特点。

鲁教版教材个性鲜明、结构新颖。教材编写体例统一采用模块结构。该教材在编写结构上采用“明暗两条线”，并首创了“五个一”的编写原则。本文从结构体系、知识呈现方式、必修模块的配置、内容选择等方面分析了此套教材的特点。

《教育理论与实践》2008 年第 10 期

地理教科书目录

义务教育课程标准实验教科书目录

人民教育出版社

七年级上册

与同学们谈地理

第一章　地球和地图

第一节　地球和地球仪

第二节　地球的运动

第三节　地图

第二章　陆地和海洋

第一节　大洲和大洋

第二节　海陆的变迁

第三章　天气与气候

第一节　多变的天气

第二节　气温和气温的分布

第三节　降水和降水的分布

第四节　世界的气候

第四章　居民与聚落

第一节　人口与人种

第二节　世界的语言和宗教

第三节　人类的居住地——聚落

第五章　发展与合作

附录一　本书主要地理词汇中英文对照表

附录二　本书常用地图图例

世界政治地图　世界地形图

七年级下册

第六章　我们生活的大洲——亚洲

第一节　自然环境

第二节　人文环境

第七章　我们邻近的国家和地区

第一节　日本

第二节　东南亚

第三节　印度

第四节　俄罗斯

第八章　东半球其他的国家和地区

第一节　中东

第二节　欧洲西部

第三节　撒哈拉以南的非洲

第四节　澳大利亚

第九章　西半球的国家

第一节　美国

第二节　巴西

第十章　极地地区

附录　本书主要地理词汇中英文对照表

八年级上册

第一章　从世界看中国

第一节　辽阔的疆域

第二节　众多的人口

第三节　多民族的大家庭

第二章　中国的自然环境

第一节　地势和地形

第二节　气候多样　季风显著

第三节　河流和湖泊

第三章　中国的自然资源

第一节　自然资源总量丰富　人均不足

第二节　土地资源

第三节　水资源

第四章　中国的经济发展

第一节　逐步完善的交通运输网

第二节　因地制宜发展农业

第三节　工业的分布与发展

八年级下册

第五章　中国的地理差异

第一节　四大地理区域的划分

第二节　北方地区和南方地区

第三节　西北地区和青藏地区

第六章　认识省级区域

第一节　全国政治文化中心——北京

第二节　特别行政区——香港和澳门

第三节　祖国的神圣领土——台湾省

第四节　西部开发的重要阵地——新疆维吾尔自治区

第七章　认识省内区域

第一节　面向海洋的开放地区——珠江三角洲

第二节　西南边陲的特色旅游区——西双版纳

第八章　认识跨省区域

第一节　沟壑纵横的特殊地形区——黄土高原

第二节　以河流为生命线的地区——长江沿江地带

第九章　走向世界的中国

商务印书馆　星球地图出版社

七年级上册

序言　学习地理，终生受益

第一单元　地球

第 1 课　地球的形状和大小

第 2 课　在地球仪上认识经纬网

第 3 课　地球的自转

第 4 课　地球的公转

第二单元　地图

第 1 课　地图的基本要素

第 2 课　地形图的判读

第 3 课　地图的应用

第三单元　海洋与陆地

第 1 课　海陆的分布

第 2 课　海陆的面貌

第 3 课　海陆的变迁

第四单元　天气与气候

第 1 课　天气与生活

第 2 课　气温的变化与分布

第 3 课　降水的变化与分布
第 4 课　世界气候类型
第 5 课　影响气候的因素
第 6 课　人类活动与气候
第五单元　世界的居民
第 1 课　世界的人口
第 2 课　世界的人种、语言和宗教
第 3 课　人类的居住地
第六单元　地区发展与国际合作
第 1 课　地区发展差异
第 2 课　国际合作与国际组织
附录　主要地理词汇中外文对照表

七年级下册
第七单元　我们所在的大洲——亚洲
第 1 课　世界第一大洲
第 2 课　世界最大的季风气候区
第 3 课　人口最多的大洲
第 4 课　经济发展的差异
探究课　认识欧洲
第八单元　各具特色的地区
第 1 课　东南亚（一）
第 2 课　东南亚（二）
第 3 课　中东
探究课　聚焦中东——地区冲突的地理背景
第 4 课　撒哈拉以南的非洲
第 5 课　欧洲西部（一）
第 6 课　欧洲西部（二）
第 7 课　拉丁美洲
第 8 课　两极地区
第九单元　不同发展类型的国家
第 1 课　日本（一）
第 2 课　日本（二）
第 3 课　俄罗斯（一）
第 4 课　俄罗斯（二）
第 5 课　澳大利亚
第 6 课　美国（一）

第7课　美国（二）
第8课　印度（一）
第9课　印度（二）
第10课　巴西

八年级上册
第一单元　国土与居民
第1课　辽阔的疆域
第2课　行政区划
第3课　众多的人口
第4课　和睦的民族大家庭
第二单元　自然环境
第1课　地形地势特征
第2课　地形分布
第3课　气温和降水
第4课　气候的基本特征
第5课　长江
第6课　黄河
第三单元　自然资源
第1课　自然资源
第2课　土地资源
第3课　水资源
第四单元　经济与文化
第1课　农业的分布
第2课　农业的发展
第3课　工业的分布
第4课　工业的发展
第5课　交通运输网
第6课　交通运输方式的选择
第7课　丰富多彩的文化

八年级下册
第五单元　我国的地理差异
第1课　四大地理区域
第2课　北方地区和南方地区
第3课　西北地区和青藏地区
第六单元　首都——北京

第 1 课　祖国的心脏
第 2 课　现代化大都市
第七单元　黄土高原
第 1 课　世界上最大的黄土分布区
第 2 课　黄土高原的治理和开发
第八单元　珠江三角洲和香港、澳门特别行政区
第 1 课　珠江三角洲
第 2 课　香港、澳门特别行政区
第九单元　台湾省
第 1 课　台湾省的自然环境
第 2 课　台湾省的经济与人口
第十单元　走进西部
第 1 课　自然环境
第 2 课　特色农业
第 3 课　工业、城市和交通
第 4 课　西部地区的重大工程
第 5 课　生态保护与旅游资源的开发
第十一单元　认识壮乡——广西壮族自治区
第 1 课　祖国的南大门
第 2 课　壮族的儿女们
第 3 课　甲天下的山山水水
第 4 课　日新月异的广西

中国地图出版社

七年级上册
第一章　地球和地图
第一节　地球和地球仪
第二节　地球的自转和公转
第三节　地图
第四节　地形图
第二章　中国的疆域与人口
第一节　疆域和行政区划
第二节　众多的人口
第三节　多民族的国家
第三章　复杂多样的自然环境
第一节　中国的地势与地形
第二节　气温和降水

第三节　天气与气候
第四节　中国的河流和湖泊
附录　主要地理词汇中英文对照表

七年级下册
第四章　自然资源与经济发展
第一节　水资源及其开发利用
第二节　土地资源与农业
第三节　工业
第四节　交通运输
第五章　地方文化特色和旅游
第一节　自然环境对地方文化的影响
第二节　地方文化对旅游的影响
第三节　学习与探究——设计一个旅游方案
第六章　认识区域特征
第一节　北京
第二节　台湾
第三节　珠江三角洲地区
第四节　黄土高原
第七章　比较区域差异
第一节　中国四大地理区域的划分
第二节　长江沿岸地带
附录　主要地理词汇中英文对照表

八年级上册
第一章　陆地和海洋
第一节　海陆分布
第二节　海陆变迁
第二章　多样的世界气候
第一节　世界的气温和降水
第二节　世界的气候类型
第三节　气候与人类活动
第三章　居民与聚落
第一节　人种和人口
第二节　语言和宗教
第三节　聚落
第四节　学习与探究——聚落发展与景观变化

第四章　发展与合作
　第一节　国家和地区
　第二节　国家合作
附录　主要地理词汇中英文对照表

八年级下册
第五章　认识大洲
　第一节　亚洲的自然环境
　第二节　亚洲的人文环境
第六章　认识区域
　第一节　东南亚
　第二节　中东
　第三节　欧洲西部
　第四节　撒哈拉以南的非洲
　第五节　极地地区
第七章　认识国家
　第一节　日本
　第二节　美国
　第三节　澳大利亚
　第四节　巴西
　第五节　俄罗斯
　第六节　学习与探究——走进埃及

湖南教育出版社

七年级上册
第一章　让我们走进地理
　第一节　我们身边的地理知识
　第二节　我们怎样学地理
第二章　地球的面貌
　第一节　认识地球
　第二节　世界的海陆分布
　第三节　世界的地形
　第四节　海陆变迁
第三章　世界的居民
　第一节　世界的人口
　第二节　世界的人种
　第三节　世界的语言与宗教

第四节　世界的聚落
第四章　世界的气候
第一节　天气和气候
第二节　气温和降水
第三节　影响气候的主要因素
第四节　世界主要气候类型
第五章　世界的发展差异
第一节　发展中国家与发达国家
第二节　国际合作
第三节　重要的国际组织
附录　英汉地理词汇

七年级下册
第一章　认识大洲
第一节　亚洲及欧洲
第二节　非洲
第三节　美洲
第二章　了解地区
第一节　东南亚
第二节　南亚
第三节　西亚
第四节　欧洲西部
第五节　北极地区和南极地区
第三章　走进国家
第一节　日本
第二节　埃及
第三节　俄罗斯
第四节　法国
第五节　美国
第六节　巴西
第七节　澳大利亚
附录　英汉地理词汇

八年级上册
第一章　中国的疆域与人口
第一节　中国的疆域
第二节　中国的行政区划
第三节　中国的人口

第四节 中国的民族
第二章 中国的自然环境
第一节 中国的地形
第二节 中国的气候
第三节 中国的河流
第三章 中国的自然资源
第一节 自然资源概况
第二节 中国的土地资源
第三节 中国的水资源
第四节 中国的海洋资源
第四章 中国的区域差异
第一节 秦岭—淮河线
第二节 北方地区和南方地区
第三节 青藏地区和西北地区
附录 英汉地理词汇

八年级下册
第一章 中国的主要产业
第一节 农业
第二节 工业
第三节 高技术产业
第四节 交通运输业
第二章 沿海万里行
第一节 “祖国心脏”——北京市
第二节 “华北门户”——天津市
第三节 “燕赵沃野”——河北省
第四节 “辽海重地”——辽宁省
第五节 “齐鲁大地”——山东省
第六节 “富饶水乡”——江苏省
第七节 “东方明珠”——上海市
第八节 “钱塘江畔”——浙江省
第九节 “东南侨乡”——福建省
第十节 “祖国宝岛”——台湾省
第十一节 “岭南热土”——广东省
第十二节 “繁华都会”——香港特别行政区
第十三节 “海上花园”——澳门特别行政区
第十四节 “锦绣壮乡”——广西壮族自治区

第十五节　“天涯海角”——海南省

第三章　陆疆万里行

第一节　“雪原林海”——吉林省

第二节　“北国粮仓”——黑龙江省

第三节　“草原毡乡”——内蒙古自治区

第四节　“天山南北”——新疆维吾尔自治区

第五节　“雪域高原”——西藏自治区

第六节　“彩云南国”——云南省

第四章　黄河万里行

第一节　“江河之源”——青海省

第二节　“丝路咽喉”——甘肃省

第三节　“塞上江南”——宁夏回族自治区

第四节　“古朴秦川”——陕西省

第五节　“乌金之乡”——山西省

第六节　“中原之州”——河南省

第五章　长江万里行

第一节　“天府之国”——四川省

第二节　“西南山城”——重庆市

第三节　“壮美高原”——贵州省

第四节　“九省通衢”——湖北省

第五节　“芙蓉国度”——湖南省

第六节　“物华天宝”——江西省

第七节　“江淮之滨”——安徽省

第六章　走向世界的中国

广东教育出版社

七年级上册

第一章　认识地球

第一节　地球的形状与大小

第二节　地球仪

第三节　地球的运动

第二章　学用地图

第一节　地图的发展

第二节　地图的运用

第三章　陆地与海洋

第一节　陆地与海洋的分布

第二节　等高线与地形图

第三节　海湾与陆地的变迁
第四节　人类与海洋
第四章　天气与气候
第一节　天气和天气预报
第二节　气温和降水
第三节　世界的主要气候类型
第四节　保护大气环境
第五章　居民与聚落
第一节　世界的人口
第二节　世界的人种、语言和宗教
第三节　聚落的发展变化
第六章　发展差异与国际合作

七年级下册
第七章　亚洲
第一节　“日出之地”——亚细亚洲
第二节　与中国山水相连的地区——东南亚
第三节　喜马拉雅山之南——南亚
第四节　世界石油宝库——西亚
第五节　樱花之国——日本
第八章　欧洲
第一节　“日落之地”——欧罗巴洲
第二节　发达国家集中地——欧洲西部
第三节　横跨亚欧大陆的国家——俄罗斯
第九章　美洲
第一节　南北差异显著的大陆——美洲
第二节　世界经济大国——美国
第三节　世界足球王国——巴西
第十章　非洲与大洋洲
第一节　“阳光灼热之地”——非洲
第二节　黑种人的故乡——撒哈拉以南非洲
第三节　大洋中的陆地——大洋洲
第十一章　极地地区

上海教育出版社

六年级第一学期
景观·地图篇
1. 地理景观

千姿百态的地理景观　地理景观的地区差异
地理景观的变化与发展　怎样阅读《地理景观》光盘

2. 地图

2.1　地图的语言
地图的用途　地图上的比例尺
地图上的方向　地图上的图例和注记

2.2　地图上的经纬网
经线和纬线　经度和纬度　绘有经纬网的地图

2.3　形形色色的地图
种类繁多的地图　分层设色地形图

世界分国篇

1. 国家概述
国家、地区知多少　国旗——国家的象征
形式多样的国界　发达国家和发展中国家　国际组织

2. 亚洲的国家

2.1　一衣带水的邻邦——日本
东亚岛国　受海洋影响的气候　多火山和地震
人口稠密　受中国和欧美影响的文化
资源小国　经济大国　工业分布高度集中
农业现代化程度高　海运业发达　主要城市

2.2　东方文明古国——印度
世界第二人口大国　农业生产大国
发展中的科学技术　历史悠久的文明古国

3. 非洲的国家
金字塔之国——埃及
绿色走廊　“东方伟大的航道”　古都开罗
雄伟壮观的金字塔

4. 欧洲的国家

4.1　地处欧洲“十字路口”的工业强国——德国
欧洲交通“十字路口”　高度工业化的经济大国
哲人和音乐家的“摇篮”　主要城市

4.2　世界上面积最大的国家——俄罗斯
幅员辽阔　民族众多　东西不同的地形　冬长夏短的气候
丰富的自然资源　发达的重工业　受气候条件限制的农业

以铁路为主的交通运输　莫斯科和圣彼得堡

5. 北美洲的国家

世界第一经济大国——美国

领土组成　典型的移民国家　优越的自然条件

地区分工明显的农业　依托现代科学技术的工业

“汽车轮子上的国家”　世界能源消费大国　著名城市和风景名胜

6. 南美洲的国家

南美“巨人”——巴西

“人种大熔炉”“咖啡王国”的变化

“地球之肺”的忧患　首都的变迁

7. 大洋洲的国家

独占一块大陆的国家——澳大利亚

袋鼠之乡　干旱面积广　“骑在羊背上的国家”

“坐在矿车上的国家”　“海上城堡”　悉尼

8. 自主学习　认识国家

怎样学习国家地理　韩国　新加坡　哈萨克斯坦

沙特阿拉伯　南非　英国　法国　意大利

瑞典　瑞士　加拿大　阿根廷　新西兰

六年级第二学期

全球篇

1. 地球的运动

1.1　地球概述

地球的形状和大小　地球圈层

1.2　地球的自转

昼夜交替　时区和区时

1.3　地球的公转

地球公转的方向和周期　北回归线和南回归线　四季的形成　五带的划分

2. 陆地与海洋

2.1　全球海陆分布

三分陆　七分海　七大洲　四大洋

2.2　世界的地形

千姿百态的地形　迥然不同的亚、欧地形

2.3　海陆的变迁

沧海桑田　漂移不息的大陆　六大板块

2.4 河流和湖泊

“大地的动脉”——河流　世界上的名河大川　“大地明珠”——湖泊

2.5 世界的海洋

复杂多样的海底地形　海湾和海峡　富饶的海洋　保护海洋

3. 天气与气候

3.1 多变的天气

看天行事　天气预报　灾害性天气

3.2 多样的气候

气候的含义　气温和降水

3.3 世界气候类型

热带气候　温带气候　极地和高原山地气候　各大洲不同的气候

3.4 气候与人类活动

气候影响着人类活动　人类活动影响气候

4. 人口与经济

4.1 世界的人口

世界人口分布疏密不均　世界人口的快速增长　令人注目的世界人口问题

4.2 世界的人种、宗教和语言

世界的三大人种　复杂的世界语言　世界的三大宗教

4.3 经济差异与经济合作

发达国家和发展中国家　日益增强的国际经济合作　国际组织

5. 资源与环境

5.1 宝贵的自然资源

人类不能缺少自然资源　多种多样的自然资源　分布不均的自然资源

5.2 自然资源的利用和保护

面临短缺的自然资源　保护和合理利用自然资源

5.3 环境污染和防治

环境污染的危害　环境污染的“肇事者”　污染的全球化　环境污染的防治

6. 极地地区

南极地区

最南面的陆地　冰雪大陆　寒冷干旱的气候　企鹅和磷虾

南极科学考察　南极地区的和平利用

7. 自主学习　认识地区

中东地区　撒哈拉以南的非洲　中南半岛　巴尔干半岛　阿尔卑斯山脉

多瑙河和莱茵河　太平洋地区　北极地区

七年级第一学期

祖国篇（上）

1. 疆域与人口

1.1　疆域与行政区划

优越的地理环境　辽阔的国土

众多的邻国　34 个省级行政区

1.2　人口与民族

世界上人口最多的国家　人口分布“东密西疏”

56 个民族是一家　“大杂居与小聚居”

2. 地形与地势

2.1　地形的分布

纵横交错的山脉　各具特色的高原

起伏和缓的丘陵　富饶的盆地　广阔的平原

2.2　地形地势的主要特点

西高东低　呈三级阶梯　地形复杂多样　山区面积广大

地形地势对生产生活的影响

3. 气温与降水

3.1　气温分布

气温地区差异显著　冬季南北温差大　夏季普遍高温　五个温度带

3.2　降水分布

东南多　西北少　夏季多　冬季少

年际变化大　四类干湿地区

3.3　气候的主要特点

季风气候显著　气候复杂多样

灾害性天气及其影响

4. 河流和湖泊

4.1　众多的河湖

主要河湖　南、北方河流的不同特征

4.2　黄河

中华民族的母亲河　黄河的治理

4.3　长江

我国第一长河　黄金水道

区域篇（上）

1. 抓住特征　学习区域

1.1　黑龙江省

太阳最早升起的地方　林海雪原

“北大荒”——“北大仓”

“东方的莫斯科”——哈尔滨

1.2　新疆维吾尔自治区

三山夹两盆　沙漠和绿洲

和睦相处的民族　丝绸之路

1.3　台湾省

众多的岛屿　美丽的山河

温暖湿润的气候　祖国的宝岛

1.4　青藏高原地区

世界屋脊　高寒气候

江河之源　湖泊之乡　历史悠久的藏族文化

1.5　西双版纳傣族自治州

边陲胜地　植物王国　动物乐园　民族风情

2. 自主学习　认识区域

海南省　内蒙古自治区　广西壮族自治区

江南丘陵地区　京杭运河地区

七年级第二学期

祖国篇（下）

1. 农业及其地区差异

1.1　世界农业大国

农业与“衣食住行”　多项农产品产量居世界首位

现代化的农业

1.2　农业的分布

农作物的分布　三大林区　四大牧区

1.3　因地制宜发展农业

各具特点的四大农业区
北方旱地农业区与南方水田农业区
西北干旱农业区与青藏高原农业区
2. 工业及其地区差异
2.1 持续增长的工业
工业与生活　工业发展成就辉煌　现代化工业园区
2.2 重要工业部门的分布
煤炭工业与采油工业　钢铁工业大国
迅速崛起的电子和汽车工业
2.3 东部与中西部工业的差异
发达的东部和崛起的中西部　西气东输和西电东送
开发西部　东西联动
3. 交通运输与通信
3.1 交通运输与通信的重要性
交通、通信与生活　交通、通信与生产
3.2 铁路运输与公路运输
连接成网的铁路　国道、省道与高速公路
3.3 水路运输、航空运输与管道运输
内河航运与海洋运输　航空运输　管道运输
4. 国内贸易与国际贸易
4.1 国内贸易
我国商业中心的分布　国内贸易的地区贸易
4.2 国际贸易
进出口商品结构的变化　对外贸易的主要对象
对外贸易的地区差异
5. 环境问题与环境保护
5.1 城市的环境问题与环境优化
多数城市水域受到污染　大气污染状况南北有别
垃圾数量不断增加　城市环境治理初见成效
5.2 农牧区的环境问题及其治理
农村环境问题不容忽视　生态农业方兴未艾
滥垦滥牧　草地退化　启动退牧还草工程
区域篇（下）
1. 抓住特征　学习区域
1.1 北京市
全国的政治、文化、交通中心　悠久的历史　古都新貌

1.2　湖北省

鄂西山地　“千湖之省”“九省通衢”——武汉

1.3　香港和澳门

回归祖国　一国两制　国际贸易中心——香港

海上花园——澳门　港澳与祖国内地的联系

1.4　黄土高原地区

黄土广布　土层深厚　水土流失　沟壑纵横

生态环境的治理

1.5　沪宁杭地区

河海相通　位置优越　经济发达　“上有天堂，下有苏杭”

1.6　珠江三角洲地区

基塘农业　飞速发展的经济　“花城”广州

对外开放的“窗口”——深圳和珠海

2. 自主学习　认识区域

重庆市　山西省　浙江省　辽中南地区

河西走廊地区　山东省

山西教育出版社

七年级上册

第一单元　地球——我们的家园

1. 认识地球面貌
2. 感受地球运动

第二单元　地图——传输地理信息的工具

1. 认识地图
2. 使用地图

第三单元　陆地和海洋——人类生存的基本空间

1. 海陆分布
2. 海陆的变迁

第四单元　天气和气候——地球大气的风云变化

1. 气温和气温的分布
2. 降水和降水的分布
3. 天气
4. 气候

第五单元　居民——“地球村”的主人

1. 人口与人种
2. 民族、语言和宗教

第六单元　聚落——人类的聚居地

1. 聚落与环境

2. 聚落的发展与保护

第七单元　发展与合作——经济全球化

发展与合作

七年级下册

第八单元　认识亚洲

1. 位置、范围和自然条件

2. 人口、文化和经济发展

第九单元　认识地区

1. 东南亚——两洲两洋的“十字路口”

2. 撒哈拉以南的非洲——黑人的故乡

3. 欧洲西部——发达国家最集中的区域

第十单元　认识国家

1. 俄罗斯——世界上面积最大的国家

2. 印度——世界第二人口大国

3. 澳大利亚——大洋洲面积最大的国家

4. 日本——东亚的群岛国家

5. 美国——移民为主的国家

6. 巴西——南美洲面积最大的国家

八年级上册

第一章　疆域和人口——从世界看中国

1. 辽阔的国土

2. 众多的人口

第二章　自然环境——我们赖以生存的基本条件

1. 千姿百态的地表形态

2. 复杂多样的气候

3. 众多的河流

第三章　自然资源——我们生存和发展的物质基础

1. 总量丰富的自然资源

2. 珍惜和合理利用每一寸土地

3. 紧缺的水资源

第四章　经济发展——强国富民之路

1. 稳步发展的农业

2. 迅速发展的工业

3. 日趋完善的立体交通网

八年级下册

第五章　认识我国的地理差异

辅导：认识我国的地理差异

第六章　认识跨省际区域

1. 东北地区——辽阔富饶的“黑土地”

2. 黄土高原——水土流失严重的地区

第七章　认识省级区域

1. 北京——祖国的心脏

2. 新疆——祖国面积最大的省级行政单位

3. 台湾——祖国神圣的领土

4. 香港和澳门——祖国的特别行政区

第八章　认识省内区域

西双版纳——晶莹透亮的“绿宝石”

普通高中教科书目录

人民教育出版社

必修 1

第一章　行星地球

第一节　宇宙中的地球

第二节　太阳对地球的影响

第三节　地球的运动

第四节　地球的圈层结构

问题研究　月球基地应该是什么样子

第二章　地球上的大气

第一节　冷热不均引起大气运动

第二节　气压带和风带

第三节　常见天气系统

第四节　全球气候变化

问题研究　为什么市区气温比郊区高

第三章　地球上的水

第一节　自然界的水循环

第二节　大规模的海水运动

第三节　水资源的合理利用

问题研究　是否可以用南极冰山解决沙特阿拉伯的缺水问题
第四章　地表形态的塑造
第一节　营造地表形态的力量
第二节　山岳的形成
第三节　河流地貌的发育
问题研究　崇明岛的未来是什么样子
第五章　自然地理环境的整体性与差异性
第一节　自然地理环境的整体性
第二节　自然地理环境的差异性
问题研究　如何看待我国西北地区城市引进欧洲冷季型草坪
附录　主要地理名词中英文对照表

必修 2
第一章　人口的变化
第一节　人口的数量变化
第二节　人口的空间变化
第三节　人口的合理容量
问题研究　如何看待农民工现象
第二章　城市与城市化
第一节　城市内部空间结构
第二节　不同等级城市的服务功能
第三节　城市化
问题研究　从市中心到郊区，你选择住在哪里
第三章　农业地域的形成与发展
第一节　农业的区位选择
第二节　以种植业为主的农业地域类型
第三节　以畜牧业为主的农业地域类型
问题研究　家乡的农业园区会是什么样
第四章　工业地域的形成与发展
第一节　工业的区位因素与区位选择
第二节　工业地域的形成
第三节　传统工业区与新工业区
问题研究　煤城焦作出路何在
第五章　交通运输布局及其影响
第一节　交通运输方式和布局
第二节　交通运输布局变化的影响
问题研究　北京的自行车是多了还是少了

第六章　人类与地理环境的协调发展

第一节　人地关系思想的演变

第二节　中国的可持续发展实践

问题研究　绿色食品知多少

附录　主要地理名词中英文对照表

必修 3

第一章　地理环境与区域发展

第一节　地理环境对区域发展的影响

第二节　地理信息技术在区域地理环境研究中的应用

问题研究　地理环境为新加坡经济发展提供了哪些条件

第二章　区域生态环境建设

第一节　荒漠化的防治

——以我国西北地区为例

第二节　森林的开发和保护

——以亚马孙热带雨林为例

问题研究　为什么停止开发“北大荒”

第三章　区域自然资源综合开发利用

第一节　能源资源的开发

——以我国山西省为例

第二节　河流的综合开发

——以美国田纳西河流域为例

问题研究　河流上该不该建大坝

第四章　区域经济发展

第一节　区域农业发展

——以我国东北地区为例

第二节　区域工业化与城市化

——以我国珠江三角洲地区为例

问题研究　我的家乡怎样发展

第五章　区际联系与区域协调发展

第一节　资源的跨区域调配

——以我国西气东输为例

第二节　产业转移

——以东亚为例

问题研究　南水北调怎么调

附录　主要地理名词中英文对照表

图例

中国地图出版社

必修 1

第一章　宇宙中的地球

第一节　地球在宇宙中

第二节　太阳对地球的影响

第三节　地球的运动

第四节　地球的圈层结构

第二章　自然环境中的物质运动和能量交换

第一节　大气的热状况与大气运动

第二节　水的运动

第三节　地壳的运动和变化

第三章　地理环境的整体性和区域差异

第一节　影响气候的因素及气候在地理环境中的作用

第二节　地理环境的整体性和地域差异

第四章　自然环境对人类活动的影响

第一节　自然条件对聚落及交通线路的影响

第二节　全球气候变化对人类活动的影响

第三节　寒潮

第四节　水资源对人类生存和发展的意义

附录　主要地理词汇中英文对照表

课题：

1. 寻找正午太阳高度角变化的证据
2. 模拟大气温室效应
3. 画出自然地理要素之间的影响链
4. 我的一日生活与自然资源

案例研究：

火星上是否有生命存在

太阳活动与旱涝的关系

历法

美国“生物圈 2 号”实验

大气运动的地理意义

厄尔尼诺

科罗拉多大峡谷

上海的“热岛”效应

珠穆朗玛峰地区垂直自然带
青藏铁路
中国野象分布的变迁
寒潮的“功”与“过”
水资源与农业

必修 2

第一章　人口的增长、迁移与合理容量
　第一节　人口增长的模式及地区分布
　第二节　人口的迁移
　第三节　环境承载力与人口合理容量
第二章　城市的空间结构与城市化
　第一节　城市的空间结构
　第二节　城市化
　第三节　地域文化与城市发展
第三章　生产活动与地域联系
　第一节　农业区位因素与地域类型
　第二节　工业区位
　第三节　地域联系
第四章　人类与地理环境的协调发展
　第一节　人类面临的主要环境问题
　第二节　人地关系思想的历史演变
　第三节　通向可持续发展的道路
　附录　主要地理词汇中英文对照表

课题：

1. 调查家族人口的增长和迁移
2. 读地图和照片研究城市变化
3. 分析生产活动对环境的影响
4. 关注你身边的环境问题

案例研究：

中国人口变化模式
德国移民
中国人口究竟多少才合适
南京城市用地规模与结构
中国的郊区城市化

徽州文化
欧洲的农业模型
高新技术产业区的区位选择
石家庄的变化
中国的土地沙漠化问题
不同的做法　不同的结果
中国可持续发展 15 年概略

必修 3

第一章　区域地理环境和人类活动
第一节　区域和区域差异
第二节　区域地理环境对人类活动的影响
第三节　人类活动对区域地理环境的影响
第二章　区域可持续发展
第一节　中国黄土高原水土流失的治理
第二节　美国田纳西河流域的治理
第三节　中国东北地区农业的可持续发展
第四节　德国鲁尔区的探索
第五节　中国江苏省工业化和城市化的探索
第三章　地理信息技术的应用
第一节　全球定位系统的应用
第二节　遥感技术的应用
第三节　地理信息系统的应用
第四节　数字地球
附录　主要地理词汇中英文对照表

课题：
1. 了解区域地理环境
2. 比较可持续发展的不同对策
3. 认识地理信息技术的应用

案例研究：
四川盆地和吐鲁番盆地的比较
地理环境与种植业、畜牧业的分化
怎样减少人类活动对环境的压力
典型小流域综合治理模式
塔里木河流域的治理

生态农业的实践
资源枯竭型城市的转型之路
密歇根州的复苏
神奇的飞机编队
准确预测易贡错决堤
GIS在抗击非典型肺炎中的应用
如何利用数字地球技术处理路面突发事件

湖南教育出版社

必修1

必修2

第二章　城市与环境
第一节　城市空间结构
第二节　城市化过程与特点
第三节　城市化过程对地理环境的影响
第三章　区域产业活动
第一节　产业活动的区位条件和地域联系
第二节　农业区位因素与农业地域类型
第三节　工业区位因素与工业地域联系
第四节　交通运输布局及其对区域发展的影响
第四章　人类与地理环境的协调发展
第一节　人类面临的主要环境问题
第二节　人地关系思想的演变
第三节　可持续发展的基本内涵
第四节　协调人地关系的主要途径
附录　英汉地理词汇

必修 3

第一章　区域地理环境与人类活动
第一节　区域的基本含义
第二节　区域发展阶段
第三节　区域发展差异
第四节　区域经济联系
第二章　区域可持续发展
第一节　荒漠化的危害与治理
——以我国西北地区为例
第二节　湿地资源的开发与保护
——以洞庭湖区为例
第三节　流域综合治理与开发
——以田纳西河流域为例
第四节　区域农业的可持续发展
——以美国为例
第五节　矿产资源合理开发和区域可持续发展
——以德国鲁尔区为例
第六节　区域工业化与城市化进程
——以珠江三角洲为例
第三章　地理信息技术应用
第一节　地理信息系统及其应用

第二节　遥感技术及其应用
第三节　全球定位系统及其应用
第四节　数字地球
附录　英汉地理词汇

山东教育出版社

必修 1

院士寄语：学好地理　培养科学发展观
第一单元　从宇宙看地球
第一节　地球的宇宙环境
第二节　地球自转的地理意义
第三节　地球公转的地理意义
单元活动　辨别地理方向
第二单元　从地球圈层看地理环境
第一节　岩石圈与地表形态
第二节　大气圈与天气、气候
第三节　水圈与水循环
单元活动　分析判断气候类型
第三单元　从圈层作用看地理环境内在规律
第一节　地理环境的差异性
第二节　地理环境的整体性
第三节　圈层相互作用案例分析——剖析桂林“山水”的成因
单元活动　学会应用地形图
第四单元　从人地关系看资源与环境
第一节　自然资源与人类
第二节　自然灾害与人类——以洪灾为例
第三节　全球气候变化及其对人类的影响
单元活动　遥感技术及其应用
附录　中英文地理词汇对照表

必修 2

第一单元　人口与地理环境
第一节　人口增长与人口问题
第二节　人口迁移与人口流动
第三节　人口分布与人口合理容量
单元活动　学用地理统计图
第二单元　城市与地理环境

第一节　城市发展与城市化
第二节　城市区位与城市体系
第三节　城市空间结构
单元活动　地理信息系统与城市管理
第三单元　产业活动与地理环境
第一节　农业生产与地理环境
第二节　工业生产与地理环境
第三节　旅游业与地理环境
单元活动　学用电子地图
第四单元　人类活动的地域联系
第一节　人类活动地域联系的主要方式
第二节　交通运输布局
第三节　交通与通信发展带来的变化
单元活动　全球定位系统与交通运输
附录　中英文地理词汇对照表

必修 3

第一单元　区域地理环境与人类活动
第一节　认识区域
第二节　自然环境和人类活动的区域差异
第三节　区域发展阶段与人类活动
单元活动　学会分析区域差异
第二单元　走可持续发展之路
第一节　人地关系思想的演变
第二节　可持续发展的基本内涵
第三节　中国的可持续发展之路
单元活动　学会小区域调查
第三单元　区域资源、环境与可持续发展
第一节　区域水土流失及其治理
——以黄土高原为例
第二节　资源开发与区域可持续发展
——以德国鲁尔区为例
第三节　资源的跨区域调配
——以南水北调为例
单元活动　走进“数字地球”
第四单元　区域综合开发与可持续发展
第一节　流域综合开发与可持续发展

地理教学实践

概 况

自从2001年国务院颁布《关于基础教育改革与发展的决定》，我国基础教育改革实验在全国各地如火如荼地展开了。至此，地理教学改革研究也进入了全面推进改革的昌盛时期。2008年的地理教学改革视野开阔，研究思维活跃，研究成果大量涌现。

2008年发表在省级以上刊物、有关地理教学实践类的文章有以下显著特点：

一、重视理论与实践的反思

1. 重视课改下地理教学现状的思考

随着新课程改革的深入推进，一些教师不能将新课程的教学要求和以往教学要求之间继承与创新的关系处理好，实施过程中出现的一些问题引起了大家的关注。如相炜、刘娟（《新课改下地理教学的现状与反思》《中学地理教学参考》2008.5）提出：在教学实践中如何把握新教材“三维目标”的要求？“探究式”与“接受式”学习如何结合，度该如何把握？多媒体辅助教学的度如何把握？有的教师认为课改就是教材改革，但不同版本教材的风格、内容差异较大，怎样处理教材成为困扰着广大教师的难题，如黄勤雁（《“困惑”与“思考”》《中学地理教学参考》2008.1）提出：新课程中对教材的深度、难度、广度把握不准造成课时紧张、探究与合作存在低效和形式化问题的现象普遍存在。陆静（《基于新课程背景的高中自然地理教学“难度”的研究》《中学地理教学参考》2008.4）认为：新课程自然地理教学的定位不够准确。新课程倡导自主、探究、合作的学习方式，凌锋（《新课改下“讨论式”教学的误区及对策》《中学地理教学参考》2008.6）认为：由于传统观念和应试教育的束缚，许多合作交流学习流于形式，时间、话题由教师控制。

2. 重视理论学习研究

“教”是为了“学”，2008年的研究已经开始把视角转向地理教学理论的研究。如徐艳（《浅谈心理学若干原理在地理学习中的应用》《地理教学》2008.4）认为：心理学揭示了教育教学过程中教育者和受教育者心理活动现象及其产生和变化规律，对教师的教育教学工作有指导作用。本文介绍了几条心理学原理在地理学习中的应用，用继时对比改善学生学习地理的畏难情绪；用知觉的整体性来强化知识的理解和记忆，产生整体效果；用经典条件反射建立起相关地理知识点的有效联系，即多次强化、利用记忆的规律来增强地理信息的记忆效果。林宪生（《新课程下文化对地理课堂教学的影响》《中学地理教学参考》2008.4）提出：从文化的视角来研究地理课堂教学，揭示地理课程改革的动因和条件，不仅拓宽了地理课程改革研究的理论视线，而且对我国基础教育课程开发和建设有根本的指导意义。徐勤（《社会生活的变化对中学地理教学的影响》《中学地理教学参考》2008.3）认为：从社会层面上看，教学改革是一种对社会发展相适应的必然。它反映了人们在新的社会发展现状下，渴望接受一种全新教学的诉求。他从社会生活内容的变化、社会生活联系的变化、社会生活重大事件的发生、社会生活视野的扩展四个方面谈了对中学地理教学的影响。李光明（《新课程理念下地理生态课堂的构建》《中学地理教学参考》2008.6）认为：以生态的眼光、态度与方法来观察、思考、分析课堂，是对课堂教学研究的一个新取向。

当然，从理论层面看，2008年的教学实践还存在着很多缺陷和不足，如理论研究视野的局限、理论研究范式的单一。这也给下一步的工作指明了重点和方向。

二、教学实践富于创造性

“关注课堂”是2008年教学实践研究的一大特色。地理教师以在地理教学中转变学生的学习方式为主攻方向，在课堂教学中结合教学内容的特点，积极引导学生开展自主、探究和合作的学习，使学生作为学习主体的地位进一步突出，让课堂教学呈现生动活泼的局面。

1. 关注学生

面向全体学生、使学生个性全面和谐发展是课堂教学研究的重要价值取向。那么在课堂教学中应该关注学生什么呢？王树声（《体现课改要求，突出学科特点》《中学地理教学参考》2008.1）认为：地理学科本身所具有的空间性、区域性、综合性等特点，都有利于培养学生的潜能。沈斌（《把握好地理教学的起点》《地理教学》2008.4）认为：把握好地理教学的起点，是成功教学的前提。而把握地理教学起点的关键是了解学生在地理学习中可能遇到的障碍。杨士军、曹列文（《地理教学实现“过程与方法”目标的途径》《中学地理教学参考》2008.7）提出：落实“过程与方法”的课程目标时，应注重学生学习过程的积极体验和地理科学方法的掌握与内化。陈世敏（《新课程背景下初中地理教学设计规范化研究》《地理教学》2008.5）认为：要分析学情，确定教学目标。教学设计是否能够满足学生的需要、是否符合学生的实际是决定教学设计成功与失败的关键。姚秀元（《“诱思探究教学”在新高中地理教学中的运用》《地理教学》2008.12）提出：改变教学方式，落实学生主体地位，具体要做到“三个变”和“五个让”，即“变注入式教学为启发式教学；变学生被动听课为主动参与；变单纯知识传授为知能并重”和“让学生观察、让学生思考、让学生表述、让学生自己动手及让学生自己推导得出结论”。张旭如、王民（《中学生地理学习自我监控能力培养探析》《地理教学》2008.1）提出：要关注中学生地理学习自我监控能力的培养。

2. 课堂教学向学生的生活世界回归

教师们已经认识到新课程中的教材已不是教学的唯一依据，而只是教学素材之一，要由传统的“教教材”转变成“用教材教”。因而在教学内容中十分注意将地理知识、技能的学习与学生的生活经验以及周围环境结合起来，让学生感受到“生活中处处有地理”“地理就在我们身边”，从而激发了学生的学习兴趣、提高了学习效率，并使学生经历了生动的学习体验。张大来（《构建回归生活世界的地理课堂》《地理教学》2008.4）提出：回归生活世界就是强调地理课堂的教与学要和学生的真实生活建立联系，在联系实际的课堂学习中体验地理知识的意义。魏春东（《浅谈日常生活情境在地理课堂中的作用》《地理教学》2008.6）认为：地理学科与日常生活中的自然和社会现象联系紧密，学生对日常生活中的很多事物具有深刻地体验。李成月（《构建生活化的地理教学》《中学地理教学参考》2008.6）提出：构建生活化地理教学的基本策略：贵在真实——紧贴生活；妙在生成——抓住特殊时间和即发事件；重在提炼——源于生活、高于生活；难在兴趣——发现生活中的快乐。

3. 高度重视课堂教学的有效性

新课程实施过程中，实现地理课堂的有效教学是地理教师的追求。吴岱峰（《新课改下地理课堂教学有效性的思考》《中学地理教学参考》2008.9）提出：实现地理有效教学包括“上位”和“下位”两个层面，“上位”层面是教育价值观问题；“下位”层面是地理教学技术问题。因此，提高地理课堂教学有效性的关键在于教师转变教育观念，把对有效教学的追求转化为自觉的行动。王邦柱（《谈高三地理课堂有效教学的策略》《地理教学》2008.9）认为：高三地理课堂有效教学的策略是，课堂前测是掌握学情的策略、理解后的记忆和尝试记忆的默写是巩固提高的策略、暴露问题的讲解和针对性训练是教学高效的策略、联系实际的拓展是提高学生学以致用能力的策略。四个策略环环相扣，前者是基础，后者是提升，交互作用，相得益彰。户清丽（《如何确保地理课堂“提问”的有效性》《中学地理教学参考》2008.1）提出：如果把学会发现和探究地理问题作为地理学科理解性学习过程的核心，那么有效提问就是整个地理课堂教学的生命线。汪红艳（《运用混合学习提高地理课堂教学的有效性》《中学地理教学参考》2008.1）提出：现代信息技术能为学生的学习和发展提供丰富多彩的教育环境与有力的学习工具，它与地理课堂教学恰当地整合，能有效地提高教学质量。

4. 积极探索新的教学方法和构建教学模式

教学方法和教学模式研究是 2008 年地理教学实践研究的热点。教学方法是教师和学生为了实现共同的教学目标，完成共同的教学任务，在教学过程中运用的方式与手段的总称。它影响着教学工作的成败、教学效率的高低以及把学生培养成什么样的人才等问题。因此，课改以来教学方法的改革一直是课堂教学改革中的重点。凌锋（《新课改下“讨论式”教学的误区及对策》《地理教学》2008.6）认为：“讨论式”教学是新课改倡导的参与式教学的一种主要方式，能体现自主学习、创新学习和探究学习的理念。刘继英（《浅谈“问题研究”的作用与教学》《中学地理教学参考》2008.1）提出：新课程标准下的人教版高中地理必修教材与老教材相比，一个明显的变化是在每章后围绕本章的重点内容或核心思想增加了“问题研究”，他从两个方面谈了“问题研究”的作用和教学。欧阳井国（《探究式学习在中学地理教学中的运用》《中学地理教学参考》2008.1）提出：以新的教育观念武装教师是探究式学习引入中学地理课堂教学的关键；高水平的富于探究性的提问是教学的推动力之一；不是所有的地理内容都适宜探究。蒋文庆（《学生合作学习能力培养的策略和思考》《地理教学》2008.9）提出：教师可以创设新颖、有效和探究的教学情境激发学生合作学习的动力，使学生有参与的强烈愿望；合理分组，合理编排；要处理好独立学习和合作学习的关系。合作学习要给学困生获得成功、发展和进步的机会。张言顺（《地理课堂教学情境创设的若干误区》《地理教学》2008.2）提出：初中地理教学情境创设的基本要求是：地理表象应服务于理性认识或情意体验；地理问题要基于学生的经验世界和认知水平；活动开展当整体和谐、有主有次；知识传授该有问题、有点拨、有情趣。

教学模式是在一定教学思想指导下建立起来的为完成某一教学课题而运用的比较稳定的教学方法的程序及策略体系，是教学基础理论与教学具体实践的中介，是教学理论的具体化和教学经验的概括化。它由若干个有固定程序的教学方法组成。每种教学模式都有自己的指导思想，具有独特的功能。它们对教学方法的运用，对教学实践的发展有很大影响。方习明、王玲（《进行探究式地理教学的尝试和探索》《地理教学》2008.8）对探究式教学的三个典型形式做了精浅分析：课堂探究是探究式教学的主阵地；课题研究是课堂探究的延伸；实践探究，这是探究式教学开放性最强、充分发挥学生主体作用的教学形式。王伟东（《建构以自主学习为主的地理教学模式》《地理教学》2008.11）论述了如何在构建以自主学习为主的地理教学模式的过程中发挥教师“导”的功能，以提高教学效率和学生学习能力的问题。蔡平、王国福（《中学地理活动课教学模式分析》《中学地理教学参考》2008.4）提出：地理活动课教学模式可以分为操作性活动模式、演示性试验模式、课堂巩固性活动模式、课后咨询—调查活动模式。

5. 地理教学的开放性进一步提高

包括教学空间的开放，教学已不仅局限于教室，校外场所和自然环境等均可作为学习的场所。冯丹（《谈寒暑假地理实践活动的学科性、严谨性和完整性》《中学地理教学参考》2008.6）认为：寒暑假地理实践活动，一方面，可以丰富学生阅历，开阔视野；另一方面，从教师的角度来讲也算得上是另一种崭新的学习方式。

教学内容的开放，根据课标的要求，除了学习课本知识外，许多老师还根据学生生活实际布置地理研究性学习课题作业，并以地理小论文、小制作等形式呈现。有的学校组织学生开展“网上地理沙龙”学习活动，针对某一问题，学生可以在网上自由发表意见，并和老师、同学进行即时交流，成为地理教学开放性的一种综合体现形式。姚卫新（《关于地理学科网络教学的思考》《地理教学》2008.2）提出：网络教学最本质的特点是实现资源共享，最大的优势是能够跨越时空利用丰富的网络资源，随到随学，可以及时地帮助学习者解决问题。在地理课堂实施网络教学是对已有教学方法和模式的丰富与补充而不是取代，更不是颠覆。

教学时间的开放，包括课前的自学课本、资料查找；课堂学习活动；以及课后的探究性学习活动等。

三、研究领域逐步系统化、研究层次逐步细化

包括“课堂观察”操作层面的范式研究、教材整合的研究、课堂教学环节研究、课堂教学方法研究、教学媒体选择与应用研究等，其研究领域逐步系统化。如王跃华（《对“课堂观察”课例研究方式的几点思考》《地理教学》2008.12）以一节课为例对“课堂观察”的三个步骤，即课前会议、课堂观察、课后会议的操作进行了论述。

研究层次的细化不仅是教学实践研究的表现，也有利于教学实践研究的深入。2008 年发表的地理教学案例分析和教学设计可以说是研究层次细化的成果，也对推进地理教学改革实践发挥了独特的作用。

综上，随着新课程改革的深入，2008 年的地理教学实践研究出现了新的趋势：在研究视角上，既关注从“课堂”领域研究教学，也开始关注从“课程”领域研究教学；在研究范式上，既关注“文本式”的研究，也开始关注“田野式”的研究（注：“文本式”的研究，泛指相对于实践研究的一种研究范式，它注重对文献和资料的再研究，而不亲临现场。“田野式”的研究是走进研究场域进行现场观察、描述、实验并理性分析和抽象概括，获取第一手资料继而进行的研究。“田野式”的研究将成为教学理论研究的主流范式）。在研究领域上，关注从经验层面的研究开始上升到理论层面的研究。

2008 年是课改实施的第八个年头，在经历了初期的鼓噪之后，目前正处于理性的反思阶段。当一些课堂充斥着形式上的合作、探究时，我们呼唤着独立和接受；当一些课堂被生成搅得迷失了应有目标时，我们呼唤着教学预设；当一些课堂充斥着热闹和作秀时，我们呼唤着有效；当一些课堂缺失了地理特征时，我们呼唤着留住地理的特性。这种呼唤已经不是一种简单的回归，而是一种在更高层次上的扬弃：“吸收合理的内核，铸成新的实践智慧。”

论 文 摘 要

论新课程高中地理课堂教学行为的价值取向

李家清　张胜前

本文认为：在新课程的实施中，实现地理课堂的有效教学是地理教师的追求；有效的教学行为是实现有效教学的基础。作者从四个方面阐述了树立正确的地理课堂教学行为的价值取向、优化地理课堂教学行为，对于深化地理教学改革，实现“课改”目标的重要作用。

一、认识地理课堂教学行为的教学性。教学行为不是简单的教学形式、手段、方法和技能的构成体，而是包括教和学两个动因在内的结构复杂、内容丰富的目的性行为。

二、影响课堂教学行为的主要因素。主要包括以下几方面：①地理教师的教学思想。同样的地理课题，教师的教学理念不同，教学行为也会有很大差异。②地理教学目标和教学内容。地理教学目标对课堂行为具有指向性和规定性，教学内容对课堂行为也有一定的规定性。③学生地理学习的心理特征。不同的学生表现出不同的心理个性，就要求教师在地理课堂行为的设计和实施中具有针对性。④地理教师的专业素养会对课堂教学行为产生影响。

三、树立正确的地理课堂教学行为的价值取向。具体体现在以下几方面：①行为目标的整体性取向。新课程目标的三个维度是一个整体，树立正确的地理课堂教学行为目标的整体性取向应是课堂行为的宗旨。②行为活动的主体性取向。③行为过程的差异性取向：要承认差异、关注差异、客观地善待差异，使得每个学生在原有基础上得到发展。④行为方式的多样化取向：课堂中不同的行为方式对学生能力发展作用不同。通过教学模式的多样性、教学过程的多端性以满足多样性需求。⑤行为评价的多样化取向。课程目标不同，学生的学习心理、学习方式不同，各种评价方式的适应范围不同，因此要求采取多种评价方式。

四、践行先进的教学理念，实现地理课堂行为的价值追求。可以从两方面实现，一是不断实践教学改革的先进理论。二是努力提升地理课堂教学技能。

《中学地理教学参考》2008 年第 1 期

新课改下地理教学的现状与反思

相　炜　刘　娟

本文主要从对新课改的困惑和感悟两个方面谈了新课改下地理教学的现状与反思。

一、对新课改的几点困惑。随着新课改的推进不少教师对新课程改革的理解和实践存在一些困惑。困惑一，对新教材“三维目标”的要求不易把握。三维目标是不能割裂开来的，如何设计适当的学生活动，整合三个维度，值得探究。困惑二，“探究式”与“接受式”学习如何结合，度该如何把握？困惑三，对答题思路的多样性和基本思路的疑惑。困惑四，认知交流中“多媒体霸权”，多媒体辅助教学的度如何把握？

二、对课改的感悟。感悟一，关于情境的创设。好的“情境”有利于激发学生的学习愿望和参与动机，能使学生主动地融入问题中，积极地投入到自主探索、合作交流的氛围中。然而教师应该认识到，情境的内容和形式应根据课程的内容及不同学段等因素来创设，切忌牵强附会，让情境成为摆设。感悟二，关于“教师的角色”。新课程强调转变教师的角色，突出学生的主体地位，但有些教师由过去的“一切都管”变为“一切不管”，教师的作用被淡化或忽视。而教学过程是教师和学生主体交互作用的过程，是教师与学生合作并共同发展的过程。感悟三，关于“小组合作学习”。本文认为，为避免合作学习造成的两极分化，在进行小组合作学习时，一要精心设计合作学习的内容；二要进行合理的分组；三要明确小组合作目标；四要把握好时机。感悟四，关于“课堂评价”。教师要把握好表扬评价的尺度，即要肯定和鼓励学生创造性的回答，但不要过多过滥；应善待学生的错误，指出其不足。

《中学地理教学参考》2008 年第 5 期

基于新课程背景的高中自然地理教学“难度”的研究

陆　静

自然地理是地理学的经典内容，是学生在高中阶段学习地理的第一个必修模块，是学生地理学科学习的“开局”。在高中新课程教学实践中，大多数学生觉得“必修 1”模块（自然地理）的学习难度相对较大，教师也认为自然地理的教学存在的困难较多。自然地理教与学为什么难？分析其原因主要有：教学的定位不够准确；自然地理知识点本身难以理解。本文以六个案例谈了在自然地理教学过程中，应把握好“结构”“价值”“平衡”问题。“结构”，是指依据课标，确定自然地理教学的基本框架，包括显性结构和隐性结构。显性结构指框架结构、内容结构；隐性结构指知识结构、能力结构和难度结构。“价值”主要包括学科价值、教学价值。“平衡”即寻求学科、教学、学生之间的平衡，整体考虑，系统规划。对于必修模块的教学而言，应把握课程标准底线，知识点的教学不宜挖掘过深，要明确自然地理的核心内容和主干知识，突出地理学思维方式的培养，形成利于地理环境的生活方式等方面的价值。

《中学地理教学参考》2008 年第 4 期

中学地理教师反思性教学的现状调查

赵善民

本文主要是在 102 份调查问卷基础上总结出的中学地理教师的反思性教学现状，分为六方面。

第一，教师的自身素质，问卷反映出教师自身素质已经得到明显提高，但教师自身素质的提高主要来源于学校的要求和文件的传达，而不是教师自己真正的努力。

第二，教师对地理新课程概念的把握，通过调查发现，地理教师对新课程概念把握不准。

第三，教师的反思意识，调查结果表明虽然大多数教师对反思性教学不太了解，但他们有反思潜意识和本能。如何帮助教师保持与强化这种反思意识，使反思具有系统性、科学性仍是迫切的问题。

第四，教师的反思方法，调查发现大多数教师反思方法单一，缺乏系统性和科学性。

第五，教师的反思内容，调查表明教师的反思内容普遍处于基础层面，教师对一些影响教学效果的重要因素关注得较少。

第六，针对以上现象提出的应对中学地理教师反思性教学现状的对策，包括：一是理论学习反思策略，对教学经验和教学行为的反思需要一定的理论基础，同时对理论的思考也有助于教师积极将教育教学理论转化为现实的教学实践。二是自我诊断反思策略，自我诊断意味着教学主体的教师对教学行为的自觉觉悟、反省和体验，使得反思性教学超越单纯的技术或方法论层面，而成为教师的存在方式和专业生活方式。三是交流比较反思策略，可以教师反思个人的教学实践提供新的思路和借鉴。四是凭借媒体反思策略，观看和分析自己和同事的课堂教学录像，是教师培养自我意识能力的手段之一。五是他人反馈反思策略，反思性教学还可以搞调查问卷，通过问卷反思自己的教学，调整改进教学。六是地理反思性教学调查问卷。

《地理教学》2008 年第 1 期

“困惑”与“思考”——高中课改实验初期地理课堂教学存在的问题及解决策略

黄勤雁

新课程给高中地理课堂教学带来可喜的变化，教师的教育观念已悄然发生转变，注重三维目标落实，注重学生参与，注重学习过程，注重方法指导，注重课程资源的开发与建设，注重联系实际，注重情境创设。师生关系融洽了，学生的学习方式趋于自主了。课堂上预设与生成遥相呼应，师生情感得到了升华……但作者认为，随着课改实验的深入，课堂教学中还有诸多问题与困惑，需要去关注、思考和解决。

困惑一：教材的深度、难度、广度难以把握

困惑二：高、初中课程衔接存在问题

困惑三：课时紧张

困惑四：如何处理教材中的活动

困惑五：探究与合作存在低效和形式化的问题

困惑六：教师还没有很好地运用评价机制，过程性评价实施流于形式

困惑七：缺乏真正有使用价值的教辅资料

困惑八：高考方案迟迟不确定

作者为此提出解决策略如下：

策略一：加强集体备课，强化校本教研　新课程在倡导学生合作学习的同时，也要求教师合作探究，发挥教师团队合作精神，实现资源共享、智慧共享。校本教研制度化、系列化、专题化研究要赋予新的内涵。

策略二：明确学习目标，确定教学策略　学习目标是教学的起点，也是教学的归宿，是教师教、学生学以及考试评价的重要依据。所有教学行为都应该围绕教学目标进行。

策略三：合理选择内容，优化整合资源　准确把握“三点一线”，即抓住教材中的知识点、重点、难点，把握教材的主要线索。找准学生的学习起点，确定教学的深度、广度和容量。

策略四：创造性地开展、实施教学中的“活动”“活动”设计要针对学生的不同特点有所区别，教师可根据需要，对教材

“活动”进行删减、合并、修改和补充。

策略五：转变观念，有效地开展“探究”与“合作” 教师要切实从关注自己的“教”向关注学生的“学”转变，把促进每个学生的进步与发展作为教学的终极目标，积极开展“有效教学”。

策略六：发挥评价的激励和诊断功能 加强过程性评价的可操作性研究，建立学习过程与学习结果并重的学业评价，评价方案应考虑学科实际，力求公平、公正又简便易操作。

策略七：区域合作，自力更生编写优质“学辅”。

策略八：处理好高考与课改的关系，以不变应万变。

《中学地理教学参考》2008 年第 1 期

地理课堂上的新形式主义

贺慧梅

本文认为地理课堂上的新形式主义主要有：

一是三维目标达成过程中避重就轻。三维目标中，“知识与能力”基本上沿袭了传统教学中对知识与能力的要求，“情感态度与价值观”是过去思想教育的扩展，只有“过程与方法”这一目标是全新的。因此，有人就认为，课堂教学中只有特别突出过程与方法才能显示出对这一目标的重视，才能更好地贯彻新课程标准。也就是说，在三维目标达成的过程中，知识目标的落实被忽视了，或者说是被有意识地遗忘了。而知识是基础、是依托、是学生发展的根本保证，能力的形成、方法的选择、情感态度与价值观的培养都是建立在知识基础上的。

二是教学形式选择时做表面文章。形形色色的讨论、辩论、材料分析、知识竞赛充斥着课堂。不可否认，这些活动较之过去按部就班地讲解、提问更能吸引学生的注意力和调动学生的积极性。但新课堂需要真实的、动态的、生成的课堂生活。吸引调动学生的目的并不在于过程和方法本身，而在于吸引他们一起完成教学任务，培养能力，形成一定的认识。说到底，过程与方法必须要为教学服务，只有服务于教学，它才有存在的价值。

三是突出学生主体地位时迷失自我。“让课堂充满生命活动，让学生成为学习的主人”已成为广大地理教师的共识。但有些课堂，学生的主体地位被无限地拔高而凌驾于一切活动之上，仿佛不如此就不足以显示教师的民主，而教师就像一个置身事外的旁观者，对学生的学习过程缺乏有效指导。事实上，主体性原则应是一种整体的教学观念。

《地理教育》2008 年第 1 期

新课程地理教学反思能力探析

王显荣

本文认为，教学反思是教师以自己的教学活动过程为思考对象，对自己所做出的行为、决策以及由此产生的结果进行审视和分析的过程，是一种通过提高参与者的自我觉察水平来促进能力发展的途径。

作者首先指出教学反思能力的主要特征有：追求教学实践的合理性；具有较强的教学研究色彩；贯穿于教学活动的各个环节和层面。

接着提出教学反思能力的意义：适应当前教育改革的需求；促进教师自主专业化发展；解决教育理论研究与实践脱节的问题；提高一线教师的实践性知识水平。

然后论述了教学反思的基本策略：

1. 转变地理教学理念。教学理念是教学行为的理论支点。新的教学理念认为，课程是教师、学生、教材、环境四个因素的整合。教学是一种对话、一种沟通、一种合作共建，而这样的教学所蕴涵的课堂文化，有着和谐、民主、平等的特色。

2. 丰富地理专业知识。学科专业知识对于新课程的实施以及开展教学反思至关重要。关键是多研读地理学术论文、地理杂志等。

3. 进行地理案例研究。案例研究的素材主要来自三个方面：一是研究自己的课堂，并从自己大量的教学实践中积累一定的案例；二是观察别人的课堂，从中捕捉案例；三是平时注意搜集书面材料中的案例。

4. 加强提高性听课活动。听课者对课堂中的教师和学生进行细致的观察，留下详细、具体的听课记录，并做出评课，课后再与授课教师及时进行交流、分析，推动教学策略的改进。

5. 开展课后小结与反思。课后小结与反思，就是把教学过程中的一些感触、思考或困惑及时记录下来，以便重新审核自己的教学行为。

《地理教育》2008 年第 5 期

新课程背景下初中地理教学设计规范化研究

陈世敏

本文是作者结合北京市教学基本功大赛来谈对课堂教学设计规范化的一些观点。

一是要研读新课标，加深对新课标的理解。课改实施以后，教材版本有很大不同，因此对课标的理解和解读是进行教学设计的前提，也是一节课的方向和灵魂。

二是要加强教材分析，规范地理课堂教学。教师在进行教学设计时一定要对教材进行透彻的整体分析，然后精心挑选能完成本节课内容的资料。

三是要分析学情，确定教学目标。教学设计是否能够满足学生的需要、是否符合学生的实际是决定教学设计成功与失败的关键。对学情分析包括分析学生已有知识和能力储备，已有知识和新讲知识的差距及解决方法，以往教这部分内容已出现的问题以及解决办法等。

四是要设计教学环节，吸引学生参与，让学生参与到课堂教学中展示才华，并切身体验和感受。

五是要精心设计板书，突出教育主线，巧妙地把重点内容展现给学生。

《地理教学》2008 年第 5 期

例谈课堂教学节奏的缺失

张言顺　孔雪芳

课堂教学节奏缺失主要是指整体节奏不和谐。本文主要谈了课堂教学节奏缺失的相关问题，列举了初中地理教学中的种种情境。

一是知识教学知识罗列知识点，使学生意识不到哪是重点。

二是教学重点安排的时段和呈现方式不尽合理，心理学“系列位置效应”表明，一段时间的学习总是开头和结尾是学习效果最好的，因此一节 45 分钟的课，可根据教学内容的多少划分成几个时段，并依据学情确定各时段的长短，每个时段着重解决一个教学重点或难点，充分用好每个时段开头和结尾提高学习效率。

三是多个重点之间安排不够和谐，有的课堂主次和先后安排欠妥，有的课堂分不清主次。

四是突破难点时铺垫不够准确和适时，导致学生不能成功地“跳一跳，摘果子”。

五是在非关键性事件中形成教学高潮，教师未加正确引导使课堂形成偏离主题的假高潮，干扰了教学进展的快慢先后、教学信息的主次疏密。

《地理教学》2008 年第 5 期

高中地理新课程教学实践

周云华

本文从新课改以来存在的问题入手，结合当地的教学实践，谈了新课程教学的相关内容。

首先问题主要是如何更好更顺利地推进高中地理新课程改革。

其次是教学实践。

一是建立“学习制度”，实施自主学习策略，提高教师教学水平。首先是召开全市新课程任课教师会，明确学习任务和要求；其次是认真研究课标。

二是构建“大备课组”，实施主备课策略，提高资源共享水平：一要明确主备课分工和要求；二要重视二次备课环节的落实；三要建立定期例会制度。

三是倡导“行动研究”，实施问题探究策略，提高校本教研水平：①筛选问题；②交流研讨；③积累总结。

四是教师“分层管理”，实施跨校结对策略，提高区域推进新课程实施水平：①确定结对名单；②明确结对目的；③完善考核机制。

最后是一些收效，作者举了常熟市一位教师在南京的一堂观摩课的成功范例来说明研究实践的成果。

《地理教学》2008 年第 11 期

地图文化在地理教学中的渗透

秦红阳

本文主要阐述了地图文化与地理教学的融合。

首先，讲了地图文化的内涵与特征，地图作为人类智慧的产物，本身就是一种文化现象，总体而言，地图文化有四个特征：从横向上来看，有明显的地域性。同一时期，不同国家和地区的地图反映出不同的文化特征；从纵向上来看，有地图文化随着历史的发展而变化；从美学价值上看，有艺术性，包括外形美、内容美和质地美；从功能上看，有实用性，地图广泛用于政治、经济、军事、宗教、教育和生活等各个方面。

其次，本文叙述了地图文化融入地理教学的意义，主要有以下三点：一是领略地图艺术价值可以提高学生审美情趣。地图的制作材料、地图外表的装饰能够让学生辨别地图的不同品味，提高学生的艺术情趣；二是了解地图深厚内涵可以丰富学生地图视野。地图文化作为社会文化的组成部分，描绘出各地的人文状况，折射出各地的宠辱兴衰；三是汲取传统优良文化可以陶冶学生爱国情操。学生通过学习中国和世界的地图文化，在分析鉴别、比较中，吸收优良的传统文化，并增强民族的自信心和自豪感。

最后，本文介绍了三种让地图文化融入地理教学的途径：一是举办小型地图文化展；二是在课堂中融入地图发展史。从地图的演变中，学生可以更加清晰地了解地图的来龙去脉，深刻地认识地图存在的价值以及在人们生活中的作用；三是让学生自主设计地图，使地图变得生动、鲜活起来。

《地理教学》2008 年第 1 期

浅谈心理学若干原理在地理学习中的应用

徐 艳

心理学是研究人的心理现象发生、发展规律的科学。它揭示了教育教学过程中教育者和受教育者心理活动现象及其产生和变化规律，对教师的教育教学工作有指导作用。本文主要介绍了几条心理学原理在地理学习中的应用。

一是用继时对比改善学生学习地理的畏难情绪。继时对比就是刺激物先后作用于同一感受器而产生的对比现象。通俗来说，我们可以让学生先难后易，先苦后甜，树立自信从而增强学习效果。

二是用知觉的整体性来强化知识的理解和记忆，要将地理知识系统化，产生整体效果。

三是用经典条件反射建立起相关地理知识点的有效联系，即多次强化，自然而然形成思维上的条件反射。

四是利用记忆的规律来增强地理信息的记忆效果。重温、练习是有效的策略，用讲解—温习—练习—讲评这一过程来强化记忆。遵循记忆曲线的规律来帮助学生强化和复习记忆的内容可加深印象。此外利用认识的迁移现象来进行迁移性教学可发挥旧知识在学习新知适中的铺垫作用，从而帮助学生识记和理解地理知识；还可以发掘学生的内隐记忆，借已有的地理知识储备增强学习效果。

《地理教学》2008 年第 4 期

社会生活的变化对中学地理教学的影响

徐 勤

本文认为：从社会层面上看，教学改革是一种对社会发展相适应的必然。它反映了人们在新的社会发展现状下，渴望接受一种全新教学的诉求。本文从以下几个方面论述了社会生活对中学地理教学的影响：

1. 社会生活内容的变化对中学地理教学内容的影响。曾经是地理常识的内容是否可以考虑从地理的角度来分析，使地理具有现实意义。

2. 社会生活联系的变化对中学地理教学资源的影响。电子信息网络为地理教学提供了丰富的、不断更新的素材资源。

3. 社会生活重大事件的发生对中学地理教学观念的影响。重大事件的发生对社会和个人的冲击巨大，会促使人们重新思考人与自然、人与社会的关系，这些内容应及时引进课堂，从地理的角度来分析阐述，以达到教育的目的。

4. 社会生活视野的扩展对中学地理视野的影响。中学地理的视野不能仅体现于教材，应更多体现于教师、学生和社会三者之间的相互作用。

5. 社会生活方式的变化对中学地理学习方式的影响。适合学生并能最大限度地促进学生学习的学习方式就是最好的。

《中学地理教学参考》2008 年第 3 期

新课程下文化对地理课堂教学的影响

林宪生

地理课堂教学是地理课程改革的重要环节，关系其成败。20 世纪 60 年代，西方国家自上而下的课程改革的失败经验告诉我们，课程改革不只是对统一改革方案的贯彻和执行，教育中的不同群体，尤其是管理者、教师和学生存在的文化差异，与国家法定的、统一的课程文化将产生冲突。因此，从文化的视角来研究地理课堂教学，揭示地理课程改革的动因和条件，不仅拓宽了地理课程改革研究的理论视线，而且对我国基础教育课程开发和建设有根本的指导意义。本文从传统文化、学校文化和教师文化 3 个层次论述它们在地理新课程课堂教学中的影响。

一、传统文化影响地理新课程课堂教学理念的转变。中国文化全面深刻地影响人们对地理新课程的教学目标、价值、地位、作用、内容以及方式的看法，使得地理教学处处体现着一个民族的内在倾向。

二、学校文化影响地理新课程课堂教学规范的形成。精神文化是学校文化的核心，直接影响学校的办学方向和活动形式，制约着学校的全部教育活动，是学校最基本的文化内涵和文化背景。在学校文化中，教学规范、角色规范对地理新课程课堂教学影响极为深刻。

三、教师文化影响地理新课程课堂教学过程的变革。地理教师的变革是地理课程变革的关键因素。实践证明，地理课程改革的最大障碍是教师文化，因此地理课程改革要取得实效，必须改革地理教师文化，即从个人主义文化转向合作文化。

《中学地理教学参考》2008 年第 4 期

地理教学培养学生地理素养初探

李顺莲

地理素养是指公民参加社会生活、经济活动、生产实践和个人决策所需的地理科学知识、探究能力以及相关的情感、态度和价值观。地理是中学各学科中唯一以探索人类可持续发展为目的的学科，在解决当代人口、资源、环境、发展等问题上具有重要作用。本文从 6 个方面简要阐述了如何在地理教学中培养学生的地理素养。

一是依据《地理课程标准》，制定地理教学目标。教学目标是学生通过教学活动要达到的预期学习结果，具有导向、评价、调节和激励等功能。教学目标不仅是教学活动的出发点和归宿，还具有重要的管理职能。因此，制定合理的教学目标是保证地理教学效果的首要环节。

二是激发地理学习兴趣，提高地理学习积极性。激发兴趣是培养学习地理动机的起点，是促进学习动机转化为学习行为的“催化剂”，是营造良好学习氛围的前提。

三是开展地理实践活动，培养综合实践能力。地理学科具有很强的实践性，学习地理不能仅仅以书本为中心，必须走出课堂，到大自然中去，到社会实践中去，以增强学生对地理知识的感性认识，加深对地理知识的理解和掌握，提高学生分析和解决问题的能力。

四是巧妙运用地理视角，形成正确地理观念。地理视角是地理学看待和处理问题的思维方式。美国科学院出版的《重新发现地理学》，认为地理学的视角包括三个方面：从相互联系上认识事物；从时间变化上认识事物；从空间分布和空间差异上认识事物。

五是运用现代信息技术，提高地理教学效果。在地理教学中，运用现代信息技术能够将难懂的文字信息、地理事物的空间分布、无法观察的地理现象以及地理过程形象生动地显示出来，有利于激发学生学习地理的兴趣，有利于学生理解地理概念、原理和规律，有利于培养学生的空间想象能力。

六是改革传统评价方式，促进学生全面发展。考核和评价是教学的指挥棒，对教学起着重要的引导作用。

《地理教育》2008 年第 2 期

浅谈高中地理选修模块教学的策略

贺丹君

本文作者针对新课改谈了实施地理选修课程教学的策略。

一是要树立正确的课程观念，选修模块时代感强、涉及领域广，主导价值在于满足学生兴趣爱好、培养发展学生个性。教师应从根本上把握选修课程的价值观、课程观、学生观、知识观以及课程管理与评价观。

二是准确地研读课程标准，以之作为教学的标尺。

三是合理地制定课堂教育目标，应以课标为依据，涵盖知识与技能、过程与方法、情感态度与价值观三个维度的要求。知识与技能要充分体现地理学科的核心概念、原理等的掌握；过程与方法要侧重于地理学习能力的培养；情感态度与价值观要强化以区域可持续发展为核心的地理学基本观念的树立。

四是创造性地选择和呈现教学内容，教师要以本地区的教材为蓝本，大胆吸收其他教材的创意，精心选择易于接受和理解的案例和活动，在呈现时必须把握好选修课拓展的“度”。

五是突出选修课特征，实现教学方式的转变，其中应遵循以下几个原则：①突出选择性和个性化，即尊重和突出学生的学习个性和学习愿望，注意构建学生个性化的学习空间；②选修内容在难度和深度上的处理要适宜；③根据选修课不同性质采取不同教学策略。

六是加强对考试评价的研究，要以课标作为准绳，立足于地理思维培养，降低选修模块命题难度。

《地理教学》2008 年第 9 期

地理教案应把握好的几个关系

雷海燕

案例教学是新课标倡导的教学方法之一。本文作者认为，地理案例教学应把握好以下几个方面的关系。

一是教材案例与生活案例的关系，选用什么案例会对教学结果有直接影响。选用学生熟知的典型生活案例，使学生驾轻就熟，从已知推出未知，从现象发现本质。

二是案例知识点和案例原理的关系，案例教学的侧重点应是学生对地理原理的掌握及应用，作者在教学中利用导学提纲梳理和整合背景材料，然后集中力量进行地理原理的剖析，达到事半功倍的效果。

三是演绎法与归纳法的关系，在案例教学中应恰当运用好归纳和演绎的方法，课堂才能高效有序。

除以上几种关系外，案例教学还要处理好案例的时效性、科学性与教学重点内容的关联性等问题，也要重视教材中案例的利用、改进与补充，让学生从案例教学过程中，掌握知识的迁移和运用知识解决实际问题的方法，从而提高教学效率与质量。

《地理教学》2008 年第 5 期

新课程理念下地理生态课堂的构建

李光明

生态课堂就是以生态的眼光、态度与方法来观察、思考、分析课堂，是对课堂教学研究的一个新取向。

本文认为地理生态课堂的特征具有整体性，即生态课堂有师生和教学环境交换作用形成的整体；开放性，即生态课堂要满足学生发展的需要，就必须以开放的姿态接纳和利用来自校园、家庭、社区乃至整个社会的信息；多样性，课堂教学培养的不是标准化的人才，而是多姿多彩的人；共生性与竞争性，符合生态课堂要求的课堂必然是在合作中竞争，在竞争中合作。

当前地理课堂上非生态现象有：权威主导的课堂、封闭落后的课堂、退让从众的课堂。构建地理生态课堂的策略：

1. 转变教师角色，教师要变知识传授者、学习成果的评判者为学生精神成长的引导者、全面发展的促进者以及学习伙伴。

2. 建设开放的课堂，包括教学目标开放、教学形式开放、教学内容开放、教学空间开放。

3. 进行有效的小组学习，这是构建课堂良性竞争与合作的重要途径。包括合理构建合作小组、关注学生参与平衡。

4. 促进学生的个性发展，学生的学习能力、学习风格、学习兴趣、学习节奏各不相同，因此要注意个性化教学。课堂教学具体要做到给学生自由思考活动的空间、给学生自主选择的机会、给学生充分展现个性特长的舞台。

《中学地理教学参考》2008 年第 6 期

地理教学实现“过程与方法”目标的途径

杨士军　曹列文

当前试行的地理新课标，突出的特点之一就是提出了“过程与方法”的课程目标。此目标变“追求学习的结果”为“强调学习的过程”，注重学生学习过程的积极体验和地理科学方法的掌握与内化。本文认为地理教学实现“过程与方法”目标的途径有以下几点：

一、建立空间概念的过程“过程与方法”强调：①在直观教学中构建地理空间概念，形成立体模型；②在图形的转换中培养空间思维能力。

二、引导整合思维的过程“学起于思，思源于疑”，教学之重在于启发学生思维。引导整合地理思维能力，需充分体现在地理教学活动过程和教学问题情境中，其中教师正确的引导方法与整合技巧是关键。

三、尝试分析问题的过程，高效的提问方式应该设计成对学习过程的启发，提问应指向方法、过程。

四、培养观察能力的过程，课标强调观察法的掌握，追求通过运用各类地图、示意图等，间接观察地理现象，学会对比观察、重点观察；通过参与各种探究活动，直接观察地理事象，掌握有条理、有步骤、多角度的系统观察法。

五、参与调查研究的过程，研究性学习的方式是实现“过程与方法”教学目标的好途径。

《中学地理教学参考》2008 年第 7 期

地理新课程教学需注重过程与方法

李土发

高中地理课程目标是从知识与技能、过程与方法、情感态度与价值观三个维度对学生进行培养，这三维目标在实施过程中是一个有机整体。知识与技能是实现过程与方法、情感态度与价值观目标的载体，过程与方法是衔接知识与技能和情感态度与价值观目标的桥梁，而情感态度与价值观又是知识与技能和过程与方法目标的升华。本文认为注重过程与方法要从以下六方面进行：

一是在备课时要设计过程与方法。

二是在课堂上要体现过程与方法。

三是在评价中要突出过程与方法，要重视过程性评价、鼓励性评价。

四是通过引导学生探究来实现过程与方法，设计探究性的问题引导学生探究讨论来掌握地理基本原理、规律、技能，并从中体验探究乐趣，培养情感态度与价值观。

五是通过课外实践活动来实现过程与方法，使学生在实践中发现问题并解决问题。

六是通过运用多种媒体来实现过程与方法。

总之新课程下教师一定要转变教育观念，实现教师角色的转换，重视学习过程与方法的指导，帮助学生自我构建学习过程，让学生在自主的、合作的、探究的学习活动过程中，掌握知识与技能，体验学习的过程与乐趣，培养学生的情感，成为学习的主人。

《地理教学》2008 年第 4 期

中学地理活动课教学模式分析

蔡　平　王国福

教学模式是在一定的教学思想指导下建立起来的比较稳定的教学结构、教学程序以及实施教学方法的教学策略体系。它不仅包括教学方法和教学手段，而且还是教学理论与教学实践相结合的产物，是教学基础理论与教学具体实践的中介，是教学理论的具体化和教学经验的概括化。本文认为地理活动课教学模式可以分为操作性活动模式、演示性试验模式、课堂巩固性活动模式、课后咨询—调查活动模式。

一、操作性活动教学模式，以学生活动为中心展开，可以在课堂进行，也可以在课后进行。其操作流程为：提出课题——明确要求——实验准备——学生操作——撰写报告——总结评价。

二、演示性试验教学模式，教师通过演示性试验解释、说明验证教材中需要验证的内容或用语言难以解释清楚的教学内容。其操作流程为：提出问题——教师演示试验——总结说明。

三、课堂巩固性活动教学模式，教材设计或给出典型事例，要求学生分析研究找出正确答案。包括测算、计算、绘图、选择、地理设计；运用理论分析、解决实际问题、提出对策等。其操作流程为：确定问题——学生探索分析——学生汇报——总结提高。

四、课后咨询—调查活动教学模式，以学生发展为本，以活动为基础，教师组织学生通过课外的地理调查、考察等实践活动，学习和探索课堂所授知识中与当地生产、生活、文化习俗等有关联的知识。其操作流程为：提出课题——设计活动——搜集资料——分析论证——总结评议。

《中学地理教学参考》2008 年第 4 期

地理思维中的一元论范例实践教学方法

叶岱夫

所谓范例实践教学方法是指在教学过程中，向学生呈现具有范例性、典型性和代表性的教学内容，进行深入教学，促进学生在学习中举一反三，形成学习迁移能力。

本文认为，地理思维是一种特定的思维方式，它是在地理教学过程中为认识地理环境及其变化过程而采用的一定思维方法程序（思路）。这种特定的思维方式具有地图形象思维性、空间概念思维性或空间形象思维性和思维过程综合性三大特征，成为区别于其他学科思维（如数学思维、物理思维等）的特殊性。因此，教师的教学任务除了传授知识外，还要着重训练学生通过一元论教学而掌握这些特殊性的思维方法。

主要策略有：通过学习静态范例去认识和理解空间动态过程，培养空间形象思维能力；通过学习地理事物的历史变迁，学会总结地理事物的演变规律和变化趋势，培养认识未来的思维能力；通过学习地理现象的典型类型或地理规律模式，培养认识和判断个别特殊地理现象的思维能力；通过比较典型地区的地理差异或地理事物的差异，掌握地理事物本质，发展比较思维、综合分析思维能力。

《地理教育》2008 年第 3 期

活动化课堂教学模式实验与探索

熊建新　杨　新

本文认为，活动化课堂教学模式是指教师为学生营造一个可活动的空间，让学生个体、群体在活动的进行中形成对知识的经验感知，并回归现实生活，解释客观实际问题，从而内化为学生的知识结构，形成新经验的一种课堂教学模式。

作者结合教学实践对活动化课堂教学模式作了以下说明：

策略层	激发兴趣	合作探究	突出个性	引申问题
	诱发动机	练就能力	激活思维	总结评议
内容层		讨论交流		
	知识性问题	发展性问题	开放性问题	研究性问题
阶段层		设计活动		
	活动初期	活动中期	活动后期	搜集资料

图　活动化课堂教学模式的基本程序

活动化课堂教学模式由 3 个活动阶段组成，即活动初期、活动中期和活动后期，在每个活动阶段均设计不同的活动内容（知识性问题、发展性问题和开放性问题），并根据活动内容提出相应的活动策略取向，用以指导教学思路和检测教学成效。该教学模式设计的指导思想概括为“贯穿一根线，实施三步走”，其具体实施流程如上图所示。

接着以人教实验版《高中地理（必修1）》第二章第三节“水资源的合理利用”为例，通过问题驱动的活动化教案形式探讨这种教学模式的操作过程。

最后，提出了活动化课堂教学的建议，即转变教师教育观念，更新教师知识体系；加强教学“导”的力度；注重学生个性发展，因材施教。

《地理教育》2008 年第 4 期

同课异构

相　炜　耿顺传

一、同课异构的背景、目的和意义　本文认为：同课异构是基于帮助教师深入理解教材、改变教学方式、促进所有教师发展而产生的。同课异构贴近教师教学实际，利于构筑校本教研模式、深化和拓展教研活动；能解决教师教学实际中的问题，真正体现同伴互助、共同发展的特点。

二、理论依据　本文认为：新课程改革的理念、人文主义教育理论、班杜拉的自我强化理论构成了同课异构的理论支撑。

三、同课异构实例研究　本文以山东省临沂市第一中学耿顺传老师主持的同课异构课题研究为例，说明了同课异构的主要阶段和步骤。

1. 同课异构需经历准备阶段—实施阶段—成果展示阶段—全面总结阶段。

2. 同课异构教研形式所采取的几个步骤：确定课题，自主备课——说课讨论，修改教案——上课及评课——写教后反思或评课稿。

3. 同课异构的实践反思：本文从教学科研能力、学生学习过程、预设与生成、问题与思考四个方面谈了同课异构的初步成效。

《中学地理教学参考》2008 年第 9 期

探究式学习在中学地理教学中的运用

欧阳井国

探究式学习是目前我国新课程改革大力提倡的，是培养学生创新精神和实践能力的有效途径和学习方式。本文从以下几个方面谈了探究式学习在教学中的运用。

一、以新的教育观念武装教师是探究式学习引入中学地理课堂教学的关键。新课程背景下，教师需要重新角色定位，更新知识结构，提高自身的综合素养，特别是科研素养和指导学生开展探究式学习的职业能力。

二、探究式地理课堂教学提问要讲究科学性。高水平的富于探究性的提问是教学的推动力之一，教师在设问时应尽量做到：问题起源于有疑之处、问题难易适度、问题具有启发性、充分利用与开发教学资源。

三、选择适宜探究式学习的地理内容。地理知识分为陈述性知识、程序性知识和策略性知识 3 类，陈述性知识是有关地理“是什么”的知识，不适合也不需要学生去探究或发现；程序性知识是回答“怎么做”的问题，涉及学生解决地理问题的技能、方法策略的形成等；策略性知识是回答“为什么”的问题，即地理知识产生和发展过程的知识。这两类知识单靠老师的讲解很难被学生掌握，只能通过学习者亲身参与、探究或实践才能被体验或内化。

《中学地理教学参考》2008 年第 1 期

浅谈“问题研究”的作用与教学

刘继英

新课程标准下的人教版高中地理必修教材与老教材相比，一个明显的变化是在每章后围绕本章的重点内容或核心思想增加了“问题研究”，即选择一些学生感兴趣的话题（主题），进行研究性学习。其侧重点在于研究的过程和方法，而研究结果具有开放性。它不仅引导师生探究现实中的地理问题，而且还倡导自主学习，强调开展地理实践活动。这充分体现了课程标准中“重视对地理问题的探究”这一基本理念。作者从两个方面谈了“问题研究”的作用和教学。

一、“问题研究”的作用。本文以必修 1、必修 2 为例说明了“问题研究”首先是具有拓展教材内容，促进三维目标达成，尤其是“过程与方法”目标的作用。其次是激励教师研究，培养科研型、专业型教师的作用。最后是为开放学习时空，促进学生自主学习创造了有利条件。每章的“问题研究”既给出了研究思路，又提示了操作程序。在思路、程序以及由浅入深的问题引导下，学生的自主学习水平逐步得到提升。

二、“问题研究”的教学策略。“问题研究”的教学策略，核心是促进学生对问题的探究。为促进学生的参与，教师针对不同类型的“问题研究”要采取不同的教学策略。第一种是搜集、整合信息的策略，以培养学生的信息能力。作者以“如何看待农民工现象”为例谈了具体操作措施。第二种是分析案例、尝试规划的策略，以培养学生的规划能力。作者以“家乡的农业园会是什么样”为例谈了具体操作过程。第三种是开展调查、撰写分析报告，以培养学生的综合实践能力。作者以“绿色食品知多少”为例谈了具体研究思路。

《中学地理教学参考》2008 年第 1 期

进行探究式地理教学的尝试和探索

方习明　王　玲

本文对探究式教学的三个典型形式做了一些精浅分析。

一是课堂探究，课堂探究是探究式教学的主阵地，教师围绕教学主题提出恰当的探究性问题来引导学生分析、归纳、概括知识，使知识系统化，而系统化的知识是创新思维的源头活水。所以教师要启发学生在主动思考，不断概括归纳，达到知识迁移、触类旁通的效果。

二是课题研究，这是学生在教师引导下选择课题，搜集信息，经过分析、归纳、概括得出结论在进行成果展示和评价的方式。这是对课堂探究的延伸，能充分发挥学生潜质，树立创新意识，提高创新能力。教师也不能满足于自己原有的知识储备，而要广泛搜集信息，勤于思索。

三是实践探究，这是探究式教学开放性最强、充分发挥学生主体作用的教学形式。学生可以通过观察、思索把知识与身边事联系起来，自己提问题、设计方案、实地考察来独立解决问题。教师要充分利用乡土资源，浅析社会生活，拓展教育范围；学生在探究过程中会运用相关学科知识、掌握全面分析的方法。

《地理教学》2008 年第 8 期

“诱思探究教学”在新高中地理教学中的运用

姚秀元

本文作者认为全面运用“诱思探究教学”进行高中地理教学是一条有效途径。

一是转变教育观念，实现三维教育目标，具体有：①让学生掌握知识；②让学生发展能力；③让学生陶冶情操。

二是改变教学方式，落实学生主体地位，具体要力求做到

“三个变”和“五个让”：“变注入式教学为启发式教学；变学生被动听课为主动参与；变单纯知识传授为知能并重”和“让学生观察、让学生思考、让学生表述、让学生自己动手和让学生自己推导得出结论”。

三是面向全体学生，真正相信每个学生，具体是：①教师要树立“学生人人都能学好”的观念；②课堂教学中要注意因材施教，因人而异；③倡导“尊重的教育”，重视师生情感交流。

四是强调“四基”教学内容，优化教学设计过程，“四基”指基本知识、基本技能、基本事实和基本方法，做法有：①遵循知识形成规律；②精心设计合理的教学过程。

《地理教学》2008 年第 12 期

活用情感共鸣提高课堂效率

陈得保

本文从五个方面论述了活用情感共鸣，提高课堂效率的措施。

一是运用语言的感染力和亲和力，让学生“心动”。高明的地理老师既注重在讲课过程中地理术语的准确表述和表达方式的反复锤炼，以准确地传授科学的地理知识与思维；同时，更注意运用语言的感染力和亲和力，调动学生学习的积极性和主动性。

二是运用教学内容的人文思想，让学生“情动”。一方面，我们要教给学生基本知识；另一方面，又可利用这些人文思想，把它作为沟通师生心灵和情感的桥梁与纽带。

三是运用组织教学的管理功能，让学生“意动”。一个班的学生各方面的素质肯定参差不齐，来自社会的、学校的、家庭的、同学的、老师的、自身的、教学内容等各方面因素，会影响课堂纪律，这就需要老师进行组织管理。

四是运用教学提问的评价方式，让学生“身动”。课堂上适当地批评与表扬，会产生与老师情感上奇妙的共鸣，引起学生“身动”，主动去探究地理学科中的重难点知识。

五是运用教师的人格魅力，让学生“神动”。不同的教师，其性格、气质、谈吐、学识等各不相同，而且面对的学生、环境亦不同，教师要做到自身条件和学生条件的统一。当然，情感教学的基础是和谐的师生关系，否则是无法实现情感的对接的。只要我们运用情感教学，针对性强，因材施教，灵活运用，课堂效果就一定很好。

《地理教育》2008 年第 1 期

形成良性互动　走向和谐课堂

陈丽娟

本文主要论述了地理新课标下课堂教学中良性互动的构成因素以及如何开展互动形式，走向和谐的地理课堂。

一、良性互动的构成因素。作者认为良性的思维互动应该具备四个因素：情境因素、问题因素、思维因素、评价因素。情境因素形成了一个良好的互动氛围，使学生乐于互动；问题因素是开启智慧大门的钥匙，准确的问题使学生有了互动的方向；思维因素是互动的核心，加入了思维，互动才有了生命，才能使学生的认识进一步深化；在互动中融入评价因素，才会促进学生积极主动地发展。

二、良性互动的形式主要有创设情境，激发兴趣，促成互动；提倡合作，小组共进，构成互动；运用媒体，辅助教学，促进互动；探讨问题，营造氛围，达成互动；自评互判，及时反馈，完成互动。

《地理教育》2008 年第 2 期

建构以自主学习为主的地理教学模式

王伟东

本文主要讲了如何在构建以自主学习为主的地理教学模式的过程中发挥教师“导”的功能，从而提高教学效率和学生学习能力的问题。

一是要激发动力，确定目标，具体方法有：

1. 提高志向水平，激发学习动机。志向水平的高低与学生学习动机水平的高低密切相关。提高学生的志向水平，使其达到适当的水准，能引发学生的学习动机。

2. 培养求知兴趣，维持学习动力。措施有：撩拨学生的好奇探究心、开展课外兴趣小组、融洽师生关系。

3. 适时进行激励，强化学习动机。

二是要提供策略，展开活动，具体方法有：

1. 展现“知识联系”。

2. 培养“问题意识”。

3. 训练“形成解释”。

4. 展示“学习方法”。

5. 提供“导学方案”。

三是要实施点拨，提升认识，主要在以下几个时机实施点拨：

1. 在图示使用不当时。

2. 在图示复杂时。

3. 思维阻塞时。

4. 思维定向时。

总之，“自主学习”要突出学生主体地位，教师要充分发挥“导”的功能，要使二者实现最优组合，提高教学效率。

《地理教学》2008 年第 11 期

自主学习融入初中地理课堂教学

乐　敏

本文作者认为教师必须在教学思想上彻底转变，提倡“教为主导，学为主体”，充分发挥学生的主观能动性，真正确立自主学习的地位。以下是作者以一节课堂教学实施为例来谈的指导学生自主学习的理解和体会。

一是内容的选择时考虑自主学习的可行性，要注意教学内容和初中生思维发展的特点。

二是在课堂教学目标与过程设计中贯穿自主学习的理念。首先是要建立三维课堂教学目标，包括：知识与技能、过程与方法、情感态度与价值观；其次是一些课堂教学方法：1. 小组合作讨论法，2. 资料分析与比较法；最后是作者的课堂教学过程。

三是在课堂教学各环节中培养自主学习能力：1. 创设情境，为学生提供展示舞台，激发自主学习兴趣；2. 小组学习，让学生讨论、交流合作；3. 注重读图，给学生正确点拨和引导；4. 多元评价，让学生在体验中有所收获。

四是应注意的几个问题：1. 合理定位师生角色，要使自主学习成为可能，必须把教师的主导作用重新定位于发掘学生主动性上；2. 把握好教学方向，强调自主学习，并非是放任学生自由，教师需要严格监督和管理；3. 不能把自主学习的价值异化。

《地理教学》2008 年第 9 期

怎样设计地理合作学习的主题

郑于艺

本文主要阐述了如何设计地理合作学习主题的相关内容。本文认为地理合作学习的基本模式由展示主题、小组分工与合作、表达交流和总结评价学习结果四大环节组成。合作学习的主题主要由教师设计，其价值性与合作学习的有效性直接相关。因此，教师应根据实际需要，科学地设计。

本文认为：首先，必须明确地理合作学习的前提条件，要使小组合作实现整体效果大于部分之和。

其次，要考虑地理合作学习形式的多样性及其与教学内容的统一性，教师应在实现小组合作方式多种多样的基础上达到地理合作学习形式与教学内容的统一。

再次，要研究合作学习是否更好地促进学生认知和个性的发展，这要求教师进行三方面设计：一是在难度大的教学内容上设计，教师必须领会课标精神，结合学校和教师自己的实际，通盘考虑，设计难易适中的合作学习主题。二是在问题的不确定性、开放性和递进性上设计，三是在理解和把握重点地理知识上设计。

最后，要分析合作学习能否体现地理教育的长远目标和社会价值，这同样要求教师进行三方面设计：一是在培养学生地理基本技能和能力上设计；二是在彰显地理知识与生产、生活的关系上设计；三是在形成和强化正确地理观念上设计。

《地理教学》2008 年第 1 期

高中地理新课程教学设计应着眼于“整合”

郑明进

地理教学过程是一个由若干要素构成的系统，整合主要用于地理教学设计，即为组成地理教学过程的各要素通过渗透、互补、重组等途径，以达到整个课堂教学的综合优势和整体功能。本文以“必修 1”中“自然界的水循环”一节课在教学设计整合方面的实施为例，加以说明。

一、整合课标内容及学生需求。

二、整合各版本教材相关内容，可以将各版本教材中个性化的内容及相关表述作为取舍教材的重要参考和借鉴，以博取众家之长。

三、整合前后知识，把初中、高中已学及以后将要学习的有关知识进行有机整合。

四、整合接受式与探究式学习方式。

五、整合传统教学手段和多媒体辅助教学手段。

总之，高中地理新课程进行教学设计时，应着眼于整合，根据系统论有关原理，协调教学系统中教师、学生、教学内容和教学媒体等教学元素的关系，以达到地理教学过程的最优化。

《中学地理教学参考》2008 年第 6 期

新课程理念下高中地理教学整合策略谈

刘 红

本文从三个方面论述了高中地理教学整合策略：

一、把握新课程核心理念。作者认为把握高中地理新课程理念，关键是要把握住核心理念。本轮课程改革理念的核心是以学生为本，关注学生的全面发展。对于地理课程而言，核心的理念是培养学生的地理素养。课标要求必备的地理素养主要包括 4 个方面，一是地理知识基础。二是地理能力，包括地理学习能力、地理实践能力和生存能力。三是地理意识，包括空间意识、环境意识、全球意识等。四是地理情感。

二、强化新课程理念与教学整合。主要有：把握理念，用好教材；把握课标，形神兼顾。新课程标准以教材和教学为载体，有“形”可考量，新课程的理念则如“神”，“形”与“神”必须兼顾，一体化运行。

三、促进新课程理念与备考整合。高中地理新课程实施与高考备考取向的整合，关键是寻求二者之间的共同目标和结合点，从结合点着眼，从过程和策略着手，进行整合。

高中地理课程实施的着眼点和落脚点是要培养和形成学生的地理素养。地理高考最终也是要测量出学生的地理素养。地理学科的结构其学习目标也是地理素养，三者殊途同归，共一个主题，可见整合的可能性和必要性也是充分的。这样，我们就找到了整合的基础和整合点，就是围绕培养学生的地理素养开展新课程实施和高考备考。

《中学地理教学参考》2008 年第 6 期

新课改下“讨论式”教学的误区及对策

凌 锋

新课程改革，把学习方式的革新重点放在强化学生的自主学习、创新学习和主动探究学习上，为教师创造性的教和学生创造性的学提供了良好的教学环境，是一次彻底的教学革命，“讨论式”教学是新课改倡导的参与式教学的一种主要方式，体现自主学习、创新学习和探究学习的理念。

但由于高考及相关政策、评价制度和课程管理体系改革尚未到位，讨论式教学出现了一些误区，表现如下：一是选题随意，缺乏研究；二是追求合作形式，流于表面的热闹和活跃；三是由于传统观念和应试教育的束缚，许多合作交流学习流于形式，时间由教师控制。

由此作者提出如下对策：一是教师要发挥指导作用，处理偶发事件，点拨托扶，导而不牵，把握讨论方向；二是教师要把握学生能够学习差异，讨论应建立在学生充分准备的基础上；三是教师要精心设计课堂讨论问题的难易度，让学生有“跳一跳，摘到桃”的感觉；四是教师要保证充足的时间进行讨论，这是使讨论深入的重要因素。教师可根据具体情况灵活控制讨论时间的长短；五是教师要及时总结，作出适当的评价分析。教师评价、小结可采取这几种方法：①讨论结束时简单归纳学生发言的基本观点。②对讨论中反映出的观点进行评价分析，肯定正确，剖析错误。③指明讨论中学生忽视的、遗漏的、思路不清的问题。④总结从整体出发，对事不对人。

综上，讨论法的运用是有条件的，教师既要发挥讨论过程中的指导作用，又要考虑学生的个体学习差异、合适的议题内容、合理安排讨论的时间和总结。

《地理教学》2008 年第 6 期

高中地理实验教学存在的问题与改进

陈炳飞

本文主要谈了高中地理实验教学的一些问题及改进措施。

第一部分是当前高中地理教学存在问题举隅：一是泛化的实验，主要问题有其他体例实验化、简单内容复杂化和复杂问题理想化；二是僵化的实验，主要问题有不经选择地全部采用已有实验、毫无修改地全盘拿来现成实验和不加变通地处理实验中的突发问题；三是异化的实验，主要问题是“讲”出来的实验、“想”出来的实验、“秀”出来的实验、“看”出来的实验和“催”出来的实验。

第二部分是有效实施高中地理教学实验的措施管见，包括五方面：一是立足课标精心设计实验项目，强调地理实验的实效性和科学性，教师要根据课标要求和学科知识特点精选典型实验，积极探究与实施有价值的地理实验教学；二是紧扣教学目标反复推敲地理实验，突出实验教学的目的性和可操作性；三是根据场景变化灵活调控试验程序，重视实验过程的生成性，重视结果分析的灵活性；四是基于心理需求激励学生全员参与，关注实验教学的主体性和实践性，科学组织，合理评价；五是结合实际情况构建校本实验体系，突显地理实验的针对性和常态化。针对教学对象，选编地理实验；整合学校资源，开发实验项目；完善保障体系，实现常态教学。

《地理教学》2008 年第 2 期

体现课改要求，突出学科特点——谈在地理教学中培养学生潜能的问题

王树声

本文认为由于地理学科知识内容广博、联系途径广泛，学科本身所具有的空间性、区域性、综合性等特点，都有利于培养学生的潜能。地理学科的潜能内涵并不神秘，培养过程并不难，包括的内容有以下几个方面：

一、良好的学习习惯　地理教学中首先是看图、用地图的习惯，这是“终身发展有用”的地理知识与技能。在平时地理教学中，需要教师给学生提供看图、用图的机会。其次，地理教学中的学习习惯是运用地理的思想观点去认识问题、分析问题。

二、科学的思维方法　让学生会学习、会思考，这是衡量教师水平的重要标志之一。学生要会想、会用，教师就要会设计整理知识和应用知识的问题，并给学生提供思考问题的线索。地理教学中的思维活动包括：分析问题、综合问题、归纳与演绎问题、比较问题、对知识的整理加工。

三、牢固的空间概念　空间概念的建立是突出地理学科特点中的重要内容，要教会学生从不同尺度去想象空间地理事物的分布和特征，以及它们之间的联系。

四、严谨的时间观念　地理学习中，地理现象的发生、发展、演变、进化，都需要时间的见证。要让学生学会从不同的角度去思考不同时段里地理事物的变化状况。

五、敏锐的信息意识　信息技术的应用，正改变着人们的观念，也改变着教育进程和教育行为，对地理教学方法的改进更是挑战。

六、清晰的表述能力　准确的文字表达，需要遣词用句的训练，清晰的条理设计，也需要谋篇布局的安排；严密的逻辑思维，更需要学科术语的运用。这些都需要平时教师的示范。

《中学地理教学参考》2008 年第 1 期

运用学习迁移　构建地理新知

程玉霞

本文认为，新知识的学习必须以过去的知识作基础，知识、技

能能否应用于实际生活和工作，取决于能否产生良好的学习迁移。

本文主要阐述了运用学习迁移来构建地理新知的相关内容。

一是运用学习迁移对构建新知的影响：学习过程中学习迁移是普遍存在的，教师在教学过程中可以利用各种迁移促进学生掌握科学的学习方法，系统地掌握知识，增强学习能力，系统地掌握知识。学生认知理论的研究表明，学生的学习是在已有知识经验基础上，按照自己的需求和方式进行内容解读与动态意义的构建，把新知识与学生原有的知识经验相结合，学习会达到事半功倍的效果。

二是运用学习迁移构建新知的方式，主要包括从生活经验到新知识的迁移、从间接经验到新知识的迁移、从已有知识经验到实践能力的迁移。

三是运用学习迁移构建新知的策略，主要包括帮助学生自主构建便于灵活运用的知识网络，积极创设有利于唤起学生已有知识的教学情境，重视运用对学习新知最具有促进作用的已有知识，巧妙使用对学习新知具有干扰作用的原有知识，帮助学生对新知内涵做出正确的描述和概括。

四是运用学习迁移构建新知的技巧：总结规律引导思维，建立新旧知识的正确联系；高度概括知识体系；培养思维发散的技巧，完善已有知识与新问题的联系。

《地理教学》2008 年第 3 期

把握好地理教学的起点

沈　斌

本文主要阐述了如何把握好地理教学的起点。作者认为，把握好地理教学的起点，是成功教学的前提。把握好地理教学的起点，并选择好教学的切入点是教学设计的重要基础和关键。

首先是了解学生在地理学习中可能遇到的一般障碍，主要有：1. 师生话语系统差异造成的特定词语理解上的困惑；2. 师生生活经历差异造成经验系统沟通上的困难；3. 先前知识学习中的缺漏造成后续学习的困境。

其次要设计有趣问题，以看似无意实则精心的方式侧面探寻，作者以地图学习为例，列举了两个问题：1. 关于地图是什么，地图有什么用的探寻问题；2. 关于从地图上获取信息的探寻问题。

最后是润物细无声地运用地理视角、方法，作者以地理图文转换为例说明从地理图像上获取有效信息的方法，主要有以下两方面：地理图像的作用和在地理图像上获取有用信息的一般方法。

《地理教学》2008 年第 4 期

如何引导学生进行有效的交流

杨富民　宋俊勇

本文作者围绕“如何引导学生进行有效的交流”进行研究，得出了几点结论。从一堂地理公开课得到了几点启示如下：

一是教师应尊重和鼓励学生积极参与到教学活动中来，提倡课堂的多样化，应更注重学生探索获得新知的过程。

二是教师的教学语言、板书、总结等都要有引导学生互相沟通的话，有意识地引导学生进行合理、优化的判断，教师要适时介入交流，一“启”一“议”。

三是知道了仅仅充分交流是不够的，交流中还要引导学生彼此沟通和相互理解，并且培养学生的优化思想。

从这节公开课不少教师恍然大悟：交流中有很多学问。

《地理教学》2008 年第 7 期

如何培养学生的地理语言表达能力

廖书庆

本文主要针对学生文字表述词不达意的问题谈了对教师的几点建议。

一是要言传身教，教师应注重以科学、精练的教学语言表达影响学生，要求教学用语真实、准确、严谨，切不可胡言乱语、似是而非。地理教学语言的科学性，主要体现在教师对教学内容的科学表达上；地理教学语言的准确性，主要任务是依据课标，准确无误地向学生传播地理知识。

二是引导推理，注重培养学生逻辑思维能力。教材中对有些重要知识点是以结论的形式直接表示出来，需引导学生对这些知识点进行推理、分析，让学生深刻理解知识点，理清思维脉络。

三是立足教材，注重从教材中汲取语言营养，纠正头脑中已有的含糊不清的概念，丰富自己的语言积累。

四是用多种形式培养学生的口头表达能力，可以利用角色互换让学生上台执教，也可以让学生阅读地理科普书籍、办地理学墙报、进行小品创作、科普宣传等；也可以互相辩论，教师及时纠正和补充，作出恰当评价。

五是优选作业，注重培养学生文字表达能力，这要求优选作业题和考试题的题型，问答题可以开发学生智力、培养学生分析问题的能力和语言表达能力，所以在作业和平时测验中可采用。

六是严格把关，让学生体会准确表达的重要性，在作业和测验中及时改正学生概念的错误。

《地理教学》2008 年第 8 期

学生地理想象能力的培养与发展途径

徐 健

本文认为：想象可分为再造性想象和创造性想象。再造性想象是思维的起点，感知的结果，从某种意义上说，是按“模子造型”。创造性想象是不依据现成的描述或提示，由自己独立地去创造出新的形象，即“无模子造型”。现代教育的显著标志之一，是对学生进行创造性的教育，培养学生的创造性思维能力。在地理教学中，教师应充分发挥地理学科优势，运用多种手段、方法和大量的信息资源作为教学支撑，去点燃学生的思维火花，促使学生更加积极主动地获取地理知识。作者从两方面论述了学生地理想象能力的培养与发展途径。

一、培养和发展学生想象力的途径：一是加强形象感知，启发学生想象。表象能力是人的综合素质的一个重要方面，通常说的想象就是表象中的想象表象，其反映了一个人的思维能力和创造能力的高低。对于学生没有亲历过的地理事物，可以让学生阅读地理图片，丰富其表象。二是积极创设情境激发学生想象。地理跨越时空较大，学习过程中应运用多种信息工具和大量的信息资源作为教学支撑，积极调动学生的空间想象力。三是开展科技活动，拓展学生想象。四是进行实地观察，丰富学生想象。

二、培养和发展学生想象力时应注意的问题：一是要让学生敢想。二是要让学生会想，让学生沿着一定规律去想象。

《中学地理教学参考》2008 年第 5 期

学生合作学习能力培养的策略和思考

蒋文庆

本文作者谈了自己对怎样开展有效的合作学习、怎样培养学生合作学习能力的一些看法。

一是要精选有意义的研究内容，内容选择要有利于实现教学目标，突出教学的重点和缓解难点，有一定难度和针对性，具有探究和讨论的价值。

二是注意激发学生的学习内驱力，教师可以创设新颖、有效和探究的教学情境激发学生合作学习的动力，使学生有参与的强烈愿望。

三是要合理分组，合理编排，分组有以下三种形式：1. 混合分组，把不同类型学生分在一组；2. 建立专家组，让各组分别研究、讨论和解决一个问题；3. 建立同质小组，把学生按知识基础、学习能力、学业成绩、思维活跃度、生活经验和性别相近的同学分在一组。

四是要处理好独立学习和合作学习的关系，合作学习的前提是独立学习，合作学习要给学困生获得成功、发展和进步的机会。

五是注意指导学生学会合作技巧，让学生担任各种角色来共同完成学习任务，并定期更换角色，使学生全面培养技能。

六是合作学习的反思，教师在合作学习的教学后及时跟踪调查，收集反馈信息，反思成功与不足并对学习做出评价。

《地理教学》2008 年第 9 期

怎样让学生在课堂上“说”

陈　伟

本文从三个方面展开，具体阐述了如何让学生在课堂上说，从而形成有效的沟通互动。

一要让学生有话想说。首先，创设情境，引起学生积极思考，从而激起他们说话的欲望；其次，按照学生心理特点和师生相容理论培养学生说话欲望；最后，在课堂上给学生留有说话的时间和空间。

二要学生有话可说。要让学生有丰厚的知识储备及相关知识的理解和应用，具体就是要加强地理概念及地理规则的教学、教会学生正确使用地理术语、注意与地理有关的词汇的使用和积累。

三要让学生有话会说。要培养学生的说话能力，清晰地表述自己的观点。具体可以加强学生自述训练、让学生根据地理图表复述学习内容、开展角色扮演及小组活动。此外，让学生说话不能无目的、无节制，教师要根据教学实际需要把握学生与学生、学生与教师之间发言的平衡。

《地理教学》2008 年第 10 期

中学生地理学习自我监控能力培养探析

张旭如　王　民

本文主要是中学生地理学习自我监控能力培养的相关内容。本文从地理学习过程出发首先阐明地理学习自我监控能力的含义，即地理学习自我监控能力是指学生对整个地理学习过程进行有意识地自主调节的个体心理特征，它随学习过程的发展划分为自我定向、自我操作和自我调控能力。其次，本文论述了地理学习自我监控能力的培养模式，该模式的含义是：

第一，在自我监控能力培养中，学生的“学”是教学的核心内容，教师起着组织和指导的作用。

第二，地理学习自我监控能力的发展是有阶段的，培养方法的选择同样要有阶段性。

第三，自我监控调控下的地理学习思维过程并非是单向的，而是有循环的思维过程。

本模式将地理学习过程分为初、中、后三个时期：

初期要定向，要辨别目标，明确任务，制订学习计划，形成合理预期。

中期是操作，主要是学生执行学习计划，控制学习节奏并完成学习目标。在此过程中，教师应当创设认知情境，引导、提醒、解释学生在什么时候应用什么学习方法。

后期是调控，主要是对学习过程进行反思、评价和总结，分析学习计划的可行性，思考策略使用的正确性，评价问题解决的有效性，判断达到学习目标的程度和水平，发现学习中的缺点并进行补救，使原有认知结构不断调整、重组，从而形成新的认知结构。

最后本文从部分中学实验班与对照班的“地理学习自我监控能力问卷”调查中得出结论：实验提高了学生学习自我监控能力和地理学习成绩，并有助于学生养成良好的地理学习习惯。

《地理教学》2008 年第 1 期

地理课堂教学情境创设的若干误区

张言顺　武　胜

本文是作者以人教版初中地理教材教学为例对种种误区进行的剖析。

一是情境创设与表象提供，过于精彩的表象会分散学生的注意，干扰有效教学进程。

二是情境创设与问题预设，问题的突然生硬、天马行空会使学生茫然而无法很快进入教学情境。

三是情境创设与活动开展，活动的杂乱无章很难体现课堂情境的完整性，活动还应有一个合适的“度”。

四是情境创设与知识传授，知识传授的单一死板、乏味僵化使学生很难进入教学之中，所以知识课堂的情境创设在于知识传授的选择性、问题性、趣味性。

五是情境创设与过程体验，作者认为初中地理课程的价值主要体现在情感态度价值观念这一维度的目标上，知识技能教学要服从并服务于这个根本，而不应本末倒置。

本文认为，初中地理教学情境创设的基本要求是：地理表象应服务于理性认识或情意体验；地理问题要基于学生的经验世界和认知水平；活动开展应整体和谐、有主有次；知识传授该有问题、有点拨、有情趣。

《地理教学》2008 年第 2 期

如何确保地理课堂“提问”的有效性

户清丽　白文新

有效提问是由一系列开放式的、清晰的、以思考为中心的问题，引导学生去思考或反思并做出回答的过程。如果把学会发现和探究地理问题作为地理学科理解性学习过程的核心，那么有效提问就是整个地理课堂教学的生命线。

本文认为，有效提问能唤起学生积极主动参与学习过程的激情，能激发学生多元化的思维和高水平的认知，能够从学生的“需要”出发，而这种“需要”可进一步激发学生的求知热情。地理课堂教学中实施有效提问的策略，应该做到：

一、提问程序系列化。有效提问的问题是由一系列开放式的、以思考为中心的问题构成，包括核心问题、后续问题、验证问题、重新聚焦问题和重新询问问题。核心问题是有效提问的出发点，后续问题是有效提问的指路标，验证问题是有效提问的检票处，重新聚焦问题是有效提问的归队号，重新询问问题是有效提问的中转站。

二、提问内容重启发。包括在知识重点处寻找启发点、在新旧知识衔接处寻找启发点、在思维困顿卡壳处挖掘启发点。

三、提问措辞巧设置。包括妥善运用问题措辞，使问题具有开放性，用好动词提示使问题具有回答的方向性。

四、提问时数忌超限。包括提问的问题不可数量超限、提问的节奏不可紧张超限。

五、提问过程善倾听。

六、提问之后必反馈。反馈要讲究“留白”艺术，让学生自己去思考、去反省。

《中学地理教学参考》2008 年第 1 期

运用混合学习提高地理课堂教学的有效性

汪红艳

现代信息技术能为学生的学习和发展提供丰富多彩的教育环境和有力的学习工具，它与地理课堂教学恰当地整合，能有效地提高教学质量。本文主要探讨基于数字化教学平台的混合学习方式。混合学习作为一种教育思想，在资源应用上，主张灵活应用信息资源和非信息资源。在学习方式上，主张探究学习和接受学习相结合、自主学习与合作学习相结合。在交互方式上，主张面对面语言交流与应用网络交流相结合。在师生关系上，主张教师的主导作用与学生学习主体作用相结合。混合学习既体现了信息时代的特征，又体现了对传统学习的正视。

《中学地理教学参考》2008 年第 1 期

新课改下地理课堂教学有效性的思考

吴岱峰

新课改以来，地理课堂教学产生了一些新的问题和困惑，而解决的关键在于回归常态课堂，提高课堂教学的有效性。

本文从以下几个方面进行了论述：

一、培养具有创造意识的教师是提高地理课堂教学有效性的关键。实现地理有效教学包括“上位”和“下位”两个层面，“上位”层面是教育价值观问题；“下位”层面是地理教学技术问题。因此，提高地理课堂教学有效性的关键在于教师转变教育观念，把对有效教学的追求转化为自觉的行动。

二、地理课堂有效性的几个教学技术层面问题。实施有效教学需把握以下几方面问题：一是地理课程标准与教材的关系，教师应注意分析课程标准与教材的适切度。要因时因地依据课程标准，创造性地使用教材。二是师生关系的构建与有效的地理课堂交流。师生关系是决定课堂教学效率的关键性因素。新课程背景下的师生关系是平等的、互信的，这样会使师生双方对未来的学习产生积极的期待。要追求教学方式、交流模式的多样化，避免把对话交流变成问答。三是开发和使用地理课程资源，促进有效教学。四是完善地理教学活动的评价，实现教育增值，即通过对评价资料的分析，发现问题，修正教学实现有效教学。

三、关注地理教育理念，反思地理教育的价值追求。地理有效教学从属于地理教学的“上位”层面—教育价值观，即地理教育的理想、教师的教育追求。从这个意义上说，地理有效教学的终极目标取向是实现地理教育理想，培养学生成为具有良好地理素养的现代公民。

《中学地理教学参考》2008 年第 9 期

如何提高初中地理课堂教学的有效性

冯斌斌

本文主要提供了提高初中地理课堂教学有效性的策略，有以下几方面：

1. 让学生从态度上重视地理。

2. 加强教研活动、强化集体备课、集思广益，寻求恰当教法，要让大家一起讨论、各抒己见。

3. 正确把握并创造性地使用教材，“用教材去教，而不是教教材”。

4. 变革学生的学习方式、教师的教学放式，提倡自主、探索与合作的教学方式，突出学生的主体地位。

5. 明确教学目标，让目标引导教学。

6. 建立学习过程和结果并重的评价机制，使评价成为可持续发展的动力。

《地理教学》2008 年第 3 期

地理教学中如何巧妙地突破难点

孙永珍

本文是作者经过多年的时间与思考得出的突破地理教学中难点的方法。

一是巧用课件，将难点生动化，让学生仔细观察、积极参与到整个教学过程中来。

二是从生活实际着手，将难点生活化，体现出学以致用的乐趣。

三是设置小游戏，将难点情趣化，既调动课堂气氛又优化课堂。

四是巧画概念图，将难点图示化，实现对知识的深刻理解和内化。

五是运用集体智慧，将难点简单化，进行合作与交流，互相取长补短、共同发展。

六是穿插小实验，将难点直观化。

《地理教学》2008 年第 3 期

谈高三地理课堂有效教学的策略

王邦柱

本文认为高三地理课堂有效教学的策略主要有以下几条：

一是课堂前测，在刚上课的 5～6 分钟的时间内进行针对性检测来掌握学情。

二是理解后的顿悟，在学生理解知识的时候给学生提供内省、反思和顿悟的时间和空间，以提高学生理解能力和综合运用知识能力。

三是尝试记忆的默写，巩固、增强记忆效果。

四是暴露问题的讲解，为学生暴露问题搭建平台，再进行针对性讲解，这是高三高效课堂的重要策略。

五是针对性训练，包括通过研究提高训练针对性和针对学生学习中存在的问题提高训练针对性。

六是联系实际的拓展，包括结合本省市乡土地理的内容和结合国内外政治、经济、科技成果等，让学生发现、分析和解决生产和生活中的地理问题。

课堂前测是掌握学情的策略、理解后的记忆和尝试记忆的默写是巩固提高的策略、暴露问题的讲解和针对性训练是教学高效的策略、联系实际的拓展是提高学生学以致用能力的策略，六个策略环环相扣，前者是基础，后者是提升，交互作用，相得益彰。

《地理教学》2008 年第 9 期

如何组织有效的地理课堂教学

骆福权

本文认为要有效地组织地理课堂教学，必须从以下几个方面入手：

一是备课方式的改变，是体现课堂教学有效性的保障。随着新课程向纵深发展，教师的“教”已不再是单纯的传授与讲析，而是用教材引导、组织、参与、讨论的综合。教师备课应明确教学目标，把握教学的关键点。

二是构建体现新课程的教学模式，达到学生自主、合作、探究相结合的目标。

三是板书的设计，要有概括性、关联性、动态性、艺术性，突出主干。

四是课堂教学，要教会学生自主学习地理的方法，帮助学生形成正确的地理技能与分析能力，提高学生的地理素养。

五是设计完美的教学引入，应很快把学生的思维引入学习意境中。

六是关注地理的教学实验，提高学生对地理原理掌握的层次。

七是练习的设计要体现教学的有效性，具体要求有：①针对教材的教学目标；②讲究科学性；③体现学科性；④侧重于生活化。

《地理教学》2008 年第 10 期

新高考模式下的地理有效教学

郭四化

本文主要谈了关于中学地理教师如何适应江苏省新高考模式进行有效教学的一些观点。

一是要夯实基础，激发兴趣——高一上学期地理教学应特别注意这一点，这是促使学生选学地理的一个突破口。

二是在高一下学期的地理教学要循序渐进，进度合理，一定要考虑学生的时间分配、接受能力，设计合适的台阶。

三是在高二上学期要明确任务，一鼓作气，这个阶段任务是在必修课的学业水平测试中取得好成绩。

四是在高二下学期学业水平测试后和高三上学期应注意基础夯实，滚动提高。这一时期一要处理好夯实基础与提高能力的关系；二要处理好学生实际与高考要求的关系；三要处理好全面复习与突出重点的关系。

五是在高三下学期的地理教学注重抓实选修，直奔双 B。实践证明只有抓实教学过程才能提高教学质量，使素质教育落到实处。

《地理教学》2008 年第 10 期

关注课堂动态生成　打造生命化地理教学

刘丽丽

“动态生成”是新课程倡导的一个重要教学理念，是相对于“预设”而言的。所谓课堂动态生成就是指在教师与学生、学生与学生合作、对话、碰撞的课堂中，即时生成的超出教师预设方案之外的新问题、新情况。它随着教学环境、学习主体、学习方式的不同而变化，根据教师的处理方式而呈现出不同的价值，使课堂呈现出灵活的、生机勃勃的新特点。当课堂上出现有价值的动态生成性资源时，教师要善于捕捉并及时纳入临场设计，巧妙运用于教学活动之中，使课堂生成出人意料的精彩。这些精彩，往往可以打造出一个生动活泼、充满人性的生命化的课堂。

本文认为课堂动态生成可以从以下几个方面去打造：

1. 课前精心预设教学环节，让生成更精彩。预设是指教师对教学的规划、假设、预测和安排。预设和生成是互补的关系，生成往往是在充分的预设下形成的。在备课的时候，要预设一些问题涵盖本课的重点和难点，要将学生已有的知识与刚接触的新知识合理的构建起来，从而让课堂的动态生成有依托。

2. 课堂善于捕捉动态资源，让生成更丰富。动态生成的课堂，源于民主的氛围。把生命化教育纳入地理课堂，以宽容的心态，尊重学生的个体成长，让课堂教学过程成为富有人性化和个性化的创造过程。

3. 课下精心阅读与深刻反思，让生成更广泛。阅读能丰富教师的知识，扩大教师的视野，也有利于课堂动态生成。

《中学地理教学参考》2008 年第 3 期

动态生成——让地理课堂闪烁智慧的火花

褚荣伟

叶澜教授在其“新基础教育”研究中提出了课堂动态生成的观点。动态生成式教学是指课堂中不能机械地按原先确定的思路开展教学，而应根据学生学习的情况灵活地调整，生成新的与原计划不同的教学流程，使课堂处于动态和不断生成的过程中，以满足学生学习的要求。

本文认为动态生成包括以下几方面：

一、动态备课，用教学预设促成生成。首先，备课应备教学“框架”，备课的关键在于考虑学生的学习和需要，确定“以学定教、以学为变”的原则。教师要把重点放在学习课标、钻研教材、了解学生和设计课堂环节上。其次，备课应备活动“空间”，应更多地考虑课堂实际状况，留有师生灵活操作和活动的空间，强调从思路上整体把握。

二、动态课堂，生成意想不到的精彩。动态的教学在活动中生成，动态的教学在问题中生成，包括动态的教学在教师的开放性提问中生成、动态的教学在学生的突发质疑中生成、动态的教学在学生的突发事件中生成。

三、动态课外，寻找更多的精彩源泉。课堂时间毕竟有限，要鼓励和倡导学生课外进行自主、合作和探究学习。

《中学地理教学参考》2008 年第 7 期

捕捉课堂生成资源，珍惜学生心灵体验

袁玉玲

本文主要围绕课堂生成资源展开。作者首先解释了什么是课堂生成资源，课堂生成资源是指课堂即时产生，教师预料之外动态产生的教学资源。接着阐述了课堂生成资源带给我们什么，举例分析课堂生成资源可以激活课堂学习过程，拓展学生思维空间，让学生学会真正有用的地理知识。最后作者回答了怎样开发利用课堂生成资源。

一是利用质疑，捕捉可探究性问题。课堂教学要从学生疑问入手，体现以学定教，因需施教。

二是借助学生的情感体验，有效地生成课堂资源。作者认为，学生的独到见解、独特的情感体验是学生个性化学习的直接表现，需要教师的呵护和鼓励。

本文认为，生成是对课堂中未被发现的资源的有效产生和利用。教师对学生的“意外之举”要给以关注，使课堂中出现更多更亮的课程资源。

《地理教学》2008 年第 2 期

追求动态生成的地理课堂教学

陈顺富

本文主要阐述关于如何追求动态生成的地理课堂教学的问题。

一、课堂教学动态生成的前提——重塑师生关系，唤醒自主意识。教师在教学过程中应努力建立一种互相平等、尊重、信任的师生关系，形成民主和谐的教学氛围。

二、课堂教学动态生成的保证——设计弹性方案，拓展自主空间。具体包括：以生为本，预设目标，了解学生个体差异、心理认知水平和学习需求；突破教材，重组内容，教学内容的选择要抓住主干，适当延伸，同时必须是精心筛选的，具有基础性和示范性；学会倾听，捕捉信息，包括：一是捕捉亮点资源，调整预设，促进生成；二是捕捉错误信息，因势利导，推进生成；三是尊重学生情感体验，激励评价，保护生成三方面。

三、课堂教学动态生成的催化剂——创设开放情境，拓展课堂空间。开放性教学就是要让课堂活起来，使课堂充满生命活

力。开放的目的是为了生成。

四、课堂教学动态生成的本色——摒弃刻板演练，追求真实自然。动态生成的课堂应该敢于“暴露”意料之外的情况，再现师生“原汁原味”的生活情境。

《地理教学》2008 年第 3 期

构建生活化的地理教学

李成月

本文从以下几个方面对构建生活化的地理教学作了阐述：

一、关于“学习对生活有用的地理”的理性思考。关于“学习对生活有用的地理”的解读，目前有 3 种观点：一是“学校教育不应该完全生活化”；二是“学校教育回归生活已是大势所趋”；三是“学校教育源于生活但应高于生活”。在教学实践中，对“有用的地理”的理解：一是不要把地理截然分成对生活有用的地理和对生活无用的地理；二是不能只看到地理知识是否能够在现实中得到直接应用，还应当看到它对提高学生素质、促进学生发展上的作用；三是让学生感受到地理与生活息息相关。教学联系生活并不是目的，目的在于超越生活，提升对生活世界的认识，关注现实生活中师生之间的对话与理解，促进学生的发展。

二、构建生活化地理教学的基本策略：贵在真实——紧贴生活；妙在生成——抓住特殊时间和即发事件；重在提炼——源于生活、高于生活；难在兴趣——发现生活中的快乐。在实际教学中，地理教师要铭记生活并不直接等同于教育，生活世界的自发性、复杂性决定了它的局限性。因此教学中要注意两点：生活化但不能庸俗化、生活化但不能无序化。

《中学地理教学参考》2008 年第 6 期

新课程视野下如何有效实施生命化教育

肖本军

“生命化教育”课题实验由诗人、教育学者张文质先生创立，以著名哲学家黄克剑先生的“生命化教育”思想为理论基础恪守教育的独立品格，努力以实践的、批判的立场不断使教育向着人的生命本真回归。本文主要论述了：

一、生命化教育的内涵和特征。张文质先生认为：生命化教育就是个性化、个人化的教育，始终指向一个个永无重复、永难穷尽的生命个体，始终以成全每一个健全和富有生命个性的人为自己最根本的目的。生命化教育应具有以下几个基本特征：①尊重生命的自然性，彰显生命的独特性和独立性。②还原生命的自主性。③关注生命的体验性。④重视生命的完整性。⑤挖掘生命的潜在性。⑥理解生命的生成性。⑦强调生命成长的互动性。

二、生命化教育的目的与意义。生命化教育是一个有着明确的价值追求目标而又涵括着多种主题的教育实践领域，其要求课堂教学不仅要对学生的升学考试负责，更要对学生的自由和幸福，以及一生的生命质量负责。

三、生命化教育的途径与要求。本文认为应重点从几个方面着手：①前提是教师要树立“以生为本”的教育理念和价值取向。②关键是提升教师的生命特征，促进学生生命成长。③核心是构建“生命化”课堂，让课堂焕发生命的活力。有效生命化教学是个复杂的系统工程，需要考虑到学生、教师、学校、社会和家庭等多种因素。生命化课堂构建策略也是多种多样的，与课堂教学的生命价值取向、课堂实践操作体系、学生生命的完整发展、生命自由展现的伦理氛围等多种因素有关。

《中学地理教学参考》2008 年第 12 期

构建回归生活世界的地理课堂

张大来

本文主要强调了地理课堂回归生活世界的重要性以及方法。

作者认为，回归生活世界就是强调地理课堂的教与学要和学生的真实生活建立联系，在联系实际的课堂学习中体验地理知识的意义。

首先，要了解知识的内在特征，形成意义世界视野下的地理知识观。学习地理不能仅仅关注地理知识的含义，应更加关注知识的意义，从人类生存和生活的角度去挖掘地理知识蕴涵的意义。这要从三方面展开：体会地理知识蕴涵的人类智慧、用文化的眼光看待区域差异以及注意地理知识中蕴涵的伦理观念。

其次，要改变课堂的教学和学习方式，必须让学生认识到地理知识重要蕴涵的现实意义，激发学习兴趣，让学生主动学习。

再次，要引导学生关注生活中的地理知识，发掘学生的经验世界，转化书本上的理论知识。很多地理知识都属于生活常识性的内容，与生活环境紧密相关，在学生的经验世界都可以得到验证。所以课堂教学中注意关注所教授地理内容的现实意义十分必要。

最后，要开展课外地理实践活动，体验和应用课堂中学到的地理知识和原理。

综上，就是要使地理教育更贴近我们的生活世界，更合乎人本理念。

《地理教学》2008 年第 4 期

浅谈日常生活情境在地理课堂中的作用

魏春东

地理学科与日常生活中的自然和社会现象联系紧密，学生对日常生活中的很多事物具有深刻地体验。因此本文作者认为把日常生活情境融入地理课堂中去可以收到事半功倍的效果。具体做法有如下几点：

一是创设情境，激发热情。创设学生易接受的情境，可以引起学生共鸣，这样容易赢得学生的热情，活跃其思维；

二是化“繁”为“俗”，加深记忆。知识的学习其实是体验知识、理解和记住知识的过程。将烦琐的知识联系到日常生活中去不失为一条加深记忆的好方法。

三是帮助理解，突破难点，把日常生活情境引入课堂有助于难点的理解。

总而言之，教师应做生活的有心人，善于把握学生的切身体会和生活经验，利用生活情境来引导学生学习，在轻松愉悦的学习中提高学生文化素质。

《地理教学》2008 年第 6 期

教学情境创设过程中应处理好的几种关系

徐 波 兰 原

本文作者认为教师创设教学情境的优劣直接影响着学生学习主动性、兴趣和教学效果。因此教师在创设教学情境时应该处理好几种关系。

一是地理教学情境的“生活化”和“地理性”之间的关系，作者认为：第一，不是所有地理教学内容都可以生活化，需进行选择；第二，要从整合地理教学目的和学生认知特点与兴趣的角度来创设“生活化”情境。

二是地理教学情境的“真实性”和“虚拟性”之间的关系，作者认为：一方面，情境的“虚拟性”要以“真实性”为基础，不能脱离实际；另一方面，不能只注重真实性，有了“虚拟性”我们才能方便地认识更多地理事物。

三是地理教学情境的“社会化”和“儿童化”之间的关系，作者认为：不少教师容易出现拔高教学情境的“社会化”现象，而“儿童化”特色体现不足，造成学生不感兴趣而影响教学效果。

除了以上几种关系外，还有情境对话中预设和生成的关系，情境内容的“综合性”与形式的“多样性”之间的关系等，都需要教师处理好。而只有处理好这些关系，教学情境的任务和目的才能较好地完成。

《地理教学》2008 年第 11 期

谈寒暑假地理实践活动的学科性、严谨性和完整性

冯　丹

寒暑假地理实践活动，一方面，可以丰富学生阅历，开阔视野；另一方面，从教师的角度来讲也算得上是另一种崭新的学习方式。由于学科知识内容和能力技能培养有特殊要求，在设计开展活动的同时，要关注内容的学科性、教学方法的严谨性、组织过程的完整性。

本文以华南师范大学附属中学地理学科最近几年开展的地理实践活动为例（活动包括 2004 年 8 月清远英德喀斯特、丹霞地貌考察活动，2006 年 1 月和 2007 年 1 月沿海港澳发达地区的海岸地貌考察，2007 年 7 月沿黄河西行考察沿线环境问题和地质地貌景观，2005 年 7 月和 2008 年 1 月澳洲之旅体验环境保护管理先进的异国他乡），谈了实现地理实践活动的主要手段和要点。

一、地理实践活动的线路设定要突出学科性：①从地点内容上挖掘学科知识；②从食宿方式上凸显实践性。

二、地理实践活动的学习方法要注意严谨性：①依托教学课题实践活动建模；②依托专业基地实现案例教学。

三、地理实践活动的组织要实现规范性：①营前准备工作的规范是统一思想的最佳途径；②活动过程安排的规范是防患于未然的最优手段；③回校总结工作的规范是普及地理知识的最好选择。

《中学地理教学参考》2008 年第 6 期

初中地理“活动”内容的处理与学生能力的培养

董瑞杰

本文提供了初中地理“活动”内容处理和学生能力培养的几条建议。

一是导入新课，创设情境，激发学习兴趣，提高自主探究能力。利用活动探究，创设问题情境，引起学生注意，使学生在兴

趣盎然的情境中去感知认知。

二是课堂讨论，活跃气氛，主动参与，提高发散思维能力。

三是演示表演，增加真实感，提升思维创新能力。模拟演示和角色表演可以加强学生的地理感悟能力，为学生提供个性化展示舞台。

四是列表对比，提高分析比较能力。

五是动手制作，自主实践，突破难点，培养自主实践能力。学生通过自主实践可以培养动手、动脑及实践能力。

六是读图、填图，提高用图能力，借图说话，以图串线，用图铺“路”。

七是课外调查，拓展延伸，增强综合实践能力。

《地理教学》2008 年第 12 期

用“活动”设计课堂教学

汪孟吉

本文主要阐述了怎样在课堂教学中发挥“活动”功能的方法。

一是用“活动”引入新课。教材中许多活动是紧扣教材的问题，可以让学生带着问题去读教材。

二是用“活动”讲授新课，用“活动”帮助学生理解重点、解决难点。

三是用“活动”自然过渡，承上启下从一个知识点转移到另一个知识点，使教学环节衔接更加自然。

四是用“活动”调节反馈，用教材中部分“活动”可以调节课堂容量和教学节奏可以及时发现学生在学习新内容时的错误，及时补救。

五是用“活动”复习巩固，通过活动突破难点，将知识内化。

在教学过程中要注意以下几个问题：首先，“活动”的问题要由学生自己完成，教师不可包办；其次，学生独立思考问题要防止过度自由化而偏题；最后，栏目中的问题要与课文有机结合，教学过程中可以灵活安排教材“活动”的顺序。

《地理教学》2008 年第 6 期

从“活动”设计谈高中地理的有效教学

丁国庆

本文作者针对高中地理课程教学的“活动”存在的一些问题谈了自己的看法。

首先是高中地理新课程教学中存在的一些困惑，地理课内容太多太难、探究活动难度太大、活动设计没有连贯性和递进性等问题导致学生厌倦地理学科。

然后作者谈了活动中存在的问题及对策。

一是“探究”类活动的难度问题，活动设计的难度应适合自己的学生才能达到预期效果，否则太难了会导致学生困惑，太易了会导致学生失去兴趣。作者认为造成学生活动困难的原因有以下两方面：①学生知识储备不够；②农村中学条件不足，查阅资料困难。

二是“思考”类活动的问题设置，作者发现这一类活动的问题主要是设计的问题没有一定的难度梯度。

三是“实践”类活动的操作性问题，作者认为造成活动操作难的原因有：①活动的要求太多使学生不知从何入手；②活动要求模糊学生不知所措。所以教师设计的问题应当更有针对性和递进性，更加可操作。

结束语中，作者认为教师要学会用教材而不只是教教材，“纸上得来终觉浅，绝知此事要躬行”。

《地理教学》2008 年第 7 期

教师“随堂观课”操作层面的范式构建

户清丽

“随堂观课”是指没有经过刻意的准备：排练和包装，师生活动和课堂氛围都处于真实和常态下的课堂观察活动。通过对日常教学中显示出的教学问题、教师内隐的教育理念、缄默化的实践性知识技能的观察和学习，教师可以调整教学思考，改善教学行为，提高教学效率。本文从“观察课堂的选择”“观察人的角色定位”“一中心四视角的观课设计”“观课后的整理反思”四个步骤着手，从操作层面上对“随堂观课”进行了范式构建。

一、观察课堂的选择，观课要有目标，才能有针对性地选择所要观察的课堂类型。

二、观课人的角色定位。首先是“学生”角色，观课人要努力把自己的心理特征、生活体验、知识差异调整到学生的位置，感受体验整个教学流程。其次是“任课教师”的角色，观课人也要设计自己的教学流程，冷静理智地从不同视角观察、反思，形成“观察——反思——目标确立”的动态循环。

三、一中心四视角的观课设计，缺乏专业的观察角度，课堂观察就会受到个人观察倾向、错误预期、相互冲突的解释等种种因素的影响，因此智慧的观察需有明确的观察结构。本文主要谈了“一中心四视角”的观课结构。“一中心”是指以“学生活动”

为中心，“四视角”是指课堂学习氛围、提高课堂参与度的课堂管理、促使学生成就动机的目标、教学过程的有效性。

四、观课后的整理反思。

《中学地理教学参考》2008 年第 7 期

对“课堂观察”课例研究方式的几点思考

王跃华

“课堂观察”就是指研究者带着明确的目的，借助一些特制的观察工具，直接或间接从课堂情境中搜集资料，并依据资料做相应研究。

“课堂观察”实施分三个步骤：课前会议、课堂观察、课后会议。本文作者以一节课为例谈了对“课堂观察”这种课例研究方式的几点思考。

第一，“课堂观察”是研究课堂教学的一种可操作的有效方法之一。课前会议教师明确了课堂观察的四个维度：即课程、教师、学生和课堂文化，并作了具体分工。课堂通过观察量表和定性的观察任务，对被观察者行为进行多角度、多侧面的定量和定性的分析。较之以往听课，所记录的课堂教学素材更具有针对性，所展开的研究讨论更具有实质意义。

第二，“课堂观察”赋予了教研活动动力，增强了教研活动生命力，课堂观察突出研究与学习的性质，需要教师间的深入合作，这样就使教师在教研活动中的角色发生巨大变化。

第三，课堂观察结果真实与否的关键是定准教学目标。

第四，“课堂观察”应“有所为，有所不为”。

第五，“课堂观察”宏观、微观要紧密结合，微观的观察点要和整体课堂的教学效果紧密结合起来分析。

第六，观察量表要依据实际情况量身订作，一定要结合教师的教学实际、学生的学习实际、参与观察的教师人数和专业素质等。

第七，后续跟进有重要意义，要形成“观察——反思——改进”的活动链条。

《地理教学》2008 年第 12 期

关于地理学科网络教学的思考

姚卫新

本文主要对为什么要用网络进行地理教学以及如何上好网络教学课进行了一些思考。

首先是地理学科网络教学的定位问题。网络教学最本质的特点是实现资源共享，最大的优势是能够跨越时空利用丰富的网络资源，随到随学，可以及时地帮助学习者解决问题。在地理课堂实施网络教学是对已有教学方法和模式的丰富和补充而不是取代，更不是颠覆。地理课堂利用网络教学应该定位为“网络环境下进行地理教学”。

其次是本文对一个网络教学案例分析。

最后是笔者通过案例分析得出的两条看法：

一是基于网络环境的地理教学，必须立足于让网络环境为地理教育服务，地理教师要实现有效功能转化，一方面要使知识转化为智慧；另一方面，要使文明积淀为人格。

二是要明确地理网络教学是一种课堂探究，有别于研究性学习等指向课外的学习探究。

具体在操作策略上，应该明晰以下几条原则：

第一，防止网络课件设计对学生信息技术操作能力要求过高，将地理教学变异为信息技术教学。

第二，避免片面强调学生学习的自主性，把教师的主导作用弱化或简单化，自主学习变异为“自由学习”。

第三，避免过分沉湎于网络信息和情境的作用。

第四，避免将课堂探究学习过度深化。必须认识到，网络教学是一把双刃剑，需要不断反思教育过程，去认识和寻找科学操作的策略。

《地理教学》2008 年第 2 期

拖曳类地理课件的制作

孙景岩

在用 Flash 系统制作地理课件过程中，经常会遇到用鼠标拖动对象从一个位置到另一位置的现象，称之为拖曳类课件。这类课件的图形、图像、文字（字母）及符号等要素，都可以随意地用鼠标拖动（放到你想要放的地方），实现这些要素的自由组合，得到多种变化的结果，显示了较好的互动性。使用拖曳类课件进行教学，比较符合学生的认知规律，学生可随着教师的一步步操作，加深对教学内容的理解和认识，引导学生思维逐步递进，使教学的层次性、逻辑性增强，同时，还可以大大地扩充课件的容量。本文介绍了几种游戏类和非游戏类拖曳类地理课件的制作流程，简单易学。

《中学地理教学参考》2008 年第 6 期

新课标教材高中《地理》(鲁教版·第一册)第二章《从地球圈层看地理环境》第二节“大气圈与天气、气候”中“大气的受热过程”教学设计

张国宝

【教学设想】大气的受热过程是“大气圈与天气、气候”的基本知识，是本节课的重点之一，是解释和解决“大气的运动”“全球的气压带与风带”和“常见的天气系统”问题的理论依据。拟在教学过程中，以新课程标准理念为依据，以与生活、生产相联系的现实问题为切入点，拓展学生思维，学以致用。

第一，本节课采用图表分析法将教材的知识情境化、直观化，并以各知识点为线索，设计问题将其逐步展开，培养学生观察问题、分析问题和解决问题的能力。

第二，联系实际，学习对生活、生产有用的地理。用大气的受热相关知识和大气的保温作用原理，去解释和解决实际问题，使学生树立运用所学知识解决实际问题的意识和能力。

第三，重视学法指导和学习方法的总结，学习对学生终身发展有用的地理。

第四，突出学生的主体地位，在老师实际问题的带领下，让学生进行自主、合作、探究学习，多观察、多思考、多动口、多动手，真正成为课堂的主角。

【课标分析】《高中地理课程标准》对本节课的要求是运用图表说明大气的受热过程。“标准”虽然简短，但其内容较多：①“标准”的“大气”是指低层大气，其高度不超过对流层；②了解大气受热，需要明确大气的热量来源，即指大气运动的能量来源；③大气的受热过程，实际上是太阳辐射、地面辐射和大气辐射之间相互转化的过程。其中，大气温室效应及其作用是重点讲述的基本原理；④学习“大气受热过程”为学习“大气运动”打下基础。

【教学目标】

a. 知识与技能：运用图表说明大气的受热过程，运用大气受热原理解释一些常见的地理现象。

b. 过程与方法：利用自主学习、合作探究、学习反思、读图、析图、绘图等学习方法和手段解决有关问题；提高学生读图、析图、图文转换、归纳总结和语言表达等能力以及利用所学知识解决问题的能力。

c. 情感、态度与价值观：培养学生积极参与、团结协作、勇于探索的意识，树立用所学知识为生产和生活服务的意识。

【教学重点、难点】运用图表说明大气的受热过程，运用大气受热原理解释一些常见的地理现象。

【学情分析】本节课接触的新概念较多，如太阳辐射、大气辐射、地面辐射、散射、温室效应等，大气的受热过程比较抽象，较难理解。因此，拟利用学案导学，并辅以多媒体教学，以增强学生的认知能力。

【教学方法】学案导学、自主探究、合作探究、启发式、图示分析法、多媒体演示等方法。

【课前准备】一般每班分 6 个小组，各小组成员从成绩、语言表达、参与的积极性等方面协调搭配。提前下发学案，学案内容包括自主学习、课堂活动、自我测评、学习反思、创新拓展和课外探究。课前学生完成自主学习部分，教师检查，了解学生预习情况。

【教学过程】

教学流程	教师活动	学生活动	设计意图
复习提问	① 低层大气是由哪些物质组成的呢？其中，二氧化碳、水汽和臭氧在地理环境中各有什么作用？②在对流层和平流层中，气温随高度的变化规律是怎样的？	思考回答	① 复习旧知识； ② 为学习的新课做铺垫； ③ 为导入新课提供素材。
导入新课 新课学习	①为什么对流层的气温随高度增加而降低，而平流层气温随高度增加而升高呢？②为什么白天多云，气温比晴天低；夜间多云，气温比晴天高？ 〔过渡〕下面我们带着这些问题进入大气受热状况的探究。	思考	① 提出问题； ② 激发兴趣； ③ 自然过渡。

（续）

教学流程	教师活动	学生活动	设计意图
1. 对太阳辐射的认识	〔知识铺垫〕多媒体展示太阳辐射光谱示意图和各种辐射的波长范围图。依次提出以下问题：①太阳的能量以何种方式传到地面？②太阳辐射包含哪几类电磁波？③从无线电波到Y射线，波长变化有何规律？可见光波长变化有何规律？④太阳辐射的能量主要在哪个光区？ 教师对学生的回答情况进行评价。	仔细观察：举手回答，其他同学可补充完整。	① 通过读图回答，培养学生获取、解读地理信息的能力和语言表达能力； ② 加深对太阳辐射的理解； ③ 为下一步的问题探究做好铺垫。
	〔总结拓展〕实际上，任何物体都以电磁波的形式向外辐射能量，如你、我、大地、大气、树木等。实验得知，物体的温度越高，辐射的波长越短，反之越长。太阳表面温度很高，辐射的波长就短，因此把太阳辐射也称作短波辐射。 〔过渡〕射向地球的太阳辐射经过大气层时能否被大气全部吸收呢？	仔细聆听； 加强记忆。	拓宽学生知识面，为以后问题解决提供理论依据。
2. 大气对太阳辐射削弱作用的探索	〔大气吸收作用探究〕多媒体展示到达地面的太阳辐射图。①射向地球的太阳辐射经过大气层时能否被大气全部吸收呢？②大气中水汽、二氧化碳、臭氧、氧原子各吸收了太阳辐射哪个光区？③为什么在平流层中，气温随高度增加而升高？ 〔总结归纳〕大气对可见光吸收少，对太阳辐射的吸收有选择性。	看图依次抢答，其他同学补充。	① 了解太阳辐射进入大气后的能量去向； ② 培养学生从图中获取信息的能力； ③ 呼应前面提出的问题。

（续）

教学流程	教师活动	学生活动	设计意图
2. 大气对太阳辐射削弱作用的探索	〔情境设计〕①既然大气对太阳辐射吸收得很少，绝大部分可透过大气层到达地面，为什么阴天时看不到明亮的阳光？②既然云层反射了太阳辐射，为什么看到的天空依然很明亮？ 〔知识拓展〕散射是太阳辐射在大气中遇到空气分子或微小尘埃时，太阳辐射的一部分便以这个质点为中心，向四面八方散射开来，从而使一部分射向宇宙空间，一部分射向地面。 〔总结归纳〕太阳辐射经过大气的吸收、反射和散射后，大部分射向地面。	思考回答：反射的作用。 产生疑问记笔记。	① 使知识自然过渡； ② 培养学生解决问题的能力； ③ 让学生认识到地理知识的实用性，能够学以致用； ④ 拓宽知识，开阔视野。
	〔动手画一画〕请同学们画出到达地面的太阳辐射图。	按图例画出到达地面的太阳辐射图。	① 加深知识理解； ② 培养动手绘图技能。
3. 对地面辐射形成过程的分析	〔问题探究〕①太阳辐射大部分被地面吸收，地面不断吸收太阳辐射会不会持续升温？为什么？②地面以何种方式释放能量？③地面辐射是长波辐射还是短波辐射？④地面辐射的方向如何呢？ 〔指图总结〕地面吸收的能量以地面辐射的形式向大气和宇宙空间发散。	每小组回答一个问题，其他小组成员补充； 按图例要求画图。	① 把抽象笼统的知识分解、分步、递进展示，加强直观认识； ② 培养学生绘图技能，加深对知识的记忆和理解。

（续）

教学流程	教师活动	学生活动	设计意图
4. 大气辐射的过程分析	〔问题探究〕①地面辐射的能量是不是全部射向宇宙空间呢？②由于地面辐射的能量主要在红外线区域，很容易被大气的哪些成分吸收？③为什么对流层的气温随高度增加而降低？④大气不断吸收地面辐射会不会持续升温？⑤大气以何种方式散失热量？⑥大气辐射的能量最终去向如何？绘图在课堂活动材料上。	① 各小组讨论后回答，其他组补充； ② 按图例要求绘制大气辐射的能量去向。	① 按照对地面辐射的分析方法分析大气辐射，培养学生分析问题的能力和知识迁移能力； ② 呼应前面提出的问题； ③ 细化大气辐射过程，加强对知识的理解； ④ 培养绘图技巧。
5. 大气受热过程成果展示	〔成果展示〕教师巡视了解学生作图情况，找出优秀的和有典型错误的，将学生的绘图放于实物投影仪上展示。 〔过渡〕我们的绘图和推测是否与实际相符？ 〔课件动画展示大气受热过程〕教师边演示边说明，让学生用简明扼要的语言阐述大气的受热过程（提醒学生用地理专业术语描述），随后教师评价。 〔总结归纳〕大气吸收地面辐射以后增温，并以大气辐射的形式向外散失能量，很少一部分射向宇宙空间，大部分朝向地面，因辐射方向与地面辐射相反，称为大气逆辐射。大气逆辐射把热量还给地面，在一定程度上补偿了地面辐射损失的热量。因此，大气对地面有保温作用。	① 通过观察绘图，分析判断太阳辐射、地面辐射和大气辐射的关系； ② 观察课件演示，与自己绘图对比，印证正确与否； ③ 说出大气受热的主要环节； ④ 明白保温作用原理。	① 通过学生之间相互比较达到修正错误、规范画图、正确掌握知识的目的； ② 巩固大气受热各主要环节，锻炼学生口头表达能力； ③ 温故知新。

（续）

教学流程	教师活动	学生活动	设计意图
6. 大气保温作用原理的探索和在生活、生产中的应用	〔问题探究〕①低层大气热量主要来自大气辐射还是地面辐射？②大气逆辐射作用的强弱与何种因素有关？ 〔总结归纳〕大气逆辐射的强弱与水汽、二氧化碳的浓度有关，水汽越多，云层越厚，二氧化碳的浓度越大，大气逆辐射越强，地面损失的热量越少，保温作用越强。	小组内合作探究，代表主动汇报。	掌握影响大气保温效果的因素，为大气保温作用原理的应用提供理论依据。
	〔情境设计〕①深秋至第二年早春季节，霜冻为什么多出现在晴朗的夜里？②深秋夜间，农民常在田间燃烧柴草防蔬菜被冻，这是为什么？③读气温日变化曲线图，AB 两条曲线中，表示阴天时的气温曲线是哪一条？表示晴天的气温曲线是哪一条？并说明理由。	分组合作探究各组代表汇报。	① 加深对知识的理解； ② 培养学生用地理原理、规律揭示地理现象的能力； ③ 让学生认识到所学知识的有用性，学以致用。体会到地理学科的重要性； ④ 培养学生探究问题的意识； ⑤ 通过小组讨论，培养合作精神。
自我评价	做学案自我评价题目；教师巡视。	学生做题； 学生汇报答案。	检查学生课堂学习效果，锻炼学生知识迁移能力。
课堂小结	通过本节课，你学到了什么？ ① 知识小结； ② 掌握了哪些学习方法？ 总结本节课用到的学习方法：读图、析图、绘图、图文转换、自主学习、合作探究、学习反思、归纳总结等。	回忆总结：学到了哪些知识，用到了哪些方法。	回忆学习重点，学会学习地理和解决地理问题的一般方法。

（续）

教学流程	教师活动	学生活动	设计意图
创新拓展	今天学到的大气受热原理可用到生产、生活的哪些方面？试举例说明。 〔举例探究〕我国北方不少地区的农民，常利用塑料大棚（或玻璃温室）种植花卉、反季节蔬菜，获得了较高的经济效益。结合课本37页“温室示意图”分析：温室内的气温为什么高于温室外？	学生举例，小组合作讨论，深入研究，各抒己见。	①培养学生调动和运用地理知识的能力； ②树立运用所学知识为生产、生活服务的意识； ③区别玻璃温室与大气保温的异同。
课外探究	写一篇将大气受热原理应用于生产、生活的小论文（题目自拟，字数不超过1 000字）。写完后将优秀的论文推荐到杂志社。	记录题目和要求。	课后知识延伸，使学生养成良好的探究学习习惯，锻炼书面表达能力。
对学生表现的评价	本节课学生对知识的掌握牢固，讨论回答问题踊跃，合作探究意识浓厚。		给学生以鼓励，使其树立持久的学习信心和动力，保持旺盛的学习热情。

《中学地理教学参考》2008年第9期

新课标教材高中地理（必修1·人教版）第三章《地球上的水》第一节“自然界的水循环”课堂实录

周　静

【教学目标】

1. 知识与技能

(1)了解水圈的构成和各水体相互转化的规律；(2)通过对“自然界的水循环”示意图的分析，理解自然界水循环的过程和环节；(3)通过对实例的分析，理解常见的人类活动对水循环的影响；(4)通过相关材料、图表或实例的分析，归纳出水循环的地理意义。

2. 过程与方法

课前布置学生搜集有关黄河断流现象的资料，分析讨论黄河断流的原因、危害，并尝试提出解决黄河断流的方法和措施。

3. 情感、态度与价值观

(1)通过学习陆地水体的有关知识，增强学生对水资源的忧患意识，树立科学的资源观；（2）帮助学生树立正确认识水循环的自然规律，实现人类与环境和谐发展的观念。

【教学重点】

水圈的构成、陆地水体相互关系；水循环的形成过程和环节；水循环的地理意义。

【教学难点】

陆地水体之间的相互补给规律；遵循水循环的规律，合理安排人类活动。

【教学过程】

巧借诗歌，导入新课。

教师：多媒体展示《一滴水的旅行游记》（注：作者自主创作），学生诵读。

我，是一滴水
我曾在唐古拉山的冰晶中闪烁，
在天际的彩虹里游玩，
在赤道上空的雷雨中雀跃；
也曾流淌在水乡泽国的水稻田上，
沸腾在发电厂的锅炉中；
我，还将继续在大自然的怀抱中，尽情地游玩、欢笑。

（让学生在充满诗意的环境中对新课的学习产生兴趣）

从这首诗歌中，你能指出这滴水在自然界中可以哪些状态出现？各种状态的水在数量和分布上各有什么特色？

学生：三种形态——液态、气态和固态。气态水数量最少，分布最广；液态水数量最大，分布次之；固态水数量居中，只在高纬、高山或特殊条件下才能存在。

教师：我想大家一定和老师一样很羡慕诗歌里的这滴水，因为它可以在冰晶、彩虹、雷雨中自由地穿梭、变化、循环，那么你知道它是通过什么方式，经过哪些过程，才能不断变换自己面貌的吗？今天我们就来学习新的内容——自然界的水循环。

问题引导，分析归纳。

Ⅰ．水圈——连续但不规则的圈层

一、主要水体

水在三态之间可以相互转换，形成各种水体，构成了一个连续但不规则的圈层，就是水圈。

多媒体展示：水圈的构成图。

教师：这是一种常见的圆内扇形百分比图，从图上可以读出各种水体占地球水储量的百分比。

递进式问题：①水圈主要由几大类水体组成？②水圈的主体是什么？③我们可以直接利用它吗？④目前人类广泛利用的，对生产和生活具有重要意义的淡水资源主要存在于哪一类水体中？⑤该类水体的主体又是什么？

总结：我们目前能够运用的淡水资源非常有限，主要是一些河流水、湖泊水以及浅层地下水。因此，我们平时要节约用水，合理利用水资源。

（递进）从运动更新的角度看，陆地上的各种水体之间存在水源相互补给的关系。

二、陆地水体之间的补给关系

多媒体展示：陆地上的水体及其相互关系图。

教师：图中河流的补给可能涉及哪几种水体？

学生：高山冰雪融水、湖泊水、大气降水与地下水等水体。

教师：李白曾感叹“黄河之水天上来，奔流到海不复回”。那么“黄河之水”究竟从哪里来？

学生：回答略（教师提示：河流的水源有很多，按补给水量的多少，河流都有一个最主要的补给水源；例如黄河的主要补给水源是——大气降水，可见，“黄河之水天上来”还是很科学的）。

（递进）河流与湖泊的关系也十分密切。如果河流水位与湖泊水位有差异。所谓“人往高处走，水往低处流”，那么它们之间就会存在相互的补给关系，能具体说说吗？

学生：一般情况下，如果河流水位高于湖泊水位，则河流补给湖泊；反之，湖水补给河流（教师注意点拨）。

教师：由此可以看出，湖泊对河流具有调节作用。

教师：长江流域有很多的湖泊，如洞庭湖、鄱阳湖等。宋代文学家范仲淹在《岳阳楼记》中曾写道：“衔远山，吞长江，浩浩荡荡，横无际涯”，生动地描绘了昔日八百里洞庭的浩瀚壮观。近几十年来，由于人口增多，实施大面积的“围湖造田”以扩大耕地，增加粮食，洞庭湖萎缩。如今，国家又实行“退田还湖”的政策，恢复千顷洞庭的水域，你能利用水体互相补给的原理说说为什么？（教师可以适当点拨——洞庭湖是长江非常重要的水位调节器。在长江洪水期间能蓄洪防灾，减轻洪水对长江中下游的威胁；在长江枯水期间，洞庭湖又像海绵一样，把吸入的长江水在缓慢还给长江，从而维持长江主航道的水位，确保长江这条黄金水道的正常航运。）

学生总结：略（洞庭湖对长江具有削峰补枯、蓄洪防旱的作用）。

（递进）李白看到滚滚黄河水一路东去，感叹黄河“奔流到海不复还”，黄河真的“奔流到海不复回”了吗？

Ⅱ. 水循环的过程

1. 水循环的含义

教师：什么是水循环呢？

学生：水循环是指自然界的水在水圈、大气圈、岩石圈和生物圈四大圈层中通过各个环节连续运动的过程。

2. 水循环的环节

教师：水循环究竟有什么样的过程呢？

多媒体展示：图 3.3“水循环示意图”。

教师：通过读图，你能说出水循环发生的空间领域有哪些？根据水循环发生的空间领域的不同，可以将水循环分为几类？

学生读图回答：（教师注意引导）水循环发生的空间领域有海洋与陆地之间、陆地与陆地上空之间、海洋与海洋上空之间，由此可以将水循环分为三类——海陆间循环、陆地内循环、海上内循环。

教师：水循环发生的环节有哪些？

学生：水循环的主要环节有：蒸发、水汽输送、大气降水、下渗和径流（地下径流、地表径流）等环节。

活动设计：绘制“水循环示意图”。

教师：请大家拿出练习本，试着画出海陆间循环的简单示意图，作图时标上主要环节。（给足 3 分钟；同桌之间互相交流；途中可请学生作板图）

注：学生画完后，进行学生自评与他评，并阐述海陆间循环的过程，完成后进行设问。

教师：想一想，在三类水循环中，哪一类水循环参与的水量最多？哪一类最少？哪一类水循环能使陆地上的水不断得到更新？（学生对第一问可能有错误认识，教师注意点评）

学生讨论：海上内循环、陆地内循环与海陆间循环。

教师：议一议，台风“麦沙”登陆、黄河奔腾入海、赤道海域常见的对流雨分别参与的是哪一类水循环？是水循环的哪一个环节？

学生讨论：海陆间循环中的“水汽输送”环节、海陆间循环中的“地表径流”及海上内循环中的“大气降水”环节。

（递进）水循环过程不是一成不变的。自然原因或人为因素都会通过改变水循环的某一个或某几个环节，使水循环过程发生变化。

3. 人类对水循环的影响

教师：人类活动可以干预或控制水循环的哪些环节？

学生讨论：人类可以通过修建水库调节径流量的季节分配、跨流域调水调节径流量的空间分布等来对径流环节施加影响；通过植树造林、封山育林等对下渗、蒸发和径流等环节施加影响；通过人工降雨等对大气降水环节施加影响……

教师：由于人类活动的参与，对水循环产生的影响有利亦有弊。所以，人类活动一定要遵循水循环的自然规律，否则这种影响会给人类生存和发展带来危机。其中20世纪70～90年代，黄河出现断流就是一个典型的例子。

活动探究：黄河断流。

教师：所谓断流就是河道没有水或者只有很少的水，流量远比以往少。请大家根据自己课前搜集的以及书本上提供的相关资料，交流讨论这样几个问题：(1)黄河为什么会断流？(2)黄河断流会带来哪些不良影响？(3)为缓解或避免断流的发生，我们可以采取什么措施？(4)由此，你能得到什么启示？

注：学生讨论，教师针对学生的回答，注意课堂生态资源的利用，注意课堂及时评价。

（递进）通过上面的学习，我们可以看到水循环原理在生活中普遍存在，水循环对地理环境有着重要的意义。

Ⅲ. 水循环的地理意义

多媒体展示："滚滚长江东逝水""千沟万壑的黄土高原"与"中国最大渔场——舟山渔场"三幅图片。

教师：请大家认真观察这三幅图片，讨论分析：

(1) 为什么长江水能够源源不断地东流入海而不枯竭？

(2) 为什么舟山能成为我国第一大渔场？与水循环有关吗？

(3) 黄土高原为什么会形成今天这种千沟万壑的地表形态？

学生讨论回答，教师注意评价及归纳。

教师：由此，你能总结水循环有什么样的地理意义吗？

学生总结：略。

教师：到这里，我们的课已经接近尾声，通过这节课的学习，希望大家都能有所收获。回顾一下本节课，你收获了什么？还存在什么问题？

学生：略（学生自主构建知识结构；注意课堂及时反馈）。

学习效果评价：效果较好，学生很容易理解和接受。

《中学地理教学参考》2008年第11期

新课标教材高中地理（湘教版·必修3）第二章《区域可持续发展》第三节“流域综合治理与开发——以田纳西河流域为例”教学设计

王凤飞

【教材分析】

本单元教材紧紧围绕区域可持续发展这一主线，每一节课看似都有各自不同的主题，相对独立，但事实上，它们之间也存在必然的联系，也就是说，基本的思路是相通的：发现问题—解决问题的措施—通过对个案的分析，掌握区域可持续发展的一般方法。河流是我国比较常见的地理事物，同时，我国因河流和气候而产生的自然灾害频繁且对国民经济和人民的生活产生了危害，所以，河流的开发与治理是我们生活中经常遇到的问题。

本节教材按照新课标的要求，选用了国外案例——美国的田纳西河流域。教材内容包括 4 个方面：(1)治理前的田纳西河流域；(2)田纳西河流域的综合治理与开发；(3)今天的田纳西河流域；(4)田纳西河流域治理与开发的经验。

通过对典型案例的探究，使学生学会分析流域开发的一般方法，并根据已学知识，以我国黄河或家乡某河流为例，收集资料，说一说流域的开发过程以及在开发过程中产生的环境问题。

【学情分析】

一、已有能力

通过对前面两节内容的学习，学生已经学会了分析区域特点的基本方法。从高一学生的心理特征和认知水平上看，他们对未知事物充满了强烈的好奇心与求知欲望，并且对身边现实问题的理解与分析能力已经比较成熟，但缺乏一定的演绎思维和抽象思维能力。教师应从学生熟悉的生活实例入手，化抽象为具体、化复杂为简单，这样，一方面，激发了学生的学习兴趣和求知欲望；另一方面，也体现了新课程标准的理念——学习对生活有用的地理。

二、存在问题

本节内容有较强的知识性，比如，田纳西河流域的自然地理状况及人文地理状况，而高一学生在这些方面的知识储备量还不够，所以，需要教师根据实际需要对教材进行处理，并且能够进行简单的阐述，从而根据学生的具体实际来把握教材，提高其学习效率。另外，高一学生读图、分析地图的能力较差，需要教师进行适当的读图指导。

三、学习策略

在学习过程中，主要用到自主探究、合作学习、小组探究学习以及角色体验等多种方法。

【教学目标】

1. 知识与能力：(1)学会分析田纳西河流域的地理环境，从中总结该流域存在的主要问题和发展的有利条件；(2)了解田纳西河流域开发建设的基本内容及成就；(3)了解美国田纳西河流域开发整治的一般方法及可供借鉴的经验。

2. 过程与方法：通过对田纳西河流域综合治理与开发过程的讨论，学会认识、研究和规划流域开发整治的一般方法和过程。结合讨论过程，引导学生借鉴他们的成功经验指导我国流域综合治理与开发，全面提高学生解决实际问题的能力。

3. 情感、态度与价值观：(1)通过案例学习，使学生形成必须因地制宜、按照自然规律设计人类活动，以及与大自然和谐相处的观念，树立科学的资源观、环境观和可持续发展观念。通过案例的学习帮助学生树立人与自然和谐相处的可持续发展观念；(2)通过学生分组收集和整理有关家乡某流域的地理资料，培养学生实事求是、坚持真理、勇于探索的科学精神与态度。

【重点、难点】

1. 重点：田纳西河流域综合治理与开发的相关措施；学会认识、研究和规划流域开发整治的一般方法和过程。

2. 难点：学会认识、研究和规划流域开发整治的一般方法与过程。

3. 教学策略：教学方法是多样的，关键是根据教学内容的具体特点取舍之。让学生参与、发挥学生的学习主动性与积极性是我们教学的标准与追求。本课宜采用主体参与式教学模式。具体采用的教学方法有自主探究、合作探究以及角色体验，通过对比、讨论、谈话等多种方式发挥学生的主体作用，体现启发式教育这一指导思想。

鉴于本课知识专业性与理论性都较强，而且教学内容密度大，因此，宜用多媒体进行教学。

【课前准备】

组织学生收集有关家乡河流的资料；教师制作课件；准备教学用具，如多媒体设备。

【教学过程】

新课导入：视频：洪水的危害。(通过视觉与听觉上的震撼来创设情景：洪水无情)

追加问题：用什么有效的措施来减轻这种灾难呢？（现场采访，一方面活跃课堂气氛；另一方面使学生充满了探究的希望，从而激发求知欲，并培养学习兴趣，自然地引出课题。）

案例分析：田纳西河流域的综合开发与治理。

1. 治理前（教师指导活动）

包括流域内的自然地理条件和人文状况。

① 投影："美国流域图"。说明田纳西河流域所处位置。

② 投影："田纳西河地形图"。分析田纳西河上中下游的地形类型，总结田纳西河的地形特点。

③ 投影："流域内某城市的气候特征图"。分析田纳西河流域的气候特征以及河流水文条件的影响。

④ 介绍：由于流域内人为破坏严重，生态恶化。

总结：

1. 治理前：问题——洪涝频发，生态破坏，经济落后；优势——水能、煤炭、石油资源丰富。（这部分内容知识性较强，仅仅依靠高一学生原有的知识基础是远远不够的。根据新课标的要求，田纳西河的自然地理条件和人文状况仅仅是为后面的具体治理措施作铺垫，因此，该内容主要以教师介绍为主，同时，注意对学生进行读图指导。）

2. 治理措施（学生自主活动）

阅读课文相关内容，根据下列问题思考田纳西河流域的综合治理与开发措施：

（1）流域治理的第一步工作是什么？

（2）该流域治理的核心工作又是什么？

（3）田纳西河流域在工业、农业、旅游业发展方面分别有什么特点？

（4）在环境保护方面主要做了哪些工作？

（通过对课文的自主阅读，加深对知识的理解，培养学生独立思考问题的习惯与能力。）

3. 治理后（图片展示）

治理后的田纳西河流域有效地控制了洪水，改善了生态环境，使经济迅速发展，达到全美的平均水平。（直观形象的图片展示，让学生们亲眼见证到变化，同时培养学生对美的欣赏能力。）

4. 启发（师生交互活动）

提问：根据对田纳西河流域综合治理与开发的案例分析，思考、分析流域治理与开发的一般过程是怎样的？（同桌合作探究）

学生代表利用投影主持讲解讨论结果。

教师根据学生成果总结，从中引导学生得出流域治理与开发的一般模式。

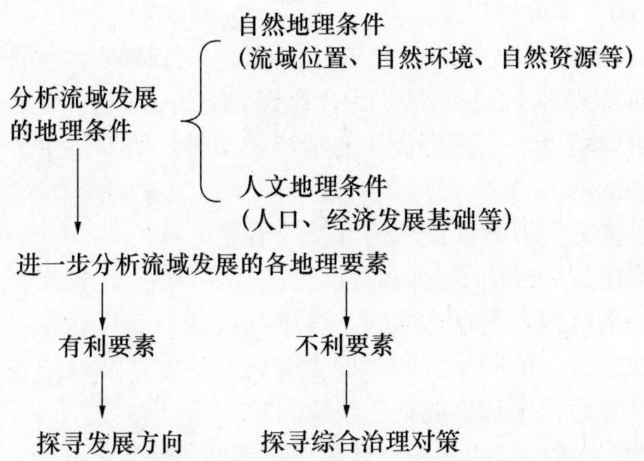

(新课标并不要求学生掌握某一流域开发建设的具体内容和综合治理的具体措施，而是研究或规划流域开发建设和综合治理的一般方法。)

实际应用：曹娥江的治理与开发。

过渡：我们身边也有这么一条河流。

投影："曹娥江流域图"。

教师指导读图：曹娥江是浙江第三大河，因孝女曹娥投江寻父尸而得名，嵊州附近又称剡溪。干流澄潭江发源于磐安县大盘山脉，流经新昌、嵊州。干、支流成扇形汇流后向北流经三界入上虞境内，蜿蜒北流至上浦南侧左纳小舜江，在新三江闸附近注入钱塘江河口段。干流从源头至新三江闸，全长 182.4 千米，流域面积 5 930.9 平方千米。

(利用身边的例子，让学生们听起来更加亲切。同时，在学生脑中形成一个完整的曹娥江形象，对自己的家乡更加了解。)

流域基本情况介绍后提出："在新世纪，随着曹娥江河口大闸的建设，流域内的综合治理开发也提上了日程。"

视频：绍兴电视台报道，曹娥江流域的治理开发规划。

角色体验：如果我是……

扮演的角色		小组成员	
我的对策		主要依据	

要求：如果你是流域内某一政府官员、企业老总、农民或者普通学生，在这次开放整治大潮中你会做些什么？有什么依据？

前后左右 4 位学生组成一个小组，选择其中的某一个角色进行体验，最后推举出一名代表把小组讨论的成果展示给同学。(讨论时间为 5 分钟)

(选择自己感兴趣的角色进行体验，充分体现学生的自主性和被尊重的要求。通过小组的合作探讨，并且对不同角色的体验，既可以培养学生互相合作的精神，同时，培养学生分析问题解决问题的能力。)

课外探究：曹娥江流域的开发与治理。

上虞的发展经历了龙山时代、曹娥江时代。21 世纪，又进入到了杭州湾时代，而在这期间，曹娥江流域的变化和发展也日新月异。根据自己的所见所闻，搜集资料，谈一谈流域的开发状况以及在开发过程中带来的某些环境问题。

(让学生对地理的学习意犹未尽，延伸到课堂之外。)

作业设计：

研究性课题：上虞境内曹娥江流域的开发与治理。

根据课外探究，组织学生分小组进行实地考察和调研，谈谈曹娥江流域在上虞境内的基本情况，以及流域内的产业活动特点。

具体要求：

1. 调查上虞境内曹娥江流域的基本自然地理特征。

2. 走访和实地调查流域内的居民生活状况以及产业活动特点，包括农业、工业和旅游业的发展状况。

3. 根据自己的所见所闻，搜集资料，谈一谈流域的开发状况以及在开发过程中带来的环境问题。

4. 整理资料，撰写成文。

教学后记

教学中，运用多种手段拓宽学生视野，协调教材与社会实际的联系，创设了一个宽松的教学氛围，使学生在讨论思考中进一步加深了对流域治理与开发的理解。使学生的学习既以教材为主，又不拘泥于教材，把地理教学的宽度延伸到课堂以外。当然，最重要的是要充分发挥学生的主体作用，使教学较好的实现了知、情、意、行的统一，完成了新课标下知识与技能、过程与方法、情感态度与价值观 3 个维度的教学目标。从学生课堂中思考、讨论、回答问题的参与度、兴奋度和质量来看，笔者关于本课教学目标和手段的设计是合理的，教学效果也是好的。但同时也反映出本课教学中一些不容忽视的问题：

1. 本课需要学生运用的初中世界地理知识较多，对学生的读图、用图的能力要求较高，而学生对此存在一定的缺陷，需课前对学生进行辅导。

2. 曹娥江流域的案例虽然形象生动，但仅仅是建立在本地区学生具有乡土地理知识的基础上，具有一定的局限性，并不适用于所有地区。而且收集资料需要花费大量时间和精力，并且对此流域的开发和治理并非一节课就能说清楚，仍需课后的调研。因此，在具体操作过程中，只能让有兴趣的学生来组织完成。

《中学地理教学参考》2008 年第 6 期

“城市化过程对地理环境的影响”教学实录

孙兴云

【设计思想】

地理新课标主张教学应根据学生的心理特点，创设主动学习的情境，启发学生发现问题、提出问题、解决问题。在设计本节内容时，笔者坚持以建构主义学习理论为指导，以学生主体发展为中心，引导学生主动参与。在设计中注重学生的学习过程，重视创新意识和动手能力的培养，学会自主探究、合作学习，达到“知地—明理—说理—析事”的教学目标。

【教材分析】

1. 课程标准分析。高中地理课程标准在“人口与城市”的要求中提出：在运用资料概括城市化过程和特点的基础上，理解城市化对地理环境的影响，使教学最终归结在对人地关系的理解上。对于上述内容，课程标准在活动中建议“联系实际归纳城市化过程中产生的主要问题，讨论城市化对地理环境的影响”。这些反映出新课程在实施过程中，要求地理知识与地理实践的有机结合，使地理基本原理和基本理论的学习更好地在实际的生活体验中进行有效建构。

2. 教学内容分析。依据课程标准，本教材可分为三个部分：一是城市化过程对地理环境的影响；二是城市环境问题；三是我国城市发展趋势。前两个问题紧密联系，后者是对前者的概括和强调，只有正确认识城市化过程中的这些问题并采取相应对策，才能使城市实现可持续发展的目标，使得人地关系向着良性循环的方向发展。第三部分是在分析前面两个问题的基础上对我国城市发展的展望，是城市化原理在我国的实际应用。在教学中，应通过地理信息的收集和处理，印证城市化过程对地理环境的影响，从而了解我国在城市化进程中应注意解决的问题，促进我国城市更加健康地发展。

【学情分析】

1. 思维特征。高中学生处于辩证逻辑思维迅速发展的时期，也是创新思维发展的关键时期，已经对新的学习方式有所适应，具备了一定的地理自主学习和探究能力。在教师的引导下，可以适当完成资料收集和自主合作学习的任务。

2. 知识背景。在学习了城市空间结构和城市化过程与特点的基础上，能理解城市化过程给人们带来的变化和影响，具备一定的人文地理的知识技能与人文素养。

3. 生活经验。随着城市化进程的不断加快，大部分学生对生活的周围环境有深刻的亲身感受，能较好地把地理基本理论和原理与生活实际结合起来。

【三维目标】

1. 知识与技能。通过实地调查和查阅资料：①了解城市化过程对自然和人文地理环境产生的影响；②分析城市化过程中出现的问题和逆城市化的成因；③了解保护和改善城市环境的主要措施和我国城市发展的趋势。

2. 过程与方法。通过对城市化过程对地理环境产生的影响及其解决途径的探究、体验，收集、处理信息，分析和解决问题。

3. 情感、态度与价值观。①通过小组合作探究活动，认识人类与环境协调发展的辩证关系，树立正确的人地观。在案例分析过程中，激发探究地理问题的兴趣和动机，培养勇于创新的精神；②分析当前城市化一些不良倾向，树立正确的城市发展观。

【重点难点】

1. 教学重点。①城市化过程对地理环境的影响；②城市化过程中产生的问题。

2. 教学难点。分析城市化过程对地理环境的影响。

3. 教法。①案例分析法：让学生主动参与到教学活动中，在问题探究中培养地理素养、思维能力和进行情感价值观的教育；②多媒体呈现与分组合作探究式教学相结合。

4. 学法。①创设问题情境，引导学生发现问题、探究问题、解决问题；②让学生学会观察，让生活体验与地理基本原理和理论相结合；③分组讨论，让学生学会合作学习。

【课前准备】

1. 学生准备。课前分小组通过摄影、上网、查阅报刊书籍、绘画创作等形式完成以“我眼中的柯桥”为主题的资料收集，切身感受城市化过程使我们的生活发生的巨大变化，以及在城市化过程中存在的许多问题。

2. 教师准备。用多媒体展示丰富多彩的图文、影像、动画资料，创设学习情境，引导学生自主学习和探究活动。

【教学过程】

● 创设情境，导学设疑

资料1：2010年上海世博会是一次探讨21世纪人类城市生活的伟大盛会。到2010年，全球总人口中的55%居住在城市。作为首届以“城市”为主题的世界博览会，在上海世博会184天的展期里，世界各国政府和人民将围绕“城市，让生活更美好”这一主题充分展示城市文明成果、交流城市发展经验、传播先进城市理念，从而为21世纪人类的居住、生活和工作探索崭新的模式，为生态和谐社会的缔造和人类的可持续发展提供生动的例证。

资料2：中国在城市化进程中，存在着先建设后规划，边建设、边规划的现象，导致了城市建设的无序开发和城市破坏的不可逆转。如现在的城市交通越来越拥堵，这是城市化进程中出现的典型“城市病”。

提问1：城市化过程给我们生活的自然环境和人文环境产生了哪些影响?

提问2：如果你是城市化过程中的一名环境医生，请为我们生活的城市号脉，并为“城市病”寻找良方?

在情境创设中让学生明确学习目的，提出学习要求，设疑激发学生的探究兴趣。

● 互动交流，共同探究

活动1：学生交流。根据亲身体验，同时利用课前收集的资料、图片等，说说城市化过程对我们生活的环境带来了哪些巨大的变化?出现了哪些“病症”?

师生交流：在学生交流的基础上，教师及时概括总结城市化过程对自然地理环境和人文地理环境产生的影响。

活动2：多媒体展示收集的图片资料，加深城市化过程给我们带来的深刻影响。如柯桥城区笛扬路上拥塞的（汽车、印染厂的污水、老城中心区的老房子、轻纺城人才市场招聘会现场等）图片。

活动3：学生交流。根据自己的所见所闻，交流城市化过程的感受，同时发表自己的见解。

师生交流：在学生各抒己见的基础上，教师加以适当评价，总结出城市化过程还可能带来贫困、治安、人口老龄化和城市传统文化风貌破坏等新的“城市病”。

● 情境参与，现场模拟

模拟新闻发布会现场——以柯桥城区交通问题为例

新闻记者（市民）观点：随着经济的发展，绍兴县柯桥城区的道路交通设施供给出现了严重的不足。针对这种情况，有许多柯桥市民建议限制自行车的数量，大力发展公共交通。还有一些认为应当提高购买汽车的成本，限制小汽车的发展等。

政府人员和环境问题相关专家观点：在通过加强管理解决柯桥城区交通问题时，不能削足适履、顾此失彼。城市交通是一个复杂的系统工程，如果通过限制自行车来解决交通问题，可能会带来环境污染等一系列新的问题；如果通过限制小汽车来改变交通状况，又有可能导致整个城市交通效率的下降。

在记者提问和政府官员思考回答的过程中，教师要充分发挥引导作用，使学生深刻领会城市化过程产生的系列问题的最根本原因，是城市人口的迅猛增长和城市人口的无限制扩大，因此根本措施还是应该降低城市中心区人口密度，建立卫星城镇，开发新区。

● 深入思考，各寻对策

材料阅读：联合国人居署全球司司长拉斯·路特斯沃德在山东省威海市召开的可持续发展城市化战略国际研讨会上说：中国主要用煤发电，对环境影响很大；对固体废弃物作填埋处理也不如循环使用更环保；中国在城市发展进程中，应该建立监测体系，监测环境的变化；信息交流渠道的缺乏既影响中国了解外部环保信息，也使世界其他国家和地区难于学习中国的经验教训。

提问：城市化在带来诸多好处的同时，也带来了这么多的环境问题，若这些环境问题得不到及时解决，必将影响城市的进一步发展。在绍兴县柯桥城市化进程不断加快的同时，我们应该如何解决城市化问题，提升柯桥城市品位？政府部门、环境绿化部门、城市规划部门和交通部门等应该采取哪些具体措施？作为普通的柯桥市民，应该如何让生活的城市更美好？

通过多媒体简单演示县城柯桥在绿化美化、交通运输、污染治理、开发新区等各方面发生的巨大变化。

“既要金山银山，又要绿水青山”。1999 年以来，绍兴县开展了农村环境整治和创建生态示范镇活动，美化、绿化，青草、清淤、清障，水改、厕改、坟改、殡改，消灭了露天粪坑 22 万多个，建造卫生公厕 5 682 座；平迁村内坟墓 9 万余穴，净增耕地 3 900多亩。

以印染为主的乡镇工业，曾污染过河道。绍兴县委、县政府提出“关、停、并、转、治”的治污方针，集中治理水污染。绿化荒山面积3.9万亩，绿化率达到96%；县域森林覆盖率达到45.5%，人均城镇公共绿地面积11.5 m^2。

建设卫星城镇，开发新区，合理城市规划。把工业园区建设作为其工业化与城市化联动互进的结合点，引导工业发展向园区集聚，以改变乡镇企业布局分散、凌乱的状况。除了依托新县城、老城区（越城区）及其他较好的镇区，建设了一批工业园区以外，还利用杭州湾的滩涂地，规划开发了100 km^2 的滨海工业区。

● 畅想未来，人地和谐描绘未来柯桥城市的蓝图

干净清新的芬芳取代烟尘成为空气的主角；明净的蓝色挤走昏暗的灰色扮美整个天空；各具特色又诠释着城市灵性的花园道路、花园社区从本质上改善我们的生活质量……这样温馨舒适的城市正是我们心底所期盼的理想栖息地。

集体朗诵：“热情是我们的姿态，奔放是我们的胸怀，凝聚是我们的期待，未来是我们的舞台。来吧朋友，让我们携手创造更蓝的天、更绿的草；来吧朋友，让我们一起拥抱，明天会越来越美好；来吧朋友，让我们携手创造，城市让生活更美好！”

【知识结构】

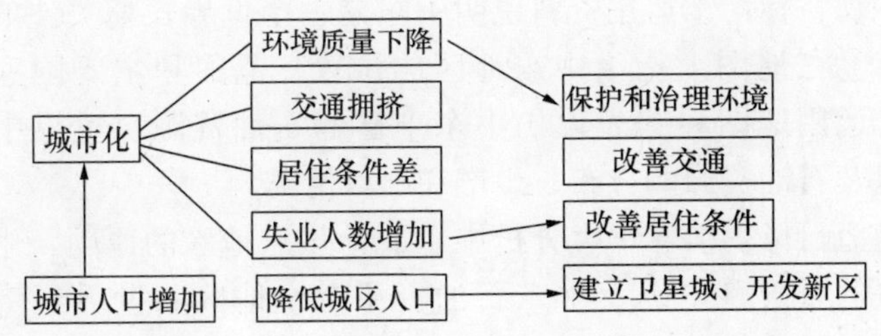

【作业设计】

研究性小论文：柯桥城市化之我见。

【问题研讨】

本课的内容在于教材处理中如何去打破教学常规，以减少城区人口为根本措施，把整个教学内容进行系统的整理和有效的构建。

设计中有较多的学生课堂讨论交流时间，教师应该如何扮演好一个组织者和指导者的角色，如何构建起以学生为主体、教师为主导的参与型教学模式。

在创设情境引导学生主动学习的课程实施环节，如何提高学生自主学习、合作交流、分析和解决问题的能力，推进地理有效

教学的实施。

《地理教育》2008 年第 2 期

中东——教学设计

张建立

【教材分析】

1. 编写意图分析

“中东”是在学生学习了第七章“我们邻近的国家和地区”之后，从引导学生关注世界上的热点问题和热点地区出发，围绕中东之所以成为热点地区的原因，以重要的地理位置、丰富的石油资源等知识为线索，进一步培养学生的地理读图能力，以及总结规律、原因分析、信息判断等能力。通过对本地区石油资源多，以及与此相对应的经济特征和由此引发的社会问题等内容的探讨，渗透可持续发展的资源观以及人地协调的观念。

2. 知识结构

中东{三洲、五海之地；长期的热点地区；丰富的石油资源}

3. 教学目标

知识目标：①运用资料说明中东是一个世界长期关注的热点地区；②在地图上指出中东地区的位置、范围和主要国家及城市；③运用地图和图表说出中东丰富的石油资源在世界中的地位，以及石油资源的分布、生产和出口情况。

能力目标：引导学生分析中东成为热点地区的原因，中东地理位置的重要性，以及中东石油资源对本地区和世界经济的影响，进一步培养学生的读图能力，对地理信息的归纳、分析判断等思维能力。

情感、态度、价值观目标：①培养学生关心世界时事的意识，呼吁世界和平；②培养学生正确看待和使用资源，初步形成可持续发展的观念；③通过对自然环境给中东带来的利和弊的分析，培养学生辩证看问题的思维方法。

4. 重点难点

教学重点：①中东重要的地理位置；②丰富的石油资源。

教学难点：中东重要的地理位置。

【学生分析】

（1）知识基础：有关中东地区的信息、资料经常见诸于学生可接触的各种媒体，学生对中东地区有一些感性认识。如“战争、冲突不断”“石油丰富”等。

（2）学习能力：学生在学完“我们邻近的国家和地区”之后，掌握了学习某一地区的一般方法和规律。即先从利用地图学习本地区的地理位置入手，抓住一个地区的基本自然地理特征，进而分析该地区自然地理要素与人文地理要素的联系。

【设计思想】

（1）根据新课标和课改的理念，在课堂上教师要真正的关注学生，促使学生主动地、个性化地学习；提高小组合作探究学习的有效性；强调学生的主动性和参与性，让学生真正成为课堂的主人，在课堂形式的设计上突出一个“动”。

（2）根据教材和学生的认知规律，对整体教材处理按照总—分—总的过程进行设计。以培养学生的有序思维和逻辑思维能力，使学生的认识逐步深入，产生飞跃。

教学方法

（1）感性到理性策略：在教学中从感性认识入手，激发理性思考，使学生的认识逐步深入，产生飞跃。

（2）学生主体性策略：在教学中采用媒体演示—设疑激思—合作解疑—探究发现—学生交流—师生归纳的方法，有助于调动学生的积极性，增强学生的参与意识。

（3）分散渐次性策略：把教学难点的解决过程，分散成若干个小阶梯，让学生经过努力逐步跨越这些阶梯。如把中东地区重要地理位置的学习分成 4 个小阶梯处理，渐次突破难点。

（4）角色体验策略：创设情境，让学生在角色中获得知识、情感体验和能力提高。

【学法指导】

（1）指导学生运用收看新闻报道、收集资料的方法，学习“生活中的地理”。

（2）指导学生运用地图、图表、地理数据等分析问题、解决问题，学会以图代文、图文转换，构建“心灵地图”。

（3）指导学生从多角度认识中东战争不断的原因的复杂性，学会综合分析解决问题，为学生装上“地理的头脑”。

（4）指导学生通过自主、合作、探究学习获取知识，为学生“终身学习能力”奠基。

【教学过程】

一、激趣导入：长期的热点地区

1. 教师创设情境：播放有关伊拉克战争的音像，以学生感兴趣的事作为新课导入，利于调动学生的积极性。

2. 学生角色体验：让学生以炮火下伊拉克儿童的角色谈感受。通过角色体验，培养学生情感、态度价值观。

3. 设疑检查学生预习：通过教师设疑，让学生初步归纳认知中东战争不断的原因。进入先总—后分—再总的第一环节：先总。

二、分散渐次突破难点：三洲、五海之地

课件展示："中东在世界中的位置""读一读中东主要的国家、城市"，使学生了解中东名字的由来，初步认识中东的范围，为深入认识中东地理位置打基础。

1. 慧眼识图：课件展示"认一认中东和西亚在范围上有什么不同"，引导学生学习他人读图认真的优点。

2. 大显身手：课件展示"找一找与中东相关的三洲、五海、海峡、运河、一湾"，指导学生分组填写导学表格，并交流展示。培养学生的合作探究能力，提高读图的有效性。

3. 动一动咱也行：课件展示"看一看土耳其海峡、苏伊士运河是哪两洲的分界线，沟通了哪两个海"，指导学生分组填写"土耳其海峡和苏伊士运河沟通的海洋框图"，并交流展示。引导学生学会图文转换，帮助学生构建"心灵地图"。

4. 师生归纳：课件展示"三洲、五海、两洋之地"，启发学生从故有知识出发，结合已学知识，自己获取新知识，提升认识水平。

三、角色体验突出重点：丰富的石油资源

1. 学生读图：课件展示"1999 年中东石油储量、产量和出口量占世界的百分比饼状""中东的石油产地""波斯湾石油外运航线"图，通过"读一读、说一说、看一看、认一认"活动，引导学生运用数据和地图分析中东石油在世界的地位，集中分布地区以及对世界经济的影响，培养学生对地图信息的分析、判断、归纳等思维能力。

2. 分组探究：参考"波斯湾石油外运航线图"，分角色扮演美国、西欧、日本的石油进口商，设计石油运输路线，通报沿线经过的主要海洋、海峡、运河。通过角色扮演活动，既能使学生在"做中学"，通过体验来获取知识，品尝获取知识过程中的成功喜悦，又能加深对中东是石油宝库以及中东地区位置重要两个重点知识的印象。

3. 交流展示：课件展示"做一做：航线 C 经过的主要海洋、海峡和运河"。先让代表日本的小组展示设计路线，既加深了学生对日本资源严重依赖国外的认识，又使把相似的美国和西欧石油进口路线的教学放在一起处理，水到渠成。

课件展示“做一做：航线 A、B 经过的主要海洋、海峡和运河”。通过对美国和西欧石油进口商都设计的两条路线的比较，共同提高细致观察地图的水平。

四、巩固拓展

1. 集思广益：针对石油是不可再生资源的性质，角色体验：“请你来当家”“石油开采一点少一点，石油资源开采完以后，我们的经济出路在哪里?”培养学生正确看待和使用资源，初步形成可持续发展观念的目的。

2. 课堂反馈：①与中东有关的大洲、海洋、海峡、运河，最大内陆湖的读图练习；②有关中东石油输出路线经过的海洋、海峡、运河的读图练习。突出重点，检查学生基本知识、基本技能的掌握。

3. 辨析拓展：课件展示“理不辩不明”“有人说重要的地理位置和丰富的石油使中东人民饱受战争灾难，实在令人痛心，也有人说重要的地理位置和丰富的石油使中东地区国富民富，经济优势得天独厚。谈谈你的看法?”通过自然环境给中东带来的利与弊的分析，培养学生辩证地看待问题的思维方法，拓展对学生情感、态度、价值观的培养。

4. 小结巩固：通过引导学生小结中东战争不断的原因，与前面呼应，实现了对整个教学过程先总—后分—再总的教材处理设计，并使学生的认识进一步深入，产生飞跃。

5. 留疑无终：把为什么水和宗教文化状况也是中东战争不断的原因作为悬念式结尾，体现了无终结课堂的课改理念，可以极大地激发学生再学习的欲望。

板书设计

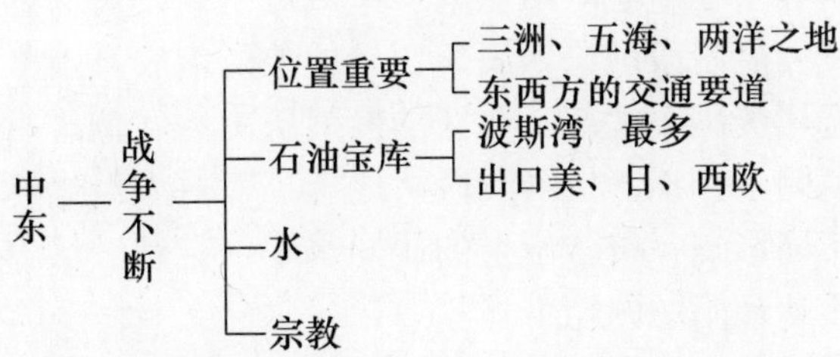

以上结论式板书，言简意赅，条理清楚，既体现了本课的重点，又利于学生理解、掌握。

教学感悟

让我们一起从启发学生认识环境与人类活动关系入手，关注学生的兴趣与生活体验，帮助学生勤于探究、乐于合作、善于交流，引领学生关爱大自然、和谐发展。

《地理教育》2008 年第 2 期

“区域发展阶段”探究教学设计

严建华

一、设计思想

① 联系生活实际，学习对生活有用的地理。从现实的案例出发，引出相应的理论知识，然后运用所学的理论知识去解决实际问题，从而发展学生解决实际问题的能力。②充分运用教材所提供的“活动”，在教师预设的问题引领下，学生进行自主、合作、探究学习，从而让学生主动构建知识。③重视学法指导和能力培养，学习对学生终身发展有用的知识。④“以人为本”，突出学生的主体地位，充分调动学生学习的积极性、主动性，让学生多动口、动手和动脑，真正让学生“动”起来，从而提高课堂教学效率。

二、课标说明

《高中地理课程标准》对本课教学的要求是：以某区域为例，比较不同发展阶段地理环境对人类生产和生活方式的影响。剖析课标，其基本要求是：要使学生通过对实例的分析，认识区域发展有其自身的规律。要实现区域的可持续发展，必须随着区域自身的发展，不断协调人地关系，并根据社会、科技等发展，不断地探寻本区新的经济增长点。考核要求是：掌握分析某区域地理环境发展的方法（以时间为视角，生产力发展等因素为发展动力）；掌握不同阶段影响人类生产、生活方式的地理因素。

三、教材分析

本节内容是学生学习第二章“区域可持续发展”的基础，主要阐述区域发展阶段理论，属于比较抽象的内容，但教材紧扣课标内容。选用美国东北部工业区的发展历史为案例进行分析，深入浅出地说明了在不同发展阶段，地理环境对人类生产和生活方式会产生不同影响，符合学生的认知水平，有利于培养学生运用案例来分析地理问题的能力。

本节课教材内容主要有两大部分：

一是衡量区域发展水平的指标，主要包括 3 个常用指标（人均国内生产总值、人均国民收入、第三产业产值的比重）和 1 个综合指标——人文发展指数（预期寿命、教育程度、国内生产总值）。

二是区域发展演化规律，主要包括以传统农业为主体的发展阶段、工业化阶段和高效益的综合发展阶段。除正文外，教材还有“区域开发方式”和“振兴东北老工业基地”两则阅读材料、一幅插图（改革开放以来我国区域发展格局）、三项探究和讨论活动。

四、三维目标

1. 知识与技能　知道衡量区域发展水平的3个常用指标即人均国内生产总值、人均国民收入和第三产业产值的比重以及人文发展指数这个综合性指标；知道区域空间发展演化的基本规律，理解区域不同发展阶段的主要特征及其形成原因。

2. 过程与方法　通过“美国东北部工业区的发展历史”案例分析，说明在不同发展阶段，地理环境对人类生活和生产方式产生不同的影响，从而培养学生的地理思维和解决地理问题的能力；通过对美国东北部工业区不同发展阶段的特征分析，明确要实现区域的可持续发展，必须随区域自身的发展，不断协调人地关系，并根据社会科技的发展，探求本区新的经济增长点；通过对教材图表和阅读材料的分析，进一步提高学生的读图、析图能力，教会学生如何从图表及材料中获取有效的地理信息；通过对本节教材的分析和处理，培养学生分析处理教材及构建知识结构的能力。

3. 情感、态度与价值观　通过对区域自身发展规律的认识，明确在不同发展阶段，地理环境对人类生活和生产方式会产生不同的影响，从而树立区域可持续发展观和协调的人地关系观。

五、教学重难点

区域的发展演化规律，区域不同发展阶段的主要特征及其形成原因；通过复习和案例分析，培养学生对教材知识分析处理及构建知识结构体系的能力；活动案例的剖析以及案例分析方法的提炼。

六、教学方法

“设疑、解疑和留疑”三疑式教法、案例分析法、启发—探究式教法。

七、教学过程

1. 学生的自主学习及探究——通过教师设疑和学生自主学习共同完成对教材知识的学习

(1) 衡量区域发展水平的指标有哪些？区域发展的总体趋势如何？

（2）美国东北部工业区的成长阶段与初期阶段相比，在产业结构和空间结构上发生了怎样的变化？导致这些变化的原因是什么？

（3）美国东北部在成长阶段出现了哪些问题？这些问题对人们的生产和生活方式产生怎样的影响？

（4）分析导致美国东北部工业区经济衰退的原因。

（5）区域的发展可分为哪几个阶段？各阶段的发展有哪些特征？

（6）处于衰退阶段的区域，原先的发展优势还存在吗？其人地关系会怎样变化？

（7）如何理解不同发展阶段的特征及其形成原因？

2. 师生的合作学习与交流——通过师生合作交流，加深对教材知识的理解和掌握

（1）衡量区域发展水平指标（表1）

表1

<table>
<tr><td rowspan="2">常用指标</td><td>人均国内生产总值
人均国民收入</td><td rowspan="2">区域类型</td><td>发达地区与发展中地区</td></tr>
<tr><td>第三产业产值比重</td><td>高收入地区，中等收入地区和低收入地区</td></tr>
<tr><td>综合性指标</td><td colspan="3">为了全面地量度区域发展水平，人们还设计了一些综合性指标，如人文发展指数（HDI，就是通过预期寿命、教育程度和国内生产总值三项指标来反映一个区域的总体发展水平）</td></tr>
</table>

（2）区域的总体发展趋势（表2）

表2

表　现	影响因素	发展趋势
区域空间结构的演化	地理条件、发展水平、经济区位、历史文化等	平衡→不平衡→平衡

（3）区域发展阶段

① 以传统农业为主体的阶段（表3）。

② 工业化阶段（表4）。

③ 高效益的综合发展阶段（表5）。

表3

经济发展水平	区域社会经济发展水平相当低，人均国内生产总值也很低
区域产业结构	传统农业占有较大的比重，工业化处于起步阶段，以资源型工业和劳动密集型加工制造业为主体，大多数劳动力从事农业活动
区域空间结构	区域内部的经济差异比较小，缺少拥有雄厚实力的大型中心城市，现代化交通线路数量少，分布稀疏。区域对外开发程度较低，对外贸易规模甚小，表现出典型的自给自足特征
区域发展状态	整个区域处于低水平均衡状态

表4

区域产业结构	伴随着工业化、城市化的加速推进，第二产业在国内生产总值中的比重迅速上升，第三产业表现出加速发展的趋势。劳动力开始由农业向制造业和服务业大规模转移
区域空间结构	区域内部的集聚作用大为加强，相继出现一系列规模较大的中心城市和工业基地。中心城市的发展速度要显著高于区域的平均发展速度，对于区域的辐射带动作用大幅度加强，交通运输建设显著加快，区域对外开放程度逐步提高
区域发展状态	整个区域处于不平衡的加速发展状态

表5

区域产业结构	加工制造业向资金密集型和技术密集型全面升级。第二、三产业在国内生产总值中占到相当大的比重，第三产业的增长速度和产值比重明显地超过第二产业，高科技成为推动区域发展的主导力量。现代化的交通运输网络和信息网络逐步形成。人均国内生产总值达到比较高的水平
区域空间结构	区域内部的发展差异逐步缩小，区域的开放程度和对外联系大幅度增强
区域发展状态	区域处于高水平的均衡状态

3. 活动探究与拓展——通过对教材阅读与活动的处理，培养学生地理思维和解决地理问题的能力

【探究活动1】

主题：区域开发方式的阅读。

探究方法：阅读材料，分析讨论（材料见课文）。

结论：本则材料主要分析了粗放型和高水平两种不同开发方式的特点以及区域发展水平与对外联系的关系（详细内容见课文）。

【探究活动 2】

主题：分析讨论美国东北部的发展历史，并在这个案例的基础上归纳总结得出区域发展的一般规律。

探究途径：根据学生已有的知识及课本相关活动，对比、分析和讨论。

结论：①在区域发展的初期阶段，区域的开放程度低，对外联系少，某一方面的优势，往往成为推动区域发展的主导力量，并由此形成支柱产业；②在区域发展的成长阶段，第二产业在国内生产总值中的比重迅速上升，第三产业表现出加速发展的趋势，劳动力开始由农业向制造业和服务业大规模转移。区域内部相继出现一系列规模较大的中心城市和工业中心。中心城市的发展速度要显著地高于区域的平均发展速度，中心城市的辐射带动作用大幅度加强，交通运输建设显著加快，区域对外开放程度逐步提高；③在区域发展演变的后期阶段，随着本地区资源的枯竭，同时，由于技术、产业结构等与区域外整个市场发展的不和谐（其他区域的发展，出现了新的增长点等），增长速度衰退，效益降低，本区域原先具有的集聚能力减弱，导致整体区域呈现萎缩状态。这个时期，区域经济及企业需要寻找新的发展空间，引进新的技术，改革区域的经济结构，区域才能产生新的经济增长活力。

【探究活动 3】

主题：分析改革开放以来我国区域发展格局。

探究途径：根据课本图 1-11“改革开放以来我国区域发展格局”图（见课文），分析、讨论。

结论：从图中可以看出，改革开放以来，我国区域发展呈现从东部到西部、由沿海到内陆的发展趋势。沿海、沿长江和沿主要交通干线形成经济发展轴线，大城市成为经济发展的区域核心。它们对周围广大区域的发展具有很强的辐射带动作用。

【探究活动 4】

主题：振兴东北老工业基地的阅读。

探究途径：阅读材料，根据学生已有的知识分析、总结归纳（材料见课文）。

结论：详见表 6。

表 6

项目	内　容
区位优势	煤、铁、石油、森林等自然资源丰富，海陆交通便利，工业基础雄厚、农业发展潜力巨大
历史地位	曾是我国最大的重工业基地，新中国工业的摇篮，为我国经济建设做出过杰出贡献
面临问题	经济体制落后，生产结构单一，矿产资源枯竭，生产设备老化，技术工艺滞后，竞争力下降，就业矛盾突出，环境污染严重，经济发展步伐相对缓慢，与沿海发达地区的差距逐步扩大
振兴措施	改变原有的计划经济体制，加快市场经济体制的建设，调整产业结构，全面改造提升加工制造业，优化环境，努力扩大对外开放，积极投身于国际市场，国家在政策和资金上也要给予较大的支持

4. 师生的互动交流与提升——通过教师概括知识和学生梳理知识的互动，共同构建知识的结构或网络

（1）梳理与概括，构建知识结构。

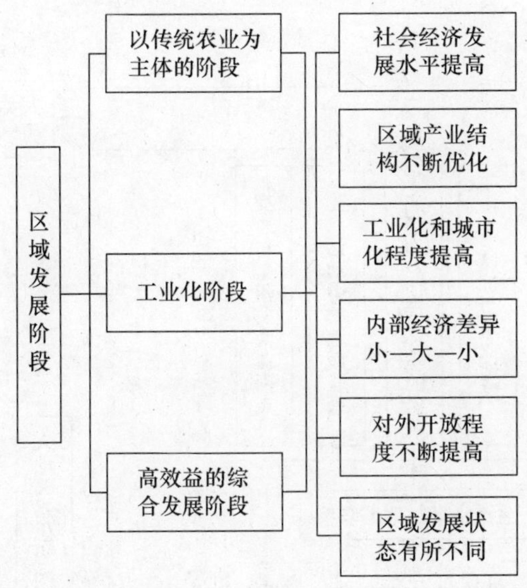

（2）学科思维的培养和学科素养的提升：学科知识→学科思维→学科素养→学科思想→学科文化。

通过学习，让学生掌握学科知识，从而培养学生的学科思维；通过学生的学科思维，来提升学生的学科素养，进而形成学生的学科思想，最终构建学生的学科文化。

如区域发展与整治的案例分析思路及步骤：发展阶段→发展

特点→人地关系→发展措施。

八、教学反思

通过这节课的教学，学生不仅获得了区域发展阶段这一结构知识，而且在一定程度上掌握了探究地理问题的思维方法。本节课的探究方式是解决各种问题以及将来进行科学探索时所需要的，对今后的学习具有迁移价值。

由于教学过程中需要以学生已有的知识和经验作基础，思维层次较高，而实际操作中因一方面受到学生基础知识不扎实、生活经验缺乏等的影响；另一方面，该教学方法本身要求老师给予学生足够的思考、探究、讨论时间，因此，使得整个教学过程较为费时。

《地理教育》2008 年第 3 期

普通高中课程标准实验教科书·必修 2 四版本教材对比及教学建议

李卫华

【必修 2 知识结构图】

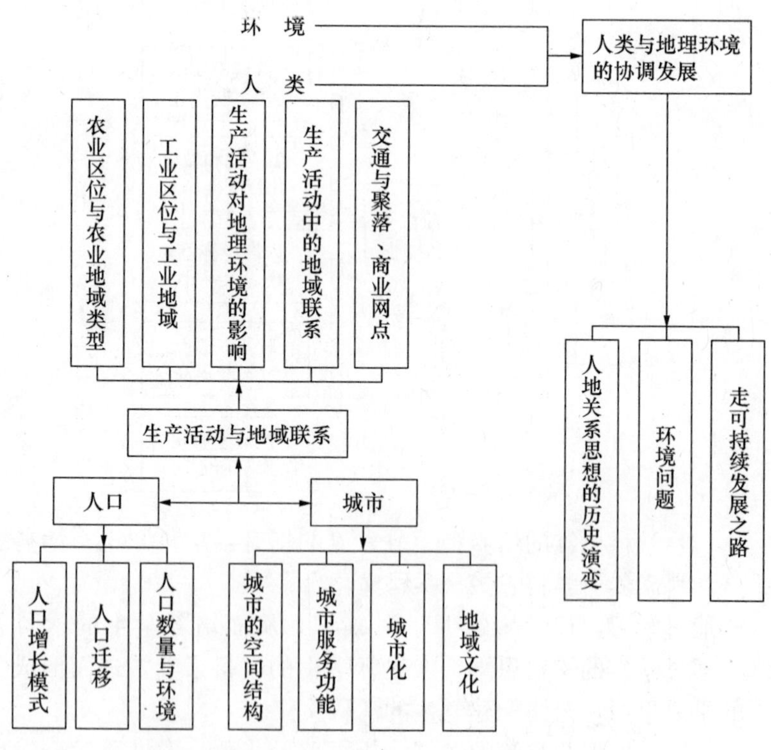

一、人口与城市

<table>
<tr><th>考试要点</th><th>具体考试内容要求</th></tr>
<tr><td>（1）人口增长模式</td><td>不同人口增长模式的主要特点及地区分布</td></tr>
<tr><td colspan="2">【教材对比分析】
四个版本都选取了“人口增长模式”（出生率、死亡率曲线）图，但具体划分的阶段有差异：
人教版——原始型、传统型、现代型；
湘教版——高—高—低（原始型、传统型）、高—低—高（过渡型）、低—低—高（现代型）；
鲁教版——原始低增长阶段、加速增长阶段、增长减缓阶段、低速增长阶段；
中图版——高位静止阶段、早期扩张阶段、后期扩张阶段、低位波动阶段、低位下降阶段。
结论：不管是三个、四个还是五个阶段的划分，只是划分的粗、细有别，其实质并无大的差别。
【教学建议】
1. 中图版、鲁教版的“金字塔”结构模式图可以考虑补充运用；
2. 人教版课后活动第1题，关于影响人口增长模式的因素归纳得比较好，可以借鉴；
3. 中图版、鲁教版、湘教版的中国案例、人教版的芬兰案例很好，可以探究。</td></tr>
<tr><td>（2）人口迁移</td><td>影响人口迁移的主要因素</td></tr>
<tr><td colspan="2">【教材对比分析】
1. 人教版、鲁教版穿插在文字中讲述，较分散；
2. 中图版、湘教版均以大标题（黑体字）的形式强调。
结论：内容差别不大，不过须整理出更加合理的描述方式。
【教学建议】
1. 人教版美国的案例（图文）、中国的案例（图），中图版德国的案例（图文），鲁教版中国的案例（图文），信息非常丰富，可以引用；
2. 人教版、鲁教版均涉及热点——“农民工”现象，尤其是人教版在单元活动的“问题研究”中以较大的篇幅、详尽的背景材料呈现该热点现象，值得参考。</td></tr>
<tr><td>（3）人口数量与环境</td><td>环境承载力与人口合理容量的区别</td></tr>
<tr><td colspan="2">【教材对比分析】
1. 中图版、湘教版均对“环境承载力”“人口合理容量”作了明确的定义；
2. 人教版、鲁教版用“环境人口容量”一词代替“环境承载力”的概念，其提法较含糊。
结论：中图版、湘教版严格执行考纲要求，编写得较出彩。
【教学建议】
1. 湘教版的材料较新颖，如“马尔萨斯”人口学说的介绍，可以作为背景材料进行探究；
2. 中图版的图表资料较独特，可以训练绘图、读图能力。</td></tr>
</table>

续表

<table>
<tr><th>考试要点</th><th>具体考试内容要求</th></tr>
<tr><td>(4) 城市的空间结构</td><td>城市的空间结构及其形成原因</td></tr>
<tr><td colspan="2">【教材对比分析】
1. 湘教版、人教版、鲁教版均介绍了“同心圆”“扇形”“多核心”三种模式；
2. 人教版还就不同空间介绍了大范围的“城市形态”与小范围的“城市地域结构”。
结论：人教版的介绍更全面；鲁教版的原因分析更仔细（以标题、黑体字的形式出现）。
【教学建议】
1. 人教版在单元活动中设计了“从市中心到郊区，你选择住在哪里”的贴近生活的问题研究，推荐进行探究。
2. 鲁教版的“长三角”案例图文并茂，可以参阅。</td></tr>
<tr><td>(5) 城市服务功能</td><td>不同规模城市服务功能的差异</td></tr>
<tr><td colspan="2">【教材对比分析】
1. 四个版本均通过各种活动或阅读形式介绍了“中心地理论”；
2. 人教版以整节的内容详尽地介绍了本知识点，选取的中国上海市、德国的案例很精彩。
结论：各版本都大胆地尝试用经典的理论或案例充实内容，笔者认为本知识点更适合在选修模块——“城乡规划”中详细介绍。
【教学建议】
可以参考人教版的知识体系编写“教学案”。</td></tr>
<tr><td>(6) 城市化</td><td>城市化的过程和特点
城市化对地理环境的影响</td></tr>
<tr><td colspan="2">【教材对比分析】
1. 湘教版很严谨地按照考纲要求用了两个小节的完整内容详尽地介绍了本考点；
2. 鲁教版关于城市化的定义概括得好；
3. 人教版的图表资料很丰富（漫画、曲线、模式图、地域图等）；
4. 中图版的表格内容很多，可读性高。
5. 鲁教版、中图版都选取了“世界特大城市和大城市带”分布图。
结论：各版本各有千秋。
【教学建议】
1. 以湘教版为编写“教学案”的框架，补充其他版本的图、表及相关案例进行探讨。
2. 人教版针对城市化所带来的影响，提出了建设“生态型”城市的目标，其活动主题“城市绿地系统的模式”很具探究性，不妨一试。</td></tr>
</table>

续表

<table>
<tr><th>考试要点</th><th>具体考试内容要求</th></tr>
<tr><td>（7）地域文化</td><td>地域文化对人口或城市的影响</td></tr>
<tr><td colspan="2">【教材对比分析】
1. 中图版用一整节内容详尽地介绍；
2. 鲁教版用一小段文字简单地介绍；
3. 人教版用一幅图、一小段关于少数民族住居区的内容一带而过；
4. 湘教版没有涉及。
结论：此考点是新增加的内容，须予以关注。
【教学建议】
借用中图版的结构编制“教学案”充实鲁教版、人教版的相关内容。</td></tr>
</table>

二、生产活动与地域联系

<table>
<tr><th>考试要点</th><th>具体考试内容要求</th></tr>
<tr><td>（1）农业区位与农业地域类型</td><td>影响农业区位的主要因素
主要农业地域类型的特点及其形成条件</td></tr>
<tr><td colspan="2">【教材对比分析】
1. 四个版本都以活动或案例的形式探究影响农业区位的主要因素，其中，中图版的文字介绍更加详细，人教版的案例更翔实；
2. 中图版、鲁教版都介绍了“杜能圈”，中图版还补充了“辛克莱模式”；
3. 湘教版关于主要农业地域类型只作了简单的描述性介绍，内容太简单，不符合考纲的要求。其他三个版本分别介绍了“热带迁移农业”“水稻种植业”“商品谷物农业”“混合农业”“大牧场放牧业”“乳畜业”的特点及其形成条件，鲁教版还在知识窗中补充介绍了“生态农业”。
结论：限于教材篇幅，各个版本只能选取最具代表性的农业地域类型。
【教学建议】
1. 须吸取各个版本的经典农业地域类型作详细介绍；
2. 人教版的单元活动“家乡的农业园区会是什么样”的问题研究可以推荐给学生。</td></tr>
<tr><td>（2）工业区位与工业地域</td><td>影响工业区位的主要因素
工业地域的形成条件与发展特点</td></tr>
<tr><td colspan="2">【教材对比分析】
1. 关于工业区位的主要因素，湘教版、中图版的文字介绍非常详细；
2. 人教版的案例很翔实，分别从传统工业区、新兴工业区列举了以德国“鲁尔区”、意大利中部及东北部工业区、美国“硅谷”为代表的典型案例；
3. 鲁教版介绍了“工业区位论”，选取了印度的“班加罗尔”、日本的工业地域变化、中国的辽宁中南工业基地的形成。
结论：湘教版、中图版的工业区位文字＋人教版、鲁教版的工业地域案例则更加完美。</td></tr>
</table>

续表

<table>
<tr><th>考试要点</th><th>具体考试内容要求</th></tr>
<tr><td colspan="2">【教学建议】
1. 从传统工业区、新兴工业区角度，分别选取人教版、鲁教版的工业地域案例进行探究。
2. 人教版的单元活动“煤城焦作出路何在”的问题研究可以作为老工业区改造的典范进行教学。</td></tr>
<tr><td>（3）生产活动对地理环境的影响</td><td>农业生产活动对地理环境的影响
工业生产活动对地理环境的影响</td></tr>
<tr><td colspan="2">【教材对比分析】
中图版、鲁教版均用了一个标题的内容详细介绍了此知识点。人教版、湘教版都没有介绍。
结论：本知识点可以穿插在案例分析中介绍，不过能用完整的教材内容给出更能加深学生对此知识的理解。
【教学建议】
参考中图版、鲁教版内容，结合实例加以全面的分析（正、反）。</td></tr>
<tr><td>（4）生产活动中的地域联系</td><td>生产活动中地域联系的重要性
生产活动中地域联系的主要方式</td></tr>
<tr><td colspan="2">【教材对比分析】
1. 关于“生产活动中地域联系的重要性”考点，中图版以标题的形式并配以一小段文字呈现；鲁教版以“交通和通信发展与全球化”为标题并配以两小段文字对该考点加以阐述；其他两种版本没有涉及。
2. 关于“生产活动中地域联系的主要方式”，鲁教版与中图版分别从交通运输、通信、商贸三个方面详细地介绍了该知识点；人教版、湘教版则主要阐述了交通运输的主要方式。
结论：鲁教版与中图版的介绍更全面也符合考纲的要求，人教版关于交通运输的描述则很详尽。
【教学建议】
以鲁教版与中图版的知识为框架，补充讲解人教版的交通运输方式内容，将人教版的单元活动“北京的自行车是多了还是少了”作为研究性学习的材料。</td></tr>
<tr><td>（5）交通与聚落、商业网点</td><td>交通运输方式和布局的变化对聚落空间形态的影响
交通运输方式和布局的变化对商业网点布局的影响</td></tr>
<tr><td colspan="2">【教材对比分析】
（一）关于交通运输方式和布局的变化对聚落空间形态的影响
1. 鲁教版明确提出“块状”“带状”“星状”并配以相关的模式示意图加以说明；
2. 人教版以浙江嘉兴为典型案例进行分析；
3. 湘教版介绍的最详细，通过正文、阅读、活动等多种形式呈现了“交通运输与城镇分布”“交通运输与城市发展”“扬州的变迁”等案例；
4. 中图版则用较多的文字与两幅不同时期城市形态图重点推荐了武汉。</td></tr>
</table>

续表

考试要点	具体考试内容要求

（二）关于交通运输方式和布局的变化对商业网点布局的影响

1. 人教版、湘教版都通过对比分析介绍了山区、平原不同地形区商业网点的差异；

2. 鲁教版的“上海地铁一号线与商业网点”的活动很有特点；

3. 中图版只有大量的文字介绍，缺少鲜活的案例。

结论：变迁的模式图、现实的发展图较干瘪的文字会更有说服力。

【教学建议】

结合学生的实际，选取相关的典型案例或模式图让学生学会分析问题的方法即可。

三、人类与地理环境的协调发展（注：鲁教版将此内容安排在必修Ⅲ第2单元学习。）

考试要点	具体考试内容要求
（1）人地关系思想的历史演变	人地关系思想在不同历史阶段的特点

【教材对比分析】

四个版本都按照生产力发展的顺序用相当的篇幅介绍了该思想的演变过程，其中鲁教版大胆地介绍了“地理环境决定论”“人类中心论”“人地伙伴论”等国内外著名的关于人地关系思想的经典理论。

结论：四个版本呈现的内容相差不大，鲁教版更严谨、全面。

【教学建议】

以鲁教版为“底色”配以人教版关于“玛雅文明”的案例，中图版、湘教版的多个阅读篇，会是一个较为完整的“教学案”。

考试要点	具体考试内容要求
（2）环境问题	人类所面临的主要环境问题 环境问题产生的主要原因

【教材对比分析】

1. 鲁教版将此内容穿插在区域资源、环境、综合开发与可持续发展中分别讲解；

2. 中图版、湘教版对此内容的介绍非常翔实，其中湘教版的分类更合理、全面，中图版就某个问题挖的很“深”。

3. 人教版的内容须教师分析，自己归纳、分类。

结论：各版本分别采取了分散（鲁教版）、集中（中图版、湘教版）、探究（人教版）的不同学习策略，应该能实现不同的能力训练。

【教学建议】

采取中图版、湘教版的内容会省事很多，而且素材的信息阅读量也很大。

续表

<table>
<tr><th>考试要点</th><th>具体考试内容要求</th></tr>
<tr><td>（3）走可持续发展之路</td><td>可持续发展的基本内涵
协调人地关系的主要途径
走可持续发展之路是人类的必然选择</td></tr>
<tr><td colspan="2">【教材对比分析】
（一）关于“可持续发展的基本内涵”
鲁教版、人教版都选取了“可持续发展复合示意图”；除了湘教版外，其他三个版本都介绍了三个相同的原则——公平性、持续性、共同性，其中鲁教版还补充了阶段性。
（二）关于“协调人地关系的主要途径”
湘教版对此知识点作了详细的描述——控制人口规模、转变发展模式、资源的可持续利用、从我做起；中图版有精彩的补充内容；鲁教版、人教版关于中国的案例分析非常过瘾。
（三）关于“走可持续发展之路是人类的必然选择”
鲁教版、人教版均以中国作为背景阐述此内容。
结论：
1. 鲁教版、人教版、中图版关于内涵的描述更适宜；
2. 湘教版关于途径的阐述更全面；
3. 鲁教版、人教版的案例更形象、生动。
【教学建议】
案例的选取更重要，鲁教版、人教版可以考虑。</td></tr>
</table>

《中学地理教学参考》2008 年第 3 期

地理教师应提倡草根式的教学研究

马　骏

作者由全国青歌赛中原生态唱法的博大精深，联想到我国千千万万的地理教师，每天置身于活生生的地理课堂，会产生多少教学的困惑、反思与顿悟，形成多少鲜活的教学体会。如果加以梳理和总结，就会形成源源不断的教学智慧和源泉。然而当今许多地理教师却偏离了正确的研究方向，缺乏生机与活力。

作者建议地理教师进行草根式的教学研究，从学校和课堂的土壤中接“地气”，从而产生具有旺盛生命力、行之有效的地理教学方法。

作者认为：

1. 草根式研究的目的是增长地理教师的实践能力；
2. 草根式研究应以学校和课堂为主要场所；
3. 草根式研究是在教育教学行动中展开；
4. 草根式研究的方法是通过教学反思进行。

《今日中国教研》2008 年第 10 期

防灾减灾教育

概　况

中国是世界上自然灾害最严重的国家之一，加强灾害教育，提高全民的防灾减灾意识，迫在眉睫，任务艰巨。2008年，我国发生的自然灾害尤为严重。年初，特大低温雨雪冰冻灾害影响21省（区、市、兵团）；5月12日，汶川特大地震导致重大人员伤亡和财产损失；9月，台风“黑格比”严重影响两广地区；6月上中旬，华南、中南地区发生严重洪涝灾害；5月至9月，新疆出现历史上第二个严重干旱年；10月下旬至11月初，长江沿线及江南地区发生严重秋涝；9月下旬四川发生严重暴雨洪涝和泥石流灾害；秋冬以来，我国北方冬小麦地区出现50年不遇的特大干旱……

国家对灾害教育越来越重视，并酝酿启动全国中小学校舍安全工程。2008年，全国许多中小学纷纷开设防灾减灾校本课程，编印大量关于预防常见病、防溺水、防地震、防火灾等系列自救小册子。地理学界掀起了防灾减灾教育研究的热潮，涌现出很多关于灾害教育的优秀论文。

一、灾害教育内涵研究

黑龙江省佳木斯大学理学院陈季和北京师范大学地理学与遥感科学学院张英在《中学地理与灾害教育浅议》（《地理教育》2008年第2期）一文中对灾害教育的概念和内涵作了详细阐述。灾害教育是为达到防灾减灾的目的，以培养灾害意识为核心的教育，使受教育者能掌握一定的关于灾害本身及减灾防灾的知识与能力，树立正确的灾害观，以便能正确看待灾害的发生发展规律和进行减灾防灾活动。灾害教育有着深刻的实践性和仿真体验性。灾害教育在其内容、目标、具体操作实施策略维度上有重要层次和要素。中学灾害教育的内容层包括防灾、抗灾、灾后恢复等；目标层包括灾害意识的知识与能力、灾害意识的过程与方法、灾害意识的情感态度价值观等；操作层主要指教学策略。灾害教育按照时间维度可以分成：学前灾害教育、中学灾害教育、大学灾害教育、成人灾害教育等；其按照空间维度可以分成：学校范围内的灾害教育、家庭范围内的灾害教育、社区中的灾害教育、区域中的灾害教育等；其按照实施者维度可以分成：正规的灾害教育、非正规的灾害教育、正式的和非正式的灾害教育等。

二、我国灾害教育现状及教学策略研究

黑龙江省七台河市七台河职业学院李景霞和北京师范大学地理学与遥感科学学院张英在《中学灾害教育的若干教学策略探讨》(《地理教学》2008 年第 1 期) 一文中对我国当前中学灾害教育存在的普遍问题和中学灾害教育教学策略作了详细分析。当前中学灾害教育存在的普遍问题，可以从教育目标、教育内容（教学资源和学科)、教学方法三方面来看：一是注重目标，忽视行为矫正。二是有关灾害教育的学科之间缺少必要的整合。三是教学方式单一。教学策略主要有：制定中学灾害教育指导纲要，举办灾害教育师资培训；整合不同学科资源，综合渗透且开设选修课；完善灾害教育资源库，开展多种课外活动；通过研究性学习，开展灾害教育；结合可持续发展教育、充分利用乡土地理教学资源等。

华东师范大学地理学系马旭丹、段玉山在《浅谈新课改背景下的中学地震灾害教育》(《地理教学》2008 年第 6 期) 一文中对我国地震灾害教育现状作了详细阐述。新课程改革改变了以往仅关注学生基本知识与基本技能的培养。在“双基”的基础上，强调“过程与方法”“情感、态度与价值观”的教育目标。高中地理课程标准对地理课程的设置进行了改进，采用了“必修＋选修”的方式，增设了《自然灾害与防治》模块。新课程改革中地震灾害教育呈现出以下几个方面特点：一是教学方法强调“活动”；二是教学内容引入地理信息技术应用于防治地震灾害；三是地震知识具有明显的实用性、明确的指导性和操作性。这些都是以往中学地震灾害教育无法企及的。新课程改革为中学地理教学带来了新的机遇，也为开展地震灾害教育提供了一定的空间，但现阶段《课程标准》的编制、教科书的编写、教学设计和教育理念等更加注重三维教育目标中的“知识与技能”和“过程与方法”，在“情感、态度和价值观”的教育方面比重相对较小。国人在面对“5·12”汶川特大地震这场特殊的战斗时，表现出的全局观念、大公无私、众志成城等宝贵品质，但中学相关教育中此方面的重视相对薄弱。《课程标准》的编制与教科书的编写在这一方面关注的程度相对较小，而是更偏重于自然与人类的关系，“重言理、轻人文关怀”。在日常的教学活动中，部分教师可能也会在这一方面出现一定程度的疏漏。现行中学地理教育中，对地震自救知识与技能的强调不足。新课程背景下的教科书的编写，尤其是《自然灾害与防治》这部分，更倾向于地震灾害本身

的介绍，而没有与次生灾害进行必要的联系。

三、国外灾害教育方式介绍

浙江省台州市黄岩区院桥中学陈继革在《国外防灾教育漫谈》(《地理教学》2008年第9期）中，对国外灾害教育的方式作了详细介绍。国外加强民众防灾教育的做法主要有：设立全国性的防灾教育日、建造防灾教育馆、建立灾害主题纪念公园、建立主题纪念馆、建造防灾教育中心、成立社区救灾反应队、列为学校课程等。

论 文 摘 要

中学地理与灾害教育浅议

陈 季 张 英

灾害教育是为达到防灾减灾的目的，以培养灾害意识为核心的教育。受教育者能掌握一定的关于灾害本身及减灾防灾的知识与能力，树立正确的灾害观，以便能正确看待灾害的发生发展规律和进行减灾防灾活动。灾害教育有着深刻的实践性和仿真体验性。中学灾害教育的内容层包括防灾、抗灾、灾后恢复等；目标层包括灾害意识的知识与能力、灾害意识的过程与方法、灾害意识的情感态度价值观等；操作层主要指教学策略。

灾害教育按照时间维度可以分成：学前灾害教育、中学灾害教育、大学灾害教育、成人灾害教育等；其按照空间维度可以分成：学校范围内的灾害教育、家庭范围内的灾害教育、社区中的灾害教育、区域中的灾害教育等；其按照实施者维度可以分成：正规的灾害教育、非正规的灾害教育、正式的和非正式的灾害教育等。

所谓灾害意识（Disaster awareness)，是指人们对灾害现象的主观反映，包括防灾意识、减灾意识、备灾意识。灾害意识包括两方面的内容：一是低层次的灾害心理，指人类面对自然灾害的心理承受和适应能力，它包括人类在自然灾害发生时的自救能力及灾后重建时的心理承受能力等；二是高层次的灾害意识形态，包括灾害相关法律、灾害道德、灾害文化及灾害科学理论等。从灾害意识结构划分为灾前意识、灾中意识、灾后意识。

在学校开展灾害教育，应该根据国家颁布的课程计划，合理地安排好各学科的教学进度，并将灾害教育融合到课程计划和教学中。新课程改革所实施的课程计划操作灵活度很大，这给灾害教育的实施提供了很大的空间。灾害教育可以仿照环境教育在中学的开展方式以渗透形式融入各必修科目中，还可以开设选修课。此外，鉴于灾害教育的特殊性，可开展仿真模拟体验与集体防灾演练。另外，开展有关防灾减灾知识专题讲座之类的课外活动也是灾害教育的重要方式和途径。总结国内外的灾害教育案例，可以发现其善于运用探究式教学等多种教学方法且注重减灾防灾意识的培养。探究活动基本程序为：提出假设—收集资料—验证和修改假设—对新的假设做出解释。

《地理教育》2008 年第 2 期

利用乡土资源，开展地质灾害教育——“太白岩崩塌及危岩治理”学生实践活动设计

李淑春

太白岩是位于重庆市万州主城区城南的大断崖，崖壁陡峭，近于垂直，在夏季暴雨季节，崖壁上时不时有岩石坠落。随着城市扩张，高楼已直逼太白岩，崖脚就是城区干道公路——沙龙路。若再发生崖崩定会造成重大灾害。为此，国家投入大量资金对太白岩危岩进行治理。

太白岩大断崖崖壁上有密集分布的各种现代危岩治理工程，仅在道路通达处，就可看到多处支撑柱、水平锚固、阻石墙和挡石网等危岩治理工程。这些乡土地理资源是学习研究地质灾害及其防治的最好教材，其地理教育价值在于：第一，通过实地观察，有利于学生理解崩塌地质灾害的形成机理，探究崩塌形成的诱发因素；第二，让学生了解崩塌地质灾害的危害，正确认识城市布局与地质灾害防治的关系，树立科学的人地观；第三，学生可以直观了解治理危岩、防止崩塌的具体措施，感受人类在地质灾害防治中所做的不懈努力，增强防灾减灾意识和危机处理能力。

要使太白岩地区的危岩体、崩落堆积物与治理工程等地理事物受到关注，成为活的教科书，就要让它们成为有效、有序、有内涵的一个整体。同时，必须进行科学设计，精心筛选学习内容，合理选择观察点，设计有效、畅通的活动线路。

学习内容的选择主要遵循以下原则：第一，具有科学性，能有效揭示学科价值，具有典型地理特征；第二，主题鲜明，突出重点；第三，具有实践性，便于学生动手操作，亲身体验。

观察点的选择主要遵循以下原则：第一，所选观察点数量合

适，一个主题活动基地以3～5个为宜；第二，所选观察点表达的学习内容要明确，一个观察点宜突出一个学习重点；第三，所选观察点要有好的观察环境，如清楚地观察对象、足够宽阔的活动空间等。

活动线路的设计主要遵循以下原则：第一，路程最短，半天的活动以不超过5千米为宜；第二，按学习内容由浅入深的观察顺序安排活动线路；第三，尽量采取单向行进；第四，尽量选择道路宽阔的线路，确保学生安全。在“太白岩崩塌及危岩治理学生实践活动基地”建设中，根据上述原则选择了4个观察点：支撑柱、水平锚固、阻石墙、挡石网。“太白岩崩塌及危岩治理学生实践活动基地”设计了“L”形活动线路：从东头的太白公园入口，先顺登山扶梯攀登大白岩白虎头，依次安排支撑柱、水平锚固的学习实践活动。随后下山再向西顺山脚休闲道前行，依次安排阻石墙、挡石网的学习实践活动。

实践学习崩塌形成及危岩治理的最重要环节，是利用已建实践基地的教学资源，组织学生开展野外考察。为保障本环节的安全有序和富有实效，必须做好以下工作：①明确学习目的，清楚学习方式。②了解每个观察点的观察内容及背景资料。③确定活动规程，签订安全协议。④组织活动小组，做好成员分工。

野外观察学习结束后，要及时组织、指导学生开展问题探究和成果总结。各学习小组主要完成以下内容：①按观察点整理文字记录和图像资料。②查找资料，结合实地观察记录，理解崩塌的概念，研究崩塌的形成机制，分析崩塌的主要诱发因素和高发季节。③结合实地考察，总结目前防治崩塌的主要工程技术措施及其主要类型。④分析太白岩发生崩塌所形成的灾害为何远比20年前严重。探讨城市布局与地质灾害的关系。⑤写出研究报告，并制作演示文稿。教师要做好以下工作：①了解各组的活动进程，对学生遇到的专业问题、成员协作或研究中的困难，给予及时的帮助和指导。②组织学生的学习成果展演、交流活动。

《中学地理教学参考》2008年第11期

中学灾害教育的若干教学策略探讨

李景霞　张　英

1999年12月，联合国大会通过了国际减灾战略。2002年，减灾被确认为“可持续发展问题”世界首脑会议《约翰内斯堡执行计划》中可持续发展的关键组成部分。在“国际减轻自然灾害”中指出，“教育是减轻灾害的中心，知识是减轻灾害成败的关键”，可见灾害教育始于学校，学校是开展灾害教育的最佳场所。学校尤其中学开展灾害教育，能够有效地提高学生的灾害意识、防灾避灾的知识能力，并不同程度地改变学生的观念和行为。目前，中学地理学科中的灾害教育，虽然取得了一定成绩，但在灾害意识和灾害教育教学研究方面，与国外相比还显得薄弱，与我国自然灾害多样并多发的实际国情不太相适应。

当前中学灾害教育存在的普遍问题，可以从教育目标、教育内容（教学资源和学科）、教学方法三方面来看：一是注重目标，忽视行为矫正。二是有关灾害教育的学科之间缺少必要的整合。三是教学方式单一。

应该制定中学灾害教育指导纲要，明确灾害教育的目标与教学要求，正确地实施教学评价，以保证灾害教育良好的教学效果。可以通过灾害教育的师资培训，防灾素养的调查分析来推进灾害教育。学校灾害防救计划也是必不可少的，学校灾害防救计划是防灾减灾落实到具体操作层次的必要措施。

各门学科都可以以适当的方式，对学生进行灾害教育。不同的学科呈现的内容可能不一样，但目标都是一致的，要把灾害教育渗透到相应学科的适当的章节中。地理学科可以呈现地球各圈层的相关原理、灾害的基础知识、发生机制、危害等内容。语文学科可以呈现与灾害相关的文章，加深学生对灾害的感性认识或理性认识；数学可以以数据的方式呈现灾害或与其相关内容的数据，使学生从数量上了解灾害对人类的危害、防灾工程和措施的效益等；生物学科可呈现生态系统、生物链、生物多样性、环境破坏对生物生存的影响等内容，让学生理解保护生态环境的重要性等；历史学科则可以呈现与灾害相关的历史事实。使学生知道灾害对人类社会发展的制约作用。

选修课是在必修课基础上，为拓宽和增强学生有关学科领域的知识和能力开设的。在我国全日制普通高级中学课程标准中，《自然灾害及其防治》是作为地理选修，供学生选择学习。《自然灾害及其防治》这门课，对自然灾害的相关内容作了系统的展现，主要内容有：主要自然灾害的类型与分布、我国的主要自然灾害、自然灾害与环境、防灾减灾。学习这门课，可使学生对灾害的表现、发生原理、危害及其预防和监测措施、防避方法等知识深入地学习，为日后学习和研究打下坚实的基础。

学校灾害教育教学资源的内容可以是乡土化的，即来源于区域。形式上可以通过校本课程表现出来，即由学校出力开发设计出来的用以服务于学校灾害教育。即“源于生活，来自区域，服务教学，体验发展”十六字原则。从地理学科入手，我们不但要充分利用地理教材中的灾害知识，还要充分运用校内校外的各种课程资源，形成学校、社会、家庭密切联系的开放性教学。

我国新课程改革所倡导的专题研习，非常适合开展灾害教育。利用当地灾害的类型和特点，通过理论学习与生活实际相结合，以学生的自主性、探究性学习为基础，从学生生活和社会生活中，选择和确定以自然灾害的相关问题为研究习题。采用小组合作或个人形式进行研究性学习，使学生通过查阅文献，调查访问，亲身实践，深刻了解其灾害现象、成因、危害等，这对学生养成严谨的科学精神和科学态度，提高应对灾害的能力，形成正确环境观和灾害意识非常有利。

灾害教育可以看做是可持续教育框架下的“PRED+D”的教育。地理中的灾害教育多是关于灾害发生机理、灾害演变规律的问题，很少从可持续发展角度综合分析。在每年的国际减灾日、世界环境日、世界地球日等日子，教师要利用这一时机，组织学生进行宣传教育活动，可强化学生的灾害意识、环境意识。在科学发展观指引下的可持续发展教育下构建灾害教育的框架。乡土地理教学资源的挖掘和利用，可以把课堂教学与课外活动紧密结合起来。学生可以通过自主的观察实践认识家乡的灾害遗址或历史上有关灾害的记录，了解和明确家乡常见的自然灾害，引导学生分析灾害成因、特征及其规律，以及灾害对家乡的自然条件、经济发展、资源开发和环境等的影响。

《地理教学》2008 年第 1 期

浅谈新课改背景下的中学地震灾害教育

马旭丹　段玉山

我国中学地理教育在 20 世纪 60 年代就已经开始对地震灾害教育有所关注。一直作为知识点进行讲解，其主要集中在高中阶段。新课程改革以来，地震灾害教育的比重不断加大，教学内容、教学方法、教学理念、教科书编写也都不断完善。因此可以将中学地震灾害教育划分为以下两个阶段：一是新中国成立以来的地震灾害教育；二是新课改以来的地震灾害教育。

基础教育的地震灾害教育，尤其是高中阶段的地理教育中对“地震”的介绍始于 1963 年颁布的《教学大纲（草案）》，其中提到“地震的分布”；1986 年的《教学大纲》扩展为“地震的发生，震级和烈度，地震的分布规律和预测”；1990 年颁布的《教学大纲（修订本）》中，有关地震的内容没有变化；1996 年颁布的

《全日制普通高级中学地理教学大纲（供试验用）》（以下简称《高中教学大纲》）提到了“地质灾害的危害，以及监测防御的重要性”，首次在教学大纲中提及了地震的危害性问题。2000 年的《高中教学大纲（试验修订版）》在监测防御的基础上，又增加了“防灾减灾的措施”，2002 年的《高中教学大纲》此部分没有增加新的内容。2003 年颁布的《课程标准》中的“自然灾害与防治”模块，有关地震灾害教育的内容进一步增加，受重视程度进一步提升。

新课程改革改变了以往仅关注学生基本知识与基本技能的培养。在“双基”的基础上，强调“过程与方法”“情感、态度与价值观”的教育目标。高中地理课程标准对地理课程的设置进行了改进，采用了“必修＋选修”的方式，增设了《自然灾害与防治》模块。有关地震灾害教育的内容得到进一步的增加，受重视程度得到进一步的提升，教学方法得到进一步的改善。根据《课程标准》编写的高中地理教科书，也呈现出不同的特点。如“鲁教版”和“湘教版”的《自然灾害与防治》中，均以“活动”的方式展开学习，“人教版”更多的关注救援与救助方面，“鲁教版”还对“GPS 与地震预警”进行了介绍。新课程改革中地震灾害教育呈现出以下三方面特点：一是教学方法强调“活动”；二是教学内容引入地理信息技术应用于防治地震灾害；三是地震知识具有明显的实用性、明确的指导性和操作性。这些都是以往中学地震灾害教育无法企及的。

新课程改革为中学地理教学带来了新的机遇，也为开展地震灾害教育提供了一定的空间，但现阶段《课程标准》的编制、教科书的编写、教学设计和教育理念等更加注重三维教育目标中的“知识与技能”和“过程与方法”，在“情感、态度和价值观”的教育方面比重相对较小。国人在面对“5・12”汶川特大地震这场特殊的战斗时，表现出的全局观念、大公无私、众志成城等宝贵品质，但中学相关教育中此方面的重视相对薄弱。教育具有引导功能，也应该具有一定的超前意识。《课程标准》的编制与教科书的编写在这一方面关注的程度相对较小，而是更偏重于自然与人类的关系，“重言理、轻人文关怀”。在日常的教学活动中，部分教师可能也会在这一方面出现一定程度的疏漏。

现行中学地理教育中，对地震自救知识与技能的强调不足。在《课程标准》中，更多地侧重于宏观层面的防灾与减灾，而没有重视微观层面上的人如何应对地震灾害。在教科书中，更多地介绍防灾减灾的内涵与意义，以及如何运用高科技手段进行防灾减灾。而对于地震灾害的自救知识与技能的介绍相对较少，部分教材对这部分内容进行相对详细地梳理，但其中一小部分的救生知识与技能缺少具体使用环境的分析，如某教材中“在教室里，可以躲在书桌下”的配图中介绍的自救方式，在地震灾害的救生实践中需要根据具体环境与条件进行区别。

新课程背景下的教科书的编写，尤其是《自然灾害与防治》这部分，更倾向于地震灾害本身的介绍，而没有与次生灾害进行必要的联系。地震发生后，一般都会引发不同程度的次生灾害，如此次四川汶川地震发生后地震灾害的危害还没有完全解除。次生灾害，如泥石流、滑坡、飞石等，给灾区人民带来了极大的威胁。更为重要的一点是地理学科的教学历来注重事物之间的因果联系，在地震灾害的教育中，事物相互联系的思维训练相对薄弱。“鲁教版”的《自然灾害与防治》中的“水体污染灾害链”中体现出了地理学科强调事物之间普遍联系的特点。但对于地震引发的连锁反应以及造成的影响，教科书中并没有作出进一步的讨论。

我国是一个多地震的国家。但大部分国民的防震意识不强，能够在平时做防震准备的人更少。在地理教学过程中，应强调中国地处两大地震带，向学生强调防震减灾的重要性，注意培养学生的防震意识，如到达一个陌生的地方，应当首先明确这个地方应急通道的确切位置与路线等。在家中配备必要的应急物品，以防患于未然。除了必要的物质准备之外，心理准备也是应对地震灾害所必需的。这些也是地震灾害教育中被忽视的方面之一。

叙事教学法是指在教学活动过程中借助叙述地震中发生的相关事件、当事人在地震发生过程的经历，穿插教育内容，开展地震灾害教育。其中利用人物叙事方法是地震灾害教育的一个重要策略，具体可以通过叙述某位当事人经历一次地震各个时段的见闻感受，也可以是几个当事人在地震的不同时段的所见、所闻、所感，来实现灾害教育目标。人物叙事的手法，可以是顺序、倒序或插序；人物叙事的人称可以是第一人称，也可以是第三人称；叙事的线索可以是记叙线索、也可以是抒情线索。以往的地震灾害教育采用的案例教学方法，一般忽略了人的存在，而人物叙事则是以人为中心，因此更能加深学生的内心体验。

遵循地震的过程来进行地震灾害教育，就是将教学内容的划分按照“预防地震”“应对地震”“抗震救灾”这三个阶段进行。这种教育策略有助于学生沿着“过程”这样一条主线，对地震的预防、应对以及抗震救灾进行学习。具有脉络清晰、泾渭分明的特点。

通过对不同地震的比较进行地震灾害教育，是利用案例教学的一种常规方法。按比较的内容划分，可以分为“同一地区，两次不同年代发生的地震的比较”和“两个不同地区，等级相近的地震比较”。学生在对两次地震进行比较的过程中，既可掌握基本的地理知识，也可以对地震灾害形成比较深刻的认识。

震源深度、震级等决定地震的强度，而震中距、烈度及地质构造等决定了地震对受震地区的破坏程度。可以根据地震的破坏程度，将地震灾害教育划分为小地震、有感地震与破坏性地震灾害教育。单从“情感、态度与价值观”的教育目标制定来说，小地震的灾害教育相对来说最为简单，因为它几乎不会造成损失，对生产生活的影响相对较小。有感地震与破坏性地震是中学地震灾害教育的关注点。有感地震一般情况下不会造成巨大的财产损失，但极易造成学生的心理恐慌。在“情感、态度与价值观”的教育方面应关注正确面对地震的心态。避免因恐慌发生人为伤害，如学生的踩踏伤害。而破坏性地震灾害教育应增加“情感、态度与价值观”的教育，如防震心理准备、正确的灾害观、震后的心理调适等。三者在“情感、态度与价值观”教育方面呈现出逐级增多及复杂的趋势。

《地理教学》2008 年第 6 期

汶川特大地震后的痛与思

朱雪梅

2008 年 5 月 12 日 14 时 28 分，四川省汶川特大地震突然迸发。这一刻地动山摇，这一刻定格在全国人民的心灵深处，成了中华民族永远的痛。时间一天天逝去，我们在悲痛中送别离去的亲人，在灾难中凝聚起团结的力量。我们的政府、我们的民众在向世界昭示着一个强大的可以战胜一切困难的中国！痛定思痛，除了悲哀和群策群力之外，我们更需要好好反思，吸取经验和教训，因为灾难还会不期而至，居安思危、防患于未然才是战胜灾难的最有力的武器。

痛思之一：地震科普教育体现在哪里?

资料：“上课铃声响了，地理老师夹着课本进了教室。老师还没讲几分钟，大家突然感到教室微微一震，老师表情立刻就变了。马上让全部同学起立，让大家跑出门外，站到操场空地上。”“老师一直很镇定，他指导我们逃生。”“幸好老师懂专业知识，又冷静，班上所有同学都逃过了一劫。”“我们班级站到操场后，其他班级的同学也纷纷跑了出来。”“此时，地动楼摇，老师们还是觉得不安全，就将学生转移到附近一条河堤上。跑着跑着，教学楼的方向传来一阵巨响，平时上课的教室就在身后倒成一片。”——摘自《天府早报》

这是汶川县漩口中学董硕同学讲述的故事，这也是一则让所有地理教师都会感到欣慰的报道。只可惜，汶川大地震中与此相类似的故事太少太少，尽管这儿处于一个大的断裂带上，这儿常发生小地震，但人们对地震的关注并不多。地震常识并没有得到普及。所以，在北川县的一个礼堂里，有200多个中小学生在等待演出，在地震发生的最初几秒、地面有了轻微的晃动，包括县长在内没有一个人作出正确的反应，直至震塌了半个礼堂！试想，最初的几秒何等重要！可以跑出去多少学生！

我们记得，唐山大地震后，曾经有一个时期，关于地震预防和自救的知识，在学校是必修课。在老百姓中传播得也比较到位。我们不要小看这些知识，也许灾害来临的瞬间，有关的记忆会立即被唤醒，可能就拯救了一个乃至数个人的生命。然而，随着时间推移，我们对地震灾难的记忆淡忘了，这些知识的普及也没有人关注了。甚至于地理课程中关于地震的内容也一减再减，在有些版本的必修教材中竟然毫无踪影，即使在新教材《自然灾害与防治》选修模块中，有关地震的介绍也不过只有短短的几百字。中国是一个地震多发的国家，地震给我们烙下了太多惨重的记忆：1976年的7.8级唐山大地震死亡24.2万人，重伤16.7万人，一座重工业城市被夷为平地；1920年宁夏海原8.5级地震，死亡24万人，毁城四座，数十座县城遭受破坏；1556年陕西华县地震直接死亡10万多人，而死于震后瘟疫和饥荒的高达70多万人，我们不能好了伤疤忘了痛！

“人无远虑，必有近忧”，这不是老话，这是真理。我们应该向邻国日本多多学习，在日本，地震应急措施是每个学生的必修课。地震体验与自救模拟演习常有举行。如果追问一下我国地震知识在学校难以普及的深层次原因，一定有这样一个答案：这不是中考和高考的重点！在此呼吁：生命高于一切，做好地震科普知识的教学工作是我们地理教师义不容辞的责任。

痛思之二：地震监测预警工作难在何处？

汶川特大地震发生后，许多网友责骂地震专家不作为，实际上这项指责缺乏科学依据。地震的监测与预报是一个世界性的难题，预报地震绝不是常人想象的那么简单，地震预报只有做到时间、地点和震级的准确，才有实用性，政府权威部门才会向公众发出地震预报。实际上我国地震监测预报一直是走在世界前列的，迄今为止，人类唯一被联合国承认的震前预报案例就是1975年的辽宁海城——营口7.3级地震。

资料：早在2001年，中国地震局地球物理研究员陈学忠就曾著文《四川地区7级以上地震危险性分析》。陈学忠说："四川处于中国最大的一个地震区，也是地震活动最强烈、大地震频繁发生的地区——青藏高原地震区。这里发生的7级以上强震数，居全国之首。但这些年，它平静得让人生疑。两个世纪以来，四川地区强震发生的时间间隔平均为16年，最长34年，最短3年。自从1976年以后就没有七级以上的地震了，这远远超出平均时间间隔。"——摘自《中国新闻周刊》

地震预报可分为长期预报、中期预报、短期预报与临震预报。中、长期预报是一种地震趋势的估计，虽然不能指出地震的确切时间，但对工程及生产建设有重要影响。资料中陈学忠所谈的就是中、长期预报，但这个预报并未引起地震工作者和领导的高度重视。从主观因素看，当地政府部门对这样的预报不会广泛传播，否则会带来不必要的恐慌，更会影响经济发展，这是每一届政府都不愿见到的现象。

对于民众而言，最需要的是震前的短期预报与临震预报。短期预报是指预报几天到半个月内将要发生的地震。临震预报是指预报24小时内即将发生的地震。大地震之前要做出临震预报，主要有两个依据，一是动物的宏观异常；二是有丰富的前震活动，比如小地震频发。地震工作者认为，这次汶川地震既没有动物的宏观异常活动，也没有任何前震活动。但民间流传，当地有些水库、河流水位骤降，卧龙自然保护区内的大熊猫痴呆不动，实际上这些反常现象，可能就是地震前兆，只是没有引起人们的警觉。5月9日，四川省人民政府还发布了一则"阿坝州防震减灾局成功平息地震误传事件"的新闻，现在难以考证这件事的来龙去脉，但说明当地有关地震的传谣，为什么没有得到相关部门的重视？

当然，科学观测才是地震预报的基础，要捕捉地震的微观前兆，就必须建立覆盖区域的地震观测台网，进行长时间的精密观测。我国目前共有1 000多个地震监测点，但平均在960万平方千米的土地上，密度就很小了，而在西部地区，囿于勘测环境、交通和经济发展，其地震监测台网的密度远远低于东部地区，地震监测能力相对薄弱，尽管我们都知道西部地区更容易发生地震灾害。

由此可见，我们不应该把减少地震灾害的希望不切实际地寄托在准确预报地震之上，而应该采取更切实可行的预防措施，以便将损失降低到最低程度。

痛思之三：建筑物的抗震系数谁说了算？

资料："可以负责地告诉你，绵阳五所希望小学的建设均由我经办，而此次大地震未能撼动一幢，巍然屹立！师生未损毫发！"——由最牛小学承建人×先生发给我的手机短信。在单位地域死伤最严重的北川大地震中，北川中学教学楼迅速淹没两千多名学生，但北川邓家汉龙希望小学无一人死亡成为一个奇迹，让我明白一个道理：所谓奇迹——就是你修房子时能在十年前，想到十年后的事情。——摘自李承鹏的博客

汶川大地震中最令人痛心的画面是一栋栋倒塌的教学楼、一排排等待家长认领的书包、一个个走上天堂的孩子。资料中提到的两所学校，同位于北川，为什么汉龙希望小学能够巍然屹立？因为工程的承建人为了把好质量关，曾经发了许多火得罪了很多人。而北川中学小女孩白灵在中央电视台赈灾晚会的现场哭诉，当她从三楼跳下时、几秒钟的时间五层的教学楼仅剩下两三米高了；可就是这幢垮塌的教学楼从 1993 年开始建设，到 1998 年才建成，曾被评为优质楼，我们不禁要问，这样的楼是优质楼？

扬州市文津中学新教学楼落成了，校长拍着胸脯说："我150％地保证，这幢教学楼能抗 8 级地震。"现在才能理解，这位校长自豪的话语中充满着对孩子们生命的珍爱。但是，有多少校长敢于保证教学楼的抗震能力？有多少教学楼可能不堪一击？

美国、日本也是地震多发的国家，但震中死亡的人数很少，如 1989 年美国旧金山发生 7.1 级地震，死亡 67 人，地震也是突然而降，人们没有任何防范，为什么伤亡人数很少？不是因为预报与救援，而是因为当地房屋有非常优越的抗震性能。

震后需要我们反思的问题很多，也许最重要的一项就是为什么这次地震倒塌了那么多房子？我们还有多少豆腐渣工程？地震局联合建设部早就发布了房屋的抗震设防标准，如四川省的建筑防震标准是能防 7 级地震，但是真正有多少楼房能防 7 级地震？如果真能按标准执行，有些房屋绝不可能在几秒钟内变成一片废墟。当然，如果有经济能力，更有必要提高学校、医院等建筑物的抗震标准，因为孩子是民族的未来，医院是救死扶伤的中枢，学校与医院不能垮！

总理说："多难兴邦！"一个聪明的民族一定会在灾难中学会反思，获得前进的动力。

《地理教学》2008 年第 7 期

国外防灾教育漫谈

陈继革

在我国，自然灾害、事故灾害、公共卫生和社会安全等突发事件每年造成非正常死亡的人数超过 20 万人，伤残超过 200 万人，经济损失超过 6 000 亿元。调查显示，灾害后果如此严重，与民众的防灾意识淡薄有很大的关系。我国近一半的民众对突发事件的应急措施了解十分有限，近 30%的人甚至根本不了解。当前，国外加强民众防灾教育的做法或许能给我们带来一些有益的启示。

设立全国性的防灾教育日。国外很多国家都把某一特大灾害发生的日子作为灾害宣传日，开展多方面的社会宣传，一方面是为了纪念在灾害中死难的同胞；另一方面是为了让人们知道灾害对我们生存环境的危害和防灾的重要性，以达到对公众灾害知识教育和宣传的目的。如 9 月 11 日因为恐怖袭击事件而成了美国重要的防灾纪念日；日本把每年的 9 月 1 日定为全国防灾纪念日；韩国政府规定每年的 5 月 25 日为“全国防灾日”。

建造防灾教育馆。日本比较典型。其防灾教育馆主要有：东京本所防灾馆、大阪市生野防灾馆、东京消防博物馆。这些防灾教育馆一般都有火灾、地震等模拟设施，还有各种逃生设施，市民不但可以亲身体验火灾、地震等灾难的感觉，也可以拿起灭火器扑灭“火灾”自救。

建立灾害主题纪念公园。日本等发达国家很注重把灾害遗址作为灾害教育基地，同时也作为旅游的胜地，如地震、火山、洪水等灾害遗址，建于震源附近的北淡町震灾纪念公园是普及地震知识的专题公园。园内的野岛断层保存馆内，人们不仅可以看到由实物再现的高速公路倒塌后的场景和被完整保存下来长达 140 米的地震断层，还可看到挖掘后裸露的地层内部断裂剖面，直观地了解到地震蕴藏着的巨大能量。这里不仅介绍过去发生过的地震，而且还对今后 33 年可能发生的地震做出预测，其目的就是要提高人们的防灾意识。每年来此参观的人数达 200 多万人次。

建立主题纪念馆。温家宝总理表示，北川老县城可以作为地震遗址保留，变成地震博物馆。其实，在日本坂神大地震、我国台湾地区“9·21”大地震和唐山大地震后，都修建了相应的地震纪念馆、博物馆。

建造防灾教育中心。京都市民防灾教育中心是日本专门为市民和参观者提供防灾教育及培训的中心。该中心从1994年成立至今，接待人数超过30万人次。

成立社区救灾反应队。美国洛杉矶市消防局在1985年就开始成立社区救灾反应队，通过制订详细的救灾培训计划，向市民、私人雇员、政府雇员提供救灾培训。使市民明白他们在为灾难做准备上所具备的责任，增强他们相互救助的能力。后被美国联邦应急管理署在全国推广，在28个州和波多黎各的社区成立社区救灾反应队。“9·11”事件后，美国为强化整体防卫，美国政府积极推动建立以“防灾型社区”为中心的公众安全文化教育体系，使社区具备灾前预防及准备功能、灾时应变及抵御功能、灾后复原及整体改进功能三大功能。日本的社区组织承担了对本地区居民的防灾知识教育培训普及工作。日本积极鼓励各地区或社区组织和居民自主自发成立防灾赈灾市民团体，如消防团、水防团、妇女防火俱乐部、少年防火俱乐部、儿童防火俱乐部等。这些自发的群众性组织，以“自己的区域自己来维护”为理念，平时在所在地区组织防灾训练、普及防灾知识、检查安全隐患、保管与维修防灾器材，形成了地区防灾及互助的有生力量，一旦发生灾情，他们便可立即投入初期灭火、疏散居民、抢救伤员、收集和传递信息等工作。

列为学校课程。美国一些幼儿园，就经常举行突发灾害的应对演习，还有的幼儿园每学期都安排有一个消防周，让孩子参观消防站，看消防员做消防演习，让孩子学会如何在紧急情况下逃生，掌握应对自然灾害的能力。欧美等国的大、中、小学不同的学习阶段也有不同的安全教材或指南。早在20年前，日本就开始出版针对中小学校园内安全的教材，并按照每一年级不断变化其中的内容。有关自然灾害的教育在墨西哥、罗马尼亚、新西兰等国也是中小学的必修课。巴西、委内瑞拉、古巴等国家也都非常重视中小学的防灾教育。

《地理教学》2008年第9期

地理教学评价

概　况

2008年是地理新课程实施以来的第八个年头，本年度关于地理教学评价研究成果的量与质都有进一步的发展。从论文数量看，2008年有关地理教学评价研究的论文数目比去年略有增加，不包括试卷及评析方面的论文，共约 38 篇，其中《中学地理教学参考》约有相关论文 12 篇、《地理教学》约有 9 篇、《地理教育》约有 8 篇、《课程·教材·教法》有 1 篇；通过搜索“中国知识网”的“中国期刊全文数据库”发现与地理教学评价相关的文章有 8 篇；另外华中师范大学李家清老师的两位硕士研究生的毕业论文与评价改革有关，分别是黄晓明的《中学地理教学实践中的学生真实性评价》、龚荣军的《地理探究式教学评价模型的研究》。从论文质量看，有关地理教学评价的研究内容更加丰富，研究的广度与深度均有所增加，大部分研究成果依然是关于评价实践方法的介绍与思考，而关于评价理论的研究依然比较薄弱。从论文作者群看，少数论文作者为高校教师，绝大多数评价类论文作者为各级地理教研员和来自第一线的中学地理教师。从创新角度看，今年关于地理教学评价研究的突破主要表现为评价视角涉及了一些新的领域，如朱雪梅在《测试命题：从经验走向科学》（《中学地理教学参考》，2008 年第 6 期）一文中提出了科学命题的要求，设计了“测试命题规划表”作为规范命题的工具；朱雪梅在《新课程背景下学科教研组评价研究》（《基础教育参考》，2008 年第 9 期）一文中谈到了开展教研组评价工作的思路与方法；有关校本课程评价方法的成果在 2008 年以前的地理各期刊中还未寻见，而王万里的《地理校本课程的开放性评价策略》（《地理教育》，2008 年第 3 期）一文则填补了此项空白。

2008 年关于地理教学评价本身的理论研究很少，在各篇论文中涉及的一些评价理论仍以套用和解释为主，而关于地理教学评价本身的理论未有新的建构。主要涉及的评价理念依然是高中地理课程标准所强调的“注重学习过程评价和学习结果评价的结合。重视反映学生发展状况的过程性评价，实现评价目标多元化、评价手段多样化，强调形成性评价与终结性评价相结合、定性评价与定量评价相结合、反思性评价与鼓励性评价相结合”。

2008 年关于地理教师评价的研究，依然以教师课堂教学行为评价为主，但强调对教学过程中学生学习状态与知识生成情况进行评判，郑明进的《高中地理新课程课堂教学评价的几个基本视角》（《中学地理教学参考》，2008 年第 1、2 合期）文章有一定的代表性。另外，今年关于地理教师专业素养组成的研究与往年相比，考虑到与新课程背景下学生的需求相匹配，其代表是彭晓萍的《论新课程下地理教师的素养》（《中学地理教学参考》，2008 年第 1、2 合期）一文。

2008 年关于学生学业成绩评价的研究，依然是教师关注的重要话题，其相关论文数量仅次于考试评价。与往年相比，学生评价除了继续关注过程性评价外，研究成果倾向于在某一方向上深化与细化，如对学生的研究性学习、校本课程学习、野外实习、档案袋建立、课堂学习过程等评价方法都有专门的论文进行阐述，在这些文章中还提供了一些工具化的评价表。

2008 年关于地理教学资源评价与国外地理教学评价的研究涉及很少。

2008 年关于地理考试测量评价的研究依然在地理教学评价中占主体地位，与此项目相关的文章总数远远超过其他评价类文章的总和。地理基础教育的三大期刊均设置了有关考试评价的栏目，《中学地理教学参考》设“考试速递”栏目，分“考试辅导、试题研究、试题设计”三个主题；《地理教学》则设“考试研究”与“试卷交流”两个专栏；《地理教育》则设“高考聚焦”栏目，主要分“复习指南、专题指导、解题技巧、试题精选、模拟考场、试题解析、试卷评析”等主题。这种过于重视地理考试研究的现象说明测试仍然是目前学生成绩评价的主要形式，其主要原因是长期以来应试教育的影响。与往年相比，关于高考命题的理论研究有了深化，如王后雄、汪永鑫的论文《新课程下高考地理考试评价标准及试卷结构技术指标构想》(《课程·教材·教法》，2008 年第 5 期）与朱雪梅的论文《测试命题：从经验走向科学》(《中学地理教学参考》，2008 年第 6 期）均从理论高度对现行命题思路与方法提出了改革的建议。

论 文 摘 要

新课程背景下学科教研组评价研究

朱雪梅

目前，教研组评价工作开展较少，在我国课程评价改革中还处于被忽略的地位，还未能构建起评价的标准框架。本文在界定教研组工作职能的基础上，提出了教研组评价的原则，通过定量与定性结合的系列评价表，提供可操作性强的评价工具。

作者以扬州市高中地理优秀教研组评审活动为案例说明开展教研组评价的主要过程。作者认为学科教研组评价是对教研组团队的工作作风、学科教学及教科研效能与实绩所作出的整体性的系统化的价值判定，其目的是为了促进教研组的建设与全体成员的专业发展。

论文首先阐述了教研组的评价应该遵循导向性原则、可行性原则、效能性原则、综合性原则与发展性原则。作者重点规划了教研组的评价指标及其评价细则，作者将评价指标分为五大类二十个项目，即从师德作风情况评价（8 分）、制度管理情况评价（15 分）、职能发挥情况评价（45 分）、课题研究情况评价（10 分）、质量绩效情况评价（22 分）五大类分别评定教研组工作状况与实绩。评价采取定性与定量相结合的方法，作者提出从五大类对教研组文化进行质性评估；同时结合评价细则的要求进行量化统计，总分为 100 分，得分越高，表示教研组工作质态越佳。总体看来这些评价指标的制定使得教研组的评价过程有据可依，同时也为教研组建设指明方向。

最后，作者以扬州市高中地理优秀教研组评审活动为例，将评价过程分为三个阶段，即确定标准阶段、实施评审阶段和成果反馈阶段。

《基础教育参考》2008 年第 9 期

新课程高中地理教学评价的研究——以必修 1“宇宙中的地球”为例

杜宗勇

本文以案例分析为研究手法，结合“宇宙中的地球”的评价要求，阐释高中地理新课程教学评价的基本理论。

首先，作者介绍了高中地理教学评价的基本理念，主要归纳为新课程教学评价要注重学习过程评价和学习结果评价相结合、强调过程性评价与终结性评价相结合、定性评价与定量评价相结合、反思性评价与鼓励性评价相结合，要实现评价目标多元化、评价手段与评价形式多样化。

其次，作者阐述了地理教学评价实践操作的标准应遵循地理课程标准与考虑区域背景差异。文章列举了高中地理课程标准对“宇宙中的地球”的要求，在此基础上分析其三维目标的内涵。作者提出的“区域背景是评价依据”的观点，有实际指导意义，经济文化发达地区地理教学评价的基本标准应当适当高于地理课程标准，经济欠发达地区应尽量体现地理课程标准，以保证课程基本目标的实现。

最后，该文通过具体的案例分析说明了地理教学评价的方法是质的评价与量的评价的整合。作者提出用模糊数学的方法，把质的评价转化为量的评价，对诸如“方法与过程”“情感态度与价值观”等评价项目采用等级分值（如用五级等值）转化为模糊的量化评价，然后与“知识与技能”一起构成一个多维的数值图像。

《天津市教科院学报》2008年第1期

地理研究性学习评价体系构建与实施

刘勇斌

本文是关于“小课题研究型”教学模式评价的研究成果。作者首先解释了“小课题研究”的含义，然后从三个方面对其评价体系进行了阐释。

第一方面是论述“小课题研究型”教学模式评价体系的指导思想及理论基础，作者借助专家的成果，指出在研究性学习评价中应构建学习过程与学习结果并重、学生自评互评与教师评价结合、研究性学习成绩与学科成绩综合评价的多维度学生评价体系，侧重于评价过程及过程中学生的体验、情感态度及价值观。

第二方面是说明“小课题研究型”教学模式评价内容，大致归纳为学生的学习习惯、学习能力、研究方法、毅力和信念、地理思维能力、人文关怀精神与交往合作精神等项目。

第三方面是介绍“小课题研究型”教学模式评价的实施策略，作者指出在营造良好评价氛围后，要依托小课题研究过程进行学生评价。即首先由教师（或相关专家）确定每个环节的评价目标；其次师生共同制定评价标准和评价表，明确评价方法，搜集评价信息；再次组织师生进行自评、互评、师评及专家评，给出各环节等级及评语；最后将各环节评价综合，得出综合等级和评语。

《地理教育》2008年第3期

地理校本课程的开放性评价策略

王万里

按照国家课程改革方案，校本课程已逐渐得到推广与实施，据统计，上海、广东、浙江、江苏等新课程实验省区90%的学校开设了校本课程，不少教师有过校本课程开发的经历，但如何评价校本课程已经成为课程开发的一个难题。本文为解决这一难题提供了很好的思路，作者结合校本课程《民俗文化地理》的评价工作，说明了校本课程评价的有关问题。

首先，作者分析了校本课程评价与必修课程评价的差异，提出了校本课程评价中涉及的一些评价视角，即外部评价与内部评价、短期效果与长期效果、知识评价与能力评价、横向评价与纵向评价等方面的思考。认为：①校本课程评价应着眼于学生的发展，侧重反思教学和诊断效果的内部评价；②校本课程对学生主要起到开阔视野、培养兴趣、发展能力的作用，很少达到立竿见影的效果，应注重长期效果；③校本课程开发以能力培养或者情感、态度价值观的培养为目标，采用能力评价而非知识评价；④校本课程由学生根据自己的兴趣选择，学习的方式也各不相同，应以纵向评价的方式衡量学生的进步和发展。

其次，作者以《民俗文化地理》校本课程评价工作为例，阐明校本课程的评价目标同样包括知识与技能、过程与方法、情感态度与价值观这三个维度，并强调校本课程目标应主要体现在情感、态度和价值观方面，应该采取开放的定性评价。

最后，作者提出了校本课程评价的办法，对诊断性学习评价、形成性学习评价、终结性学业评价三种方式分别进行了论述，说明《民俗文化地理》校本课程的学业评价，采用开放性笔试，不限时间，要求学生查阅资料独立完成，最终从学习态度、基础知识、基本能力、情感态度四个方面进行评定，并通过“校本课程反馈问卷调查”了解学生的心声，以检查教学效果，改进教学方法。

《地理教育》2008 年第 3 期

高中地理新课程课堂教学评价的几个基本视角

郑明进

本文是一位地理教学研究专业人员对新课程背景下如何正确评课所进行的阐释，作者结合了一些具体案例提出高中地理新课程课堂教学评价应从“落实新课程理念的程度”“落实教学策略的程度”以及“生成性教学的体现程度”这三大视角出发，分别加以评定。

从落实新课程理念的程度看，地理课堂教学过程能够体现学习目标多元、教材内容灵活、学生自主探究、关注学习过程的特点。

从落实教学策略的程度看，高中地理新课程需要做到以下几点，即创设情境讲实效、合作学习抓落实、体验活动重提升、自主学习需指导。

从生成性教学的体现程度看，高中地理新课程教学要能够营造课堂生成氛围、重组课堂生成信息、创设课堂生成对话。

总体上看，该文所论述的评课视角不仅为地理课堂评价活动提供了新思路，也为教师理解地理新课程的理念、进行课堂教学设计指明了方向。

《中学地理教学参考》2008 年第 1/2

论新课程下地理教师的素养

彭晓萍

本文是对新课程背景下地理教师素养构成要素的研究。

首先，作者指出要革新教育理念，做课改前沿型的地理教师。在地理教学过程中，地理教师要将“知识与技能”“过程与方法”“情感、态度与价值观”三个维度的课程目标结合为一个有机的整体，这是新课程目标观的要求；地理教师要革新课程资源观，不仅要积极建设和利用校内地理课程资源库，还要积极开发、利用校外课程资源；地理教师还要革新课程结构观，倡导开设选修课程增加学生对课程的选择权，使受教育者实现有个性的发展，可以充分利用本地自然地理条件和人文地理特色创办各具特色的地方课程。地理教师革新课程评价观具有更重要意义，评价内容要综合化，评价方式与评价主体要多样化，要充分发挥评价的激励和发展功能。

其次，作者提出要构建信息素养，做现代型地理教师。新课标强调信息技术在地理教学中的应用，要求地理教师必须具备良好的信息素养，包括较强的信息获取、交流能力与信息技术整合能力。

再次，要提高创新素养，做创新型地理教师。新课标提出“培养学生的创新意识、创新精神”，就要求教师要有强烈的创新意识与较强的创新能力。

最后，要重视科研素养，做研究型地理教师。教学工作与教学科研具有相辅相成的关系，新课程对地理教师提出更高要求，需要掌握地理教学研究的程序和方法，提倡与专业教育研究者合作，增强研究能力。

作者在文中所列出的地理教师素养的基本要求，实际上可引申为地理教师素养评价的组成要素，可为地理教师的专业发展指示方向。

《中学地理教学参考》2008 年第 1/2

新课程标准下地理学习评价方法初探

张　焱

本文是作者结合亲身实践对初中学生进行评价方法改革的体

验，具有他山之石的作用。

作者从理论上简要介绍了探索评价方法的目的与制定评价方法的原则。其评价方法的改革是为了充分发挥评价的激励作用，提高学生学习地理的兴趣。制定评价方法应该遵循过程性原则、激励性原则与多样性原则。

作者重点介绍了评价方法的框架，根据成长记录手册的要求，以“作业情况、课堂表现、个性化学习、合作学习、探究活动成果评价、测验成绩”六个方面作为评价的主线，并在此基础上融入加分机制，算出平时的平均成绩，占总体评价的50%，大考成绩占50%，从而得出学生总体评价情况。

作者最后指出评价还需要关注两点，一是教师要注意收集和分析反映学生发展过程和结果的资料；二是评价应为教学服务，为学生的终身发展服务。

《地理教学》2008年第2期

新课标下初中地理评价方式初探

包　燕

本文是对传统的初中地理学业成绩评价方式进行改革探索的经验介绍，作者提出了一条公式：学生的地理评价＝试卷评价＋作业评价。

关于试卷评价，作者将期末考试转变成章节测验和平时的小测验，其成绩在期末评价中占到50%，即利用平时课前小测验加强学生的有意记忆，利用章节测验保持记忆，从而将学生的短时记忆转变为长时记忆，达到落实知识点的目的。另外，作者认为开展地理基础知识普及竞赛，可以充分调动学生的学习积极性，能够克服反感考试的情绪。关于作业评价，其在地理终结性评价中也占到50%的比重。

作者将作业评价方式归纳为两种显著特点：一是多样化，其形式与内容都应该多种多样，注重对学生的口头表达、描绘地图、绘制地理图表、读图分析、实地观测观察等能力的考查。二是可选择性，作业分为必选和可选两项，必选作业指地理课前评述类作业与区域地理探究作业，前者是让学生介绍自己去过的某个地区，并对感兴趣的问题或感受加以说明，着重分析自然与人文地理的关系；后者主要是评价学生对科学方法的掌握状况，以学生小组为单位，完成教师设计的探究报告。可选作业也分为两类，即资料收集或绘制地理图表类与辩论会或地理试题编写类。

《地理教学》2008年第4期

浅议高中地理作业评价的形式

冯 霞

作业评价机制中的反馈环节对于发挥评价的激励和促进功能有着重要作用。作者结合自己的感受，认为合理的评价对学生有潜移默化的良好影响，并根据作业内容、题型、难易程度不同，将高中地理作业评价分为以下几种类型：

第一，一般评价与特殊评价。一般评价是指传统的评价方式，答案正确的用“√”表示，错误的用“×”表示，最后给学生判分或者分等定级；特殊评价是指对作业中的某些方面的亮点给予关注并做出积极的评价。

第二，书面评价与口头评价。书面评价是指教师在作业本上批语说明，评价内容具有一定的隐蔽性；口头评价是指教师就个别或部分学生的作业完成情况进行表扬或批评、建议。

第三，赞赏性评价、批评性评价与劝导性评价。赞赏性评价是对学生的作业以表扬、肯定、鼓励为主；批评性评价是指一针见血地指出学生作业中存在的问题，直接提出批评，这种评价方式应尽量减少使用；劝导性评价是指委婉地、含蓄地批评学生不足，并指出努力方向。

第四，严肃性评价与活泼性评价。严肃性评价是指教师一本正经、义正词严地以口头或书面形式评价学生的作业；活泼性评价是指教师使用轻松、诙谐的语言对学生的作业进行表扬或批评。

第五，委婉性评价与直接性评价。委婉性评价与直接性评价表达方式相反，是教师采用委婉的语言，在不伤害学生自尊心的同时，指明学生存在的问题。

作者最后指出，作业评价应该不拘一格，不拘泥于形式，应采用多样化的评价方式，进行及时的、具体的、积极的、持续的评价，这样才能达到启迪和育人的效果。

《中学地理教学参考》2008 年第 6 期

学生地理学习档案袋的建立及其应用

焦 洁

本文是作者对建立和使用学生地理学习档案袋的设想。文章通过对“装什么？谁来装？如何评？怎么用?”这四个问题的解释，论述了档案袋评价的基本方法。

对于“装什么？谁来装？”的问题，作者指出教师主要装“地理平时学习评价细则表”“地理学习小组评价细则表”“地理平时学习自我评价细则表”，这三幅评价表的样式在文中均进行了呈现；“地理平时学习评价结果”也由教师装载；而学习过程所积累的材料则由学生自己装入，如学案、试卷、作业、错题集与阅读材料等；另外，“地理学习小组评价结果”由地理学习小组组长装，一般在模块学习接近尾声时或在阶段性档案袋展示中装入。

关于“如何评？”的问题，作者将档案袋质量分为 4 个等级，即 A(90～100 分)、B(75～89 分)、C(60～74 分) 和 D(≤59 分)；另外，档案袋的质量评价也由自评、互评和教师评价组成，并进行阶段性的展示。

关于“怎么用？”的问题，首先是“地理平时学习评价细则表”要求教师在平时做好记录，“地理学习小组评价细则表”要求小组长平时做好记录，“地理平时学习自我评价细则表”要求每位学生做好记录；作者最后指出档案袋应该成为学生学习的好伙伴，可用于学分的评定中，并为班主任的管理提供资料。

《中学地理教学参考》2008 年第 10 期

地理学习档案袋的创建与使用

胡先梅

本文是作者结合了一些具体实例对地理学习档案袋评价方法所作的经验介绍。

作者首先说明了档案袋的作用和意义。对新入学的七年级学生，教师要求学生每人自做或购买一个大信封作为档案袋，让学生自己设计有个性的封面，袋内设计 3～4 个小袋，分别装载综合考查、课外实践、地理作品等。

作者认为地理学习档案袋的内容是档案袋的核心部分，可将地理作业样本、地理填图册、传统成绩测验分数、教师观察评价的结果、家长评价单等装入综合考核袋，将天体、水文观察记录，野外地质、地貌考察报告，经纬度、太阳高度角测量结果等装入课外实践袋；将学生拍摄的地理景观照片、撰写的地理小论文、绘制的地图、制作的地理模型等装入档案袋。

对于地理学习档案袋的使用，主要应通过互相交流，让学生自己分析学习历程与现状，评价自己的学习态度和学习特点，允许学生对其中的材料进行更改和补充，也允许学生家长参与建设与评分。

对于地理学习档案袋的管理，作者认为其内容收集工作主要由学生自己完成，实行学生自我管理。教师主要负责指导学生如何去操作，并监控整个过程。

对于地理学习档案袋的评价，以学生自评、互评为主，老师、家长参评为辅；以激励性评价、形成性评价和发展性评价为主；评价结果的呈现采用“成长记录内容＋评语＋等级”的方法。

《档案时空》2008 年第 6 期

高中地理学习过程性评价可行性操作办法

窦立祥

新课程评价强调学习过程的评价，本文实际上是作者针对学生学习过程评价所设计的操作方案。作者从四个方面进行了叙述。

第一，过程性评价的内容。作者将高中地理学科素养的评价内容分为学习常规评价、课堂学习评价、融合式测验评价、探究性学习评价、突出表现五个方面。

第二，过程性评价方案的基本构架。作者设计了涵盖五项内容的过程性评价表，其记分总则是：平时成绩满分为 100 分，每位学生起评分为 80 分，根据平时过程性记录予以加减分，然后列表详细解释了记分细则。

第三，过程性评价方式。作者采用学生自我评价、学习小组评价和教师评价相结合的评价方法综合评定成绩。

第四，评价结果的使用。作者将学习过程性评价的结果纳入新课程规定的模块学分认定结构和综合素质评定体系中。在模块学分认定时，将学习过程性评价成绩和模块测试成绩各以 50％的比例折算成模块总成绩，模块总成绩满 60 分者方可获得 2 个学分；另外，对地理学习能力进行认定，将地理学习能力评为 A、B、C、D 4 个等级，即模块总成绩排名位于年级前 35％的，该学科学习能力评为 A 等；排名位于年级 36％～85％的，该学科学习能力评为 B 等；排名位于年级 86％～95％的，该学科学习能力评为 C 等；需要补考缓评或重修的学生为 D 等，其比例控制在 5％以内。

《中学地理教学参考》2008 年第 3 期

运用形成性评价理念进行学习过程设计

黄莉敏

形成性评价是一种典型的反映学习过程的评价方式，响应了地理新课改“注重学习过程评价”的理念。本文以课时为单位，以高中地理《大规模海水运动》为例，基于“知识与技能、过程与方法、情感态度与价值观”三维目标，进行学习过程的形成性评价的设计。

首先，作者将地理知识的评价分为地理陈述性知识的评价与地理程序性知识的评价。地理陈述性知识的评价，主要采用书面测验、口头表达、描绘地图、访谈等方法；地理程序性知识的评价是发展学生能力的关键，主要考查学生对地理概念、原理、规律特征的理解和运用。

其次，作者解释了地理技能、过程与方法的形成及运用评价的内涵，学生地理技能的形成与运用的评价，应主要考查学生对各种地理技能的功能、方法和操作要领的掌握程度，选择应用地理技能的合理程度及其表现出来的实际价值。过程与方法的评价内容主要为学生地理观察、实验与制作过程，搜集、整理地理信息，获取地理信息，提出地理问题，分析地理问题，解决地理问题以及合理表达、交流学习成果等。

最后，作者指出对学生情感态度与价值观形成的评价应以学生在课堂教学中呈现的状态为参照，其评价内容为对地理学科的认识、科学精神与素质、对自然地理环境与社会的态度和责任感等。

根据以上理论阐述，作者详细制定了《大规模海水运动》相应部分的评价方案，这对读者进行过程性评价设计有很好的借鉴作用。

《地理教学》2008 年第 5 期

地理野外实习教学评价体系的构建

卫立冬　贾国玲　张泽光

目前，国内关于地理野外实习教学评价的研究成果还非常少，该文具有一定的代表性，它从评价原则、评价指标体系、评价方法、成绩评定等方面论述了地理野外实习教学的评价体系。

首先，作者在简要说明现行地理野外实习评价模式存在问题的基础上，提出评价应该遵循过程与结果并重的原则、教师评价与学生自评相结合的原则、定性与定量相结合的原则、小组实习成绩与个人实习成绩相结合的原则、简明性和可操作性相结合的原则、相对独立性原则。

其次，作者建立了“地理野外实习评价指标体系”的操作量表，其一级指标分“思想作风、专业素质、实习效果”三个方面，二级指标共十项，其名称与权重归纳如下："思想作风"包括"目的态度（10分）、思想表现（8分）、组织纪律（8分）"三项；"专业素质"包括"野外记录（8分）、内容掌握（12分）、操作技能（12分）、综合能力（12分）"四项；"实习效果"包括"实习报告（10分）、论文质量（10分）、思想总结（10分）"三项。

对于评价方法，作者强调过程评价，提出要深入到学生中间进行现场检查与情景测验。最后对学生的实习总结报告进行评定，对实习技术成果进行检查、验收。至于学生的野外实习终结性成绩评定，应由实习领导和指导教师组成的"学生野外实习成绩评价小组"进行集体评议，以尽量提高成绩的客观性和真实性。结合二级指标的得分情况，其成绩用等级制表示，即优秀（90～100分）、良好（80～89分）、中等（70～79分）、及格（60～69分）、不及格（60分以下），并规定若实习小组成绩在中等以下，则该小组成员成绩不能为优秀。

《衡水学院学报》2008年第10卷第1期

新课程下高考地理考试评价标准及试卷结构技术指标构想

王后雄　汪永鑫

本文是考试研究专家对地理高考评价的理论阐述，同时也可看成是具体的命题指导方案。

首先，作者认为高考地理考试标准及试卷结构技术指标构建的依据是《普通高中课程方案（实验）》和《普通高中地理课程标准（实验）》（以下简称《课程标准》），并详细说明了《课程标准》与《考试大纲》的关系，指出《考试大纲》的编制可以按照《课程标准》的模块体系来组织考试内容，其必考内容主要对应于《课程标准》中的必修模块内容以及《全日制义务教育地理课程标准（实验稿）》中的有关内容，选考内容主要对应于《课程标准》中的选修模块内容。

其次，作者分析了地理科试卷结构技术指标，主要是由高考地理科内容、目标、题型、难度、分值、时限、长度、等值测量八种要素彼此关联所组成的一个综合性的结构系统，作者详细阐述了每一种要素的基本内涵与命题要求。对于内容要素，作者将高考地理科考试范围分为必考内容和选考内容，以表格形式分割了内容要素的组成部分及分值理论构想比例；能力要素可分为"获取和解读""调动和运用""描述和阐释""论证和探讨"四个层次，作者也提出了各个层次的理论分数比例；题型要素主要包括选择题、填空题、简答题、论述题、实践探究题五种类别。从难度要素看，作者认为我国目前高考地理科试题的难易控制在0.55～0.65之间为宜，容易题、中难题、难题的比例一般为3∶5∶2；分数要素的确立应依据现行《课程标准》的课时设置、学科之间的分值的匹配以及高校对新生的文化素质结构性的要求；对时限要素而言，地理单科卷测试时间为120分钟，文科综合卷测试时间为150分钟；试卷长度是一个变数，其具体容量受命题的基本设想、试题取材、题型以及不同题型试题的比例、不同难度试题的比例、考试的时间等影响；等值要素是希望不同测验形式的分数之间具有可比性，以力求考试结果的公正性。

《课程·教材·教法》2008年第5期

测试命题：从经验走向科学

朱雪梅

本文是对测试命题程序的规范性与科学性问题进行的研究。作者结合2008年春季扬州市高三地理调研测试命题工作，阐述了科学命题的基本要求。

作者认为命题首先要明确测试目的与命题指导思想。不同性质的测试，其命题要求和方式是不同的，这种差异主要表现在试题的覆盖面、难度系数、综合程度以及测试结果的应用等方面，这就是测试目的的差别。命题指导思想是命题的灵魂，具有引导作用，贯穿于命题的整个过程。对这两点，作者通过具体案例进行了叙述。

作者提出测试目的与命题指导思想是从宏观上确定了测试的总体思路，而具体的考查内容与认知要求则通过“测试命题规划表”来完成。“测试命题规划表”是直接为设计试题而提供的操作工具，是测试过程中进行命题的标准，具体规定考查的主要知识点及其能力要求所占的权重，以及题量、题型、难度等考量，其权重的分配主要考虑各知识点在整个学习领域的重要性、所占教学时数的比重以及对以后学习的迁移和保留作用。

对于试题与评分标准的编制，作者以具体试题为例，归纳为以下四个步骤：(1)广泛阅读，收集命题素材；(2)梳理素材，草拟各类试题；(3)研磨试题，进行试卷排版；(4)编写答案，确定评分标准。

《中学地理教学参考》2008年第6期

新课程标准下地理高考测量目标的确定

田学和

该文在分析《普通高中地理课程标准（实验）》中课程目标的基础上，尝试提出新课程地理高考的测量目标，该目标体系从知识与技能、过程与方法、情感态度与价值观三个维度来表述，使其在考试命题的实施过程中形成一个有机的整体，并符合新课程改革的理念。

作者将考试目标分为测量目标和行为目标。测量目标是理论层面的目标，是一个抽象的概念性目标，具有不可直接测量的性质，只能来源于课程标准。行为目标是操作层面的目标，它具体界定测量的行为标准，因而是可测的。作者认为高考《考试大纲》或《考试说明》中关于考试目标的内容源于对课程标准的内容进行分析和研究，其中测量目标的表述一般比较原则、笼统，而行为目标必须是具体的、系统的，必须有反映行为类型和水平的动词，以对行为进行尽可能详细的描述。

作者提出高考测量目标的表述，要注意以下五个方面：第一，行为主体是考生，而不是教师；第二，测量的重点是结果，而不是过程；第三，开头要用可观察或测量的动词；第四，一个行为目标用一个行为动词来表述；第五，行为目标应该是许多具体方式的概括。

作者在对《普通高中地理课程标准（实验）》的课程目标进行详细分析的基础上，提出新课程地理高考的测量目标包括：地理基本知识；基本的地理技能以及地理学习能力；科学的人口观、资源观、环境观和可持续发展观念。而地理高考的行为目标则从“地理基本知识”“基本的地理技能以及地理学习能力”与“人口观、资源观、环境观和可持续发展观念”三个方面分别进行了行为界定。

《中学地理教学参考》2008 年第 5 期

30 年高考地理命题指导思想的演变

常华锋　王英昌

高考命题是高考的核心与基础，高考命题指导思想的变化不仅影响着考试本身，而且影响着高中乃至整个基础教育。本文是对 1977 年恢复高考至今 30 多年来高考命题指导思想发展和演变的回顾与研究，这对于正确把握高考改革方向与高中教学不仅具有理论价值，而且也具有重要实践意义。根据高考命题指导思想的演变，“文化大革命”后的高考大致可划分为三个阶段。

一是以知识立意为主的高考。自 1977～1991 年，高考处于恢复与成长阶段，其中从 1977～1983 年期间，高考地理的范围是初中地理，其内容几乎全是识记性的知识；1984～1991 年，高中地理被纳入高考的范围，试题特点主要有：以考查陈述性地理知识为主、难度系数难以控制、题型较多、考查的知识面广。

二是以能力立意为主的高考。从 1992 年起，高考命题内容价值取向从“以知识立意为主”变为“以能力立意为主”，地理学科能力分为识记重要地理事物的名称和空间位置等十项能力；1993 年起，地理暂时被列出在高考科目之外；2000 年后各省区逐渐恢复地理学科高考地位，“3＋小综合”方案得到推广，小综合的试卷特点主要表现为：以学科内综合为主，以学科间综合为辅；高考试题的难度基本控制在理想难度左右；注意联系生产与生活实际。

三是以综合素质立意为主的高考。这是指新课程实施后的地理高考，其命题的基本指导思想为：以考查学生综合素质为基本价值取向、试题功能多样且对高中地理教学具有引导作用、试题的地理性得到增强、问题情境真实化等。

另外，本文还分析了高考命题指导思想演变对复习工作的启示作用，作者归纳为三点：领悟高考功能的微妙变化，制订全面的复习计划；了解教育测量理论基础知识，确定复习指导思想；了解外地复习情况，确定合理的复习深度。

《地理教育》2008 年第 6 期

2008 年地理高考回眸

概　况

2008 年的高考模式多姿多彩，地理高考试卷精彩纷呈。不包括北京、上海的春季高考文综卷，与地理相关的高考试卷多达 14 套，既有地理单科卷，也有大综合卷，依然以文综卷为主。从高考地理试题与各刊物选登的地理试题看，以能力立意的命题思想得到进一步强化，测试重视对学生应用地理知识、地理原理解决问题的能力考查，试题的情境材料丰富多样，地理新课程的理念得到充分体现。下面从考试模式与试题特点两方面加以说明。

一、考试模式概况

继 2007 年广东、山东、海南、宁夏四省区开始采用新课程高考模式以来，2008 年江苏的新课程改革也历经三年，并采取了崭新的高考模式。其他省区与上海市的高考依然保持稳定，承袭了原有模式。总体来看，2008 年的“3＋X”组合高考模式百花齐放，可归纳为以下几种模式：

① 广东省继续实行“3＋文科基础/理科基础＋X”方案。“文科基础/理科基础”为必修课的综合卷，“X”为任一门专业选考科目，其中地理单科测试的分值为 150 分，考试时间为 120 分钟，为广东省自主命题。

② 山东省继续实行“3＋X＋1”方案。“X”指文科综合或理科综合。地理学科的考试主要包含于文科综合卷中，为政治、历史、地理 3 个科目的必修内容和部分选修内容，为山东省自主命题。

③ 海南省继续实行“3＋3＋基础会考”方案。地理包含于第二个“3”中，指文科考生考政治、历史、地理三门，“基础会考”中与地理相关的是指理科生考政治、历史、地理、通用技术和信息技术会考试卷。高考海南地理卷由国家考试中心命题，分值为 100 分，考试时间为 90 分钟。

④ 江苏省是新课程的首次高考，实行“3＋学业水平测试＋综合素质评价”模式。这种模式比较复杂，即有三个录取依据，录取占主导作用的还是“3”，即语文、数学、外语三门科目的高考成绩。学业水平测试为单科考试形式，分为选修与必修两种情况。普通类考生需要在物理、化学、生物、政治、历史、地理中确定两门选科，其中物理、历史为必选科目，必选其中之一，然后在其他四门中可任选一门，选修科目的测试时间与语文、数学、外语同期进行；除选定的两门科目外，其他四门与技术（信息、通用）为必修测试，俗称“小高考”，在高二的第二个学期进行测试。地理必修测试卷总分为 100 分，考试时间为 75 分钟；地理选修测试卷总分为 120 分，考试时间为 100 分钟。必修与选修学业水平测试的成绩均以等级制公布。江苏省高考试卷为自主命题。

⑤ 上海市依然实行“3＋X＋1”的方案，其中“X”为“文理综合”，即所谓的“大综合”，“1”为政治、历史、地理、物理、化学、生物中的任一门单科考试。上海市高考试卷为自主命题。

⑥ 其他省、市、自治区实行“3＋文综/理综”方案，即全国大部分省区采用“3＋小综合”方案。采用该方案的文科综合卷中，自主命题的省级行政区有北京、天津、四川、重庆等；宁夏回族自治区为新课程实验区，国家考试中心专门为其命制了新课

程文综卷；河北、河南、山西、广西、辽宁、江西、湖北、安徽、福建、湖南、陕西、浙江等省级行政区使用全国卷Ⅰ；吉林、黑龙江、云南、贵州、新疆、青海、甘肃、内蒙古、西藏等省级行政区使用全国卷Ⅱ。

二、试题主要特点

2008 年高考中涉及地理学科的高考试题精彩纷呈，既能反映地理学科的核心思想，也具有各自鲜明的特色。

2008 年各套试卷中地理试题总体特点是稳定为主，稳中有变。首先，能力立意的命题思想得到加强，对获取和解读地理信息、掌握和运用地理基本知识与地理基本技能、描述和阐释地理原理与规律等能力的要求较高；另外，试题对“发现和探究地理问题”这一高层次的能力要求更加突出，出现了较多现场学习型的试题，如上海卷关于“武汉城市圈图表资料”的分析，就需要理解试题所给的多个概念与公式进行推理与探究，以发现其中的地理问题，才能提出解决方案。其次，试题考查内容进一步突出地理学的核心思想，区域载体的功能依然得到重视，主要运用多幅区域地图考查地理学的差异性与综合性特征，自然地理学的物质运动规律与人文地理学的区位原理依然是考核重点，人地协调思想与可持续发展观在许多试题中得到体现。再次，试题情境材料丰富多彩，区域地图、地形图、各类统计图表、原理示意图、景观图、文字素材成为命题必不可少的依据，也充分凸显了地理学科与生产、生活实际密不可分的应用价值；试题的时代性特色也比较明显，如北京奥运会、“嫦娥”一号卫星、科学发展观的学习等热点事件成为命题的素材；另外，由省级行政区自主命题的地理高考试题中，地方特色的情境材料有不同程度的体现。

2008 年最引人注目的是新课程改革试验区的地理高考试卷，其中除海南省地理卷由国家考试中心命题外，江苏、广东、上海、山东、宁夏四省市自治区均为自主命题。新课程的高考试题除重视地理思维能力考查外，还表现为三个典型特色。一是充分彰显新课程理念，这些试卷的内容不拘泥于教材，主要反映普通高中地理课程标准的整体要求，对推进中学地理课程改革具有积极作用；二是给考生留有选择权利，由于新课程教学方案采用必修与选修模块相结合的设置模式，这种选择性在高考试卷中也有所体现。如江苏地理卷提供了“环境保护”“城乡规划”“旅游地理”“海洋地理”四条选做题供考生从中任选两题作答；广东地理卷则要求从“旅游地理”与“环境保护”两个选修模块的试题中任选一题；海南地理卷提供了“宇宙与地球”“旅游地理”“自然灾害与防治”“环境保护”四条选做题供考生从中任选一题；上海地理卷则分别提供了“一期”课改与“二期”课改的两组试题以适应不同学生的需求。

由于考试模式的差异，以及自主命题的区域差异，不同试卷也具有各自的一些特点，如试题的难度不一致；地理单科试卷的知识覆盖面广；综合能力测试卷最显著的特点是综合性强，不仅加强了学科间的综合，而且不同学科间知识也有相互渗透；广东地理卷与上海卷阅卷材料非常丰富，等等，不一一列举。

另外，有一点现象值得思考，由于试卷种类多，地理试题情境材料需求量大，所以有一些题目所选素材与往年的高考题或各地区的调研测试题相类似，这就产生了利用现成题目的现象，这个现象是否需要避免以及如何避免都是一个值得探讨的新问题。

论文摘要

理性回归凸显课改推陈出新

熊星灿

本文是关于2008年广东地理高考试卷特征的总体评价，作者认为试卷具有理性回归、凸显课改、推陈出新的特点，具体表现为以下几点：

一是相对稳定，有所创新。相对2007年，试卷的题型、题量和分值配置基本稳定，选择题中群组题比重削减，全卷阅读材料尤其是表格材料有所减少。试卷的指导思想稳定，继续贯穿人地关系可持续发展的主线。全卷知识结构稳定，自然地理、人文地理和区域地理平分秋色。

二是注重基础，突出主干。试卷特别注重对学生地理基础知识与基本技能的考查，突出主体知识板块。

三是能力立意，体现课改。试卷突出考查学生科学人文素养与创新意识，注重时代性、实践性，利于素质教育的全面实施。在获取和解读地理信息的能力方面，如34题。在描述和阐述地理事物、原理与规律的能力方面，如12题和32(4)题。在论证和探讨地理问题、关注终身发展的能力方面，如35题。另外，在结合生活实际，体现时代气息方面，如试卷中的能源问题、粮食问题、珠江流域开发问题等。

作者还提出试卷也有值得商榷的地方。如个别考点过分强调，分值偏高，如地理运动的地理意义。个别试题过偏过细，如

14题、24题。个别地理问题的设置与组合不够严密科学，如34题，且开放性答案不够严谨。

《地理教育》2008年第6期

2008年江苏高考地理命题规律的启示

蔡珍树　杨小华

本文是关于2008年江苏地理高考试卷的评析，作者主要从地理核心思想的角度评述了地理试题的特点，作者认为试题在考查学生基本思维素质、创新精神和实践能力等方面增添了新视角。

本文首先阐述了江苏高考试卷所运用的地理核心思想。

一是地域的差异性——地理学的本质。差异性表现在经济增长与产业结构的演变过程，社会经济与资源环境的协调状态，整体区域与局部区域的关系，不同空间的结构特征，区域发展的差异性和区域间的相互作用等。

二是可持续发展——人文地理学的永恒主题。可持续发展的核心主要是人口、资源和环境的可持续发展。

三是区域性和综合性——地理学的载体。区域研究应该抓经济发展重点地区，抓贫困问题，抓辽阔的海洋、海域。

四是协调人地关系——地理学的核心。人是指人口、经济、城市和乡村等，地是指水资源及生态环境各要素。

五是把握地理事物分异性和规律性——地理学发展的最终目标。

本文还研究了2008年江苏试卷地理核心思想内容构成：选修模块试题中，可持续发展和区域性、综合性所占的比例分别为25％和35％，必修模块试题中，可持续发展和区域性、综合性所占的比例分别为35％和25％，均是近三年来较高的比例，此外分异性和规律性也有一定幅度的提高。

本文最后总结说明了2008年江苏高考地理试卷更强调地理思维能力的考查，强调科学技术及对社会、生活和经济发展的联系，重视过程和方法的考查，重视科学和人文精神的统一。

《地理教育》2008年第5期

2008年高考地理试卷（上海卷）评析

本文是上海考试院总结的2008年上海秋季高考地理试卷的命题特征。

本文认为2008年的上海卷从地理学科的特点出发，坚持科学命题的原则，努力使试题体现“有利于高等学校选拔新生、有利于中学实施素质教育和培养学生的创新精神与实践能力、有利于促进中学地理教学改革”的指导思想。

本文认为试卷特点主要有：一是考点比例适当，试卷结构合理，试卷中“地理知识”“地理技能”“地理思维”的比例大致为30∶30∶40。在“地理知识”考查方面，既有地理基本概念、基本原理和基本规律，又有中外区域地理特征与我国人口、资源、环境方面的国情。在“地理技能”考查方面，既有图表资料获取地理信息的技能要求，又有地理计算与绘制图表的技能和条理清楚、逻辑严密的文字表述能力。二是试卷保持相对稳定，体现稳中有变的特征。三是试题呈现梯度，能力要求提高。

本文认为今年地理高考试题对今后的中学地理教学改革将会起到良好的导向作用，主要体现在四个“有利于”：一是有利于引导学生关心我国改革开放与经济建设的新进展和新成果；二是有利于引导学生关注人口、资源、环境的可持续发展；三是有利于引导学生重视地理原理的学习；四是有利于引导学生重视地理技能与地理思维能力的提高。

上海考试院发布（转摘自小岛伊人的博客 http：//www.xingyun.org.cn/space/html/03/1603-14653.html）

2008年高考地理试卷（海南卷）评析

金中元　赵志忠

本文作者主要从试卷结构和特点等方面进行了分析。

作者认为：从试卷构成来看考查内容，第一卷选择题共60分，第二卷非选择题必答题部分共30分，第二卷非选择题选答题每题为10分；从知识点分布来看，人文地理知识占52%，如环境保护、产业转移、产业布局、人口迁移、地理信息系统图表、水源地的保护、水资源的开发利用、公路线的选址、农作物的生长等，自然地理知识占48%，如生态系统和生态效益、昼夜长短变化规律、城市的温度分布规律、气温和降水的分布等；从知识与能力来看，考查知识占20%，考查能力占80%。

作者认为试题的特点主要表现在以下四方面：

一是试题具有开放性、生活性和应用性，较好地体现了新课程的特色。试题要求学生将所学的地理知识、地理原理应用于生产、生活实际，体现学习有用的地理的观念，试题内容涉及面广，不拘泥于书本，结构上不求知识的系统性和完整性，解题思路上不约束学生思维，问题答案不拘一格。

二是试题难度适中，层次鲜明，区分度较好。

三是考查内容较新，人文地理比重大，体现时代性和学科发展趋势。人口、资源环境、灾害及可持续发展在具体实践中的应用是考查的重点。

四是试题灵活，侧重考查学生的综合分析能力、推理能力和实践应用能力。

五是知识跨度大，综合性强，多以图和表格为载体，从不同侧面和角度对知识点进行考查。

作者还指出未来的中学地理教学应该重视学习兴趣的培养，扩大知识面，引导体验生活，关注生活中的地理。

《中学地理教学参考》2008 年第 10 期

2008 年高考文综地理试题（全国卷Ⅰ）研究与赏析

李福中

本文主要从试卷的能力要求和试题的学科特点等方面进行了总结。

作者认为试题体现了以能力测试为主导，侧重考查了地理基础知识、基本技能的掌握程度和综合运用所学知识分析、解决实际问题的能力。试题设计具有浓厚的地理学科特色，突出考查了学生的地理思维能力。试题稳中求变，力求创新，保持连续性，体现过渡性，衔接新课程理念的总体要求。

在学科特点方面，作者认为试卷的主要优点表现在以下四个方面：

一是凸显基础主干性、稳定连续性和合理导向性。地理试题没有出现超出考纲的偏题和怪题，考查的都是主干知识。如农业资料图表、等高线地形图、地球运动规律等。给考生创造平稳复习心理的基本趋向。

二是彰显对地理图表材料阅读分析的能力要求。图像一直是地理学科的鲜明特色，全卷地理试题共有三组图表，图幅数减少了，但无图不成题的特色依然没有改变。

三是回归主题，适应时代需要。多年的热点才是真正的热点，今年的试题同样印证了这点。如农业问题、人口问题、产业问题、国土整治中的河流开发、民族融合祖国统一等。

四是对考生能力的要求更加细化和高标准化。如 36(1) 题，不考什么“地形区”而是考查“地形类型”的判读，就是要考查获取和解读信息、调动和运用知识、描述和阐释事物的能力。

《地理教育》2008 年第 4 期

2008年高考文科综合能力地理试题（全国卷Ⅱ）评析

方春金

本文主要从试卷的主要特点、教学启示和备考策略等方面进行了总结。

作者认为该份试卷的特点有：

一是突出主干知识，强调基础知识的考查。今年的高考题主要考查了气候、地球运动、等高线、中国的地形和资源分布、循环经济和工业等知识。

二是以地图提供的信息为载体，突出了从地图中获取和解读信息，并加以分析和应用能力的考核。

三是简答题增多，分值相对集中，判断、分析、推理、归纳和语言表述等能力要求提高。

四是与现实生活生产联系密切，并关注学以致用能力的考核。

作者还通过试卷的分析提出了一些备考策略：

一是立足基础，突出主干。通过对知识内容的整合和重组，使学生能够从庞杂的知识中，形成自己的知识体系与线索，使知识内容条理化，并建成完整的知识结构体系。

二是重视图表训练和信息的提取。在备考过程中，充分利用教材中的地图、相应的地图册或练习中的地图，采用读、划、描、析、画、转等多种方法进行图表的训练，提高学生从图表中获取信息的能力。

三是讲究学习方法，培养基本的地理素养和能力。培养学生的地理思维能力和习惯，提高学生文字表述能力。

四是开阔视野，密切与现实生活的联系。平时应注意深入研究身边的地理生活实际，把它们作为案例贯穿在平时的学习过程中，从而达到提高学习兴趣、解决实际问题能力等方面的效果。

《地理教育》2008年第4期

2008年高考文综地理试题（山东卷）简评

吴昭洪

本文总结了山东卷的六点特性。

作者认为试题体现素质教育，具有导向性。试题在考查学生科学素养的同时，还重视学生综合素质的考查，关注学生的情感态度和价值观。如第30题，以“罗布泊地区的旅游安全”为案例，考查学生的生存能力。整份试题力求科学素养与人文精神的统一，引导学生增强社会责任感和价值判断能力。

作者认为试题突出主干知识，注重基础性。试题注重考查学科基础知识、基本技能和基本方法。

作者认为试题坚持能力立意，力求综合性。几乎所有的试题均涉及能力考核目标中的三项或四项要求，通过知识内在的逻辑联系，实现在有限的空间中，对学生运用所学的知识多层次、多角度分析和解决问题能力的综合考查，尝试和探索进行真正意义上的综合。

作者认为试题关注社会现实，彰显时代性。试题取材广泛，关注、折射的社会现实和热点问题，包括：国际粮食安全、大湄公河的区域合作、北京奥运会、我国南方雨雪灾害、耕地保护、能源开发和利用、改革开放 30 年城市化进程。

作者认为试题鼓励创新思维，凸显开放性。如 26 题第(4)小题，引导学生追寻和理解科技工作者提出的治理湖区生态问题的思路。

作者还认为试题强化图表运用，强调地域性。全卷地理图表共 11 幅，区域分布图 5 幅，景观图 1 幅，统计图表 5 幅。试题在运用图表的同时，还选取不同的地理区域为载体，注重考查学生运用所学的基础知识分析解决区域实际问题的能力。

《地理教育》2008 年第 6 期

2008 年高考文综地理试题（北京卷）简评

付　华　韩　磊

今年是北京文科综合命题的第五年，作者主要从命题的设计、基本内容、学科特色和能力考查，提出了自己的见解。

作者认为试卷体现地理学习生活化的理念。具体表现在：

一是以现实问题为中心，考查学生应用图文信息分析、解决实际问题的能力，体现了地理学习的理念和时间价值。

二是关注现实生活中的地理事物和现象。如国际能源问题、宇宙探测问题和城市地域功能分区知识问题等。

三是关注生产活动中的地理事物和现象。地理科学的中心任务是研究地理环境与人类活动的相互关系，该试卷的设计关注人们生产活动与地理的相关性，凸显地理学特点和应用价值。

作者认为试卷紧扣教材，体现“材料在外，原理在内”的命题艺术，做到“知识和能力、过程与方法、情感态度与价值观”的“三位一体”的命题思路。主干知识是命题的基础，试题的内容涉及时间计算、大气运动、水循环、洋流、农业地理、地球运动、城市功能分区、旅游资源、气候、河流、新兴工业、城市区位及作用等基本主干知识，强调重点，体现综合。灵活表达是试卷的特色语言。能力立意是试卷的重点。

作者还认为试卷坚持地理学的核心思想。如36题一方面综合考查对区域人地关系和人地系统地理解，另一方面测试学生分析问题和解决问题的综合能力，具有综合性。同时联系实际，找出措施，谈谈规划和设想，具有应用性。试题以区域为切入点，用地理观点和原理分析区域特征，具有区域性。

《地理教育》2008年第4期

2008年高考文综地理试题（天津卷）评析

苏睿先

本文主要对试卷的特点进行了总体评价。

作者认为试题的特点有：

一是注重基础，突出主干知识。试题中涉及的太阳高度和方位、太阳直射点的判读、大气作用与气候成因分析、渔场分布与海洋渔业资源开发、灾害防治与生态环境问题、港口建设选址、工业区位分析、城镇区位分析、区域特征、耕地资源的保护和利用等主干知识。

二是注重能力考查，试题设计巧妙，如第7、8题从采石场的选线和规划入手，为学生创设了一个运用已有知识分析问题、解决问题的情景，学生通过读取图中信息进行思考、比较、分析，最后得出结论，完成一个完整的思维。

三是联系实际，强调解决现实问题。今年的地理试卷素材选择、问题的设计大量联系了学生的学习和生活实际，将当今社会关注的问题作为素材，如生态破坏、耕地减少、地震、宇宙探索、2008奥运等，充分体现了地理学科的应用性。

四是试卷的素材丰富，体现地理学科特点。试卷中的图包括区域图、景观图、原理图、示意图、等值线图和统计图表等19幅图，充分体现了地图作为学科“工具”和“第二语言”的重要价值。

五是立足天津，彰显地方特色，关注乡土地理。

作者还提出今后的教学建议。希望在高中地理教学过程突出地理主干知识和思维方式的整合训练，强调构建知识框架，培养逆向思维的能力，提高学生文字表达水平。

《地理教育》2008年第4期

2008 年高考文综地理试题（四川卷）简评

王智勇

本文就试卷的结构特征、主要优点和缺点进行了分析。

作者总结试卷涉及的主干知识有：气候、等值线、人地关系、地球运动、地貌、自然灾害、地形地势、河流及河流的治理、生态环境等；试卷的分值构成特点为：自然地理约占 16 分（题号为 1、2、8、9），人文地理约占 16 分（题号为 5、6、7、10），自然地理与区域地理的综合约占 14 分（题号为 36 题的（1）、（2）小题），人文与区域地理的综合约占 12 分（题号为 3、4、11），此外约有 42 分为自然地理、人文地理和区域地理的综合。

作者认为试卷主要优点为：一是体现了区域地理搭台、系统地理唱戏的命题思路，表现出地理学科的综合性和区域性的两大特征。二是强化文科综合能力，对学生信息解读的能力要求较高，试卷的材料突出了新颖性、现实性、创新性和时代性。三是强调主干知识。

作者认为试卷存在的不足有：题目设置简单，没有区分度，尤其是选择题的设置，基本没有难度，调动知识的要求不高；知识的考查重复，生态环境问题在试卷中多次出现；答案设置不够完善，知识结构较为混乱。对尼泊尔的水能开发不利条件的分析可以加上“生态环境的脆弱、距离市场较远、交通不方便、开发难度较大等原因”。

作者认为以后的高考复习应该做到：①狠抓基础主干知识，形成知识网络。②重视考试中出现的问题，改进教学。③强化能力训练，让能力扎根学生头脑。

《地理教育》2008 年第 5 期

2008 年高考文综地理试题（重庆卷）评析

唐昌彪

本文从试卷的难易程度、知识结构等方面总结了试卷的特征。

作者认为该试题紧扣《考试大纲》，突出高考地理的新思想、新要求，也凸显了地理学科的“区域性和综合性”特点。以主干知识为基础，着重考查学生利用图表资料获取信息、调用知识、处理相关问题的能力，试题联系生活、联系实际，体现了“学习生活中的地理，学习有用的地理”的思想。

作者总结出试卷的主要特点有：

一是试题难度适中，层次体现适当。今年的试题的难度比往年的难度略有降低，绝大部分题目只要考生认真学习就较易作答，并有适当的梯度。

二是强调基础知识，突出重点内容。

三是凸显地理特色，注重能力考查，整套试卷中的试题多以图表为载体，将解题所需要的信息包含其中，试题共包括五幅区域图、一张表格、两幅统计图和一幅景观照片，图表的类型多，信息量大。

四是知识结构合理，分值保持稳定。全卷100分的分值，选择题44分，学科内综合题36分，学科间综合题20分。其中自然地理约42分，人文地理约58分。涉及中国地理部分的为56分，世界地理部分的为20分。

五是选材贴近生活，题目设计巧妙。

作者认为未来的高考复习应该以教学大纲为依据，通过原理分析、规律总结和解题训练，强化地理信息获取和解读能力的培养；淡化机械记忆，关注地图知识，突出空间分析、空间思维能力的训练，形成良好的空间思维能力。

《地理教育》2008年第5期

2008年地理高考试题精析

（广东地理卷第29～30题）年蒸发量变化速率指标能够反映蒸发量的时间变化。如“－40 mm/10 a”表示年蒸发量10年间减少了40毫米。读图1，结合相关知识回答1～2题。

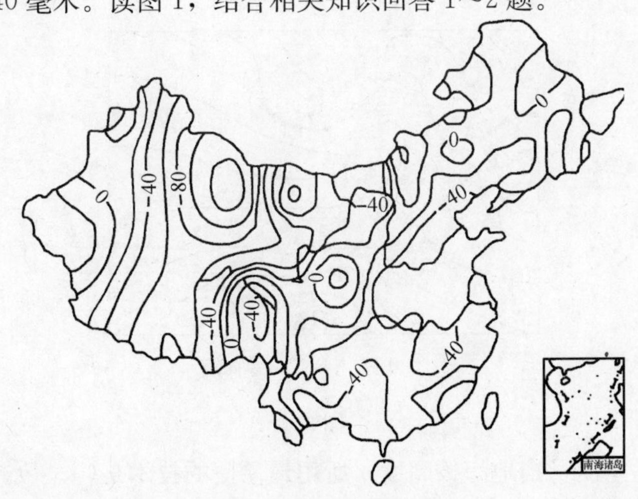

图1　1956～2000年全国年蒸发量变化速率（mm/a）空间分布图

1. 对我国年蒸发量变化趋势叙述正确的是（　　）。

A. 西北地区蒸发量变化最大

B. 华北地区蒸发量呈增加趋势

C. 长江中下游地区蒸发量呈增加趋势

D. 全国大部分地区蒸发量呈减少趋势

2. 下列选项与我国大部分地区蒸发量呈正相关的是（　　）。

①日照时数　　②相对湿度　　③风速　　④气温　　⑤空气污染程度

A. ①②　　B. ①③　　C. ③④　　D. ④⑤

答案：1. AD　　2. BC

解析：本题组考查学生等值线图的判读能力和地理原理的推理过程。

第1题，读图分析可知，西北地区的蒸发量变化幅度为80毫米，是我国蒸发量变化幅度最大的地区；根据图中数据判断，华北地区蒸发量也呈减少趋势。长江中下游地区蒸发量变化约为−40 mm/10a，呈减少趋势；由图中数据即可判断，全国大部分地区的蒸发量都呈减少趋势。

第2题，日照时数越长，获得的太阳辐射越多，地表蒸发量越大；风速越大，地表的蒸发速度越快；气温越高，地表蒸发越旺盛。因此，①、③、④与我国大部分地区地表蒸发量呈正相关。而相对湿度越大，大气中水汽含量越大，地表水越不易蒸发；空气的污染程度与地表蒸发强弱无直接联系。

（江苏地理卷第7～9题）图2是“某地地形简图”，M点位于36.5°N。两中学生分别到达P、M点，测量并计算出两点相对高度是288米。读图回答3～5题。

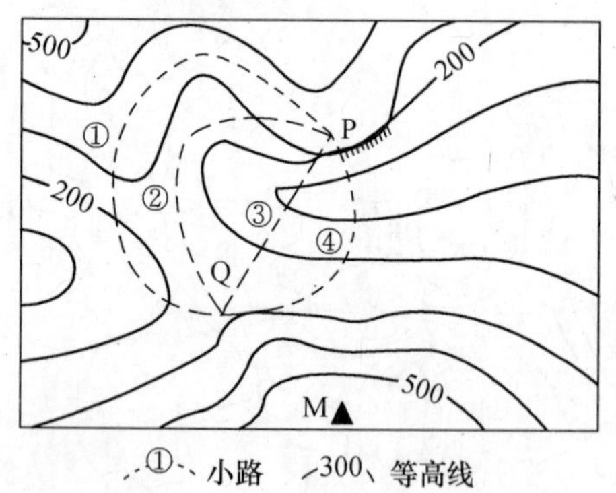

图2

3. 两学生测量当地海拔高度，所用最便捷的技术是（　　）。

A. 遥感　　　　B. 全球定位系统

C. 地理信息系统　　　　　　D. 数字地球

4. 图中 P、Q 两点之间的四条小路中起伏最小的是(　　)。

A. ①　　　B. ②　　　C. ③　　　D. ④

5. 冬至日正午，M 峰顶的影子正好移至 P 点，则 P、M 之间的水平距离大约是(　　)。

A. 300 米　　B. 400 米　　C. 500 米　　D. 600 米

答案：3. B　　4. B　　5. C

解析：本题组考查学生 3S 技术的应用、等高线地图的判读和正午太阳高度角的计算等问题。

第 3 题，GPS 可以快速提供精确的三维坐标（经度、纬度和高度），进而推出两地的相对高度。

第 4 题，读图可知，②仅穿越了一条 300 米的等高线，而①穿越了 200、300 米等高线，③与④都穿越了 100、200、300 米三条等高线。穿越等高线条数少则地势起伏小。

第 5 题，冬至日该地的正午太阳高度角 $H=90-(36.5°+23.5°)=30°$，在一个角为 30°其对边为 288 米的直角三角形，求另一条直角边的值，应为 $288\times1.732\approx500$ 米。

（江苏地理卷第 19～20 题）我国东部地区的主要锋面雨带，通常位于西太平洋副热带高压脊线以北 5～8 个纬度距离处，并随西太平洋副热带高压的北进南退而移动。图 3 为“西太平洋副热带高压脊线位置示意图”。读图回答 6～7 题。

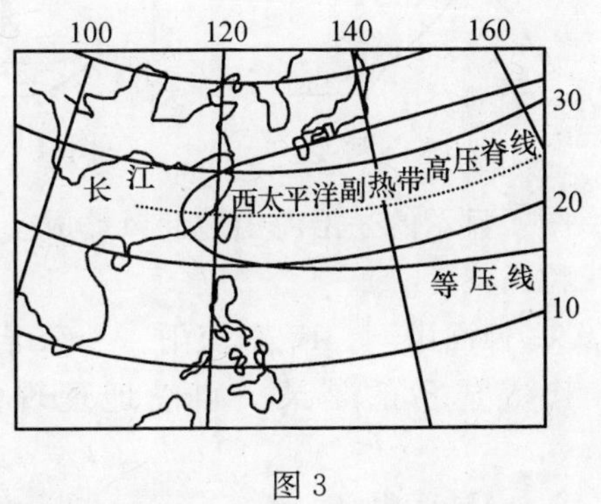

图 3

6. 当西太平洋副热带高压脊线移到图示位置时(　　)。

A. 长江三角洲地区都吹东北风

B. 副热带高压南侧洋面处于台风活动期

C. 台湾海峡受上升气流影响而多雨

D. 华北地区干燥少雨

7. 下列诗句描述的降水情景，可能出现在图示时期的是(　　)。

A. 清明时节雨纷纷

B. 黄梅时节家家雨

C. 雨滴梧桐秋夜长

D. 清风细雨湿梅花

答案：6. BD　　7. BC

解析：本题组考查了我国锋面雨带的移动规律。

第 6 题，从材料中可以看出，锋面雨带通常位于副热带高压脊以北 5～8 个纬度处，从图中又可以读出“西太平洋副热带高压脊线位于北纬 25 度附近，由此可以推出锋面雨带位于北纬 30～33 度，也即是长江中下游地区的梅雨时节（黄梅时节家家雨）。此时的长江三角洲处于高压的西北侧，应该吹偏南风，台湾海峡正好处于高压脊（图中高压脊经过台湾海峡），盛行下沉气流，干燥。华北地区正值春旱，干燥、少雨。

第 7 题，本题考查了对诗歌意境的理解，清明应该在 4 月初，与题意不符合；梅花应该冬末春初开放，也与题意不符，该图所示雨带的移动也可能出现在雨带南移过程中（材料中暗示“北进南退”），这是一个思维陷阱，考生容易产生思维定式，只想到“北进”，难以想到“南退”。

（上海地理卷第二题组）地理教学中经常用一些示意图来表示地理现象的发生与变化。读图完成 8～10 题。

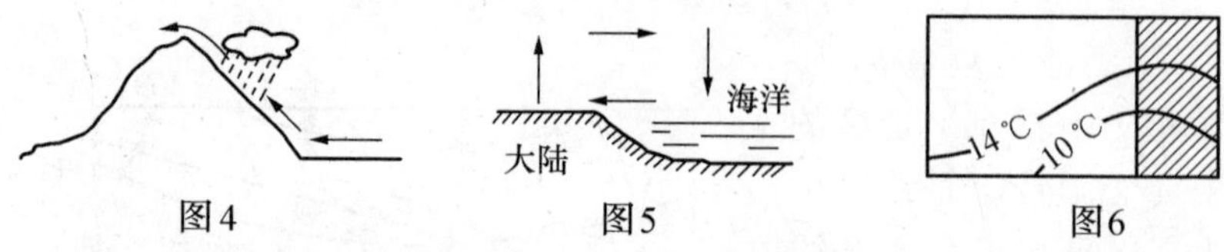

图4　　图5　　图6

8. 图 4 显示的是沿海山地迎风坡成云致雨的过程，这种降水类型称为（　　）。

A. 锋面雨　　B. 对流雨　　C. 台风雨　　D. 地形雨

9. 图 5 显示的是某一自然地理现象的循环过程，该过程为（　　）。

A. 海陆间循环　　B. 海上内循环

C. 夏季风环流　　D. 冬季风环流

10. 图 6 中的阴影部分代表大陆，另一部分代表海洋，图中等值线表示（　　）。

A. 南半球　7 月等温线　　B. 南半球　1 月等温线

C. 北半球　7 月等温线　　D. 北半球　1 月等温线

答案：8. D　　9. C　　10. A

解析：

第 8 题，地形雨为受地形阻挡，气流上升温度下降，水汽凝结而形成的降水，图 4 的降水类型为地形雨。

第 9 题，图 5 所示的循环中，近地面箭头由海洋指向陆地，在海陆间水循环中地面径流由陆地流向海洋；海上内循环与陆地无关；冬季风由陆地吹向海洋。因而该循环过程为夏季风环流。

第10题，图6中两条等温线的总体分布特点是南高北低，可判断该地位于南半球，同一纬度海洋的气温高于陆地，判断出为南半球的冬季为7月份。

（海南地理卷第1～2题）1997年12月，149个国家和地区通过了限制温室气体排放量以抑制全球变暖的《京都议定书》。《京都议定书》于2005年2月16日正式生效。完成11～12题。

11. 履行《京都议定书》的一条重要途径是调整能源结构，受此冲击最大的产业是（　　）。

A. 钢铁　　B. 机电　　C. 纺织　　D. 电子

12. 由于《京都议定书》规定了减排目标，温室气体排放量具有了价值，并成为一种商品。这种商品形成的市场称为（　　）。

A. 煤市场　　B. 碳市场

C. 石油市场　　D. 天然气市场

答案：11. A　12. B

解析：本题组以全球变暖这一生态环境问题为背景，考查全球变暖的形成原因，与全球变暖关系密切的工业部门，影响工业的主要区位因素。

第11题，钢铁工业能源消耗量大，调整能源结构后受到的冲击大。

第12题，造成全球变暖的主要温室气体是二氧化碳，温室气体排放量具有了价值，并成为一种商品。这种商品形成的市场称为碳市场。

（全国文综卷Ⅰ第5～7题）产业重心是区域产业产值空间分布的重心。图7示意中国三次产业重心的经、纬度变化（不含台湾、香港、澳门的统计资料）。完成13～15题。

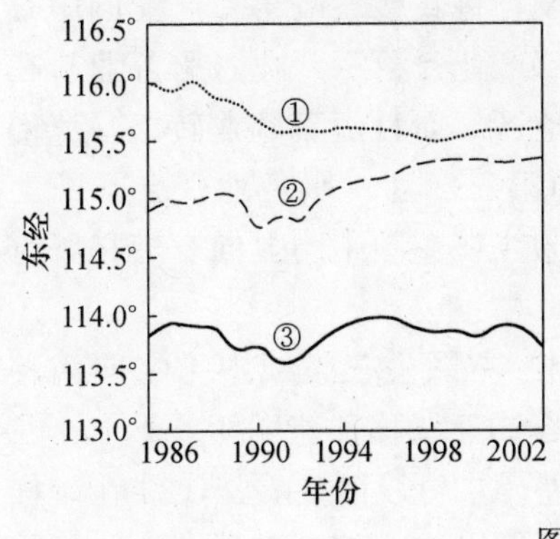

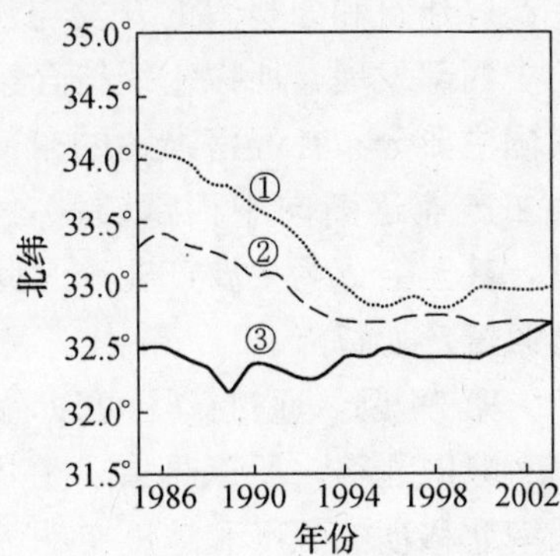

图7

13. 图中①、②、③线依次代表(　　)。

A. 第一产业、第二产业、第三产业

B. 第二产业、第三产业、第一产业

C. 第一产业、第三产业、第二产业

D. 第三产业、第一产业、第二产业

14. 从产业重心的纬度变化看(　　)。

A. 三次产业重心均向北移动

B. 第一产业重心移动最快

C. 第二产业重心移动最快

D. 第三产业重心移动最快

15. 自 1985 年至 2003 年，产业重心移动的趋势是(　　)。

A. 第二产业向东南　　B. 第二产业向东北

C. 第一产业向东南　　D. 第三产业向东南

答案：13. B　　14. C　　15. D

解析：本题组考查我国的产业结构变化与统计图表的分析。

第 13 题，通过读图找到三次产业重心随时间的推移空间分布变化规律进行判断。第一产业主要是指农业生产，农业生产的特点之一是地域性，因为农业生产需要热量、光照、水、地形、土壤等自然条件，而一个地区的自然条件相对变化不大，导致第一产业中心方位变化相对较小，我国第一产业（农业）产业重心主要分布在气候优越、地形平坦、土壤肥沃的东南部地区，不论产业如何转移，农业还是在这些自然条件优越的地方发展为主，所以图中③线经纬度基本变化不大，且总是在我国东南部，因此③线为第一产业；第二产业（工业）在我国产业转移上趋势是由东向西，实际中心仍然偏东，因为东部经济条件和地理位置优越，我国中西部地带面积辽阔，能源和矿产资源丰富，发展的重点是能源和原材料加工，主要是电力、煤炭、石油、有色金属、矿产、建筑和原材料的开发与建设，将直接影响第二产业的中心向中西部发展，所以①线符合第二产业；第三产业（服务业）在我国主要分布在经济发达的东部地区，而且随着产业转移，东部第二产业逐渐向中西部转移，而第三产业（服务业）会不断上升，甚至会成为主要产业，因此②线在左图中明显向东转移，符合第三产业特点。

第 14 题，通过读图可以看出：右图中三条线中①②向南移而③略向北移，所以 A 错；在左图中三线移动速度相差不大，右图南北移动的幅度和速度有明显差异，可以明显看出①线在同样的时间内，移动的纬度幅度最大，所以①线移动最快，上一题得出①线为第二产业，所以本题选 C。

第 15 题，特别要注意两个图中的纵坐标（空间）随着横坐标（时间）的变化规律。左图中①基本向西，右图向南，所以第二产业向西南；左图中②基本向东，右图向南，所以第三产业向东南；左图中③变化不大，2002 年略偏西，右图也是波动变化后期向北，所以第一产业变动不大，仅略向西北移一点点。

.（全国文综卷Ⅱ第 3～5 题）图 8 示意某雏形生态工业园区的产业链。箭头表示物质、能量流动过程，其中虚线箭头表示副产品或废弃物的流动。完成 16～18 题。

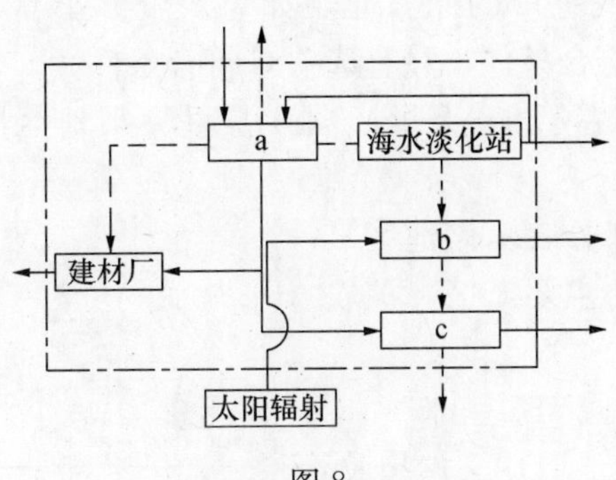

图 8

16. 图中 a、b、c 分别代表(　　)。

A. 电厂、化工厂、盐场　　B. 盐场、电厂、化工厂

C. 电厂、盐场、化工厂　　D. 盐场、化工厂、电厂

17. 该生态工业园区中(　　)。

A. 发电厂的废水、废气与废渣得到有效利用

B. 制盐的副产品得到利用

C. 建材厂有效利用了盐场的废弃物

D. 化工厂的废弃物得到利用

18. 该生态工业园区可能位于(　　)。

A. 晋南　　B. 粤北　　C. 冀东　　D. 闽西

答案：16. C　17. B　18. C

解析：本组试题呈现的是一幅生态工业园区的产业链关系图，通过完善图中字母代表的产业类型，以形成对该生态园区的全面了解，特别是如何做到经济、社会、环境三种效益并重。

第 16 题，解法有两种：一是将选项代入验证，然后根据箭头指向分析其合理性；二是直接从图入手，结合答案提供的产业类型信息进行分析。解题关键在于实线箭头的指向，如太阳辐射指向 b 产业，而与太阳辐射有关的产业只能是盐场的晒盐；又如，电厂为该工业园提供能源，在区域发展中起着重要作用，能

够为所有产业提供能源，根据箭头指向，可确定 a 产业为电厂，从而确定 c 产业为化工厂，选项 C 正确。

第 17 题，主要考查在上题基础上对工业园区的理解问题，关注副产品的利用。发电厂的废水和废渣得到了有效利用，但废气排出系统除外；制盐的废水成为化工厂的原料，副产品得到了有效利用；图中没有由盐场指向建材厂的虚线箭头，说明建材厂不能利用盐场的废弃物；化工厂的废弃物未得到利用，被排出系统之外。

第 18 题，要求综合分析该工业园区的位置，从海水淡化工业的布局来看，该地应当在沿海地区，且要求满足晒盐的光照条件如晴天多，发电厂的原料充足如煤炭资源丰富等，晋南、粤北、闽西都不符合条件，只有选项 C 符合条件。

（山东文综卷第 1～2 题）图 9 是世界某地区图。读图回答 19～20 题。

19. 图中阴影部分表示该地区某种农产品的主要产区，该农产品为（　　）。

A. 茶叶　　　B. 玉米

C. 稻米　　　D. 天然橡胶

20. 下列产业部门中，目前最适宜由中国向图中甲国转移的是（　　）。

A. 汽车制造

B. 精钢锻造

C. 软件开发

D. 家具制造

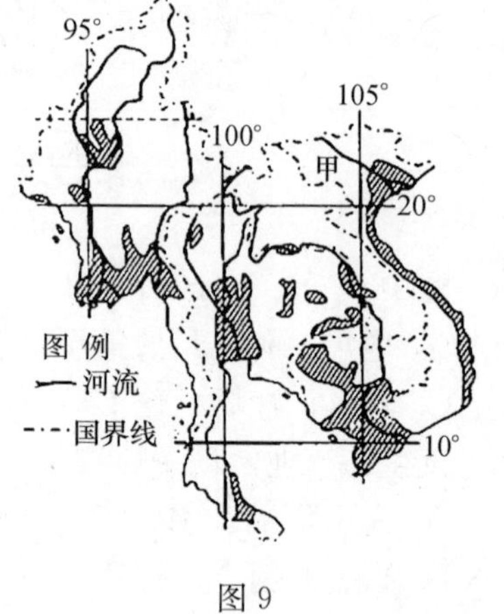

图 9

答案：19. C　　20. D

解析：本题将工业知识和农业知识放于区域地理中，侧重于考查学生空间定位能力、读图分析能力。在确定区域范围后，结合区域的自然要素和社会经济要素，分析当地的主要农产品和主要农业地域类型、剖析当地发展工业的优势和劣势条件。

第 19 题，利用图中的经纬度，可判定该区域为东南亚。该农产品主要分布在沿海地区或河谷地带，而东南亚最主要的粮食作物是水稻，最主要的经济作物有天然橡胶、金鸡纳等。

第 20 题，由中国向甲国（越南）转移的产业一般来说是低端产业（劳动密集型或资源密集型），以便利用当地丰富的劳动力资源或其他资源，而中国劳动力资源也较丰富。

（宁夏文综卷第 3～4 题）图 10 示意不同纬度三地白昼长度变

化。读图完成 21～22 题。

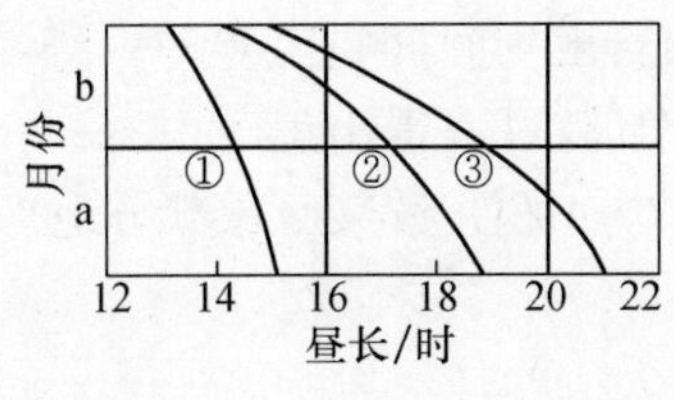

图 10

21. 若此图表示南半球三地的白昼变化，则 a、b 两月分别是(　　)。

A. 1 月、2 月　　B. 3 月、4 月

C. 6 月、7 月　　D. 11 月、12 月

22. 在图示月份中(　　)。

A. ②地夜长超过 10 小时

B. 三地中①地昼长最长

C. 三地昼长变化率在 a 月相等

D. 三地中③地昼长变化最大

答案：21. A　22. D

解析：本题组考查白昼长短的统计图和不同纬度地区昼夜长短的变化规律。

第 21 题，从图中可以读出在 a、b 两个月份，①②③三地昼长都大于 12 小时，且 a 月三地白昼长于 b 月，根据题意三地均位于南半球，所以 a 月为 1 月、b 月为 2 月。

第 22 题，由三地均位于南半球，1 月、2 月的白昼长短分布来看①、②、③三地纬度越来越高，纬度越高昼长变化越大。

23.（北京文综卷第 2 题）电视收视率是指在某个时段收看电视的人（户）数占电视观众总人（户）数的百分比。一般情况下，图 11 中表示北京地区电视收视率变化的曲线是(　　)。

A. ①　　B. ②　　C. ③　　D. ④

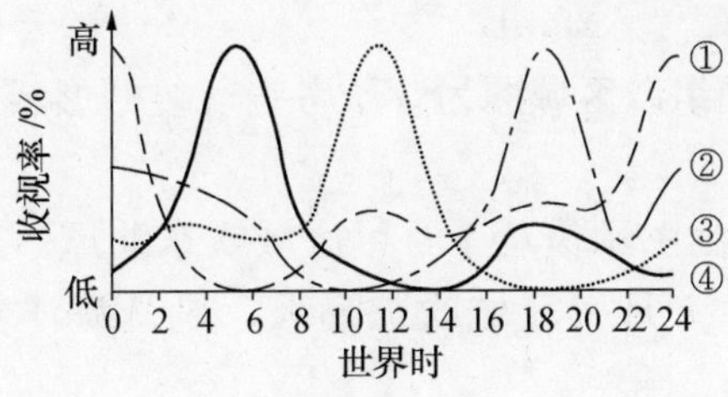

图 11

答案：C

解析：本题考查学生读图分析问题能力和时间计算能力。从

生活常识来看北京地区电视收视率应在北京时间 18 点到 22 点为一天中高峰，而图中给出的时间是世界时，即零时区的时间，只要进行简单的区时计算就可以得出正确答案。

（天津文综卷第 3～4 题）读某区域部分地理信息图（图 12），回答 24～25 题。

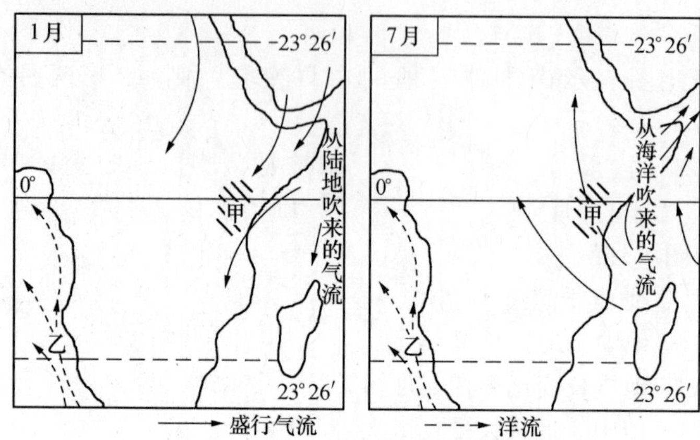

图 12

24. 甲区域气候一年分干、湿两季，据图判断其形成的主要因素是（　　）。

A. 纬度位置　　B. 地势

C. 大气环流　　D. 洋流

25. 乙海域有一大范围渔场，若用洋流剖面示意图来解释其成因，应选（　　）。

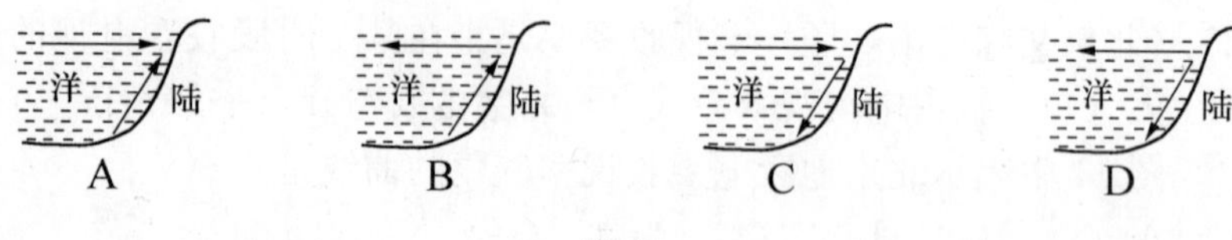

图 13

答案：24. C　　25. B

解析：本题组以区域图为背景考查气候的形成因素和渔场的形成原因。

第 24 题，由图示信息 1 月甲区域吹东北风，风从陆地吹向海洋形成干季；7 月甲区域吹东南风，风从海洋吹向陆地形成雨季。

第 25 题，根据大陆轮廓及纬度位置判断该区域为非洲，非洲西海岸有上升型的补偿流，海底营养盐类被带到海水表层，鱼类饵料丰富故形成大渔场。

（四川文综卷第 3～4 题）图 14 示意我国北方农牧交错带生产与生态定位。读图回答 26～27 题。

26. 北方农牧交错带农业发展方向是（　　）。

A. 增大坡耕地面积，提高粮食产量

B. 大量开垦荒地，提高人均耕地面积

C. 大规模机械化，建成商品粮基地

D. 退耕还林（草），发展舍饲养殖

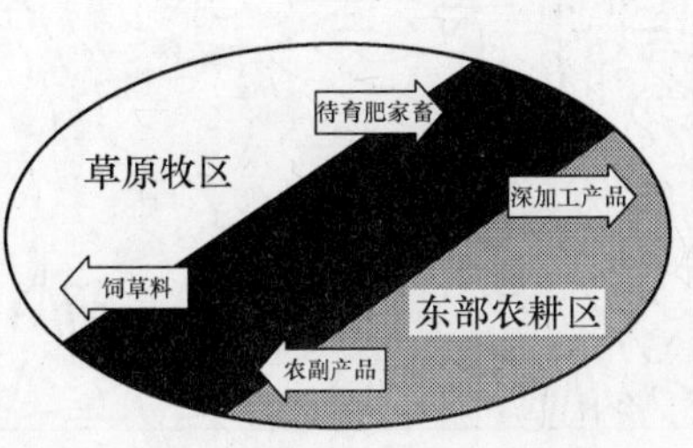

图 14

27. 北方农牧交错带的生态与生产功能是（　　）。

①东部农耕区的生态屏障和畜产品供应基地

②东部农耕区的生态屏障和重要粮食供应基地

③西部牧区的水源涵养带和饲草料供应基地

④西部牧区的水源涵养带和重要粮食供应基地

A. ①③　　B. ②③　　C. ①④　　D. ②④

答案：26. D　27. A

解析：本题组考查我国北方农牧交错地带农业发展方向，要求学生读图提取信息，用因地制宜的思想分析问题。

第 26 题，要求学生紧扣图形做出正确解读。我国北方农牧过渡地带属于半湿润和半干旱的过渡区，大致位于我国的黄土高原和大兴安岭附近。由于该地区自然环境条件不稳定，生态环境脆弱，如在该地区增大耕地面积，容易造成大量的水土流失和土地荒漠化。对于这地区应该退耕还林（草），改善生态环境。

第 27 题，本题内容是在上一题内容基础上结合“图形”考查农牧交错地带的生态和生产功能。由于农牧交错地带的生态工程位于东部农耕区的西部地区，因此可以对东部农耕区起到防风固沙、保护农田、涵养水源、保持水土的作用。而农牧交错地带的生态工程位于西部畜牧区的东部地区，因此可以增加西部牧区的水分状况，改善生态环境。由于从上一题已经知道了退耕还（草），改善生态环境，发展舍饲养殖业是农牧交错带农业的主要方向，农牧交错带的生产功能就不可能是“重要的粮食供应基地”。因此，②④不正确。

（重庆文综卷第 5～6 题）某次地理夏令营活动的主办者策划了一次“寻宝”活动。在活动前，每位营员均会获得一张地图

(图 15) 和一张瀑布照片 (图 16)。据此回答 28～29 题。

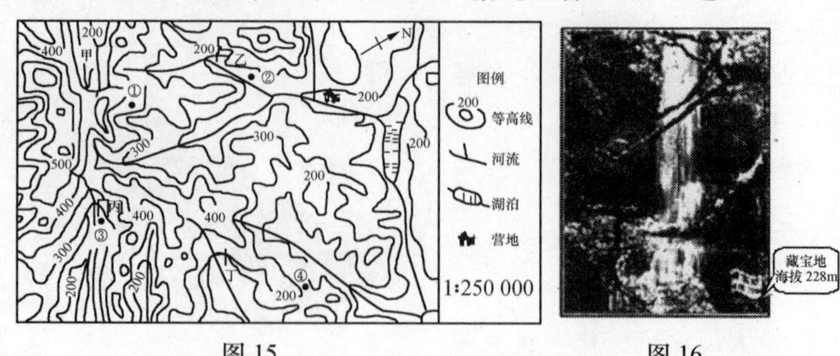

图 15　　　　图 16

28. 图 15 中藏宝地及其相对于营地的方位是(　　)。

A. 甲，西北方　　B. 乙，东北方

C. 丙，西南方　　D. 丁，东南方

29. 为更好地欣赏瀑布美景，拟修建一处观瀑台。最佳选址是(　　)。

A. ①　　B. ②　　C. ③　　D. ④

答案：28. D　29. C

解析：该题组考查等高线的应用及自然景观的欣赏，对学生读图、识图及分析问题的能力要求较高。

第 28 题，读图可知，藏宝地位于瀑布下方，海拔为 228 m，读等高线图可知，甲、丙、丁三处有陡崖可能会形成瀑布，甲处瀑布的海拔高度范围为 300～450 m，陡崖上游河流流程较短，形成瀑布的可能性较小；丙处瀑布的海拔高度范围为 200～350 m，丁处瀑布的海拔高度范围为 200～350 m；再根据图中指向标，可知丙处相对于营地的方向是正南方，丁处相对于营地的方向是东南方。

第 29 题，瀑布景观宜在适当距离仰视。③处可观赏丙处瀑布。

30. (广东地理卷第 32 题) 针对我国中部地区现状，国家在“十一五”规划纲要 (2006～2010) 中提出“促进中部地区崛起”的区域发展战略。山西、河南、湖南、湖北、江西、安徽是我国中部崛起战略中的重要省区。根据下述资料，结合所学知识，回答 (1)～(5) 题。

资料一：见图 17

资料二：见图 18

资料三：见图 19

(1) 有人提出“中部塌陷”的说法。根据图 18，可以体现这种说法的依据是________________。

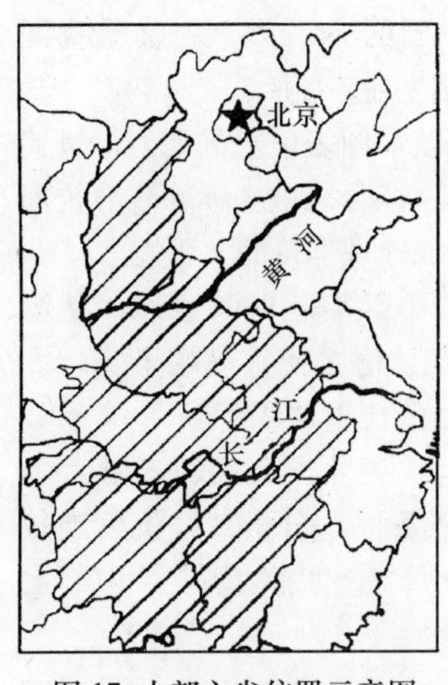

图 17 中部六省位置示意图

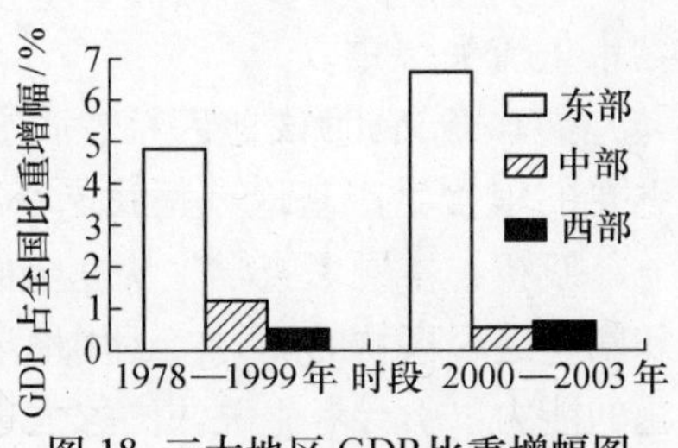

图 18 三大地区 GDP 比重增幅图

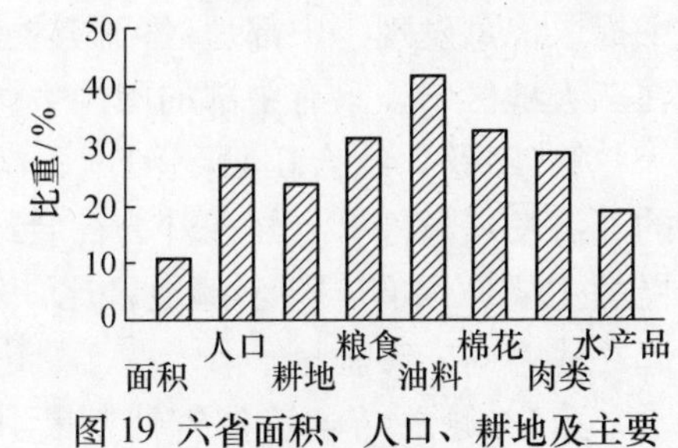

图 19 六省面积、人口、耕地及主要农产品占全国比重图

(2) 导致中部六省经济发展较慢的主要原因是__________。(填正确项字母)

A. 自然资源相对贫乏

B. 与东部地区比，城市群带动能力弱

C. 劳动力丰富

D. 交通条件不如东、西部地区

E. “中部崛起”战略尚未实施

(3) 下列条件各省工业方面的描述正确的是__________。(填正确项字母)

A. 山西是我国的煤炭能源基地

B. 位于湖北的三峡水电站是我国最大的水电站

C. 河南、安徽是我国重要的航空航天基地

D. 湖南、江西是我国有色金属工业基地

(4) 从自然条件角度分析该区域农业发展的优势和不利因素。

(5) 分析该区域粮食生产对保障国家粮食安全的重要意义。

答案：(1) ①中部地区的国内生产总值之比重增幅下降；②在三大地区中，只有中部的国内生产总值比重增幅下降。 (2) BE (3) ABD

(4) 优势：①该区域位于亚热带和暖温带，光照充足，雨热同期（气候资源丰富）；②耕地资源丰富，土壤肥沃（有大面积的平原，如鄱阳湖平原、洞庭湖平原等）；不利因素：①降水季节变化大（变率大），多洪涝、干旱灾害；②初春、冬季多寒潮；

③水土流失严重。

(5) 意义：①该地区粮食产量占全国的 30%以上；②是我国重要的粮食生产基地（是我国小麦和稻米主产地）。

解析：本题考查学生快速全面准确获取图表信息的能力，描述和阐述地理事物的能力，运用地理原理、结合区域实际综合分析问题的能力，引导考生关注国家大事，体现地理学科的实用性。

第(1)题，依据题意，正确理解“中部塌陷”的意思，从图中提取信息发现①中部地区的国内生产总值之比重增幅下降；②在三大地区中，只有中部的国内生产总值比重增幅下降。

第(2)题，结合山西、河南、湖南、湖北、江西、安徽六省的经济发展条件（自然条件、社会经济条件）分析其经济发展较慢的主要原因有：与东部地区比，城市群带动能力弱；“中部崛起”战略尚未实施。

第(3)题：结合各省省情判断其特色工业为：山西是我国的煤炭能源基地；湖北的三峡水电站是我国最大的水电站；湖南、江西是我国有色金属工业基地。

第(4)题，从影响农业的自然区位因素，从气候（亚热带和温带季风气候）、地形（平原面积广大）、土壤（肥沃）等方面分别分析该地区农业发展的有利条件；从影响农业的气象灾害（季风气候降水变率大，水旱灾害频发），山西等省水土流失严重等方面分析该地区农业发展的不利条件。

第(5)题，中部地区的鄱阳湖平原、洞庭湖平原是我国重要的商品粮基地；从图中可以看出六省的粮食产量占全国的 30%以上。

31. (江苏地理卷第 30 选做题 C) ［旅游地理］阅读有关材料，回答下列问题。

材料一：图 20 是“上海市民出游比率等值线图”。出游

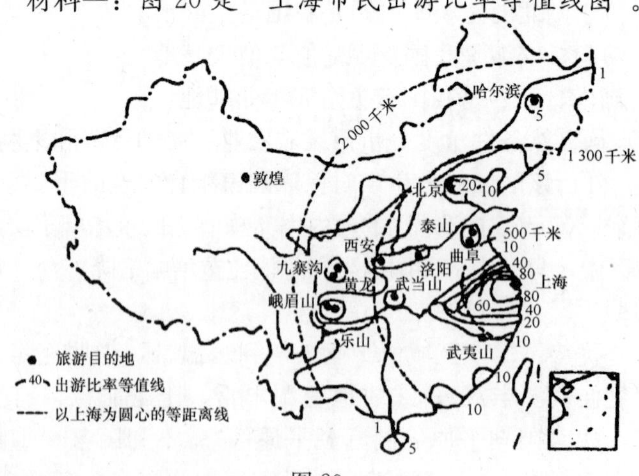

图 20

比率指某地到某旅游目的地的市民占该地出游市民总数的百分比。

材料二：图 21 为“某旅游目的地 1994～2004 年接待游客人次数年内变化图”。

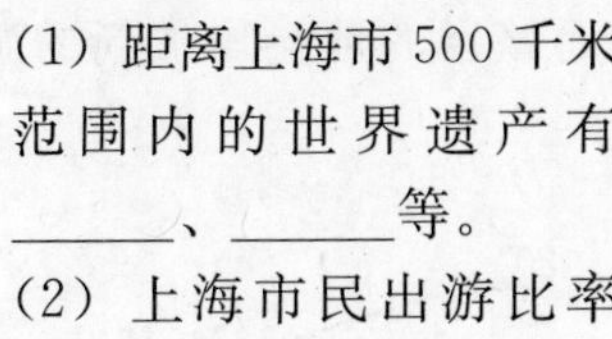

(1) 距离上海市 500 千米范围内的世界遗产有______、______等。

(2) 上海市民出游比率空间分布的总体特点是____________。

(3) 上海市民到北京的出游比率达 20% 以上，高于距上海同距离的其他地区，这主要与北京地区人文旅游资源______和______两方面的特征有关。

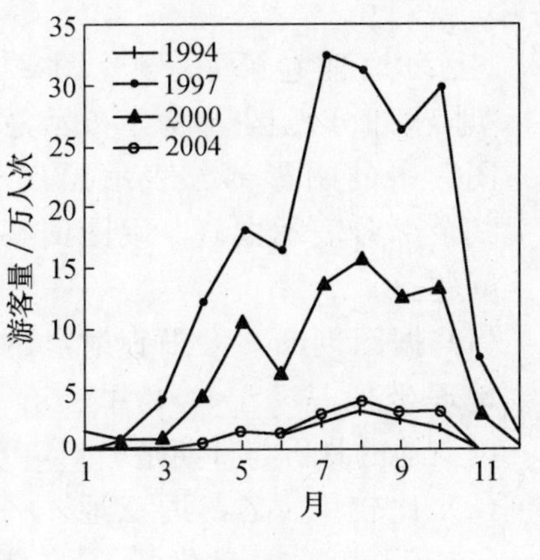

图 21

(4) 图 21 所示的旅游目的地是（填选项字母）______。

A. 深圳锦绣中华　　B. 北京颐和园

C. 苏州周庄　　D. 阿坝州九寨沟

(5) 图 21 所示目的地游客接待高峰分别在“五一”“暑假”和“______”。2008 年我国调整“五一”假日，新增“清明”“端午”两假日，休假制度调整对该目的地游客接待数量年内变化可能带来的影响是______。

答案：(1) 黄山、苏州园林、南京明孝陵、皖南古村落（任答两个）　(2) 由上海市向外围逐渐降低　(3) 质量优　地域组合状况好　(4) D　(5) 国庆节　增加新的游客高峰

解析：此题考查了世界遗产等旅游资源的分布、出游率的时空变化及影响因素等知识点，亦考查了学生的读图分析归纳能力。

第 (1) 题，读出距上海市 500 千米范围内的世界遗产有：黄山、苏州园林、南京明孝陵、皖南古村落等。

第 (2) 题，从图中提取信息归纳出上海市民出游比率的空间分布特点是：由上海市向外围逐渐降低。

第 (3) 题，北京地区较其他地区相比其人文旅游资源具有的特征是质量优、地域组合状况好。

第 (4) 题，从图中读出适合去此地旅游的时间，主要是夏季，故可排除夏季炎热的深圳、北京、苏州，又尤其在 21 世纪

以来出游率大幅度上升，故选知名度上升的夏季凉爽的世界自然遗产九寨沟。

第（5）题，从图中读出该地游客接待高峰分别在“五一”“暑假”和“国庆节”；2008 年我国调整“五一”假日，新增“清明”“端午”两假日，休假制度调整后该目的地会增加新的游客高峰。

32.（上海地理卷第 13 题）图 22 “地球部分地区昼夜分布示意图”中的阴影部分表示黑夜，其余部分表示白昼。读图回答问题。

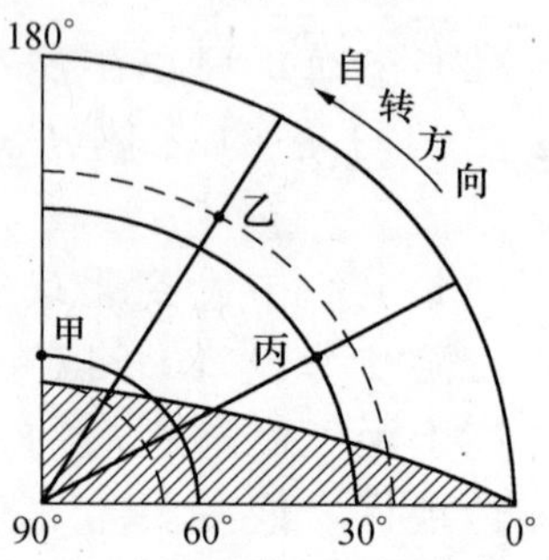

图 22　地球部分地区昼夜分布示意图

(1) 据图判断，太阳直射点的地理坐标是______，甲、乙、丙三地的月份与日期是______。

(2) 比较甲、乙、丙三地，一年中昼夜长短变化最小的是______地。

(3) 一年中甲、乙、丙三地正午太阳高度变化幅度是______。(单项选择)

A. 甲地最大　　B. 乙地最大

C. 丙地最大　　D. 三地相同

(4) 甲、乙、丙三地至少需要再过______小时才能全部进入新的一天，届时甲地的地方时是______日______时。

(5) 丙地所属气候类型是______，该地在图示季节的气候特征是______。

答案：(1) 经度 180°、南纬 23.5°；12 月 22 日　(2) 乙　(3) D　(4) 16；23；04　(5) 亚热带季风气候；寒冷干燥

解析：本题组主要考查地球运动中地方时的计算、昼夜长短变化和太阳高度角变化幅度等相关知识。

第（1）题，根据地球自转方向可以判断出该图是以北极点为中心的俯视图，极圈以内为极夜说明太阳直射点位于南回归线，为 12 月 22 日，另外将左边的昼夜分布图补充完整，可看出 180°经线平分白昼，其地方时为 12 时，为直射点所在经线。

第（2）题，纬度越低，一年中昼夜长短的变化幅度越小，三地中乙地纬度最低。

第（3）题，由于三者都位于回归线和极圈之间，一年中正午太阳高度变化幅度都为 2 倍的黄赤交角，为 46°52′。

第（4）题，此时甲地的地方时为12时，乙地为10时，丙地为8时，因此还需要16小时才能全部进入新的一天，届时甲地的地方时是23日04时。

第（5）题，根据丙地的地理坐标（北纬30°N、东经120°E），可知丙地位于我国杭州（长江三角洲）附近，为亚热带季风气候，此时为冬季，气候寒冷干燥。

33.（海南卷第21题）图23示意某中纬度半湿润地区，A是乙地从B河引水的中继水库。完成下列要求。

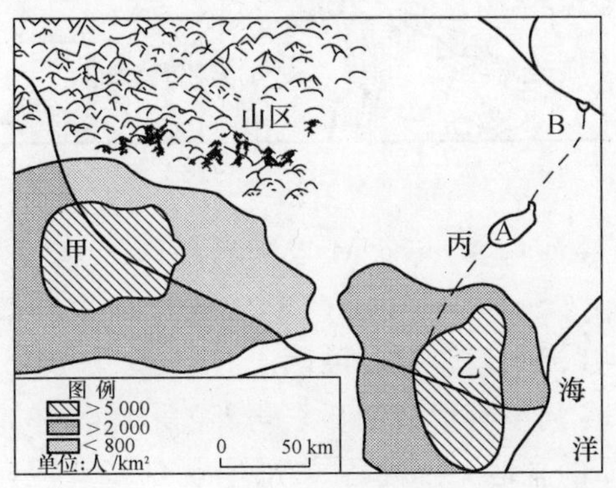

图23

（1）由A水库至乙地修建引水明渠后，丙地作为水源保护地，产业发展方针应该是________________。

（2）乙地现有水源（包括从B河引水）不能满足其今后发展的需要，试列举可能的应对措施。

答案：（1）严格限制所有对水源有污染的生产活动。（必须关停也不能新建对水源有污染的工业，并严格控制农业污染及其他污染。）

（2）节约用水；革新技术，提高废水处理和循环使用，提高水资源的利用效率；（从其他区域寻找水源）进行跨流域调水；（研发新技术，加大）海水淡化（量）；收集雨水。

解析：本题从较为常见的资源调配入手，考查学生分析资源环境的能力，以及合理解决资源短缺的能力。

第（1）题，由A水库至乙地要经过丙地，为了保证乙地的水质，丙地应加强环境保护，限制任何有水源污染的产业发展。

第（2）题针对乙地水源不足问题，可采取跨流域调水、收集雨水、海水淡化、适量开采地下水等开源措施，也可采取节约用水、提高水资源利用率等节流措施。

34.（全国文综卷Ⅰ第36题）读图24，完成下列要求。

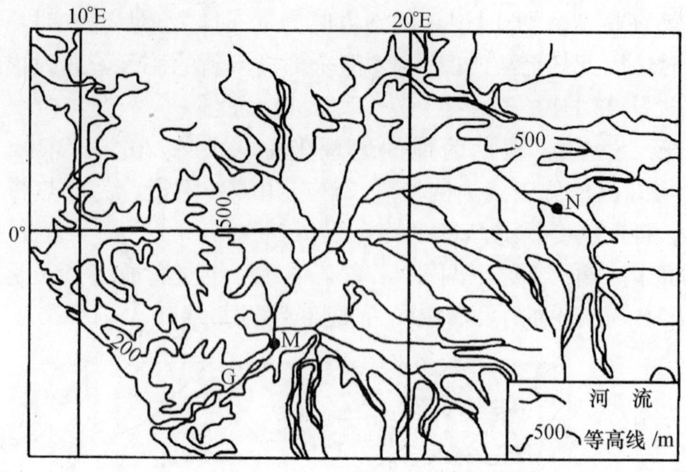

图 24

(1) 判断 G 河自 N 点至 M 点流经地区的地形类型，并说明判断的理由。

(2) 说明 G 河水量丰富的原因。

(3) 指出 G 河没有形成明显三角洲的原因，并加以分析。

答案：(1) 盆地　从水系关系呈现众多支流向中心干流汇入，可以判断四周高，中间低；且图中 500 m 等高线相对较闭合，内部等高线稀疏，地势较平坦，而四周较密集，坡度大，符合盆地地形特点。

(2) 河流流域主要分布于赤道地区，常年受赤道低气压上升气流控制，全年多雨，降水丰富；位于盆地，形成众多支流汇入干流，汇水面积大，汇水量大。

(3) ①植被：流域内为热带雨林，植被繁茂，水土流失较轻；②地形：河流 M 点以上流经盆地地形区，内部平缓，河流中所带泥沙大部分在盆地内部即沉积，到河口泥沙少；③该河流流量大，而河口又位于盆地出口，地势落差较大，流速较急，泥沙容易被冲走而不是沉积。

解析：本题突出自然地理特征考查，从设问指向上侧重于原因分析。本题有空间定位考查，但从近几年命题分析，有明显弱化的趋势。但做该题最好还是根据经纬网图准确判断出区域所在地，便于准确推理后面题目。根据图中经度纬度和河流特点可以得出是非洲刚果盆地和刚果河流域。该地区气候类型主要是热带雨林气候。

第 (1) 题，河流流向由地形决定，水都是由高处向低处流，在图中直接看不出流向，但可根据干支流关系（支流要汇入干流）可推断出流向，然后反推地形，另外图中给的 500 m 等高线也可作为判断依据。

第（2）题，考查河流水文特征水量大的形成分析。影响河流水量的因素，一是气候——热带雨林气候，二是集水区域面积大小——盆地地形、支流多、集水面积大。

第（3）题，考查流水的外力作用及其影响。要从三角洲形成的原理和过程加以分析，然后考虑影响其形成的因素。三角洲的形成是流水的沉积作用，即流水在搬运途中，由于流速降低，所携带的物质便沉积下来，在河口处形成三角洲。G 河入海口没有形成明显三角洲，说明沉积作用弱、侵蚀作用强。从水流速度来看，受地势影响，流速大，泥沙不易沉积；从泥沙量来看，河流含沙量小，影响因素是盆地内流速小，河流侵蚀作用弱，易于泥沙沉积，另外，流域内有大面积的热带雨林分布，植被覆盖良好，水土流失轻。

35.（全国文综卷Ⅱ第 36 题）阅读分析材料，回答下列问题。

D 湖泊（图 25a）的湖面海拔约 3 800 米，降水资料如图 25b 所示。D 湖沿岸地区地形平坦，发现有大量古代农耕遗迹，包括相互交织的人工堆土高台、人工水渠（图 25c），以及人工运河和水塘。

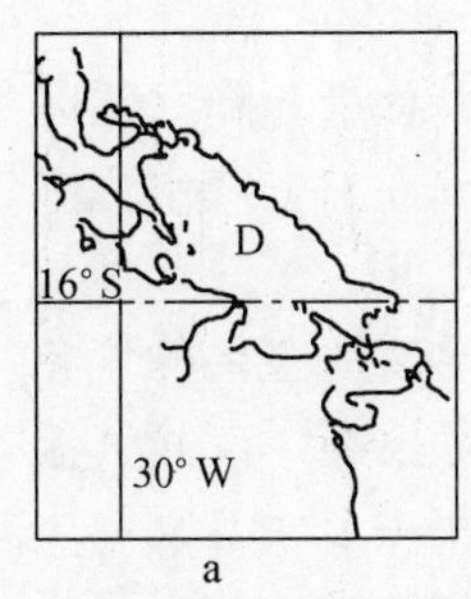

a

降水量 /mm
150
120
90
60
30
0
1 4 7 10 月份
b

c

图 25

（1）推测 D 湖沿岸地区气温的年变化、日变化特征，并简述原因。

（2）归纳 D 湖沿岸地区的降水特征。

（3）指出威胁 D 湖沿岸地区发展耕作业的主要气象灾害及发生时间。

（4）说明该农耕系统对防治这些气象灾害的作用。

答案：（1）因为海拔高，地处热带（低纬度），气温年变化较小；因为海拔高，空气稀薄，白天增温快，夜晚散热快。（按高度推测，日最低气温可能降到 0 ℃以下。）气温日变化较大。

（2）年降水量约 600 mm（580～620 mm），集中在夏季（1～

3月或12至次年3月)。

(3) 低温、冻害,夜间;洪涝灾害,夏季;旱灾,其他季节(4～12月或4～11月);答春秋季也可得分。

(4) (沟渠,水塘与高台交织)排水通畅利于雨季防洪,灌溉方便利于旱季抗旱,水体增温和降温比陆地速度慢,因此,增大水体面积,并使水面和高台交错分布可减小低温、冻害对农作物的影响。

解析:本题通过材料、地图、降水直方图和农业系统图传递地理信息,简洁直观具有亲和力,切入容易,问题考查学生应用自然地理知识描述、推导和解释现实问题的能力,试题设计环环相扣,步步深入,梯度强,具有一定难度。其中,对气温变化、降水特征的描述需要学生具备基本的地理素养。

第(1)题,描述气温变化需要说明气温的变化幅度,即日较差和年较差。由D湖地理坐标(70°W,16°S)可知,该地区地处热带,海拔3 800米,空气稀薄;白天,大气对太阳辐射的削弱作用弱,气温高;夜晚,大气保温作用差,加之海拔高,按气温垂直递减率计算,最低温度在0 ℃以下。气温低,所以气温的日变化(日较差)大。同样由于地处热带。海拔较高,而按月均温计算的气温的年变化(年较差)小。

第(2)题,描述降水的特征需要说明降水总量和降水的时间分布。由b图可计算该地降水总量在600 mm左右,降水主要集中在1月、2月、3月及12月,是南半球的夏季。

第(3)题,在第(1)、(2)题基础上推导该地主要的气象灾害,要紧扣题中的条件由第(1)题知该地海拔高,夜间气温低,所以低温、冻害多发;根据b图降水主要集中夏季,材料中古代农耕遗迹中人工水渠(除灌溉外还应该具有防洪功能)可推导该地春秋有旱灾发生。

第(4)题,人工水渠和水塘在雨季发挥排水、防洪的作用,而在旱季又能发挥抗旱作用;人工堆土高台与运河及水塘相互交织,使水体面积增大,可利用水的比热大于陆地的特点,发挥水体对气温的缓冲作用,降低白天的高温,提高夜间的低温,防止冻害的发生,减小气温变化幅度。

36. (山东文综卷第26题)人口、资源、环境与经济协调发展是科学发展观的必然要求。充分发挥地区优势,加强区域联系,协调人地关系,是实现区域可持续发展的重要保证。图26表示的是我国某地区及该地区某时近地面天气形势。下表是图26中A、B、C三省和东北三省以及全国两个年份的粮食总产量、粮食播种面积和粮食单产变化资料。读图、表回答下列问题。

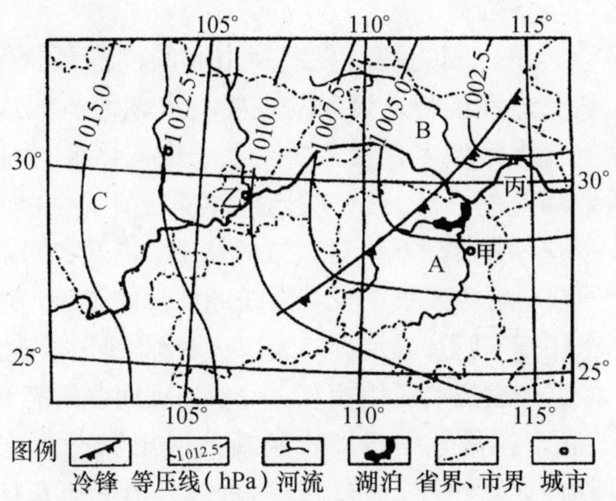

图 26

年份	粮食总产量/亿吨			粮食播种面积/亿公顷			粮食单产/（吨/公顷）		
	全国	A、B、C三省	东北三省	全国	A、B、C三省	东北三省	全国	A、B、C三省	东北三省
1985	3.79	0.76	0.36	1.09	0.17	0.13	3.48	4.47	2.77
2005	4.84	0.81	0.74	1.04	0.15	0.16	4.65	5.40	4.63

（1）判断此时图中甲城市的风向，并指出锋面系统过境后该地的天气状况。

（2）图中A、B、C三省均为我国著名粮食生产基地，与东北三省相比，其粮食生产自然条件的优势是什么？A、B、C三省、东北三省粮食总产量占全国粮食总产量的比重各有何变化？据表说明A、B、C三省产生这种变化的主要原因。

（3）图中乙、丙两城市之间已有内河航道连接，为何还要建沿江高速公路？

（4）针对图中A省湖区某种生态环境问题，有关专家提出了“治湖必须治江，治江必须治山”的治理思路。该生态环境问题是什么？结合地理环境的基本规律，谈谈你对这一思路的理解。

答案：（1）西南风——气温、湿度降低，气压升高；天气转晴。

（2）水热资源丰富　　A、B、C三省所占比重下降；东北三省所占比重上升。A、B、C三省粮食播种面积下降；A、B、C三省（与全国或东北三省相比）粮食单产增长幅度较小。

（3）与航运相比，高速公路更为快捷；为满足社会经济发展对交通运输不断增长的需求，加强沿江城市之间的经济联系，促进沿江地区的经济发展。

（4）泥沙淤积造成的潮泊萎缩及引起的洪涝频繁问题。（依据地球环境的整体性说明）该问题主要与入湖河流泥沙增多密切相关；入湖河流泥沙增多，又主要与上游山区因滥垦乱伐导致水土流失有关，因此湖、江、山应当综合治理。

解析：本题考查锋面系统对天气的影响，“三农问题”中的粮食问题，交通线对城市发展、长江沿线经济带的影响，地理环境的整体性，生态环境问题及其治理，人口、资源、环境与经济协调发展的关系，依据图表提取有用信息、分析地理问题的能力。

第（1）题，根据等压线图，判断此时甲城的风向，过甲点作等压线的切线，再过甲点作切线的垂线，由高压指向低压，画出水平气压梯度力的方向，然后过甲点向右偏转，即可判断风向为西南风。由图判断该锋面为冷锋，冷锋过境后该地被单一的冷气团控制，气温、湿度降低，气压升高，天气转晴。

第（2）题，由图中省级行政单位的轮廓、位置、长江、洞庭湖位置确定 A、B、C 分别为湖南省、湖北省、四川省，其粮食生产基地分别为洞庭湖平原、江汉平原、成都平原。这三个商品粮基地地处亚热带地区，气候为亚热带季风气候，降水多、气温高，农作物可以一年两熟，与东北三省粮食生产相比（东北纬度高，气温低，农作物的熟制为一年一熟）优势是水热资源丰富。从表中可以看出，A、B、C 三省粮食总产量占全国的比重 1985 年是 20.1%，2005 年是 16.7%，是下降的。东北三省粮食总产量占全国的比重 1985 年是 9.5%，2005 年是 15.3%，是上升的。产生这种变化的原因由表中可以得出，2005 年与 1985 年相比 A、B、C 三省粮食播种面积有所下降（0.17 亿公顷到了 0.15 亿公顷），而东北三省的播种面积是上升的（0.13 亿公顷到了 0.16 亿公顷）。粮食单产增长幅度 A、B、C 三省为 20.8%（东北三省为 67%，全国为 33.6%），低于全国和东北三省。

第（3）题，乙、丙两城市分别为重庆和武汉，长江内河航道把两城市连接起来，内河航运虽然运量大、运费低，但受自然条件的影响大、速度慢、灵活性差。随着经济的发展，内河航运已远不能满足运输需要，而高速公路具有车速快、通行能力大、运输费用省、行车安全等优点，成为沟通城市间交通的主要运输方式之一。在乙、丙城市间建设高速公路，将极大地加强沿江城市的联系，促进沿江地区经济的发展。

第（4）题，图中的A湖是洞庭湖，由于长江上游地区植被破坏长江水含沙量增加，网箱养殖降低了水流速度，使得泥沙淤积加速，加上围湖造田，致使湖泊面积缩小，调节功能下降，容易引发洪涝灾害。“治湖必须治江，治江必须治山”的思路是指在长江中上游的山区建设防护林体系，这样不仅防治因乱砍滥伐而导致的水土流失，减少含沙量，而且能防止湖泊进一步萎缩，并增加地表水下渗，减少汇入长江的水量，减少洪涝灾害的频发。

37.（宁夏文综卷第37题）阅读资料，完成下列要求。

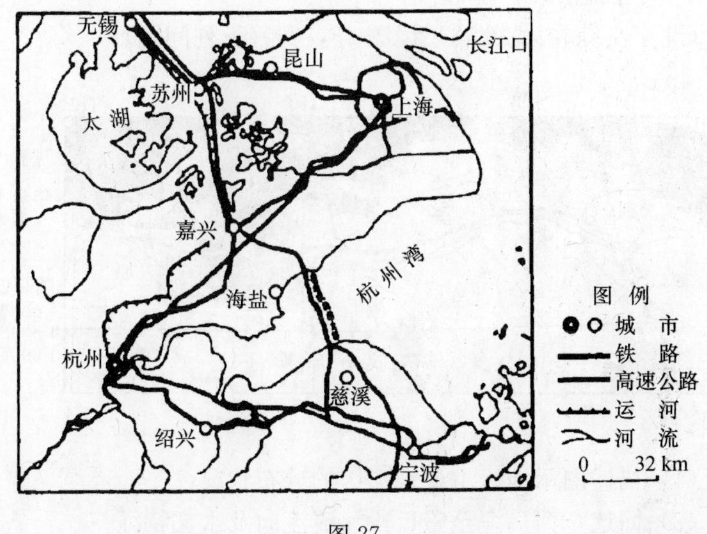

图27

杭州湾跨海大桥于2008年5月1日正式通车。大桥南起宁波慈溪，北至嘉兴海盐（图27），是世界上建造难度最大的跨海大桥之一。

（1）分析造成大桥施工困难的自然原因。

（2）从宁波到上海，经该桥将比走原有公路路程短。据图估算缩短的里程约为______千米。

（3）试评价大桥建成后产生的主要经济与环境效益。

答案：（1）①海域宽阔；②台风多；③潮差大；④流速急；⑤水深，风浪大；⑥海洋腐蚀环境作用严重；⑦桥墩地基深。

（2）在85～105间的值均可得分。

（3）降低交通成本，加强区域经济联系（增进区域经济整合）；实现节能减排（减少运输油耗及尾气排放，减轻环境污染）。

解析：本题借助“杭州湾跨海大桥”这一时事热点切入，以杭州湾为地理背景，考查的知识点有自然地理环境对工程建设的影响、自然灾害对工程技术的要求、交通建设对区域经济发展的迫切性、工程建设亦是综合国力的体现、海洋空间资源的利用等知识。

第（1）题，通过课本中海洋环境的特点为基础，结合所学的综合地理知识，分析区域特征，整合自然地理知识解决问题。

第（2）题，利用地图三要素之一的比例尺这一基本知识解题。

第（3）题，要求学生根据所学的知识对某一地理事物进行评价，突出经济和环境效益。

38.（北京文综卷第 36 题）读图 28，回答下列问题。

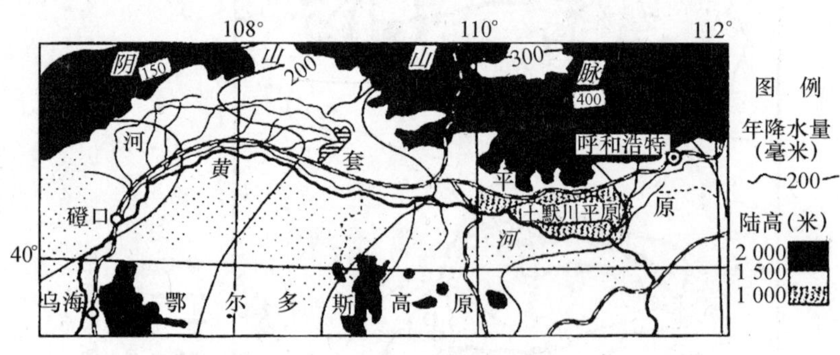

图 28

（1）描述图示地区主要地形区的分布状况。

（2）简述黄河乌海至磴口段河流流向及水文特征。

（3）指出河套平原的年降水量分布特征，并分析原因。

（4）河套平原素有“塞上米粮川”之称，是内蒙古自治区粮、油、糖生产基地。指出该地发展农业生产的限制性自然因素，并说明进行改造的方式及可能引发的问题。

（5）近 10 年来，土默川平原实施退耕还草工程，使这一地区成为中国“乳都”呼和浩特的核心奶源基地。分析产生这一转变的社会经济因素。

答案：（1）阴山山脉位于北部，呈东西走向；河套平原位于中部，东西延伸；鄂尔多斯高原位于南部，沙漠广布。

（2）从南（西南）向北（东北）流动（或从低纬向高纬流动）；流量大，含沙量高（或含沙量比中下游低），有冰期，冬春季有凌汛。

（3）年降水量大多在 150 毫米至 400 毫米之间，自西向东逐渐增多（或自东向西逐渐减少）；从西（东）向东（西）距海（或太平洋）越来越近（远），受夏季风影响逐渐增强（减弱)。

(4) 降水;引黄河水进行灌溉;土壤盐渍化;下游水资源短缺。

(5) 生态保护的需要;消费者对乳品需求的增加;交通运输条件的改善;乳品冷藏、保鲜技术的发展。

解析:本题通过区域地图来考查学生的读图及描述地理事物的能力,体现地理试题较成熟的命题思路。

第(1)题,根据分层设色的地形图归纳该区域主要地形区的分布状况。

第(2)题,首先根据经纬网定向判断黄河乌海至磴口段河流流向为从南(西南)向北(东北)流动,或从低纬度向高纬度流动。再分析本河段的水文特征,明确水文特征包括水位、流量、含沙量、结冰期及凌汛等方面,从该河段来看,由于有上游两大支流的汇入,所以水量大,又由于该段河流流经干旱、半干旱地区,植被覆盖率低,所以河流的含沙量大。本区位于温带地区,且该段河流由低纬度流向高纬度,所以河流有结冰期,冬春季节有凌汛。

第(3)题,读图河套平原西侧等降水量线值为150毫米,东侧为400毫米,即年降水量大部分介于150毫米至400毫米之间,并自西向东递增。

第(4)题,该地区农业发展的限制性自然因素是降水少。由图中黄河流经该地区可知河套平原成为“塞上米粮川”主要是因为引黄河水灌溉。在干旱地区发展灌溉农业会因为不合理的灌溉而导致地下水位升高,产生土壤次生盐碱化现象;过量引水还会导致黄河下游水资源短等问题。

第(5)题,“退耕还草工程”是生态环境保护的需要;成为核心奶源基地主要原因是市场需求和交通运输条件改善以及乳品冷藏、保鲜技术的发展。

39. (天津文综卷第36题)结合甲、乙两区域图(图29),回答问题。

(1) 甲区域东南部易发生地震,其地质构造条件是______;易发生滑坡的地形条件是______。

(2) a城是历史文化名城。甲区域铁路的修通,加快了该城______业、______业的发展,这将促进地区间的文化交流。为了保护优美的环境,a城应充分利用本区域的______、______等新能源。

(3) 甲区域的城镇分布有明显特征。请你归纳出三点。

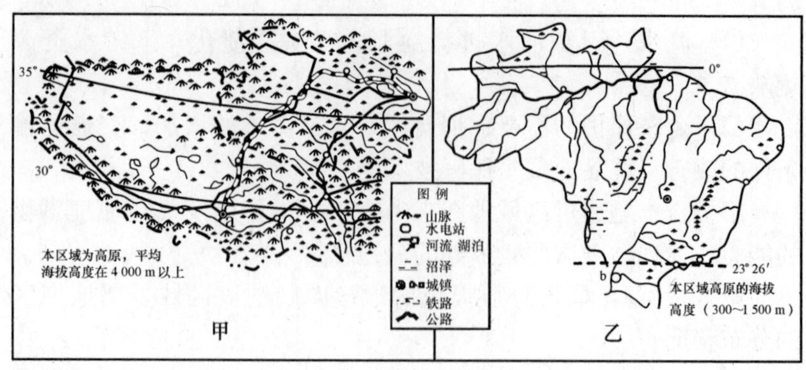

图 29

(4) 甲、乙两区域环境人口容量不同，主要取决于两区域资源的差异。为了证明两区域耕地、淡水资源存在着差异，你应重点阅读图中哪几个方面的信息？请归纳：______、______、______、______。

(5) 乙区域北部河流比南部河流的水能丰富，而世界著名的水电站 b 却建在南部，其原因有哪些？

(6) 保护乙区域北部的代表性植被，对全球生态环境有何重大意义？

答案：(1) 多活动断层（近板块交界处）　山高坡陡

(2) 旅游 商（服务、手工）　太阳能　　地热能（风能）

(3) 主要分布在东部；　沿交通线分布；　沿谷地（沿河流）分布

(4) 地形（山地、高原、平原的比重）；　地势（海拔高度）；　(答出 4 个方面即可)

(5) 南部水电站靠近大城市、工业区。(或靠近能源消费地)

(6) 减缓全球气候变暖；　保持生物多样性。

解析：本题考查两幅区域图，旨在提高学生对基本知识的应用能力、对比分析和综合分析能力。根据图中的经纬度位置和区域轮廓可以判断出甲图为青藏高原地区，乙图为巴西，然后对比分析两地区的区域特征即可作答。

第 (1) 题，青藏高原东南位于亚欧板块与印度洋板块交界处，多断层活动。地形条件是山高坡陡。

第 (2) 题，甲城为拉萨，青藏铁路通车有利于旅游、商业等第三产业的发展。青藏高原太阳能和地热能、风能等清洁的可再生资源丰富。

第 (3) 题，从甲图中信息可以判断甲区域的城镇分布特征为：主要分布在东部；沿交通线分布；沿谷地（沿河流）分布。

第（4）题，根据图示信息，比较两地土地资源和水资源差异主要从地形（山地、高原、平原的比重）；地势（海拔高度）；河流密度（不同河段的径流量）；纬度位置；海陆位置等方面入手。

第（5）题，巴西北部为亚马孙平原人烟稀少，开发水电资源缺少市场；南部靠近大城市和工业区电力市场广阔。

第（6）题，巴西北部亚马孙平原分布着世界最大的热带雨林，保护热带雨林对全球的生态意义是减缓全球气候变暖，保持生物多样性。

40.（四川文综卷第36题）图30所示国家人口稠密，经济以传统农牧业为主，森林覆盖率为29%。完成下列要求。

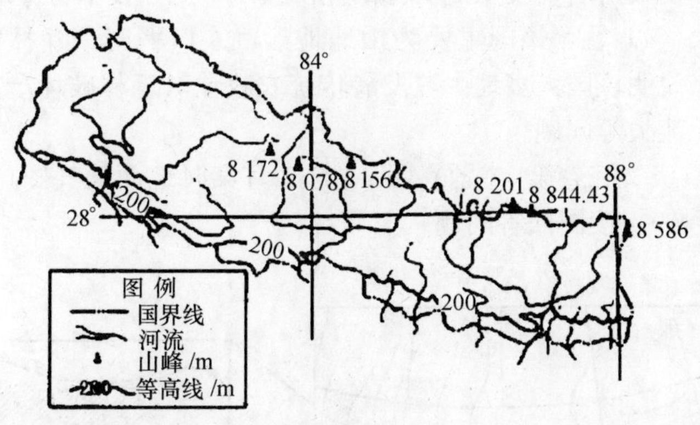

图30

（1）简述该国地形、地势特点。

（2）推测该国降水特点及成因。

（3）分析该国水能资源的开发条件。

（4）说明该国面临的主要生态环境问题及人为原因。

答案：（1）（绝大部分为）高山地区（山地），北高南低，地表高差悬殊（山高坡陡）。

（2）特点：（除北部高山地区外）年降水丰富（降水量多），集中于夏（雨）季。成因：夏（雨）季，西南季风从印度洋带来的丰沛水汽，受地形抬升（降水丰富）。（冬季受东北季风影响，降水较少。）

（3）（山高谷深）河流多，水量大，落差大，水能资源丰富（经济落后）经济投入不足，技术力量缺乏

（4）主要生态环境问题：森林破坏和水土流失 人为原因：人多地少（人均耕地少），（经济落后）传统农牧业发展，生活能源需求（对生态环境的压力很大）。

解析：本题以世界某一区域为背景，考查学生对该区域地形、气候、自然资源、人类活动带来的生态环境问题等的分析能力，对学生综合能力要求较高。解题从区域定位入手，根据经纬网判断该地区为南亚某国，再进行综合分析。

第（1）题，根据等高线地形图及山峰的高度值判断出该国（绝大部分为）高山地区（山地），地表高差悬殊（山高坡陡）；根据河流流向判断该国地势北高南低。

第（2）题，南亚受西南季风影响夏季降水丰富，该国地势北高南低，多地形雨，除北部山区大部分年降水量丰富。

第（3）题，因该国降水丰富故河流流量大，河流流经地区落差大，河流水能资源丰富。从题目看该国经济以传统农牧业为主，经济较落后开发水能资源的经济投入不足，技术力量缺乏。

第（4）题，该国主要为山地地形，人口稠密，森林覆盖率不高，说明该国人多地少，发展传统农牧业对森林破坏严重带来了水土流失等问题。

41.（重庆文综卷第 36 题）图 31 是 1 月某时地面天气图（单位：百帕）。读图回答问题。

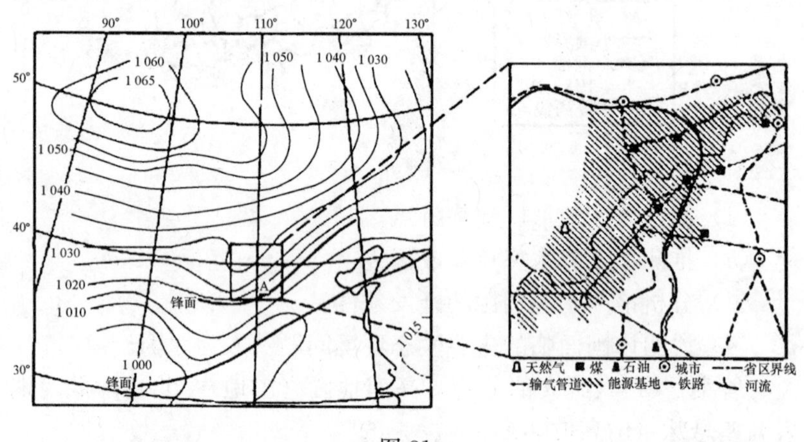

图 31

（1）此时控制 A 地的锋面类型是________________。简析 A 地的天气特征及成因。

（2）此天气系统引起的主要灾害性天气对图 9 阴影区域的农业生产有何危害？

（3）图 31 阴影区域是我国 21 世纪重点建设的能源基地，说明该能源基地建设的有利区位条件。

（4）图 32 为能源基地某产业链示意图，填出 E、F 处的工业部门。此产业链体现了可持续发展思想，请说明理由。

（5）与 20 世纪初期的鲁尔区比较，该能源基地所在地区面临

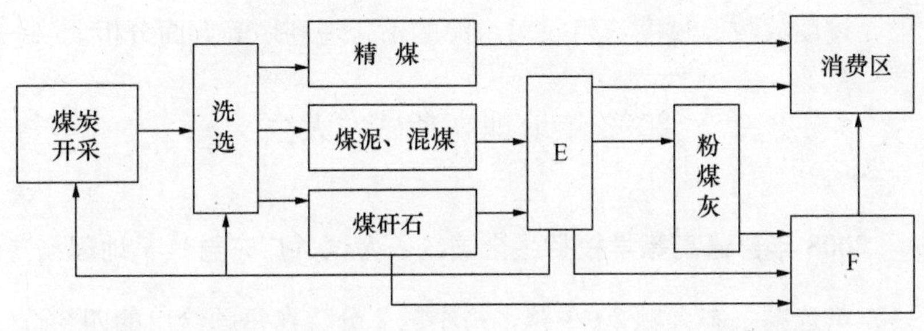

图 32

哪些不同的主要环境问题，简要回答导致这些环境问题的主要人为因素。

答案：(1)冷锋。天气特征：降水、大风、降温等天气。成因：①暖空气沿锋面被迫抬升，成云致雨；②水平气压梯度大，风力大；③受冷空气影响，气温下降。

(2)农作物遭受冻害，破坏牧场和基础设施。

(3)煤炭、天然气能源资源丰富；质量好，开采条件好；地形开阔平坦，靠近水源；交通便利，临近消费区。

(4)E：电力工业，F：建材工业。理由：充分利用废弃物；综合利用资源，提高资源利用率；减少污染物排放，保护环境。

(5)主要环境问题：水土流失、土地荒漠化。主要人为因素：不合理垦殖，超载放牧，过度砍伐，乱挖滥采矿产资源。

解析：该题以气压场图和黄河中游地区图考查学生天气及对农业的影响、资源开发、环境等方面问题。要求学生具有较高的读图分析能力，还要有较多的知识储备，尤其是各知识点之间的联系。

第(1)题，从图中信息看，A 地位于 100°E、40°N 附近，受西北部冷高压的影响，吹偏北风，应为冷锋控制。在冷锋控制下正出现降温、雨雪和大风天气。成因从气压差、气流相对运动、气团源地等方面分析。

第(2)题，该天气系统发生在 1 月，降温与大风主要对农作物、牧场及基础设施造成不利影响。

第(3)题，根据经纬度位置与河流形状，判断图 32 为黄土高原及其附近地区，阴影区是黄河中游能源基地，从图中信息看，能源丰富、交通、水源、地形条件较好，距离消费市场近。

第(4)题，图 32 中 E、F 的工业部门可根据原料与产品之间的联系分析，该工业链充分利用了资源与能源减少了废气物的排放，体现了可持续发展思想。

第(5)题，该地位于我国西北干旱、半干旱地区，出现的环境问题主要是水土流失与土地荒漠化，人为原因主要从过度樵采、过度放牧、过度垦殖及对水源的不合理利用等方面分析。

2008 年地理高考试卷大全

2008 年普通高等学校招生全国统一考试（广东卷）·地理

一、单选题：本大题 20 小题，每小题 2 分。在每题给出的四个选项中，只有一项是符合题目要求的。

1. 2008 年 2 月 26 日“植物界诺亚方舟”仓库在北欧挪威的西斯匹次卑尔根岛（图 1）正式落成，以便在地球遭遇极端灾害后还能保存世界各地的生命种子。选择仓库建在此处最主要的原因是（　　）。

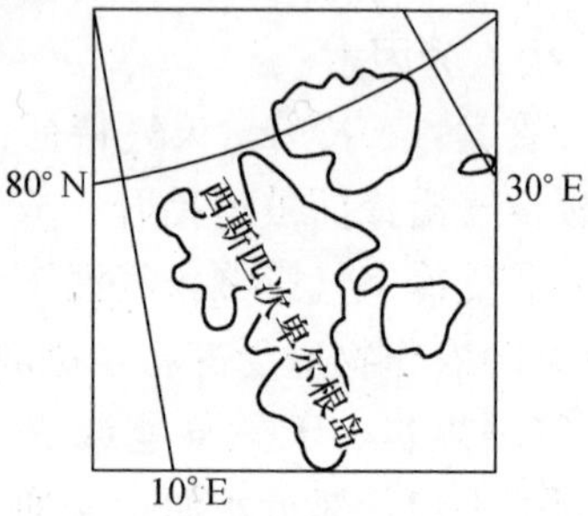

   A. 寒流流经此处，气候寒冷
   B. 国际航线众多，交通便利
   C. 人烟稀少，安全性好
   D. 冷高压控制之下，气候严寒

图 1　西斯匹次卑尔根岛位置图

2. 下列传统民居各对应的分布地域不正确的是（　　）。
   A. 蒙古包——呼伦贝尔草原
   B. 架空支撑的房屋——青藏高原
   C. 平顶屋——塔里木盆地
   D. 白色墙壁的房屋——撒哈拉沙漠

3. 下列地理事物中，主要由风化作用形成的是（　　）。
   A. 植物根系撑大的岩石裂隙
   B. 暴雨形成的冲沟
   C. 干旱区的风蚀城堡
   D. 河流落差形成的瀑布

4. 北欧国家芬兰从 19 世纪落后的农业国，迅速发展成为科技发达的高福利国家，创造了“芬兰奇迹”。其主要原因是（　　）。

   ①进口矿物资源发展重工业；②漫长严寒的气候不利于农牧业发展；③重视智力开发，免费高中和高等教育，人口素质高；④人均能耗高，能源利用率高；⑤实施科教兴国战略，建立技术创新体系；⑥重点发展电子通信、生物工程等高科技产业

   A. ①②④　　B. ②③⑤　　C. ③⑤⑥　　D. ②③④

5. 下列等高线示意图（图 2）中，能反映沙丘地貌的是(　　)。

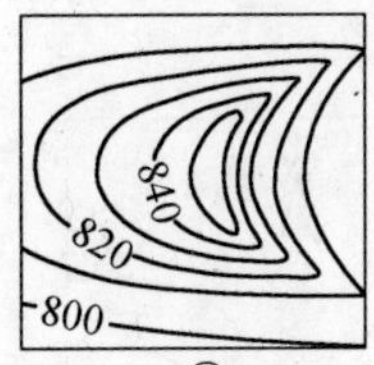

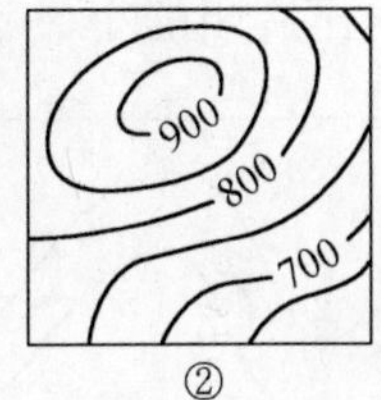

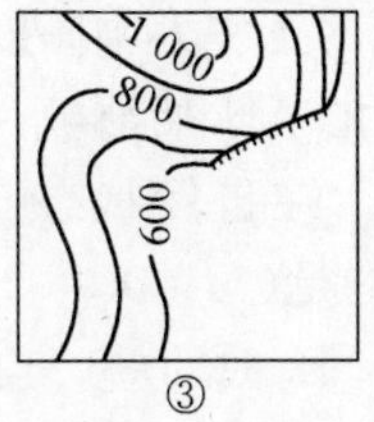

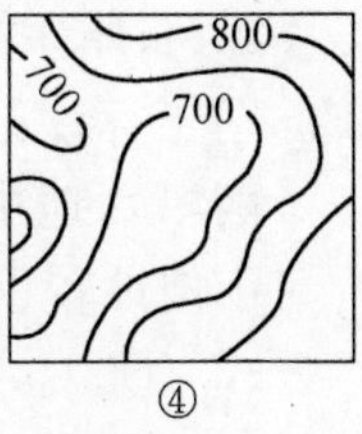

图 2　等高线示意图

A. ①　　B. ②　　C. ③　　D. ④

6. 相同状态下，最有利于地表水下渗的条件是(　　)。

A. 降水强度大，植被稀少　　B. 降水强度大，植被丰富

C. 降水强度小，植被稀少　　D. 降水强度小，植被丰富

7. 某地房屋墙壁很厚，门窗多达二至三层，该地的气候类型最有可能是(　　)。

A. 亚热带季风气候　　B. 温带大陆性气候

C. 热带雨林气候　　D. 热带季风气候

图 3 为某日观测到的同一经线上不同纬度的日出时刻（东十区区时）。此时，东十区区时为 12 时。读图回答 8～11 题。

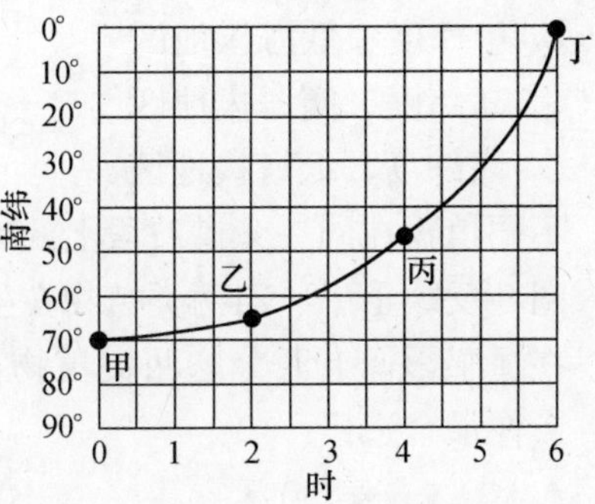

图 3　同一经线不同纬度日出时刻（东十区区时）图

8. 此时太阳直射点的坐标是(　　)。

A. 30°E，20°N

B. 150°E，20°S

C. 30°E，20°S

D. 150°E，20°N

9. 对图中四地地理现象叙述正确的是(　　)。

A. 丁地地方时 12 时日出

B. 丙地地方时 16 时日落

C. 乙地昼长 20 小时

D. 甲地夜长 12 小时

10. 此时与东十区日期相同的范围占全球范围的比例是(　　)。

A. 四分之一　　B. 二分之一

C. 三分之一　　D. 大于二分之一

11. 对该日的地理状况叙述正确的是(　　)。

A. 地球在公转轨道上运动速度最慢

B. 台北处于一年降水量最多的季节

C. 西安日出时间在 5 时左右

D. 日本东京的正午太阳高度角比广州的小

12. 图 4 标注的北半球某河流两岸六地中，在自然状态下侵蚀较重的是（　　）。

A. ①③⑤　　B. ①④⑤

C. ②③⑥　　D. ②④⑥

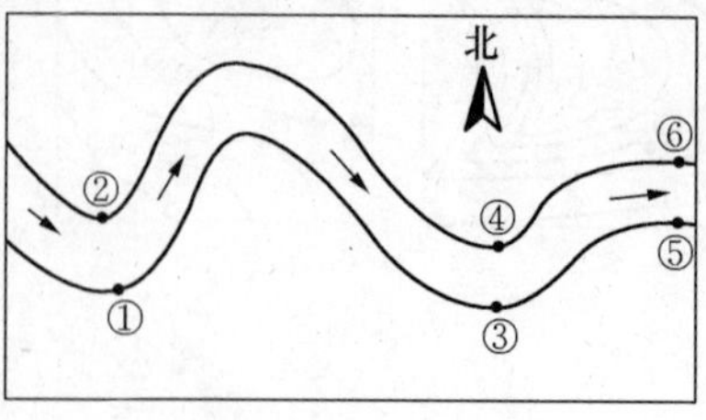

图 4　河流示意图

13. 我国不断加大对西部地区生态补偿力度的主要原因是（　　）。

A. 西部地区是我国大江大河的水源保护区

B. 西部地区经济发展缓慢，需要大力扶持

C. 西部地区矿产资源丰富，需要资金开发

D. 西部地区自然条件较差，生态环境脆弱

14. 从全球看，大范围毛毛雨出现频率最高的地区是（　　）。

A. 低纬度、高海拔地区

B. 中纬度、低海拔地区

C. 高纬度、高海拔地区

D. 高纬度、低海拔地区

15. 不同植物在同一光谱波段上的反射率差异越大，越容易区分。图 5 反映了甲、乙两类植物在生长期内两个波段上的反射率。在遥感影像上区分这两类植物，应该选择生长期内哪一天的影像最合适（　　）。

A. ①——第 30 天　　B. ②——第 75 天

C. ③——第 100 天　　D. ④——第 130 天

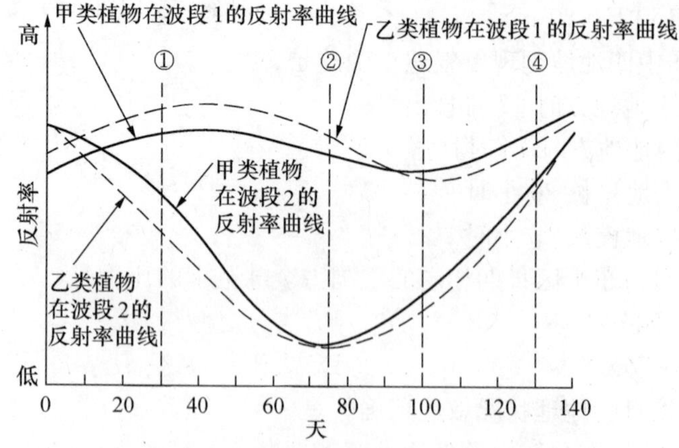

图 5　甲、乙两类植物生长期内反射率曲线图

16. “长寿村”是指人口预期寿命较长或百岁以上老人比例较高的村庄。在下列影响“长寿村”形成的因素中，最不可能的是(　　)。

A. 饮用水质量好

B. 植被覆盖率高，空气清新

C. 山区闭塞，受外界干扰小

D. 海拔高度适中，气候凉爽宜人

17. 受气压梯度力和地转偏向力等因素影响，近地面形成了风带和无风带（无盛行风地带）。全球无风带的分布范围是(　　)。

A. 南北纬 30°附近　　B. 南北纬 40°附近

C. 南北纬 60°附近　　D. 南北纬 80°附近

18. 铁路建设受地理环境的影响，下列铁路对应的路线特征描述最合适的是(　　)。

A. 京哈铁路——以桥代路

B. 兰新铁路——起伏剧烈

C. 京沪铁路——迂回曲折

D. 成昆铁路——桥隧相连

19. 有一高原城市，空气稀薄，日照强烈，发展牦牛皮革、毛纺织品加工业。该城市是(　　)。

A. 昆明　　B. 兰州　　C. 拉萨　　D. 呼和浩特

20. 对下列各地区环境叙述不正确的是(　　)。

A. 西北草原退化

B. 东北草原土壤酸化

C. 华北平原土壤盐渍化

D. 南方丘陵水土流失

二、双选题：本大题共 10 小题，每小题 3 分，共 30 分。在每小题给出的四个选项中，有两项是符合题目要求的。每小题全选对得 3 分，只选一项且选对者，得 1 分，其余情况均不得分。

21. 上海、广（州）深（圳）、北京是我国航空运货的三大中心。我国航空货运状况叙述正确的是(　　)。

A. 广州白云机场的航空货运量居三大货运中心之首

B. 三大货运中心也是我国的三大经济中心

C. 西北、东北和西南地区是我国航空货运的主要货源地

D. 我国航空货运主要集中在环渤海经济圈、长三角经济圈和珠三角经济圈

22. 下列人文景观对自然环境具有明确指示性的是(　　)。

A. 梯田　　B. 园林　　C. 寺庙　　D. 水电站

23. 图 6 中反映中国装备制造业中心位置及其迁移状况的是(　　)。

A. 一直位于我国几何中心（103°50′E，36°N）东南部

B. 在南北方上一直向南移动

C. 总体向东南方向移动

D. 在东西方向上的变化幅度大于南北方向

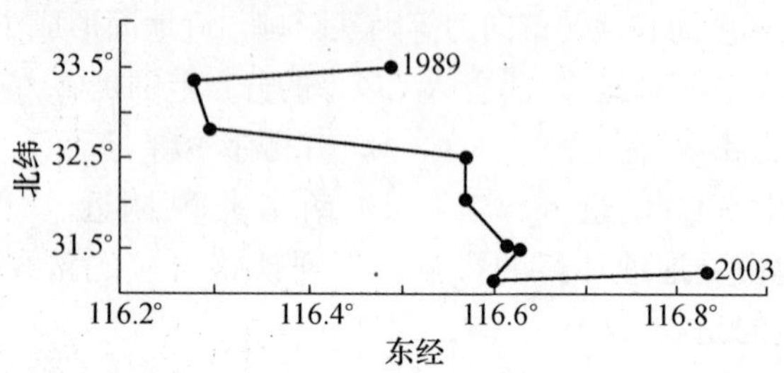

图 6　1989～2003 年中国装备制造业重心迁移图

某跨国纸业集团在印度尼西亚的苏门答腊岛建成了林、浆、纸一体化生产基地。读图 7 回答 24～25 题。

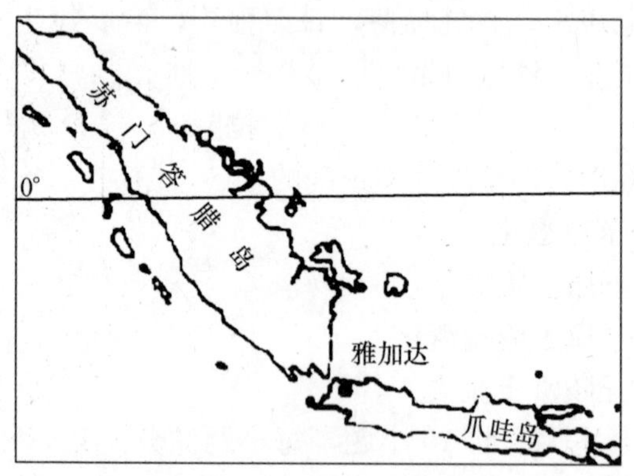

图 7　苏门答腊岛示意图

24. 对图中地区的地理特点描述可信的是(　　)。

A. 气旋活动频繁，多上升气流

B. 地形以山地丘陵为主，森林覆盖率高

C. 太阳高度角小，距海洋近，多阴雨天气

D. 旅游资源丰富，附近查亚峰海拔 5 000 多米，终年积雪

25. 该集团进行生产基地选址主要考虑的因素是(　　)。

A. 交通发达

B. 低廉劳动力成本

C. 热带雨林气候条件

D. 当地市场需求大

26. 2008 年奥运圣火首次照亮世界之巅。综合考虑各自然因素，

适宜攀登珠穆朗玛峰的季节是(　　)。

A. 春季　　B. 秋季　　C. 夏季　　D. 冬季

东北三省是我国重要的商品粮基地，耕地占全国16.8%，水资源占全国4.01%。读图8和图9，结合相关知识回答27～28题。

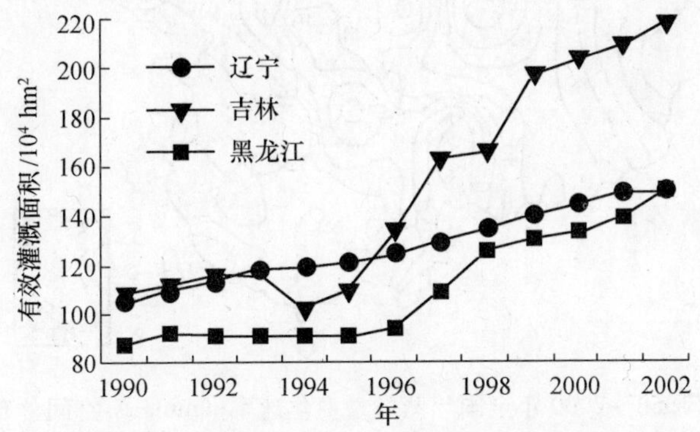

图8　1990～2002年东北三省有效灌溉面积变化图

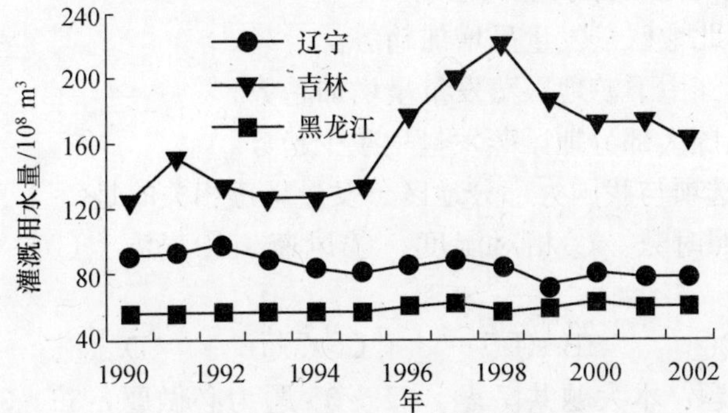

图9　1990～2002年东北三省灌溉用水量变化图

27. 有关东北三省农业灌溉状况描述正确的是(　　)。

A. 农田灌溉用水量都呈增长态势

B. 农田有效灌溉面积自1996年以来呈快速增长态势

C. 灌溉用水量自1998年以来呈减少趋势

D. 有效灌溉面积与灌溉用水量同步增长

28. 有关东北三省水土资源利用状况描述正确的是(　　)。

A. 水土资源丰富

B. 耕地资源集中在东部

C. 水土资源呈现东多西少的特点

D. 耕地资源丰富，水资源相对短缺

年蒸发量变化速率指标能够反映蒸发量的时间变化。如“−40 mm/10a”表示年蒸发量10年间减少了40毫米。读图10，结合相关知识回答29～30题。

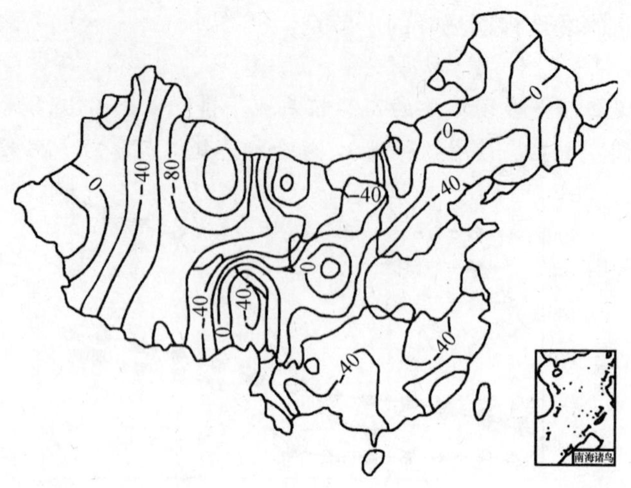

图 10 1956～2000 年全国年蒸发量变化速率（mm/a）空间分布图

29. 对我国年蒸发量变化趋势叙述正确的是(　　)。

A. 西北地区蒸发量变化最大

B. 华北地区蒸发量呈增加趋势

C. 长江中下游地区蒸发量呈增加趋势

D. 全国大部分地区蒸发量呈减少趋势

30. 下列选项与我国大部分地区蒸发量呈正相关的是(　　)。

①日照时数　②相对湿度　③风速　④气温　⑤空气污染程度

A. ①②　　B. ①③　　C. ③④　　D. ④⑤

三、综合题：本大题共 7 题。31～35 题为必做题，36、37 题为选做题，考生只能选做一题。满分 80 分。

31. 世界能源生产与消费不均衡，开发与利用形式多样。根据下述资料，结合所学知识，回答（1)～(5）题。(共 14 分)

资料一：见图 11

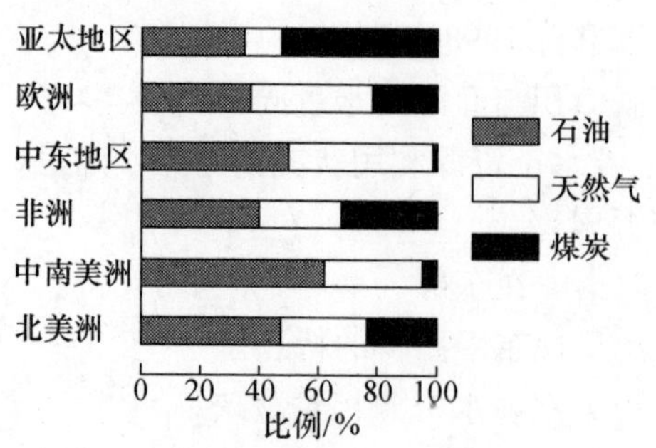

图 11 世界各地区化石能源消费结构图（2006 年）

资料二：见图 12

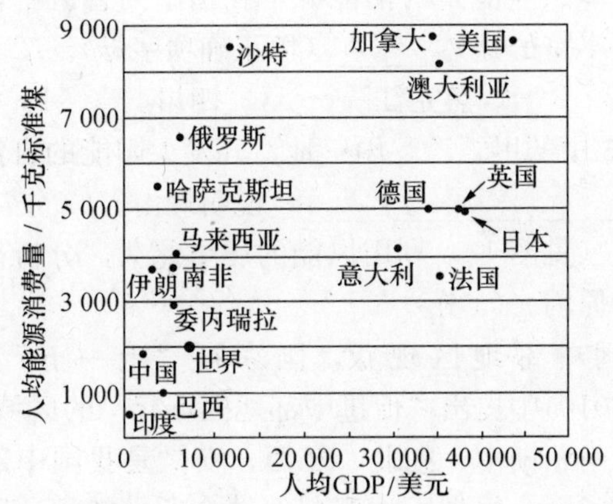

图 12　主要国家经济水平与能源消费关系图（2006 年）

资料三：见图 13

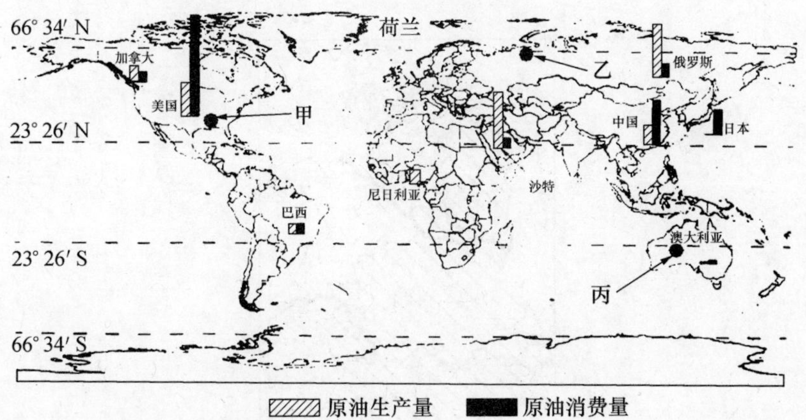

图 13　部分国家石油生产与消费地理分布图（2006 年）

(1) 油气资源在化石能源消费结构中居世界首位的地区是__________，世界石油生产与消费总量缺口最大的三个国家是________、________和中国。(3 分)

(2) 根据图 12 及相关知识判断，下列说法正确的是________（填正确项字母）。(3 分)

A. 美国与加拿大比，人均能源消费量接近，单位产值能耗比低

B. 中国与世界平均水平比，人均能源消费量小，单位产值能耗比高

C. 意大利单位产值能耗比低于世界平均水平

D. 澳大利亚单位产值能耗比低于法国

E. 中东地区石油生产大于消费

(3) 太阳能、风能是清洁能源，我国下列省区中，太阳能和风能都很丰富的是________（填正确项字母）。(2 分)

A. 福建　　B. 黑龙江　　C. 四川　　D. 甘肃

(4) 图 13 中的甲、乙、丙三地，开发太阳能的自然条件最优越的是________________，说明理由。(3 分)

(5) 荷兰（见图 13）利用风能的历史悠久，分析荷兰风力资源丰富的原因。(3 分)

32. 针对我国中部地区现状，国家在“十一五”规划纲要(2006～2010)中提出“促进中部地区崛起”的区域发展战略。山西、河南、湖南、湖北、江西、安徽是我国中部崛起战略中的重要省区。根据下述资料，结合所学知识，回答 (1)～(5) 题。(共 13 分)

资料一：见图 14

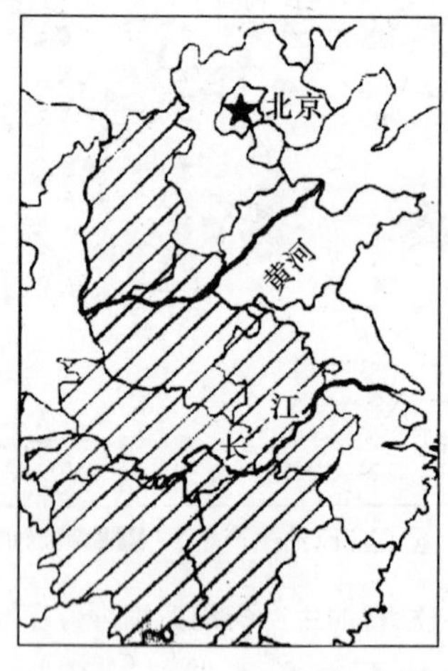

图 14　中部六省位置示意图

资料二：见图 15

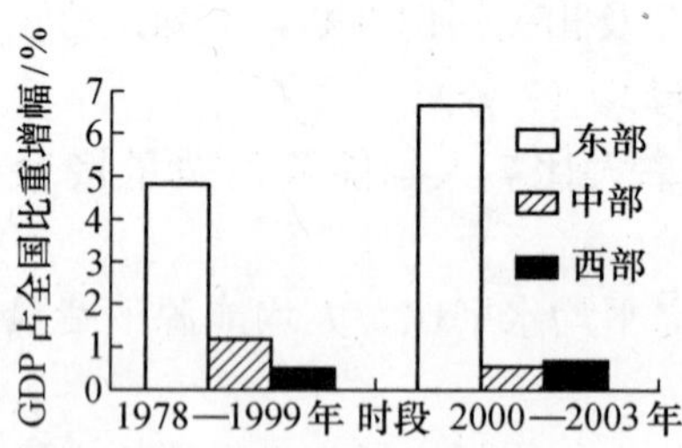

图 15　三大地区 GDP 比重增幅图

资料三：见图 16

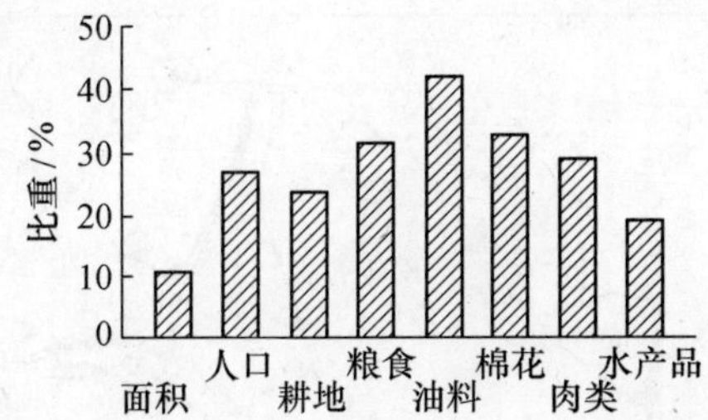

图 16　六省面积、人口、耕地及主要农产品占全国比重图

(1) 有人提出“中部塌陷”的说法。根据图 15，可以体现这种说法的依据是________。(2 分)

(2) 导致中部六省经济发展较慢的主要原因是________。(填正确项字母)。(2 分)

A. 自然资源相对贫乏

B. 与东部地区比，城市群带动能力弱

C. 劳动力丰富

D. 交通条件不如东、西部地区

E. “中部崛起”战略尚未实施

(3) 下列关于各省工业方面的描述正确的是________。(3 分)

A. 山西是我国的煤炭能源基地

B. 位于湖北的三峡水电站是我国最大的水电站

C. 河南、安徽是我国重要的航空航天基地

D. 湖南、江西是我国有色金属工业基地

(4) 从自然条件角度分析该区域农业发展的优势和不利因素。(4 分)

(5) 分析该区域粮食生产对保障国家粮食安全的重要意义。(2 分)

33. M 江是珠江水系三大河流之一，流域面积 90% 在广东省境内。流域内拥有较丰富的水资源、土地资源、矿产资源、生物资源、旅游资源。根据下述资料，结合所学知识，回答 (1)～(4) 题。(共 14 分)

资料一：见图 17

资料二：见表 1

表 1　M 江流域（广东省境内）基本情况

项目	南部	中部	北部
2000 年人口比重/%	21	36	43
2000 年城镇化水平/%	43	34	25
2005 年 GDP/亿元	2 181.62	484.97	51.32
2005 年人均 GDP/元	333 263	28 930	17 157
地貌类型	三角洲平原、台地、丘陵	台地、丘陵	山地、丘陵

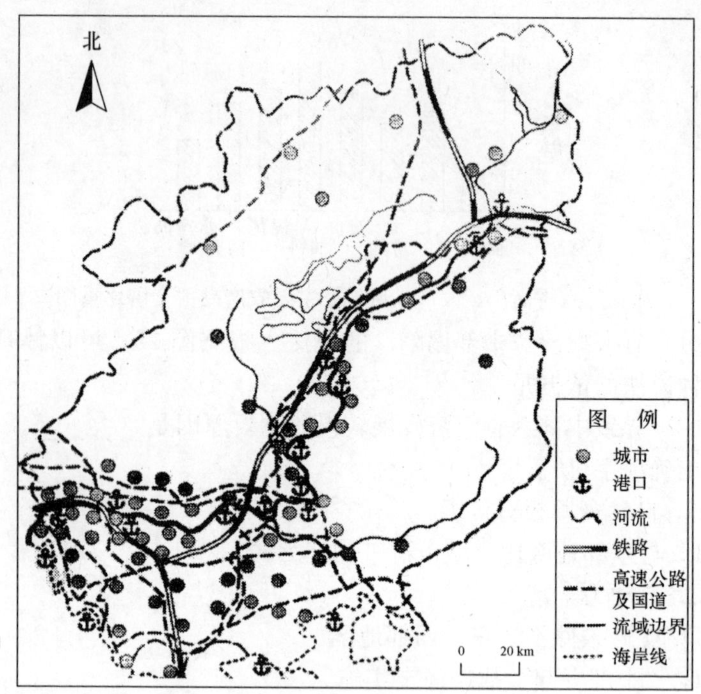

图 17　M 江流域（广东省境内）示意图

资料三：见图 18

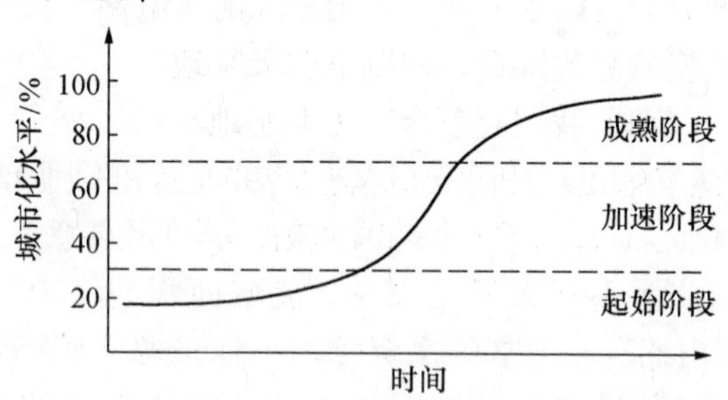

图 18　城市发展曲线图

（1）该流域气候类型是____________，河川径流的补给以__________为主。（2 分）

（2）M 江水资源的主要功能包括_______________，其流域开发的核心问题是________________的合理开发利用。（4 分）

（3）2000 年该流域城镇化水平的空间差异特点是________________。根据表 1 和图 18 可以推测：进入 21 世纪，该流域城镇化进程总体进入________阶段（填正确项字母）。（3 分）

A. 起始　　　B. 加速　　　C. 成熟

（4）分析该流域城镇的地理分布特点和成因。（5 分）

34. 20 世纪 80 年代，我国在沿海设立了一批对外开放港口城市，开启了外商在中国大规模投资的序幕。根据下述资料，结合所学知识，回答（1）～（4）题。（共 21 分）

资料一：见图 19

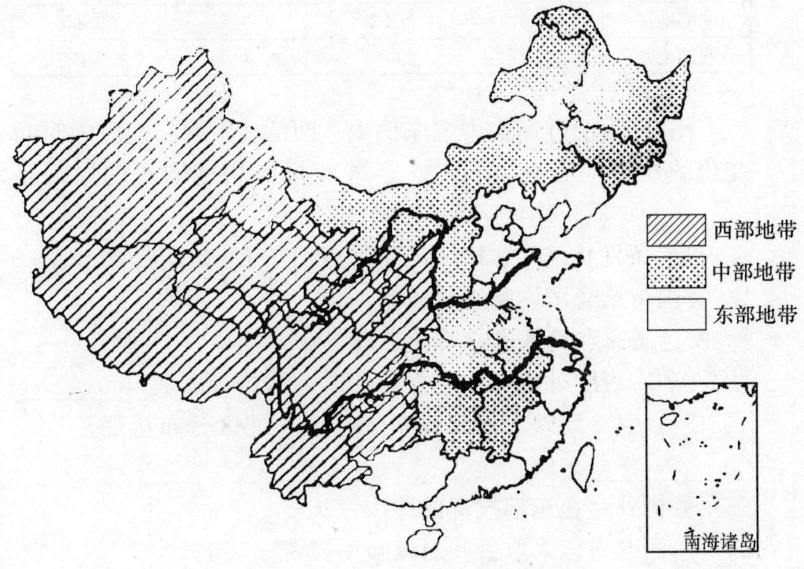

图 19　中国三大经济地带分布图

资料二：见图 20

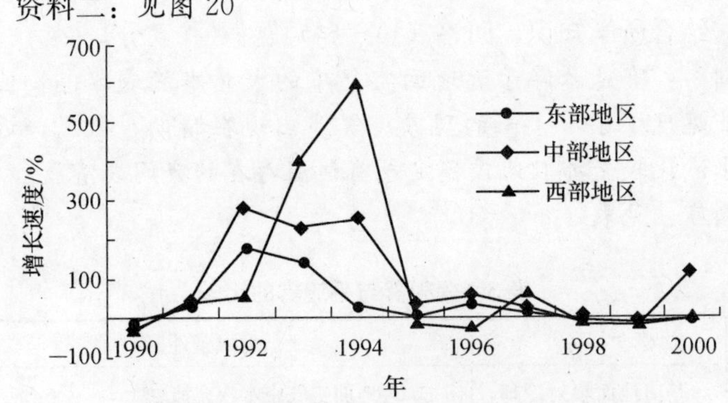

图 20　外商在中国东中西部投资增长速度图

资料三：见图 21

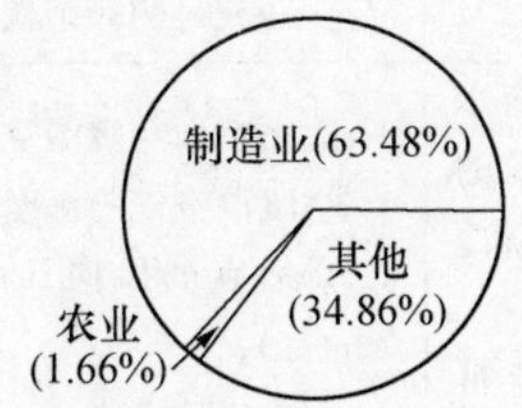

图 21　外商在中国投资产业结构图（2000 年）

资料四：见表 2

表 2　不同年代外商在中国直接投资的地区比例/%

	1990 年	1995 年	1999 年	2000 年
东部地区	93.86	87.69	87.77	87.83
中部地区	3.87	9.25	9.38	9.17
西部地区	2.27	3.06	2.85	3.00

(1) 图 20 表明外商在中国东—中—西部投资增长速度随时间变化的共同特征是________，外商投资快速增长的原因是________（填正确项字母）。(6 分)

A. 自然条件优越　　B. 市场潜力大　　C. 矿产资源丰富

D. 我国市场经济体制逐步成熟

E. 发达国家和地区进行产业转移

(2) 图 21 表明外商在中国投资的产业结构特征是________________；表 2 反映出外商在中国投资的地区分布特征是________________。(4 分)

(3) 分析外商在东部投资的原因（8 分）

(4) 中西部应该采取哪些对策吸引投资（3 分）

35. 我国四川盆地是有名的雾区，重庆冬季无云的夜晚或早晨，几乎 80%是雾日，终日不散，有“雾都”之称。分析下述资料，结合所学知识，回答 (1)～(4) 题。(共 8 分)

资料一：雾是悬浮于近地面空气中的大量水滴或冰晶，使水平能见度小于 1 千米的现象。雾多出现在晴朗、微风，近地面水汽比较充沛且比较稳定或有逆温存在的夜间或清晨。

资料二：见表 3。

表 3　辐射雾与平流雾的比较

	概念与特征	形成条件
辐射雾	是由地面辐射冷却，使近地面大气降温而形成的雾。 多出现在冬季晴朗、微风的夜间和清晨。	① 近地面空气中水汽充沛； ② 地面辐射使近地面气温降低，利于水汽凝结； ③ 风力弱，近地面大气稳定，水汽积存下来； ④ 有充足的凝结核。
平流雾	暖而湿的空气作水平运动，经过寒冷的地面或水面，逐渐冷却而形成的雾。 海洋上四季皆可出现。	① 下垫面与暖湿空气的温差较大； ② 暖湿空气的湿度大； ③ 适宜的风向（由暖向冷）和风速（2～7 m^2/s）； ④ 大气稳定。

(1) 辐射雾和平流雾中，具有明显季节性特征的是________雾。(1分)

(2) 海洋上暖湿的空气流到的洋面上，一般形成________雾。(1分)

(3) 气象谚语“十雾九晴”中的“雾”一般指________雾。(1分)

(4) 重庆的雾大多属于辐射雾还是平流雾？分析形成原因。(5分)

36、37题为选做题，考生只能选做一题。作答前，请用2B铅笔填涂选做的试题号对应的信息点。

36. 2008年国家新的法定节假日调整方案正式实施。调整内容包括：①国家法定节假日总天数由10天增加到11天。②春节放假起始时间由农历年正月初一调整为除夕。③“五一”国际劳动节由3天调整为1天；清明、端午、中秋增设为国家法定节假日，各放假1天。根据下述资料，结合所学知识，回答(1)～(4)题。(共10分)

资料一：见图22

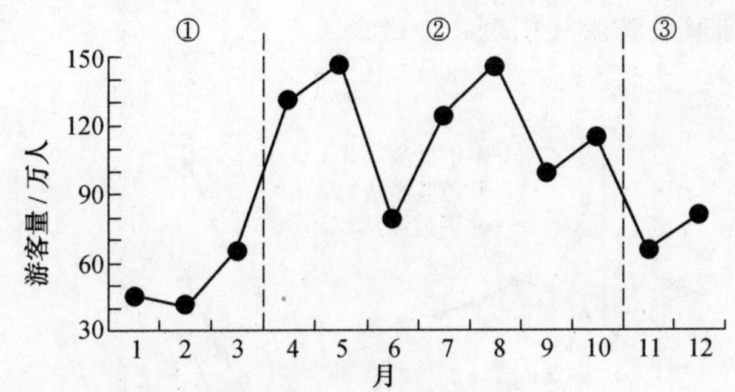

图22 北京某景点各月游客量图（2005年）

资料二：见图23

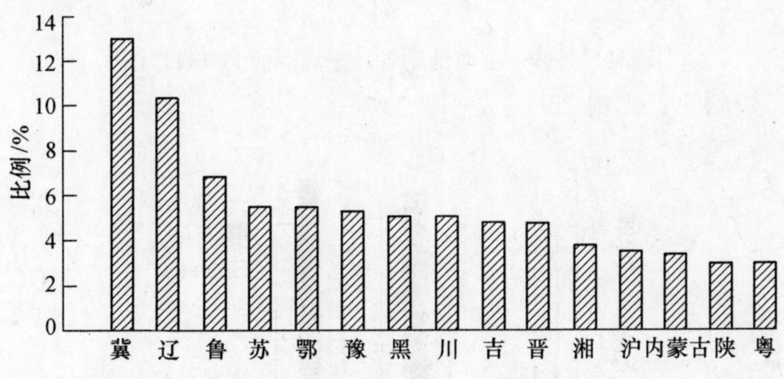

图23 北京某景点国内旅游者地区分布图（2005年）

(1) 该景点旅游旺季为________，淡季为________（填图22

中的数字代码)。(2 分)

(2) 自 1999 年实施的黄金周制度给游客带来的不利影响有________(填正确项字母)。(2 分)

A. 景点人满为患,旅游感受差

B. 交通拥堵,安全隐患增多

C. 增加了旅游方式的多样性

D. 服务质量下降

E. 增加了长线旅游机会

(3) 2005 年该景点客源地的分布特点是____________。分析原因。(3 分)

(4) 分析 2008 年国家新法定节假日制度调整方案的积极意义。(2 分)

37. 我国东南部某城市,随着经济的发展,出现了一些环境问题。根据下述资料,结合所学知识,回答 (1)~(4) 题。(共 10 分)

资料一:气溶胶粒子是指固体粒子、液体粒子或它们在气体介质中形成的悬浮体。大气中某些气溶胶粒子达到一定程度时,可形成混浊天气现象,造成大气污染。

资料二:见图 24

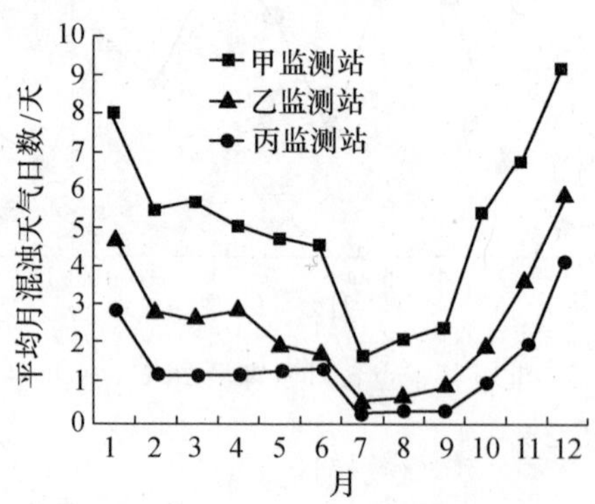

图 24 某城市三监测站各月平均混浊天气日数图

资料三:见图 25

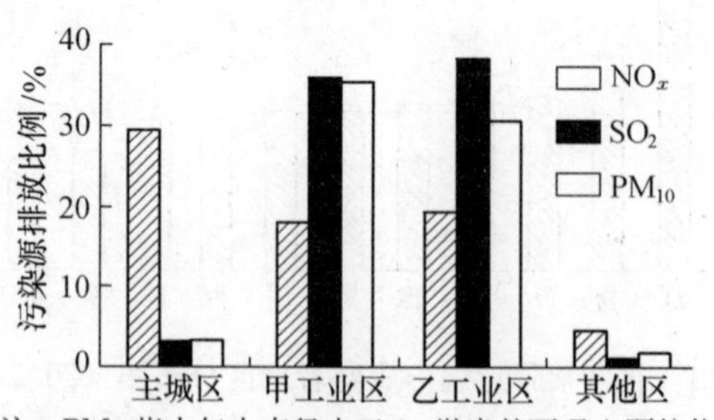

注:PM_{10} 指大气中直径小于 10 微米的可吸入颗粒物

图 25 某城市主要区域污染源排放比例图

（1）该市混浊天气出现日数最多的是________月，出现日数最少的是________月。（2分）

（2）出现混浊天气的主要原因是________（填正确项字母）。（3分）

A. 大量工业废气的排放　　B. 交通运输工具的增多

C. 连续的阴雨天气　　D. 近地面存在逆温现象

E. 城市森林覆盖率高

（3）该市 SO_2 污染源的空间分布特点是________。分析原因。（2分）

（4）防治该市大气污染可采取哪些措施？（3分）

参 考 答 案

一、单选题

题号	1	2	3	4	5	6	7	8	9	10
答案	C	B	A	C	A	D	B	B	C	D
题号	11	12	13	14	15	16	17	18	19	20
答案	D	A	D	B	A	D	A	D	C	B

二、双选题

题号	21	22	23	24	25	26	27	28	29	30
答案	BD	AD	AC	AD	AB	AC	BC	CD	AD	AC

三、综合题（80分）

31.（14分）

（1）中东地区　美国　日本

（2）ABCE

（3）D

（4）丙地　理由：①太阳高度角大（太阳总辐射量大）；②云量少（到达地面的太阳辐射量多）；③热带沙漠气候

（5）原因：①地处西风带；②地势低平；③位于大陆西岸

32.（13分）

（1）依据：①中部地区的国内生产总值之比重增幅下降；②在三大地区中，中部的国内生产总值比重增幅下降

（2）BE

（3）ABD

（4）优势：①该区域位于亚热带和暖温带，光照充足，雨热

同期（气候资源丰富）；②耕地资源丰富，土壤肥沃（有大面积的平原，如鄱阳湖平原、洞庭湖平原等）。不利因素：①降水季节变化大（变率大），多洪涝、干旱灾害；②初春、冬季多寒潮；③水土流失严重

（5）意义：①该地区粮食产量占全国的30%以上；②是我国重要的粮食生产基地（是我国小麦和稻米主产地）

33.（14分）

（1）亚热带季风气候 降水（雨）

（2）供水、发电、航运、灌溉、旅游、养殖、防洪

（3）空间差异特点：南部高，北部低 B

（4）地理分布特点：①沿河流和交通线分布；②南部和中部多，北部少。

成因：①水、陆交通便利，供水方便；②中、南部地势低平，有利于城镇建设；③中、南部经济发展水平较北部高，较有利于城镇发展。

34.（21分）

（1）共同特征：①外商在中国投资增长速度变化大（波动性强）；②1990～1992年增长（上升）；③1994～1995年和1997～1999年减少（下降）；④1992～1994年增长速度最快；⑤1998～1999年增长速度最慢 BDE

（2）产业结构特征：主要集中在制造业（第二产业 地区分布特征：①主要集中在东部地区（沿海地区）或集中程度高；②东部高西部低（从东部到西部递减）

（3）原因：①地理位置优越；②交通便利；③地势低平，气候温和多雨（气候条件优越）；④经济发达，城市密集；⑤基础设施完善；⑥人口众多，劳动力资源丰富；⑦文化科技发达，人口素质高；⑧市场潜力大，居民消费水平高，购买力强；⑨经济腹地广；⑩市场经济体制健全，优惠政策多（政府管理比较高效）

（4）对策：①提高办事效率，优化投资环境；②加强基础设施建设；③改善生态环境；④加大教育投入，培养高素质人才；⑤扩大税收等优惠政策；⑥调整产业政策，引导投资方向

35.（8分）

（1）辐射

（2）平流

（3）辐射

(4) 辐射雾　形成原因：①位于我国湿润区（位于河流交汇处），水汽充足（空气湿润）；②夜晚地面辐射强（夜晚温度低或夜晚降温快）；③位于四川盆地，空气比较稳定（近地面水汽积存）；④城市附近尘埃多，凝结核多。

36. (10分)

(1) ②　①③

(2) ABD

(3) 分布特点：距离北京近人数多，距离北京远人数少（客源地人数随距北京的远近而变化　原因：距离北京越近，旅游成本越低（距离北京越近，旅游费用越低，时间花费越少）

(4) 积极意义：①有利于弘扬和传承民族传统文化；②减轻了节假日期间交通压力；③减少了对日常工作、生活的不利影响；④平衡游客量的季节分布。

37. (10分)

(1) 12　7

(2) ABD

(3) 空间分布特点：工业区污染源比重大（主要集中在工业区　原因：工业区污染源多（主城区和其他区污染源少）

(4) 措施：①控制污染源；②节约能源，提高能源利用率；③使用清洁能源；④健全环境法规（加强环境执法）

2008年全国普通高等学校招生考试（江苏卷）·地理

一、选择题（共60分）

(一) 单项选择题：本大题共18小题。每小题2分，共计36分。在每小题给出的四个选项中，只有一项是符合题目要求的。

图1是“护送2008奥运圣火登顶珠峰的大本营”图片，图2是浙江“雁荡胜境”图片。读图回答1～2题。

图1

图2

1. 形成珠峰大本营附近碎屑堆积物和雁荡山陡崖峡谷的主要外力作用分别是（　　）。

A. 风力侵蚀、流水堆积　　B. 冰川堆积、流水侵蚀
C. 流水堆积、冰川侵蚀　　D. 冰川侵蚀、风力沉积

2. 下列关于全球气候变暖及其影响的叙述，符合实际情况的是(　　)。
A. 全球各地的气温持续上升
B. 我国各地的降水量普遍增多
C. 全球各地的河湖水位上升
D. 我国西部山地冰雪总量减少

图3为“我国江南丘陵某地地形结构和农业用地结构的饼状图”。对比分析回答3～4题。

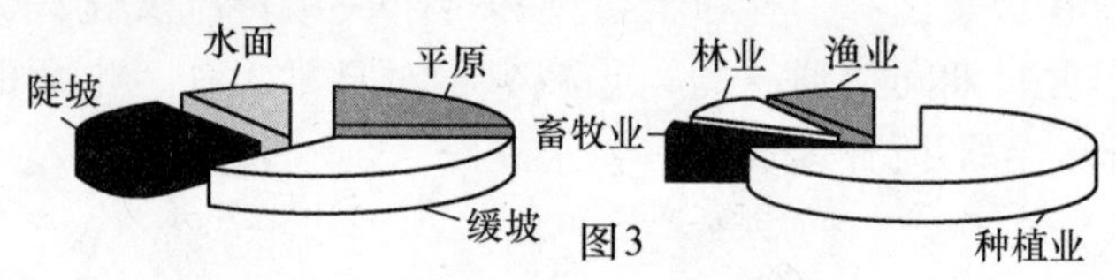

图 3

3. 造成该地农业用地结构不合理的主要原因是(　　)。
A. 过度开垦　　B. 过度放牧
C. 过度围垦　　D. 过度养殖

4. 该地实现农业可持续发展的出路在于(　　)。
A. 缓坡退耕，发展大牧场放牧业
B. 修建梯田，扩大水稻种植面积
C. 全面封山育林，改善生态环境
D. 调整农业结构，发展立体农业

图4为“公转轨道相邻的三大行星相对位置示意图”。读图回答5～6题。

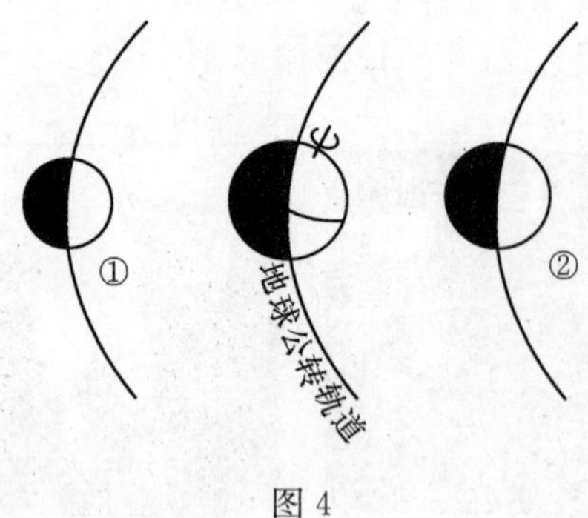

图 4

5. 此时(　　)。
A. 是地球上北极地区进行科学考察的黄金季节
B. 地球处于近日点附近，公转速度较快

C. 我国从南向北白昼变短，黑夜变长

D. ②是太阳系中距离太阳、地球最近的大行星

6. 与①、②行星相比，地球具备生命存在的基本条件之一是(　　)。

A. 适宜的大气厚度和大气成分

B. 强烈的太阳辐射和充足的水汽

C. 复杂的地形和岩石圈

D. 强烈的地震和火山活动

图5是“某地地形简图”，M点位于36.5°N。两中学生分别到达P、M点，测量并计算出两点相对高度是288米。读图回答7～9题。

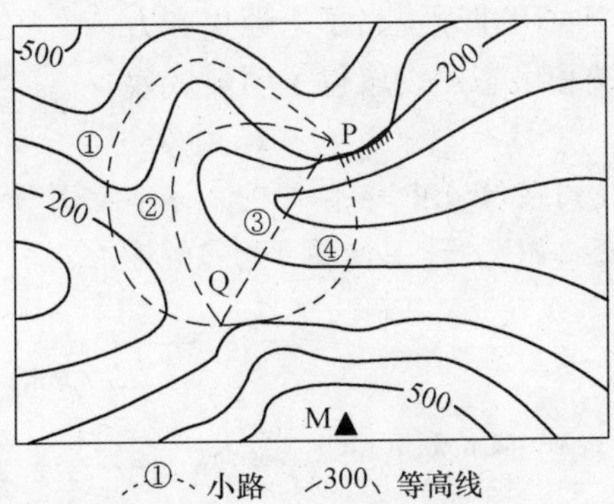

图5

7. 两学生测量当地海拔高度，所用最便捷的技术是(　　)。

A. 遥感　　B. 全球定位系统

C. 地理信息系统　　D. 数字地球

8. 图中P、Q两点之间的四条小路中起伏最小的是(　　)。

A. ①　　B. ②　　C. ③　　D. ④

9. 冬至日正午，M峰顶的影子正好移至P点，则P、M之间的水平距离大约是(　　)。

A. 300米　　B. 400米　　C. 500米　　D. 600米

图6为“某月沿0°经线海平面平均气压分布图”。读图回答10～12题。

10. 上述“某月”是(　　)。

A. 1月　　B. 4月

C. 7月　　D. 10月

11. 该月份甲地盛行(　　)。

A. 东南风

B. 东北风

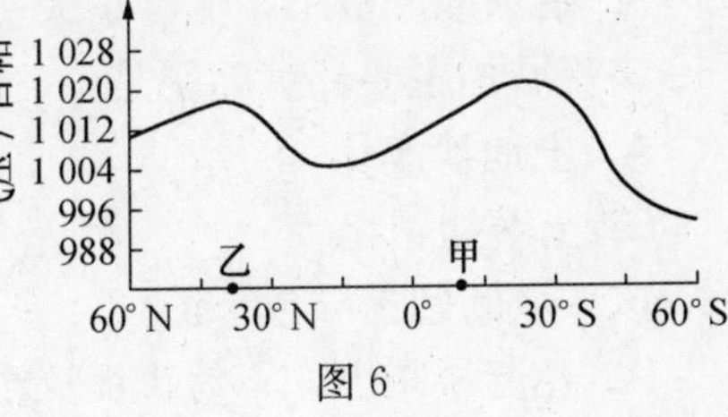

图6

C. 西南风

D. 西北风

12. 该月份乙地的气候特征是(　　)。

A. 高温多雨　　B. 低温少雨

C. 温和多雨　　D. 炎热干燥

13.《中国国家地理》根据富饶的程度、人类与自然的和谐程度等，评出我国 10 大“新天府”，苏北平原名列其中。下列叙述中，属于其入选条件的有(　　)。

① 灌溉与泄洪工程建设改善了自然条件

② 大面积使用化肥、农药提高了粮食产量

③ 海平面上升有利于开采利用地下水

④ 高产稳产农田建设提高了土地生产力

⑤ 环境保护和生态建设取得了明显成效

A. ①③④　　B. ①②⑤　　C. ②③⑤　　D. ①④⑤

图 7 为“我国某河流中游水文观测站多年月平均降水量、径流量、输沙量变化图”。读图回答 14～16 题。

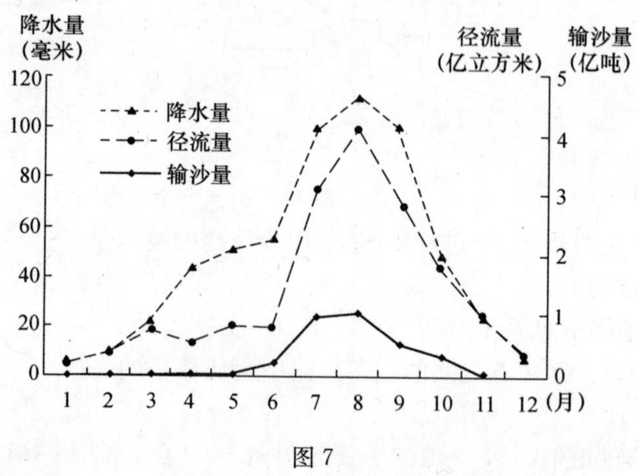

图 7

14. 该流域(　　)。

A. 雨水是河水主要的补给来源

B. 降水量主要集中在春秋季节

C. 径流量随降水量同步增减

D. 枯水期流量小，输沙量大

15. 该流域的主要环境问题是(　　)。

A. 土地沙漠化　　B. 水土流失

C. 土壤盐碱化　　D. 地面沉降

16. 该环境问题易导致下游(　　)。

A. 径流量减少，不易决堤泛滥

B. 径流量增多，季节变化减小

C. 输沙量大，水库淤积严重

D. 流速减慢，利于内河航运

图 8 为“我国 1990～2007 年某城市各区人口密度变化示意图”。读图回答 17～18 题。

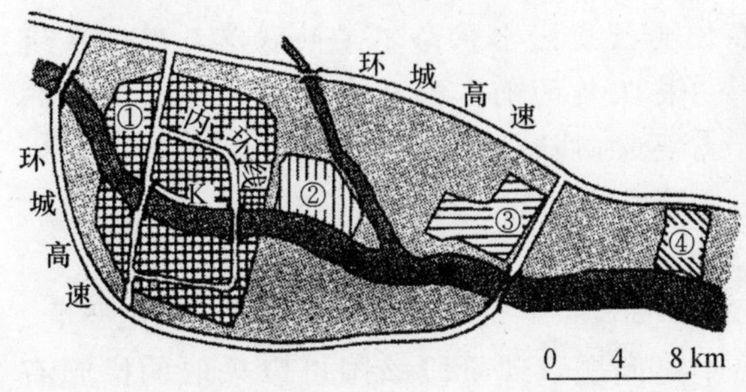

图 8

17. ④区土地利用类型应为(　　)。

A. 商业用地　　B. 工业用地

C. 政府机关用地　　D. 居住用地

18. 关于该城市发展的叙述正确的是(　　)。

A. 该城市总人口明显减少

B. ③区商业服务等级最高、种类最多

C. K 滨河带适宜建开放式公园

D. 高新技术产业区应建在①区

(二) 双项选择题：本大题共 8 小题，每小题 3 分，共计 24 分。在每小题给出的四个选项中，有两项是符合题目要求的。每小题选两项且全选对者得 3 分，只选一项且选对者得 1 分。其余情况均不得分。

我国东部地区的主要锋面雨带，通常位于西太平洋副热带高压脊线以北 5～8 个纬度距离处，并随西太平洋副热带高压的北进南退而移动。图 9 为“西太平洋副热带高压脊线位置示意图”。读图回答 19～20 题。

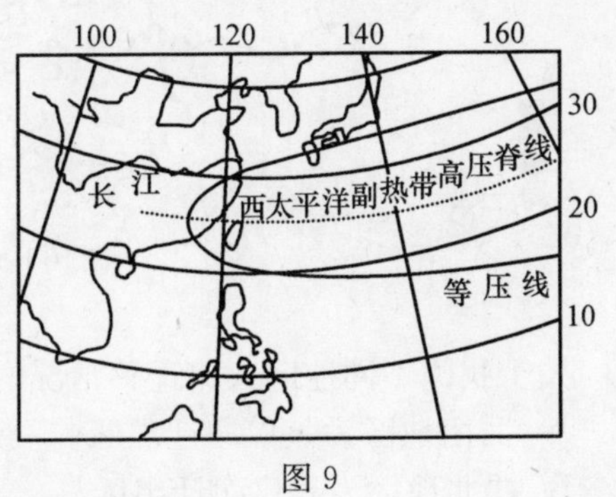

图 9

19. 当西太平洋副热带高压脊线移到图示位置时(　　)。

A. 长江三角洲地区都吹东北风

B. 副热带高压南侧洋面处于台风活动期

C. 台湾海峡受上升气流影响而多雨

D. 华北地区干燥少雨

20. 下列诗句描述的降水情景，可能出现在图示时期的是(　　)。

A. 清明时节雨纷纷　　B. 黄梅时节家家雨

C. 雨滴梧桐秋夜长　　D. 清风细雨湿梅花

某面积较小的岛国为改变淡水供给不足的状况，规划在填海地段建地下水库——将收集的雨水和地表径流，通过灌注井储存于地下含水层，需要时回抽补充地面供水。据此回答21～22题。

21. 提出此项规划，是因为该国(　　)。

A. 用水量大　B. 降水丰富　C. 干旱少雨　D. 污染严重

22. 为解决淡水供给不足问题，现阶段该国可以采取的措施有(　　)。

A. 节约用水　　B. 国内跨流域调水

C. 人工降水　　D. 循环用水

图10为“2000年我国部分省级行政区人口迁移示意图”。人口净迁入区是指迁入人口数大于迁出人口数的区域；反之，为人口净迁出区。读图回答23～24题。

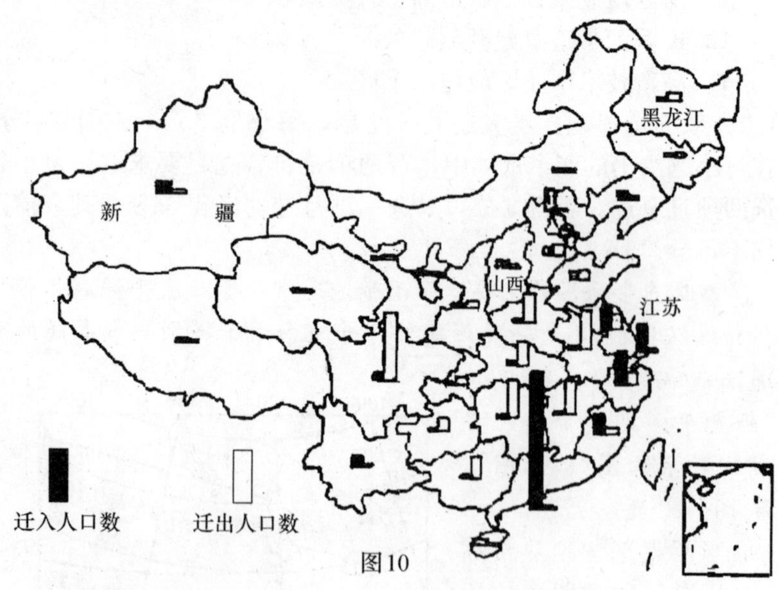

图10

23. 关于我国不同地区人口迁移情况的叙述正确的是(　　)。

A. 西南地区为人口净迁出区

B. 西北地区为人口净迁出区

C. 东南沿海地区为人口主要迁入区

D. 东北地区为人口主要迁出区

24. 主要因资源开发而引起人口净迁入的省级行政区有(　　)。

A. 山西　　B. 江苏　　C. 新疆　　D. 黑龙江

图 11 为“江苏省三大产业产值比重与城市人口比重的变化图”。读图回答 25～26 题。

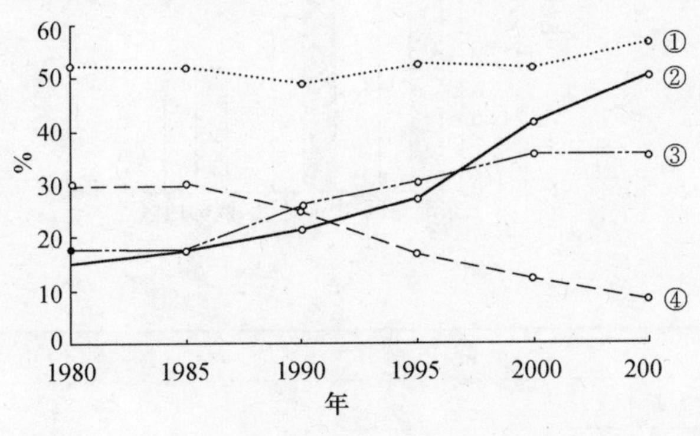

图 11

25. 图中曲线标注的序号与文字说明对应正确的是(　　)。

A. ①—城市人口比重　　B. ②—第二产业产值比重

C. ③—第三产业产值比重　　D. ④—第一产业产值比重

26. 图示曲线反映了(　　)。

A. 第二产业产值比重增长的速度最快

B. 20 世纪 90 年代末城市化速度最快

C. 1990 年第三产业产值比重超过第一产业

D. 城市人口增长与第二产业发展同步

二、综合题：本大题分必做题（第 27～29 题）和选做题（第 30 题）。共计 60 分。

27. 图 12 为“2000～2005 年我国三大产业用电量柱状图”，图 13 为“2003 年我国东、中、西部发电量和用电量柱状图”。读图回答下列问题。(13 分)

(1) 三大产业用电量增长最多的是第______产业，其原因主要是__________。(2 分)

(2) 我国东、中、西部电力生产与消费的地区差异是________。(3 分)

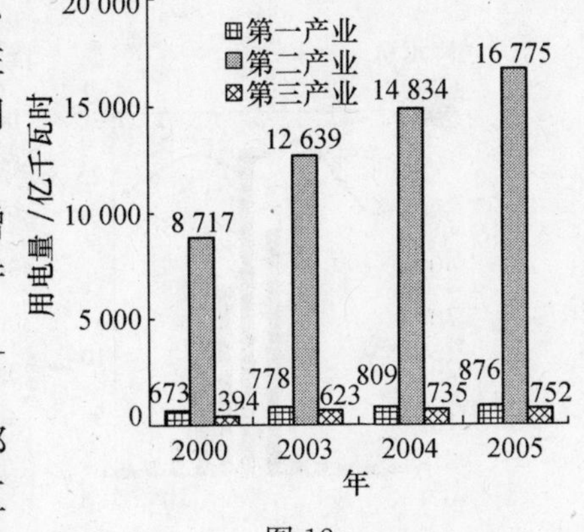

图 12

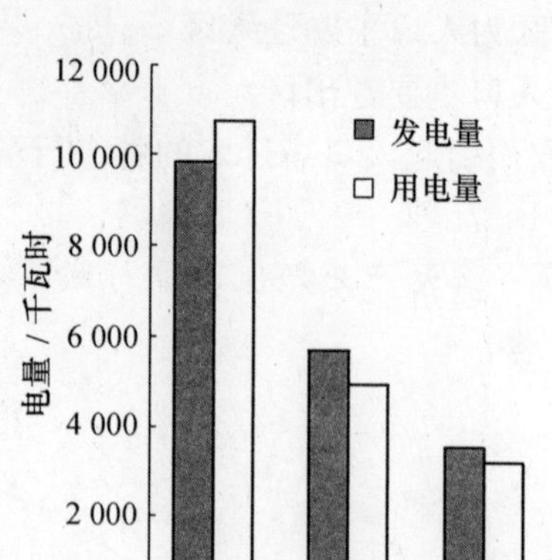

图 13

对策		理由
开源方面		
节流方面		
区际协调		

28. 图 14 为“甲、乙两地地理位置示意图”，图 15 为“甲、乙两地年内气温与降水量变化图”。读图回答下列问题。(13 分)

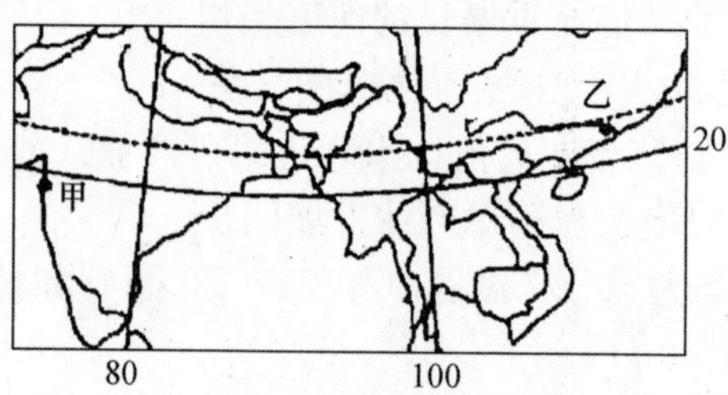

图 14

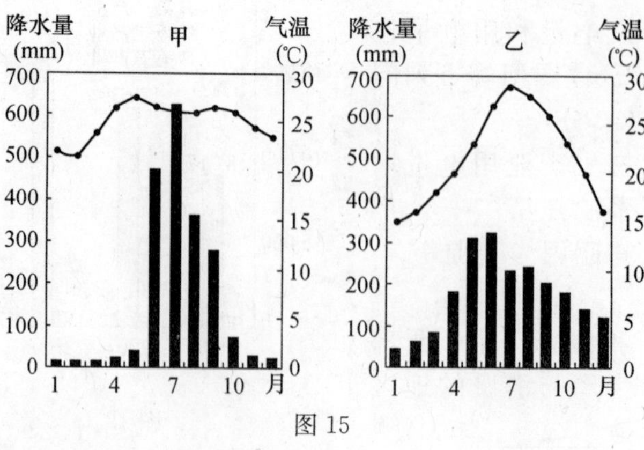

图 15

(1) 填表比较甲、乙两地气候特征及其差异的主要原因。(6分)

气候特征	相同点	
	不同点	
气候特征差异产生的主要原因		

(2) 分析甲地的气候特征对当地农业生产的影响。(4分)

有利影响：__________；不利影响：__________。

(3) 面对国际粮价上涨，请对乙地所在国提高粮食产量提出建议。________________________(3分)

29. 阅读材料，回答下列问题。(14分)

材料一：湖南省被誉为“有色金属之乡”，已探明储量的有色金属有37种，其中锑的储量居世界首位，钨、铋、铅、锌储量也很丰富。湖南省有色金属冶炼工业基础较好，株洲有全国规模大、技术先进的铅锌冶炼厂。

材料二：图16为“湖南省有色金属工业发展条件示意图”。

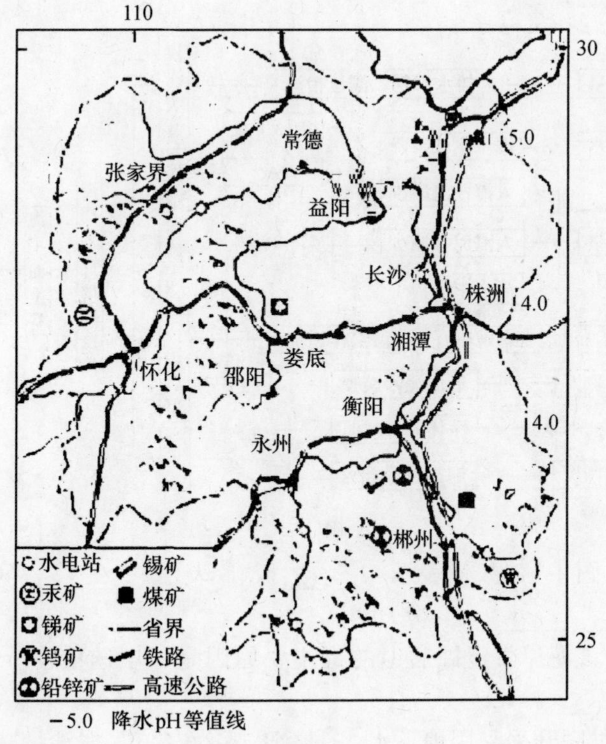

图16

地区	主要城市	储量占全省百分比/%							
		锑	钨	锡	铅	锌	铜	汞	铋
湘东	长沙、株洲、湘潭	0.62	0.72	0.10	2.92	10.12	32.44		
湘南	衡阳、郴州、永州	3.30	94.14	99.71	72.61	55.68	54.90	1.14	100.00

(1) 湖南省有色金属矿产资源的特点有________、________。(2 分)

(2) 湖南省水能资源主要分布在________，影响其分布的主导因素是________。(2 分)

(3) 分析比较湘东和湘南地区发展有色金属工业的有利条件。________(4 分)

(4) 酸雨是 pH 小于 5.6 的大气降水。湖南省酸雨最严重的城市有________等。分析该地区多酸雨的主要人为原因及其防治措施。________(6 分)

30. 选做题：请在 A、B、C、D 四题中选定两题作答，并在答题卡上把所选题目对应字母后的方框涂满涂黑。如多做，则按所答的前两题评分。共计 20 分。

A. [海洋地理] 图 17 为“黄河三角洲某海岸带环境问题示意图”。读图回答下列问题。(10 分)

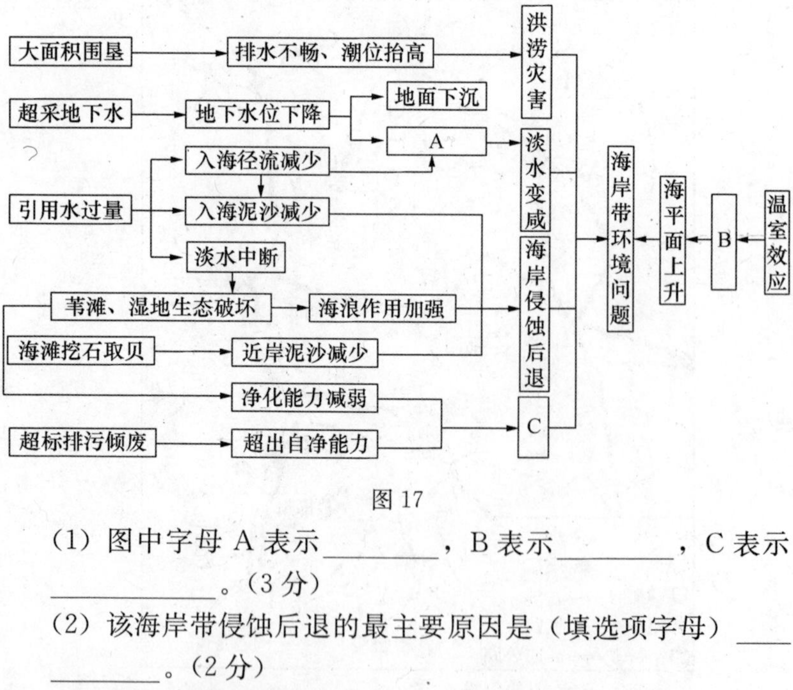

图 17

(1) 图中字母 A 表示________，B 表示________，C 表示________。(3 分)

(2) 该海岸带侵蚀后退的最主要原因是(填选项字母)________。(2 分)

A. 过度开采利用地下水　　B. 入海径流、泥沙量减少

C. 大面积围垦滩涂湿地　　　　D. 过量排放、倾倒废弃物

（3）苇滩、湿地的生态功能主要有（填选项字母）________和________。（2 分）

A. 延缓全球海平面上升　　　　B. 容纳、净化污染物

C. 增加河流水量　　　　　　　D. 保护生物多样性

（4）近年来，经过有效治理，黄河枯水期入海径流量明显增大，简述这对改善该海岸带环境的作用。________________________（3 分）

B. ［城乡规划］图 18 是"我国某特大城市示意图"。读图回答下列问题。（10 分）

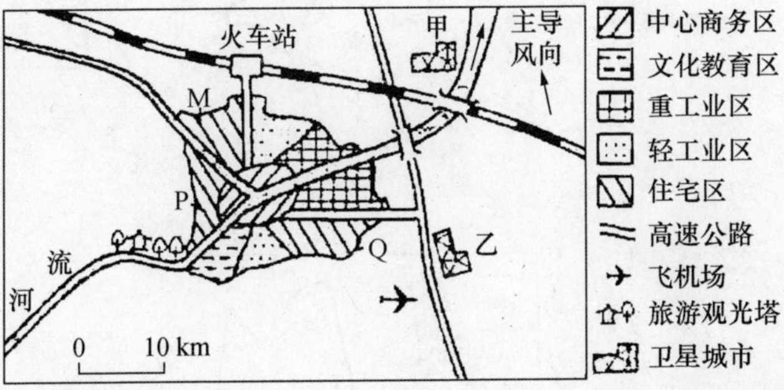

图 18

（1）早期该城市选址的有利条件是____________，________________________。（2 分）

（2）目前该城市的空间形态属于____________。M、P、Q 中______处是高级住宅区。（2 分）

（3）拟在甲、乙两处规划建设高新技术工业城和石油化工城两座卫星城市。石油化工城应建在________处，理由是____________________。（3 分）

（4）请简述甲、乙两卫星城建设对该城市发展的意义。____________________（3 分）

C. ［旅游地理］阅读有关材料，回答下列问题。（10 分）

材料一：图 19 是"上海市民出游比率等值线图"。出游比率指某地到某旅游目的地的市民占该地出游市民总数的百分比。

材料二：图 20 为"某旅游目的地 1994～2004 年接待游客人次数年内变化图"。

（1）距离上海市 500 千米范围内的世界遗产有____________、____________等。（2 分）

（2）上海市民出游比率空间分布的总体特点是________________________。（2 分）

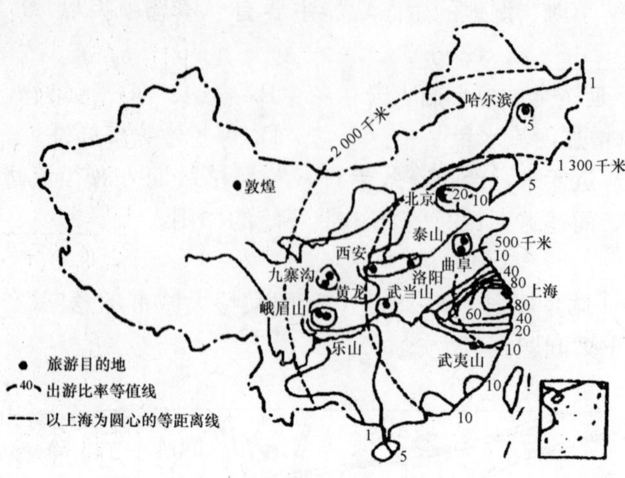

图 19

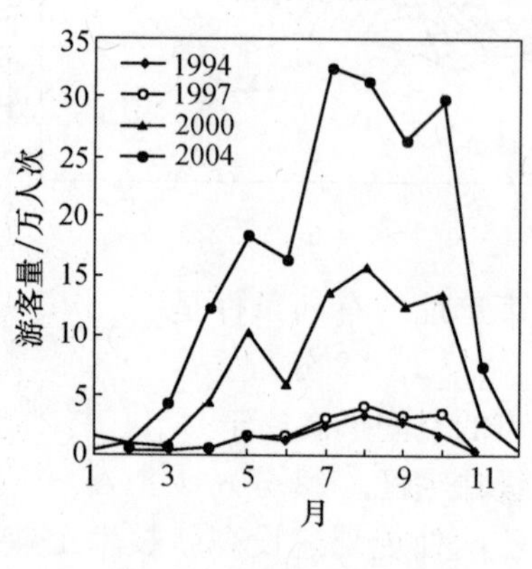

图 20

(3) 上海市民到北京的出游比率达 20%以上，高于距上海同距离的其他地区，这主要与北京地区人文旅游资源__________和__________两方面的特征有关。(2 分)

(4) 图 20 所示的旅游目的地是（填选项字母）__________。(2 分)

A. 深圳锦绣中华　　　B. 北京颐和园

C. 苏州周庄　　　　　D. 阿坝州九寨沟

(5) 图 20 所示目的地游客接待高峰分别在“五一”“暑假”和“________”。2008 年我国调整“五一”假日，新增“清明”“端午”两假日，休假制度调整对该目的地游客接待数量年内变化可能带来的影响是____________________。(2 分)

D. ［环境保护］图 21 为“1951～2000 年我国部分省级行政区受沙尘暴影响强度比例统计图”。读图回答下列问题。(10 分)

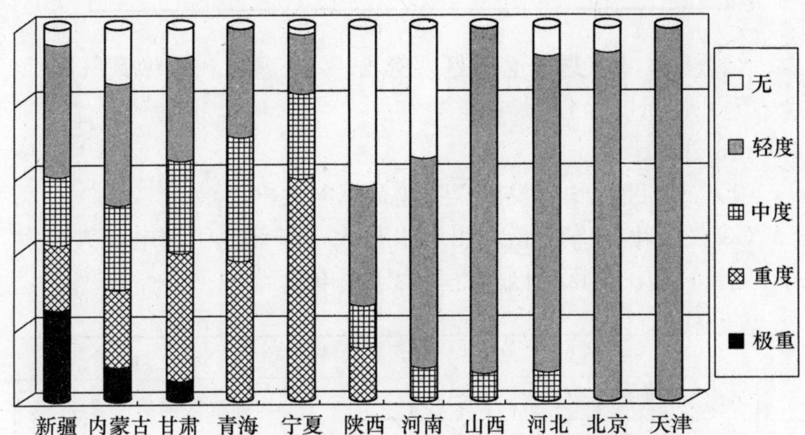

图 21

(1) 我国北部受沙尘暴影响强度的空间分布特点是______。(1 分)

(2) 北京市受沙尘暴影响的强度总体上为______度。我国北部的沙尘暴多发生在______季，主要因为该季节我国北部地区气候______，植被稀少，且常有______天气系统活动，风力强劲。(4 分)

(3) 首钢集团的搬迁使北京市的大气环境质量得到了明显改善。首钢搬迁所运用的主要环境管理手段是（填选项字母）______。(2 分)

A. 行政手段　　　　B. 法规手段

C. 经济手段　　　　D. 教育手段

(4) 为贯彻“绿色奥运”理念，你认为进一步改善北京市的大气环境质量应采取哪些措施？______________ (3 分)

参 考 答 案

一、选择题（共 60 分）

(一) 单项选择题：本大题共 18 小题。每小题 2 分，共计 36 分。

题号	1	2	3	4	5	6	7	8	9
答案	B	D	A	D	A	A	B	B	C
题号	10	11	12	13	14	15	16	17	18
答案	C	A	D	D	A	B	C	B	C

（二）双项选择题：本大题共 8 小题。每小题 3 分，共计 24 分。

题号	19	20	21	22	23	24	25	26
答案	BD	BC	AB	AD	AC	AC	CD	BC

二、综合题：本大题分必做题（第 27～29 题）和选做题（第 30 题）。共计 60 分。

27.（13 分）

（1）二　工业快速发展（工业是用电大户）

（2）东部地区发电量、用电量都大；东部地区用电量大于发电量；中、西部地区发电量大于用电量

对　策		理　由
开源方面	开发新能源	东部地区能源需求量大；中、西部地区能源丰富；东部地区科技水平高
节流方面	降低能耗；调整产业结构	
区际协调	实施产业转移；能源跨区域调配	

28.（13 分）

（1）

气候特征	相同点	夏季高温多雨；降水季节变化大
	不同点	甲地全年气温高（或乙地气温年较差大或乙地冬温低） 甲地雨季短（或乙地雨季长）
气候特征差异产生的主要原因		受不同季风影响（甲地主要因气压带和风带的季节移动，乙地因海陆热力性质差异）；甲地因地形阻挡，受冬季风影响小

（2）全年高温，作物生长期长；降水丰富，利于作物生长

易受干旱、洪涝灾害影响

（3）发展农业技术，提高粮食单产；保护耕地，扩大粮食种植面积；兴修水利，防灾减灾

29.（14 分）

（1）种类多；储量大；分布不均

（2）西部和南部的山区　　地形

（3）湘东：工业基础较好，科技水平较高，交通便利；湘南：有色金属矿产丰富，水能丰富

（4）长沙（株洲、湘潭、娄底、益阳）有色金属冶炼工业发达，排放的酸性气体多。调整能源消费结构；降低能耗；达

标排放；开展综合利用；提高公众环保意识。

30. 选做题：在A、B、C、D四题中选定两题作答，如多做，则按所答的前两题评分，共计20分。

A. ［海洋地理］（10分）

（1）海水入侵　全球变暖　海洋污染

（2）B

（3）BD

（4）减轻了淡水变咸；延缓海岸侵蚀后退；减轻海洋污染。

B. ［城乡规划］（10分）

（1）水运便利　取水方便

（2）集中式或团块式　P

（3）甲　位于河流下游；位于与盛行风向垂直方向的郊外；水陆交通便利

（4）分担城市职能；缓解城市土地、交通压力；有利于保护和改善城市环境；促进城市合理化发展。

C. ［旅游地理］（10分）

（1）黄山、苏州古典园林（或皖南古村落、南京明孝陵）

（2）自上海向外逐渐降低（离上海越远，出游市民越少）

（3）品质高　多样性

（4）D

（5）国庆节　增加新的游客高峰

D. ［环境保护］（10分）

（1）由西向东逐渐减弱

（2）轻　春　干燥（少雨）　冷锋

（3）A

（4）改善能源结构；控制废气排放；植树造林；加强风沙源地区的生态建设。

2008年普通高等学校招生全国统一考试（上海）·地理卷

一、选择题（共40分，每小题2分）

（一）在2008年樱花盛开的季节，胡锦涛主席一行圆满完成了对日本的“暖春之旅”。此行进一步推进了中日友好关系的发展。

1. 日本与我国一水之隔，这里的“一水”是指（　　）。

A. 日本海　　B. 渤海　　C. 黄海　　D. 东海

2. 每年日本不同地区樱花开放日期各不相同。从4月初到6月末樱花依次盛开的地区是（　　）。

A. 本州、九州、北海道　　B. 北海道、本州、九州

C. 九州、本州、北海道　　　　D. 北海道、九州、本州

3. 5月10日胡锦涛主席参观了松下电器公司，在我国改革开放初期，该公司部分电器装配厂较早转移到我国东部沿海地区，影响这种选择的主导因素是(　　)。

A. 能源　　　B. 劳动力　　C. 技术　　　D. 交通运输

(二) 地理教学中经常用一些示意图来表示地理现象的发生与变化。

图1

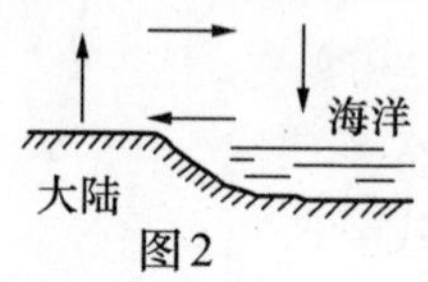

图2

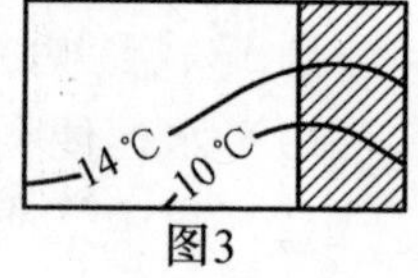

图3

4. 图1显示的是沿海山地迎风坡成云致雨的过程，这种降水类型称为(　　)。

A. 锋面雨　　　B. 对流雨　　C. 台风雨　　D. 地形雨

5. 图2显示的是某一自然地理现象的循环过程，该过程为(　　)。

A. 海陆间循环　　　　　　　B. 海上内循环

C. 夏季风环流　　　　　　　D. 冬季风环流

6. 图3中的阴影部分代表大陆，另一部分代表海洋，图中等值线表示(　　)。

A. 南半球 7月等温线　　　　B. 南半球 1月等温线

C. 北半球 7月等温线　　　　D. 北半球 1月等温线

(三) 近年来，长江三角洲经济圈新建了一系列大桥，加快了各地人员、物资的交流。

图4

图5

图6

7. 连接上海南汇和洋山深水港的东海大桥主要通行(　　)。

A. 旅游大客车　　　　　　　B. 公交大客车

C. 集装箱卡车　　　　　　　D. 水产冷藏车

8. 杭州湾跨海大桥采用S形设计，使桥梁与航道水流保持基本垂直。这一设计思路主要考虑的因素是(　　)。

A. 海啸　　　B. 赤潮　　　C. 潮汐　　　D. 寒潮

9. 苏通大桥是目前已建成的最接近入海口的长江大桥，它创造了“最深桥梁桩基”“最高索塔”“最大跨径”和“最长斜拉索”

四项世界纪录。这样设计有利于(　　)。

A. 提高南北陆路运输

B. 确保“黄金水道”的通航能力

C. 稳定河口水文特征

D. 抵御台风侵袭

(四) 能源是现代人类生存发展的重要资源。作为清洁能源的风能具有重要的利用价值。

10. 下列与风能有关的叙述，正确的是(　　)。

A. 风能属于来自太阳辐射的能源

B. 风能是一种可再生资源

C. 撒哈拉沙漠是风能开发最好的地区

D. 风能发电投入少，效益好

11. 我国内蒙古高原和东部沿海都是风能资源丰富的地区，两地利用风能最佳季节分别是(　　)。

A. 秋季、春季　　B. 冬季、夏季

C. 冬季、春季　　D. 夏季、秋季

12. 塔里木盆地内部是我国风能资源相对贫乏的地区，其主要原因是(　　)。

A. 距海遥远，深居大陆的腹地

B. 岩石裸露，下垫面摩擦力大

C. 盆地地形，周围有高山阻挡

D. 海拔较高，气温日较差较少

(五) 当前，水资源紧缺已成为许多国家与地区经济发展的严重障碍，人们正在采取多种措施摆脱这一困境。

13. 通常所说的水资源，是指目前人类可以大量利用的(　　)。

A. 冰川水、河水、湖泊水

B. 河水、淡水湖泊水、浅层地下水

C. 冰川水、大气水、土壤水

D. 大气水、淡水湖泊水、沼泽水

14. 根据自然条件与用水需求等因素判断，下列四组国家中，水资源都非常紧缺的一组是(　　)。

A. 埃及、新加坡　　B. 巴西、阿根廷

C. 英国、以色列　　D. 美国、墨西哥

15. 跨流域调水是解决地区水资源不足的措施之一。下列国家中，根据本国自然环境特点，进行大规模“东水西调”的是(　　)。

A. 俄罗斯　　B. 加拿大　　C. 中国　　D. 澳大利亚

（六）用实验模拟沿地表作水平运动物体的地转偏向现象：甲同学打开伞，抬头面视伞面内侧，顺时针转伞；乙同学向转动的伞面顶部滴红墨水，并观察红墨水流动过程。

16. 红墨水在伞面上流动的轨迹为（　　）。

A. 先偏右后偏左　　B. 向右偏转

C. 先偏左后偏右　　D. 向左偏转

17. 该实验存在的主要不足是（　　）。

① 未模拟出越过赤道后的地转偏向现象

② 没能模拟出纬向运动的地转偏向现象

③ 未模拟出高纬向低纬运动的地转偏向现象

④ 伞面转动与地球自转的实际差别很大

A. ①②④　B. ②③④　C. ①③④　D. ①②③

18. 下列地理现象中，与地转偏向力有关的是（　　）。

① 上海至纽约飞行航线向高纬度方向凸出

② 南亚地区夏季风的形成

③ 直布罗陀海峡表层与底层水流方向相反

④ 秘鲁寒流在流动中呈离岸的趋势

A. ①②　B. ③④　C. ①③　D. ②④

（七）近年来，随着全球气候变暖，我国部分地区的自然环境出现了一系列反常现象。

19. 下列现象中，与全球气候变暖有关的是（　　）。

① 天山博格达峰雪线下降　② 东海出现南海的鱼种

③ 华北地区树枝提前抽芽　④ 灾害性天气出现频繁

A. ②③④　B. ①②③　C. ①③④　D. ①②④

20. 自然界中某种因素的变化会引起其他一系列因素的变化，例如青藏高原积雪面积减小，会引起该地域自然环境的连锁变化，这种变化包括（　　）。

① 地表温度年变化增大　② 风化加速导致岩崩现象加剧

③ 羊八井地热温度升高　④ 山地针叶带海拔高度降低

A. ①④　B. ②③　C. ③④　D. ①②

二、综合分析题（共 110 分）

（八）根据下列图表资料，回答下列问题。（17 分）

两河水文基本概况

河　流	A 河	B 河
长度/千米	6 670	4 640
流域面积/万平方千米	280	369
河口平均流量/（立方米/秒）	2 200	39 000

21. 图中A河名称为________，注入________；B河名称为________，注入________。

22. A河流经的沙漠名称为________。由于该河下游河水流速________，泥沙沉积，在河口发育了________。B河流经________盆地底部的河段，具有________价值；穿过峡谷的下游河段，水流湍急，具有丰富的________资源。

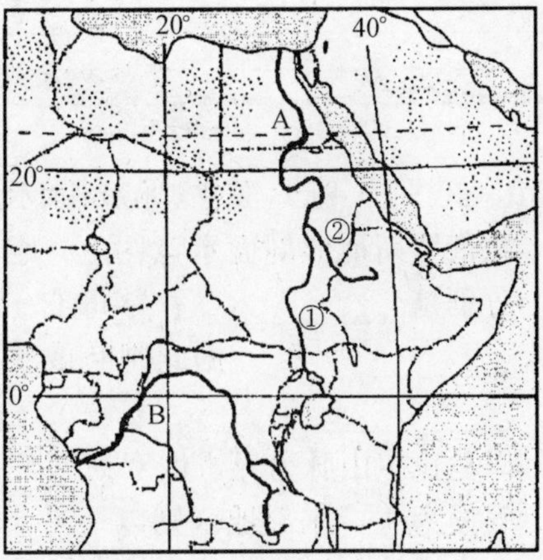

图7　A、B两河分布示意图

23. B河长度不及A河长度而流量超过A河的主要原因是____。

24. 从降水类型来看，B河所在流域的降水大多属于________雨。历史上，A河下游河段的定期泛滥给两岸农业生产提供________与________。A河上游支流①与支流②中，与该河泛滥有密切关系的是________（填写数码），其理由是____。

（九）读俄罗斯地理简图及地形剖面图，回答问题。(16分)

俄罗斯地处中高纬度地区，东西跨11个时区，是世界上面积最大的国家。

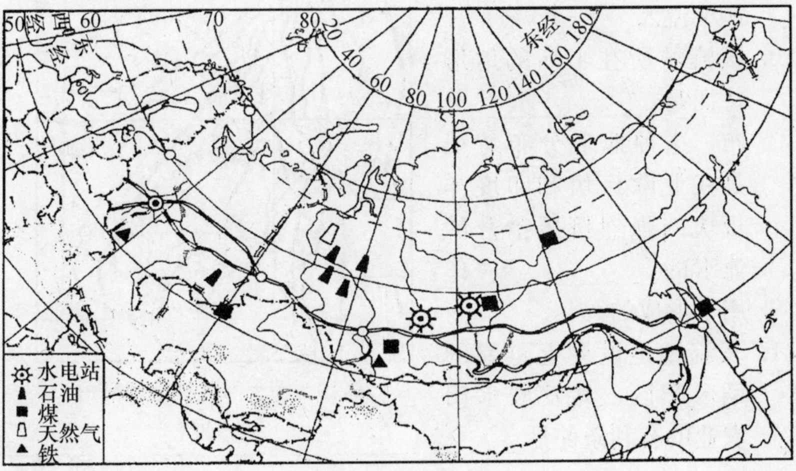

图8　俄罗斯地理简图

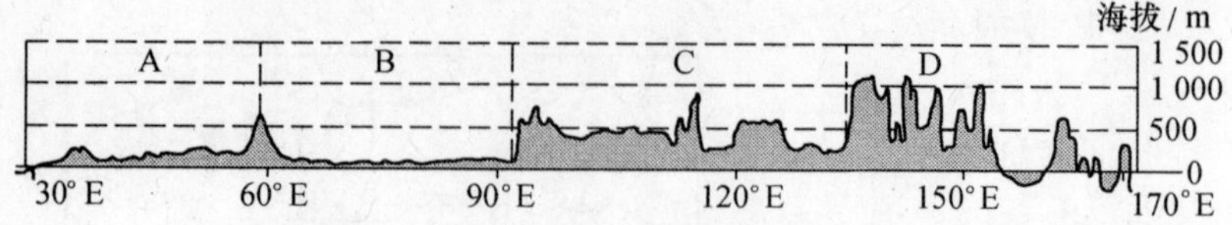

图 9 俄罗斯地形剖面示意图（沿 60°N）

25. 在俄罗斯地形剖面示意图上，字母 A、B 代表的地形区名称分别是＿＿＿＿＿＿；字母 C、D 代表的地形区名称分别是＿＿＿＿＿＿＿。据此判断俄罗斯地形的东西分界线是＿＿＿＿＿＿＿＿河。

26. 以乌拉尔山脉为界，俄罗斯西部地区气候类型以＿＿＿＿＿气候为主，东部地区则以＿＿＿＿＿气候为主。影响俄罗斯农业发展的自然因素主要是＿＿＿＿＿资源不足，粮食作物以＿＿＿＿＿＿＿＿为主。

27. 俄罗斯东部自然资源十分丰富。储量居世界前列的资源，除了水资源、森林资源外，还有多种能源资源，它们是＿＿＿＿＿＿＿＿等。最大的＿＿＿＿＿＿油田也位于该地区。

28. 俄罗斯国内交通运输以铁路为主，河运不占主要地位，分析其原因。

（十）读图回答下列问题。（13 分）

湄公河是一条国际河流。2008 年 3 月 3 日，围绕加强资源、能源合理利用，扩大贸易市场等问题，湄公河流域有关国家领导人召开了第三次经济合作会议。

29. 湄公河在图上的数码是＿＿＿＿＿，它在中国境内被称为＿＿＿＿＿江，最终流入＿＿＿＿＿海。

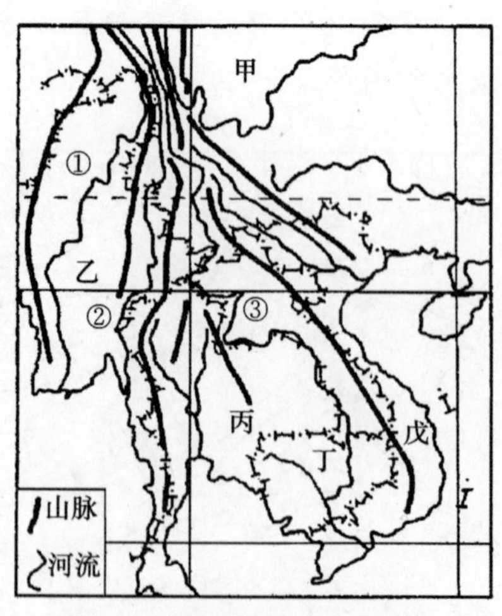

图 10 湄公河流域地理简图

30. 该流域所在半岛的地形特征是＿＿＿＿＿＿分布，这种地形分布特征是在亚欧板块和印度洋板块的强烈挤压抬升的流水的＿＿＿＿＿＿作用下形成的。

31. 该流域是世界上重要的稻米产区，其发展水田农业的有利条件是＿＿＿＿＿＿＿＿＿＿＿＿＿＿＿＿＿＿＿＿＿＿＿＿＿＿＿＿＿＿＿＿＿＿＿。

32. 我国下列各省区中，与湄公河流域开发关系最为密切的是________。(单项选择)

A. 贵州省　B. 云南省　C. 青海省　D. 西藏自治区

33. 流域内各国具有各自的地理优势，易于形成互补。图中甲、乙、丙、丁、戊代表的国家中，水能资源最丰富国家的代码是________，世界重要的橡胶生产国和出口国的代码是________，世界稻米出口量最大国家的代码是________。

34. 我国与流域内其他国家加强经济合作的重要意义是____。

(十一) 人口流动和人口增长会对一个地区社会经济发展产生很大影响。读图回答问题。(15 分)

为推进区域经济均衡发展，国务院将我国分为中部、东北部、西部、东部四大地区，并提出了“中部崛起”“东北振兴”“西部开发”和“东部新跨越”的战略决策。

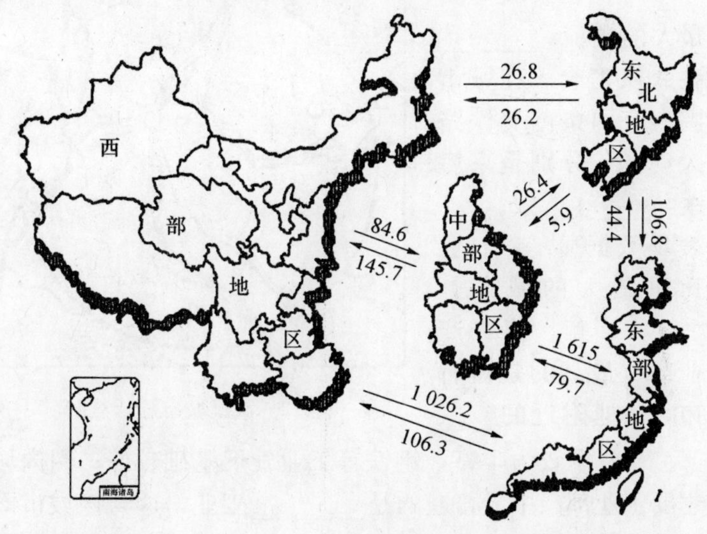

图 11　我国四大地区之间人口流动示意图（单位：万人　2000 年）

35. 在四大地区中，人口净流入量最大的是________地区，人口净流出量最大的是________地区。在四大地区中，相互之间人口流动总量最小的是________地区与________地区。

36. 从四大地区人口流向看，________地区与________地区向________地区的流动成为区际人口流动的主流，从流入区产业结构特点分析，其主要原因是____。

37. 图 12 反映的是人口数量变化与环境诸要素相互关系模式。读图分析人口数量变化与环境诸要素的相互关系，并运用可持续发展观点“如何协调人口与环境的关系”提出自己的看法。

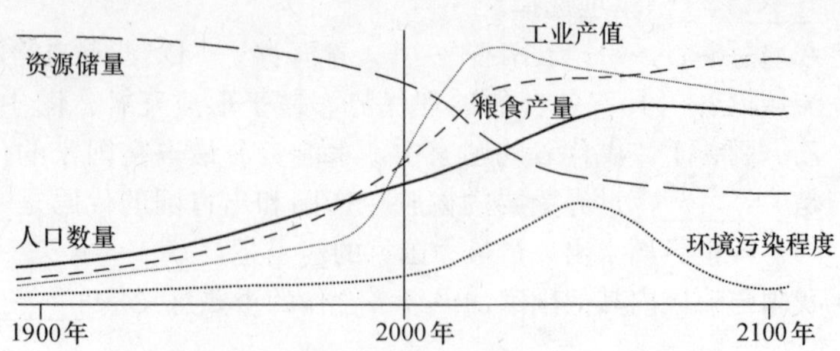

图 12　人口数量变化与环境诸要素相互关系模式

（十二）分析有关武汉城市圈的图表资料，回答问题。（20 分）

2007 年 12 月 14 日，以武汉为核心，以 100 千米为半径的武汉城市圈被国家发展和改革委员会批准为改革实验区。

38. 武汉城市圈位于________平原，长江与其最大的支流________在武汉汇合。在城市圈内有两条南北铁路大动脉，分别是京广线与________线。

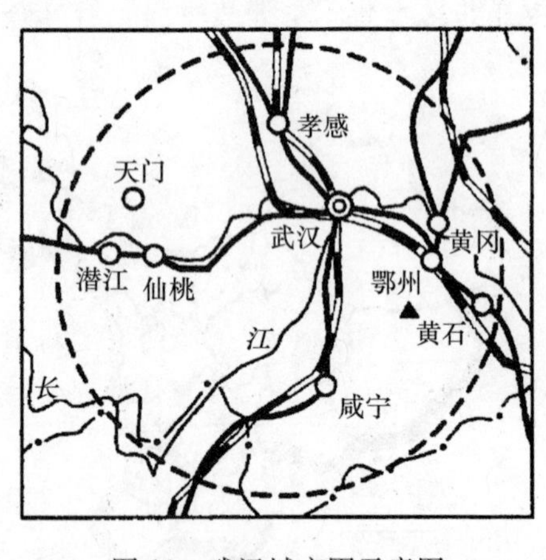

图 13　武汉城市圈示意图

39. 表 1 数据显示，农业比重最大的城市是________市。第二产业比重最高的是黄石市，该地附近的________矿资源较为丰富，钢铁等工业发展基础较好；圈内城市主要工业部门中最普遍的是________工业，这与该城市圈位于我国重要的________基地有关。

表 1　武汉城市圈部分城市产业结构与主要工业部门（2006 年）

城市	第一、第二、第三产业比重	主要工业部门
武汉	4.9∶45.5∶49.6	冶金、机械、化工、建材、食品、纺织
鄂州	16.2∶47.3∶36.5	冶金、服装、食品
黄石	8.9∶51.3∶39.8	冶金、机械、建材、化工、纺织、医药
黄冈	33.2∶33.9∶32.9	建材、纺织、机械
咸宁	26.3∶38.5∶35.2	纺织、机械、建材、运输
仙桃	23.5∶42.2∶34.3	纺织、轻工、食品、医药、化工

40. 读表 2，对黄冈与黄石两市的经济发展状况作出对比评价。

表 2　武汉城市圈部分城市统计数据（2006 年）

	武汉	鄂州	黄石	黄冈	咸宁	仙桃
固定资产投资额/亿元	1 325.29	72.05	138.05	192.89	103.80	62.49
国内生产总值/亿元	2 590.00	168.33	406.47	391.19	234.65	162.50
地方财政收入/亿元	178.60	6.46	15.33	15.35	8.71	2.80
非农业人口数量/万人	543.40	48.30	90.00	27.50	30.20	32.50
社会消费品零售总额/亿元	1 293.33	71.56	148.27	184.47	88.01	70.32

注：固定资产投资额代表城市经济发展能力；国内生产总值、地方财政收入和非农业人口数量代表城市经济整体水平；社会消费品零售总额代表市场化程度。

41. 经济地理统计中，通常用 E 值表示区域内城市经济联系度（见表 3），并将 E 值转换为等级值 C，以便用图解直观表示不同城市的经济联系等级。城市经济联系度 E 与城市经济联系等级值 C 的转换公式如下：

$$C=KE,（K=10/E_{\max}，表 3 中 E_{\max}=63.2）$$

根据表 3 中仙桃与武汉的数据，计算两市的经济联系等级值 C 为________，并根据下页图 14 中的图例，在两市间画出相应的线段。

表 3　武汉城市圈部分城市经济联系度（E）（2006 年）

	武汉	鄂州	黄石	黄冈	咸宁	仙桃
武汉	—	35.4	33.7	43.8	18.1	13.8
鄂州	35.4	—	22.0	63.2	1.3	0.4
黄石	33.7	22.0	—	18.2	2.4	0.6
黄冈	43.8	63.2	18.2	—	1.3	0.4
咸宁	18.1	1.3	2.4	1.3	—	0.7
仙桃	13.8	0.4	0.6	0.4	0.7	—

42. 区域内城市经济联系度 E 值与诸要素的数量关系为：

$$E=\frac{\sqrt{P_iD_i \cdot P_jD_j}}{r^2}$$

其中，P_i、P_j 代表 i、j 两城市的非农业人口，D_i、D_j 代表 i、j 两城市的国内生产总值，r 为两城市实际最短交通距离。根据这一公式，可知经济联系度与城市的________成正比，与________成反比。

43. 图 14 可示：武汉与周围八个城市经济联系的空间特征主要表

现为，从武汉—孝感一线开始，沿顺时针方向，城市联系等级呈一般的趋势；武汉以外的八个城市经济联系的空间特征表现为__________，东部三城市之间的联系等级为较弱与____________，其他城市之间的联系等级为________。

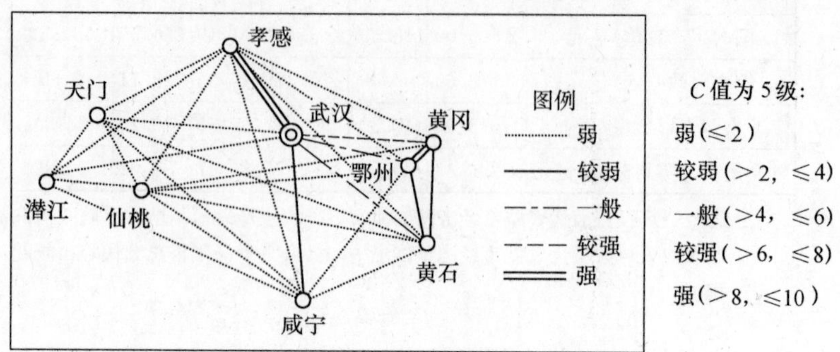

图 14　武汉城市圈城市经济联系等级图

44. 结合本题的图表资料，提出你对加强武汉城市圈内部联系的建议。

（十三）“地球部分地区昼夜分布示意图”中的阴影部分表示黑夜，其余部分表示白昼。读图回答问题。（9 分）

45. 据图判断，太阳直射点的地理坐标是________，甲、乙、丙三地的月份与日期是________。

46. 比较甲、乙、丙三地，一年中昼夜长短变化最小的是________________地。

47. 一年中甲、乙、丙三地正午太阳高度变化幅度是________。（单项选择）

A. 甲地最大　　B. 乙地最大
C. 丙地最大　　D. 三地相同

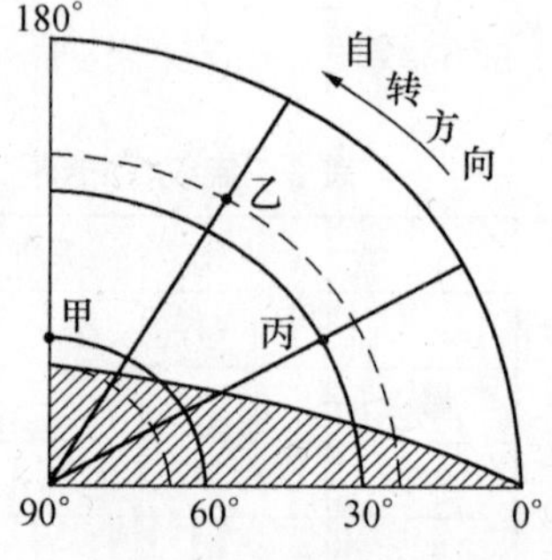

图 15　地球部分地区昼夜分布示意图

48. 甲、乙、丙三地至少需要再过________小时才能全部进入新的一天，届时甲地的地方时是______日______时。

49. 丙地所属气候类型是________，该地在图示季节的气候特征是________。

【以下为选择部分】

A 组（适合使用“二期”课改教材的考生）

（十四）月球是地球唯一的天然卫星，它与许多自然现象的发生有着密切的联系。读图回答问题。（9 分）

50. 图 16 和图 17 中，反映日食成因的示意图是________，日食发生的必要条件是：________________________________。

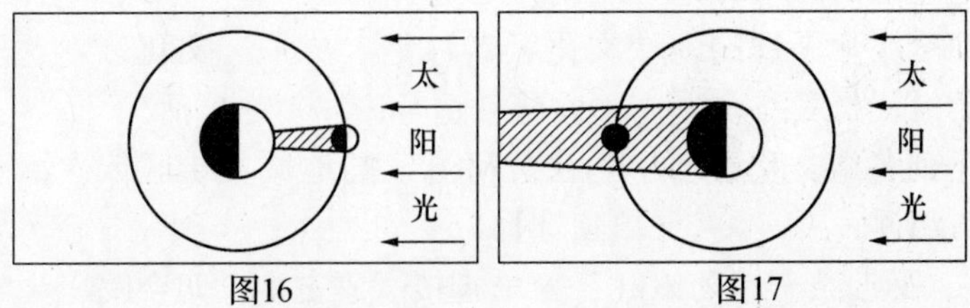

图16　　图17

51. 日食发生时，对应的月相必然是________。（单项选择）

A. 新月　B. 上弦月　C. 满月　D. 下弦月

52. 2007 年 8 月 28 日晚，上海学生看到的月食过程与下列图序相符的是________。（单项选择）

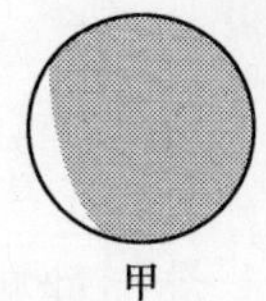

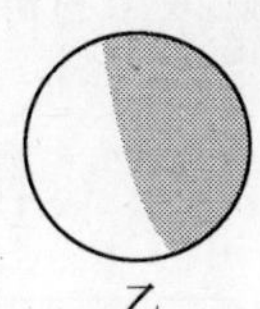

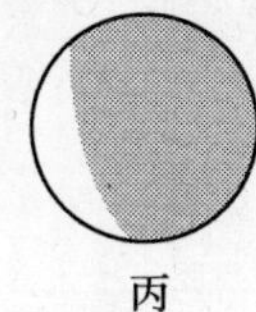

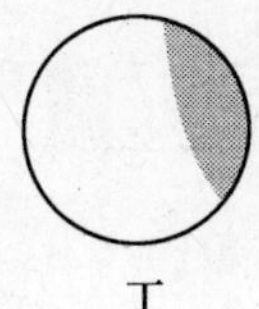

图 18

A. 甲—乙—丙—丁　　B. 乙—甲—丁—丙

C. 甲—丙—乙—丁　　D. 丙—丁—甲—乙

53. “涛之起也，随月盛衰”，潮汐有大潮、小潮之分。当________________相互叠加时，形成大潮。潮汐能具有________________________________优点。我国利用潮汐能的优势是________________________________。

（十五）读图回答下列问题。（11 分）

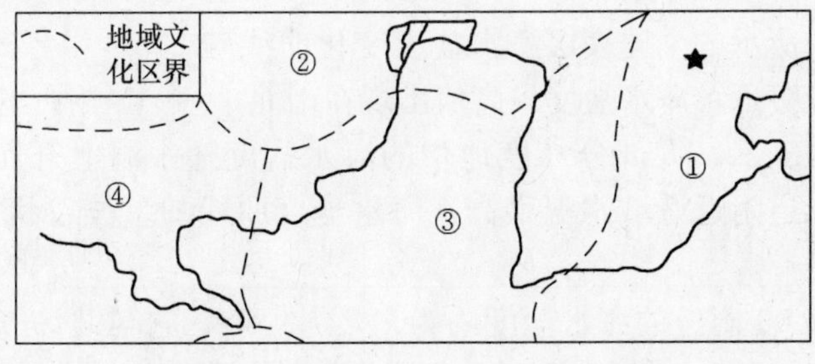

图 19　我国部分地域文化区示意图

中华民族的母亲河——黄河流经我国多个地域文化区，其民居、服饰、饮食、风俗等无不体现出鲜明的地域特色。

54. 黄河发源地所属的地域文化区名称是________文化区，这里的传统服饰是________，它与当地________气候特点相适应。

55. 黄河中游河段流经的地域文化区在图上的数码是________，这里最有影响的地方戏剧种是________。

56. 河套平原所属的地域文化区名称是________文化区，这里的传统民居是________，它非常适合________生活。

57. 下列各组文化事物中，在黄河流经的地域文化区依次出现的一组是________。(单项选择)

A. 酥油茶—“阿以旺”—吊脚楼—蒙古袍—四合院

B. 碉房—兰州拉面—马头琴—窑洞—评剧

C. “阿以旺”—吊脚楼—蒙古袍—窑洞—京剧

D. 喇嘛寺庙—坎儿井—那达慕节庆—信天游—四合院

58. 以上文化景观连同我国其他地区的文化景观反映了我国自然环境的________和地域文化________。

B组（适合使用“一期”课改教材的考生）

（十六）读图回答下列问题。(10 分)

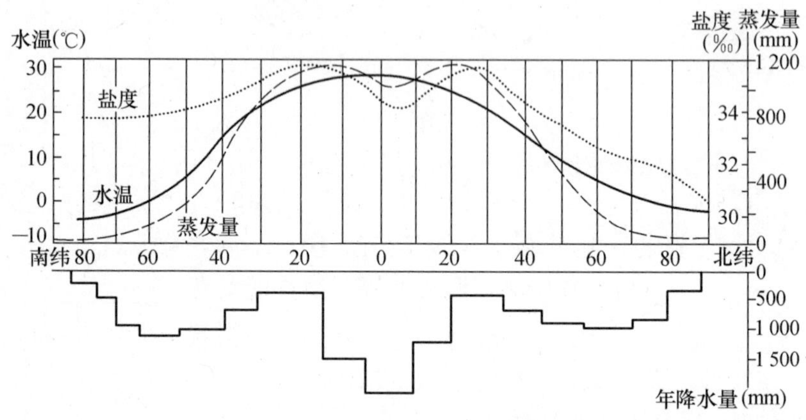

图 20　全球年降水量及海洋表面平均温度、蒸发量与盐度按纬度的分布

59. 图中所示的全球表层海水盐度变化曲线与________变化曲线比较接近，海水盐度最高值出现在南北________附近的海域。

60. 图中显示，大部分纬度地带的海水盐度随水温上升而升高，而赤道附近海域水温最高，海水盐度曲线却呈波谷状，其原因是____。

61. 南纬 60°附近的海水盐度约为________‰，它与北纬 60°附近的海域相比，海水盐度大的是________附近海域。这两个海域的海水盐度不同的原因是____。

62. 根据上述分析结果，可以看出______、______、______是影响海水盐度的重要因素。

(十七) 读“某地地质剖面图”，回答下列问题。(10 分)

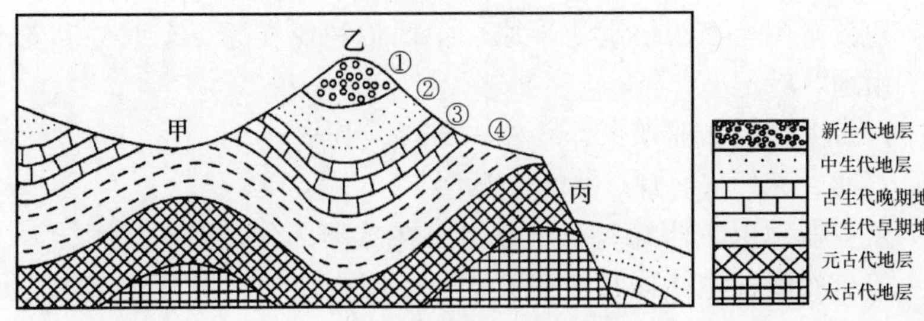

图 21　某地地质剖面图

63. 地质剖面图上，甲、乙、丙三处的地质构造分别是________、________、________。图中，陡崖出现在________处。甲处成为谷地的主要原因是________________________。

64. 在图中数码①②③④所示地层中，有可能找到大量三叶虫化石的地层数码是______，早期人类遗迹应该到数码________代表的地层中去寻找。

65. 地球演化过程中，灭绝的恐龙等生物种属不可复生，这说明了地理环境的演化具有________性。

参 考 答 案

一、选择题 (共 40 分)

题号	1	2	3	4	5	6	7	8	9	10
答案	D	C	B	D	C	A	C	C	D	A
题号	11	12	13	14	15	16	17	18	19	20
答案	B	C	B	A	D	B	A	D	A	D

二、综合分析题 (共 10 分)

考生回答合理可酌情给分；第 (八) 题至第 (十三) 题为共同部分。

(八) (17 分)

21. 尼罗河　地中海　刚果河　大西洋

22. 撒哈拉沙漠　减缓　尼罗河三角洲 (三角洲)　刚果　航运　水力

23. B 河地处热带雨林地区，A 河位于热带草原和热带沙漠地区 (B 河所在地区的降水量比 A 河丰富)；B 河位于世界最大盆地刚果盆地，A 河流域面积相对较小 (B 河流域面积大于 A 河)

24. 对流　灌溉水源（水源）　肥沃的淤泥（淤泥）　②　支流②所处地区降水具有季节变化大的特点

(九)（16 分）

25. 东欧平原　西西伯利亚平原　中西伯利亚高原、东西伯利亚山地　叶尼塞
26. 温带大陆性　亚寒带针叶林　光热　小麦
27. 石油、天然气、煤、水力　秋明
28. 俄罗斯领土东西绵长，工业重心在欧洲部分，而矿产、能源等自然资源主要分布在亚洲部分，国内运输主要货运流向为东西向。河流虽多，但结冰期长，且多为南北流向，与东西货运流向不一致

(十)（13 分）

29. ③　澜沧　南
30. 山河相间　侵蚀（切割）
31. 气候湿热、土壤肥沃、劳动力丰富、水稻生产历史悠久经验丰富
32. B
33. 甲　丙　丙
34. 有利于我国西部地区的开发；有利于流域内各国国际大通道的建设；有利于流域内各国资源优势互补与市场共享；有利于流域内各国经济共同发展与繁荣

(十一)（15 分）

35. 东部　中部　中部　东北
36. 西部　中部　东部　流入区（东部地区）第二产业中的劳动密集型产业与第三产业发展和集聚的需要
37. 该模式显示：一个地区随人口增加，工业产值、粮食产量也随之上升，但资源减少，环境污染有所上升；当工农业生产上升，资源急剧减少，环境污染加剧，人口增长趋于平缓；当人口增长缓慢，资源的消耗与环境污染问题得到缓解。一个地区人口数量应该与该地区的自然资源与环境、工农业生产水平等相适应，从而促进地区社会经济的协调发展。（控制人口过快增长；开源节流，合理利用各种资源；防治污染，保护环境与生态；发展绿色农业，储备足够粮食；发展节能型、环保型工业，实现产品升级换代等）

(十二)（20 分）

38. 江汉（长江中下游）　汉江　京九
39. 黄冈　铁　纺织　商品棉

40. 黄冈的城市发展能力比黄石强，黄石的经济整体水平比黄冈强，黄冈的市场化程度比黄石强

41. 2.18　用实线在仙桃和武汉间画出较弱等级连线

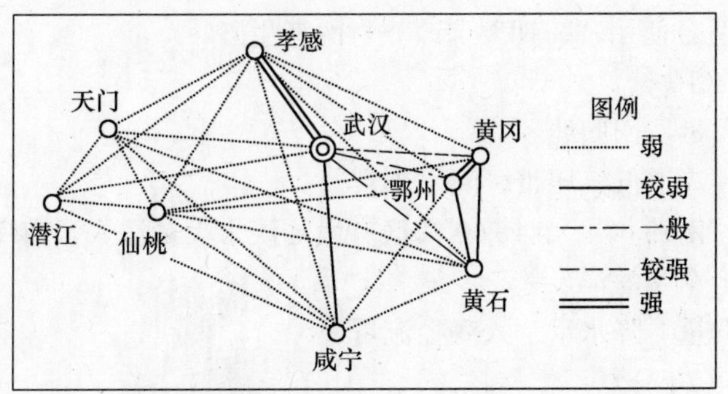

图 14　武汉城市圈城市经济联系等级图

42. 非农业人口和国内生产总值　城市间距离的平方

43. 逐渐下降　强　弱

44. 加强武汉城市圈联系、推进相关城市的城市化进程，要提高城市非农业人口数量；同时，在保持原有第二产业传统工业部门优势外，需要注意发展高新技术产业，提高 GDP；另外需要注意避免城市产业雷同化，发挥互补优势；加快城市间高速路网建设，加强城市间的经济交往

(十三)(9 分)

45. 经度 180°、南纬 23.5°　12 月 22 日

46. 乙

47. D

48. 16　23　4

49. 亚热带季风气候　寒冷干燥

【以下为选择部分】

A 组（适合使用“二期”课改教材的考生）

(十四)(9 分)

50. 图 1　月球运行到太阳与地球之间，且三者位于一条直线上

51. A

52. C

53. 月球引潮力与太阳引潮力　可再生；占地少；受季节限制小；不污染环境；海岸线漫长

(十五)(11 分)

54. 青藏高原　掉袖藏袍　昼夜温差大

55. ③　秦腔

56. 内蒙古草原　蒙古包　草原游牧

57. B

58. 差异性　多样性

B组（适合使用“一期”课改教材的考生）

（十六）（10 分）

59. 蒸发量　回归线

60. 地处赤道低气压带，降水丰富

61. 34　南纬 60°　北纬 60°海区有大陆淡水大量注入，南纬 60°基本上全是海洋

62. 蒸发量　降水量　入海径流量

（十七）（10 分）

63. 背斜　向斜　断层　丙　甲处地质构造为背斜，该处容易形成断裂，岩石比较破碎，因此更容易受到流水侵蚀作用，地势逐渐降低，而形成山谷

64. ④　②、①

65. 不可逆

2008 年全国普通高等学校招生考试（海南卷）·地理

第Ⅰ卷

一、选择题（本题共有 20 小题，每小题 3 分，共 60 分。在每小题给出的四个选项中，只有一项最符合题目要求。）

1997 年 12 月，149 个国家和地区通过了限制温室气体排放量以抑制全球变暖的《京都议定书》。《京都议定书》于 2005 年 2 月 16 日正式生效。完成 1～2 题。

1. 履行《京都议定书》的一条重要途径是调整能源结构，受此冲击最大的产业是（　　）。

A. 钢铁　　B. 机电　　C. 纺织　　D. 电子

2. 由于《京都议定书》规定了减排目标，温室气体排放量具有了价值，并成为一种商品。这种商品形成的市场称为（　　）。

A. 煤市场　　B. 碳市场

C. 石油市场　　D. 天然气市场

M 公司为世界著名的电子企业，于 1992 年开始在我国天津经济开发区兴建生产厂。目前天津已成为 M 公司在全球最大的生产基地。M 公司的天津生产基地本着就近采购的原则（图 1），使在华供应商由 1995 年的 130 多家发展到 2001 年的 700 多家。据此完成 3～5 题。

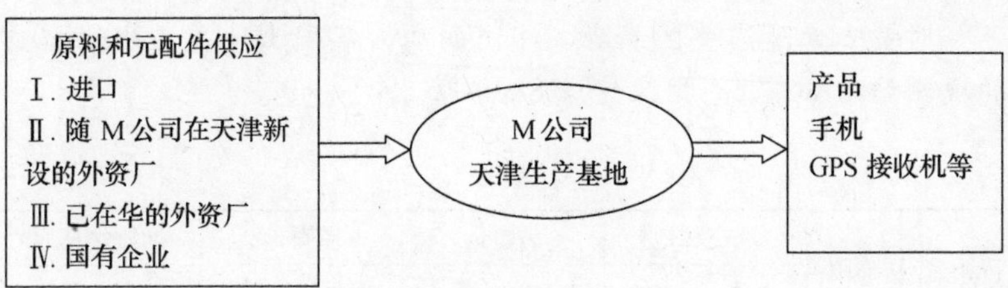

图 1

3. 与北京相比，天津成为 M 公司向中国产业转移的首选地的优势条件是（　　）。

A. 海运方便　　B. 市场潜力大

C. 研发力量强　　D. 生产成本低

4. 在跨国公司的全球化战略中，M 公司第Ⅱ类供应商选址天津的主要原因是（　　）。

A. 接近原料地　　B. 接近市场

C. 接近研发中心　　D. 接近国际航空港

5. 天津下列企业中，最有可能成为 M 公司第Ⅳ类供应商的是（　　）。

A. 化工厂　　B. 食品厂

C. 电子元件厂　　D. 家具厂

表 1 资料摘自联合国于 2000 年发布的预测报告，反映了 2001～2050 年世界移民趋势。据此完成 6～7 题。

表 1

迁出国	数量/(万人/年)	迁入国	数量/(万人/年)
中国	30.3	美国	110.0
墨西哥	26.7	德国	21.1
印度	22.2	加拿大	17.3
印度尼西亚	18.0	英国	13.6
菲律宾	14.4	澳大利亚	8.3

6. 世界人口迁移的主要趋向是（　　）。

A. 从发展国家向发达国家迁移

B. 从北半球向南半球迁移

C. 从西半球向东半球迁移

D. 从内陆国家向沿海国家迁移

7. 移民外迁的主要动因是寻求（　　）。

A. 更高的社会地位　　B. 更多的休闲时间

C. 更高的收入　　D. 更优的自然环境

对黄土丘陵沟壑区某地，相同面积、不同土地覆盖水土流失的观测结果如表 2。据此完成 8～9 题。

表 2

降雨量/mm	降雨强度	混交林地		坡耕地		荒草地		油松幼林地	
		径流量/L	泥沙量/kg	径流量/L	泥沙量/kg	径流量/L	泥沙量/kg	径流量/L	泥沙量/kg
33	弱	111	0.1	155	41.3	153	4.7	154	18
14	很强	29	0.5	327	39.4	71	0.8	212	25
19	强	28	0.3	113	1.2	51	0.4	52	0.6

8. 相同降雨强度下，泥沙量由小到大依次为（　　）。
   A. 混交林地　坡耕地　荒草地　油松幼林地
   B. 混交林地　油松幼林地　坡耕地　荒草地
   C. 混交林地　油松幼林地　荒草地　坡耕地
   D. 混交林地　荒草地　油松幼林地　坡耕地
9. 下列判断中，符合该地情况的是（　　）。
   ① 自然恢复植被的生态效益优于人工单一树种针叶林
   ② 开垦坡地可有效改善当地生态
   ③ 森林树种越丰富，生态效益越优
   ④ 退耕还林的生态效益优于退耕还草
   A. ①④　　B. ①③　　C. ②③　　D. ②④

某山共分布三类原生森林。图 2 显示三类森林每年每平方米净增的有机物质干重（NPP）与温度变化，降水量变化的关系。据此完成 10～12 题。

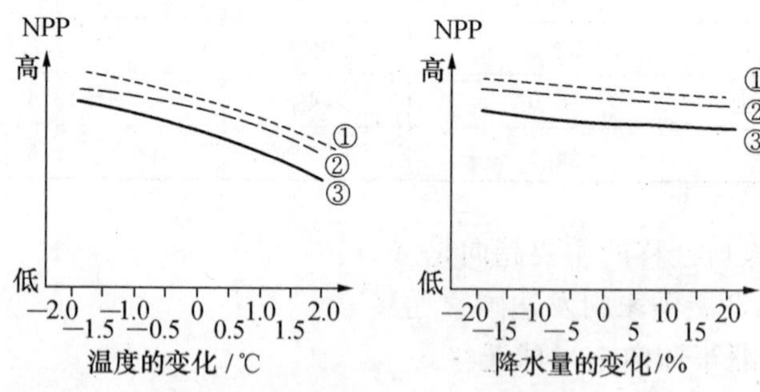

图 2

10. 图 2 信息显示，三类森林中（　　）。
    A. ②的 NPP 对温度的变化最不敏感
    B. NPP 与温度变化都呈正相关

C. ②的 NPP 对降水的变化最敏感

D. NPP 对降水的变化都很敏感

11. 三类森林分布的海拔自低至高依次是(　　)。

A. ③①②　B. ③②①　C. ①②③　D. ①③②

12. 若①为针阔叶混交林，则该山可能位于(　　)。

A. 河南省　B. 吉林省　C. 安徽省　D. 福建省

图 3 中 a 为纬线，P、Q 两地经度相同，相距 800 千米。完成 13～14 题。

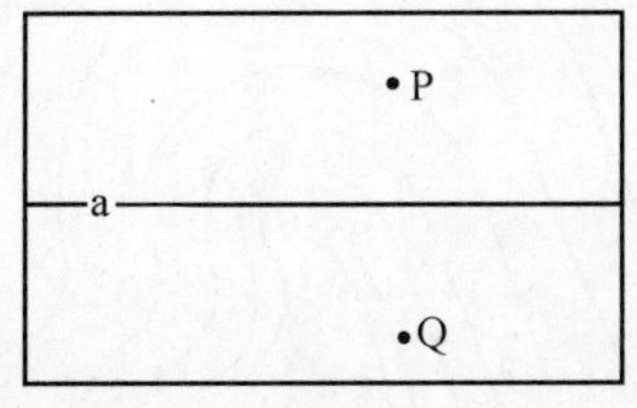

图 3

13. 若 Q 地 5 时 30 分日出，a 的纬度为 15°，这时的月份可能是(　　)。

A. 12 月　B. 2 月　C. 6 月　D. 10 月

14. 若 P 地 19 时太阳已落，Q 地仍夕阳西下，这一季节(　　)。

A. 长江流域油菜花盛开

B. 美国大平原麦翻金浪

C. 潘帕斯草原绿野千里

D. 尼罗河进入丰水期

图 4 示意为某专题研究建立的地理信息系统（GIS）图层。据此完成 15～16 题。

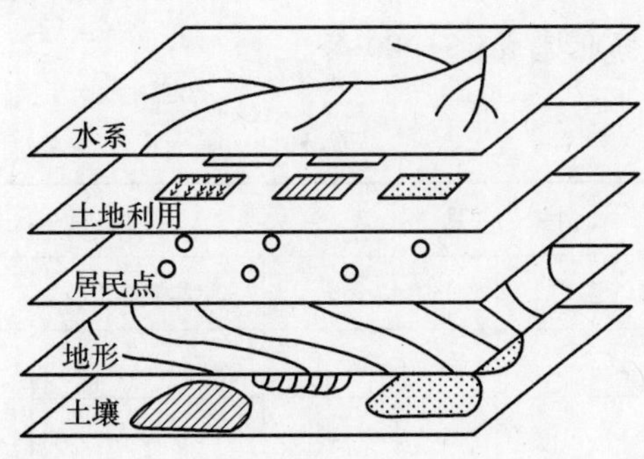

图 4

15. 该专题研究可能是(　　)。

A. 耕地分类和评价　B. 工业分布与交通的关系

C. 商业分布和规划　D. 学校分布

16. 若利用该地理信息系统进行深埋垃圾场的选址，在下列图层中应增加(　　)。

①大气污染　②区域规划　③造纸厂、印刷厂分布　④水文地质

A. ①②　　B. ①③　　C. ②③　　D. ②④

图 5 为某平原地区土壤表层解冻起始日期的等值线图。据此完成 17～18 题。

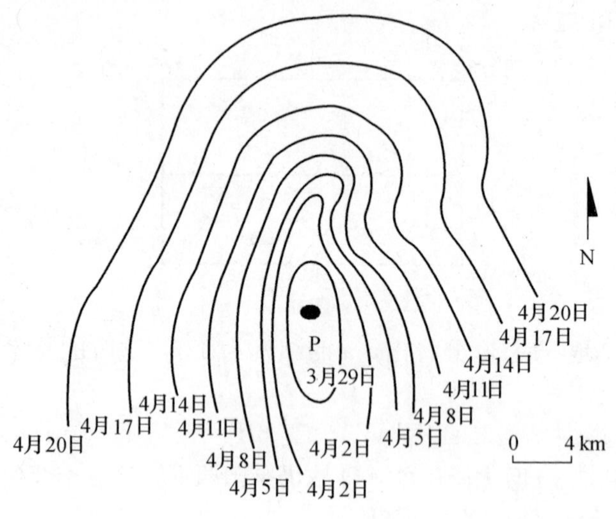

图 5

17. 推测 P 地属于(　　)。

A. 草原区　B. 森林区　C. 都市区　D. 农耕区

18. 图示区域可能位于(　　)。

A. 美国　B. 法国　C. 澳大利亚　D. 巴西

甲、乙两地纬度相同，相距 500 千米。两地气温、降水资料如表 3 所示。据此完成 19～20 题。

表 3

	5～10 月		11 月～次年 4 月	
	平均气温/℃	降水/mm	平均气温/℃	降水/mm
甲地	27	1 650	25	22
乙地	27	890	26	77

19. 两地的纬度约在(　　)。

A. 15°S～20°S 之间　　B. 15°N～20°N 之间

C. 25°S～30°S 之间　　D. 25°N～30°N 之间

20. 两地之间的地形可能是（　　）。

A. 平原　　B. 盆地　　C. 丘陵　　D. 山地

第Ⅱ卷

本卷包括必考题和选考题两部分。

二、必考题（共有 3 小题，共 30 分）

21. 图 6 示意某中纬度半湿润地区，A 是乙地从 B 河引水的中继水库。完成下列要求。（10 分）

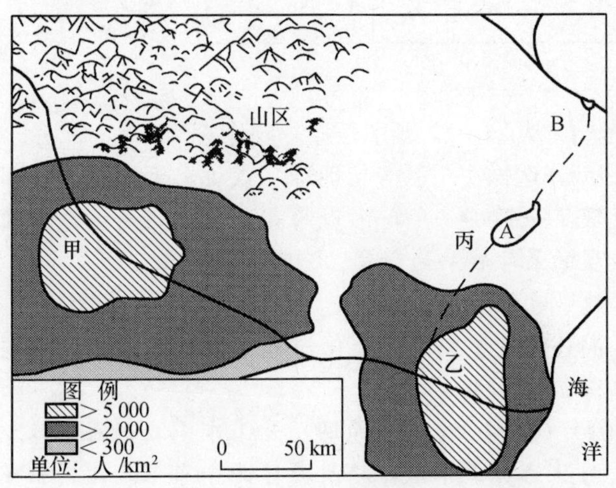

图 6

（1）由 A 水库至乙地修建引水明渠后，丙地作为水源保护地，产业发展方针应该是____________。（4 分）

（2）乙地现有水源（包括从 B 河引水）不能满足其今后发展的需要，试列举可能的应对措施。（6 分）

22. 兰州为克服自然条件对种植白兰瓜的不利影响，在原有土地上增铺沙砾层，使白兰瓜的产量、质量显著提高（图 7）。说明沙砾层对白兰瓜生长自然条件的改善作用。（10 分）

图 7

23. 如图 8 所示，拟在 A 地与 B 地之间建设高速公路，有两种选线方案：方案①通过半荒漠地区，所需建设成本约为 15 亿元；方案②通过地形破碎、人口较稠密的区域，所需建设成

本 10 亿元。试比较两种方案的优缺点。(10 分)

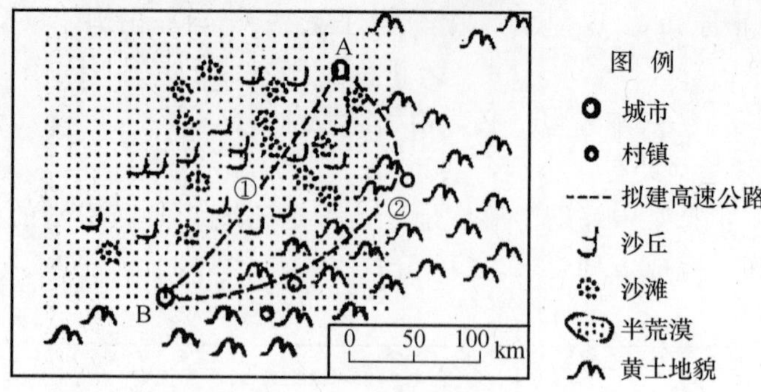

图 8

三、选考题（从 24～27 题中任选一题作答）

24.（10 分）（选做 1　宇宙与地球）最近，天文学家在银河系中心发现了一颗 140 年前形成的超新星，这是迄今为止在银河系发现的最年轻的超新星。完成下列要求。

(1) 这颗超新星的质量______（大、小）于太阳。(2 分)

(2) 简述超新星在恒星演化过程中处于的阶段及前身和归宿的名称。(8 分)

25.（10 分）（选修 3　旅游地理）黄山市是我国著名的旅游目的地。图 9 为黄山市主要旅游景区的分布。表 4 列出了某年外省市游客构成的调查结果。完成下列要求。

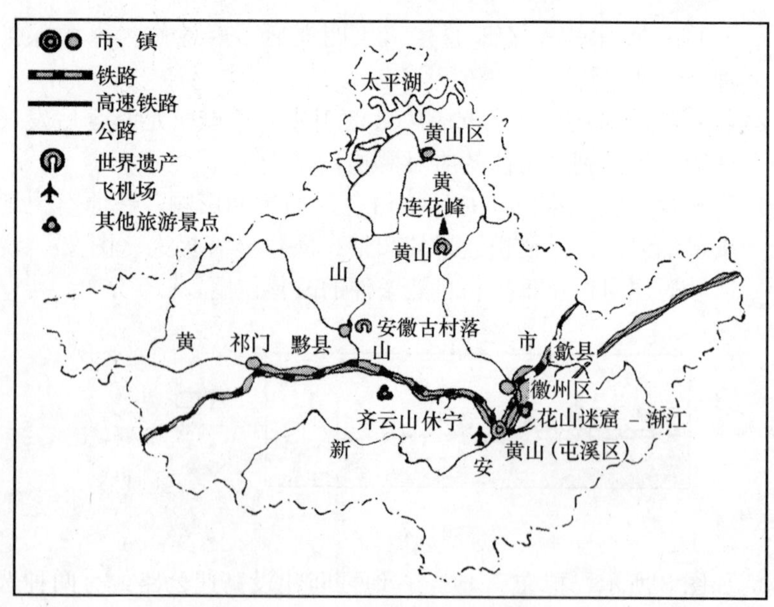

图 9

表 4　黄山市外省市游客构成

客源地	游客比例	客源地	游客比例
广东	19.03%	北京	6.72%
浙江	13.81%	江西	5.22%
上海	10.82%	湖南	4.10%
江苏	8.96%	福建	2.99%
山东	8.21%	其他	20.14%

(1) 归纳黄山市旅游国内客源地的主要特点。(4 分)

(2) 与黄山区相比，屯溪区离黄山景区较远，为什么大多数来游览黄山的游客把屯溪区作为住宿地？(6 分)

26. (10 分) (选修 5　自然灾害与防治) 2003 年 6 月下旬至 7 月中旬，淮河流域出现了自 1991 年以来最大的一次洪水。为缓解水位上涨压力，政府启用安徽省境内部分蓄洪区实行分洪，安全搬迁群众 4.6 万人；还启用了怀洪新河分洪等措施（图 10)。完成下列要求。

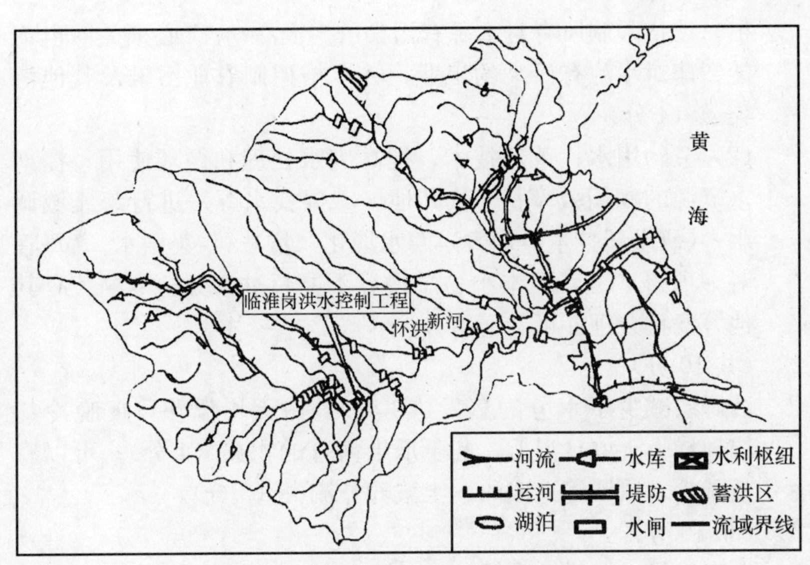

图 10

(1) 说明形成这次大洪水的主要原因。(4 分)

(2) 说明蓄洪区分洪的作用及临淮岗洪水控制工程、怀洪新河的主要功能。(6 分)

27. (10 分) (选修 6　环境保护) 至 2006 年，已经发现世界海洋中共有 200 个“死亡地带”，及海洋中由于污染而威胁鱼类和其他海洋生物生存的区域。联合国于 2006 年 10 月 19 日发表的一份报告说，目前“死亡地带”的数量比 2004 年增加了 34%。联合国一位官员说：“这些地带正在对渔业资源以及靠捕鱼为生的渔民构成重大威胁。”完成下列要求。

(1) 国际公海“死亡地带”的主要污染源有哪些？(4 分)

(2) 简述国际公海“死亡地带”的分布规律及防治措施。(6 分)

参考答案

一、选择题

题号	1	2	3	4	5	6	7	8	9	10
答案	A	B	D	B	C	A	C	D	B	A
题号	11	12	13	14	15	16	17	18	19	20
答案	C	B	A	C	A	D	C	A	B	D

二、必考题

21. (共 10 分)

(1) 严格限制所有对水源有污染的生产活动。(必须关停也不能新建对水源有污染的工业，并严格控制农业污染及其他污染。) (4 分)

(2) 节约用水；革新技术，提高废水处理和循环使用，提高水资源的利用效率；(从其他区域寻找水源) 进行跨流域调水；(研发新技术，加大) 海水淡化 (量)；收集雨水。(每答对一项得 2 分，但本小题总得分不能超过 6 分。本题若有其他答案且合理亦可酌情给分。)

22. (共 10 分)

沙砾层减少了水分的蒸发 (3 分)；白天增温快，夜晚冷却快，增大土壤日温差，利于瓜果糖分的积累 (4 分)；可以有效减少 (风沙等造成的) 土壤养分流失 (3 分)。

23. (共 10 分)

方案①优点：耕地占用和人口搬迁较少 (2 分)。缺点：建设成本高，干扰半荒漠地区的植被 (环境) (2 分)。

方案②优点：建设成本低，有利于沿线村镇的发展 (2 分)。缺点：耕地占用和人口搬迁较多 (2 分)，建设过程中会加重沿线地区水土流失 (2 分)。

三、选考题

24. (共 10 分)

(1) 小 (2 分)。

(2) 处于超巨星向致密星演化的阶段（4分），前身为超巨星，归宿为黑洞或中子星（4分）。

25.（共10分）

(1)（主要是）经济（较）发达地区（省市区）（2分）；（其次是）邻近（周围）地区（省市区）（2分）。

(2) 进出交通便捷（黄山市的机场、火车站和长途客运汽车站都位于屯溪区）（或交通通达性强）（2分）；与市内其他景区距离较均衡（2分）；服务设施较为齐全（2分）。

26.（共10分）

(1)（淮河流域受副热带高压北缘影响，导致主要雨带转入江淮流域，或江淮流域汛期，或梅雨季节或出现持续强降雨。淮河干支流水位普遍上涨）多雨（梅雨）季节（2分），持续强降雨（2分）。

(2) 蓄洪区分洪是为了削减淮河洪峰对下游的影响（或减少下游人民生命财产所受损失）（2分）。临淮岗洪水控制工程提高了淮河中下游防洪能力（或几乎控制了淮河干流在其以上的全部洪水）（2分）。怀洪新河：分洪、除涝、灌溉、航运等（2分）。

27.（共10分）

(1) 油轮石油泄漏；远洋运输、捕捞等排出的生活污水；某些公司倾倒的工业废弃物（4分）。（答对一项得2分，答对两项即可得满分。）

(2) 分布规律：主要分布在远洋航线沿线和渔业资源丰富海域（渔场）（2分）。防治措施：进行国际合作，制定国际公海海域相关法规，加强国际公海海域的环境管理（2分）；防止油轮泄漏，控制向国际公海海域排放各类废弃物（2分）。（其他合理答案可酌情给分。）

2008年普通高等学校招生全国统一考试·文科综合能力测试（一）·地理

第Ⅰ卷（选择题）

注：在每小题给出的四个选项中，只有一项是符合题目要求的。

张某承包了0.5公顷耕地，种植结构变化如图1。当地1月平均气温3℃。完成1～2题。

1. 张某承包的耕地可能位于（　　）。

A. 珠江三角洲　　B. 太湖平原

C. 华北平原　　D. 松嫩平原

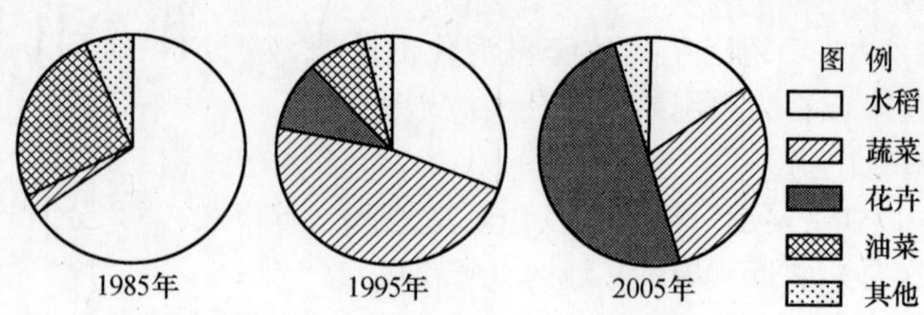

图 1

2. 导致种植结构变化的主要因素是（　　）。

A. 市场需求　　B. 生产经验

C. 自然条件　　D. 国家政策

下表为我国某城市人口资料。读下表完成 3～4 题。

	1982 年	1990 年	2000 年
总人口（万人）	35	167	701
0～14 岁（%）	35.27	14.63	8.5
15～64 岁（%）	58.36	83.15	90.39
65 岁及以上（%）	6.37	2.22	1.11

3. 该城市自 1982 年至 2000 年（　　）。

A. 人口自然增长率很高，人口增长迅速

B. 人口出生率增高，人口老龄化问题得到缓解

C. 人口出生率大幅度降低，人口死亡率大幅度增高

D. 人口增长率很高，有大量青壮年人口迁入

4. 该城市是（　　）。

A. 南京　　B. 深圳　　C. 西安　　D. 沈阳

产业重心是区域产业产值空间分布的重心。图 2 示意中国三次产业重心的经、纬度变化（不含中国台湾、香港、澳门的统计资料）。完成 5～7 题。

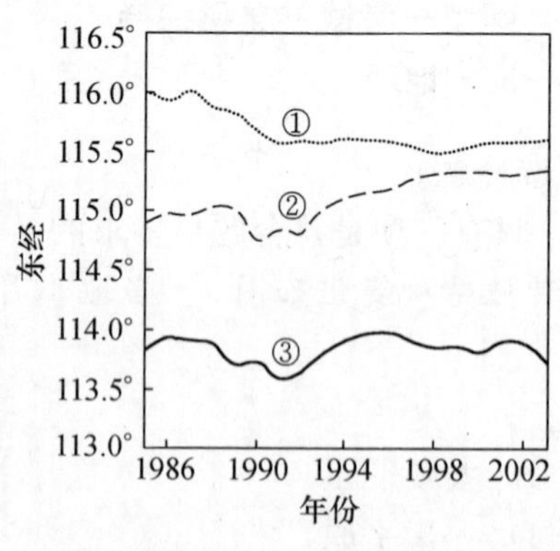

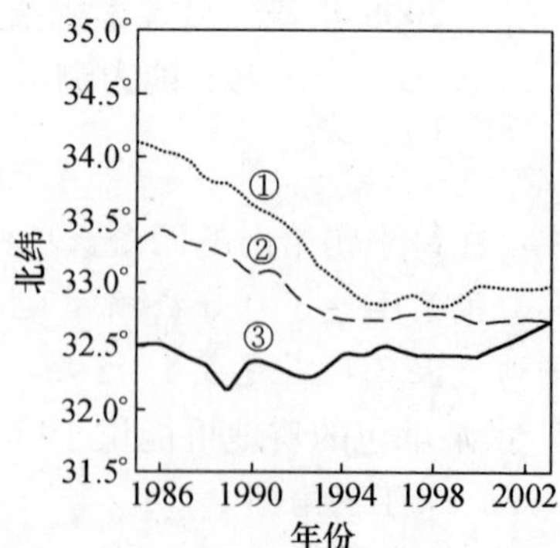

图 2

5. 图中①、②、③线依次代表（　　）。
   A. 第一产业、第二产业、第三产业
   B. 第二产业、第三产业、第一产业
   C. 第一产业、第三产业、第二产业
   D. 第三产业、第一产业、第二产业

6. 从产业重心的纬度变化看（　　）。
   A. 三次产业重心均向北移动　B. 第一产业重心移动最快
   C. 第二产业重心移动最快　D. 第三产业重心移动最快

7. 自1985年至2003年，产业重心移动的趋势是（　　）。
   A. 第二产业向东南　B. 第二产业向东北
   C. 第一产业向东南　D. 第三产业向东南

图3中a是经线，Q点为晨昏线与该经线的交点。完成8～11题。

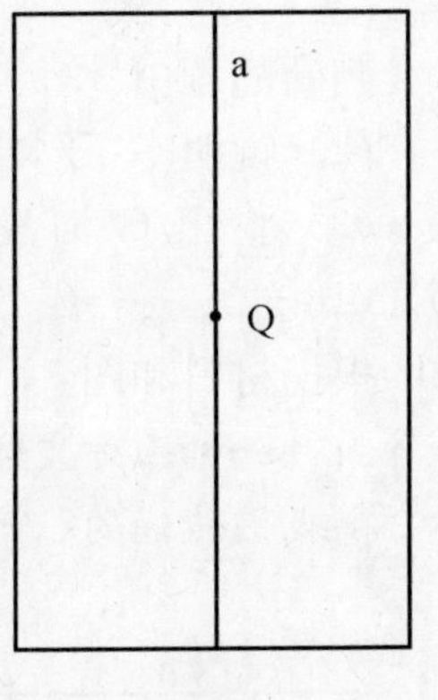

图3

8. 若Q地的地方时为5时30分，则Q地所处位置和月份可能是（　　）。
   A. 北半球、10月
   B. 南半球、5月
   C. 北半球、5月
   D. 南半球、8月

9. 若Q地的地方时为2时30分，则Q地的纬度可能为（　　）。
   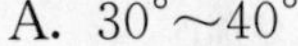
   A. 30°～40°
   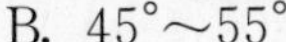
   B. 45°～55°
   C. 5°～15°
   D. 60°～70°

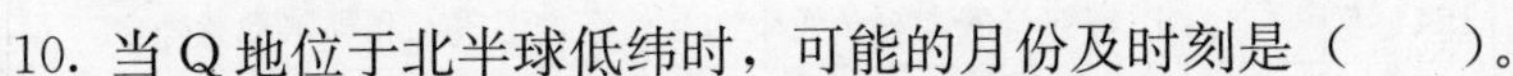

10. 当Q地位于北半球低纬时，可能的月份及时刻是（　　）。
   A. 12月、17时30分　B. 9月、17时
   C. 6月、4时30分　D. 4月、5时

11. 一年之内每天同一时刻（6时、18时除外），Q点在该经线上（　　）。
   A. 密集分布于南北回归线之间
   B. 均匀分布于整条经线
   C. 密集分布于南北极圈之间
   D. 集中分布于南北两个区间

第Ⅱ卷（综合题）

36. 读图4，完成下列要求。(36分)

(1) 判断G河自N点至M点流经地区的地形类型，并说明

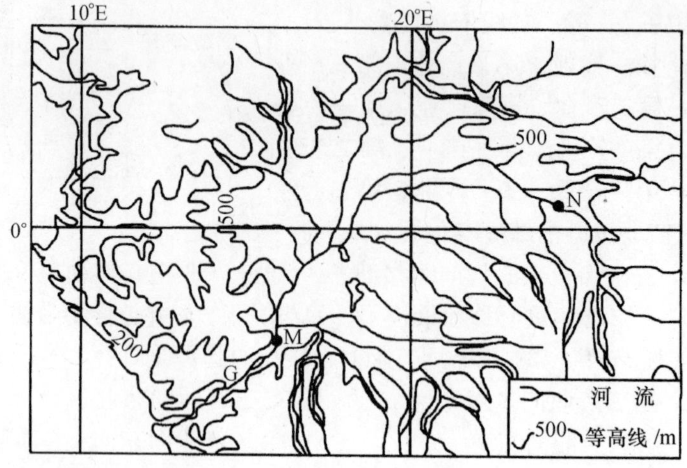

图 4

判断的理由。(9 分)

(2) 说明 G 河水量丰富的原因。(11 分)

(3) 指出 G 河没有形成明显三角洲的原因，并加以分析。(16 分)

39. 根据材料和图 7，结合所学知识，回答下列问题。(20 分)

一位西方文学家说，土尔扈特人回归的悲壮之举，“是值得我们传诵的一篇伟大的叙事史诗”。

土尔扈特回归祖国大事年表

1629 年	漠西蒙古土尔扈特部首领和鄂尔勒克率部徙牧伏尔加河。
1632 年	俄国政府派使者前往土尔扈特部活动。
1640 年	和鄂尔勒克返回准噶尔参加东西蒙古各部王公会盟，制定《蒙古—卫拉特法典》，该法典成为各部蒙古共同遵守的根本大法。
1644 年	土尔扈特部与俄国军队发生冲突，伤亡惨重，和鄂尔勒克阵亡。
1645 年	俄国要求土尔扈特部臣服，遭到拒绝。双方商定土尔扈特游牧区域。此后十余年间，土尔扈特汗国逐渐形成。
1655 年	土尔扈特汗国与俄国谈判，同意听命于俄国沙皇。
1657 年	土尔扈特向清明“贡驼马二百余”。
1672 年	俄国指令土尔扈特汗国派兵参加克里木战争。此后数十年间，俄国多次向土尔扈特征兵。
1696 年	土尔扈特汗国阿玉奇汗派人向清朝入贡，庆贺清军击败噶尔丹。
1712 年	土尔扈特汗国使团抵达北京。康熙帝派遣使团出访土尔扈特，途中为俄国所阻。
1714 年	清朝使团抵达土尔扈特汗国。阿玉奇表示“满洲、蒙古，大率相类，想起初必系同源”；蒙古“衣服帽式，略与中国同，其俄罗斯乃衣服、语言不同之国，难以相比”。

续表

1731 年	雍正帝派使团抵达土尔扈特汗国。
1756 年	土尔扈特汗国使团到热河行宫觐见乾隆帝。
1765 年	土尔扈特汗国渥巴锡汗抗议俄国人对土尔扈特的侵扰和掠夺。
1770 年	俄国征调土尔扈特汗国 2 万余人参加对土耳其的战争。秋，渥巴锡从前线归来，秘密召开会议，决定东归祖国。
1771 年	1 月 17 日，渥巴锡率领近 17 万人踏上东归征程。2 月 7 日，沙皇命令堵截东归的土尔扈特人。7 月 8 日，土尔扈特前锋抵达伊犁河流域。16 日，清军总管会见渥巴锡等人。此时东归的土尔扈特部仅剩 6 万余人。10 月 15 日，渥巴锡在木兰围场觐见乾隆帝。10 月 27 日，乾隆帝立《土尔扈特全部归顺记》和《优恤土尔扈特部众记》两碑，以资纪念。

——摘自马汝珩、马大正《飘落异域的民族》等

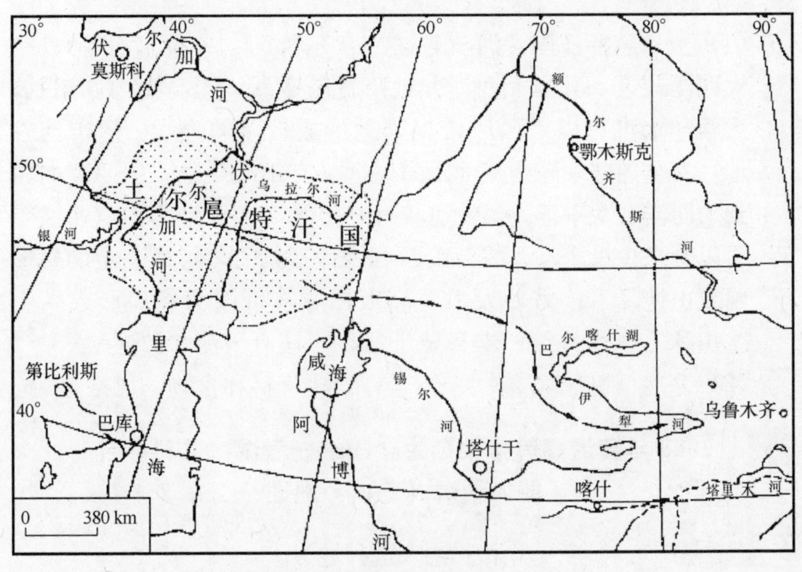

图 5 土尔扈特回归路线示意图

(1) 土尔扈特汗国和伊犁河各地都属于温带大陆性气候，水草丰美，适合游牧业的发展。分别说明两地水资源丰富的原因。(12 分)

(2) 土尔扈特在回归途中历经艰辛，其中来自自然的威胁主要有哪些？(8 分)

参考答案

题号	1	2	3	4	5	6	7	8	9	10	11
答案	B	A	D	B	B	C	D	C	D	A	D

36. (共 36 分)

(1) 盆地　从水系关系呈现众多支流向中心干流汇入，可以判断四周高，中间低；且图中 500 m 等高线相对较闭合，内部等高线稀疏，地势较平坦，而四周较密集，坡度大，符合盆地地形特点。

(2) 河流流域主要分布于赤道地区，常年受赤道低气压上升气流控制，全年多雨，降水丰富；位于盆地，形成众多支流汇入干流，汇水面积大，汇水量大。

(3) ①植被：流域内为热带雨林，植被繁茂，水土流失较轻；②地形：河流 M 点以上流经盆地地形区，内部平缓，河流中所带泥沙大部分在盆地内部即沉积，到河口泥沙少；③该河流流量大，而河口又位于盆地出口，地势落差较大，流速较急，泥沙容易被冲走而不是沉积。

39. (共 20 分)

(1) 土尔扈特汗国：河流较多（伏尔加河、乌拉尔河等）；距大西洋较近，且与大西洋间地形比较平缓，无高大山脉阻挡，大西洋水汽可以由西风带到当地形成较多的降水。伊犁河谷地：深居内陆，东南三面距海遥远又有山岭阻隔，但西侧向西到大西洋、太平洋，虽然也较远，但无高大山地阻隔，西风带可以带来少量水汽，在天山西侧因地形抬升，形成一定的地形雨或山地降水；另外天山是高大山脉，可以为谷地形成高山冰川冰雪融水补给；本身位于河谷，还有河流水源供给。

(2) 寒冷（冻害）、缺水（干旱）、缺草料和食物、风沙等。

2008 年普通高等学校招生全国统一考试·文科综合能力测试（二）·地理

第Ⅰ卷（选择题）

注：在每小题给出的四个选项中，只有一项是符合题目要求的。

读图 1，完成 1～2 题。

1. ①、②、③、④四地段中平均坡度最大的为（　　）。

A. ①　　B. ②　　C. ③　　D. ④

2. 海拔低于 400 米的区域面积约为（　　）。

A. 0.05 km^2　　B. 0.5 km^2

C. 5 km^2　　D. 50 km^2

图 2 示意某雏形生态工业园区的产业链，箭头表示物质、能量流动过程，其中虚线箭头表示副产品或废弃物的流动。读图完成 3～5 题。

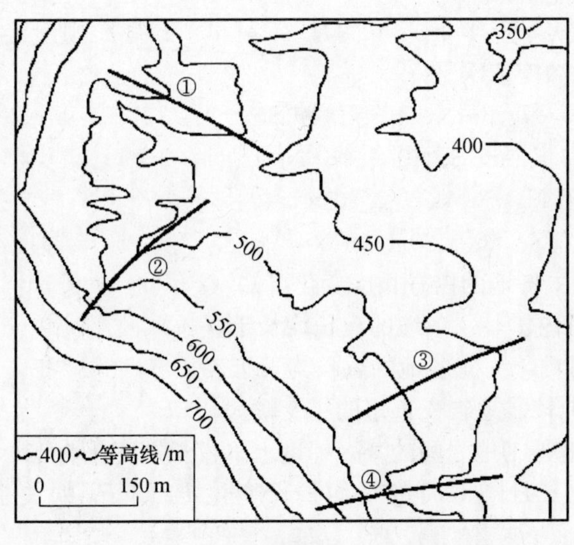

图 1

3. 图中 a、b、c 分别代表（　　）。

A. 电厂、化工厂、盐场

B. 盐场、电厂、化工厂

C. 电厂、盐场、化工厂

D. 盐场、化工厂、电厂

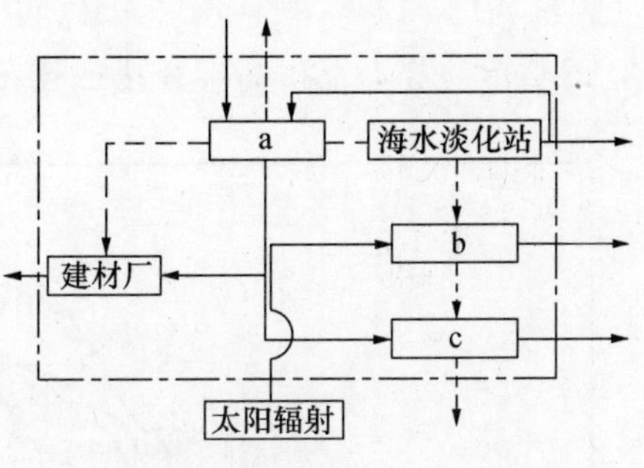

图 2

4. 该生态工业园区中（　　）。

A. 发电厂的废水、废气与废渣得到有效利用

B. 制盐的副产品得到利用

C. 建材厂有效利用了盐场的废弃物

D. 化工厂的废弃物得到利用

5. 该生态工业园区可能位于（　　）。

A. 晋南　　B. 粤北　　C. 冀东　　D. 闽西

图 3 示意不同纬度四地白昼长度变化。完成 6～8 题。

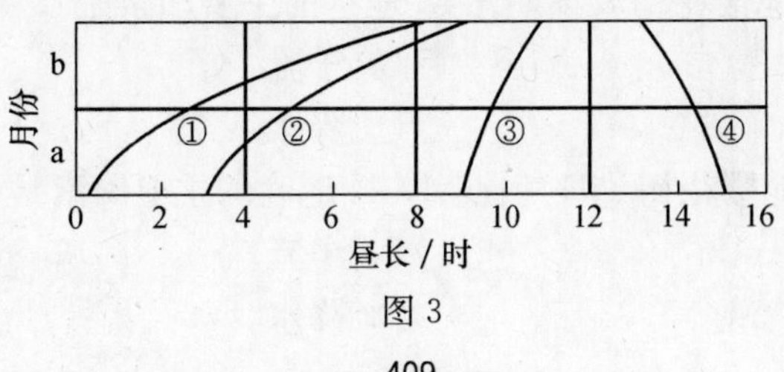

图 3

6. 若该图表示上半年 a、b 两月（a 月早于 b 月），则①、②、③、④四地纬度依次是（　　）。

A. 66.5°N、66°N、40°N、40°S

B. 66.5°S、66°S、40°S、40°N

C. 66.5°N、66°N、0°、40°S

D. 66.5°S、66°S、0°、40°N

7. 根据图中各地的白昼长度变化可知（　　）。

A. a 月内①～④各地的夜长均长于昼长

B. b 月内①～④各地的昼长均长于夜长

C. ③地较②地昼夜长短的年变幅大

D. ③地与④地之间的某一纬度上昼夜长短变化为零

8. ①地在 a 月与 b 月的平均昼长变化 P_a 与 P_b 的关系应符合（　　）。

A. $0<P_a/P_b<1$　　B. $P_a/P_b=0$

C. $P_a/P_b=1$　　D. $P_a/P_b>1$

图 4 示意日本本州岛部分地区樱花初放日期。完成 9～11 题。

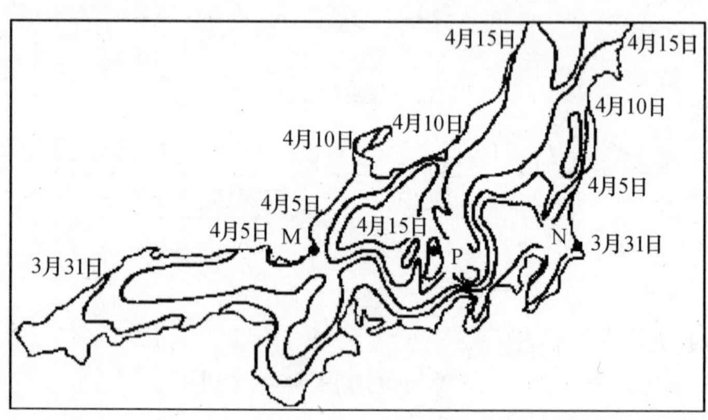

图 4

9. 导致该岛滨海地区樱花初放日期自南向北变化的主要因素是（　　）。

A. 地形　　B. 太阳辐射

C. 土壤　　D. 降水

10. 导致 N 地樱花初放日期比 M 地早的主要因素是（　　）。

A. 地形　　B. 洋流

C. 土壤　　D. 降水

11. 导致 P 地樱花初放日期比 M，N 地晚的主要因素是（　　）。

A. 地形　　B. 洋流

C. 太阳辐射　　D. 降水

第Ⅱ卷

36. 阅读分析材料，回答下列问题。（36 分）

D 湖泊（图 5a）的湖面海拔约 3 800 米，降水资料如图 5b所示。D 湖沿岸地区地形平坦，发现有大量古代农耕遗迹，包括相互交织的人工堆土高台、人工水渠（图 5c），以及人工运河和水塘。

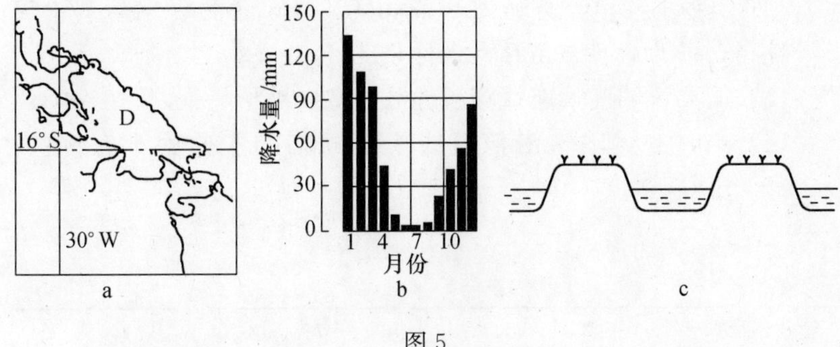

图 5

（1）推测 D 湖沿岸地区气温的年变化、日变化特征，并简述原因。（12 分）

（2）归纳 D 湖沿岸地区的降水特征。（4 分）

（3）指出威胁 D 湖沿岸地区发展耕作业的主要气象灾害及发生时间。（8 分）

（4）说明该农耕系统对防治这些气象灾害的作用。（12 分）

39. 阅读分析资料和图 6，完成下列各题。（20 分）

图 6　太平洋战争形势图（1942 年 5 月）

抗日战争爆发后，苏联援华物资通过西北陆路运到中国。英、美物资通过中国香港、越南和1938年开通的滇缅公路运到中国。威廉·凯宁在《飞越驼峰》一书中指出："从这方面看，中国维持战争的能力完全变成了一个供应问题。"

1942年3月，中国和美国合作，开辟了从印度阿萨姆邦汀江至中国云贵高原和四川盆地的空中航线——驼峰航线。

3年中，中、美通过这条航线，将大量物资空运到中国境内，并为此付出了巨大代价。

(3) 简要说明驼峰航线穿越地区的主要地形特征。(10分)

(4) 当时的运输机沿该航线飞行面临的主要困难有哪些？(10分)

参 考 答 案

题号	1	2	3	4	5	6	7	8	9	10	11
答案	D	A	C	B	C	A	D	A	B	B	A

36. (36分)

(1)（年均温较低）年变化（年较差）较小（2分），因为海拔高，地处热带（低纬度地区）（4分）；日变化（日较差）较大（2分），因为海拔高，空气稀薄，白天增温快，夜晚散热快（按高度推测日最低温度可能降至0℃及以下）(4分)。

(2) 年降水量约600(580～620之间皆可）毫米（2分），集中于夏季（1～3月或12月至次年3月）(2分)。

(3) 低温、冻害（2分），夜间（2分）；洪涝灾害，夏季（雨季、1～3月或12月至次年3月）（2分）；旱灾，其他季节(4～12月或4～11月，春季、秋季即可得分）(2分)。

(4)（沟渠、水塘与高台交织）排水通畅利于雨季防洪，灌溉方便利于旱季抗旱（4分）；水体增温和降温的速度比陆地慢。因此，增大水体面积，并使水面与高台（台理）交错分布（3分）。可减小气温变化幅度，尤其可提高夜间温度（3分），有效减少低温、冻害对高台农作物的损害（2分）。

39. (20分)

(3) 平均海拔高（3分），山河相间（3分），山高谷深（地形复杂、地势崎岖）(4分)。

(4) 飞行高度高，空气稀薄，地形复杂，气流紊乱，对流比较旺盛，天气多变、多云雨等。(每答对1项得3分，本小题满分10分)

2008年普通高等学校招生全国统一考试（山东卷）·文科综合能力测试·地理

第Ⅰ卷（选择题）

注：在每小题给出的四个选项中，只有一项是符合题目要求的。

图1是世界某地区图。读图回答1～2题。

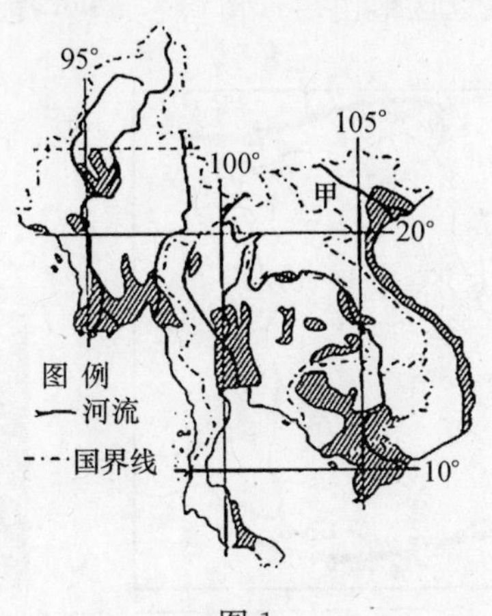

图1

1. 图中阴影部分表示该地某种农产品的主要产区，该农产品为（　　）。

A. 茶叶　　B. 玉米

C. 稻米　　D. 天然橡胶

2. 下列产业部门中，目前最适宜由中国向图中甲国转移的是（　　）。

A. 汽车制造　　B. 精钢锻造

C. 软件开发　　D. 家具制造

表1是中、美两国的两个苹果产区与北半球苹果生长最适宜区的气候条件和生产成本的相关资料。据表回答3～4题。

表1

	年平均气温/℃	年降水量/mm	1月平均气温/℃	夏季平均气温/℃	生产成本/(元/千克)
中国某产区	8～12	490～660	−1～8	19～23	0.64
美国某产区	15～17	470～520	6～8	18～21	2.05
北半球最适宜区	8～12	560～750	>−14	19～23	1.20

3. 表中的美国产区最可能位于（　　）。

A. 30°N～40°N西海岸　　B. 30°N～40°N东海岸

C. 密西西比河三角洲　　D. 五大湖区

4. 表中的中国产区与美国产区相比，具有的优势是（　　）。
① 年平均气温、年降水量条件更适宜
② 气温年较差大，有利于苹果糖分的积累
③ 夏季光照条件较好
④ 劳动力成本较低
A. ①③　　B. ②③　　C. ①④　　D. ②④

图 2 是我国某地区略图，读图回答 5～6 题。

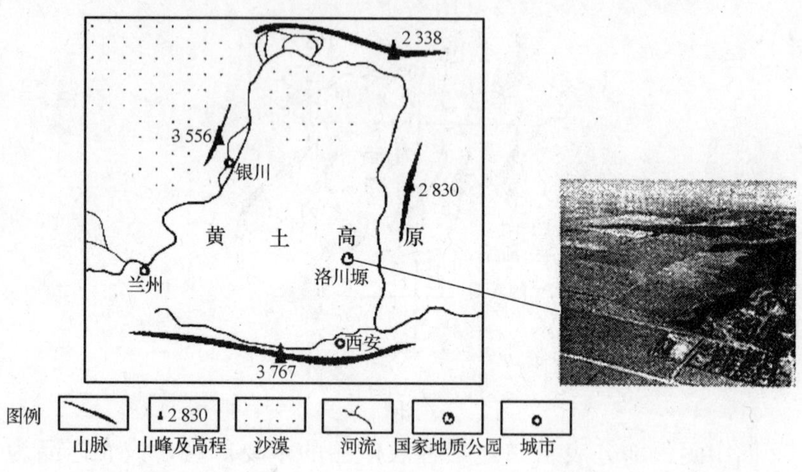

图 2

5. 图中四座山地的垂直自然带谱中均有（　　）。
A. 山地常绿阔叶林带　　B. 山地针叶林带
C. 山地荒漠带　　D. 山地冰雪带

6. 图中景观图片为黄土塬（黄土高原地区面积广阔、地面平坦的黄土高地）。黄土塬上水循环过程不同于黄土高原其他地貌类型区，其最薄弱的环节是（　　）。
A. 降水　　B. 下渗　　C. 蒸发　　D. 地表径流

7. 下列日期中，北京的昼长与 2008 年奥运会开幕日那天（8 月 8 日）北京的昼长最接近的是（　　）。
A. 奥运圣火火种在希腊雅典采集的那天（3 月 25 日）
B. 奥运圣火登上珠穆朗玛峰峰顶的那天（5 月 8 日）
C. 奥运圣火传递至协办城市青岛的那天（7 月 24 日）
D. 奥运圣火在国家体育场缓缓熄灭的那天（8 月 24 日）

随着科技水平的提高，人类对地球形状的认识经历了“天圆地方”“圆球体”“扁球体”和“不规则扁球体”的漫长过程。回答第 25 题。

25. 目前对地球形状的精确研究主要是基于（　　）。

A. 遥感技术和地理信息系统

B. 全球定位系统和地理信息系统

C. 遥感技术和全球定位系统

D. 数字地球

第Ⅱ卷

26. 人口、资源、环境与经济协调发展是科学发展观的必然要求。充分发挥地区优势，加强区域联系，协调人地关系，是实现区域可持续发展的重要保证。图 3 表示的是我国某地区及该地区某时近地面天气形势。下表是图 3 中 A、B、C 三省和东北三省以及全国两个年份的粮食总产量、粮食播种面积和粮食单产变化资料。读图、表回答下列问题。(25 分)

年份	粮食总产量/亿吨			粮食播种面积/亿公顷			粮食单产/(吨/公顷)		
	全国	A、B、C三省	东北三省	全国	A、B、C三省	东北三省	全国	A、B、C三省	东北三省
1985	3.79	0.76	0.36	1.09	0.17	0.13	3.48	4.47	2.77
2005	4.84	0.81	0.74	1.04	0.15	0.16	4.65	5.40	4.63

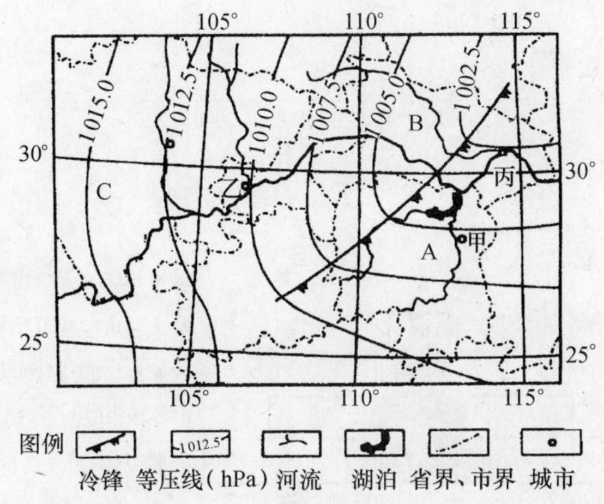

图 3

(1) 判断此时图中甲城市的风向，并指出锋面系统过境后该地的天气状况。(6 分)

(2) 图中 A、B、C 三省均为我国著名粮食生产基地，与东北三省相比，其粮食生产自然条件的优势是什么？A、B、C 三省，东北三省粮食总产量占全国粮食总产量的比重各有何变化？据表说明 A、B、C 三省产生这种变化的主要原因。(10 分)

(3) 图中乙、丙两城市之间已有内河航道连接，为何还要建沿江高速公路？(3 分)

(4) 针对图中 A 省湖区某种生态环境问题，有关专家提出了“治湖必须治江，治江必须治山”的治理思路。该生态环境问题是什么？结合地理环境的基本规律，谈谈你对这一思路的理解。(6 分)

29. (11 分) 从 1840 年被迫打开国门，到十一届三中全会后实行改革开放，中国的现代化经历了漫长而艰辛的历程，中国社会发生了天翻地覆的变化。阅读材料，回答问题。

材料三　经济的发展推动了我国城市化进程。图 4 表示的是改革开放以来全国及国内三大经济地带城市化水平的变化情况，图 5 是我国 1980 年和 2004 年城市等级规模金字塔示意图。

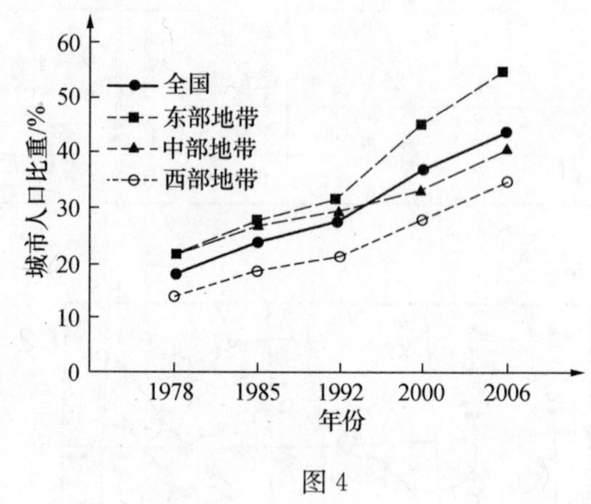

图 4

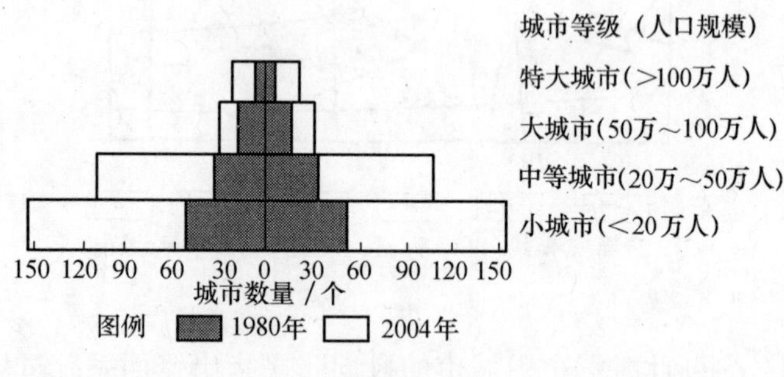

图 5

(3) 读图 4 和图 5，分析改革开放以来我国城市化进程的主要特点。(8 分)

(4) 在西部地带城市化进程中，有人提出了应优先发展大城市的观点，你认为是否合理，请说明理由。(3 分)

［选做部分］

30.（10分）［地理—旅游地理］

罗布泊地区位于新疆塔里木盆地东部，以其神秘色彩令人神往。图6是罗布泊地区旅游资源分布示意图。读图回答下列问题。

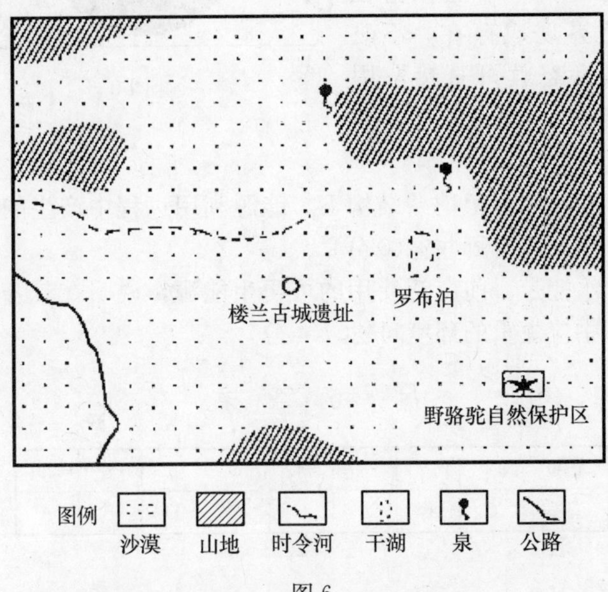

图6

（1）指出该地区旅游资源开发的优势及主要不利条件。（6分）

（2）从自然环境特点考虑，到该地区旅游应注意哪些方面的安全问题？（4分）

31.（10分）［地理—自然灾害与防治］

涝渍灾害是我国主要自然灾害之一。图7是我国涝渍灾害主要分布地区示意图。读图回答下列问题。

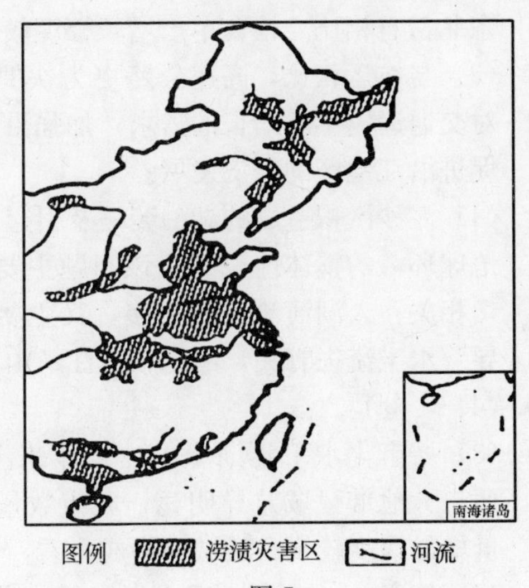

图7

（1）说明图示涝渍灾害空间分布形成的原因。（6分）

（2）如何有效预防涝渍灾害？（4分）

32.（10 分）［地理—环境保护］

能源是人类社会发展的重要物质基础。图 8 是我国 2006 年一次能源消费结构图（一次能源指在自然界现成存在，不改变其形态就可直接取用的能源）。读图回答下列问题：

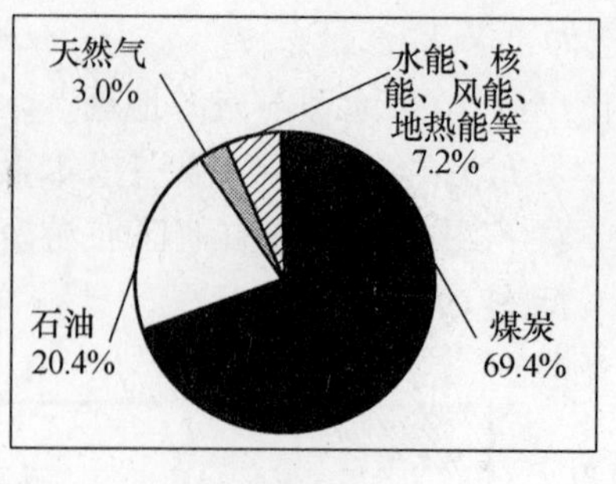

图 8

（1）在图示能源消费结构下，能源利用过程中产生的主要大气环境问题有哪些？（6 分）

（2）水能是目前广泛使用的可再生能源，说明在其开发利用过程中应注重的环境问题。（4 分）

参 考 答 案

题号	1	2	3	4	5	6	7	25
答案	C	D	A	C	B	D	B	A

26.（共 25 分）

（1）西南风　气温、湿度降低，气压升高，天气转晴

（2）水热资源丰富　A、B、C 三省所占比重下降；东北三省所占比重上升。

A、B、C 三省粮食播种面积下降；A、B、C 三省（与全国或东北三省相比）粮食单产增长幅度较小。

（3）与航运相比，高速公路更为快捷；为满足社会经济发展对交通运输不断增长的需求；加强沿江城市之间的经济联系，促进沿江地区的经济发展。

（4）泥沙淤积造成的湖泊萎缩及引起的洪涝频繁问题。（依据地球环境的整体性说明）该问题主要与入湖河流泥沙增多密切相关；入湖河流泥沙增多，又主要与上游山区因乱垦滥伐导致水土流失有关，因此湖、江、山应当综合治理。

29.（共 11 分）

（3）城市化水平不断上升，近年来上升速度加快；东、中、西三大地带区域差异明显；城市数量增多，其中中小城市数量增加速度较快；从城市构成上看，仍以中小城市为主。

（4）答案一：合理。理由：大城市的服务范围广，功能强；

对区域经济和社会发展的辐射和带动作用强。

答案二：不合理。理由：西部地区自然条件较为恶劣，生态环境脆弱；人口分散，交通不便，经济发展水平较低。

30.（共 10 分）

（1）优势：旅游资源特色鲜明（独特性强）、科考价值高。

（2）饮用水和食物短缺，防风沙，防晒防暑，保暖，防迷路。

31.（共 10 分）

（1）主要位于平面地区，地势低洼；受季风气候影响，暴雨集中；人口稠密；经济较发达，受灾较重。

（2）加强监测、预报、预警；建立完善的排涝系统。

32.（共 10 分）

（1）总悬浮颗粒物增多导致空气质量下降；CO_2 增加增强温室效应；SO_2 等酸性气体增多导致酸雨蔓延。（只答大气污染的得分）

（2）生态系统破坏（生物多样性减少）；水质变化（水污染）；对环境的不良影响（泥沙、淤积、地震、滑坡等）。

2008 年普通高等学校招生全国统一考试（宁夏卷）· 文科综合能力测试 · 地理

第Ⅰ卷（选择题）

注：在每小题给出的四个选项中，只有一项是符合题目要求的。

读表 1，完成 1～2 题。

表 1　某区域 2000～2004 年湿地的转化　　单位：hm^2

湿地类型＼转化来源	旱田	城镇用地	工矿用地	草地	其他
河渠	489	−7	0	235	48
海涂	43	−155	−2 027	0	17 627
水库坑塘	25 657	−33	−211	5 694	926
水田	76	−793	−1 053	0	0

注：表中数据正值表示正向转化——湿地面积增加，负值表示逆向转化——湿地面积减少。

1. 各类湿地面积变化幅度由小到大顺序为（　　）。

A. 水库坑塘　海涂　水田　河渠

B. 河渠　水田　海涂　水库坑塘

C. 水田　河渠　水库坑塘　海涂

D. 河渠　水库坑塘　海涂　水田

2. 与2000年相比，2004年该区域（　　）。

A. 物种多样性有所减少　　　　B. 水鸟栖息地减少

C. 生态环境有所改善　　　　　D. 湿地面积减少

图1示意不同纬度三地白昼长度变化。读图1，完成3～4题。

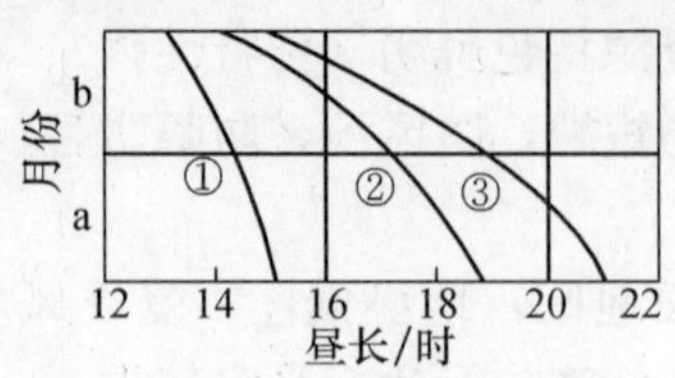

图1

3. 若此图表示南半球三地的白昼变化，则a、b两月分别是（　　）。

A. 1月、2月　　　　B. 3月、4月

C. 6月、7月　　　　D. 11月、12月

4. 在图示月份中（　　）。

A. ②地夜长超过10小时

B. 三地中①地昼长最长

C. 三地昼长变化率在a月相等

D. 三地中③地昼长变化最大

图2示意日本部分地区樱花初放日期。读图2，完成5～6题。

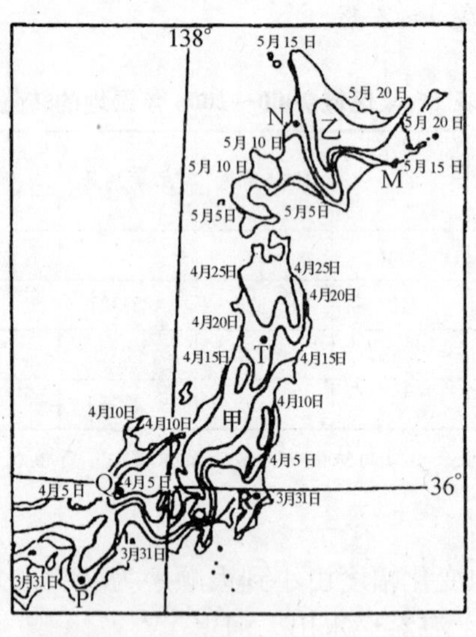

图2

5. 符合纬度地域分异的表现是（　　）。

A. T地与Q地樱花初放日期相近

B. 樱花初放日期在 Q 地晚于 R 地

C. R 地与 P 地樱花初放日期相近

D. 樱花初放日期在 T 地晚于 R 地

6. 影响乙岛 M、N 两地樱花初放日期不同的主要原因是（　　）。

A. N 地接受太阳辐射较多

B. M 地受南下寒流影响

C. N 地地势较为低平

D. M 地受北上暖流影响

图 3 示意某国部分地区的地形（a）和人口密度（b）。读图 3，完成 7～9 题。

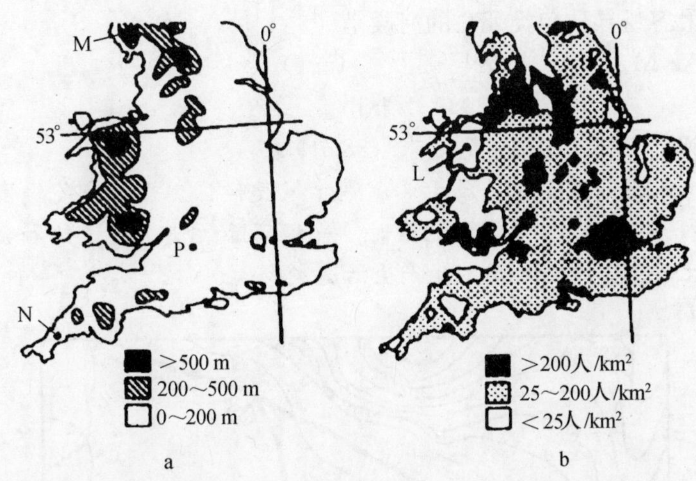

图 3

7. M、N、P、Q 四地中，降水量最多的是（　　）。

A. M 地　　B. N 地　　C. P 地　　D. Q 地

8. 影响 L 地人口稀少的主要自然因素是（　　）。

A. 地形　　B. 纬度位置

C. 洋流　　D. 距海远近

9. 图示地区主要的农业地域类型是（　　）。

A. 商品谷物农业　　B. 乳畜业

C. 大牧场放牧业　　D. 游牧业

溶解氧 DO 是指溶解于水中的氧的含量，是衡量水质的重要指标。生化需氧量 BOD 是微生物分解水中的有机物体时需要消耗氧的数量，它用于监测水体有机物的污染状况。图 4 为某河由 M 河段至 Q 河段水中溶解氧和生化需氧量浓度变化曲线。据此完成 10～11 题。

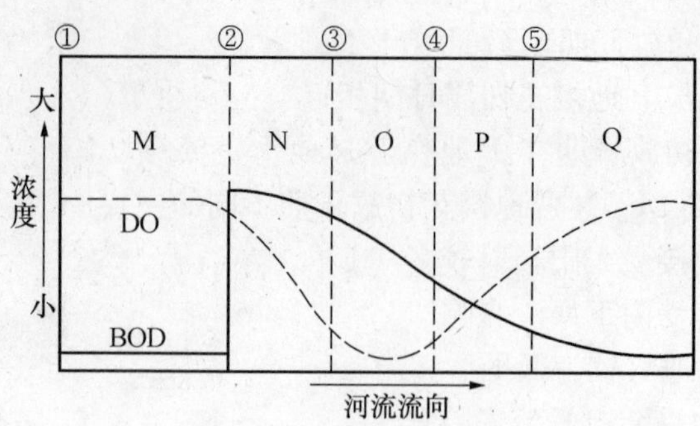

图 4

10. 图 4 中有机污染源在（　　）。

A. ①　　B. ②　　C. ③　　D. ④

11. 最容易导致鱼类死亡的河段是（　　）。

A. M　　B. N　　C. O　　D. P

第Ⅱ卷

36. 阅读资料，完成下列要求（28 分）。

图 5 所示地区属于北温带季风气候区。当冷空气缓慢进入并滞留于图中某些地区时，气温下降致使水汽过饱和会产生浓雾，并对人类的生产生活造成影响。

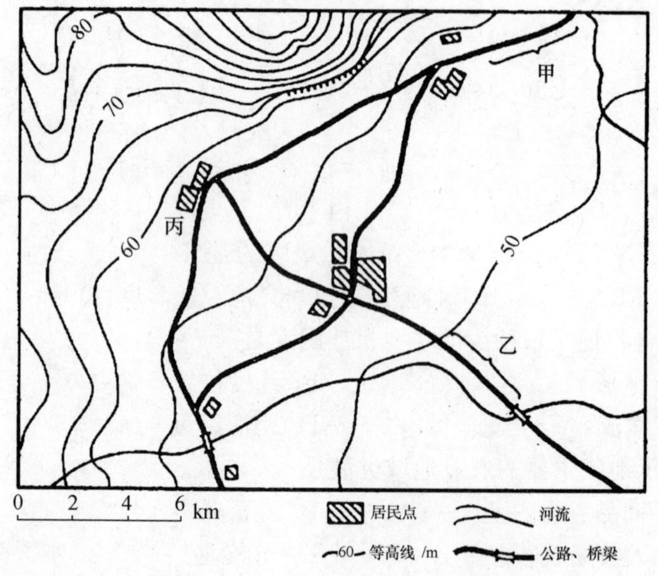

图 5

（1）甲、乙两路段浓雾多发，试说明其原因；两路段中哪一段受浓雾影响频次更多，时间更长，为什么？（14 分）

（2）随着人口的增加，丙村要扩建居民点。若只考虑沿着山前公路扩建，试比较说明在丙村东北方向和南偏西方向建设

民居条件的差异。(14分)

37. 阅读资料，完成下列要求(28分)。

杭州湾跨海大桥于2008年5月1日正式通车。大桥南起宁波慈溪，北至嘉兴海盐(图6)，是世界上建造难度最大的跨海大桥之一。

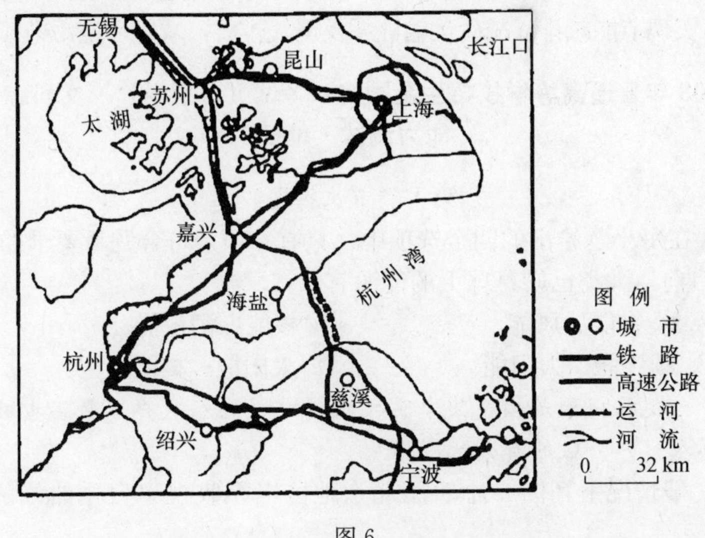

图6

(1) 分析造成大桥施工困难的自然原因。(12分)

(2) 从宁波到上海，经该桥将比走原有公路路程短。据图估算缩短的里程约为多少千米?(4分)

(3) 试评价大桥建成后产生的主要经济与环境效益。(12分)

参考答案

题号	1	2	3	4	5	6	7	8	9	10	11
答案	B	C	A	D	D	B	A	A	B	B	C

36. (共28分)

(1) 地势比较低(冷空气容易进入)，水汽较多(靠近河流)，易产生浓雾 乙路段，乙路段较甲路段更低平(离高山较远，冷空气更容易进入)；接近(开阔)河谷的路段比甲路段更长(水汽较多)。

(2) 东北方向：山前到公路间的区域较窄，相邻山坡比较陡，有峭壁，存在洪水、滑坡等自然灾害的隐患。南偏西方向：山前到公路间的区域较宽阔，可以使用的建筑用地较多，相邻山地比较和缓，一般不存在洪水、滑坡等自然灾害隐患。

37.（共 28 分）

（1）①海域宽阔；②台风多；③潮差大；④流速急；⑤水深，风浪大；⑥海洋腐蚀作用严重；⑦桥墩地基深。

（2）在 85～105 间的值均可得分。

（3）降低交通成本，加强区域经济联系（增进区域经济整合）；实现节能减排（减少运输油耗及尾气排放，减轻环境污染）。

2008 年普通高等学校招生全国统一考试（北京卷）·文科综合能力测试·地理

第Ⅰ卷（选择题）

注：在每小题给出的四个选项中，只有一项是符合题目要求的。

1. 目前，人类已知月球上的能源有（　　）。

A. 生物能、风能　　B. 核能、潮汐能

C. 潮汐能、太阳能　　D. 太阳能、核能

电视收视率是指在某个时段收看电视的人（户）数占电视观众总人（户）数的百分比。

2. 一般情况下，图 1 中表示北京地区电视收视率变化曲线的是（　　）。

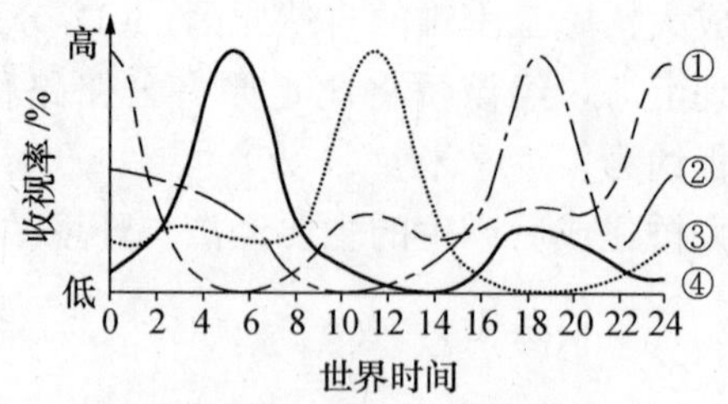

图 1

A. ①　　B. ②　　C. ③　　D. ④

构建模式图，探究地理基本原理、过程、成因及规律，是学习地理的方法之一。读图 2，回答 3～5 题。

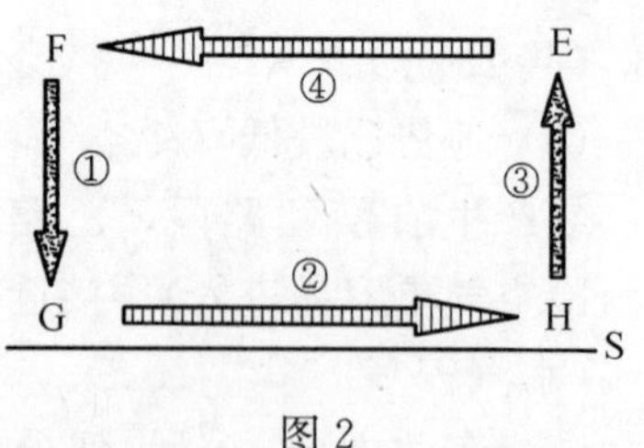

图 2

3. 如果该图为大气环流模式，S 线代表地球表面，则（　　）。

A. E 处气温比 H 处高

B. F 处气压比 G 处低

C. 气流②自西向东运动

D. E 处的高度可达 120 千米

4. 如果该图为海陆间水循环模式，S线代表地球表面，则(　　)。

A. 环节①参与地表淡水资源的补给

B. 环节②是陆地自然带形成的基础

C. 环节③使大洋表面海水的盐度降低

D. 环节④的运动距离与下垫面无关

5. 如果该图为世界洋流模式的南半球部分，S线代表纬线，则(　　)。

A. 洋流①对沿岸气候有降温、减湿作用

B. 洋流②为西风漂流

C. 洋流③对沿岸气候有增温、增湿作用

D. 洋流④为赤道逆流

读图3，回答6～7题。

月　份	1	2	3	4	5	6	7	8	9	10	11	12
某作物生产期												

种植期　出苗、分枝期　开花期　灌浆期　收割期

图3

6. 该作物(　　)。

A. 种植期的早晚取决于气候条件

B. 灌浆期的早晚取决于成土母质

C. 收割期的早晚取决于农业政策

D. 一个生产周期至少为8个月

7. 该作物处于开花期时，正值(　　)。

A. 赤道正午太阳高度最大　　B. 地中海沿岸炎热干燥

C. 中国东北平原昼长夜短　　D. 潘帕斯草原草木茂盛

城市活动在空间上高度集聚，并具有水平和垂直方向上的分异。读图4，回答第8题。

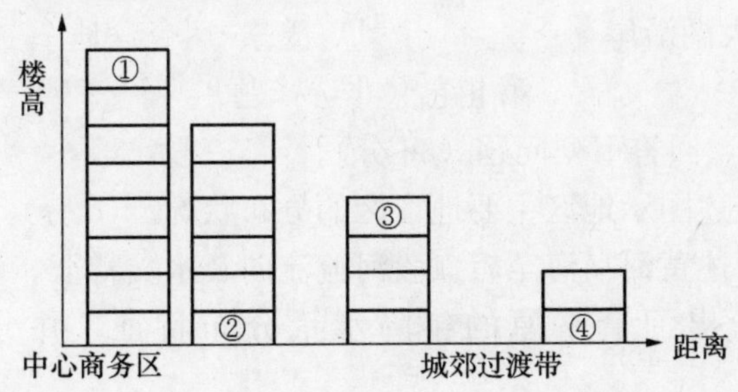

图4

8. 图中①②③④所示城市空间最合理的作用方式分别为(　　)。

A. 电影院、厂房、住宅、银行

B. 零售店、电影院、石房、办公室
C. 办公室、零售店、住宅、厂房
D. 批发市场、办公室、住宅、零售店

读图 5，回答 9～11 题。

图 5

9. 与图示地区山体岩石、地貌类型及其形成的外力作用对应的是（　　）。
A. 石灰岩、球状风化地貌、风力作用
B. 花岗岩、流水堆积地貌、流水作用
C. 大理岩、喀斯特地貌、风力作用
D. 石灰岩、喀斯特地貌、流水作用

10. 该地区成为著名旅游地的优势在于（　　）。
A. 地处热带，风景优美，环境承载量大
B. 景观具有春翡夏翠秋金冬银的季节特点
C. 地质地貌景观独特，具有较高的游览价值
D. 水陆交通通达性好，旅游地吸引半径大

11. 与图示地区农业地域类型相同的地区是（　　）。
A. 西欧平原　　B. 湄公河三角洲
C. 五大湖沿岸　　D. 墨累-达令盆地

第Ⅱ卷（非选择题）

36. 读图 6，回答下列问题（36 分）。
（1）描述图示地区主要地形区的分布状况。（6 分）
（2）简述黄河乌海至磴口段河流流向及水文特征。（7 分）
（3）指出河套平原的年降水量分布特征，并分析原因。（8 分）
（4）河套平原素有“塞上米粮川”之称，是内蒙古自治区粮、油、糖生产基地。指出该地发展农业生产的限制性自然因素，并说明进行改造的方式及可能引发的问题。（7 分）

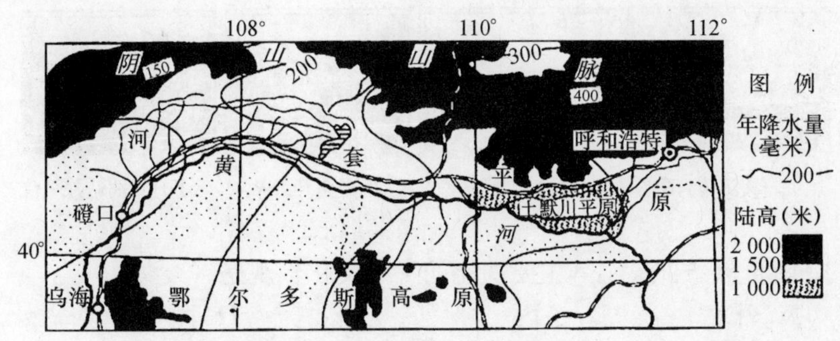

图 6

近 10 年来，土默川平原实施退耕还草工程，使这一地区成为中国"乳都"呼和浩特的核心奶源基地。

(5) 分析产生这一转变的社会经济因素。(8 分)

参考答案

题号	1	2	3	4	5	6	7	8	9	10	11
答案	D	C	B	A	B	A	D	C	D	C	B

36. (共 36 分)

(1) 阴山山脉位于北部，呈东西走向；河套平原位于中部，东西延伸；鄂尔多斯高原位于南部，沙漠广布。

(2) 从南（西南）向北（东北）流动（或从低纬向高纬流动）；流量大，含沙量高（或含沙量比中下游低），有冰期，冬春季有凌汛。

(3) 年降水量大多在 150 毫米至 400 毫米之间，自西向东逐渐增多（或自东向西逐渐减少）；从西（东）向东（西）距海（或太平洋）越来越近（远），受夏季风影响逐渐增强（减弱）。

(4) 降水少；引黄河水进行灌溉；土壤盐渍化；下游水资源短缺。

(5) 生态保护的需要；消费者对乳品需求的增加；交通运输条件的改善；乳品冷藏、保鲜技术的发展。

2008 年普通高等学校招生全国统一考试（天津卷）·文科综合能力测试·地理

第Ⅰ卷（选择题）

注：在每小题给出的四个选项中，只有一项是符合题目要求的。

分析图 1 中天津的文化景观，回答 1～2 题。

甲—奥运体育场

乙—海河上的桥

丙—南开大学

丁—石油钻井平台

图 1

1. 由自然条件决定其主要功能的一组文化景观是（　　）。

A. 甲乙　　B. 乙丙　　C. 乙丁　　D. 丙丁

2. 在天津的下列产业部门中，能充分合理利用丁图中设施开采资源的是（　　）。

A. 化学工业　　B. 电力工业

C. 交通运输业　　D. 汽车工业

读某区域部分地理信息图（图 2），回答 3～4 题。

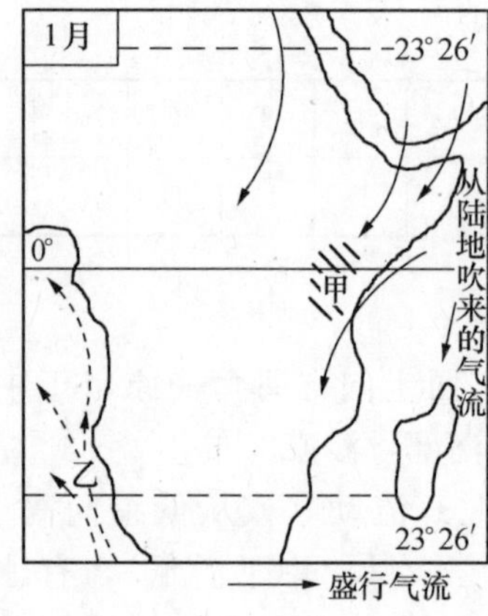

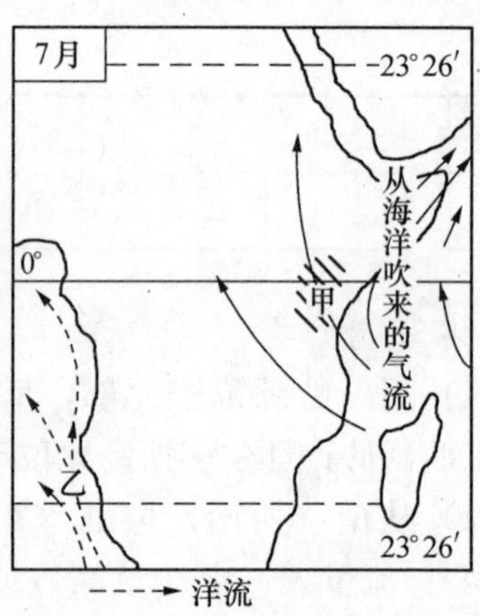

图 2

3. 甲区域气候一年分干、湿两季，据图判断其形成的主要因素是（　　）。

A. 纬度位置　　B. 地势

C. 大气环流　　D. 洋流

4. 乙海域有一大范围渔场，若用洋流剖面示意图来解释其成因，应选（　　）。

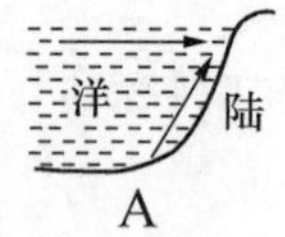

A

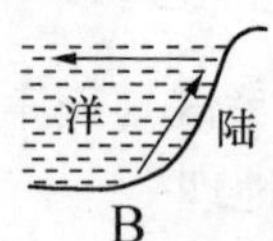

B

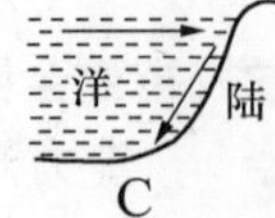

C

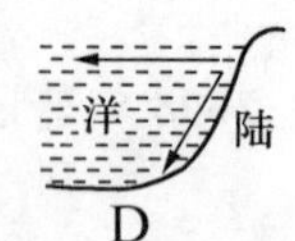

D

图 3

香港地形以山地、丘陵为主，有著名的天然良港，结合图文信息（图 4）回答 5～6 题。

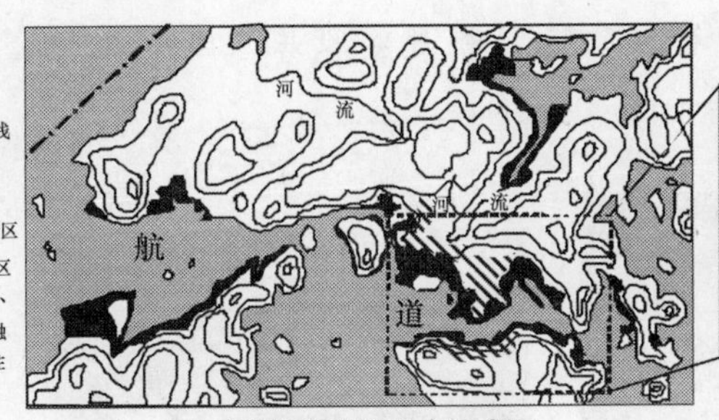

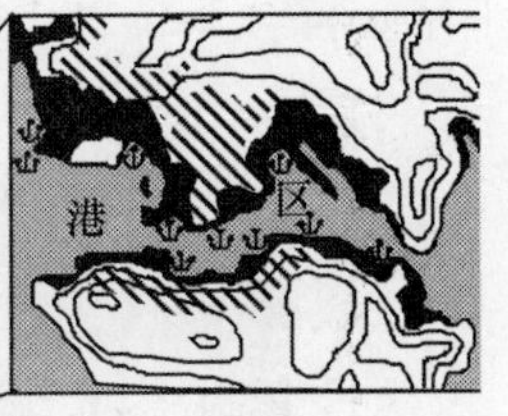

香港填海造陆分布示意图

图 4

5. 香港建港的有利自然条件是(　　)。

A. 地平坡缓　　　　　　　　B. 岛多浪小

C. 滩阔岸直　　　　　　　　D. 河多沙厚

6. 填海造陆对香港的影响有(　　)。

A. 港区行船更加通畅　　　　B. 经济活动远离了海岸

C. 海洋生态得以维护　　　　D. 利于沿海功能区布局

读冀北某地等高线地形图（图 5），回答 7～8 题。

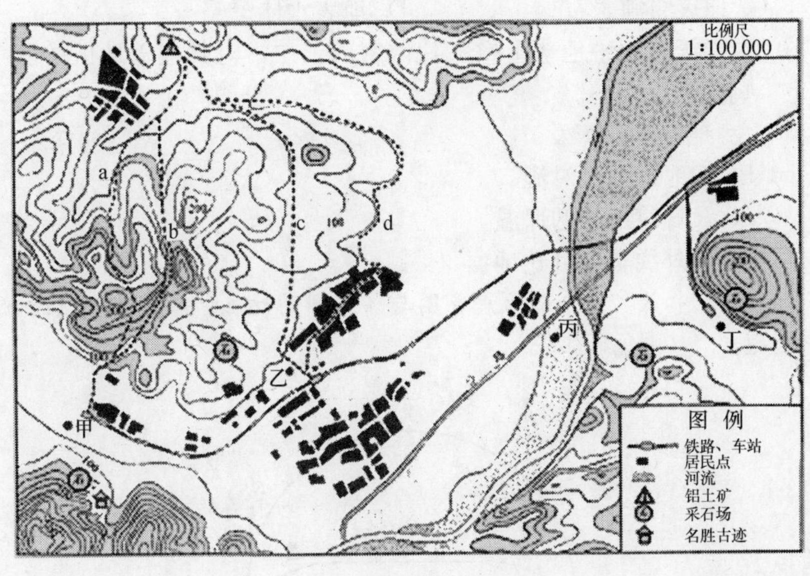

图 5

7. 为把铝土矿石运到火车站，计划修一条公路，合理的选线是 a、b、c、d 中的(　　)。

A. a　　　　B. b　　　　C. c　　　　D. d

8. 图中有四座小水泥厂，原料主要来自采石场，产品主要外运，若在环境整治中只保留一座，应保留(　　)。

A. 甲　　　　B. 乙　　　　C. 丙　　　　D. 丁

读从宇宙空间拍摄的地球和月球照片（图 6），回答 9～10 题。

地球

月球

照片中设施为“嫦娥 1号”卫星探测器

图 6

9. 专家认为，地球也应像月球一样，曾遭受许多陨石的撞击，而目前陆地表面却很少发现明显的陨石坑。探究其原因，主要是（　　）。

   A. 月球阻挡　　　　B. 地质改造作用

   C. 地表布满岩石　　D. 地表水体覆盖

10. 在白天，图中地球上空大片浓密的云层，对其覆盖地区的影响利于（　　）。

   A. 地表水分蒸发

   B. 近地面空气对流

   C. 大气对地面的保温

   D. 紫外线辐射到达地面

图 6 中 X、Y 分别为晨昏圈与纬线圈的切点。据图回答 11～12 题。

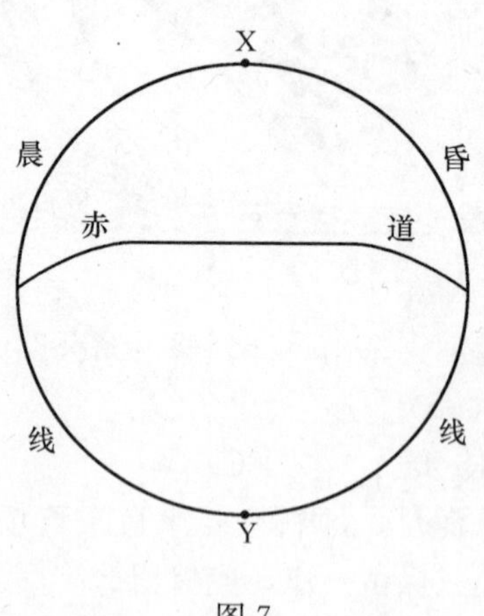

图 7

11. X、Y两点情况相同的是(　　)。

A. 太阳所在方向　　B. 所在时区

C. 正午太阳高度　　D. 白昼长短

12. 太阳直射点正向什么方向运动？能确定的是(　　)。

A. 向北　　B. 向南　　C. 向东　　D. 向西

第Ⅱ卷

36. 结合甲、乙两区域图（图8），回答问题（34分）。

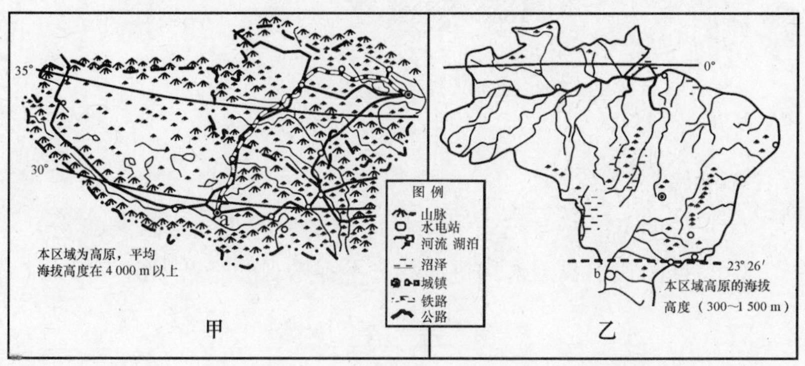

图8

(1) 甲区域东南部易发生地震，其地质构造条件是__________；易发生滑坡的地形条件是__________。(4分)

(2) a城是历史文化名城。甲区域铁路的修通，加快了该城________业、________业的发展，这将促进地区间的文化交流。为了保护优美的环境，a城应充分利用本区域的________、________等新能源。(8分)

(3) 甲区域的城镇分布有明显特征。请你归纳出三点。(6分)

(4) 甲、乙两区域环境人口容量不同，主要取决于两区域资源的差异。为了证明两区域耕地、淡水资源存在着差异，你应重点阅读图中哪几个方面的信息？请归纳：________、________、________、________。(8分)

(5) 乙区域北部河流比南部河流的水能丰富，而世界著名的水电站b却建在南部，其原因有哪些？(4分)

(6) 保护乙区域北部的代表性植被，对全球生态环境有何重大意义？(4分)

39. 粮食问题引发全球广泛关注，我国高度重视粮食安全。阅读以下图文材料，回答问题。(18分)

材料一：

(5) 要解决a地区粮食生产面临的生态环境问题，应采取哪

我国省级行政区人均耕地差异分布

图 9

些措施?(6 分)

(6) 说明 b、c、d 三省人均耕地数量少的共同原因。(6 分)

(7) 据图找出我国人均耕地数量不容乐观的三条理由。(6 分)

参 考 答 案

题号	1	2	3	4	5	6	7	8	9	10	11	12
答案	C	A	C	B	B	D	C	D	B	C	A	D

36. (共 34 分)

(1) 多活动断层(靠近板块交界处);山高坡陡

(2) 旅游;商(服务、手工);太阳能;地热能(风能)

(3) 主要分布在东部;沿交通线分布;沿谷地(沿河流)分布。

(4) 地形(山地、高原、平原的比重);地势(海拔高度);河流密度(不同河段的径流量);纬度位置;海陆位置。(答出 4 个方面即可)

(5) 南部水电站靠近大城市、工业区。(或靠近能源消费地)

(6) 减缓全球气候变暖;保持生物多样性。

39. (共 18 分)

(5) 植树造林;保护湿地(保护沼泽);保持土壤肥力(增施有机肥;秸秆还田;用养结合)。

(6) 山地、丘陵比重大(平原比重小);人口密度大;非农业用地比重大(城市化水平高)。

(7) 绝大多数省级行政区的人均耕地低于世界平均水平;一些省级行政区的人均耕地已经在警戒线以下;人均耕地面积

呈下降趋势。

2008年普通高等学校招生全国统一考试（四川卷）·文科综合能力测试·地理

第Ⅰ卷

注：在每题给出的四个选项中，只有一项是符合题目要求的。

图1示意海平面两条闭合等压线。读图1，回答1～2题。

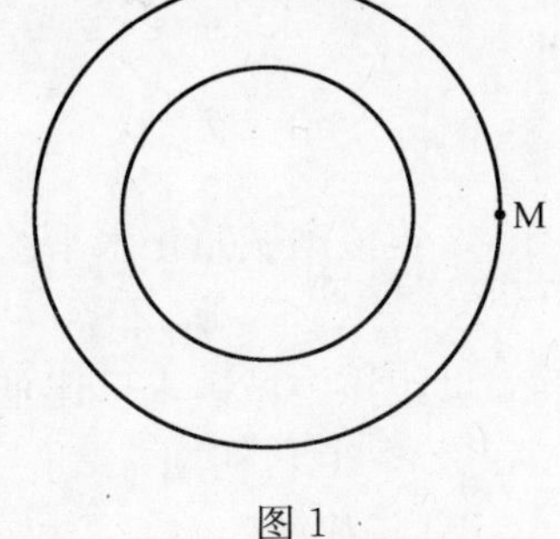

图1

1. 若M点吹东南风，则该天气系统所处的位置和性质分别为（　　）。

A. 北半球、气旋

B. 北半球、反气旋

C. 南半球、气旋

D. 南半球、反气旋

2. 若该天气系统生成于太平洋海域，则其中心移动的方向通常为（　　）。

①南　②西　③北　④东南　⑤西北

A. ①②③　　B. ②③④　　C. ②③⑤　　D. ③④⑤

图2示意我国北方农牧交错带生产与生态定位。读图2，回答3～4题。

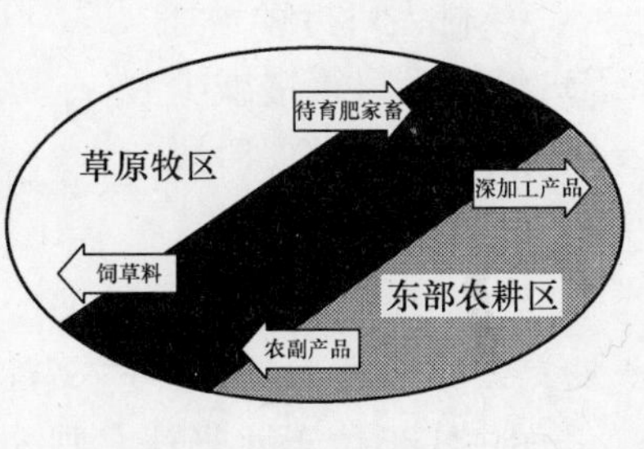

图2

3. 北方农牧交错带农业发展方向是（　　）。

A. 增大坡耕地面积，提高粮食产量

B. 大量开垦荒地，提高人均耕地面积

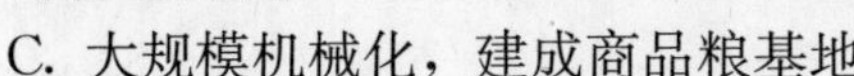

C. 大规模机械化，建成商品粮基地

D. 退耕还林（草），发展舍饲养殖

4. 北方农牧交错带的生态与生产功能是（　　）。

① 东部农耕区的生态屏障和畜产品供应基地

② 东部农耕区的生态屏障和重要粮食供应基地

③ 西部牧区的水源涵养带和饲草料供应基地

④ 西部牧区的水源涵养带和重要粮食供应基地

A. ①③　　B. ②③　　C. ①④　　D. ②④

图3示意某国城镇人口和乡村人口的变化。读图3，回答5～7题。

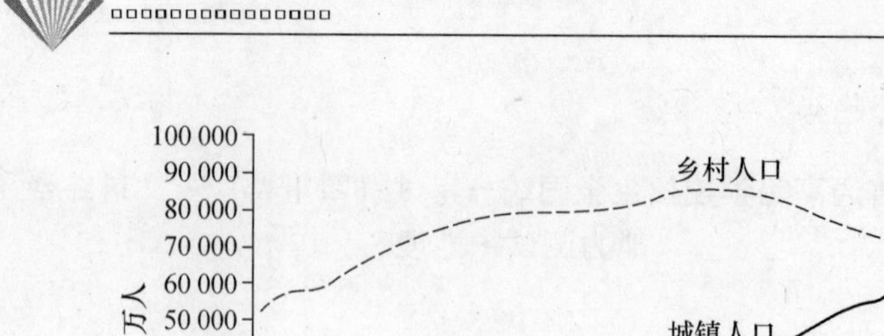

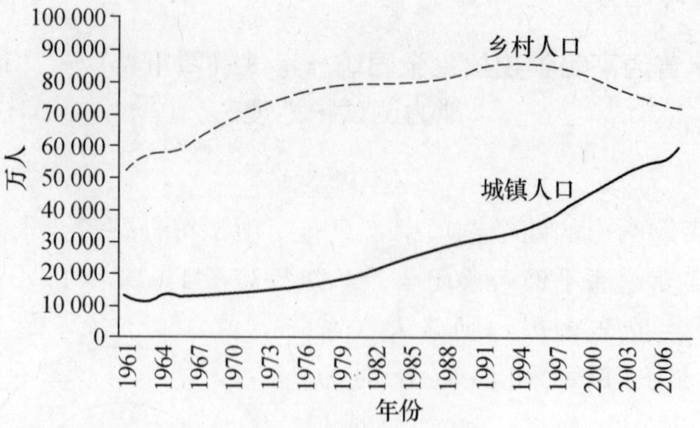

图 3

5. 1982 年该国城镇化水平约为（　　）。

A. 10%　　B. 20%　　C. 30%　　D. 40%

6. 20 世纪该国城镇人口比重增长最快的时期是（　　）。

A. 60～70 代初期

B. 70 年代中期

C. 80 年代中期

D. 90 年代后期

7. 1961～2007 年，该国城镇化总体趋势表现为（　　）。

A. 乡村人口持续增加

B. 城镇人口缓慢减少

C. 进入加速发展阶段

D. 进入郊区化阶段

图 4 各线示意不同纬度①～⑤地的白昼长度变化。读图 4，回答 8～9 题。

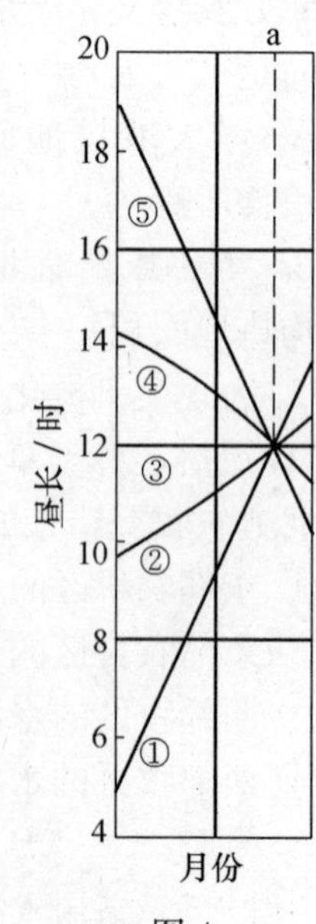

图 4

8. 若图中①地位于北半球，则 a 点时刻应为（　　）。

A. 春分　　B. 夏至

C. 秋分　　D. 冬至

9. 图 4 五地中（　　）。

A. ③地纬度高于②地纬度

B. ④地位于赤道附近

C. ①地、⑤地白昼长度变幅最大

D. ②地位于极圈之内

图 5 示意某地区的地貌类型。读图 5，完成 10～11 题。

10. 适宜发展海水养殖业的地区是（　　）。

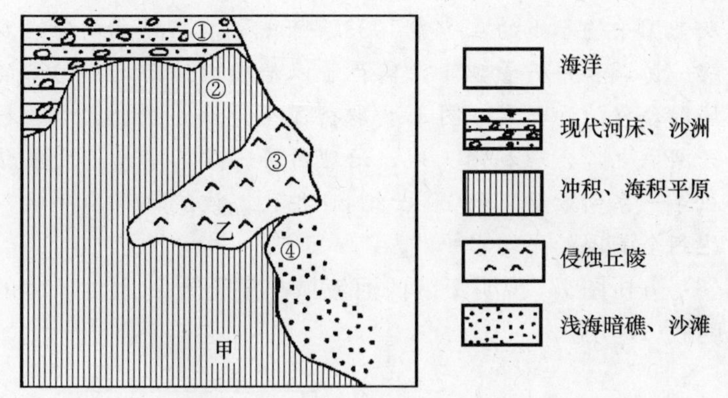

图 5

A. ①　　　B. ②　　　C. ③　　　D. ④

11. 若在甲、乙两地新建居民点，则甲地应特别注意防范（　　）。

A. 地震破坏　　　B. 滑坡

C. 海潮侵袭　　　D. 暴雨

第Ⅱ卷

36. 图 6 所示国家人口稠密，经济以传统农牧业为主，森林覆盖率为 29%。完成下列要求（36 分）。

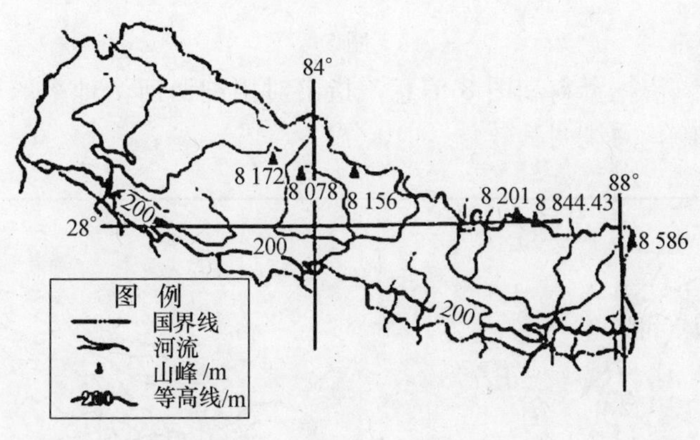

图 6

（1）简述该国地形、地势特点。（4 分）

（2）推测该国降水特点及成因。（10 分）

（3）分析该国水能资源的开发条件。（12 分）

（4）说明该国面临的主要生态环境问题及人为原因。（10 分）

39. 根据相关资料完成下列要求（20 分）。

材料四　田纳西河流域位于美国东南部。气候温暖湿润，山清水秀，森林繁茂。19 世纪后期起，流域内人口激增，开发利用强度加大（图 7），致使环境恶化，水旱灾害频发，生产成本不断攀升。到 20 世纪 30 年代初，该流域人均年收入只及美国平均水平的45%。1933年开始，在田纳西河管理局的统一协调和严格管理下，实施了以治理田纳西河为核心的流域综合整治和开发（图9），取得了全流域水电、火电、核电并网供电，合理利用土地，治理污染，改善水质，发展旅游业等一系列效益。到20世纪80年代，该流域人均年收入已达到全美国的平均水平。

（3）分析图7，说明田纳西河流域早期开发利用对环境的影响。（10分）

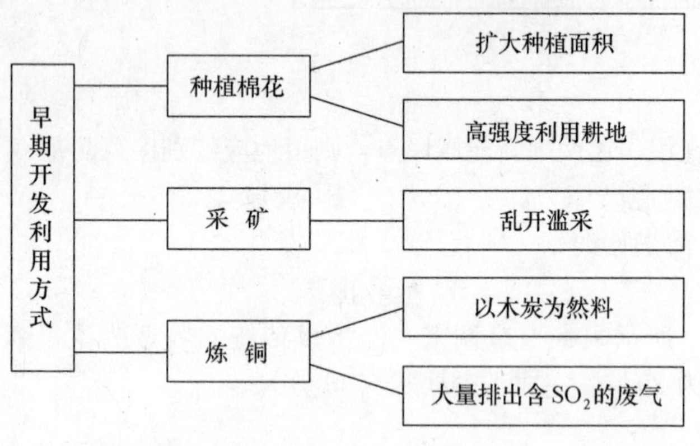

图7

（4）依据资料和图8信息，指出对田纳西河治理采取了哪些措施，并说明其效益。（10分）

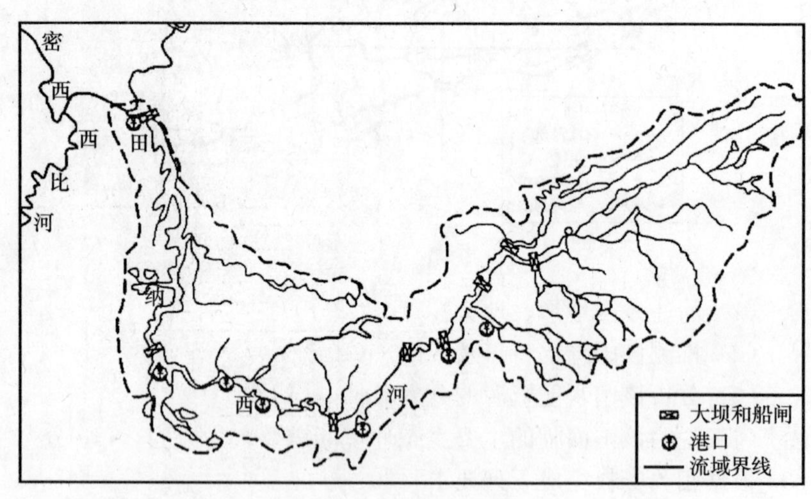

图8　田纳西河流域示意图

参 考 答 案

题号	1	2	3	4	5	6	7	8	9	10	11
答案	A	C	D	A	B	D	C	A	C	D	C

36.（共 36 分）

（1）（绝大部分为）高山地区（山地），北高南低，地表高差悬殊（山高坡陡）

（2）特点：（除北部高山地区外）年降水丰富（降水量多），集中于夏（雨）季

成因：夏（雨）季，西南季风从印度洋带来的丰沛水汽，受地形抬升（降水丰富）。（冬季受东北季风影响，降水较少。）

（3）（山高谷深）河流多，水量大，落差大，水能资源丰富。（经济落后）经济投入不足，技术力量缺乏

（4）主要生态环境问题：森林破坏和水土流失。人为原因：人多地少（人均耕地少），（经济落后）传统农牧业发展，生活能源需求，（对生态环境的压力很大）。

39.（共 20 分）

（3）扩大种植面积、开矿乱开滥采、用木炭炼铜导致森林砍伐、植被破坏，造成水土流失（加重）；高强度利用耕地导致土地退化；大量排出含 SO_2 的废气，不仅污染大气，还会形成酸雨，污染土壤和水体，影响生物生长。

（4）修筑了（多座）水坝、（多处）船闸和港口。取得了防洪、改善通航条件、提高运输能力的效益。实现了对全河的统一管理和梯级开发。

2008 年普通高等学校招生全国统一考试（重庆卷）·文科综合能力测试·地理

第Ⅰ卷

注：在每题给出的四个选项中，只有一项是符合题目要求的。

白令海峡是亚欧大陆与北美大陆相距最近处，如果在这里修建一条铁路同原有铁路连通，可以为两大陆提供一条便捷的陆上交通通道。读图 1，回答 1～2 题。

1. 从北京到洛杉矶铁路沿线，占绝对优势的自然景观是（　　）。

A. 针叶林　　B. 阔叶林　　C. 半荒漠　　D. 苔原

2. 一列时速为 189 km 的火车，北京时间 3 月 8 日 20：00 从北京直发洛杉矶（两城市图上铁路线长约 12.6 cm。不考虑途中停

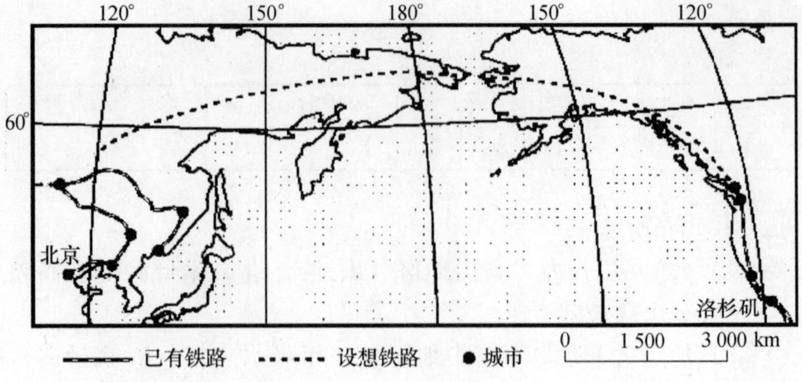

图 1

车时间）。到达终点站时当地区时为 3 月（　　）。

A. 11 日 16：00　　B. 12 日 8：00

C. 12 日 16：00　　D. 13 日 8：00

读图 2，回答 3～4 题。

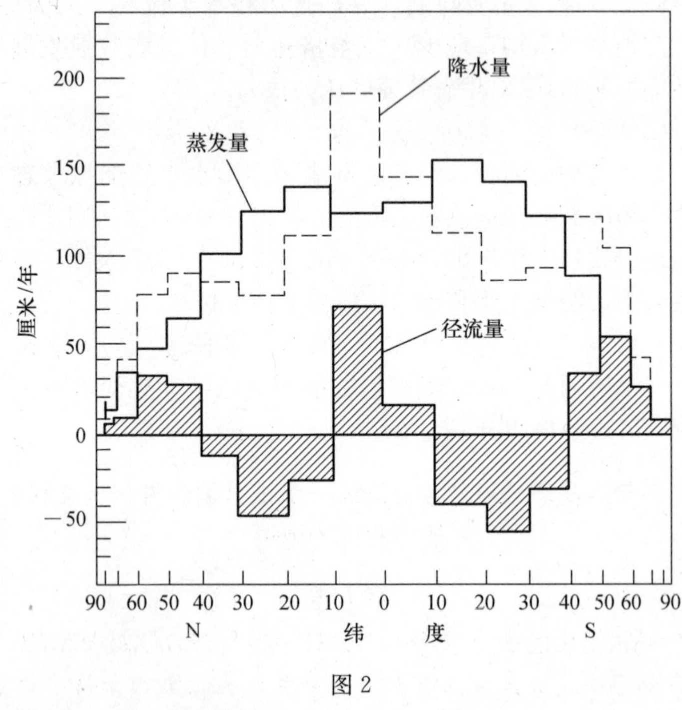

图 2

3. 降水量小于蒸发量的纬度范围是（　　）。

A. 南北纬 10°之间

B. 南北纬 10°～40°

C. 南北纬 30°～60°

D. 南北纬 50°～80°

4. 设全球降水量、热带蒸发量、温带径流量最大值所在纬度范围分别为①、②、③，则海洋表层盐度（　　）。

A. ①>②>③　　B. ①>③>②

C. ②>①>③　　D. ②>③>①

某次地理夏令营活动的主办者策划了一次“寻宝”活动。在活动前，每位营员均会获得一张地图（图3）和一张幕布照片（图4）。据此回答5～6题。

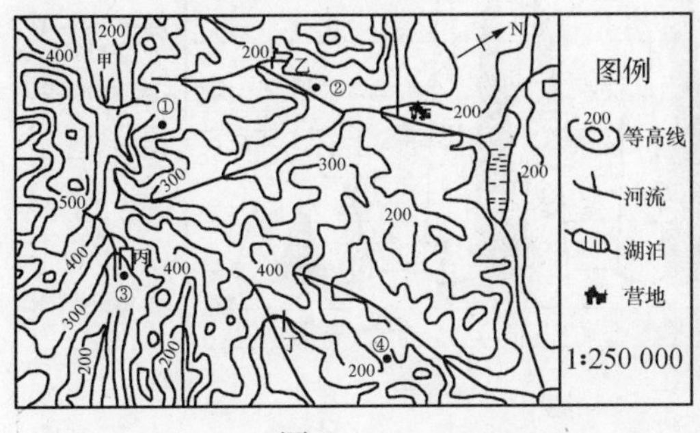

图3

图4

5. 图3中藏宝地及其相对于营地的方位是（　　）。

A. 甲，西北方　　B. 乙，东北方

C. 丙，西南方　　D. 丁，东南方

6. 为更好地欣赏瀑布美景，拟修建一处观瀑台。最佳选址是（　　）。

A. ①　　B. ②　　C. ③　　D. ④

甲、乙、丙、丁分别为2008年北京奥运会奥运圣火境外传递途经的4个城市。读表1，回答7～9题。

表1

城市	附近洋流代号	位置		火炬传递活动日期（当地时间）及当地正午太阳高度角	
甲	①	37°45′N	122°27′W	4月9日	α
乙	②	34°40′S	58°30′W	4月11日	β
丙	③	23°37′N	58°35′E	4月14日	γ
丁	④	35°17′S	149°08′E	4月24日	δ

7. 流经四城市附近海域的洋流（　　）。

A. ①为暖流　B. ②为寒流　C. ③为寒流　D. ④为暖流

8. 地处广阔平原之中的城市是（　　）。

A. 甲　　B. 乙　　C. 丙　　D. 丁

9. 火炬传递活动当日，四地正午太阳高度角（　　）。

A. $\alpha<\beta$　　B. $\beta>\delta$　　C. $\gamma<\beta$　　D. $\delta>\beta$

图5是2004～2006年世界各种谷物的产量变化图。读图回答

10～11 题。

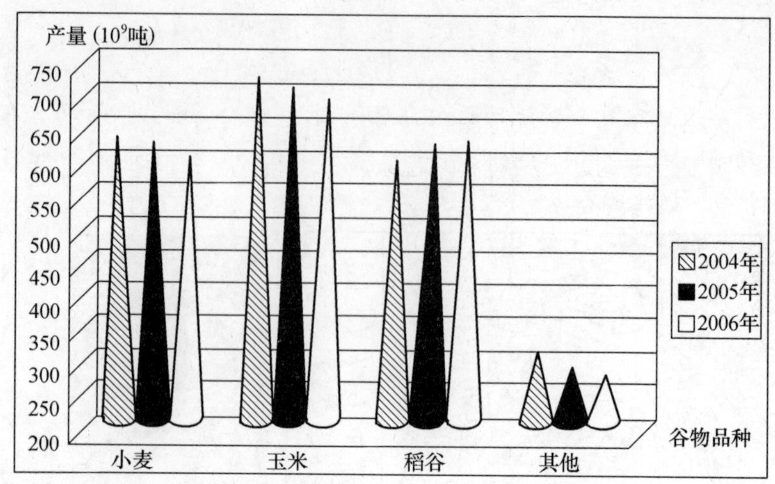

图 5

10. 各种谷物产量变化表明世界（　　）。

A. 谷物总产量下降　　B. 农业劳动力减少

C. 谷物需求量减少　　D. 谷物单产下降

11. 埃及是世界十大粮食进口国之一，保证该国粮食供需平衡的最佳措施是（　　）。

A. 提高粮食单产，加强国际合作

B. 扩大耕地面积，提高人口素质

C. 鼓励劳务输出，减少粮食消费

D. 控制人口增长，调整饮食结构

第Ⅱ卷

36. 图 6 是 1 月某时地面天气图（单位：百帕）。读图回答问题（36 分）。

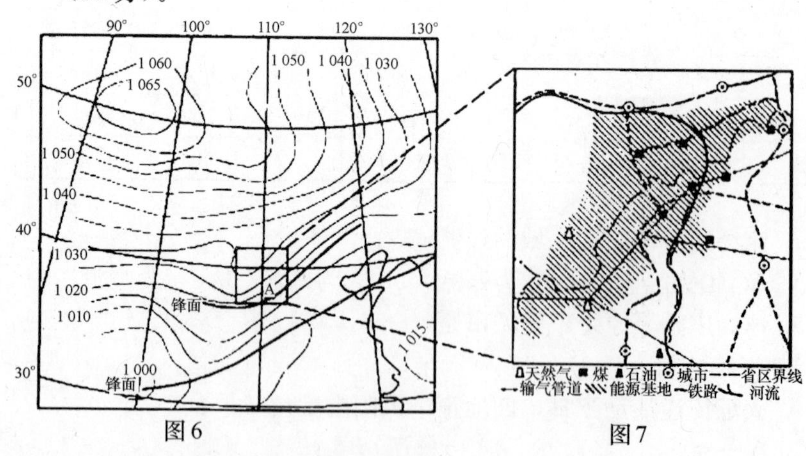

图 6　　图 7

（1）此时控制 A 地的锋面类型是________。简析 A 地的天气

特征及成因。(10 分)

(2) 此天气系统引起的主要灾害性天气对图 9 阴影区域的农业生产有何危害?(4 分)

(3) 图 7 阴影区域是我国 21 世纪重点建设的能源基地，说明该能源基地建设的有利区位条件。(8 分)

(4) 图 8 为能源基地某产业链示意图，填出 E、F 处的工业部门。此产业链体现了可持续发展思想，请说明理由。(8 分)

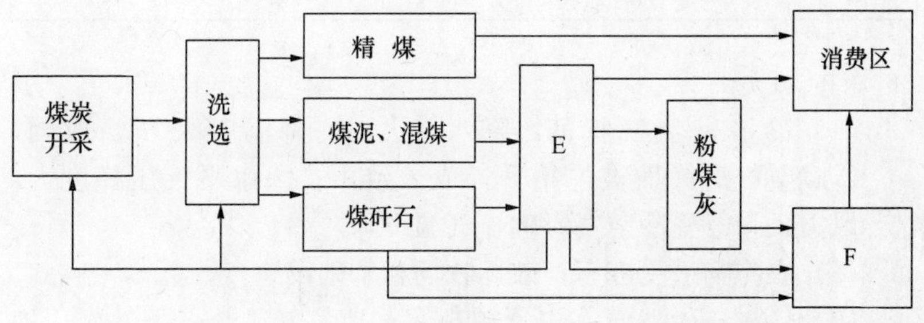

图 8

(5) 与 20 世纪初期的鲁尔工业区比较，该能源基地所在地区面临哪些不同的主要环境问题，简要回答导致这些环境问题的主要人为因素。(6 分)

39. 改革开放以来，中国发生了翻天覆地的变化。根据图 9 和材料回答问题。(20 分)

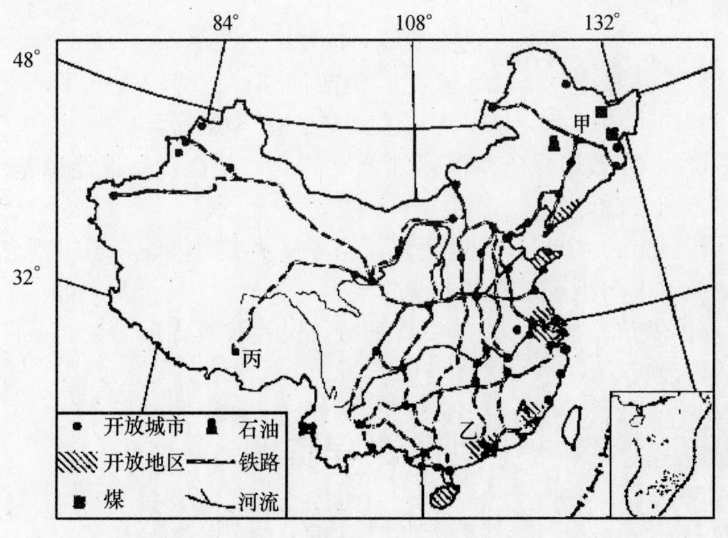

图 9

(1) 我国的开放地区和开放城市主要沿________、________、

________、________分布。(4 分)

(2) A 开放地区大量出口农产品，简答该地发展农业的有利自然条件。(6 分)

(3) 从社会经济方面，简要分析甲、乙、丙三城市对外开放区位优势的主要差异。(10 分)

参 考 答 案

题号	1	2	3	4	5	6	7	8	9	10	11
答案	A	B	B	C	D	C	D	B	B	A	A

36. (共 36 分)

(1) 冷锋　天气特征：降水、大风、降温等天气　成因：①暖空气沿锋面被迫抬升，成云致雨；②水平气压梯度大，风力大；③受冷空气影响，气温下降。

(2) 农作物遭受冻害，破坏牧场和基础设施。

(3) 煤炭、天然气能源资源丰富；质量好，开采条件好；地形开阔平坦，靠近水源；交通便利，临近消费区。

(4) E：电力工业　F：建材工业。理由：充分利用废弃物；综合利用资源，提高资源利用率；减少污染物排放，保护环境。

(5) 主要环境问题：水土流失、土地荒漠化。主要人为因素：不合理垦殖，超载放牧，过度砍伐，乱挖滥采矿产资源。

39. (共 20 分)

(1) 海岸　江河　铁路干线　边境

(2) 热量丰富、降水充足，雨热同期；地势较为低平，土壤肥沃；河川径流量丰富（水源充足）；濒临海洋。

(3)（甲城市）哈尔滨：陆上对外交通便捷，靠近能源基地，工业基础好。

（乙城市）广州：海运便利，经济技术实力雄厚，思想观念开放，著名侨乡，毗邻港澳。

（丙城市）拉萨：旅游资源独特，民族政策优惠，交通条件显著改善。

地理课程资源

概　　况

教育部 2001 年颁布的《全日制义务教育地理课程标准（实

验稿)》和2003年颁布的《普通高中地理课程标准（实验）》中，在“实施建议”部分都明确提出地理课程资源的开发与利用问题，并把课程资源开发与利用作为新一轮课程改革的一个亮点和难点，贯穿于整个课程理念、内容、结构以及实施评价中。随着我国基础教育地理课程改革的实施，地理课程资源作为一个重要概念进入地理教育理论与实践的领域，其重要性日益凸显。地理课程资源的合理开发与有效利用作为地理课程改革的重要组成部分，它是课程改革顺利实施的有力保障，也是课程目标顺利达成的必要条件。地理课程资源开发与利用的研究成为一个新热点，出现了许多新进展。

2008年地理课程资源开发与利用的研究，主要体现在对地理课程资源开发与利用的广度和深度进一步加大，具体表现出以下几点趋势：

1. 教师开发课程资源的主动性和能力有很大提高。相关杂志上发表的论文，主要由一线教师结合自身教学实践中的一些具体案例撰写。这表明，对于地理课程资源的开发和利用，已经从专家学者们的呼吁转移到实施的层面，教师逐渐能够在实践中探索如何开发课程资源。

2. 重视乡土地理、校本课程的开发。极大地丰富和扩展了地理课程资源。例如，李万涛以乡土地理为核心，以乡土、乡情、乡史为主线，阐述了地理课程资源区域性开发的策略和模式，总结了地理课程资源的区域性开发与整合路线图。（地理课程资源的区域性开发与整合，《中学地理教学参考》，2008年第8期）又如，王万里从自身兴趣、学校传统、广州地区的人文资源等方面介绍了《民俗文化地理》校本课程的开发背景，在分析学生、社会和学科需求的基础上，提出了课程的目标，从教材组成和教材编写思路两个方面介绍了校本教材的编制，根据课程标准的目标和理念，介绍了教学方法和教学评价方法。（《民俗文化地理》校本课程的开发实践，《地理教学》，2008年第2期）

3. 重视师生之间的隐性课程资源的开发利用。例如，侯玉娟提出，以教育的物质环境、精神氛围等方式存在的隐性课程资源的开发和利用具有重要意义，并结合自身课堂教学实践，阐述了隐性课程资源的开发。（高中地理隐性课程资源开发浅议，《地理教学》，2008年第3期）

4. 关注信息技术手段在地理教学中的应用。地理教学相关网站上的信息内容，数量和质量得到进一步提高，并能开发建设地理教学资源库。例如，孙汉群认为充分利用网上地图资源，不但可以提高地理教学的有效性，而且可以促进地理信息技术的学习和应用，并具体介绍了各种类型的网上电子地图资源及其在地理教学中的应用，可以作为地理课堂教学的平台，或者可以作为地理研究性学习的工具。（网上电子地图资源及其教学应用，《地理教学》，2008 年第 4 期）

5. 地理教具的设计、制作和使用受到高度重视。例如，陈竞宇介绍了组织学生制作“日晷”的科技活动过程，不但利于突破教学重点难点、提高学生思维水平、培养学习兴趣，还建立了良好的师生关系。（利用课外活动课进行“日晷制作”探究，《地理教学》，2008 年第 7 期）又如，孙继虎利用摄影作品优化地理课堂教学中的新课导入、教学过渡、教学小结、问题情境创设、教学难点突破、地理原理诠释，从而激发学生的学习兴趣。（利用摄影作品优化地理课堂教学，《地理教学》，2008 年第 2 期）

论 文 摘 要

民俗文化地理校本课程的开发实践

王万里

本课程开发项目获得广东省教育创新成果奖，曾应邀在全国新课程教学研讨会上作经验交流。本文介绍了本课程的开发背景、目标、教材编制、教学方法和教学评价。

第一部分作者从自身浓厚的兴趣、学校优良的教育传统、广州地区丰富的人文资源和整个社会的发展对先进文化渴求等方面介绍了本课程的开发背景。

第二部分在分析学生、社会和学科需求的基础上，作者指出本课程的目标是：发展学生的兴趣，培养学生的人文素养，让学生学会品味不同地域的民俗文化现象，感悟不同人文景观的文化内涵，理解不同民族的人文精神，珍惜中华民族传统的文化遗产。

第三部分，文章从教材组成和教材编写思路两个方面介绍了校本教材的编制。教材组成方面，作者介绍了教材分为民俗文化与地理环境的关系，建筑园林文化景观，民族服饰、饮食文化、民俗艺术的地区差异等 5 大章 11 小节，每一个章节教材又分为课文、图像、阅读和活动四个部分。关于教材的编写思路，作者以具体的实例阐述了教材编写思路：1. 创设激发兴趣的学习情景；2. 基于案例分析的思路；3. 突出学习的过程；4. 体现学生的主体性；5. 突出学习的探究性。

第四部分根据课程标准的目标和理念，文章罗列了本课程采用的主要教学方法：问题解决教学法、案例教学法、小组合作学习法、网络探究法、调查学习法、研究性学习。作者还以附件的形式分享了《民俗文化地理》校本课程的诊断性评价、形成性评价和终结性评价量表。

《地理教学》2008 年第 2 期

高中地理隐性课程资源开发浅议

侯玉娟

隐性课程资源亦称潜课程、潜在课程、隐蔽课程，一般是指以潜在的方式对教育教学活动施加影响的课程资源，以教育的物质环境、精神氛围等方式存在，它通过学生无意识、非特定的心理反应影响学生。隐性课程资源具有间接性和隐蔽性的特点，它们不能构成课程教学的直接内容，但是它们对课堂教育教学活动的质量却起着潜移默化和持久的影响。作者认为，开发和利用好高中地理隐性课程，对于丰富地理课程内容，增强地理课堂教学活力，提高地理课堂的教育教学效率，具有重要意义。

作者以自身课堂教学体会，诠释了四种隐性课程资源开发，即：1. 教师的个人修养与人格魅力——标榜化的隐性课程资源；2. 善于捕捉学生的课堂信息——动态化的隐性课程资源；3. 关注学生心理和调控学生情绪——情趣化的隐性课程资源；4. 建立融洽的师生关系——情感化的隐性课程资源。

另外，作者还对诸如校园文化氛围、家庭环境、社会环境、文化传统等地理课程隐性资源做了补充说明。文章最后认为：地理教师做个细心人，开发利用好隐性课程资源，就能有效提高地理课的教育教学效果，促进知识与能力、过程与方法、情感态度与价值观三维一体课程目标的落实。

《地理教学》2008 年第 3 期

网上电子地图资源及其教学应用

孙汉群

本文主要介绍了各种类型的网上电子地图资源及其在地理教学中的应用。作者认为充分利用网上地图资源，不但可以提高地理教学的有效性，而且可以促进地理信息技术的学习和应用。

本文首先从概念、分布、来源网站等方面介绍了网上电子地图教学资源的类型，主要有五种类型。一是地图图片，主要分布在一些专业的测绘网站、地图出版网站、地理教学网站、旅游网站上，如国家测绘局网站。二是在线电子地图，主要是一些门户网站和专业的地图网站推出的地图服务，具有地理信息系统的基本功能，最具代表性的是“图吧”。三是卫星影像地图与地形图，主要有 Google Map、Google Earth 和微软地图。四是实景地图，它是利用三维全景图技术与二维地图结合而创建的地图，具有身临其境的感觉，如城市吧和武汉“影像城市”地图。五是立体地图，其最大特点是形象、直观、明确，克服了平面地图比较抽象、缺乏参照的缺点，代表性的有 E 都市和微软的 Visual Earth 系统。

作者还阐述了网上地图的获取与利用。获取的方法主要有：在打开所链接的网页通过“复制”或“图片另存为”保存地图图片；用截图软件如 Ultrasnap 截取地图图片。在网上电子地图利用上，一方面，可以作为地理课堂教学的平台，教师既可以讲解和演示地理信息系统的功能和使用方法，也可以演示与地图有关的实际地理问题的解决方法；另一方面，可以作为地理研究性学习的工具，学生可以分析研究城市的布局和功能区划、公交线路和站点设置的合理性，甚至分析不同地理要素的空间分布规律，以及各要素之间相互影响、相互作用的关系。

《地理教学》2008 年第 4 期

地理课程资源的区域性开发与整合

李万涛

本文是广东省“十一五”教育科研课题“地理课程资源的区域性开发与整合”的研究成果。文章从区域的视角，探索地理课程资源的区域性开发、系统整合与拓新的方式和途径。

作者以乡土地理为核心，以乡土、乡情、乡史为主线，阐述了地理课程资源区域性开发的策略和模式。作者认为课程资源区域性开发策略应该有用（紧扣课标）、有序（系列开发）、有情（学生参与）。致于开发的模式，作者将乡土资源内容划分为地球、地球运动、地图，天气、气候，水、水资源，地质、地貌、土壤，生物、农业，资源、工业，交通、旅游，人口、城市、商业、环境等“八大系列”专题；每个专题又按照“四大模块”，即：课标相关要求和教材内容，乡土素材及其使用说明，典型教学案例或课例，供学生参考的研究性课题来统一开发。在已开发课程资源基础上，作者以有序、动态、校本的方式加以整合优化，使区域性地理课程资源保持多样性、突出时效性、形成特色。

最后，作者总结了地理课程资源的区域性开发与整合路线图（下图），指出乡土资源通过系列开发、区域整合和校本优化，既融合了群体的智慧，又体现了校本的特色，取得4点成效：1. 理念整体提升，形成思维惯性；2. 学习热情高涨，学生受益良多；3. 共享资源剧增，教学效益倍增；4. 区域优势尽显，互惠互助共赢。

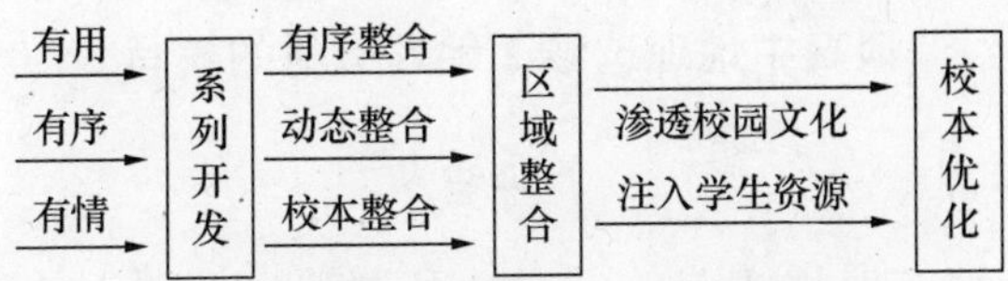

地理课程资源的区域性开发与整合路线图

《中学地理教学参考》2008年第8期

农村初中校本课程开发现状调查研究——以陕西省蒲城县为例

陈晓端　屈怀辉

本文采用问卷调查的方式，通过对农村初中校本课程开发现状的调查和分析，提出了六条农村初中校本课程的开发建议。

根据调查结果，文章分析了农村初中校本课程开发现状。就校本课程开发的总体状况而言，校本课程开发处在积极实验和初步实施阶段；教师对于校本课程开发的态度总体上是积极的，但缺乏课程开发的知识和技能；校本课程开发过程中的课程资源问题日益凸显。就对校本课程开发的认识而言，教师对课程的理解还存有一定的偏差；对校本课程应占的课时比例看法不一；虽意识到“合作”在校本课程开发中的重要性，但对于合作方式和合作对象的认识存在着诸多误区。就校本课程开发的要素而言，教师对校本课程的目标定位还很不到位；未能认识到校本课程教材组织的最佳形式是改编现有教材；能正确考核、评价校本课程。作者还从教师的校本课程意识、日常工作量、学校管理水平及教育行政部门的决策指导上分析校本课程开发所面临的客观问题及困难。

在现状调查分析的基础上，作者提出了有效改善农村初中校本课程开发的若干建议：1. 倡导开放性的交流与学习，增强校长和教师的校本课程开发意识；2. 建构学校独特的教育哲学和办学宗旨，引导校本课程开发；3. 加强校本培训和课程开发实践，增长和提升教师的课程知识与课程开发技能；4. 着力平衡初中教育资源配置，为校本课程开发营造良好的氛围；5. 提高学校管理水平和艺术，建立促进校本课程开发的有效机制；6. 强化各级教育行政部门的管理职能，发挥其对校本课程开发支持、指导、监督和评价的重要作用。

《课程·教材·教法》2008 年第 28 卷第 2 期

以地方课程“环境与可持续发展教育”为例，谈高中地理选修 2 地理教材的编写

吴岱峰

本文从地方课程实施的必要性和紧迫性，课程的基本理念、目标等方面阐述了安徽省高中阶段选修 2“环境与可持续发展教育”课程的教材编写工作。

根据安徽省生态省建设和环境教育的实际，本文指出了安徽省加强环境教育的必要性和紧迫性，高中阶段在完成必修、选修Ⅰ模块学习后，需要在地理选修Ⅱ中开设以“环境与可持续发展教育”为主题的地方课程。

在相关纲领性文件的指导下，作者阐述了本课程的基本理念和目标。课程的基本理念是：1. 培养现代公民必备的地理素养；2. 培养学生树立可持续发展观念；3. 重视对环境问题的探究，满足学生了解身边环境的需要；4. 注重信息技术在认识和解决环境问题中的作用。课程目标则旨在帮助学生获得人与环境和谐相处所需要的知识和技能，养成有益于环境的情感、态度和价值观，逐步形成运用所学知识和技能解决环境问题的能力；鼓励学生积极参与安徽省生态省建设，形成良好的环境素养，培养学生成为有社会实践能力和责任感的公民。

另外，本文还重点论述了编写本课程教材需要思考的若干问题。一是本课程与高中地理必修 2、选修Ⅰ模块 6 环境保护课程的关系，三者的培养目标是一致的，但各有侧重点；对共同涉及的一些内容，本教材编写时则在素材选取、切入角度、具体呈现等方面作了调整，并适当予以拓展。二是本教材的内容结构设计，宜以“环境—可持续发展教育”为主线，围绕可持续发展思想的演变、自然生态、经济技术、社会生活、参与与决策、可持续发展的探索和实践等内容构建教材的内容结构。三是本教材的体例设计，即章节体例、版式、语言的具体要求。

《课程·教材·教法》2008 年第 28 卷第 10 期

乡土教材《广东地理》的编写评述

周顺彬

《广东地理》根据《义务教育地理课程标准（实验稿）》，关注学生生活地区的自然、经济、社会发展，突出区域地理特征，融知识性、趣味性、实用性和综合性于一体，结合规定课时编写而成。

本文从教材内容的选择、编写和表达等方面介绍了《广东地理》编写的指导思想。作者认为本教材内容选择凸显岭南特色和时代需求，内容编写体现人地关系和谐和可持续发展观，内容表达强化视觉感受。另外，在教材的体系结构上，全书分位置与区划、自然资源与环境等、人口与城市、经济与社会、区域差异与区域发展、泛珠江三角洲区域合作与开发等6章18节，每一章节编者均列出了相应的课程标准要求和活动建议，便于教师在教学中把握教学的重点和难点。

在分析教材编写思想和体系结构的基础上，作者总结了教材的编写特点：1. 体现岭南特色，强调学习生活中有用的地理；2. 利用地理图像，展示地理教育独特的育人功能；3. 构建开放式地理课程，满足多样化的学习需要；4. 重视多样化评价，培养正确的情感、态度与价值观。另外，作者认为《广东地理》注重从学生的生活实际出发，构建了创新的乡土地理课程内容体系，改变了传统的乡土地理学习方式，为教师提供了发挥的空间，为学生搭建了发展的平台，使教材成为学生喜爱的读本。

《中学地理教学参考》2008 年第 1 期

我国地理教具发展及应用三十年回顾与思考

林培英

本文主要回顾了近三十年来我国地理教具的发展及应用，并提出作者对此的思考。

文章将地理教具分为五类，分别介绍各类教具的变化。第一类是平面教具，如教学挂图等。随着各地经济的发展，平面教具的使用明显减少。第二类是立体教具，如地球仪、等高线地形模型、褶皱和断层模型、岩石和矿物标本等，到现在为止仍是大多数学校必备和经常使用的教学设备。立体教具的发展主要表现为种类更加丰富，并趋向电动化和多功能。第三类是可操作仪器，如气象观测仪器，在中学课堂教学中应用不多，本文没有具体展

开。第四类是展示设备，包括电影机、幻灯机、电视机、录像机、投影仪等，其中电影机功能逐渐为录像机和计算机所代替，而幻灯机、投影仪则在改善教学条件、提高教学质量方面起到了不容忽视的作用。第五类是多功能设备，目前主要是指以计算机技术为核心的多媒体设备和网络，从 20 世纪 90 年代后期开始呈现出迅速发展的势头，在条件较好的地区和学校，计算机及网络技术已为广大地理教师所熟知。另外，作者还介绍了地理教室的发展，指出地理教室本身并不是地理教学设备，但它使得各种地理教学设备组合在一个特定的空间里，为发挥各自的优势提供了条件。

在总结三十年来教具的发展和应用成绩的基础上，作者认为地理教具应用过程中需要注意以下几点：1. 只有全面考察教具与教师、学生及教学过程的关系，才能合理评价教具的作用；2. 要不断认识各种地理教学设备的特点，才能有针对性地进行配置和使用；3. 在电教设备应用方面，需要开展更多以学生应用为主题的研究；4. 提倡在有条件的学校建立地理教室。

《地理教育》2008 年第 3 期

地理课程资源的开发与利用

黄红梅　周申立

地理课程资源的开发和利用，是保证新课程实施的基本条件，是实现教学目标、提高教学质量的核心与关键。本文探讨了地理课程资源的概念及内容、开发应坚持的主要原则以及开发与利用的途径等问题。

地理课程资源是指有利于实现地理课程目标的所有因素与条件的总和，包括校内地理课程资源、校外地理课程资源以及信息化地理课程资源三类。

地理课程资源开发应遵循实用性原则，要根据具体的地域特点、学校特点、教师特点，合理开发有利于培养学生地理能力的资源。

本文提出了以下几条地理课程资源开发与利用的途径。1. 利用乡土地理资源。学校所在社区的自然生态和文化生态资源在实现中学地理教育目的的过程中有着十分重要的作用。2. 建立学校地理课程资源信息管理库。教师应对学校所在地区的地理要素、地理景观、主要地理事物等学校地理课程资源做好充分的调查与整理工作，将各类地理课程资源按其类型、所有者、获取方式、开发动态等进行归类、重组、优化，实现有序排列和管理。3. 挖掘教师掌握的地理课程资源。教师是最重要的课程资源，要重视对地理教师队伍的建设，努力培养教师的专业素养，提高教师的专业水平，通过这一重要的课程资源来带动其他课程资源的发展。4. 合理开发和利用校外地理课程资源。校外地理课程资源多种多样，积极加强与社会各界的沟通与联系，寻求多方面合作，并组织学生开展实践活动，合理开发和利用校外地理课程资源。5. 努力开发隐性地理课程资源。6. 开发和利用地理信息技术资源。

《牡丹江师范学院学报（自然科学版）》2008 年第 1 期

地理新课程背景下课程资源的开发利用——以气象、天文为例

王信文

地理新课标强调，以充分开发和合理利用地理课程资源为载体，可以使学生更好地掌握地理基本知识、基本原理，进而在能力上有所发展。本文以天文、气象为例，结合教学实践，探索地理课程资源的开发利用。

天文课程资源的开发，一方面，要开展天文观测活动，指导学生利用星图观测星空，并关心地球的“邻居”——太阳和月球。例如，记住太阳不同季节的出没方位，组织观测记录太阳黑子的变化；观测和记录月相变化的全过程；观测日食、月食。另一方面，要培养学生动手能力。可以通过开展有关“探索地外文明主题活动”及“月球基地应该是什么样子”的探索性课题研究，还可以进行小制作活动，如制作简易天文望远镜、活动星图、简易太阳高度仪、简便量天尺等。

气象课程资源的利用，主要有三种策略。第一可以依学校具体情况，建设校园小气象台，购买或自制简易仪器，进行天气预报。第二，与气象台共建“大手拉小手”科技活动平台，构建“走出去，请进来”的模式。可以走出课堂，组建气象兴趣小组（或夏令营），到气象台实地参观学习。学校可以聘请专业气象人员担任校外辅导教师，将气象科普画廊展览办进校园。第三，学习生活中的地理知识。引导学生正确了解当地气象谚语及大自然的物候变化，并通过“记自然日记”这项气象科技活动，尝试预报天气变化，服务生活。

本文总结得出：地理新课程背景下课程资源的开发利用，既要重视教材建设，充分发挥教材在教学中的重要作用，又要合理构建教材以外的课程资源，让学生学习更多对生活有用的地理知识。

《开封教育学院学报》2008 年第 1 期

浅谈地理课程资源的开发策略

戴海蓉

地理课程资源是指有利于地理课程目标达成的所有因素与条件的总和。对地理课程资源进行有效的开发，才能提高地理课程教学质量。作者结合自身的地理教学实践，提出了几点地理课程资源的开发策略。

第一，教科书资源的开发与利用，要紧扣课标，联系实际。教师应该在认真学习课程标准的基础上，理解与把握高中地理新课程的基本理念，并通过集体备课，选择最核心的知识和最重要的能力要求。第二，地理实验资源的开发与利用，要转变观念，巧妙设计。研究型课程可以通过发现问题、确定课题、设计方案、展示研究和交流成果的过程来实施，可以采取实地调查、地理实验等方法实施。第三，地理图册资源的开发与利用，要捕捉信息，优化组合。

《现代教学》2008 年第 6 期

中学地理课程资源的开发与利用初探

徐　艳　周申立　王兴贵

文章从开发与利用中学地理课程资源的意义入手，简析了中学地理课程资源开发与利用的重要性。从构建地理课程资源的物质和人力两个方面进行分析，提出了怎样建设中学地理课程物质资源库，并对怎样进行中学地理课程物质资源和人力资源开发与利用作了充分的阐述。

本文首先阐述了地理课程资源开发与利用的意义，主要体现在：有利于各地各学校形成地理教育特色；地理课程目标全面达成的重要保障；改革传统地理教学的重要前提；促进学生全面发展的重要基础；有效调动社会各界对地理教育的关注。

作者将地理课程资源按内容分为“地理课程物质资源”和“地理课程人力资源”，分别提出开发与利用的策略。地理课程物质资源的开发与利用，主要从学校和地方两个方面来考虑：学校地理课程资源方面，作者提出分门别类地建立学校地理课程资源档案，逐步形成学校地理课程资源库，并通过调动教师和学生对其开发、利用；地方地理课程资源方面，作者根据存在的形式和性质，将其分为自然地理课程资源、人文地理课程资源、社区地理课程资源和家庭地理课程资源四类，分别提出开发与利用的策略。作者认为人力资源是课程资源中最具活力也最具变数的组成，往往对地理课程资源的开发起到主导甚至是主宰的作用。本文从学生、教师及师生互动三个方面分别提出了地理课程人力资源开发与利用的具体策略。

《成都大学学报（教育科学版）》2008 年第 2 期

校外地理课程资源集萃

我国校外地理资源丰富多样，包括各地的青少年活动中心、地理教育基地、图书馆、科技馆、气象台、天文馆、博物馆、陈列馆、展览馆和主题公园、科研单位、大专院校、政府部门、区域自然环境、人文景观、广播、电视、报刊、网络等。

组织学生走进大自然，参与社会实践，开展参观、调查、考察、旅行等活动，邀请有关人员演讲、座谈，拓展学生的地理视野，激发学生探究地理问题的兴趣，是 2008 年我国广大中小学地理教育教学开展的一项常规工作。

下面将中国的部分“世界遗产”、历史文化名城、重点风景名胜、5A 级旅游景区、国家自然保护区、国家森林公园、国家地质公园、国家湿地公园的名称作了部分列举，以便广大读者熟悉查阅。

中国的“世界遗产”

世界文化遗产

1. 周口店北京人遗址　批准日期：1987.12

周口店北京人遗址位于北京市房山区周口店龙骨山。因 20 世纪 20 年代出土了较为完整的北京猿人化石而闻名于世，尤其是 1929 年发现了第一具北京人头盖骨，从而为北京人的存在提供了坚实的基础，成为古人类研究史上的里程碑。到目前为止，出土的人类化石包括 6 件头盖骨、15 件下颌骨、157 枚牙齿及大量骨骼碎块，代表约 40 个北京猿人个体。为研究人类早期的生物学演化及早期文化的发展提供了实物依据。

根据对文化沉积物的研究，北京人生活在距今 70 万年至 20 万年之间。北京人的平均脑量达 1 088 毫升（现代人脑量为1 400 毫升），据推算北京人身高为 156 厘米（男），150 厘米（女）。北京人属旧石器时代，加工石器的方法主要为锤击法，其次为砸击法，偶见砧击法。北京人还是最早使用火的古人类，并能捕猎大型动物。北京人寿命较短，据统计，68.2%死于14岁前，超过50岁的不足4.5%。

在龙骨山顶部于1930年发掘出生活于2万年前后的古人类化石，并命名为“山顶洞人”。1973年又发现介于二者年代之间的“新洞人”，表明北京人的延续和发展。

2. 长城　批准日期：1987.12

中国的长城是人类文明史上最伟大的建筑工程，它始建于2 000多年前的春秋战国时期，秦朝统一中国之后连成万里长城。汉、明两代又曾大规模修筑。其工程之浩繁，气势之雄伟，堪称世界奇迹。岁月流逝，物是人非，如今当您登上昔日长城的遗址，不仅能目睹逶迤于群山峻岭之中的长城雄姿，还能领略到中华民族创造历史的大智大勇。

2002年11月中国唯一的水上长城辽宁九门口长城通过联合国教科文组织的验收，作为长城的一部分正式挂牌成为世界文化遗产。

3. 明清皇宫

北京故宫（北京）批准日期：1987.12

又称紫禁城，位于北京市区中心，为明、清两代的皇宫，有24位皇帝相继在此登基执政。始建于1406年，至今已近600年。故宫是世界上现存规模最大、最完整的古代木构建筑群，占地72万平方米，建筑面积约15万平方米，拥有殿宇9 000多间，其中太和殿（又称金銮殿），是皇帝举行即位、诞辰、节日庆典和出兵征伐等大典的地方。故宫黄瓦红墙，金扉朱楹，白玉雕栏，宫阙重叠，巍峨壮观，是中国古建筑的精华。宫内现收藏珍贵历代文物和艺术品约100万件。

沈阳故宫（辽宁）批准日期：2004.7

2004年7月，沈阳故宫作为明清皇宫文化遗产扩展项目列入《世界遗产名录》。

4. 北京天坛　批准日期：1998.11

天坛位于北京的南端，是明清两代皇帝每年祭天和祈祷五谷丰收的地方。它严谨的建筑布局，奇特的建筑结构，瑰丽的建筑装饰，被认为是我国现存的一组最精致，最美丽的古建筑群，在世界上享有极大的声誉。

天坛建于明永乐十八年（1420年），与故宫同时修建，面积约270万平方米，分为内坛和外坛两部分，主要建筑物都在内坛。南有圆丘坛，皇穹宇，北有祈年殿，皇乾殿，由一座高2米半，宽28米，长360米的甬道，把这两组建筑连接起来。天坛的总体设计，从它的建筑布局到每一个细部处理，都强调了“天”。

它那300多米长的高出地面的甬道，人们登临其上，环顾四周，首先看到的是那广阔的天空和那象征天的祈年殿，一种与天相接的感觉就油然而生。这条甬道又叫海漫大道，这是因为古人认为到天坛去拜天等于上天，而由人间到天上去的路途非常遥远、漫长。

5. 北京颐和园　批准日期：1998.11

北京西郊的西山脚下海淀一带，泉泽遍野，群峰叠翠，水光山色，风景如画。从公元11世纪起，这里就开始营建皇家园林，到800年后清朝结束时，园林总面积达到了1 000多公顷，如此大面积的皇家园林世所罕见。

6. 河北承德避暑山庄及周围寺庙　批准日期：1994.12

避暑山庄又名承德离宫或热河行宫，位于河北省承德市中心北部，是清代皇帝夏天避暑和处理政务的场所。避暑山庄位于承德市中心区以北，武烈河西岸一带狭长的谷地上，距离北京230千米。它始建于1703年，历经清朝三代皇帝：康熙、雍正、乾隆，耗时约90年建成。与北京紫禁城相比，避暑山庄以朴素淡雅的山村野趣为格调，取自然山水之本色，吸收江南塞北之风光，成为中国现存占地最大的古代帝王宫苑。

7. 山西平遥古城　批准日期：1997.12

平遥古城位于山西省中部，是一座具有2 700多年历史的文化名城。古城始建于公元前827年—前782年间的周宣王时期，为西周大将尹吉甫驻军于此而建。自公元前221年，秦朝实行“郡县制”以来，平遥城一直是县治所在地，延续至今。平遥古城历尽沧桑、几经变迁，成为国内现存最完整的一座明清时期中国古代县城的原型。迄今为止，古城的城墙、街道、民居、店铺、庙宇等建筑仍然基本完好，原来的形式和格局大体未动，它们同属平遥古城现存历史文物的有机组成部分。

8. 云冈石窟　批准日期：2001.12

位于山西省大同市的云冈石窟，有窟龛252个，造像51 000余尊，代表了公元5世纪至6世纪时中国杰出的佛教石窟艺术。其中的昙曜五窟，布局设计严谨统一，是中国佛教艺术第一个巅峰时期的经典杰作。

9. 吉林高句丽王城、王陵及贵族墓葬　批准日期：2004.7.1

2004年7月1日，在中国苏州召开的第28届世界遗产委员会会议传来消息，主体坐落于吉林省集安市的“中国高句丽王城、王陵及贵族墓葬”申报世界文化遗产成功，我国的世界遗产名录增加到30个。该处入选理由是：建筑技艺精湛，堪称同时代工艺的典范；艺术成就突出，特别是墓葬中的壁画，体现了高超的艺术水准；文明内涵富有特色，众多珍贵文物都反映了高句丽时期独具特色的文明。高句丽是我国历史上一个少数民族地方政权，存续于汉唐期间，前后历经约 705 年，创造了灿烂的古代文明，在吉林、辽宁等地留下了丰富的历史遗迹和文物。

10. 苏州古典园林　批准日期：1997.12

苏州是著名的历史文化名城和国家重点风景旅游城市，物华天宝，人杰地灵，自古以来被人们誉为“园林之城”，其盛名享誉海内外。苏州古典园林历史绵延 2 000 余年，在世界造园史上有其独特的历史地位和价值，它以写意山水的高超艺术手法，蕴涵浓厚的传统思想文化，展示东方文明的造园艺术典范。实为中华民族的艺术瑰宝。

2000 年 11 月苏州艺圃、藕园、沧浪亭、狮子林和退思园 5 座园林作为苏州古典园林的扩展项目被批准列入《世界遗产名录》。

11. 皖南古村落：西递、宏村　批准日期：2000.11

西递：西递是黄山市最具代表性的古民居旅游景点，坐落于黄山南麓。据史料记载，西递始祖为唐昭宗李晔之子，因遭变乱，逃匿民间，改为胡姓，繁衍生息，形成聚居村落。故自古文风昌盛，到明清年间，一部分读书人弃儒从贾，他们经商成功，大兴土木，建房、修祠、铺路、架桥，将故里建设得非常舒适、气派、堂皇。历经数百年社会的动荡，风雨的侵袭，虽半数以上的古民居、祠堂、书院、牌坊已毁，但仍保留下数百幢古民居，从整体上保留下明清村落的基本面貌和特征。

宏村：宏村位于黟县城西北角。村内鳞次栉比的层楼叠院与旖旎的湖光山色交相辉映，动静相宜，空灵蕴藉，处处是景，步步入画。从村外自然环境到村内的水系、街道、建筑，甚至室内布置都完整地保存着古村落的原始状态，没有丝毫现代文明的迹象。造型独特并拥有绝妙田园风光的宏村被誉为“中国画里乡村”。

12. 福建土楼　批准日期：2008.7.7

福建永定土楼位于龙岩地区，是世界上独一无二神奇的山区民居建筑，是中国古建筑的一朵奇葩。它历史悠久、风格独特，规模宏大、结构精巧。土楼分方形和圆形两种。“福建土楼”造型独特，规模宏大，结构奇巧。土楼文化植根于东方血缘伦理关系，是聚族而居传统文化的历史见证，体现了世界上独一无二的大型生土夯筑的建筑艺术成就，具有“普遍而杰出的价值”。

13. 山东曲阜的孔庙、孔府及孔林　批准日期：1994.12

曲阜孔庙、孔府、孔林位于山东省曲阜市，是中国历代纪念孔子，推崇儒学的表征，以丰厚的文化积淀、悠久历史、宏大规模、丰富文物珍藏，以及科学艺术价值而著称。

14. 河南洛阳龙门石窟　批准日期：2000.11

河南洛阳龙门石窟位于洛阳市东南，分布于伊水两岸的崖壁上，南北长达1 000米。龙门石窟始凿于北魏年间，先后营造400多年。现存窟龛2 300多个，雕像10万余尊，是我国古代雕刻艺术的典范。

15. 中国安阳殷墟　批准日期：2006.7.13

中国安阳商代遗址又名殷墟，占地约24平方千米，位于河南省安阳市区西北小屯村一带，距今已有3 300多年历史。殷墟是闻名中外的中国商代晚期都城遗址，是中国历史上有文献可考、并为甲骨文和考古发掘所证实的最早的古代都城遗址。

16. 湖北武当山古建筑群　批准日期：1994.12

武当山，雄峰峻岭，标奇蕴秀，耸立于中国西部山区城市十堰市境内，东经110°、北纬32°附近。景区“绵亘八百里”。在古代，武当山以“亘古无双胜境，天下第一仙山”的显赫地位成为千百年来人们顶礼膜拜的“神峰宝地”；在当代，国务院称誉武当山古建筑群与自然环境巧妙结合，达到了“仙山琼阁”的意境，成为我国著名的游览胜地和宗教活动场所。

17. 明清皇家陵寝

明显陵（湖北钟祥市）、清东陵（河北遵化市）、清西陵（河北易县）批准日期：2000.11

明孝陵（江苏）、十三陵（北京）批准日期：2003.7

盛京三陵（辽宁）批准日期：2004.7

明显陵：位于湖北省钟祥市城东7.5千米纯德山，是明世宗嘉靖皇帝的父亲恭睿皇帝和母亲章圣皇太后的合葬墓，始建于明正德十四年（公元1519年），园陵面积1.83平方千米，是我国中南地区唯一的一座明代帝王陵墓，是我国明代帝陵中最大的单体陵墓。其“一陵两冢”的陵寝结构，为历代帝王陵墓中绝无仅有。

清东陵：位于河北省遵化市西北30千米处的马兰峪，介于京津、唐山、承德之中。西距北京150千米，南距唐山100千米，北距承德100千米。陵园大小建筑580座。清东陵是葬有顺治、康熙、乾隆、咸丰和同治五个清朝皇帝，再加上孝庄、慈禧和香妃161人的大陵园。清东陵堪称是清朝遗留的中国文化瑰宝。

清西陵：位于河北省易县城西15千米的永宁山下，在北京西南方120千米，是清代帝王陵寝之一，与河北省遵化县东陵东西相对而称西陵。这里埋葬着雍正、嘉庆、道光、光绪四位皇帝及他们的后妃、王爷、公主、阿哥76人。共有陵寝14座，还配属建筑行宫、永福寺。这里风景秀丽，环境幽雅，规模宏大，体系完整，是一处典型的清代古建筑群。

2003 年 7 月北京市的十三陵和江苏省南京市的明孝陵作为明清皇家陵寝的一部分收入《世界遗产名录》。

2004 年 7 月，盛京三陵作为明清皇家陵寝扩展项目列入《世界遗产名录》。

18. 开平碉楼与古村落　批准日期：2007.6.28

开平碉楼位于广东省开平市，是中国乡土建筑的一个特殊类型，是一种集防卫、居住和中西建筑艺术于一体的多层塔楼式建筑。根据现存实证，开平碉楼最迟在明代后期（16 世纪）已经产生，到 19 世纪末 20 世纪初发展成为表现中国华侨历史、社会形态与文化传统的一种独具特色的群体建筑形象。

19. 重庆大足石刻　批准日期：1999.12

大足石刻是大足县境内主要表现为摩崖造像的石窟艺术的总称。大足县是重庆市所辖郊县，始建于唐乾元元年（公元 758 年），以“大丰大足”而得名，是驰名中外的“石刻之乡”“五金之乡”，全国首批甲级开放县，国家确定的长江三峡旅游县的起点，全国生态农业先进县，重庆市对外开放的重要窗口。大足县历史悠久，人文景观、旅游资源非常丰富。县境内石刻造像星罗棋布，公布为文物保护单位的摩崖造像多达 75 处，雕像 5 万余身，铭文 10 万余字。

大足石刻规模宏大，刻艺精湛，内容丰富，具有鲜明的民族特色，具有很高的历史、科学和艺术价值，在我国古代石窟艺术史上占有举足轻重的地位，被国内外誉为神奇的东方艺术明珠、天才的艺术，是一座独具特色的世界文化遗产的宝库

20. 四川青城山和都江堰　批准日期：2000.11

青城山，位于四川成都的都江堰风景区，是中国著名的道教名山。山内古木参天，群峰环抱，四季如春，故名青城山。青城山分青城前山和青城后山。前山景色优美，文物古迹众多；后山自然景物原始而华美，如世外桃源，绮丽而又神秘。

都江堰位于四川成都平原西部的岷江上，建于公元前三世纪，是中国战国时期秦国蜀郡太守李冰及其儿子率众修建的一座大型水利工程，是全世界至今为止，年代最久、唯一留存、以无坝引水为特征的宏大水利工程。2 200 多年来一直发挥巨大效益。李冰治水，功在当代，利在千秋，不愧为文明世界的伟大杰作，造福人民的伟大水利工程。

21. 云南丽江古城　批准日期：1997.12

丽江古城是云南省丽江纳西族自治县的中心城镇，位于云南

省西北部，地理坐标为东经 100°14′，北纬 26°52′。古城位于县境的中部，海拔 2 400 余米，是一座风景秀丽，历史悠久、文化灿烂的名城，也是中国罕见的保存相当完好的少数民族古城。

22. 西藏布达拉宫（大昭寺、罗布林卡） 批准日期：1994.12

在拉萨西北的玛布日山上，是著名的宫堡式建筑群，藏族古建筑艺术的精华。

始建于公元 7 世纪，是藏王松赞干布为远嫁西藏的唐朝文成公主而建。现占地 41 公顷，宫体主楼 13 层，高 115 米，全部为石木结构，5 座宫顶覆盖镏金铜瓦，金光灿烂，气势雄伟。布达拉宫分为两大部分：红宫和白宫。居中央的是红宫，主要用于宗教事务；两翼刷白粉的是白宫，是达赖喇嘛生活起居和政治活动的场所。根据世界文化遗产遴选标准，布达拉宫于 1994 年 12 月入选《世界遗产名录》。2000 年 11 月又加入了拉萨的大昭寺。2001 年 12 月，拉萨的罗布林卡也被补充加入此项世界文化遗产。

23. 陕西秦始皇陵兵马俑 批准日期：1987.12

位于陕西临潼县城东 5 000 米，距西安 36 千米，是秦始皇嬴政的皇陵。陵区分陵园区和从葬区两部分。陵园占地近 8 平方千米，建外、内城两重，封土呈四方锥形，顶部略平，高 55 米，不仅是中国历史上第一座皇帝陵，也是最大的皇帝陵。

1974 年以来，在陵园东 1 500 处发现从葬兵马俑坑三处，出土陶俑 8 000 件、战车百乘以及数万件实物兵器等文物；1980 年又在陵园西侧出土青铜铸大型车马两乘。引起全世界的震惊和关注，被誉为“世界第八奇迹”。现已在一、二、三号坑成立了秦始皇陵兵马俑博物馆，对外开放。

24. 甘肃敦煌莫高窟 批准日期：1987.12

俗称千佛洞。位于甘肃敦煌市东南 25 千米的鸣沙山东麓崖壁上，上下五层，南北长约 1 600 米。始凿于 366 年，后经十六国至元十几个朝代的开凿，形成一座内容丰富、规模宏大的石窟群。现存洞窟 492 个，壁画 45 000 平方米，彩塑 2 400 余身，飞天 4 000 余身，唐宋木结构建筑 5 座，莲花柱石和铺地花砖数千块，是一处由建筑、绘画、雕塑组成的博大精深的综合艺术殿堂，是世界上现存规模最宏大、保存最完好的佛教艺术宝库，被誉为“东方艺术明珠”。20 世纪初又发现了藏经洞（莫高窟第 17 洞），洞内藏有从 4～10 世纪的写经、文书和文物五六万件。引起国内外学者极大的注意，形成了著名的敦煌学。

25. 澳门历史城区 批准日期：2005

“澳门历史城区”是联结相邻的众多广场空间及 20 多处历史

建筑，以旧城区为核心的历史街区。覆盖范围包括妈阁庙前地、亚婆井前地、岗顶前地、议事亭前地、大堂前地、板樟堂前地、耶稣会纪念广场、白鸽巢前地等多个广场空间，以及妈阁庙、港务局大楼、郑家大屋、圣老楞佐教堂、圣若瑟修院及圣堂、岗顶剧院、何东图书馆、圣奥斯定教堂、民政总署大楼、三街会馆（关帝庙）、仁慈堂大楼、大堂（主教座堂）、卢家大屋、玫瑰堂、大三巴牌坊、哪吒庙、旧城墙遗址、大炮台、圣安多尼教堂、东方基金会会址、基督教坟场、东望洋炮台（含东望洋灯塔及圣母雪地殿圣堂）等历史建筑。

世界自然遗产

1. 江西三清山　批准日期：2008.7.8

三清山位于江西上饶东北部，古有“天下无双福地”“江南第一仙峰”之称，因玉京、玉虚、玉华三座山峰高耸入云，宛如道教玉清、上清、太清三个最高境界而得名。三清山东险西奇、北秀南绝，四季景色绮丽秀美，三清山有着其独特花岗岩石柱与山峰，丰富的花岗岩造型石与多种植被、远近变化的景观及震撼人心的气候奇观相结合，创造了世界上独一无二的景观美学效果，呈现了引人入胜的自然美。景区边界合理，有效地保护了景观的自然性和维护景观品质所必需区域。

2. 湖南武陵源国家级名胜区　批准日期：1992.12

武陵源风景名胜区位于湖南省张家界市。总面积 264 平方千米，由张家界国家森林公园、索溪峪和天子山等三大景区组成。主要景观为石英砂岩峰林地貌，境内共有 3 103 座奇峰，姿态万千，蔚为壮观。加之沟壑纵横，溪涧密布，森林茂密，人迹罕至，森林覆盖率 85%，植被覆盖率 99%，中、高等植物 3 000 余种，乔木树种 700 余种，可供观赏园林花卉多达 450 种。陆生脊椎动物 50 科 116 种。区内地下溶洞串珠贯玉，已开发的黄龙洞初探长度达 11 千米。武陵源以奇峰、怪石、幽谷、秀水、溶洞“五绝”而闻名于世。

3. 四川黄龙国家级名胜区　批准日期：1992.12

黄龙风景名胜区位于四川省阿坝藏族羌族自治州松潘县境内，面积 700 平方千米。主要景观集中于长约 3.6 千米的黄龙沟，沟内遍布碳酸钙沉积，并呈梯田状排列，仿佛是一条金色巨龙，并伴有雪山、瀑布、原始森林、峡谷等景观。黄龙风景名胜区既以独特的岩溶景观著称于世，也以丰富的动植物资源享誉人间。从黄龙沟底部（海拔 2 000 米）到山顶（海拔 3 800 米）依次出现亚热带常绿与落叶阔叶混交林、针叶阔叶混交林、亚高山针叶林、高山灌丛草甸等。包括大熊猫、金丝猴在内的10余种珍贵动物徜徉其间，使黄龙景区的特殊岩溶地貌与珍稀动植物资源相互交织，浑然天成。以其雄、峻、奇、野风景特色，享有“世界奇观”“人间瑶池”的美誉。

4. 四川九寨沟国家级名胜区　批准日期：1992.12

以“童话世界”　“人间仙境”而著称的九寨沟位于东经103°46′～104°4′，北纬32°51′～33°19′，在四川省西北部阿坝州九寨沟县境内，地处青藏高原东南边缘的尕尔纳山峰北麓，海拔在2 000米至3 000米之间，距四川省省会成都市435千米。

5. 云南“三江并流”自然景观　批准日期：2003.7

“三江并流”自然景观位于中国西南部云南省青藏高原南部横断山脉的纵谷地区，由怒江、澜沧江、金沙江及其流域内的山脉组成，整个区域面积达4.1万平方千米。它地处东亚、南亚和青藏高原三大地理区域的交会处，是世界上罕见的高山地貌及反映其演化的代表地区，也是世界上生物物种最为丰富的地区之一。该地区跨越丽江地区、迪庆藏族自治州、怒江傈僳族自治州三个地州，区内汇集了高山峡谷、雪峰冰川、高原湿地、森林草甸、淡水湖泊、稀有动物、珍贵植物等奇异景观。

6. 四川大熊猫栖息地　批准日期：2006.7.12

四川大熊猫栖息地世界自然遗产包括卧龙、四姑娘山、夹金山脉，面积9 245平方千米，涵盖成都、阿坝、雅安、甘孜4个市及其12个县。这里生活着全世界30%以上的野生大熊猫，是全球最大最完整的大熊猫栖息地，也是全球除热带雨林以外植物种类最丰富的区域之一。它曾被自然保护国际组织选定为全球25个生物多样性热点之一，被全球环境保护组织确定为全球200个生态区之一。

7. 中国南方喀斯特　批准日期：2007.6.27

由云南石林的剑状、柱状和塔状喀斯特、贵州荔波的森林喀斯特、重庆武隆的以天生桥、地缝、天洞为代表的立体喀斯特共同组成，形成于50万年至3亿年间，总面积达1 460平方千米，其中核心区面积480平方千米，缓冲区面积980平方千米。

世界文化与自然双重遗产

1. 安徽黄山　批准日期：1990.12

黄山雄踞风景秀丽的安徽南部，是我国最著名的山岳风景区之一。山体伟特，玲珑巧石，万姿千态。主峰莲花峰海拔1 860

米。黄山美在奇松、怪石、云海、温泉“四绝”。自古以来，历游名山者多以为黄山之美不亚于五岳。“五岳归来不看山，黄山归来不看岳”，“任他五岳归来客，一见天都也叫奇”。历代游客盛赞“天下名景集黄山”，谓泰岱的雄伟，华山的峻峭，衡岳的烟云，匡庐的飞瀑，雁荡的怪石，峨眉的清凉，黄山兼而有之。黄山胜景，以峰为体。这里峰林如海，辟地摩天，危崖突兀，幽壑纵横，美不胜收。

2. 山东泰山　批准日期：1987.12

泰山，古名岱山，又称岱宗。自然景观雄伟绝奇，有数千年精神文化的渗透渲染和人文景观的烘托，被誉为中华民族精神文化的缩影。1987 年，被联合国教科文组织公布为世界自然与文化遗产。

世界遗产专家在泰山考察时发现，泰山既有突出普遍的自然科学价值，又有突出普遍的美学和历史文化价值，是一座融自然科学与历史文化价值于一体的神奇大山。

3. 福建省武夷山　批准日期：1999.12

武夷山市位于福建省北部，属中亚热带地区。境内东、西、北部群山环抱，峰峦叠嶂，中南部较平坦，为山地丘陵区。市区海拔 210 米。地貌层次分明，呈梯状分布。地势由西北向东南倾斜，最高处黄岗山海拔 2 158 米，在我国大陆称为“华东屋脊”，最低处兴田镇，海拔 165 米（河床标高海拔 160 米）。垂直高差 1 993米，地势高低起伏之大，为全省之最。闻名中外的武夷山风景名胜区及武夷山自然保护区主要部分位于境内，使武夷山市自然条件具备诸多特异性。

4. 四川峨眉山风景名胜区　批准日期：1996.12

峨眉山，位于中国四川省峨眉山市境内，景区面积 154 平方千米，最高峰万佛顶海拔 3099 米，是著名的旅游胜地和佛教名山；是一个集自然风光与佛教文化为一体的中国国家级山岳型风景名胜区。

世界文化景观

江西庐山风景名胜区　批准日期：1996.12

庐山位于中国第一大河长江中游南岸、中国第一大淡水湖鄱阳湖滨，是座地垒式断块山。大山、大江、大湖浑然一体，险峻与柔丽相济，素以“雄、奇、险、秀”闻名于世。富有独特的庐山文化，具有重要的科学价值与美学价值。庐山风景名胜区面积 302 平方千米，外围保护地带 500 平方千米。庐山有独特的第四纪冰川遗迹，有河流、湖泊、坡地、山峰等多种地貌类型，有地质公园之称。

中国的人类口述和非物质文化遗产代表作

1. 昆曲　批准日期：2001.5
2. 古琴　批准日期：2003.11
3. 新疆维吾尔木卡姆艺术　批准日期：2005.11
4. 蒙古族长调民歌　批准日期：2005.11

历史文化名城及其区域分布

我国是一个历史悠久的文明古国，许多历史文化名城是我国古代政治、经济、文化的中心，或者是近代革命运动和发生重大历史事件的重要城市。在这些历史文化名城的地面和地下，保存了大量历史文物与革命文物，体现了中华民族的悠久历史、光荣的革命传统与光辉灿烂的文化。做好这些历史文化名城的保护和管理工作，对建设社会主义精神文明和发展我国的旅游事业都起着重要的作用。

中国历史文化名城由国务院审批。1982 年国务院公布了 24 座城市为我国第一批历史文化名城，1986 年和 1994 年又相继公布了第二批 38 座城市、第三批 37 座城市及 10 座增补城市为历史文化名城。因此，截至目前，国务院已将 109 座城市列为中国历史文化名城，并对它们进行了重点保护。这些城市，有的曾被各朝帝王选作都城，有的曾是当时的政治、经济重镇，有的曾是重大历史事件的发生地，有的因拥有珍贵的文物遗迹而享有盛名，有的则因出产精美的工艺品而著称于世。这些名城，是我国历史的缩影，也是中华民族灿烂文化的橱窗，成为我国重要的旅游城市。

第一批历史文化名城

1982 年公布，24 个

北京、承德、大同、南京、苏州、扬州、杭州、绍兴、泉州、景德镇、曲阜、洛阳、开封、江陵、长沙、广州、桂林、成都、遵义、昆明、大理、拉萨、西安、延安。

第二批历史文化名城

1986 年公布，38 个

上海、天津、沈阳、武汉、南昌、重庆、保定、平遥、呼和浩特、镇江、常熟、徐州、淮安、宁波、歙县、寿县、亳州、福州、漳州、济南、安阳、南阳、商丘、襄樊、潮州、阆中、宜宾、自贡、镇远、丽江、日喀则、韩城、榆林、武威、张掖、敦煌、银川、喀什。

第三批历史文化名城

1994 年公布，37 个

正定、邯郸、新绛、代县、祁县、哈尔滨、吉林、集安、衢州、临海、长汀、赣州、青岛、聊城、邹城、临淄、郑州、浚县、随州、钟祥、岳阳、肇庆、佛山、梅州、海康、柳州、琼山、乐山、都江堰、泸州、建水、巍山、江孜、咸阳、汉中、天水、同仁。

增补中国历史文化名城

10 处（2001～2007）

山海关区（秦皇岛）、凤凰县、濮阳、安庆、泰安、海口、金华、绩溪、吐鲁番、特克斯。

这 109 座历史文化名城按行政区域分布如下：

直辖市：北京、天津、上海、重庆

河　北：保定市、承德市、正定县、邯郸市、山海关区（秦皇岛）

山　西：平遥县、大同市、新绛县、代县、祁县

内蒙古：呼和浩特市

黑龙江：哈尔滨市

吉　林：吉林市、集安市

辽　宁：沈阳市

江　苏：南京市、徐州市、淮安市、镇江市、常熟市、苏州市、扬州市

浙　江：杭州市、绍兴市、宁波市、衢州市、临海市、金华

福　建：福州市、泉州市、漳州市、长汀县

江　西：南昌市、赣州市、景德镇市

安　徽：亳州市、歙县、寿县、绩溪、安庆

山　东：济南市、曲阜市、青岛市、聊城市、邹城市、淄博市、泰安

河　南：郑州市、洛阳市、开封市、安阳市、南阳市、商丘市、浚县、濮阳

湖　北：武汉市、荆州市、襄樊市、随州市、钟祥市

湖　南：长沙市、岳阳市、凤凰县

广　东：广州市、潮州市、肇庆市、佛山市、梅州市、雷州市

广　西：桂林市、柳州市

海　南：琼山市、海口市

四　川：成都市、自贡市、宜宾市、阆中市、乐山市、都江堰市、泸州市

云　南：昆明市、大理市、丽江县、建水县、巍山县

贵　州：遵义市、镇远县

西　藏：拉萨市、日喀则市、江孜县

陕　西：西安市、延安市、韩城市、榆林市、咸阳市、汉中市

甘　肃：张掖市、武威市、敦煌市、天水市

青　海：同仁县

宁　夏：银川市

新　疆：喀什市、吐鲁番市、特克斯

国家重点风景名胜区

第一批国家重点风景名胜区

（1982 年 11 月 8 日公布）

北京八达岭-十三陵风景名胜区

河北承德避暑山庄外八庙风景名胜区

河北秦皇岛北戴河风景名胜区

山西五台山风景名胜区

山西恒山风景名胜区

辽宁鞍山千山风景名胜区

黑龙江镜泊湖风景名胜区

黑龙江五大连池风景名胜区

江苏南京钟山风景名胜区

江苏太湖风景名胜区

浙江杭州西湖风景名胜区

浙江富春江-新安江风景名胜区

浙江雁荡山风景名胜区

浙江普陀山风景名胜区

安徽黄山风景名胜区

安徽九华山风景名胜区

安徽天柱山风景名胜区

福建武夷山风景名胜区

江西庐山风景名胜区

江西井冈山风景名胜区
山东泰山风景名胜区
山东青岛崂山风景名胜区
河南嵩山风景名胜区
河南洛阳龙门风景名胜区
河南鸡公山风景名胜区
湖北武汉东湖风景名胜区
湖北武当山风景名胜区
湖南衡山风景名胜区
广东肇庆星湖风景名胜区
广西桂林漓江风景名胜区
长江三峡风景名胜区
重庆缙云山风景名胜区
四川峨眉山风景名胜区
四川黄龙寺-九寨沟风景名胜区
四川青城山-都江堰风景名胜区
四川剑门蜀道风景名胜区
贵州黄果树风景名胜区
云南路南石林风景名胜区
云南大理风景名胜区
云南西双版纳风景名胜区
陕西华山风景名胜区
陕西临潼骊山风景名胜区
甘肃麦积山风景名胜区
新疆天山天池风景名胜区

第二批国家重点风景名胜区

（1988 年 8 月 1 日公布）

河北野三坡风景名胜区
河北苍岩山风景名胜区
山西黄河壶口瀑布风景名胜区
辽宁兴城海滨风景名胜区
辽宁大连金石滩风景名胜区
辽宁大连海滨-旅顺口风景名胜区
辽宁鸭绿江风景名胜区
吉林“八大部”-净月潭风景名胜区
吉林松花湖风景名胜区

江苏云台山风景名胜区
江苏蜀岗瘦西湖风景名胜区
浙江天台山风景名胜区
浙江嵊泗列岛风景名胜区
浙江楠溪江风景名胜区
安徽琅琊山风景名胜区
福建清源山风景名胜区
福建鼓浪屿-万石山风景名胜区
福建太姥山风景名胜区
江西三清山风景名胜区
江西龙虎山风景名胜区
山东胶东半岛海滨风景名胜区
湖北大洪山风景名胜区
湖南武陵源风景名胜区
湖南岳阳楼洞庭湖风景名胜区
广东西樵山风景名胜区
广东丹霞山风景名胜区
广西桂平西山风景名胜区
广西花山风景名胜区
重庆金佛山风景名胜区
四川贡嘎山风景名胜区
四川蜀南竹海风景名胜区
贵州织金洞风景名胜区
贵州㵲阳河风景名胜区
贵州红枫湖风景名胜区
贵州龙宫风景名胜区
云南昆明滇池风景名胜区
云南三江并流风景名胜区
云南丽江玉龙雪山风景名胜区
西藏雅砻河风景名胜区
宁夏西夏王陵风景名胜区

第三批国家重点风景名胜区

（1994 年 1 月 10 日公布）

天津盘山风景名胜区
河北嶂石岩风景名胜区
山西北武当山风景名胜区

山西五老峰风景名胜区
辽宁凤凰山风景名胜区
辽宁本溪水洞风景名胜区
浙江莫干山风景名胜区
浙江雪窦山风景名胜区
浙江双龙风景名胜区
浙江仙都风景名胜区
安徽齐云山风景名胜区
福建桃源洞-鳞隐石林风景名胜区
福建金湖风景名胜区
福建鸳鸯溪风景名胜区
福建海坛风景名胜区
福建冠豸山风景名胜区
河南王屋山-云台山风景名胜区
湖北九宫山风景名胜区
湖北隆中风景名胜区
湖南韶山风景名胜区
广东荔波樟江风景名胜区
海南三亚热带海滨风景名胜区
四川西岭雪山风景名胜区
四川四姑娘山风景名胜区
贵州赤水风景名胜区
贵州马岭河峡谷风景名胜区
云南腾冲地热火山风景名胜区
云南瑞丽江-大盈江风景名胜区
云南九乡风景名胜区
云南建水风景名胜区
陕西宝鸡天台山风景名胜区
甘肃崆峒山风景名胜区
甘肃鸣沙山-月牙泉风景名胜区
青海青海湖风景名胜区

第四批国家重点风景名胜区

（2002 年 5 月 17 日公布）

北京石花洞风景名胜区
河北西柏坡-天桂山风景名胜区
河北崆山白云洞风景名胜区

内蒙古扎兰屯风景名胜区
辽宁青山沟风景名胜区
辽宁医巫闾山风景名胜区
吉林仙景台风景名胜区
吉林防川风景名胜区
浙江江郎山风景名胜区
浙江仙居风景名胜区
浙江浣江-五泄风景名胜区
安徽采石风景名胜区
安徽巢湖风景名胜区
安徽花山谜窟-渐江风景名胜区
福建鼓山风景名胜区
福建玉华洞风景名胜区
江西仙女湖风景名胜区
江西三百山风景名胜区
山东博山风景名胜区
山东青州风景名胜区
河南石人山风景名胜区
湖北陆山风景名胜区
湖南岳麓山风景名胜区
湖南崀山风景名胜区
广东白云山风景名胜区
广东惠州西湖风景名胜区
重庆芙蓉江风景名胜区
四川石海洞乡风景名胜区
四川邛海-螺髻山风景名胜区
陕西黄帝陵风景名胜区
新疆库木塔格沙漠风景名胜区
新疆博斯腾湖风景名胜区

第五批国家重点风景名胜区

（2004 年 1 月 13 日公布）

江苏三山风景名胜区
浙江方岩风景名胜区
浙江飞云湖风景名胜区
安徽太极洞风景名胜区
福建十八重溪风景名胜区

福建青云山风景名胜区
江西梅岭-滕王阁风景名胜区
江西龟峰风景名胜区
河南林虑山风景名胜区
湖南猛洞河风景名胜区
湖南桃花源风景名胜区
广东罗浮山风景名胜区
广东湖光岩风景名胜区
重庆天坑地缝风景名胜区
四川白龙湖风景名胜区
四川光雾山-诺水河风景名胜区
四川天台山风景名胜区
四川龙门山风景名胜区
贵州都匀斗篷山-剑江风景名胜区
贵州九洞天风景名胜区
贵州黎平侗乡风景名胜区
云南普者黑风景名胜区
云南阿庐风景名胜区
陕西合阳洽川风景名胜区
新疆赛里木湖风景名胜区

国家 5A 级旅游景区

（中国国家旅游局 2007 年 5 月正式批准）

北京
故宫博物院
天坛公园
颐和园
八达岭长城
天津
天津古文化街旅游区（津门故里）
天津盘山风景名胜区
河北
秦皇岛市山海关景区
保定市安新白洋淀景区
承德避暑山庄及周围寺庙景区
山西
大同市云冈石窟景区

忻州市五台山风景名胜区

辽宁

沈阳市植物园

大连老虎滩海洋公园

吉林

长春市伪满皇宫博物院

长白山景区

黑龙江

哈尔滨市太阳岛公园

上海

上海东方明珠广播电视塔

上海野生动物园

江苏

南京市钟山风景名胜区-中山陵园风景区

中央电视台无锡影视基地三国水浒景区

苏州市拙政园

苏州市周庄古镇景区

浙江

杭州市西湖风景名胜区

温州市雁荡山风景名胜区

舟山市普陀山风景名胜区

安徽

黄山市黄山风景区

池州市九华山风景区

福建

厦门市鼓浪屿风景名胜区

南平市武夷山风景名胜区

江西

九江市庐山风景旅游区

吉安市井冈山风景旅游区

山东

烟台市蓬莱阁旅游区

济宁市曲阜明故城（三孔）旅游区

泰安市泰山景区

河南

登封市嵩山少林景区

洛阳市龙门石窟景区

焦作市云台山风景名胜区

湖南

衡阳市南岳衡山旅游区

张家界武陵源旅游区

湖北

武汉市黄鹤楼公园

宜昌市三峡大坝旅游区

广东

广州市长隆旅游度假区

深圳华侨城旅游度假区

广西

桂林市漓江景区

桂林市乐满地度假世界

海南

三亚市南山文化旅游区

三亚市南山大小洞天旅游区

重庆

重庆大足石刻景区

重庆巫山小三峡-小小三峡景区

四川

成都市青城山-都江堰旅游景区

乐山市峨眉山景区

阿坝藏族羌族自治州九寨沟旅游景区

贵州

安顺市黄果树大瀑布景区

安顺市龙宫景区

云南

昆明市石林风景区

丽江市玉龙雪山景区

陕西

西安市秦始皇兵马俑博物馆

西安市华清池景区

延安市黄帝陵景区

甘肃

嘉峪关市嘉峪关文物景区

平凉市崆峒山风景名胜区

宁夏

石嘴山市沙湖旅游景区

中卫市沙坡头旅游景区

新疆

乌鲁木齐市天山天池风景名胜区

吐鲁番市葡萄沟风景区

阿勒泰地区喀纳斯景区

国家级自然保护区

北京

北京松山国家级自然保护区

北京百花山国家级自然保护区

天津

天津古海岸与湿地国家级自然保护区

天津蓟县中、上元古界地层剖面国家级自然保护区

天津八仙山国家级自然保护区

河北省

河北昌黎黄金海岸国家级自然保护区

河北小五台山国家级自然保护区

河北泥河湾国家级自然保护区

河北大海坨国家级自然保护区

河北雾灵山国家级自然保护区

河北围场红松洼国家级自然保护区

河北衡水湖国家级自然保护区

河北柳江盆地地质遗迹国家级自然保护区

河北塞罕坝国家级自然保护区

河北茅荆坝国家级自然保护区

河北滦河上游国家级自然保护区

山西省

山西阳城莽河猕猴国家级自然保护区

山西芦芽山国家级自然保护区

山西庞泉沟国家级自然保护区

山西历山国家级自然保护区

山西五鹿山国家级自然保护区

内蒙古自治区

内蒙古赛罕乌拉国家级自然保护区

内蒙古达里诺尔国家级自然保护区

内蒙古白音敖包国家级自然保护区
内蒙古黑里河国家级自然保护区
内蒙古大黑山国家级自然保护区
内蒙古大兴安岭汗马国家级自然保护区
内蒙古红花尔基樟子松林国家级自然保护区
内蒙古辉河国家级自然保护区
内蒙古达赉湖国家级自然保护区
内蒙古科尔沁国家级自然保护区
内蒙古图牧吉国家级自然保护区
内蒙古大青沟国家级自然保护区
内蒙古锡林郭勒草原国家级自然保护区
内蒙古鄂尔多斯遗鸥国家级自然保护区
内蒙古西鄂尔多斯国家级自然保护区
内蒙古乌拉特梭梭林-蒙古野驴国家级自然保护区
内蒙古贺兰山国家级自然保护区
内蒙古额济纳胡杨林国家级自然保护区
内蒙古阿鲁科尔沁草原国家级自然保护区
内蒙古哈腾套海国家级自然保护区
内蒙古额尔古纳国家级自然保护区
内蒙古鄂托克恐龙遗迹化石国家级自然保护区
内蒙古大青山国家级自然保护区

辽宁省

辽宁大连斑海豹国家级自然保护区
辽宁成山头海滨地貌国家级自然保护区
辽宁蛇岛-老铁山国家级自然保护区
辽宁仙人洞国家级自然保护区
辽宁桓仁老秃顶子国家级自然保护区
辽宁白石砬子国家级自然保护区
辽宁丹东鸭绿江口滨海湿地国家级自然保护区
辽宁医巫闾山国家级自然保护区
辽宁双台河口国家级自然保护区
辽宁北票鸟化石国家级自然保护区
辽宁努鲁儿虎山国家级自然保护区
辽宁海棠山国家级自然保护区

吉林省

吉林伊通火山群国家级自然保护区
吉林龙湾国家级自然保护区

吉林鸭绿江上游国家级自然保护区
吉林莫莫格国家级自然保护区
吉林向海国家级自然保护区
吉林天佛指山国家级自然保护区
吉林长白山国家级自然保护区
吉林大布苏国家级自然保护区
吉林珲春东北虎国家级自然保护区
吉林查干湖国家级自然保护区
吉林雁鸣湖国家级自然保护区
吉林哈泥国家级自然保护区

黑龙江省

黑龙江扎龙国家级自然保护区
黑龙江兴凯湖国家级自然保护区
黑龙江宝清七星河国家级自然保护区
黑龙江饶河东北黑蜂国家级自然保护区
黑龙江丰林国家级自然保护区
黑龙江凉水国家级自然保护区
黑龙江三江国家级自然保护区
黑龙江洪河国家级自然保护区
黑龙江八岔岛国家级自然保护区
黑龙江挠力河国家级自然保护区
黑龙江牡丹峰国家级自然保护区
黑龙江五大连池国家级自然保护区
黑龙江呼中国家级自然保护区
黑龙江南瓮河国家级自然保护区
黑龙江凤凰山国家级自然保护区
黑龙江乌伊岭国家级自然保护区
黑龙江胜山国家级自然保护区
黑龙江双河国家级自然保护区
黑龙江东方红湿地国家级自然保护区
黑龙江珍宝岛湿地国家级自然保护区
黑龙江红星湿地国家级自然保护区

上海市

上海九段沙湿地国家级自然保护区
上海崇明东滩鸟类国家级自然保护区

江苏省

江苏盐城沿海滩涂珍禽国家级自然保护区

江苏大丰麋鹿国家级自然保护区

江苏泗洪洪泽湖湿地国家级自然保护区

浙江省

浙江清凉峰国家级自然保护区

浙江天目山国家级自然保护区

浙江南麂列岛海洋国家级自然保护区

浙江乌岩岭国家级自然保护区

浙江大盘山国家级自然保护区

浙江古田山国家级自然保护区

浙江凤阳山-百山祖国家级自然保护区

浙江九龙山国家级自然保护区

浙江长兴地质遗迹国家级自然保护区

安徽省

安徽鹞落坪国家级自然保护区

安徽古牛绛国家级自然保护区

安徽扬子鳄国家级自然保护区

安徽金寨天马国家级自然保护区

安徽升金湖国家级自然保护区

安徽铜陵淡水豚国家级自然保护区

福建省

福建厦门珍稀海洋物种国家级自然保护区

福建将乐龙栖山国家级自然保护区

福建天宝岩国家级自然保护区

福建深沪湾海底古森林遗迹国家级自然保护区

福建漳江口红树林国家级自然保护区

福建虎伯寮国家级自然保护区

福建武夷山国家级自然保护区

福建梁野山国家级自然保护区

福建梅花山国家级自然保护区

福建戴云山国家级自然保护区

福建闽江源国家级自然保护区

福建君子峰国家级自然保护区

江西省

江西鄱阳湖南矶湿地国家级自然保护区

江西桃红岭梅花鹿国家级自然保护区

江西九连山国家级自然保护区

江西武夷山国家级自然保护区

江西井冈山国家级自然保护区
江西官山国家级自然保护区
江西马头山国家级自然保护区

山东省

山东马山国家级自然保护区
山东黄河三角洲国家级自然保护区
山东长岛国家级自然保护区
山东山旺古生物化石国家级自然保护区
山东滨州贝壳堤岛与湿地国家级自然保护区
山东荣成大天鹅国家级自然保护区
山东昆嵛山国家级自然保护区

河南省

河南黄河湿地国家级自然保护区
河南豫北黄河故道湿地鸟类国家级自然保护区
河南焦作太行山猕猴国家级自然保护区
河南南阳恐龙蛋化石群国家级自然保护区
河南伏牛山国家级自然保护区
河南宝天曼国家级自然保护区
河南鸡公山国家级自然保护区
河南董寨国家级自然保护区
河南连康山国家级自然保护区
河南小秦岭国家级自然保护区
河南丹江湿地国家级自然保护区

湖北省

湖北青龙山恐龙蛋化石群国家级自然保护区
湖北神农架国家级自然保护区
湖北五峰后河国家级自然保护区
湖北石首麋鹿国家级自然保护区
湖北长江天鹅洲白鱀豚国家级自然保护区
湖北长江新螺段白鱀豚国家级自然保护区
湖北星斗山国家级自然保护区
湖北九宫山国家级自然保护区
湖北七姊妹山国家级自然保护区
湖北洪湖湿地国家级自然保护区

湖南省

湖南炎陵桃源洞国家级自然保护区
湖南东洞庭湖国家级自然保护区

湖南壶瓶山国家级自然保护区
湖南张家界大鲵国家级自然保护区
湖南八大公山国家级自然保护区
湖南莽山国家级自然保护区
湖南永州都庞岭国家级自然保护区
湖南小溪国家级自然保护区
湖南黄桑国家级自然保护区
湖南乌云界国家级自然保护区
湖南鹰嘴界国家级自然保护区
湖南南岳衡山国家级自然保护区
湖南借母溪国家级自然保护区
湖南阳明山国家级自然保护区
湖南八面山国家级自然保护区

广东省

广东南岭国家级自然保护区
广东车八岭国家级自然保护区
广东丹霞山国家级自然保护区
广东内伶仃岛-福田国家级自然保护区
广东珠江口中华白海豚国家级自然保护区
广东湛江红树林国家级自然保护区
广东鼎湖山国家级自然保护区
广东象头山国家级自然保护区
广东惠东港口海龟国家级自然保护区
广东徐闻珊瑚礁国家级自然保护区
广东雷州珍稀水生动物国家级自然保护区

广西壮族自治区

广西大明山国家级自然保护区
广西花坪国家级自然保护区
广西猫儿山国家级自然保护区
广西山口红树林生态国家级自然保护区
广西合浦营盘港-英罗港儒艮国家级自然保护区
广西北仑河口国家级自然保护区
广西防城金花茶国家级自然保护区
广西十万大山国家级自然保护区
广西弄岗国家级自然保护区
广西大瑶山国家级自然保护区
广西木伦国家级自然保护区

广西千家洞国家级自然保护区
广西岑王老山国家级自然保护区
广西九万山国家级自然保护区
广西金钟山黑颈长尾雉国家级自然保护区

海南省

海南三亚珊瑚礁国家级自然保护区
海南东寨港国家级自然保护区
海南铜鼓岭国家级自然保护区
海南大洲岛海洋生态国家级自然保护区
海南大田国家级自然保护区
海南尖峰岭国家级自然保护区
海南五指山国家级自然保护区
海南坝王岭国家级自然保护区
海南吊罗山国家级自然保护区

重庆

重庆缙云山国家级自然保护区
重庆大巴山国家级自然保护区
长江上游珍稀、特有鱼类国家级自然保护区*
重庆金佛山国家级自然保护区

四川省

四川龙溪-虹口国家级自然保护区
四川白水河国家级自然保护区
四川攀枝花苏铁国家级自然保护区
四川画稿溪国家级自然保护区
四川王朗国家级自然保护区
四川唐家河国家级自然保护区
四川马边大风顶国家级自然保护区
四川长宁竹海国家级自然保护区
四川蜂桶寨国家级自然保护区
四川卧龙国家级自然保护区
四川九寨沟国家级自然保护区
四川小金四姑娘山国家级自然保护区
四川若尔盖湿地国家级自然保护区
四川贡嘎山国家级自然保护区
四川察青松多白唇鹿国家级自然保护区
四川亚丁国家级自然保护区
四川美姑大风顶国家级自然保护区

长江上游珍稀、特有鱼类国家级自然保护区
四川米仓山国家级自然保护区
四川雪宝顶国家级自然保护区
四川花萼山国家级自然保护区
四川海子山国家级自然保护区

贵州省

贵州习水中亚热带常绿阔叶林国家级自然保护区
贵州赤水桫椤国家级自然保护区
贵州梵净山国家级自然保护区
贵州麻阳河国家级自然保护区
长江上游珍稀、特有鱼类国家级自然保护区
贵州草海国家级自然保护区
贵州雷公山国家级自然保护区
贵州茂兰国家级自然保护区
贵州宽阔水国家级自然保护区

云南省

云南哀牢山国家级自然保护区
云南高黎贡山国家级自然保护区
云南大山包黑颈鹤国家级自然保护区
云南大围山国家级自然保护区
云南金平分水岭国家级自然保护区
云南黄连山国家级自然保护区
云南文山国家级自然保护区
云南无量山国家级自然保护区
云南西双版纳国家级自然保护区
云南西双版纳纳版河流域国家级自然保护区
云南苍山洱海国家级自然保护区
云南白马雪山国家级自然保护区
云南南滚河国家级自然保护区
长江上游珍稀、特有鱼类国家级自然保护区
云南药山国家级自然保护区
云南会泽黑颈鹤国家级自然保护区
云南永德大雪山国家级自然保护区

西藏自治区

西藏雅鲁藏布江中游河谷黑颈鹤国家级自然保护区
西藏芒康滇金丝猴国家级自然保护区
西藏珠穆朗玛峰国家级自然保护区

西藏色林错国家级自然保护区
西藏羌塘国家级自然保护区
西藏雅鲁藏布大峡谷国家级自然保护区
西藏察隅慈巴沟国家级自然保护区
西藏拉鲁湿地国家级自然保护区
西藏类乌齐马鹿国家级自然保护区

陕西省

陕西周至国家级自然保护区
陕西太白山国家级自然保护区
陕西长青国家级自然保护区
陕西佛坪国家级自然保护区
陕西牛背梁国家级自然保护区
陕西汉中朱鹮国家级自然保护区
陕西子午岭国家级自然保护区
陕西化龙山国家级自然保护区
陕西天华山国家级自然保护区

甘肃省

甘肃兴隆山国家级自然保护区
甘肃祁连山国家级自然保护区
甘肃敦煌西湖国家级自然保护区
甘肃安西极旱荒漠国家级自然保护区
甘肃民勤连古城国家级自然保护区
甘肃白水江国家级自然保护区
甘肃莲花山国家级自然保护区
甘肃尕海-则岔国家级自然保护区
甘肃太统-崆峒山国家级自然保护区
甘肃连城国家级自然保护区
甘肃小陇山国家级自然保护区
甘肃盐池湾国家级自然保护区
甘肃安南坝野骆驼国家级自然保护区

青海省

青海循化孟达国家级自然保护区
青海青海湖国家级自然保护区
青海可可西里国家级自然保护区
青海隆宝国家级自然保护区
青海三江源国家级自然保护区

宁夏回族自治区

宁夏贺兰山国家级自然保护区

宁夏沙坡头国家级自然保护区

宁夏罗山国家级自然保护区

宁夏灵武白芨滩国家级自然保护区

宁夏六盘山国家级自然保护区

宁夏哈巴湖国家级自然保护区

新疆维吾尔自治区

新疆阿尔金山国家级自然保护区

新疆罗布泊野骆驼国家级自然保护区

新疆巴音布鲁克国家级自然保护区

新疆托木尔峰国家级自然保护区

新疆西天山国家级自然保护区

新疆甘家湖梭梭林国家级自然保护区

新疆哈纳斯国家级自然保护区

新疆塔里木胡杨国家级自然保护区

新疆艾比湖湿地国家级自然保护区

注：长江上游珍稀、特有鱼类国家级自然保护区是一个地跨四川、贵州、云南、重庆三省一直辖市的国家级自然保护区；福建、江西分别有福建武夷山国家级自然保护区、江西武夷山国家级自然保护区；宁夏、内蒙古分别有宁夏贺兰山国家级自然保护区、内蒙古贺兰山国家级自然保护区；中国台湾地区的资料暂缺。

国家森林公园

北京

西山国家森林公园

上方山国家森林公园

蟒山国家森林公园

小龙山国家森林公园

云蒙山国家森林公园

天津

九龙山国家森林公园

河北

海滨国家森林公园

木兰围场国家森林公园

磬棰峰国家森林公园

金银滩国家森林公园

石佛国家森林公园

清东陵国家森林公园

雾灵山国家森林公园

辽河源国家森林公园

长寿山国家森林公园

五岳寨国家森林公园

白草洼国家森林公园

天生桥国家森林公园

黄羊山国家森林公园

茅荆坝国家森林公园

响堂山国家森林公园

野三坡国家森林公园
六里坪国家森林公园
大茂山国家森林公园
白石山国家森林公园
武安国家森林公园
狼牙山国家森林公园
前南峪国家森林公园
驼梁山国家森林公园

山西

五台山国家森林公园
天龙山国家森林公园
关帝山国家森林公园
涔山国家森林公园
恒山国家森林公园
云岗国家森林公园
龙泉国家森林公园
禹王洞国家森林公园
赵杲观国家森林公园
方山国家森林公园
交城山国家森林公园
太岳山国家森林公园
五老峰国家森林公园
老顶山国家森林公园
乌金山国家森林公园
中条山国家森林公园
黄崖洞国家森林公园
太行峡谷国家森林公园

内蒙古

红山国家森林公园
察尔森国家森林公园
黑大门国家森林公园
海拉尔国家森林公园
乌拉山国家森林公园
乌素图国家森林公园
马鞍山国家森林公园
二龙什台国家森林公园
兴隆国家森林公园
阿尔山国家森林公园
达尔滨湖国家森林公园
莫尔道戈国家森林公园
黄冈梁国家森林公园
贺兰山国家森林公园

辽宁

旅顺口国家森林公园
海棠山国家森林公园
大孤山国家森林公园
首山国家森林公园
凤凰山国家森林公园
库区国家森林公园
本溪国家森林公园
陨石山国家森林公园
天桥沟国家森林公园
臣县国家森林公园
元帅林国家森林公园
仙人洞国家森林公园
大连国家森林公园
长山群岛国家森林公园
普兰店国家森林公园
大黑山国家森林公园
沈阳国家森林公园
关门山国家森林公园
金龙寺国家森林公园
本溪环城国家森林公园
冰砬山国家森林公园
猴石国家森林公园
千山仙人台国家森林公园

吉林

净月潭国家森林公园
玉女峰国家森林公园
三角龙湾国家森林公园
白鸡腰国家森林公园
帽儿山国家森林公园
半拉山国家森林公园
三仙夹国家森林公园

大安国家森林公园
白山市国家森林公园
花山国家森林公园
拉法山国家森林公园
松花湖国家森林公园
长白山国家森林公园
图们江国家森林公园
图们江源国家森林公园
延边仙峰国家森林公园

黑龙江

牡丹峰国家森林公园
火山口国家森林公园
大亮子河国家森林公园
乌龙国家森林公园
哈尔滨国家森林公园
街津山国家森林公园
齐齐哈尔国家森林公园
北极村国家森林公园
长寿国家森林公园
大庆国家森林公园
威虎山国家森林公园
五营国家森林公园
亚布力国家森林公园
一面坡国家森林公园
龙凤国家森林公园
金泉国家森林公园
乌苏里江国家森林公园
桃山国家森林公园
驿马山国家森林公园
三道关国家森林公园
绥芬河国家森林公园
日月峡国家森林公园
八里湾国家森林公园
雪乡国家森林公园
凤凰山国家森林公园
梅花山国家森林公园
鹤岗国家森林公园
青山国家森林公园
大沾河国家森林公园
廻龙湾国家森林公园

上海

佘山国家森林公园
东平国家森林公园

江苏

虞山国家森林公园
上方山国家森林公园
徐州环城国家森林公园
宜兴国家森林公园
惠山国家森林公园
东吴国家森林公园
云台山国家森林公园
第一山国家森林公园
南山国家森林公园
宝华山国家森林公园
太湖西山国家森林公园

浙江

千岛湖国家森林公园
大奇山国家森林公园
富春江国家森林公园
午潮山国家森林公园
青山湖国家森林公园
紫微山国家森林公园
宁波天童国家森林公园
竹乡国家森林公园
雁荡山国家森林公园
溪口国家森林公园
九龙山国家森林公园
双龙洞国家森林公园
华顶国家森林公园
兰亭国家森林公园
玉苍山国家森林公园
钱江源国家森林公园
铜铃山国家森林公园
花岩国家森林公园

龙湾潭国家森林公园
遂昌国家森林公园

安徽

黄山国家森林公园
琅琊山国家森林公园
天柱山国家森林公园
九华山国家森林公园
皇藏峪国家森林公园
徽州国家森林公园
龙山国家森林公园
紫蓬山国家森林公园
皇甫山国家森林公园
天堂寨国家森林公园
鸡笼山国家森林公园
冶父山国家森林公园
太湖山国家森林公园
神山国家森林公园
妙道山国家森林公园
天井山国家森林公园
舜耕山国家森林公园
浮山国家森林公园
石莲洞国家森林公园
齐云山国家森林公园
韭山国家森林公园
横山国家森林公园
敬亭山国家森林公园
八公山国家森林公园
万佛山国家森林公园

福建

福州国家森林公园
天柱山国家森林公园
华安国家森林公园
猫儿山国家森林公园
龙岩国家森林公园
旗山国家森林公园
三元国家森林公园
东山国家森林公园

江西

三瓜仑国家森林公园
庐山山南国家森林公园
梅岭国家森林公园
三百山国家森林公园
马祖山国家森林公园
鄱阳湖国家森林公园
灵岩洞国家森林公园
明月山国家森林公园
翠峰山国家森林公园
泰和国家森林公园
鹅湖山国家森林公园
龟峰国家森林公园
上清国家森林公园
武功山国家森林公园
铜钹山国家森林公园

山东

崂山国家森林公园
抱犊崮国家森林公园
黄河口国家森林公园
昆嵛山国家森林公园
罗山国家森林公园
长岛国家森林公园
沂山国家森林公园
尼山国家森林公园
泰山国家森林公园
徂徕山国家森林公园
鲁南海滨国家森林公园
鹤伴山国家森林公园
孟良崮国家森林公园
柳埠国家森林公园
刘公岛国家森林公园
槎山国家森林公园
药乡国家森林公园
原山国家森林公园
灵山湾国家森林公园
双岛国家森林公园

蒙山国家森林公园
仰天山国家森林公园
伟德山国家森林公园
珠山国家森林公园
腊山国家森林公园
日照海滨国家森林公园
牛山国家森林公园
鲁山国家森林公园
岠嵎山国家森林公园

河南

嵩山国家森林公园
寺山国家森林公园
风穴寺国家森林公园
石漫滩国家森林公园
薄山国家森林公园
开封国家森林公园
亚武山国家森林公园
花果山国家森林公园
云台山国家森林公园
白云山国家森林公园
龙峪湾国家森林公园
五龙洞国家森林公园
南湾国家森林公园
甘山国家森林公园
淮河源国家森林公园
神灵寨国家森林公园
铜山湖国家森林公园
黄河故道国家森林公园
郁山国家森林公园

湖北

九峰国家森林公园
鹿门寺国家森林公园
玉泉寺国家森林公园
大老岭国家森林公园
神农架国家森林公园
龙门河国家森林公园
大口国家森林公园
薤山国家森林公园
清江国家森林公园
大别山国家森林公园
柴埠溪国家森林公园
潜山国家森林公园
八岭山国家森林公园
沲水国家森林公园
太子山国家森林公园
三角山国家森林公园
中华山国家森林公园

湖南

张家界国家森林公园
桃源洞国家森林公园
莽山国家森林公园
大围山国家森林公园
云山国家森林公园
九疑山国家森林公园
阳明山国家森林公园
南华山国家森林公园
黄山头国家森林公园
桃花源国家森林公园
天门山国家森林公园
天际岭国家森林公园
天鹅山国家森林公园
舜皇山国家森林公园
东台山国家森林公园
夹山国家森林公园
不二门国家森林公园
河伏国家森林公园
岣嵝峰国家森林公园
大云山国家森林公园
花宕溪国家森林公园
大熊山国家森林公园
云阳国家森林公园
中坡国家森林公园

广东

梧桐山国家森林公园

万育国家森林公园
小坑国家森林公园
南澳海岛国家森林公园
南岭国家森林公园
新丰江国家森林公园
韶关国家森林公园
东海岛国家森林公园
流溪河国家森林公园
南昆山国家森林公园
西樵山国家森林公园
石门国家森林公园
圭峰山国家森林公园
英德国家森林公园

广西

桂林国家森林公园
良凤江国家森林公园
三门江国家森林公园
龙潭国家森林公园
大桂山国家森林公园
元宝山国家森林公园
八角寨国家森林公园
十万大山国家森林公园
龙胜温泉国家森林公园
姑婆山国家森林公园
大瑶山国家森林公园
黄猄洞天坑国家森林公园

海南

尖峰岭国家森林公园
蓝洋温泉国家森林公园
吊罗山国家森林公园
海口火山国家森林公园
黎母山国家森林公园

重庆

黄水国家森林公园
仙女山国家森林公园
茂云山国家森林公园
双挂山国家森林公园
小三峡国家森林公园
金佛山国家森林公园
黔江国家森林公园
桥口坝国家森林公园
铁峰山国家森林公园
雪宝山国家森林公园

四川

都江堰国家森林公园
剑门关国家森林公园
双桂山国家森林公园
瓦屋山国家森林公园
高山国家森林公园
西岭国家森林公园
二滩国家森林公园
海螺沟国家森林公园
七曲山国家森林公园
天台山国家森林公园
九寨沟国家森林公园
黑竹沟国家森林公园
佛宝国家森林公园
夹金山国家森林公园
龙苍沟国家森林公园
华蓥山国家森林公园
五峰山国家森林公园
千佛山国家森林公园
措普国家森林公园
米仓山国家森林公园

贵州

百里杜鹃国家森林公园
竹海国家森林公园
长坡岭国家森林公园
燕子岩国家森林公园
玉舍国家森林公园
雷公山国家森林公园

云南

巍宝山国家森林公园
天星国家森林公园

清华洞国家森林公园
东山国家森林公园
来凤山国家森林公园
花鱼洞国家森林公园
磨盘山国家森林公园
龙泉国家森林公园
莱阳河国家森林公园
金殿国家森林公园
章凤国家森林公园
十八连国家森林公园
鲁布格国家森林公园
珠江源国家森林公园
五峰山国家森林公园
钟灵山国家森林公园
畹町国家森林公园
棋盘山国家森林公园
灵宝山国家森林公园
小白龙国家森林公园
五老山国家森林公园
铜锣坝国家森林公园
紫金山国家森林公园
飞来寺国家森林公园
圭山国家森林公园

西藏

巴松湖国家森林公园

陕西

楼观台国家森林公园
延安国家森林公园
终南山国家森林公园
太白山国家森林公园
天台山国家森林公园
天华山国家森林公园
南宫山国家森林公园
王顺山国家森林公园
骊山国家森林公园
朱雀国家森林公园
汉中天台国家森林公园
金丝大峡谷国家森林公园
通天河国家森林公园
黎坪国家森林公园

甘肃

吐鲁沟国家森林公园
石佛沟国家森林公园
松鸣岩国家森林公园
云崖寺国家森林公园
徐家山国家森林公园
贵清山国家森林公园
麦积山国家森林公园
鸡峰山国家森林公园
渭河源国家森林公园
天祝三峡国家森林公园
冶力关国家森林公园

青海

坎布拉国家森林公园
北山国家森林公园
大通国家森林公园
群加国家森林公园

宁夏

苏峪口国家森林公园
六盘山国家森林公园
花马寺国家森林公园

新疆

照壁山国家森林公园
天池国家森林公园
那拉提国家森林公园
塔里木胡杨国家森林公园
贾登峪国家森林公园
白哈巴国家森林公园
喀纳斯国家地质公园

国家地质公园

第一批国家地质公园（11家）（2001年3月6日公布）

首批国家地质公园一览表

序号	国家地质公园名称	主要地质特征 地质遗迹保护对象	主要人文景观
1	黑龙江五大连池火山国家地质公园	中国境内保存最完整、最典型、时代最新的火山群	少数民族文化风情、矿泉
2	福建漳州滨海火山国家地质公园	无根喷气口群、气孔柱群及六边形玄武岩柱状节理群、海蚀地貌、古森林炭化木层	赵家堡、黄道周墓
3	江西庐山国家地质公园	地垒式断块山与第四纪冰川遗迹、第四纪冰川地层剖面和早元古代星子岩群地层剖面	白鹿洞书院、世界不同风格建筑、中国近代史重大历史事件发生地、摩崖石刻、寺院
4	江西龙虎山国家地质公园	丹霞地貌景观、火山岩地貌、地层剖面	道教的发祥地和活动中心之一、古崖墓群遗迹
5	河南嵩山国家地质公园	完整的华北地台地层剖面，三次前寒武纪的沉积间断和地层角度不整合界面遗迹	十寺、五庙、五宫、三观、四庵、四洞、三坛及宝塔270余座——历史上佛、儒、道三教荟萃之地，少数民族习俗
6	湖南张家界砂岩峰林国家地质公园	石英砂岩峰林、岩溶洞穴地质地貌	古遗迹、古遗址，古庙、古建筑，少数民族风俗风情
7	四川自贡恐龙国家地质公园	1.6亿年前的中侏罗纪恐龙及其他脊椎动物化石的遗址	深逾千米的古盐井、民间艺术
8	四川龙门山国家地质公园	推覆构造（飞来峰）或“冰川漂砾”、典型地层剖面	寺庙
9	云南石林国家地质公园	碳酸盐岩峰林地貌、古脊椎动物化石	彝族风情、崖画石刻、民俗文化

续表

序号	国家地质公园名称	主要地质特征 地质遗迹保护对象	主要人文景观
10	云南澄江动物群国家地质公园	保存了寒武纪早期（距今5.3亿年）40多个门类，100余种动物的化石	抚仙湖旅游区
11	陕西翠华山山崩国家地质公园	山崩地质遗迹	古代名人碑刻

第二批国家地质公园（33家）（2002年2月28日公布）

第二批国家地质公园一览表

序号	国家地质公园名称	主要地质特征 地质遗迹保护对象	主要人文景观
1	北京石花洞国家地质公园	石灰岩岩溶洞穴、各类石笋、石钟乳、房山北京人遗址	古建筑、人文历史景观
2	北京延庆硅化木国家地质公园	硅化木化石	民俗村
3	天津蓟县国家地质公园	中国北方中晚元古界标准剖面	长城黄崖关、古塔、庙宇
4	河北涞源白石山国家地质公园	白石山白云质大理岩构造峰林、十瀑峡花岗岩瀑布群、拒马源构造泉群等地质遗迹	古寺、古塔、长城、关隘
5	河北秦皇岛柳江国家地质公园	古生物化石、地层遗迹、岩溶地貌、花岗岩地质地貌	长城、度假区
6	河北阜平天生桥国家地质公园	太古宙阜平群（28～25亿年）标准剖面、天生桥瀑布群	长城岭的明长城、马刨泉及顾家台三箭山、招提寺等历史人文景观
7	黄河壶口瀑布国家地质公园	黄河壶口大瀑布与沉积构造	第二次世界大战时期的遗址

续表

序号	国家地质公园名称	主要地质特征 地质遗迹保护对象	主要人文景观
8	内蒙克什克腾国家地质公园	花岗岩峰林地貌及地质构造、第四纪冰臼群等古冰川遗迹、火山群地貌	史前人类活动遗迹、金边堡、岩画、蒙族风情
9	黑龙江嘉荫恐龙国家地质公园	晚白垩世恐龙化石及其伴生的动植物化石	中国最北部的自然景观
10	浙江常山国家地质公园	奥陶纪地层古生物化石、藻礁灰岩岩溶景观和构造地质	太湖风景名胜
11	浙江临海国家地质公园	晚白垩世火山侵入喷发岩系地貌	东海海滨地球风情
12	安徽黄山国家地质公园	中生代花岗岩峰林地貌、第四纪冰川遗迹、水文地质遗迹	古桥、古登道、摩崖石刻、黄山山水画
13	安徽齐云山国家地质公园	丹霞地貌，中生代白垩纪齐云山组标准地层剖面，恐龙化石，喜马拉雅造山运动及新构造运动遗迹	道教文化、摩崖石刻
14	安徽淮南八公山国家地质公园	古生物化石、距今约5.4至5.1亿年前的寒武系下、中统剖面地层、岩溶地貌、河流侵蚀陡崖	淝水之战古战场、古寿州城、刘安墓
15	安徽浮山国家地质公园	火山地貌景观、复合穹丘、火山口、火山钟、火山渣（浮石）及熔岩流、环状及放射状断裂、龟裂纹、火山灰流自然剖面	古寺庙
16	福建大金湖国家地质公园	湖上丹霞地貌、花岗岩地质遗迹	寺庙、古墓、岩棺、悬棺、历史文化遗迹
17	山东枣庄熊耳山国家地质公园	石灰岩岩溶地貌，洞穴，峡	古文化遗址，古战场
18	山东山旺国家地质公园	古生物化石及反映其形成环境的火山地貌、硅藻土	

续表

序号	国家地质公园名称	主要地质特征 地质遗迹保护对象	主要人文景观
19	河南焦作云台山国家地质公园	丹崖赤壁、断崖飞瀑、水利工程、岩溶地貌、构造单面山体地貌	竹林七贤居地、寺、塔、古树
20	河南内乡宝天幔国家地质公园	变质地层、内动力地质作用、构造剥蚀地貌、岩溶洞穴、瀑布峡谷等地质遗迹	生物多样性
21	湖南郴州飞天山国家地质公园	丹霞地貌，崖，天生桥，洞，峡	寺庙、碑刻、悬棺
22	湖南莨山国家地质公园	丹霞地貌	古代名人和战争遗址
23	广东丹霞山国家地质公园	丹霞地貌命名地	历史上人类利用丹霞地貌的各种古遗存
24	广东湛江湖光岩国家地质公园	火山地貌，马尔湖	古代人文、名人碑刻
25	广西姿源国家地质公园	丹霞地貌	瑶族风情
26	四川海螺沟国家地质公园	第四纪冰川遗迹、热矿泉群	藏族文化、摩西古镇
27	四川大渡河峡谷国家地质公园	晚更新世古冰川地貌、地层剖面	藏族风情
28	四川安县国家地质公园	深水硅质海绵礁	庙宇
29	云南腾冲国家地质公园	古火山地质遗迹、地热泉、火山熔岩构造景观、火山碎屑岩	古边城、少数民族风情
30	西藏易贡国家地质公园	现代冰川，巨型滑坡，堰塞湖	藏族风情、青藏高原南部风情
31	陕西洛川黄土国家地质公园	中国黄土标准剖面、黄土地貌	洛川会议、黄土风情风情文化

续表

序号	国家地质公园名称	主要地质特征 地质遗迹保护对象	主要人文景观
32	甘肃敦煌雅丹国家地质公园	风蚀作用形成的雅丹地貌、河湖相的砂泥质沉积物、虫迹化石	千佛洞石窟、月牙泉
33	甘肃刘家峡恐龙国家地质公园	恐龙足印化石、恐龙卧迹、尾部拖痕及粪迹化石、恐龙骨骼化石	刘家峡电站及水库

第三批国家地质公园（41家）（2004年1月19日公布）

第三批国家地质公园一览表

序号	国家地质公园名称	主要地质特征 地质遗迹保护对象	主要人文景观
1	北京十渡国家地质公园	喀斯特岩溶地貌	文化古迹，近代革命活动遗址及纪念馆、烈士陵园，民俗文化
2	河北赞皇嶂石岩国家地质公园	嶂石岩地貌、元古界长城系砂岩中的层理与层面构造	古寺庙、古碑刻、古军事工程，民俗文化
3	河北涞水野三坡国家地质公园	构造——冲蚀嶂谷地貌	明、清长城摩崖石刻
4	内蒙古阿尔山国家地质公园	火山、温泉、地质地貌	战争遗址，蒙族风情
5	辽宁朝阳古生物化石国家地质公园	古生物化石，凤凰山地质构造	槐树洞，热水汤，古人类遗址
6	吉林靖宇火山矿泉群国家地质公园	火山、温泉	近代人文景观
7	黑龙江伊春花岗岩石林国家地质公园	花岗岩地貌	古人类文化遗址、少数民族风情

续表

序号	国家地质公园名称	主要地质特征 地质遗迹保护对象	主要人文景观
8	江苏苏州太湖西山国家地质公园	花岗岩、湖泊地貌	江南刺绣
9	浙江雁荡山国家地质公园	火山地质遗迹	寺庙
10	浙江新昌硅化木国家地质公园	硅化木	
11	安徽祁门牯牛降国家地质公园	花岗岩峰丛，怪石，岩洞及水文地质遗迹	千年古村，根据地遗址
12	福建晋江深沪湾国家地质公园	海底森林，海蚀地貌	
13	福建福鼎太姥山国家地质公园	火山、海蚀地貌	客家文化
14	福建宁化天鹅洞群国家地质公园	岩溶洞穴	宁化客家风情、革命历史文物和历史遗迹、佛教
15	山东东营黄河三角洲国家地质公园	河流三角洲地貌	胜利油田
16	河南王屋山国家地质公园	地质构造和地层遗迹	小浪底水利工程
17	河南西峡伏牛山国家地质公园	恐龙蛋集中产地、古板块构造运动、大陆碰撞造山运动和生命演化的“秦岭造山带的地质档案馆”	古刹禅寺
18	河南嵖岈山国家地质公园	花岗岩地貌	历史名人（施耐庵等）
19	长江三峡（湖北、重庆）国家地质公园	河流、岩溶、地层	长江文明

续表

序号	国家地质公园名称	主要地质特征 地质遗迹保护对象	主要人文景观
20	广东佛山西樵山国家地质公园	粗面质火山遗迹	明代采食遗迹、古文化遗址、佛家文化遗址
21	广东阳春凌霄岩国家地质公园	岩溶地貌，地层及构造遗迹，古人类洞穴遗址	摩崖石刻，碑帖，民族风情
22	广西百色乐业大石围天坑群国家地质公园	岩溶地貌、天坑群、溶洞、地下暗河	少数民族风情
23	广西北海涠周岛火山国家地质公园	火山、海岸、古地震遗迹，古海洋风暴遗迹	天主教堂，圣母堂，三婆庙
24	海南海口石山火山群国家地质公园	火山、岩溶隧道	火山文化，田园风光
25	重庆武隆岩溶国家地质公园	岩溶地貌，天生桥群，洞穴，天坑，地缝，峡谷	古崖新栈，吊脚楼，清代古墓
26	重庆黔江小南海国家地质公园	地震灾害遗迹，岩溶地貌	革命历史遗址
27	四川九寨沟国家地质公园	“层湖叠瀑”景观	扎如寺，达吉寺
28	四川黄龙国家地质公园	以露天钙化景观为主的高寒岩溶地貌，冰川	宗教寺庙，藏族风情，革命遗址
29	四川兴文石海国家地质公园	岩溶地貌，古生物化石	苗族风情
30	贵州关岭化石群国家地质公园	关岭古生物群，小凹地质走廊	布依族，苗族风情
31	贵州兴义国家地质公园	贵州龙动物群化石，岩溶地貌	古人类文化遗址，布依族、苗族风情

续表

序号	国家地质公园名称	主要地质特征 地质遗迹保护对象	主要人文景观
32	贵州织金洞国家地质公园	岩溶地貌、织金洞、峡谷	苗族风情
33	贵州绥阳双河洞国家地质公园	喀斯特洞穴	公馆桥、金钟山寺
34	云南禄丰恐龙国家地质公园	古生物遗迹	古人类文化遗址，少数民族风情
35	云南玉龙黎明—老君山国家地质公园	高山丹霞地貌，冰川遗迹	民俗文化
36	甘肃景泰黄河石石林国家地质公园	黄河石林，融合峰林，雅丹和丹霞等地貌特征	明长城，五佛寺
37	甘肃平凉崆峒山国家地质公园	丹霞地貌、斑马山	道教发源地，佛教圣地
38	青海尖扎坎布拉国家地质公园	丹霞地貌	宗教、藏族风情
39	宁夏西吉火石寨国家地质公园	丹霞地貌、地史遗迹、水文景观	石窟
40	新疆布尔津喀纳斯湖国家地质公园	冰川遗迹，流水地貌	蒙古族人图瓦文化，图鲁克岩画
41	新疆奇台硅化木—恐龙国家地质公园	硅化木、恐龙化石、雅丹地貌	古遗址，古地貌

第四批国家地质公园（53 家）（2005 年 8 月 24 日公布）

第四批国家地质公园一览表

序号	国家地质公园名称	主要地质特征 地质遗迹保护对象	主要人文景观
1	河北临城国家地质公园	岩溶洞穴	古文化遗址
2	河北武安国家地质公园	太古界、元古界、古生界和新生界地层、玄武岩溢流遗迹、岩溶景观、化石	赵匡胤题词手迹、道教和武术圣地、五代至清时期的碑刻
3	山西壶关太行山大峡谷国家地质公园	峡谷与障谷地貌、冲刷槽和水蚀旋潭	古寺庙宇、道教建筑、革命纪念基地
4	山西宁武万年冰洞国家地质公园	万年冰洞、千年火山	历史文化遗址
5	五台山国家地质公园	前寒武纪岩石、地层及构造地质特征	历史文物古迹，印度佛教、藏传佛教、汉传佛教、民间宗教、儒教、道教和三晋文化
6	内蒙古阿拉善沙漠国家地质公园	沙漠、戈壁、剥蚀平原、低山残丘为主的高平原地貌、恐龙化石和木化石	藏传佛教和寺庙、曼德拉山岩画、额旗王爷府
7	辽宁本溪国家地质公园	地层、地质构造形迹、岩溶洞穴、古火山、古人类遗址	本溪革命烈士纪念碑、明辽东长城、太极八卦城
8	大连冰峪国家地质公园	第四纪冰川时期的石英岩峰林地貌	辽南佛道两教文明之摇篮——辽金的圣水寺。元末明初的般若洞庙宇。
9	中国大连国家地质公园	古岩溶地貌、地质构造剖面、三叶虫化石产地、海蚀地貌遗迹、沉积构造	龙王庙、七顶山汉墓群
10	黑龙江镜泊湖国家地质公园	火山地质遗迹	唐朝渤海古国遗址
11	黑龙江兴凯湖国家地质公园	湖岗地质遗迹	渔猎文明文化遗址

续表

序号	国家地质公园名　称	主要地质特征 地质遗迹保护对象	主要人文景观
12	上海崇明长江三角洲国家地质公园	河流地质地貌、硅化木	金鳌山、寿安寺、孔庙、唐一岑墓、明潭、郑成功血战清兵的古战场遗址
13	江苏省南京市六合国家地质公园	古火山口遗迹、玄武岩火山熔岩石柱林地貌群	古人类博物馆
14	安徽大别山（六安）地质公园	花岗岩地貌、变质岩地貌、火山岩地貌、构造地貌、丹霞地貌；高压—超高压变质带	历史文化古迹、红色旅游
15	安徽天柱山国家地质公园	超高压变质带、“峰雄、石奇、崖险、岭秀、洞幽”的奇特地貌、水文地质遗迹	石刻文化 、宗教文化、古皖文化、名人文化、戏曲文化
16	德化石牛山国家地质公园	火山构造地貌	古建筑、摩崖石刻、碑刻石雕、旧窑址、冶炼遗址、古墓葬、近现代革命旧址、瓷器
17	福建屏南白水洋国家地质公园	白水洋平底基岩河床、鸳鸯溪峡谷、瀑布、柱状节理、河流侵蚀遗迹、大型破火山构造、典型酸性火山岩岩石、双峰式火山岩	文庙、城隍庙，古廊桥
18	福建永安桃源洞国家地质公园	岩溶地貌、丹霞地貌	宋、明、清时代的诗赋、典故和摩崖石刻
19	江西三清山国家地质公园	花岗岩峰林地貌、流泉飞瀑	道教古建筑群、摩崖石刻及文物
20	江西武功山国家地质公园	新元古代天然断面、变质核杂岩构造和断块山地貌、花岗岩地貌、风化剥蚀地貌、流水地貌	道、佛圣地
21	山东长山列岛国家地质公园	海蚀海积地貌、地质构造遗迹、火山岩地貌遗迹、崩塌地质灾害遗迹、黄土地貌遗迹、天然石画遗迹、多彩石球遗迹	古人类文化遗址、古墓群、庙岛显应宫古建筑群

续表

序号	国家地质公园名称	主要地质特征地质遗迹保护对象	主要人文景观
22	山东沂蒙山国家地质公园	火山沉积岩系、岩浆侵入岩、温泉地热遗迹、恐龙足迹化石	新石器时代遗址，佛、道寺观，革命根据地
23	泰山国家地质公园	侵蚀地貌、深沟峡谷、悬崖峭壁、奇峰异景	石刻、寺庙、历代名人古迹
24	河南关山国家地质公园	地质剖面、古生物化石、岩溶地貌、峡谷地貌、构造地貌、水体景观、地质灾害遗迹景观、典型矿床及采矿遗址景观	苏门山、平原游击战、赵长城、老爷顶、郑永和、张荣锁
25	河南黄河国家地质公园	第四纪黄土地层剖面、黄河岸边黄土地貌、河流地貌，地上“悬河”的起点、黄土高原的终点、黄河中下游的分界线等地理特征	黄河民俗风情，民间艺术，古代文物、碑刻和拓片，塑像、砖雕
26	河南洛宁神灵寨国家地质公园	花岗岩峰丛地貌、河床地貌，石瀑群	道教圣地、古战场
27	河南洛阳黛眉山国家地质公园	沉积构造遗迹、地质灾害遗迹	古文化遗址和独特的民居、风俗、碑刻、地方戏曲
28	河南信阳金刚台国家地质公园	亿万年前的火山活动和岩浆侵入	清代华严寺
29	湖北武汉木兰山国家地质公园	高压超高压变质带、低山丘陵风景地貌	余湾民俗村、木兰古寨
30	湖北神农架国家地质公园	山岳、冰川、流水及岩溶地貌，高山草甸湿地，构造地貌	石刻与木雕、古盐道、民间刺绣、堂戏
31	湖北郧县恐龙蛋化石群国家地质公园	白垩纪恐龙蛋化石群	郧县民俗风情

续表

序号	国家地质公园名称	主要地质特征 地质遗迹保护对象	主要人文景观
32	湖南凤凰国家地质公园	台地峡谷型岩溶地貌	苗族聚居区、国家级历史文化名城，民族文化，民俗风情
33	湖南古丈红石林国家地质公园	红色碳酸盐岩石林、头足类化石	战国时的青铜剑及古钱币、吊脚楼
34	湖南酒埠红国家地质公园	岩溶峰丛谷地地貌和溶洞、地下河系统	洪秀全纪念堂、金仙观
35	广东恩平地热国家地质公园	地热温泉景观、花岗岩及其演化遗迹、巨型石英脉体、构造破碎带及瀑布	金山采金遗址、石头村
36	广东封开国家地质公园	中酸性侵入岩地质地貌、砂页岩峰林地质地貌、碳酸盐岩岩溶地貌、古人类及动物化石遗址、沙金矿床及采矿遗址、地质灾害遗址、河流水文地质遗迹、构造及浅变质地层遗迹	古人类文化遗址、古墓葬、古建筑、古窑址，是岭南文化发祥地。
37	深圳大鹏半岛国家地质公园	古火山、海岸地貌	文化古迹、名人故居
38	广西凤山国家地质公园	洞穴通道、洞穴厅堂、地下河天窗群、次生洞穴化学沉积物	韦氏官墓群、巴岗古寨
39	广西鹿寨香桥喀斯特生态国家地质公园	岩溶生物、岩溶水文、岩溶地貌	摩崖石刻、石达开南征遗址、古镇
40	重庆云阳龙缸国家地质公园	龙缸岩溶天坑、石笋河与老龙口峡谷	土家族人文景观
41	四川华蓥山国家地质公园	喀斯特地貌、硅化新芦木化石	佛教文化、华蓥山游击队遗迹
42	四川江油国家地质公园	溶蚀砾岩丹霞地貌、岩溶地貌、石芽和溶沟、岩溶洞穴、古生物化石群落	李白故里、佛教文化、炼硝和火药制造遗址

续表

序号	国家地质公园名称	主要地质特征 地质遗迹保护对象	主要人文景观
43	四川射洪硅化木国家地质公园	硅化木化石群、恐龙化石点、古人类化石、乌木、湖相沉积波痕群、类岩溶景观、峡谷地貌景观、水体景观	邓小平故里、魁人洞
44	四川四姑娘山国家地质公园	燕山期花岗质岩石、冰川U谷、高山湖泊、红色藻类生物、冰窖	藏族村寨，喇嘛寺遗址、古战场
45	贵州六盘水乌蒙山国家地质公园	喀斯特地质地貌遗迹、山原地貌、构造遗迹、古生物化石与古人类遗址	盘县文庙、盘县会议会址
46	贵州平塘国家地质公园	云贵高原峰林盆地、峰林洼地、峰丛漏斗、峰丛洼地岩溶地貌景观	古生物化石、人类遗址石刻、古建筑、少数民族村寨及民族风情
47	大理苍山国家地质公园	第四纪冰川遗迹、高山峡谷、冰蚀湖泊、变质岩变质变形遗迹、岩溶地貌、高山草甸、珍稀动植物	民族文化、南诏文化的发祥地、历史文化古迹
48	西藏札达土林国家地质公园	“土质山林”地貌	古格王国遗址
49	延川黄河蛇曲国家地质公园	河曲曲流地貌、河谷阶地貌	民俗文化村
50	青海互助嘉定国家地质公园	岩溶、冰川、丹霞、峡谷地质遗迹	扎龙寺、甘禅寺、天堂寺、土族风情 甘禅寺
51	青海久治年宝玉则国家地质公园	末次盛冰期的冰川地质作用	藏传佛教文化、藏族民俗风情
52	青海昆仑山国家地质公园	冰川作用和古冰川遗迹、地震遗迹	碑林、青藏线
53	富蕴可可托海国家地质公园	地质构造、风雨侵蚀和流水切割作用	可可托海水电站——地下电站

国家湿地公园

北京市

海淀区翠湖国家城市湿地公园

河北省

唐山市南湖国家城市湿地公园

保定市涞源县拒马源国家城市湿地公园

山西省

长治国家城市湿地公园

黑龙江省

讷河市雨亭国家城市湿地公园

江苏省

无锡市长广溪国家城市湿地公园

常熟市尚湖国家城市湿地公园

常熟市沙家浜国家城市湿地公园

南京市绿水湾国家城市湿地公园

浙江省

绍兴市镜湖国家城市湿地公园

临海市三江国家城市湿地公园

安徽省

淮北市南湖国家城市湿地公园

淮南市十涧湖国家城市湿地公园

山东省

荣城市桑沟湾国家城市湿地公园

东营市明月湖国家城市湿地公园

东平县稻屯洼国家城市湿地公园

临沂市滨河国家城市湿地公园

海阳市小孩儿口国家城市湿地公园

安丘市大汶河国家城市湿地公园

沾化县徒骇河国家城市湿地公园

临沂双月湖国家城市湿地公园

河南省

三门峡市天鹅湖国家城市湿地公园

南阳白河国家城市湿地公园

湖北省

武汉市金银湖国家城市湿地公园

湖南省

常德市西洞庭湖青山湖国家城市湿地公园

宁夏

银川市宝湖国家城市湿地公园

地理教育、教学资源网站

地理教育网站

随着信息技术的飞速发展，以网络资源、远程教育资源为标志的信息化课程资源异军突起，并以其传输快、信息量大、能突破时空局限等优势而备受关注。网络在地理教学中的应用越来越广泛，功能也越来越多元化。地理教育教学网站如雨后春笋般不断涌现，网络资源作为地理课程资源作用日益凸显，并取得了巨大的成绩。网站的开发者包括：学会组织、出版社、国家教育部门、地方教研室、中学以及热衷于多媒体教学并有余力的一线教师。

地理教学网站

此类网站直接面向中学地理教师教学服务，为教师提供地理教学资料，包括教学设计、教学课件、试题、地理图片、动画等素材以及教学论文等。

网站共同要素包括地理时事新闻报道、教案、资源库、试题课件、本地科研课题及成果展示。其中建设最多、类型也较多的是资源库的分类方式，按知识点，分为天文、地质、环境、人文、旅游等；按照资源的存储格式，分为图片、视频、音频、文本、软件等；有的按照资源使用对象的类别；按年级归类，而且往往是若干类别彼此嵌套。在各种资源类型中，居多的为图片资源。

机构网：政府或地方教育部门及直属单位如中央教科所等，或一些专门从事中学教学研究工作的单位如教研室、出版社等也开发面向教学的网站，地理教学作为其中的一个部分可以链接进入。这类网站信息量较前者丰富许多，信息的组织风格也往往较前者更加严谨专业，信息的规划分类全面。由于有专门的组织机构参与，信息的来源广泛，资料可供选择的范围较大。在栏目设置上与前者没有太大的差别，往往也是由教案、教学素材、课件、试题、论文等部分组成，但所设置的资料交流、专家视点、课程与教学专题研讨等栏目在一定程度上提升了网站信息资料的理论水平。

1. 中国基础教育网地理频道

http：//www.cbe21.com/subject/geography/

中国基础教育网是由教育部基础教育课程教材发展中心与北京师范大学共同主办的网站，面向全国基础教育工作者、学生及其家长的专业服务网，是基础教育领域的综合性网站。其地理频道设有多媒体资源、备课素材、教案精选、教学习题、教研教改等教学栏目，其中多媒体资源中的图片荟萃中有大量适合教学使用的图片，这些图片都有标注，特别是一些景观图都标出了地名，大大方便了教师使用，缺点是有些图片尺寸太小。资料虽然分类比较粗，但结合地理资源搜索器进行搜索，还是能很方便地查找。网站中还有对教学有参考价值的特色栏目：环保纵横、环球索异。前者有大量有关环境保护的报道与知识，后者是世界各地的奇闻逸事。网站中还设有专题报道栏目，主要是对一些热点地区和事件作比较详细的分析。此网站适合各年级的地理教师。

2. K12 中国中小学教育教学网地理学科

http://www.k12.com.cn/teacher/sub_edu/geology

中国中小学教育教学网是由全国中小学计算机教育研究中心建立的专门面向中小学教育的大型教育网站，在其教师频道中有最新的教育调查和教改动态；有聚集了数万篇文档的专业全面的教育教学资源交流平台——论文库、教案库、试题库、软件库、素材库；有为一线教师们量身定做的网上私家花园——教师个人专辑；还有为促进教育类杂志信息化同时解决教师投稿问题而特别推出的杂志空间栏目。网站各部分内容中都有与地理学科相关的内容，其中最值得推荐的是“教学资源”栏目，在这里有全国各地教师上传的各种地理教学资源，例如在其子栏目“教学软件交流中心”中，到目前为止已有地理课件 700 多个；在“学科教案交流中心”子栏目中已有地理教案 200 多个；在“教学试题交流中心”子栏目中有各种地理试题近 200 套；在“教学素材交流中心”子栏目中有各种形式的地理素材近 600 个。这些地理资源中有不少极具参考价值。此外，该网站对信息还作了整理评价的工作，制定了严谨规范的课件上传规定，并对网站上课件的质量实行评星划等，体现了网站信息规划组织的专业性、规范性，这在当前我国地理教学网站中是不多见的。

3. 中国教育资源网—地理教学

http://www.learningchina.com/dili_manage/dili.asp

中国教育资源网由科利华教育软件公司设立。集提供教育资源、学校信息化（校园网、教育软件等）建设及培训服务为一身。时效性较强。在“多媒体课件”栏目中，其视频较为新颖，这有别于其他网站。网站中还有“理论综述”“教材教法”“课程改革”“第二课堂”“试题精选”“考试专题”和“教师发表园地”等栏目，内容十分丰富。

4. 中学地理教与学资源网　http://dili. fsjy. net

由北京师范大学现代教育技术研究所与广东省佛山市教育局合作开发的地理教学资源网，是广东佛山市教育信息网的一个子网，得到了许多地理专家的支持。网站直接面向中学地理教学，有大量多媒体素材、课件、教案、题库、论文、软件、地图等信息资源，符合地理教学的需要，对中学地理教师来说有很好的参考价值。

5. 地理阶梯　http://www. geoladder. net

由南京师范大学地理科学学院教材研究发展中心创办，是南京师大—鲁教版教材的配套网站。网站主要设有教材精析、资源下载、在线交流、教学园地、教材一览、国家级、省级培训等栏目。教材一览栏目中，可下载鲁教版高中地理教科书（电子版）及其教师用书。

6. 人教网——地理　http：//www. pep. com. cn/dili/index. htm

有中学地理课程情况、大纲和教材、备课参考、学术研究、经验交流、考试动态等栏目。

7. 湖南教育出版社　http：//www. hneph. com

8. 地图教学网　http：//www. ditu. cn

9. 新思考网站　http：//geo. cersp. com

10. 北京地理教学资源网　http：//zxdl. bjedu. gov. cn/new

11. 青岛教育信息网　http：//geo. qdedu. net

12. 昌平区中学地理教研网　http：//dili. cpedu. net

13. 美国国家地理教育委员会　http：//www. ncge. org

包括网上资源查询、出版物介绍、教学资源、国家地理标准等内容。

14. 英国地理联合会　http：//www. geography. org. uk

英国地理联合会拥有上万名地理教师会员。该网页包括活动与会议信息、教学参考资料、在线购物等内容。

15. 英国地理皇家学会（英文）　http：//www. rgs. org

个人网：由中学地理教师或教学工作者创办的网站。这类教学网站的共同特点是紧扣中学地理教师的“教”，网站信息是供地理课堂教学采用的资料集合。资料的组织一般按其类型（教案、课件、考卷、论文）、教材结构体系（初、高中分册地理的章节内容），或者地理学科框架（自然地理、人文地理、区域地理）进行分类。

1. 地理频道　http：//www. dlpd. com

江苏省姜堰二中游忠创办，现已并入中国地理学会科普教育网。栏目结构如下：

地理科普：新闻地理、科普地理、学术争鸣、宇宙科学、自然地理、人文地理、区域地理、信息技术。

地理教育：教育咨询、教学探航、聚焦高考、高中在线、初中在线、聚焦中考。

地理下载：试题、课件、教案、视频、音频、论文。

地理图谱：普通地图、专题地图、教学地图、地理漫画。

地理商城：地理图书、地理影视。

地理留言：供发表意见、交流心得的论坛社区。

该网站，除了为教师教学提供服务外，还为学生学习提供同步学案。地理图片包括景观图、素描图、空白地图等，共计 200 余张。注册会员超过 15 000 位，总访问量达 40 多万人次。网站内容丰富，资料齐全，此网站比较适合高中地理教师。

2. 地理港湾　http：//www. dlgw. net

江苏省姜堰第二中学钱慧龙创办。遵循服务于中学地理教与学的宗旨，以整合配套的系统网络教学资源、构建师生交流、研讨和互动的平台为特色。有丰富教学经验和多年教学实践的一线学科带头人构成的原创团队，还有多年集聚的热心会员。十个频道和近千份各类素材，更新速度较快。

3. 蔡明主页　http：//caiming. szedu. com

江苏省苏州中学园区校蔡明的个人主页。其内容绝大部分是蔡明老师的原创作品。在“课堂教学”中主要是高三复习的一些教案；“教学研究”是作者的一些论文；“地理素材”中内容不多，但其中矿物岩石标本和火山图片的质量都很好；“旅游专集”是作者本人探访过地方的照片集；“考试信息”中有一些高三地理试卷。其他还有“地图集锦”“苏州地理”等内容。

4. 地理世界　http：//www. dili8. com

“地理世界，网络地理空间”，这句话就是地理世界网站的发展方向。传播地理知识、为地理教学服务。在清晰的界面和方便的搜索等强大的功能支持下，网站建有地理文摘、地理图片、动画、课件、论文和教案等主题内容供浏览下载。网站大多数内容来自个人搜集，经过多次升级。现已具备完善的网友互动功能，期待着与大家共同成长。

5. 风水宝地　http：//www. fsbd. com. cn

作者是江苏省姜堰市的蒋海智、陈元军、李玉光、郭世泽，作为地理教学一线教师的集体成果，努力打造地理教学的完美空间，为地理老师、学生营造一个学习交流的空间，提供地理教育动态、中学地理教案、地理课件、备课资料、试卷下载、论坛交流和 QQ 群交流等多种方式。

6. 深中地理在线　http：//www. shenzhong. net/szzx/geo

广东深圳中学以高中地理教学为主的资源网站——深中地理在线。网站拥有 8 大频道、110 多个栏目，依靠深圳中学强大的教学实力，已成为广大地理教师的好伙伴、地理爱好者的良师益友。网站的口号是：我是东半球，你是西半球，你的到来使世界变成一个完美的圆。

7. 安徽怀远常坟中学地理教研网　http：//jiaokun. 2000y. net　安徽怀远常坟中学　焦坤

8. 地理时空　http：//www. nhyz. org/yxx　广东南海第一中学　袁小雄

9. 地理教师网　http：//www. dljs. net　江西省南昌市新建中学　凌宗勇

10. 地理在线　http：//www. dilizx. com　安徽师范大学附属中学　张红军

11. 苏州第十中学地理组网站　http：//geography. nths. cn　江苏省第十中学地理组

12. 地之理　http：//www. dizhili. com　湖南省

13. 地理教苑　http：//www. dilijy. cn　广东省韶关市乳源高级中学地理组

14. 星韵地理　http：//www. xingyun. org. cn　江苏常州星辰实验学校　景荣

15. 今日地理　http：//www. jrdili. com　浙江省嘉兴市陆川龙　周爱民

16. 精英地理　http：//www. jydili. net　江苏省江阴市

17. 马洲地理园　http：//www. mzly. net　安徽省亳州市水云间 mzgeo@126. com

18. 陕西咸阳天王中学地理苑　http：//zwb6969. 2000y. net　陕西咸阳天王中学　张万斌

19. 地理课　http：//www. dilike. net　山东省

20. 网上地理家园　http：//lwl. czyz. com. cn　江苏省常州市第一中学　李万龙

21. 中学地理　http：//gzdl. 2000y. net　陕西省杨陵中学　李满峰

22. 中学地理教学网　http：//www. dljxw. com　湖南省长沙市一中　唐泰清

23. 中学地理学习网　http：//yccrg. 51. net/yccrg. htm　江苏省盐城市伍佑中学　陈荣高

地理专题网站

国家和地方的气象、环保、国土资源、地矿、海洋、测绘、文物等部门建立的权威网站，以及一些知名度高的科普网站，虽然并不专门针对中学地理教学，但信息表达的专业程度高，尤其图片和数据，面广量大，精确度高，是地理教师获取专业性资料的网站。同时，出于普及大众地理知识的目的，网站中又不乏提高国民素质的科普性教育资料，文字表达科学准确，图文并茂，难度不太大，有些文章还将地理知识与实际研究应用课题联系，作专题性的介绍，完全可以作为地理学习扩展视野的课外资料。

Ⅰ. 电子地图类

1. 图行天下　http：//www. go2map. com

国内著名的地图服务解决方案提供商，以独有的网络地图信息平台 Go2map—MP 为基础，为用户提供地图应用系统开发中间件，电子地图租用、在线地图服务、地图数据销售等全面的地图服务解决方案。

拥有中国各大区内的省份城市立体、缩放地图资讯库。城区图可翔实到街道及重要事业单位，地域图则可仔细到乡镇及道路交通。同时还支持地点查询、线路查询、公交、周边环境等查询功能。

从个人用户的角度出发，Go2map 非常适合经常在外出差或是旅游的朋友。对于一个不太熟悉的城市，只要能知道一两个关键地名就能够准确快捷地找到位置，在许多的大城市中还提供了适合各种情况的出行路线建议，非常方便，是个人用户查询城市中的出行线路最好的选择。

2. 华好　http：//www. mapforyou. com

有中国的城市图、省区图、旅游图，但该站目前最好用的是省区图部分，支持可选择地图负载数据类型的功能。

3. 中华地图网　http：//www. hua2. com

为国内外用户提供地图销售服务，该网销售的内容包括普通地图、数字地图、卫星地图等。中华地图网有两大特点，其一，不光有国内的翔实地图，还有一定数量的国外地图提供；其二，提供了大量的用于 PDA、GPS 等手持设备上使用的地图下载，有手持设备的朋友可以在这里得到很好的资源。

4. 神州龙地图网　http：//www. 668map. com

由神州龙资讯联合星球地图出版社开发，依托于国际互联网的新一代地图发布系统，是全国范围内面向大众提供变通查询，城市资讯及在线标注服务，以地图作为背景将地理信息与商业服务信息接合起来，以 Internet 为手段，给网友提供全方位信息资讯的地图门户网站。

5. 数字地球　http：//www. digitalearth. cn

提供了中国旅游地理信息系统、2003 年中国非典地理信息系统、2004 年中国禽流感地理信息系统等成功案例及高分辨率卫星影像资料等。

6. 数字北京行天下　http：//ditu. beijing. cn

包含搜遍京城、京城百事通、我乘公交、驾车出行、空中视角等栏目，提供全方位的北京数字查询服务。

7. 中国科学院中国遥感卫星地面站　http：//www. rsgs. ac. cn/index. html

数据资料广泛应用于我国国土资源调查、全国林业资源调查、生态环境调查以及重点城市扩展情况监测、荒漠化监测、农作物估产、灾害监测与评估、地质与资源勘探、地形图测绘等众多领域。其中的科普天地栏目介绍了遥感、b-面的常见问题。

8. 国家基础地理信息系统　http：//nfgis. nsdi. gov. cn

国家基础地理信息系统（NFGIS）是中国最大的全国地理信息存储、数据管理、地图生产和数据应用系统之一，是国家测绘局（SBSM ）的专业信息系统，是国家空间数据基础设施的重要组成部分。作为重要的基础地理信息数据源，它已在中国得到了广泛的应用。

9. 地理信息系统论坛　http：//www. gisforum. net/bbs

全球最大的 GIS 中文门户网站，设有 GIS 研究、GIS 调查、GIS 课堂、GIS 社区等栏目，可以实现站内的 GIS 信息搜索。

10. 城市通　http：//www. chinaquest. com

11. 超图地理信息系统　http：//www. supermap. net

12. Mapbar　http：//www. mapbar. com

该网站主要用于电子地图搜索。

13. E都市　http：//www. edushi. com

该网站借助虚拟现实技术的三维显示，有特色。

14. 世界地图搜索　http：//www. multimap. com

国外网站。有全球的地图查询，比例最大可达 1∶5 000，欧洲部分比较详细。

15. Map Collection　http：//www. lib. utexas. edu/maps/index. html

国外网站。地图库，其中包括一些链接。

16. 美国国家地理数据中心　http：//www. ngdc. noaa. gov

17. NASA 观测台　http：//earthobservatory. nasa. gov

提供大量有关宇宙的优秀图片并配有图片背景材料。特别值得提及的是，美国国家宇航局等机构以及许多商业公司，都专门为教学提供免费的遥感图像、软件和其他在线教育资源。

Ⅱ. 科普类

1. 中国科普博览（中国科学院）　http：//www. kepu. net. cn/gb/index. html

以传播地理知识为主要内容的大型科普网站，增设有“南极考察”“大峡谷考察”“冰雪世界”“大气科学”“动物家园”“地震灾害”“天文探索”“湖泊保护”“植物知识”“酸雨专题”以及“海洋馆”“草原馆”“矿物馆”等众多栏目，其中“南极馆”资料非常翔实，对企鹅、磷虾、南极光、南极站及南极洲各种自然要素都进行了探讨，“动物家园——高寒草原地带”中的图文资料特别珍贵，尤其是举世瞩目的“雅鲁藏布大峡谷考察”更是精彩纷呈。“中国科普博览”是一个获取地理信息的优秀网站。

2. 北京科普之窗　http：//www. bjkp. gov. cn

北京科技协会网站，开设的“环境科学”“空间科学”和“海洋科学”三个栏目有大量与地理学科密切相关的内容。如“最头痛的城市病”“百余地质学家‘会诊’中国地貌”“日地之链——太阳风”“向海洋索取淡水”“护我海水更湛蓝”和“海洋农业”等科普短文，信息量大，全面准确。

3. 天津科普网　http：//www. tjkp. gov. cn

天津科技委员会网站。与地理相关的“环境保护”“气象知识”和“地震知识”三个栏目办得非常出色。“气象科普知识”——“五彩云霞”最为精彩，对高云、中云和低云中的毛卷云、高积云和积雨云等各种云进行了图文描述，是难得的资料；“陆地杀手——沙尘暴”等环保文章写得既生动又深刻；“防震减灾知识百题”则对地震知识进行了综合阐述。

4. 央视国家地理 http://www.cctv.com/geography

虽然只是CCTV网站下的一块内容，但内容丰富，制作精细。分为国家地理报道、走遍中国、民风民俗、自然探索、八方掠影、央视广角和热点专题等栏目。在国家地理报道中有今日焦点、文史博览、守望家园、旅游休闲和时空探索等内容；走遍中国则主要是我国各旅游景点的介绍；民风民俗中既有我国各少数民族和历史文化名城的详细介绍，还有工艺收藏、风俗礼仪、饮食文化，华夏服饰、中华民居，百家姓氏、传统节日和民间故事等众多内容；八方掠影以大量图片视频资料、精选设计的专题，展示华夏广博深厚、精彩纷呈的人文地理信息和历史文化的变迁。这可以称得上是地理教师的宝藏库。

5. 世界地理频道 http://www.21page.net/world_geography

6. 世界自然基金会中国网 http://www.wwfchina.org

7. 中国公众科技网 http://www.cpst.net.cn

8. Discovery 探索频道 http://www.discoverychannel.co.uk/int

9. discovery 频道（英文） http://dsc.discovery.com

Ⅲ. 天文类

1. 南京紫金山天文台 http://www.pmo.jsinfo.net

2. 宇宙探索 http://zebu.uoregon.edu/galaxy.html

3. 星空天文网 http://www.cosmoscape.com

4. 星空观测者 http://vip.6to23.com/czast

5. 极光 http://www.cpus.gov.cn/zlg/jg

6. 中青网大百科—天文地理 http://www.cycnet.com/encyclopedia/astro

共青团青少年计算机信息网。包含大量与地理学科相关的科普类短文和图片，如“星云和河外星系”“宇宙自然选择学说”“河外星系”和“西双版纳”等引人入胜、图文并茂的文章，为在地理教学中开展科普教育，开拓教师和学生的视野，提供了一个全新的窗口。

7. 香港太空馆 http://www.lcsd.gov.hk/hkspm

8. 香港天文台 http://www.hko.gov.hk

9. 国际流星组织（英文） http://www.imo.net/photo/index.html

10. 太阳系（英文） http://www.solarviews.com/eng/

homepage. htm

11. 流星（英文） http：//www. meteorite. com

Ⅳ. 地质地貌类

1. 中国地质调查局 http：//www. cgs. gov. cn

2. 中国地质学会 http：//www. geosociety. org. cn

3. 中国地震信息网 http：//www. csi. ac. cn/html index. jsp

该网站是由中国地震局主办，中国地震台网中心承办的国家级地震信息网站，设有地震信息、地震文献、地震百科、地震专家、国内外交流等栏目，发布国内外最新地震信息、地震应急预案等。

4. 中国地质环境信息网 http：//www. cigem. gov. cn

Ⅴ. 水文类

1. 水信息网 http：//www. hwcc. com. cn

我国政府水资源专业网站，除首页对国内外水资源重大新闻报道外，在“重磅专题”中的“中国水情分析研究报告”“水环境与水污染”“塔里木河生态挽救工程”等专题为地理学科进行国情教育提供了很好的教材。“水利图片库”中有大量有关水资源的图片资料；在“水利图表”中可查到能用于地理教学中的南水北调工程示意图和引黄济津输水线路图；“工程图片”中则展示了二滩水电站和葛洲坝等大型工程雄姿；“风景图片”中有通天河玉树河段等众多河流的自然风光。

2. 华夏水网 http：//www. e-water. com. cn

3. 中国水利国际合作与科技网 http：//www. chinawater. net. cn(http：//www. cws. net. cn)

4. 水利部网站 http：//www. mwr. gov. cn

5. 中国海洋信息网 http：//www. coi. gov. cn

6. 海洋科学 http：//www. bjkp. gov. cn/gkjqy/hykx/left. htm

7. 长江水利网 http：//www. cjw. gov. cn

Ⅵ. 气象与气候类

1. 中央气象台 http：//www. nmc. gov. cn

由国家气象局主办，设有天气预报、气象科普、气象科技、灾情预警、气象灾害快报、雷电防御、人工影响大气等内容。在天气实况栏目，有雷达拼图、24 小时降水量、最新时次卫星云图、全国最高气温实况图、全国最低气温实况图等。

2. 国家气候中心 http：//ncc. cma. gov. cn/cn

3. 中国天气网 http://www.tq121.com.cn

4. 北京市气象局 http://www.bjmb.gov.cn

5. 全球气象图 http://www.weatherimages.org

6. 天气在线 http://extern.t7online.com

7. 气象万千 http://www.i121.net

Ⅶ. 环境保护类

1. 中国环境保护网（国家环境保护部） http://www.zhb.gov.cn

我国政府网站，国家环境保护部每年都根据《中华人民共和国环境保护法》的规定，向社会发布过去一年的环境状况，这是综合全面了解我国环境的整体状况、污染治理等工作进展的窗口。网站开设有“环境政务”“环境公报”“环境质量”“环境教育”“污染防治”和“环保知识”等栏目近几年中学地理教学中特别关注的三峡工程可能带来的环境问题，可以在“环境公报”中查询长江三峡工程生态与环境监测公报。“全球环境站点”中全面介绍了国内外环境保护的行政部门、科研院所和民间机构等，其中最有特色的是全国绿色学校，这些资料对于地理教师参与建设绿色学校是很有帮助的。

2. 中国自然网（国家级自然保护区） http://www.nre.cn

建立自然保护区是保护自然资源和自然环境的一项根本性措施，类型多样的自然保护区不仅可以改善生态环境，而且还是人类认识自然、拯救濒危物种、开展科学研究的基地，是进行保护大自然教育的大课堂。中国自然网对我国自然保护区进行了全面系统的分析研究，其首页的“全国保护区新闻”全面、及时、准确。中国自然网对我国自然保护区的基本概况、自然风光、野生动物、保护植物进行了大量的图文描述，为地理教学开展环境教育提供了丰富的材料。

3. 中国环保网 http://www.ep.net.cn

4. 水土保持生态环境建设网 http://www.swcc.org.cn

5. 中国沙尘暴网（中、英文） http://www.duststorm.com.cn

6. 中国环境网 http://www.cenews.com.cn

7. 地球之友 http://www.foe.org.hk

香港民间环保组织的网站。

8. 联合国环境规划署（英文） http://www.unep.org

Ⅷ. 旅游类

1. 中国国家旅游局　http：//www. cnta. com

2. 中华行知网　http：//www. sotrip. com

西安行知资讯传播有限公司创办的一个以国内旅游为主题的大型网站。其中多数栏目对地理教学有重要的参考价值，如在“目的地指南”中，当点击全国地图中的新疆时，新疆的全貌就会展示出来。“出行推荐”通过旅游景点、旅游路线和旅游文化等多角度图文并茂地描述了我国的名川大山。而最值得推崇的是“栏目导航”中的“生态旅游”，该栏目由“环保生态游”“森林公园”和“大自然的呼唤”组成。中华行知网提供的信息远远超出了地理课本的范围，从而成为地理教学的好帮手。

3. 携程旅　http：//www. ctrip. com

该站点“目的地指南”频道有各省市景区旅游图。包含省份景区、景点、交通等数据，但部分景区规划与其网站建制相关联。

4. 中华行　http：//www. sotrip. com

该站点“目的地指南”频道有各省市景区旅游图。包含省份景区、景点、交通等数据，但部分景区规划与其网站建制相关联。

5. 中华旅游网　http：//travel. china. com

6. 中国指南-旅游指南　http：//newtravel. chinavista. com

7. 旅游资源　http：//www. jsdj. com/luyou/lyzy/index1. html

8. 世界旅游网　http：//www. virtualtourist. com

英文网站。世界旅游地图网搜集了全球 3 万多个城市的信息资源，涵盖南美洲、北美洲、亚洲、非洲、欧洲以及大洋洲。网站不但提供了详细的地图资源，还有丰富的旅游资源，可根据国家和地区名称来检索。

Ⅸ. 经济地理类

1. 中国农业网　http：//www. zgny. com. cn

2. 中国农业环球网　http：//www. chinainfowww. com/caw/caw_c. htm

Ⅹ. 地理杂志类

1. 地理科学进展　http：//www. progressingeography. com

包括最新一期、过刊摘要、信息发布、地理学者、院所校系、稿件处理、投稿信箱、关于本刊等栏目。

2. 地球科学　http：//www. earth-science. net

3. 地理学报　http：//www. geog. com. cn

4. 中国国家地理　http：//www. dili360. com

5. 美国国家地理杂志（National Geography）　http：//www. nationalgeographic. com

国外网站，著名在线杂志。包括有新闻、图片、旅游、探险、教育、儿童、论坛等丰富的内容。

6. 加拿大地理杂志（英文）　http：//www. cangeo. ca

7. 澳大利亚地理（英文）　http：//www. australiangeographic. com/index. cfm

学科动态

学科概况

2008年地理学科进一步蓬勃发展，在会议和交流活动、课题研究、地理教师培训、防灾减灾教育方面成就卓著。

一、会议和交流活动动态

2008年，地理学界举办了一系列会议和交流活动。中国地理学会、中国教育学会地理教学研究会、湖南省地理学会、江苏省地理学会江苏省遥感与GIS学会、湖北省地理学会、中国地理学会长江分会、福建省地理学会分别召开了学术年会。第七届国际中学生地理奥林匹克竞赛于2008年8月7～12日在突尼斯共和国迦太基举行，中国队由华南师范附中的雷辛、陈思哲、黎敏丹、胡思佳四名同学组成，雷辛、黎敏丹同学获得铜牌。“地球小博士”全国地理科技大赛于2007年9月～2008年7月举办了以“节能环保从我做起”为主题的第二届大赛，并准备于2008年11月～2009年6月举办第三届大赛，拟定以“防灾减灾、科学发展”为主题。

另外，还有多个地理（环境）教育国际会议在我国召开，主要有：中美多种大气污染物防治国际研讨会、第二届国际造纸与环境学术会议、“地理学发展与应用——30年回顾与展望”国际学术论坛、“荆楚历史地理与长江中游开发暨2008年中国历史地理国际学术研讨会”等。

二、课题研究动态

随着素质教育的全面实施和新课程改革的快速推进，2008年广大地理教育者继续把地理教育科研工作纳入教育改革发展研究之中，在提高研究质量和促进成果转化方面取得了长足的进步，出现了一系列有实践价值的课题。

衡阳师范学院刘沛林教授主持的教育部2008重点课题“中小学环境教育创新与高师地理课程改革研究”（批准号IA030166证书号0542），提出以知识体系相近的地理学科为依托，开辟培养中小学环境教育师资的新路子，推进我国中小学环境教育课程的模式向独立课程式的方向发展。

无锡市辅仁高级中学李青老师主持的江苏省“十一五”规划2008立项课题“新课程背景下高中地理‘问题研究’专题课的教学设计与实施”，旨在通过专题课的设计和实施过程，改变学生被动的学习方式，培养学生的地理理性思维。

教育部课程教材研究所魏国栋研究员、安徽南陵县第一中学周红老师、安徽淮南市教研室淮南市第五中学朱进老师、云南省大理市下关第一中学孙爱民老师、云南省文山州砚山县民族中学王开龙老师分别主持了不同的课题，从不同角度论述了校本课程开发的途径和意义，为学校自主发展提供了课程空间，为我国新一轮课程改革的实践和课程开发机制的创新提供了强大动力。

四川师范大学傅林、上海市教育科学研究院张振助、凉山德昌县示范幼儿园阿芳、凉山雷波黄琅小学曾凡春、阿坝汶川县卧龙小学范阳福、西藏大学齐天翔、绵竹市板桥学校高永平、四川省教育科学研究所、雅安市教育局伍建明、泸县第四中学付顶斌、广元市旺苍县东河小学黄先友等单位和老师主持研究的课题主要关注西部地区、农村地区和受灾地区，为这些地区教育的发展提供了很好的理论支撑和实践指引。

三、地理教师培训动态

为了更好地实施地理新课程，2008年国家和各省市举办了不同级别的教师培训。教育部举办了“中小学教师国家级培训”“普通高中课改实验省教师远程培训”等教师培训工作。浙江、江苏、甘肃、黑龙江、福建、江西、四川等省区都组织了不同层次和规模的教师培训，以便基层教师进一步认识地理新课程，实施地理新课程。主要有：浙江2008年普通高中新课程地理学科骨干教师省级培训、江苏省教育厅2008年中小学教师省级培训、甘肃省2008年普通高中教师远程培训、黑龙江省高中新课程2008年寒假地理学科骨干教师培训、黑龙江省2008年暑假普通高中新课程地理学科骨干教师教材培训、福建省2008年高中教师新课程培训、江西省中小学教师2008年远程培训、四川省2008年高中地理培训等。

很多教育工作者还在培训内容、培训方法、培训理念、实践探索等方面做了大量研究，涌现出一大批优秀论文。如：湖南师范大学资源与环境科学学院彭晓萍“基于高师院校成为地理教师在职培训主体的思考”（《邵阳学院学报自然科学版》2008年第3期）、裴元庆“教师在职培训中‘体验式教学模式’探索”（《中国成人教育》2008年第7期）、庞利与王学珍“教师专业发展的终身学习模式探析”（《广州广播电视大学学报》2008 年第 2 期）、张瑶“对教师继续教育的政策思考”（《中国成人教育》2008 年第 5 期）、蒋华与钟桃英“职业学校教师专业发展途径研究综述”（《职业教育研究》2008 年第 2 期）、北京教育学院教师教育数理学院何妮妮“北京市中学地理教师培训中的可持续发展教育”（《北京教育学院学报自然科学版》2008 年第 2 期）等。

四、中国港澳台地区地理课程动态

香港特别行政区于 1997 年成立之后，开展了地理课程研究发展工作，颁布了中一至中三《中学课程纲要—地理科》和中四至中六《地理课程及评估指引》等课程文件。中一至中三《中学课程纲要—地理科》从 1998 年开始实施，中四至中六《地理课程及评估指引》于 2009 年实施。香港地理课程内容及编排受英国影响较大，采用“螺旋式、上升式”；重专题和景观分析；人文地理占有重要分量；重视全球观教育并联系香港实际；知识结构不追求学科的系统性；重要地理概念反复出现，要求不断提升，最终达到辨别人类所处的社会及其与所居住环境之间的关系。

台湾教材在继承中国传统地理教材的基础上，借鉴了当今的日本教材。台湾地区地理课程在内容上，主要介绍区域地理和自然地理，而人文地理往往结合在区域地理中讲述。台湾地区地理课程比较重视乡土地理，课本中安排有“收集整理土地、生态、人口、产业等台湾乡土资料并进行问题讨论”等内容。但从观念教育的要求来看，潜含着强调台湾“本土意识”，把祖国大陆看做是“与台湾邻近的大国”而给予特别重视，应引起高度地警觉。

澳门政府颁行的书面课程，即为回归前课程改革工作小组于 1999 年 6 月所修订的课程大纲，包括初中《地理课程大纲》和高中《地理课程大纲》。这两部课程大纲事实上已对中学阶段地理课程作出比较整体性的规划，如总目标中强调地理课程中的知识、能力及态度三者须达到整体的协调以使均衡发展，亦建议学校地理课程采取由近及远的课程组织形式，以及课时的总体安排等。同时，考虑尊重学校的课程自主原则，课程大纲并未对学校的课程实施作出详细的规定，往往以较具弹性的条文作出宏观性的规范，各校可因实际情况及需要作出调整。此外，课程大纲只建议私立学校参考跟随，因此其影响仍以占学生总数仅为 5%的公立学校为主，未能广泛影响占学生人数 95%的私立学校。四类学校由于学制不同，学校地理课程目标、课程内容、教科书等方面都存在较大的差异，地理课程在学校层面存在强烈的多元性。

会议和交流活动

中国地理学会学术年会

会议时间：2008 年 7 月 14～16 日

会议地点：长春国际会展中心

会议主题：地理学与生态文明建设

参会人员：来自中国内地、港、澳、台和澳大利亚地理学界和相关学科的科技工作者

举办单位：中国地理学会、中国科学院东北地理与农业生态研究所、东北师范大学、中国科学院地理科学与资源研究所联合主办。中国科学院东北地理与农业生态研究所承办，吉林省地理学会、东北师范大学城市与环境科学学院、吉林大学环境与资源科学学院、吉林师范大学旅游与地理科学学院、长春师范学院城市与环境科学学院、延边大学理学院地理系和白城师范学院地理系协办。

会议内容：应大会组委会邀请，中国科学院东北地理与农业生态研究所刘兴土院士就“我国湿地面临的生态问题及保育对策”、中国科学院地理科学与资源研究所陆大道院士就“我国环境污染新特点及保障国民健康的对策”、中国科学院成都山地灾害与环境研究所崔鹏研究员就“汶川地震与次生灾害”、中国科学院地理科学与资源研究所金凤君研究员就“东北地区振兴规划：科学判断、途径设计与方案制定”、南京师范大学地理科学学院闾国年教授就“地理建模环境与地理模型共享研究”作了大会学术报告。与会代表分别围绕“生态文明：国际经验与教训”“地理思想与方法创新”“地理模型与模拟”“健康湿地与人类”“气候变化与人类活动”“流域生态水文与湿地水资源可持续利用”“环境地理与区域安全”“海岸带自然灾害与生态安全”“全新世环境变化与新石器文化发展”“山地环境与山区发展”“中国特色的城镇化道路”“资源型城市经济转型与可持续发展”“区域与城市管理”“行为空间及规划研究”“长白山—图们江地区开发与多边合作”“工业区—工业基地可持续发展”“区域规划的现状与未来”“新课程与有效性教学及高考评价与课程整合”“旅游地理教育及事件旅游”“新时期中国人口问题与政策的地理学考察”“社会文化地理学”“交通与物流”“医学地理的发展与创新——健康地理”和“地理信息系统理论、方法与应用”24 个专题进行

了分会场学术交流。“新课程与有效性教学及高考评价与课程整合”分会场由北京师范大学地理学与遥感科学学院教授王民、人民教育出版社编审韦志榕、中国教育部考试中心研究员张亚南召集。本次会议共举行了70多个场次的专题学术交流，共有350多人次分别在各分会场作了学术报告。作为本届学术年会重要组成部分的“第三届全国地理学研究生学术年会”，于7月13日在东北师范大学举行，来自全国各高等院校和科研院所的研究生200多人出席了会议，会议邀请了中国科学院东北地理与农业生态研究所阎百兴研究员、东北师范大学城市与环境学院丁四保教授、首都师范大学副校长宫辉力教授、ESRI中国（北京）有限公司市场总监李振宇先生分别就“东北黑土地水土流失及其生态环境效应”“关于区域问题和区域地理研究”“对地理观测技术与国家减灾需求”“GIS——成就地理价值”等论题作了大会学术报告。随后，与会代表分别就自然地理学、资源环境与可持续发展、GIS与RS理论与应用、区域城市发展、人地关系与区域发展、旅游地理与旅游规划、城市空间结构与布局、产业布局与发展8个专题进行了分会场学术交流，共有80多位与会者作了学术报告。借助中国地理学会学术年会平台，全国地理学研究生学术年会已经举办了三届，均由研究生自行设计和组织，全国地理学研究生联合会发挥了重要作用。本届研究生学术年会由王文刚、姚允龙、肖桐和梁育填等同学共同牵头组织。会议期间，还召开了“中国地理学会九届十三次常务理事会议”“中国地理学会经济地理专业委员会主任工作会议”“中国地理学会青年工作委员会主任工作会议”以及《地理科学》等学术期刊的编委会工作会议。中国地理学会旅游地理专业委员会设立并颁发了“陈传康优秀旅游地理学术论文奖”，首批表彰了20篇优秀论文，都是1990年以来发表的学术论文。

中国教育学会地理教学研究会学术年会

会议时间：2008年12月19～21日

会议地点：南安一中（福建省泉州市南安市）

会议主题：地理课程改革回顾与展望

参会人员：中国大陆和港、澳地区的地理教育界专家学者

会议内容：会议分为专家报告和学术交流两个议程。首都师范大学林培英教授、人民教育出版社韦志榕副总编、上海市教委教研室特级教师赵才欣、华东师范大学夏志芳教授作了精彩的专题报告；学术交流围绕开展地理新课程的反思、探讨地理高考与

地理课程改革的关系和研究新课程试验中地理课堂教学行为等主题进行讨论和交流。

中学生地理奥林匹克竞赛

竞赛频率：每两年举办一次

组织单位：国际地理联合会地理教育委员会（IGU-CGE）与国际地理联合会国际地理教育奥林匹克委员会合作举办

竞赛主旨：激发学生对地理及环境研究的主动兴趣；培养学生在地理方面的知识和技能；提供正式接触环境以及建立来自各地年轻学生间的友好关系，进而促进国家彼此间的了解。

竞赛内容：主观笔试部分、现场问答和野外考察任务

竞赛官方语言：英语，以英语形式提问并要求学生以英语作答，学生的答案必须以英语形式。将会为非英语为母语的学生提供额外的帮助。

赛题特点：题目新颖、关注热点、注重实践、鼓励合作、强调交流

首届时间地点：1996年在荷兰海牙

第七届概况：2008年8月7～12日在突尼斯共和国迦太基举行。中国队由华南师范附中的四名同学组成（雷辛、陈思哲、黎敏丹、胡思佳），最后雷辛、黎敏丹同学获得铜牌。

我国中学生地理奥林匹克竞赛概况：2006年1月，第一届全国中学生地理奥林匹克竞赛在华南师范大学附属中学番禺学校举行。竞赛分两段进行，全部为笔试。第一段为选择题（第一部分）和主题简答题（第二部分）；第二段为景观观察题（第三部分）、综合分析题（第四部分）和英文题（第五部分）。2007年12月，第二届全国中学生地理奥林匹克竞赛在北京举行。与第一届竞赛相比，本届竞赛参加队伍和人数大幅增加，已由上届的20支队伍的80名同学扩大到32支队伍的128名同学。同时，为了使竞赛试题渐趋与国际接轨，竞赛试题取消了选择题，加大了景观题比重，增加了野外实习和现场判读考试，将外语分比例由原来的5%提高到10%。

第七届国际中学生地理奥林匹克竞赛介绍与分析

王　民

第七届国际地理奥林匹克竞赛（IGEO Carthage 2008）于2008年8月7～12日在突尼斯共和国迦太基举行。共有24个国家和地区的代表队参加了比赛。中国队由华南师大附中的四名同

学组成（雷辛、陈思哲、黎敏丹、胡思佳），最后雷辛、黎敏丹同学获得铜牌，实现了零的突破。

中学生国际地理奥林匹克竞赛（IGEO）于 1996 年在荷兰海牙举行的第 28 届国际地理大会期间进行了第一届竞赛，取得了成功，因而在国际地理大会结束时达成了共识，中学生国际地理奥林匹克竞赛每两年举办一次，与国际地理大会和其间的区域会议同时举行。其主旨是：①激发青年人对地理和环境学习的兴趣。②通过关注青年人地理知识、技能和兴趣的质量，积极促进人们思考地理作为一门中学课程的重要性。③为各国青年接触沟通提供条件，从而促进国家间的了解。

到 2008 年已成功举办了七届。参赛国的数目从第一届只有 5 个国家，到 2008 年已发展为 24 个国家和地区派代表团参加，可见该竞赛在各国地理界的影响已越来越大。而且已逐渐形成了比较稳定的竞赛形式。了解中学生国际地理奥林匹克竞赛规章、形式及发展方向，分析其命题特点，对于了解国际地理教育发展的特点和方向，促进我国中学地理教学有很大的启发性，尤其是对地理新课程的实施和评价有借鉴意义。

下面简要介绍本次竞赛的情况和特点，供广大教师参考。也期望有志于在国际竞赛中为国争光的师生通过有针对性的训练，能在今后的竞赛中取得更好的成绩。

一、第七届中学生国际地理奥林匹克竞赛的形式和内容

中学生国际地理奥林匹克竞赛测试包含三部分：笔试（占总分 40%）、现场问答（占总分 20%）、户外测试（占总分 40%）。要求学生必须独立完成试题要求，学生必须使用国际地理奥林匹克竞赛官方语言（英语）作答。内容涵盖自然与人文，并较突出人类活动与环境关系的问题解决，侧重地理学基本技能的训练。

1. 笔试（Written Test）——主题式测试，占 40%

竞赛首先进行的是笔试测试，基本以主题的形式进行，通常选择重要的地理议题为对象，每个主题又包括若干问题。这些主题一般为国际上及举办国或地区的热点问题，另外还考虑同期举行的国际地理大会的主题，也有地理理论的运用和解答题。本部分侧重考查分析问题和解决问题的能力。

本次竞赛的笔试部分一共有 7 题，分别是国际旅游、气候与气候变化（全球变暖）、哥伦比亚的波哥大、能源的未来与可持续发展、非洲陶器罐中罐食物系统、中国的气候与奥运会、世界粮食问题。题目包括“资料”和“问题”两部分，所给的资料丰富，包括数据、地图、图表一共 21 页，问题有 12 页，具体的题

型有论述题，也有选择题。题目很开放，涉及面广，对学生的地理学知识背景有较高的要求。

2. 户外地图测试（Mapping Exercise），占 40%

竞赛的第二项是户外地图测试，内容一般包括自然地理和人文地理两部分。根据主办地的实际情况选择考察的地点和项目，户外考察部分侧重地图阅读和定向、绘制地图、制作图表、观察能力、收集资料和分析资料等野外技能。沿考察路线会设计一系列的问题来指导学生观察，并完成相应的图表、记录和报告。

本次的户外地图测试有两个部分，一是野外部分；二是室内部分。

野外部分有两题，第一题是地形与土地利用图（Geomorphology and Land Use），选择一段干河谷，要求学生自己观察，在干河谷的底图上，使用图例和注记，标出地形和土地利用情况，时间 1 小时，10 分。第二题是 Tozeur 绿洲的农业土地利用（Agricultural Land Use in Oasis Tozeur），Tozeur 绿洲实际上是一个大型的农业园，种植各种植物，题目要求学生选择 50×50 米的一块地，使用图例和注记绘制农业土地利用图。这一部分为各国代表队集体题，需要组内成员的团结合作，共同完成，时间 1 小时，10 分。

组织委员会安排了从突尼斯北部到南部的一个考察，途经地中海气候、热带草原气候、热带沙漠气候三个地区。室内部分是在整个 3 天野外考察之后，对考察的各个方面进行测试，主要是笔答，20 分。

3. 基础知识测试（Multi-media Test）——或多媒体测试，占 20%

竞赛的第三部分测试是户内有关地理基础知识方面的测试，题目多为选择题，也有部分简答题，一般采取现场问答的形式。考虑到不同国家开设地理课程的不同，一般不考查记忆性的地理知识内容，尽量避免很明显的测验问题，如："丹麦的首都是什么?"或"印度的主要出口产品是什么?"大多数题目是以图片、数据或背景资料等形式呈现，要竞赛者用地图、图标或图片分析信息，重在考查基本的地理思维技能。此次竞赛的难度有所增大，增加了图表和模式图的内容。

二、第七届国际地理奥林匹克竞赛试题的特点

1. 题型新颖、开放

从题型上看，竞赛引入了主题问题解决、野外考察、现场问答、角色扮演等题型，这在其他科目的考试和一般的地理测试中是不常见的，可以发挥选手的多项潜能和提高他们参加的兴趣。地理奥林匹克竞赛题是由各国的地理教育专家精心设计和创造的，视角广泛，给人耳目一新的感觉。

竞赛题目有较强的开放性，很多要求学生能够自主判断和论证的内容，比如“能源的未来与可持续发展”的主题测试中，让学生用 100～200 字论述一下风能、地热作为可更新的工业能源。虽只要求 100 多字，但在有限时间内用英语阐述清楚，对学生的综合素质要求很高。

2. 关注热点

地理学的核心是研究人类与环境的相互关系，竞赛试题也始终关注着当今世界的热点问题，如资源短缺、气候变化、粮食问题、可持续发展等，同时也关注人们身边的地理问题，如旅游、节约资源等。这些都突出体现在各种类型试题中。本次竞赛正值北京奥运会开幕，题目中把中国的气候与举办奥运会结合起来，引起学生的兴趣。

3. 注重问题情境

为避免因课程差异导致的参赛选手知识结构的不同而影响答题，题目设计着眼于解决实际问题。所以无论笔试还是现场问答的选择题，题目主要都是以景观图片、地图、数据图表、文字资料等形式引出，这次竞赛的笔试部分的材料中，给出 34 个地图和图表，创设具体的地理问题情境，使学生能根据题目所给信息，利用相关的地理知识、地理原理和地理规律，充分发挥观察、分析、推理、判断等能力，考查的是学生的综合素质。但从题目中也可以看出，尽管不直接考查知识内容，但是参赛者必须具备深厚的地理知识基础，同时要有具有跨学科的知识结构，才能应对自如。

4. 注重地理实践能力

这主要表现在户外考察部分。户外考察是一种重要的地理技能，户外利用地图定向、绘制剖面图、户外观察和记录、采集样品等都是地理学家最基本的能力，竞赛的主旨之一就是提供学生真正接触地理环境的机会，这次竞赛给学生安排了充足时间参观、考察，如参观世界文化遗产——迦太基城和多个博物馆，三天乘车考察整个突尼斯，沿途设立多个考察点，给学生讲解。让学生在实际中运用自己的地理理论知识，提高自己的地理技能。户外地图测试都是在野外考察途中进行的，充分体现了地理教育要在环境中进行教育的要求。

5. 注重地图技能

对地图技能的考察表现在两个方面，一是读图能力，无论是野外考察，还是户内测试，题目中都大量涉及地图的使用，学生必须熟练使用地图，读懂地图是解决问题的关键。二是绘图能力，在户外考察中，基本上都有绘图要求，有的需在平面地图上做注记，有的是绘制剖面图（横断面图），要求学生能够正确使用比例尺，会使用图例、注记等。这次比赛主要是绘制平面图，我国学生在这方面明显不足，如在绘地形与土地利用图的10分中，四个同学平均得1.5分，而冠军队罗马尼亚队，每人平均得6分。

三、国际地理奥林匹克竞赛给我们的启示

国际地理奥林匹克竞赛所反映了地理教育国际宪章的宗旨，代表了世界地理教育的总趋势，其理念和实践反映了是地理教育发展的方向。把握国际地理奥林匹克竞赛的趋势，有助于我们调整地理教育教学的方向，提高我国地理教育水平，培养真正具有较高地理素养的公民。

IGEO试题的命题特点与我们新课程高考一标多本背景下倡导能力考查立意是一致的。这样的考查形式对我们新课程的实施和评价提供了很好的参照蓝本，尤其对进入新课程高考的高考复习有一定的指导意义。

从国际地理奥林匹克竞赛，我们可以看到我国目前地理教育存在的问题，要想在国际地理教育领域有出色表现，我们需要做出很大努力。对今后准备参赛的师生来说，更需要从以下几个方面提高自己的水平：

1. 合作学习能力

IGEO与一般的考试不同，考题设计不仅有参赛队员独立完成的题目，也有需要参赛队集体合作完成的题目，相应的奖励也分个人奖和团队奖。如绘制 Tozeur 绿洲的农业土地利用图，要求学生在一小时内完成，不仅需要仔细观察，还需要参赛队员的密切配合和具有良好的团队精神。我们平时需要加强学生合作学习、团队学习精神的培养。

2. 与他人交流能力

举办IGEO的目的之一就是加强国际间的文化交流和相互了解。在IGEO举办期间，举办国通常会安排参观、各国代表队的交流、文艺晚会等多种形式的活动。IGEO参赛的国家越来越多，不同国家不同文化背景的学生在一起学习交流是一次非常难得的机会，在这方面，我们的同学表现非常突出，他们在文艺表演中，身着中国传统服装，用胡琴、笛子、葫芦丝演奏了广东音乐，博得了一致喝彩，可以说是表现最好的一队。

竞赛要求选手能熟练运用竞赛的官方语言——英语，与他人沟通和学习。而且在整个竞赛过程中，都要求用英语听说读写，因而对非英语国家的选手而言，是一个很大的挑战，也是一个很好的锻炼机会。平时要注意用英语学习地理能力的积累，如常看英语地图、多了解地理术语都是很重要的。

3. 问题解决能力

传统的地理教学往往更多地侧重地理知识的传授和掌握，而对学生的地理技能和能力培养则较欠缺，而且过多地注重理论的掌握，却较少将理论应用于实际，知识学习远离生活实践，所以学生在面对真实问题时则显得束手无策。当今地理学研究领域更多地走向解决社会生活中的实际问题，这也在比赛题目中有明显的体现，如在“气候与气候变化”题目中，问“怎么减少北极冰盖与北大西洋暖流的联结”等这类地理专家才探讨的问题由高中生来进行讨论。这和我们考察的思路有很大不同，这正是我们今后的教学和评价应调整的方向。

4. 跨学科研究能力

中学课程考察多是单纯的学科课程内容的考察，比较少体现学科间的联系，而地理学是一门跨自然与社会两个领域的综合性学科，近些年地理学与其他学科间交叉融合趋势也在加强，所以地理学的综合研究趋向也体现在竞赛中，如笔试中的国际旅游、气候与气候变化（全球变暖）、哥伦比亚的波哥大、能源的未来与可持续发展、非洲陶器罐中罐食物系统、中国的气候与奥运会、世界粮食问题等都有反映。这样的题目建立在地理调查背景下，单纯的地理知识却解决不了这样的问题，要求学生具有较全面的综合知识素养。所以在今后的教学中需有意识地进行学科间知识的融合。

5. 户外实践能力

在三种测试中，我国选手在野外考察部分表现得最不理想。这与国内注重教学和考试，而忽视野外考察不无关系。这也正是我们地理课程改革一个亟待解决的问题。地理技能必须体现在对现实环境的考察中才能建立起来，教师在今后教学中，应该适当布置一些让学生自己去实察的课题，如对城市、农村的土地利用形式的调查、绘制剖面图等。改变我们的学生一到野外就不知所措的问题。

作为国际性的中学生地理大赛，其结果一定程度上可以反映一个国家的地理教育水平。从这次参赛的成绩来看，我们取得了一些进步，但是与国际中学地理教育先进水平还存在明显的差距。中国地理学会将在2009年下半年举行第三届中国中学生地理奥林匹克竞赛暨第八届国际地理奥林匹克竞赛，长远一点看，我国已经申办2016年国际地理大会，届时将在中国举行第十一届中学生国际地理奥林匹克竞赛，中国地理学会地理奥林匹克竞赛工作组希望广大教师能多了解中学生国际地理奥林匹克竞赛(欢迎浏览中国地理奥赛网：www.geoolympiad.cn)，将竞赛的宗旨及其考查形式结合到地理教学中，配合地理新课程改革，有效地提高我国中学生地理能力，也为今后在国际竞赛中获得优异成绩打下基础。

《地理教育》2008年第6期

“地球小博士”全国地理科技大赛

大赛目的：通过对学生科学素质的提高，发挥未成年人在家庭和社区对成年人的独特影响，最终起到带动全民科学素质的整体提高。

大赛宗旨：通过大赛宣传科学发展观，重点宣传普及节约资源、保护生态、改善环境、应急避险、健康生活、合理消费、循环经济等观念和知识，倡导建立资源节约型、环境友好型社会，形成科学、文明、健康的生活方式。通过大赛宣传我国人口众多，资源有限、人均占有资源远低于世界平均水平的基本国情，使年青一代人从小树立人与自然和谐相处和可持续发展的意识，也是具体落实《全民科学素质行动计划纲要》中有关未成年人科学素质行动计划的一部分。

参赛对象：有创新能力的、品学兼优的中、小学在校学生，相应分成小学段、初中段和高中段三个组进行评比。

大赛内容：客观题和主观题两部分。客观题将由专家委员会依据学生受教育的程度不同分别拟订三套不同的试题，试题采用选择题和判断题的形式，使用答题卡答题主观题为参赛选手完成的创作题，要求参赛选手在完成客观题的基础上，通过学习、调查、体验等方式，根据自己的爱好和优势，以调查报告、作文、书画、动漫、摄影等形式（题材不限）提交全国组委会参加评比。

奖励办法：个人奖（“地球小博士”“环保之星”等）、全国科教普先进校长及优秀科技辅导员奖、组织奖

第一届概况：2007年3～8月举办，主题是“构建和谐社会从我做起”。

第二届概况：2007 年 9 月～2008 年 7 月举办，主题是“节能环保从我做起”。

第三届概况：2008 年 11 月～2009 年 6 月举办，由全国中小学生自愿参加，主题是“防灾减灾、科学发展”。

中国地理学会环境地理专业委员会暨第六届 POPNET 研讨会

会议时间：2008 年 4 月 24～25 日

会议地点：江苏溧阳

举办单位：中国科学院南京土壤研究所土壤环境与污染修复重点实验室、中国地理学会环境地理与化学地理专业委员会

参会人员：全国高校和中科院共 20 家单位的环境科学、化学、土壤学及其他相关领域的专家学者

会议内容：会议围绕持久性有机污染物的检测新技术和新方法，污染物吸附、迁移与降解机理，区域环境过程，生态与人体健康风险，污染控制、修复与管理等相关主题展开，会议还收到论文摘要近 26 篇，并编辑成论文摘要集供会场交流。

中国第四纪科学研究会海岸海洋专业委员会与中国地理学会海洋地理专业委员会 2008 年学术年会暨中国海洋资源环境与工程学术研讨会

会议时间：2008 年 6 月 21～24 日

会议地点：哈尔滨师范大学地理科学学院

参会人员：南京大学、同济大学、中科院地理所、浙江大学、青岛海洋地质研究所等高校及科研院所的专家

举办单位：中国第四纪科学研究会海岸海洋专业委员会、中国地理学会海洋地理专业委员会、南京大学海岸与海岛开发教育部重点实验室和哈尔滨师范大学地理科学学院共同主办

2008 年全国土地资源可持续利用与新农村建设学术研讨会

会议时间：2008 年 7 月 11～13 日

会议地点：重庆市

举办单位：中国自然资源学会土地资源研究专业委员会、中国地理学会农业地理与乡村发展专业委员会主办，西南大学承办，重庆市地理学会、重庆市地矿局、重庆市土勘院、重庆市科协、重庆师范大学地科院、南京大学地理与海洋学院协办

参会人员：全国 23 个省（市、自治区）的 160 余位代表

会议内容：来自全国各地的 48 位专家学者作了大会学术报

告，其中佘之祥、刘彦随、陈百明等12位知名专家学者作了大会主题报告，两个分会场设立四个研讨主题，共有36位学者作了分会场学术报告。与会代表紧紧围绕在落实科学发展观和统筹城乡协调发展新形势下，我国土地资源可持续利用与新农村建设的热点、焦点和关键问题，展开了广泛的交流和讨论。学术报告采用了“报告＋提问＋辩论＋评述”的模式，强化了学术交流的灵活性与互动性，收到了很好的效果。本次研讨会为农业与乡村地理学及其相关领域学者，提供了一个相互交流和学习的平台，对提升国内农业地理学和乡村发展研究的理论水平及学科建设，具有重要的意义。作为本次研讨会标志性成果的论文集——《中国土地资源可持续利用与新农村建设研究》，于2008年7月已由西南师范大学出版社正式出版。该文集收录了经严格筛选的大会论文168篇，计200余万字，涉及土地可持续利用与新农村建设模式、土地节约集约利用与新农村建设、新农村建设与土地整理、土地资源安全与土地生态建设、耕地资源保护与粮食安全、土地利用规划与土地资源优化配置、土地利用变化及其驱动力7个前沿领域，展示了当前我国土地资源与乡村地理学研究的新成果、新进展。

第九届海峡两岸地貌学研讨会

会议背景：海峡两岸地貌学同行的学术交流已至第九届，这次原定在成都举行，因汶川大地震而改在台湾。

会议时间：2008年8月26日～9月1日

会议地点：高雄师范大学

参会人员：台湾大学林俊全、张长义教授，高雄师范大学副校长蔡培村教授、地理系主任齐士峥教授，南京大学王颖院士、李满春教授，成都理工大学唐川教授，中国科学院地理科学与资源研究所刘纪远研究员等50余人，以及南京大学地学院赴台湾参加野外实习的20多名本科生

会议内容：会议主题包括地表过程与环境演变，环境灾害与风险管理，人类工程活动与环境地质，环境保育与可持续发展。此次会议还特别加入了汶川大地震与次生地质灾害及救灾重建与管理，以体现海峡两岸地理学界同行对汶川大地震的关注。会议先后有26位代表报告他们的最新研究成果，中国科学院院士王颖教授通过塔克拉玛干石英砂表面结构组合特征分析，提出塔克拉玛干沙漠砂具有风化剥蚀、河-洪积、风积等起源，但颗粒表面的波浪、水流作用标记以及堆积过程中的溶蚀与沉淀作用指示

沙源主要来自于中新世晚期（约 1000 万年前）干涸的古海洋，这一研究成果为我们追溯中新世新特提斯海的演化，塔克拉玛干沧海变桑田的历史具有重要意义。成都理工大学唐川教授报告了“5·12”四川汶川大地震发震机制与诱发的次生灾害，台湾大学地理环境资源学系主任林俊全教授报告了台湾高山冻融作用之研究，中国科学院地理科学与资源研究所前所长刘纪远教授报告了蒙古高原沙尘暴源区的土壤风蚀定量研究，台湾大学张长义教授报告了台湾国家公园的发展与挑战，南京大学朱大奎教授报告了唐山曹妃甸地理资讯系统研究，高雄师范大学齐仕峥教授报告了澎湖群岛滨台地形分布及其成因之研究。大陆代表较多涵盖全球变化造成的地表过程和环境演化，以及目前大家比较关注的冰冻雨雪和地震造成的次生地质灾害问题，台湾代表较多围绕地景保育和可持续发展。专家们有着共同的目标：为了消除人类活动对环境的负面影响，保护我们人类共同的家园。

第六届海峡两岸休闲产业发展学术研讨会

会议时间：2008 年 9 月 7～14 日

会议地点：台湾关子岭

举办单位：中国科学院地理科学与资源研究所、中国地理学会乡村景观与休闲产业研究委员会、亚洲大学（台湾）、国立暨南国际大学（台湾）、统茂旅馆集团（台湾）5 个单位共同主办，由台湾民俗协会、台湾休闲农业学会、台湾乡村旅游协会、台湾观光产业升级策进会、昆明大学、朝阳科技大学（台湾）协办

参会人员：来自中国大陆 20 个教学与科研单位的 34 名代表和台湾 32 个教学单位与旅游企业的 80 名代表

举办目的：加强海峡两岸休闲观光，特别是乡村旅游方面的交流与合作，促进两岸旅游业、农业界之间的沟通与交往

会议内容：大会特别邀请了中国科学院地理科学与资源研究所、中国地理学会乡村景观与休闲产业研究委员会郭焕成研究员、台湾亚洲大学休闲与游憩管理学系刘健哲教授、哈尔滨经济研究所张玉斌所长、台湾暨南国际大学观光与休闲事业管理学院林士彦副教授、华南师范大学旅游管理系主任甘巧林教授、台湾亚洲大学蔡宏进教授分别作了题为“北京休闲农业与乡村旅游发展研究”“农村风貌与乡村旅游”“中国寒地大都市地区休闲观光农业发展问题研究”“台湾民宿产业发展趋势分析”“体验旅游视角下的广东阳江农业生态旅游开发新思考”“休闲、观光与娱乐的伦理”的特邀报告。大会共收到学术论文 100 余篇，62 位与会

代表做了学术报告，另外还有33篇论文以海报的形式发表。会议交流了两岸休闲产业最新研究进展，特别是休闲农业与乡村旅游、民俗与农家乐、自然资源与生态旅游、健康与休闲产业、区域地理与观光旅游，农业与农村发展等领域的新近研究成果。从会议交流中显示，伴随着旅游业的发展，两岸学者对乡村旅游的发展趋势、民俗与农家乐的开发模式、旅游资源的潜力评估、休闲产业影响、生态旅游可持续发展等方面又有了一些新的认识和突破。与此同时，大会还组织了两个论坛，一个是“海峡两岸民俗（农家乐）与乡村旅游论坛”，主题是探讨两岸民俗与乡村旅游的机会和挑战；另一个是“海峡两岸岛屿观光发展论坛”，主题是研讨岛峡观光发展的机会和挑战。围绕本次会议的主题，与会代表考察了台一生态教育农园、埔里农会、清镜农场、日月潭国家风景区、阿里山国家风景区、东部海岸国家风景区、太鲁阁国家公园、和果森林休闲茶庄、关子岭温泉景区、走马濑农场、台东富冈渔港、池畔稻米原乡馆、立川养殖场等休闲产业发展的重点地区，对台湾地区的自然景区、休闲农场和广泛发展的民俗旅游进行了重点考察，同时会议代表借此机会对台湾东部地区海岸带生态旅游、台湾东部农业发展和乡村旅游进行了广泛的考察和学习。作为本次研讨会标志性成果的论文集——《乡村旅游与新农村建设》已由矿业大学出版社正式出版。

第六届全国地图学与GIS学术大会

会议时间：2008年9月19～21日

会议地点：新疆乌鲁木齐市新疆大学

举办单位：中国地理学会地图学与地理信息系统专业委员会、中国测绘学会地图学与地理信息系统专业委员会和中国地质学会地质制图专业委员会联合主办，新疆大学资源与环境科学学院、中国科学院地理科学与资源研究所、解放军信息工程大学、中国地质科学院地质研究所、新疆大学绿洲生态教育部重点实验室、新疆大学地质与勘查工程学院、武汉大学地理信息系统教育部重点实验室等单位承办，新疆维吾尔自治区地理学会、新疆维吾尔自治区测绘学会和新疆维吾尔自治区遥感技术应用学会等单位协办

参会人员：全国科研、教学、地图出版以及测绘行政生产单位的教授、研究员、代表

会议主题：“现代地图学与GIS：创新、服务与和谐发展”

会议内容：王家耀、钟耳顺、李治林、王铮、刘志辉、王东

华、范本贤、李超岭、刘耀林、龙毅等分别做了“地图学的‘变’与‘不变’”“地理信息服务模式探讨”“互联网时代制图学的挑战”“空间运筹及其应用”“新疆融雪洪水预警决策支持系统研究”“信息时代专题地图制图的技术特征和热点应用领域”“国家1∶5万基础地理数据库建设与更新”“国际合作地质编图的新进展”“中国地质调查信息网络平台架构及其应用——网格GIS技术在国土资源信息共享平台研究中的应用”“空间数据挖掘与工程应用”“电子地图学研究与教学探索”等报告，分别从网络地图学、GIS中的空间运筹模型、区域防灾决策支持系统、专题地图制图、国家基础地形图数据库、地质制图、网格GIS、空间数据挖掘、电子地图学等方面，比较全面地介绍了国内地图学与GIS领域近年来的学科和工程进展，代表了该学科当今的前沿发展水平。

首届中国区域历史文化与旅游开发研讨会暨国家遥感考古联合实验室学术会议

会议时间：2008年10月18～19日

会议地点：杭州

举办单位：浙江省地理学会、浙江教育学院及浙江遥感考古工作站承办

参会人员：原全国人大常委会委员、浙江大学教授毛昭晰先生，中国科学院常务副秘书长、中国科学院对地观测中心主任郭华东研究员，浙江省地理学会理事长刘南教授，国家历史博物馆遥感考古中心主任杨林研究员，国土资源部航空遥感中心处长李志忠研究员，浙江大学教授陈桥驿先生、浙江教育学院外籍教授德村志成先生等来自省内和全国各地的与会专家学者和有关单位代表60余位。

2008年湖南省地理学会年会暨学术研讨会

会议时间：2008年10月18日

会议地点：衡阳师范学院

参会人员：湖南省56所院校和相关单位的100多名代表

会议内容：衡阳师范学院刘沛林教授、湖南师范大学翟辅东教授、湖南文理学院董明辉教授和长沙市天心区进修学校邹今倜四位专家分别作了主题报告。会议中的学术组活动和中学组活动分别在衡阳师范学院和衡阳市八中举行。学会常务理事、衡阳师范学院田亚平教授主持了学术组报告会，湖南师范大学章新平教

授，长沙理工大学蓝万炼教授，湖南农业大学段建南教授，省经济地理研究所张强，衡阳师范学院刘兰芳、邹君、杨金华 7 位代表在学术组报告会分别作了学术交流报告。中学组报告会由省地理学会学会秘书长、湖南师大资环学院地理系主任杨新教授主持，衡阳市八中校长龚彩福、湖南师范大学秦建新、衡阳市八中教师李友元 3 位代表在中学组报告会上分别作学术交流报告。

江苏省地理学会江苏省遥感与 GIS 学会 2008 年学术年会

会议时间：2008 年 10 月 17～19 日

会议地点：连云港神州宾馆

举办单位：江苏省地理学会和江苏省遥感与 GIS 学会共同举办，淮海工学院承办

参会人员：江苏省内 130 多名代表

会议主题：连云港与中国东部地区的科学发展

西北大学城市与资源学系·环境科学系
第十三届研究生科学报告会

会议时间：2008 年 10 月 25 日

会议地点：西北大学

举办单位：西北大学、陕西省地理学会和全国地理学研究生联合会主办，西北大学城市与资源学系·环境科学系承办，西安交通大学、陕西师范大学、西安建筑科技大学等西安地区 18 个单位协办

会议内容：中科院山地所副所长、“国家杰出青年基金”获得者、“全国百篇优秀博士论文”获得者崔鹏研究员，中科院寒旱所“国家杰出青年基金”获得者、“全国百篇优秀博士论文”获得者王宁练研究员，陕西环保厅李孝廉副厅长等多名国内外知名专家学者分别作了题为“5·12 汶川地震次生山地灾害及其应急排除”“冰冻圈与全球气候变化”“全球和区域环境问题以及我国的战略对策”“城市研究新前沿”的精彩的主题报告，为广大研究生同学展现出学科广阔的研究视野，以及学科研究关乎国家和地区发展及人民生活的重大现实意义。

湖北省地理学会 2008 年学术年会

会议时间：2008 年 11 月

会议地点：湖北大学

举办单位：湖北省地理学会主办，湖北大学资源环境学院

承办

参会人员：湖北省发改委、湖北省地理学会负责人，湖北大学、华中师范大学、武汉大学等高校的专家学者以及各地一线地理学教师两百余人

会议目标：加强地理学科建设，促进湖北省高校间学术交流与合作

会议内容：湖北大学资源环境学院王新生教授作了题为“湖北省洪湖市中稻播种面积遥感测试”的报告，介绍了我省目前最前沿的科研成果。省发改委规划处孙大钟处长结合当前热点，阐述了“武汉城市圈两型社会建设的发展构想”。中国地质大学（武汉）李长安教授简析了汶川地震的破坏与成因。华中师范大学李家清、龚胜生教授以及武汉大学艾延华教授先后汇报了地理学教育方面的改革及建设方案。本次年会还就自然地理、人文地理、地理信息系统、区域经济与旅游管理、地理教育等学术问题进行了交流。地理学专家、李四光弟子景才瑞教授与大家一同回顾了中国地理学会过去近百年走过的风风雨雨，提出了以“以地为生，人地和谐，因地制宜，盛世中华”的奋斗目标与大家共勉。

中国地理学会长江分会 2008 年学术年会

会议时间：2008 年 11 月 16～17 日

会议地点：南昌

举办单位：中国地理学会长江分会、江西师范大学鄱阳湖湿地与流域研究教育部重点实验室和地理与环境学院共同组织

参赛人员：中国科学院南京地理与湖泊研究所、地理科学与资源研究所、测地所；湖南经济地理研究所、南京大学、华东师范大学、南京师范大学、武汉大学、中国地质大学、长江水利委员会、苏州科技学院、云南大学等高校和科研单位的 80 余名学者

会议内容：本次年会以“和谐长江、人类与河流共生存”为主题，交流地理学研究的最新成果和进展，与国家未来发展需求相结合，推动研究理论和方法上的创新。会议共收到论文 34 篇，多为近几年的研究成果，主要集中在河流与湖泊湿地、RS/GIS 应用于湖泊湿地和水土资源的研究、区域经济与城市发展等方面。另外，江西省科技厅副厅长王晓鸿出席开幕式并作了学术报告，中国地理学会名誉理事长、中国科学院院士施雅风教授与会

并作了关于庐山冰川问题的专题报告；施雅风院士及部分专家应江西师大地理与环境学院和鄱阳湖湿地与流域研究室的邀请，就创建一流学院、培养一流人才进行了座谈。

第二届（全国）经济地理学术论坛

论坛时间：2008 年 12 月 12 日

论坛地点：中科院广州教育基地

举办单位：湖南省经济地理研究所、《经济地理》编委会和广州地理研究所联合举办

参会人员：中科院院士、中国地理学会理事长陆大道，以及来自中科院地理科学与资源研究所、中科院南京地理与湖泊研究所、中科院研究生院、南京大学、北京师范大学、东北师范大学、辽宁师范大学、华东师范大学、华中师范大学、宁夏大学、中山大学、华南师范大学、深圳科技园、海南省国土资源厅和广州地理研究所等单位的经济地理学专家学者。

“人口流动与城市适应”学术研讨会

会议时间：2008 年 12 月 12～13 日

会议地点：华东师范大学

举办单位：中国地理学会人口地理专业委员会与华东师范大学中国现代城市研究中心（教育部人文社科重点研究基地）、华东师范大学人口研究所、上海市地理学会联合主办

参会人员：华东师范大学、中国人民大学、北京大学、武汉大学、南京大学、香港中文大学、福建师范大学、同济大学、上海社科院等国内十几家单位的人口学、社会学、地理学等专业的学者

会议内容：华东师范大学丁金宏教授、香港中文大学沈建法教授、中国人民大学杨菊华教授、武汉大学刘传江教授、福建师范大学朱宇教授分别以“中国的户口制度改革：历程、障碍与出路”“Hukou Identity and Migration in Guangdong”“从隔离、区隔融入到融合：流动人口社会融入问题的理论思考”“双重‘户籍墙’对农民工市民化的影响研究”“流动人口在迁移过程中的分化和在城镇的定居意愿：理论、实证和政策”为题做了大会发言。与会代表在上述发言结束以后，与演讲者进行了热烈互动的交流。12 月 12 日下午和 13 日上午，会议分两组进行学术交流。与会代表围绕户籍制度、流动人口、劳动力市场、城乡差别等主题进行了广泛深入的交流。

福建省地理学会 2008 年学术年会

会议时间：2008 年 12 月 13 日下午～14 日上午

会议地点：泉州师范学院

举办单位：福建省地理学会主办，泉州师范学院资源与环境学院承办

参会人员：福建省 20 多所院校和相关单位的 200 多名代表

会议主题：地理学与生态文明建设

会议内容：曾从盛研究员就“湿地与湿地科学”、吴文英教授就“地理信息系统的应用——三维可视化城市景观规划”、郑伟民教授就“中国城市灾害问题与对策”、郑云清副主任就“新课程地理课堂教学的价值取向”作了大会主题报告。会议分自然地理与 GIS、人文地理两组进行学术交流研讨。共有 12 位教师和研究生会员在分会场作了学术交流报告。

第四届人文地理学学术沙龙

沙龙时间：2008 年 12 月 19～20 日

沙龙地点：中国科学院地理科学与资源研究所

举办单位：中国科学院地理科学与资源研究所主办，北京大学城市与环境学院城市与经济地理学系和北京师范大学地理学与遥感科学学院协办

沙龙主题：人文地理学研究方法

在我国召开的地理（环境）教育国际会议

（1）中美多种大气污染物防治国际研讨会

会议时间：2008 年 11 月 10～12 日

会议地点：烟台

举办单位：中国国家环境保护部、美国环境保护局和美国能源部联合举办，中国国电集团公司承办

参会人员：中外专家 90 余人参加了会议

会议内容：会议主要讨论了燃煤电厂和工业生产所产生的氮氧化物、硫化物、粉尘、汞及二氧化碳等多种污染物对生态和健康的影响；中美政府对多种污染物的控制政策；中美先进的多种污染物控制技术等方面的内容。环境健康课题组程学丰、张明旭、潘伟平等人合作撰写并提交了“China Coal Combustion Multipollutant Control Environmental Health Project in Huainan City”论文。潘伟平、程学丰应邀参加会议，潘伟平教授在大会

作交流发言，并回答了代表的提问。

(2) 天津科大隆重召开第二届国际造纸与环境学术会议

会议时间：2008 年 5 月 13～17 日

会议地点：天津科技大学

举办单位：天津科技大学制浆造纸重点实验室主办

参会人员：美国、加拿大、芬兰、澳大利亚、巴西、日本、韩国等十多个国家的近 200 名代表

会议内容：共同探讨制浆造纸国际前沿领域内的科技发展动态，进行高水平的国际学术交流，以期进一步推动造纸与环境领域的科研与产业发展。主要议题包括制浆造纸工业环境问题，污染物处理与利用新技术，植物纤维化学，特种纸技术等八项论题。本届国际造纸与环境学术会议的召开，将为天津市与国内外造纸工程方面的专家以及造纸企业之间搭建一座沟通桥梁，在国内外的学者之间建立起全方位、多渠道的学术联系和合作关系。

(3) “地理学发展与应用——30 年回顾与展望”国际学术论坛

会议时间：2008 年 12 月 19～22 日

会议地点：广州大学

举办单位：广州大学、中国地理学会、广东省地理学会主办，广州大学地理科学学院和广州大学广州发展研究院共同承办，中国自然资源学会热带亚热带地区资源研究专业委员会协办

参会人员：美国、英国、澳大利亚和台湾海峡两岸 140 多个单位的 200 多位地理学界同行和研究生

会议内容：美国爱达荷大学 Karl Chang 教授，中国地理学会副理事长、教育部地理科学类教指分委主任、北京大学城市与环境学院蔡运龙教授，英国森德兰市教育顾问/中国《地理学报(英文版)》编辑顾问 Adam Nichol 先生，澳大利亚悉尼大学 Duan-fang Lu 教授，美国宾州学院 Robert X. Ge 教授，中国科学院政策与管理所/华东师大王铮教授分别作了六个精彩的主题报告：“近 30 年来 GIS 发展”“中国地理学发展——回顾与展望”“以询问眼光看中国——教师从研究型旅行中学习”“在线教育初见端倪——开发在线 GIS 和计算机科学课程”“地理学的尺度和公设”。这些报告围绕“地理科学发展与应用：30 年回顾与前瞻”的论坛主题，内容覆盖了自然地理学、地理信息技术、人文地理学和地理学教育等方面，总结回顾了 30 年来地理科学的发展轨迹，阐明了当前地理学发展态势，重新认识了地理学与经济、社

会的新关联，对地理学科的发展与应用具有重要启迪。下午分设了“自然地理与地理信息技术”和“人文地理与地理学教育”两个分会场，围绕“全球化、和谐社会建设与地理学人”展开研讨。“自然地理与地理信息技术”分会场由中山大学黎夏教授和广州大学千怀遂教授主持。国立台湾师范大学林登秋教授，中山大学陈子燊教授、《资源科学》编辑部主任李家永研究员、美国加州州立大学洛杉矶分校邱宏烈教授、湖南科技大学全斌博士、广州大学陈颖彪副教授等作了中心发言；“人文地理与地理学教育”分会场由北京师大王民教授和广州大学吕拉昌教授主持，北京师大王民教授，华南师大刘洪杰教授以及广州大学吕拉昌、李文翎、千庆兰等教授分别作了中心发言，中国科学院南京分院佘之祥研究员等作了评点。本次论坛畅所欲言，研讨深入，学术气氛浓厚。

（4）“荆楚历史地理与长江中游开发暨 2008 年中国历史地理国际学术研讨会”

会议时间：2008 年 10 月 25～27 日

会议地点：武汉大学

举办单位：中国地理学会历史地理专业委员会委托，由武汉大学历史地理研究所主办、武汉市文物考古研究所协办

参会人员：中国内地、香港、台湾以及日本、新加坡等海内外学者共 130 余人

会议内容：会议共收到论文或摘要 120 余篇，学者们就荆楚历史地理与长江中游开发、区域发展与环境变迁方面、历史城市地理研究方面进行了交流，会议还在历史地图及照片、历史政区、民族、宗教、旅游、地名学、历史地理史料学等方面展开了探讨。

（5）第三届全球节事大会暨第三届中国会展教育年会

会议时间：2008 年 11 月 17～19 日

会议地点：中山大学

举办单位：中国中山大学、澳大利亚昆士兰大学、中国国际贸易学会联合主办，中山大学旅游学院与中山大学旅游发展与规划研究中心、澳大利亚昆士兰大学旅游学院、中国国际贸易学会会展专业委员会承办

参会人员：中国大陆、中国香港、中国澳门、韩国、澳大利亚、英国、法国、加拿大等国家和地区的 93 名学者和研究生，国际与会者占三分之一。国内代表主要来自广州、北京、上海等会展业和会展教育较为发达的城市。

会议内容：英国利兹都市大学（Leeds Metropolitan University，全英节事管理教育排名第一）欧洲节事管理中心的研究主任 Rhodri Thomas 教授，昆士兰大学旅游学院 Donald Getz 教授（领域内最具影响力国际期刊 Event Management 的创刊主编之一，原为加拿大卡尔加里大学 Haskayne 商学院教授），中山大学旅游学院会展经营与管理系主任罗秋菊副教授。他们分别以奥运会、广交会等为案例，探讨了有关节事政策、节事研究、节事经济与管理等方面的理论与实践问题，为与会者提供了多样化的观察视角与大量丰富的现实素材，使本次会议的主旨得以突出和实现。除主题发言外，大会还安排了两场全体会议、十场小组会议，使与会者能够就领域内的重大问题、热点问题、前沿问题展开全面而深入的思想碰撞。本次会议中获得发言机会的论文摘要以及收入论文集的论文全文，都经过了双盲审，确保了学术交流的质量。目前已有部分论文获得国际学术期刊 The International Journal of Event Management 的约稿，这从一个侧面体现了本次会议为与会者所提供的学术交流与成果发表的良好契机。

重大课题介绍

概　况

基础教育是科教兴国的奠基工程，对提高中华民族素质、培养各级各类人才和促进社会主义现代化建设具有全局性、基础性和先导性作用。地理学科在基础教育中是联系自然、社会和环境的综合学科，并具有独特的素质教育的优势，这是其他学科不可替代的。地理学科的研究因历史悠久、共性特点多、参与者广泛、影响面较大，在教育研究体系中具有举足轻重的地位和影响，历来在基础教育规划体系中占据传统优势。

中国地理教育科学研究现状

1. 新课程改革的研究在不断深化，地理教育研究成果凸显

随着素质教育的全面实施和新课程改革的快速推进，自觉地把地理教育科研工作纳入教育改革发展研究之中，重视地理教育应用层面问题的研究，强调为教育改革与发展服务，强调社会效益，注重开发和应用研究，在提高研究质量和促进成果转化方面取得了长足的进步。《地理教育》《地理教学》《中学地理教学参考》是地理基础教育界的三大重要期刊，是开展地理

基础教育科研的重要学术阵地，三大杂志所涉及的教育科研栏目有应用、理论、技术研究等几个方面，其中有关应用层面的研究成果所占比重最大，应用层面问题的研究为教师的教学提供了一个很好的交流平台，有效指导了地理新课程的教学实践。

“十五”“十一五”期间，地理学科围绕基础教育新课程改革以及新课程标准的制定、实施与推进，进行了大量研究，围绕素质教育展开深入的研究，成效显著，出现了一大批科研成果。根据新课程提出的课程目标和理念，需要建构适应新课程改革的教学方式和有效的课堂教学，课堂有效教学是地理课程标准的重要要求和主要目标之一[1]。面对中国地理教育改革的核心工程——地理课程改革，《中学地理课程标准研制方案》专家进行了大量的前期研究，如地理课程的国际比较、地理学科最新进展研究、地理课程理论研究等，使课程设计从经验设计走向了较为理性的设计。除此还广泛地听取社会各界的意见，对学生、教师、校长和学生家长等进行了大量实际调查研究。在此基础上，完成了教育部重大课题——“国家基础教育课程改革项目：中学地理课程标准研制”的编制，这标志着新一轮的地理课程改革法令性文件已经问世。2001 年 7 月，教育部正式颁布了新中国成立后的第一部全国性地理课程标准《全日制义务教育地理课程标准（实验稿）》。2003 年 4 月，又颁布高中新课程方案以及地理课程标准。地理新课程标准是国家对基础教育地理课程的基本规范，它体现了国家对不同学段的学生在地理知识与技能、过程与方法、情感态度与价值观等方面的基本要求；它规定了地理课程的性质、目标、内容框架，并提出了地理教学和评价的建议；它是编写教科书、地理教学及评价、地理考试命题的依据。衡阳师范学院刘沛林教授主持的教育部 2008 重点课题“中小学环境教育创新与高师地理课程改革研究”（批准号 DIA030166 证书号 0542），针对国内中小学环境教育课程模式、师资培养、学科建设等方面存在的主要问题，提出以知识体系相近的地理学科为依托，通过对高等师范院校地理教育专业课程内容的改革与整合，开辟培养中小学环境教育师资的新路子，以尽快满足中小学环境教育的师资需求，并推进我国中小学环境教育课程的模式由目前的多科渗透式向独立课程式的方向发展，进而从根本上解决我国中小学环境教育的问题。扬州市教研室地理教研员朱雪梅的“新课程框架下的高中地理发展性评价模型的构建与应用”（省中小学教学研究室第六期重点课题），认为发展性课堂，是要求“教学合一”，达到“教”与“学”的和谐统一，教师的“教”要符合学生的地理认识水平和地理思维习惯，学生的“学”能够促进教学设计的调整与教学方式的改进，从而得出实现“教师的主导作用与学生的主体作用相结合”的教学思想。无锡市辅仁高级中学李青的“新课程背景下高中地理‘问题研究’专题课的教学设计与实施”（省“十一五”规划 2008 立项课题），旨在通过专题课的设计和实施过程，改变传统课程注重知识传授的功能，改变学生过多依赖教师被动的学习方式，引导、锻炼、培养学生的地理理性思维。

2. 新课程改革探讨课程资源开发，教材研究形成新思路

地理课程资源的开发利用是基础教育地理课程改革提出的新理念[2]。地理课程资源的开发利用，是保证地理新课程实施的基本条件，地理课程资源开发与利用的程度将直接影响地理课程实施的效果和水平。过去，由于对地理课程资源的内容和价值认识不够，导致大量有教育意义的地理课程资源闲置与浪费，其教育功能和意义没有得到充分利用与发挥。随着人们对地理新课程改革的理解，地理课程资源的开发与利用备受关注和重视。地理教学中应积极开发利用地理课程资源，充分发挥地理课程资源优势，从而有助于推动地理新课程改革的深入实施。武汉市教育科学研究院徐学俊主持的教育部 2006 规划课题“中部地区地方课程资源开发及优化配置的实践研究”（批准号 FHB011254 证书号 274），着重研究了地方课程资源的主要特点及其教育价值，就学校教育而言，课程资源无疑是学生最重要的学习资源。课程资源可分为国家、地方、学校这三类课程资源，这三类课程资源虽然都属于课程资源，但各自有其不同的特点：地方课程资源开发是一种以校本课程为基础的与国家课程开发相对应的课程开发策略，而地方课程则是指地方教育主管部门以国家课程标准为基础，在一定的教育思想和课程观念的指导下，充分利用地方课程资源所设计的课程。这种课程在国家课程体系中具有重要的地位。因此，探讨地方课程资源开发和优化配置问题，就必须探明地方课程资源的基本特点和教育价值。湖南省永兴县第一中学李日光“地理研究性学习与环境教育的整合”（省教育科学“十一五”规划课题，批准号：XJK06CJJ079），以基础教育课程改革理论为指导，在知识目标方面，重视体验性知识、策略性知识和跨学科知识；在过程与方法目标方面，注重培养学生的自主能力、认知能力、表现能力、管理能力、创造能力的培养和信息的搜集；在情感、态度、价值观目标方面，着重培养学生的好奇心、

求知欲、责任心，发展学生的个性。教育部课程教材研究所魏国栋研究员主持的国家重点课题“新基础教育课程教材开发的研究与实验”，以义务教育新教材和高中新教材开发的理论与实践为研究对象，在课程教材实践模式上，初步打破了以往课程教材设计开发与教学过程相互独立和脱节的状况，形成互动参与的关系，并在一定程度上拉近了理想课程与实际课程之间的距离；在研究方法上，该课题综合处理多种研究方式，着力理论和实践交叉点的研究力度，及时捕捉实践中具有理论价值和普遍性的问题。

3. 对课程改革的自我审视有所强化

“十五”“十一五”期间，地理学科研究界不仅关注课程改革的具体内容与实施策略，同时从更开阔的领域将课程改革本身作为研究对象，从多角度、多学科、多侧面揭示了地理课程改革中存在的重要问题与改革思路。认为教学改革应该是现实的、历史的、实践的，因而是社会性的，因此，教学改革的动力应是来自现实的社会实践。教学改革的着力点，要致力于解决教学实践中的重大问题和种种矛盾。要认清地理教育的前沿问题，教师的角色、学生的成长、课程的内容、教学过程的形态等，这些问题最终都要由社会实践来解释。全国地理教学研究会理事华中师范大学城市与环境学院李家清教授的“探索地理教育前沿问题，深化高中地理课程改革”一文获中国教育学会地理教学研究会 2007 年学术年会论文评比特等奖，他建议在中国教育学会地理教学研究会的引导下，充分发挥各省、市地理教学研究会的协调功能，以研究课题或研究专题为纽带，组织广大地理教师参加、制订研究规划，提出预期成果标志要求，形成一批自下而上或自上而下，有校本研究，有跨校、跨区、跨市或跨省区联合研究共同体，把地理课程改革的前沿问题，从理论研究和教学实践两个层面推进，为深化地理课程改革和实现地理课程改革目标而努力奋斗。

4. 地理综合实践活动与校本课程的开发相结合

新课程标准的基本价值取向是培养合格的公民，即“为了每一个学生的发展”，考虑的是培养合格的公民，而不是精英。教学要更多从社会的需要和学生的发展出发，注重生活实际和社会实践的紧密联系。加强地理课程的实践教学，加强地理课程与其他学科的相互渗透和有机整合，加强各学科的知识横向联系，可以激发学生学习地理的兴趣、动机，能让学生学习有趣的地理，学习对生活有用的地理，这对于培养未来公民必备的地理素养，关注人口、资源、环境和区域发展等问题，正确认识人地关系，形成可持续发展的观念，珍爱地球、善待环境等都是极为有利的。这既促进了学生个性的发展，又适应了社会发展的需求。并推进学生对自然、社会和自我之间内在联系的整体认识与体验，发展学生的创新能力、实践能力以及良好的个性品质，地理综合实践课不仅是各学科领域知识的综合载体，也是各学科领域知识进行重组和拓展的沃土。结合地理综合实践活动，进行校本地理课程的开发，为学校自主发展提供的课程空间，根据自身所在社会地域环境、学校的发展定位，制定课程研究课题，已成为“十五”“十一五”期间地理课程改革的特色。如安徽南陵县第一中学周红的“突出社会生活需要的高中地理课程建设研究”（批准号JG06246）省“十一五”规划2008立项课题的高中地理校本课程建设；安徽淮南市教研室淮南市第五中学朱进的“高中新课程选修课教学实践研究”（批准号JG06250）省“十一五”规划2008立项课题的高中地理校本课程开发实践的探索；云南省大理市下关第一中学孙爱民“少数民族地区高中地理教学与乡土地理整合研究——以大理白族自治州为例”（批准号ZG08040）省教育科学“十一五”规划2008立项课题；云南省文山州砚山县民族中学王开龙“民族地区学科知识整合——课外科技实践与创新”（批准号ZG08058）省教育科学“十一五”规划2008立项课题。这些课题都从不同角度，论述了校本课程开发的途径和意义，为学校自主发展提供了课程空间，为我国新一轮课程改革的实践和课程开发机制的创新提供了强大动力。

5. 课程改革背景下地理教师专业发展研究受到普遍重视

地理教师专业发展是指地理教师应以专业知识和技能作为其专业发展的基础和核心，以先进的理念为指导，以地理情意发展为保障，发展专业能力为目标，以专业发展意识为内驱力的终身学习的过程。新课改使得地理教师被赋予了新的使命，参照西方发达国家的改革经验，日益重视教师这一因素，教师专业发展成为一个颇受关注的研究领域。面向新世纪的新基础教育改革能否实现预期目标，激发教师专业热情、提高教师专业水平成为关键。随着课程改革的深入，围绕提高教师的素质和改进教师培训的研究，初步形成具有价值的成果。有关教师专业发展研究，中国教育报刘堂江“在新课程实施中转变教师教育观念和提高教学水平的理论与实践研究”（批准号DHB010634证书号2740678）的教育部重点研究课题，参加该课题的有课程教材研究和心理学、教育学方面的专家，特别是有一大批立意改革的学校，如北京市海淀区二里沟中心试验学区在课程改革、新教材试验以及教师教育观念的转变方面进行了大量研究，认为作为教育工作者，无论是干部还是教师，都要适应新课程改革的需要，更新观念，不断提高自身素质，同新课程一起成长，以适应新课程的要求。该课题的专家指出：如果说教育是按照社会发展的需要，有目的、有计划地对人的发展实施影响的活动，那么，作为对施加影响的教师工作，就是教育成败的关键。而教师的教育观念和教学水平，是影响教师工作效果的决定性因素，是新课程改革纲要能否顺利实施的必要条件。因此，在新课程实施中转变教师教育观念和提高教学水平的理论与实践研究，具有重要的现实意义。关于教师专业培训，北京大学陈向明教授认为课程实施的培训应坚持自主性、生成性、实践性、示范性原则，旨在让广大教师作为参与者了解、认同新课程，激发改革的内在动力，使参与者实施新课程的能力有所提高，创造性地优化实施新课程培训体系，开发多样化、过程性并促使教师积极参与的培训类型和方式，形成“实验、培训、管理、研究”一体化的运行机制，使课程改革得到家长和社会各界的理解和支持。

课题研究存在的主要问题

地理基础教育研究已成为教育事业的一个重要组成部分，取得了历史性的成就。但与国际教育科学研究发展的水平相比，与国内其他学科领域的研究相比，还存在着一定的差距。

1．课题研究缺乏新意，价值不高

课题研究的目的是认识前人还没有认识或没有充分认识的规律，这就要求研究的课题要有一定程度的独创性和新颖性。可是部分课题的研究却流露着明显的简单思维痕迹，在低层次上重复别人已经进行过的研究，这样的课题，缺乏新意就不言而喻了，研究的价值也就不会高。甚至有的人把过去研究过的课题拼凑打包，换了题目又申请立项，造成低水平循环重复。

2．课题申请目的不明确，急功近利

教育研究领域存在的浮躁和急功近利的倾向，影响了教育科学的健康发展。主要表现在申请争取项目往往不是为了研究问题和提高教育水平，而是评职称和申报示范重点校的需要。结果就会出现项目取得前后态度的极大反差，以至于出现立项后长时间难以产出相应的科研成果；课题脱离实际，闭门造车，结题报告来源于“巧抄妙摘”和捏造数据。

3. 理论难以还原到实践，缺乏指导力度

地理教育理论研究，是地理教育最高层次的研究活动，旨在通过理论上的分析研究，解决中学地理教育中的重大理论问题。这对促进地理教育理论的发展，强化地理教育学的科学体系，推动地理教育改革具有重要的促进作用。理论难以还原到实践，这是一个带有较普遍性的问题，不少课题是涉及实践形态探索研究的，可却往往止于理论的玄思，显得缺乏足够的指导力度，不能对实践发生影响力。有些理论可能是经过文献研究而产生，这是需要的；但是任何一种有价值的理论研究，必须是能够关照实践、解释实践。

中国地理教育科学研究今后的展望

1. 迎接教育事业发展的新挑战

国民素质和创新能力越来越成为综合国力的重要标志，成为经济增长和社会发展的主要推动力。国家的综合国力和国际竞争能力，将越来越取决于教育发展、科技进步和知识创新水平。发达国家的高等教育已经从“精英阶段”走上了“大众化阶段”，有的已经向“普及阶段”迈进。这种以教育为本的知识经济的兴起，对于发达国家而言，是生产力发展的自然结果。而对于传统农业和传统工业仍占主导地位、国民经济仍处在工业化进程之中、由农业经济向工业经济转变的任务还十分艰巨的我国而言，则面临着实现工业化与追赶知识经济的双重压力和双重挑战。面对国际竞争，迎接知识经济挑战，地理教育课题的研究，要进一步认识实施科教兴国战略、推进素质教育、提高国民素质和创新能力的战略意义，增强加快教育改革和发展的责任感和紧迫感。提供多样化高质量的科研教育产品。满足全体人民基本学习、优质学习和终身学习的需要。

2. 理论密切联系实际教育，引领社会发展

教育实践既是教育理论的检验场所又是教育理论的发源地[3]，教育实践在教育理论的发展与完善中起着重要的作用，为了更好地促进当前教育事业的发展与改革，必须重视教育实践在教育理论研究中的重要地位。科研部门要坚持理论联系实际，切实回答国家和人民关心的实际问题，深入探索、揭示教育规律，发掘、总结和提炼中国教育改革发展中鲜活生动的经验和案例，立足中国国情，借鉴国外教育教学思想、理论和方法，服务中国教育实际。深入研究教育改革发展中的重大理论与实践问题，研究人民群众普遍关心的热点、难点问题，以先进的理念、科学的

理论引领社会，指导实践。为此，教育科研机构应当加强研究能力建设，不断提高研究水平，在提高研究质量和促进成果转化方面要下大气力。

3. 大力培养创新意识、创新精神、创新能力

培养创新意识和创新能力是当今教育教学所要研究的重大课题。创新教育是素质教育的核心内容，创新意识、创新精神和创新能力是人才素质高低的重要标志。根据当今世界科学技术飞速发展的形势，地理教育科研要重视对高素质创新人才的培养研究。在全面推进素质教育的过程中，紧紧围绕着创新意识、创新精神、创新能力的培养，进一步探讨教育科学的发展规律和特点，探讨教育科学成果对教育实践推动的途径与方式，大力开展创新教育研究。其研究成果须符合学术规范，体现创新，有所建树。通过实施创新教育和创新研究，在全社会形成崇尚创新、鼓励创新的良好风尚，造就大批高素质的创新人才。

4. 强化学术规范的管理

从教育科学研究的发展看，加强学术规范建设是当前迫切需要解决的问题，明确职业规范和行业标准是教育科研的管理者、生产者、传播者和消费者共同的责任。在中国，学术即学术研究。但在西方，学术包括知识的生产、知识的消费和知识的传播，知识的传播包括教学。要强化学术规范的管理细节，如课题负责人在课题执行期间要遵守各项承诺，履行约定义务，按期完成研究任务，加强学术道德自律，遵守相关的学术规范；要针对不同类型的参与者的特点分别作出相应的规定；要高度重视评审专家的责任和自律规范，要体现可操作、可评价、可执行和基础性的特点，要回归本位；要建立完善的监督机制，如举报制度、公示制度的建立，杜绝抄袭剽窃等科学道德问题的出现，防止浮躁和学术泡沫，端正教育研究风气。

2008 年立项与结题的省部级研究课题（部分）

序号	申报单位	课题名称	主持人	项目类别	立项时间	批准号	证书号
1	四川师范大学	多难兴邦：教育的使命——汶川特大地震灾后学校教育的反思与重建研究	傅林	国家一般课题	2008	BGA080011	

续表

序号	申报单位	课题名称	主持人	项目类别	立项时间	批准号	证书号
2	上海市教育科学研究院	西部地区后“两基”攻坚发展研究——全面提升西部地区农村义务教育质量的对策研究	张振助	国家一般课题	2008	BGA080008	
3	浙江杭州市下城区教育局	以教育生态理论促进区域教育现代化的实践研究	周培植	国家一般课题	2008	BGA080339	
4	凉山德昌县示范幼儿园	傈僳族乡土资源在幼儿园艺术教学中的运用——傈僳族服饰刺绣与幼儿园美术活动研究	阿芳	国家一般课题	2008		
5	凉山雷波黄琅小学	民族地区古镇文化资源在校本课程中的开发利用研究	曾凡春	国家一般课题	2008		
6	阿坝汶川县卧龙小学	卧龙自然保护区小学生环境保护意识培养途径的研究	范阳福	国家一般课题	2008		
7	西藏大学	西藏区域经济与地方政府管理人才培养模式创新研究	齐天翔	教育部重点课题	2008	DIA080105	

续表

序号	申报单位	课题名称	主持人	项目类别	立项时间	批准号	证书号
8	衡阳师范学院	中小学环境教育创新与高师地理课程改革研究	刘沛林	教育部重点课题	2008	DIA030166	542
9	合肥师范学院	新课标下的高中地理教学方法研究	王传兵	安徽省教育科学研究重点项目	2008.5		
10	绵竹市板桥学校	重大灾害事件的学校自救机制	高永平	四川省普教科研资助金项目	2008		
11	四川省教育科学研究所	地震遗产挖掘与赈灾经验总结研究		四川省普教科研资助金项目	2008		
12	雅安市教育局	地震重灾区雅安市第一时间二十五万中小学生安全脱险个案研究	伍建明	四川省普教科研资助金项目	2008		
13	汶川县雁门小学	利用乡土资源丰富寄宿制学生课余生活研究	石应杰	四川省普教科研资助金项目	2008		
14	泸县第四中学	农村中学在网络环境下地理教法学法研究	付顶斌	四川省普教科研资助金项目	2008		
15	广元市旺苍县东河小学	老区资源在农村小学教育中运用的研究	黄先友	四川省普教科研资助金项目	2008		
16	乐山市教科所	初中地理图像教学策略研究	王学涛	四川省普教科研资助金项目	2008		

续表

序号	申报单位	课题名称	主持人	项目类别	立项时间	批准号	证书号
17	大连大学师范学院	高等教育资源配置问题的理论与策略研究	庞国斌	结题	2008		
18	东北大学	辽宁省高等教育的可持续发展研究	王青	结题	2008		
19	东北大学	高等教育支持东北老工业基地振兴对策研究	杨丽娟	结题	2008		
20	东北大学	高等教育支持东北老工业基地振兴的对策研究	史万兵	结题	2008		
21	辽宁对外经贸学院	适应辽宁产业结构调整的要求，完善我省高等学校学科建设的对策研究	谭开明	结题	2008		
22	大连水厂学院	2020 年前适龄人口变化与高等教育的规模发展研究	刘海廷	结题	2008		
23	辽宁科技学院	2020 年前人口变化与高等教育发展的关系研究	李继怀	结题	2008		
24	沈阳工业大学	以生态理念建设现代大学	李世雁	结题	2008		

续表

序号	申报单位	课题名称	主持人	项目类别	立项时间	批准号	证书号
25	辽宁工程技术大学	高等学校学科建设与辽宁产业结构调整关系的研究	朱宏飞	结题	2008		
26	沈阳工程学院	从中外旅游人才培养模式的比较看我国旅游人才培养模式的改革	吕迎春	结题	2008		
27	沈阳市和平区团结路小学	CIS 理念在校园文化建设中应用的研究	杨勇	结题	2008		
28	大连理工大学	高等教育与提升区域竞争力的研究	张秀萍	结题	2008		
29	无锡市辅仁高级中学	新课程背景下高中地理"问题研究"专题课的教学设计与实施	李青	立项	2008		
30	云南省大理市下关第一中学	少数民族地区高中地理教学与乡土地理整合研究——以大理白族自治州为例	孙爱民	立项	2008	ZG08040	
31	徐州师范大学	苏北地区产业结构调整与院校合作培养应用型人才模式的研究与探索	尹钊	立项	2008		

续表

序号	申报单位	课题名称	主持人	项目类别	立项时间	批准号	证书号
32	安徽淮南市教研室淮南市第五中学	高中新课程选修课教学实践研究	朱进	立项	2008		
33	盐城经济开发区中学	中学地理教学资源共建共享与教学应用网络平台开发的研究	冯美顺	立项	2008		
34	安徽南陵县第一中学	突出社会生活需要的高中地理课程建设研究	周红	立项	2008		
35	南京林业大学	学校环境教育发展的可持续性及其制度化研究	杨绍陇	立项	2008		
36	泰兴市教育局教研室	课改背景下高中地理新课型探索研究	徐兆兰	立项	2008		
37	长治市第一中学	地理教学与各学科相互渗透问题研究	郭长江		2008	GH－08007	
38	忻州师范学院	新课改背景下高中地理教学组织方略研究	贾士义		2008.9	GH－08025	
39	忻州师范学院	新课程理念与地理教师素质培养的理论与实践研究	吴攀升		2008.9	GH－08026	
40	七台河职业学院	开发课题资源，提高采煤地质专业高职学生就业技能的实践研究	李景霞		2008	Z0061	

教师继续教育

概　况

世纪之初，我国基础教育进行了新一轮课程改革，其中，义务教育阶段从 2001 年 9 月在全国 38 个国家级实验区进行试验，到 2004 年全面实施。高中阶段从 2004 年秋季开始，首先在广东、山东、宁夏和海南等省实验，到 2007 年也已在全国展开。

本次课程改革突出学生的发展，着眼于学生的终身学习，课程设置应适应学生发展的不同需要；以创新精神和实践能力的培养为重点，改革传统的教学方式，建立新型的师生关系；努力构建新的教育教学评价体系，体现学生素质提高个性化发展，等等。总之，这次课程改革提出很多新理念、新方法，也提出更高的要求。

为保证新课程的顺利实施，取得预定的目标，国家建立了课程改革的支持系统，其中，做好教师培训工作是该系统的重要组成部分。自新课程实施以来，对教师培训的理论研究和实际工作，各界人士做出诸多有益的尝试，以下就中学地理教师培训作一评述：

中学地理教师培训的理论研究

1. 中学地理教师培训的内容研究

新课程对地理教师教学提出了全新的要求，也突出强调了教师培训的重要地位和作用，过分追求地理知识体系的完整性、注重结果而忽视教学过程，把知识的记忆和教学行为的模仿作为地理教师培训内容已不适应地理新课程教师培训的要求。必须在培训过程中注入新的内容，调整思路，树立新理念。如秦志英、龙良碧认为：在地理教师培训的内容中应突出灾害教育和旅游教育(《重庆教育学院学报》2001 年第 2 期)。吴疆强调培训中，要加强教育理论学习与教育理念的确立、创新意识的培养、心理学知识的补充，地理活动方法、手段的介绍与实践、地理教育教学的研究等内容（《广西教育》2002 年第 12 期)。刘国军在“新课程背景下中学地理教师继续教育的课程改革”中提出：从推进中学地理教师的专业化进程着眼，增加现代教育理论类课程；从培养和提高中学地理教师的创造能力着眼，增加创造性和综合实践类课程；从培养中学地理教师的实践能力着眼，增加方法论或教育技术类课程；从培养中学地理教师的教育科研能力着眼，增加研究类课程（《兰州教育学院学报》2005 年第 1 期）。

无论在地理教师培训内容上如何争论，有几点是人们的共识：

培训必须以地理教师的专业发展为中心，以培养教师人文素养与社会责任感为主要目的，以促进教师全面发展提高，体现教师教育新观念，使教师形成自我提高的内在机制。在培训中应始终着眼于地理教师的专业发展，既体现对教师进行知识的传授与技能的训练，也要使教师在接受新思想和形成新观点方面有所进展，满足教师个性发展、自我完善的价值需要。

2. 中学地理教师培训方法的研究

高效能的教师培训活动是对教师学习方法、学习能力的培训，是对教师学习情意的激发、学习潜力的挖掘、学习权利的解放。教师培训活动是从教师学习活动中延伸、分化、游离出来的，并以加速教师学习进程、优化教师学习方式为直接目的的一种活动。教师培训活动基本途径就是为教师学习活动提供教育服务，包括：教师学习平台的建设、教师学习方法的指导、教师学习兴趣的激发、教师学习精神的培育和教师学习环境的创设等。

尤努斯·买买提、依米努根据新疆的状况提出：探讨专业技能教学方法群是教师培训教学方法改革的生长点，理论研究和实验开发是深化教学方法改革的有效手段（《新疆教育学院学报》2001 年第 4 期）。杨娅娜、李晴认为地理教师培训可以通过这样一些模式进行：信息传输模式、参与互动模式、自修反思模式、案例研究模式、观摩研讨模式、行动研究模式、情景模拟模式、网络教育模式等（《福建地理》2005 年第 4 期）。

当然，培训方法是为目标服务的，每个研究人员从不同的角度对方法的认识也不一致，不同的培训方法也各有优劣，这要求在实际的培训工作中灵活运用多种方法，使培训工作效率得以提高。在培训中要善于把握地理课程标准与新教材及地理教学现实的有机联系，有意识地让中学地理教师在培训中感受过去的、体验当代的社会生活，培养他们的参与意识与社会责任感，强化解决地理实际问题的能力。

3. 中学地理教师培训理念的研究

在新课程中，各学科都针对学科自身特点提出了新的教学理念。那么，在教师培训工作中，也产生很多新理念，特别是对培训者和受训者角色的重新认识和界定。培训中，培训者采取居高临下的姿态，以灌输的形式注入，受训者被动接受，这是很常见的现象。地理新课程培训倡导平等参与的理念，把教学过程看成是双方交往、积极互动、共同发展的过程。在这个过程中，教员与学员要分享彼此的思考，交流彼此的情感，丰富教学内容，求得新发现，实现教学相长。

目前，对于培训理念的研究侧重在两个方面：一是培训过程中培训者和受训者关系的研究，二是中学地理教师通过培训后树立什么样的教学理念。如姜莉在“论地理教师的再培训”一文中提出：发挥教师的培训主体地位。教师在教育培训中，应当是培训活动的主动参与者，才能有助于地理培训教育的进一步发展，才是解决教师培训的根本方法（《继续教育》2007 年第 9 期）。这是对第一个方面的解说。李建海认为在继续教育中应促使中学地理教师建立如下新观念：全新的教育功能观、全新的教师观、全新的学生观、全新的教学过程观、全新的课程观、全新的教育评价观（《重庆教育学院学报》2004 年第 2 期）。这个观点是要求地理教师在实际的教学过程中进行角色转变。

无论何种理念的研究，中学地理教师培训必须遵循这一规律，使培训过程成为培训者与受训者以整体的心理活动为基础的认知活动和情感活动的统一。对自身的角色进行重新审视与定位，树立正确的角色意识，培训者的重要作用是主导创设宽松的培训氛围，构建培训中的平等关系。

中学地理教师培训的实践研究

1. 中学地理教师培训基地的研究

培训工作最重要的是要落实到具体的单位，从组织到实施，必须保证中学地理教师培训的质量，教育部在部分师范大学成立“基础教育课程研究中心”，承担国家或地方教育行政部门委托的课程改革任务。省级教研部门、师资培训部门与师范大学的“基础教育课程研究中心”是我国基础教育课程研究与发展的专业队伍。

承担培训任务的基地或机构一方面体现出国家政策层面的政府行为，从教学管理和实施角度来保证继续教育的正常进行，政府的关注和有效组织为教师继续教育营造良好的社会氛围，使教师继续教育经常化、制度化和正规化。同时，教育部和地方政府应划拨专项经费，通过多种途径为教师继续教育提供资金支持。另一方面体现出教师继续教育的实践层面，主要表现为继续教育工作的科学化，教师继续教育机构根据基础教育改革的目标与内容，及时调整专业设置、课程结构，改进教学方法，保证中学地理教师在完成继续教育以后，能胜任新课程的教学任务。

培训工作基地目前主要是以高等师范院校为主，彭晓萍在论文中从高师院校成为地理教师在职培训主体的必要性和可行性两个方面作了论证（《邵阳学院学报（自然科学版）》2008年第3期）。另外，从培训基地的级别来说，有国家级、省级和地市级三类，每一类在培训任务分配、培训目标培训对象方面都有差异，如何能做到“各尽所能”，实现培训基地的稳定化、正常化，也是人们研究的重点。

2. 中学地理教师培训方式的研究

这一领域人们研究的成果比较多，多是从培训工作的实践中，结合各地的现实，提出了一些行之有效的方式。如裴元庆的“教师在职培训中‘体验式教学模式’探索”（《中国成人教育》2008年第7期），庞利和王学珍的“教师专业发展的终身学习模式探析”（《广州广播电视大学学报》2008年第2期，等等。出现了以各地区教师进修学校为主要机构的“培训机构”模式、“高校本位”模式、利用现代远程教育技术和网络技术进行培训“信息网络”模式，等等。

在实际工作中，必须改变单一的培训方式，实现多种方式的优化组合。具体而言可以实行：集中培训与案例研究相结合、“自修—反思”与专家指导相结合、培训者培训与地理教师全员培训有机结合、校本培训与机构培训有机结合等。

总之，地理课程改革要求地理教师在发展学生的同时发展自己，要坚持“先培训，后上岗，不培训，不上岗”的原则，让地理教师培训贯穿地理课程实施的全过程，使地理教师在现代教育理论指导下，通过亲身实践、切身感悟、深刻反思、自主探究、参与互动，逐步适应新课程，走进新课程，实践新课程。

中学地理教师培训中的问题研究

地理新课程的实施是一个系统工程，工作千头万绪，教师培训工作往往滞后，这给新课程的实施带来一定的问题。这些问题包括中学地理教师培训的每一个方面，上至培训工作的管理和组织，下到培训过程中的具体细节，研究者全方位对此进行了探讨和总结。

1. 中学地理教师培训中的政策问题研究

关于教师培训的政策问题主要是政策很难贯彻到基层，或者在实施过程中变了味，无法体现政策的权威性和科学性，原因既有客观的条件限制，也与管理人员的主观因素息息相关。学者张瑶认为：各级教育行政部门加强了对教师继续教育的领导和监督，但缺乏对有关教师继续教育政策的细化和落实（《中国成人教育》2008年第5期）。蒋华把这些问题归纳为：多数教育行政部门、继续教育机构及教师对继续教育目的认识上有偏差，培养培训机构在体制上各自为政，制约教师继续教育质量提升，多数行政部门、学校投入到教师继续教育中的经费不足（《成人教育》2008 年第 2 期），等等。

通过对问题的讨论，有助于澄清管理人员认识的偏差，也促进人们对这些问题的理解和解决。

2. 中学地理教师培训自身问题的研究

中学地理教师培训从课程结构、培训方式、培训基地建设到评价体系等，每个方面可以说都存在问题，是目前研究的热点之一，得出的结论和观点也很多。兹遴选一些，以供参考：

何妮妮关于北京市中学地理教师培训的反思，提出了对于可持续发展的再认识问题，认为可持续发展教育在教师培训中应该成为重要的主题（《北京教育学院学报（自然科学版）》2008 年第 2 期）。姜莉分析了教师培训中出现的问题有：对“终身学习”的观念认识不足；教师培训形式化；缺乏一套行之有效的培训机制（《继续教育》2007 年第 9 期）。刘国军认为现阶段中学地理教师继续教育课程内容结构存在问题，表现为：课程结构不适应地理新课程的要求；课程观念陈旧，现代教育理念渗透不够；在课程选择上重必修课，轻选修课；课程内容有一定的学术性，但其理论性太强；研究性学习课程尚未列入课程设置之中（《兰州教育学院学报》2005 年第 1 期）

上述引用的资料只是该领域的极少部分，这一现象充分说明中学地理教师培训工作，无论是理论层面，还是实践层面都存在很多缺陷和不足，也给下一步的工作指明了重点和方向。

新课程实施快十年了，俗话说：十年磨一剑。中学地理教师培训工作同样也走过了近十个春秋，虽然工作中有很多问题，但是我们积累了很多经验，也取得一些成绩，尤其是关于该项工作的研究，呈现“百花争放，百家争鸣”的态势，应该说这是课程改革带来的繁荣景象。

论 文 摘 要

基于高师院校成为地理教师在职培训主体的思考

彭晓萍

目前，根据新课程的要求，加强了基础教育与高等教育的联系，特别是中小学师资培训，其中，高等师范院校是中小学师资力量培养的重要基地，如何充分发挥高师院校在地理教师培训中的主体作用，是新课程顺利实施的关键。文章以地理教师培训为例，探讨高师院校在教师在职培训中的主体性：首先，作者论述高师院校成为地理教师在职培训主体的必要性，由于，当前教师在职培训效率差，质量难以恭维，形式化现象特别严重。地理教师因某些指定的培训机构师资良莠不齐、硬件设施落后、学科地位不高等原因，教师参加培训的机会明显不足，更谈不上系统培训。即使有机会参加培训，培训内容和形式亦均不能满足需求，达不到预期目标；地理教师培训只能是低水平重复，从业素质难以实现质的突破，阻碍了地理教师的专业发展。因此，要打破这一僵局，关键在于建立良好的培训基地，而高师院校应当是地理教师在职培训的主体。

其次，高师院校成为地理教师在职培训主体可行性，高师院校有深厚的职前教育培养经验，其视野伸向职后培训，有利于教师教育一体化，使得在职培训的目的性、针对性更强。高师院校还能够站在在职培训的角度，审视和改革职前培养与教育实际不相适应的地方，使得职前培养更加适应教育改革和时代发展的需要，有利于构建一个体系完善、内容科学、资源配置合理、全方位促进教师专业成长的教师教育体系。另外，高师院校雄厚的师资，一流的教学设施，保证培训的质量。高师院校不仅能培养教师地理教学技能和地理教学研究能力，而且能立足教师专业发展，以更开阔的视野审视、开展和研究地理教师培训工作，有利于在职培训理论的探索和在职培训质量的提高。

最后，高师院校在培训过程中，对自身的角色进行重新的界定，面对新的形势，高师院校在教师培训中必须体现出新特色：跳出职前培养局限，加强培训基地建设，发展培训理论，开发培训教材。联系职前教育，立足课程改革实践，关注地理教师专业成长，构建地理教师在职培训课程体系。建立教师个人成长档案，系统规划教师职业生涯，引领教师专业发展。文章关于高师院校在教师培训中的主体地位论述值得关注。

《邵阳学院学报（自然科学版）》2008 年第 3 期

北京市中学地理教师培训中的可持续发展教育

何妮妮

可持续发展是地理学重要理论之一，随着人类社会发展，这一理论也在不断的发展和延伸。作为中学地理教师培训的课程内容，可持续发展理论也应该是重要内容，中学地理教师必须充分理解和掌握。北京市是我国教育水平最高的地区之一，关于教师培训课程内容选择具有一定的示范作用。文章对北京市中学地理教师培训工作进行反思和总结，特别是关于可持续发展理论的培训。作者根据自身的培训实践，回顾了北京市中学地理教师中可持续发展教育的历程：1996 年，北京教育学院地理系开始研究开展可持续发展教育，课程设置面向中学地理教师的继续教育，课程内容以可持续发展的基本概念和理论为主，包括可持续发展概念的由来和产生过程、可持续发展的内涵、原则以及可持续发展是中国的必然选择等几部分。授课方式以大班讲授为主。进入 21 世纪后，中国发展出现新形势，经济一直保持迅猛发展的势头，环境、能源压力逐渐增大，在经济体制改革过程中出现社会发展不平衡等问题，中国可持续发展战略也随之提出了新的更加长远的目标，历年的《中国可持续发展战略报告》成为对中小学教师进行可持续发展教育的重要课程资源。2005 年 3 月，联合国《教育促进可持续发展 10 年国际实施计划》正式启动，北京市有一批中小学成为该计划相应研究项目的示范校。从教师培训的角度看，对所有教师的可持续发展教育培训仍然是教师培训的重要内容。

在回顾这些实践活动后，作者又进行反思：对可持续发展概念的反思，在理解可持续发展定义时，不能仅停留在文字表面上，应该挖掘其深刻的内涵。强化可持续发展思想的核心，纠正地理教育中只强调人地关系的片面现象，忽视人与人的关系对区域社会发展的影响，强调和谐的人地关系是保障人类社会可持续发展的基础，但人与人和谐共济，平等发展（同代与代之间），是实现可持续发展的核心。对可持续发展教育实践的反思，要突出可持续发展的 3 个领域，即资源与环境、社会（包括文化）经济。注重可持续发展教育是价值观教育，注重科学观念的建立，特别是价值观的教育。最后强调：教师培训中的可持续发展教育要结合教师的教学实际：在地理教师培训中，结合相关的中学地理课堂教学案例进行讨论和分析，使教师理解可持续发展教育不仅仅是概念教学，不是只记住一个口号，也不是搞一点和学生生活紧密相关的课堂活动就行了。因此，可持续发展教育在教师培训中应是理论与实践结合的落脚点。

《北京教育学院学报（自然科学版）》2008 年第 2 期

2008 年地理教师培训纪实

教育部 2008 年中小学教师国家级培训计划启动实施

为进一步加大教师培训力度，提高教师教育教学能力和整体素质，促进基础教育改革和素质教育的实施，教育部于7月11日启动实施了“2008年中小学教师国家级培训计划”。周济部长对“2008年中小学教师国家级培训计划”实施工作进行了部署，强调各地要高度重视教师培训，特别要重视和加强农村教师培训，要把教师培训纳入教育发展总体规划、统筹安排，提供政策支持、经费投入和条件保证，为教师终身学习提供帮助和支持。

“2008年中小学教师国家级培训计划”是教育部加强农村中小学教师队伍建设的示范性项目，是创新培训机制、大规模开展教师培训工作的新探索，也是支持和促进基础教育课程改革的重要举措。教育部拨出专项经费3 000多万，直接培训全国中小学教师共计30余万名。计划项目主要包括：

一是实施“教育部支持西部边远地区骨干教师培训专项计划”。主要采取教育部专项支持，结合对口支援，“送培到省，集中培训”的方式，为西部教师进行有针对性的培训。

二是组织实施“教育部援助地震灾区中小学教师培训计划”。采取“送培到省”方式，在6～8月间为四川地震灾区培训2 000名骨干教师。

三是实施“普通高中课改实验省教师远程培训计划”。该计划是教育部专门针对今年进入高中新课程实验的山西、江西、河南、新疆4个省（区）和新疆生产建设兵团高中起始年级教师精心设计并组织实施的远程培训项目，采取分散学习与集中学习相结合的方式，充分利用网络平台，直接培训近8万名教师。培训课程基本覆盖了高中主要学科，包括思想政治、语文、数学、英语、物理、化学、生物、历史、地理、音乐、美术、体育12门学科，以各学科课程标准为主线，结合各学科特点和课堂教学实际，针对新课程实施过程中的重点、难点，以及突出问题来设计，突出案例分析，强调互动研讨，以促进广大教师准确理解高中新课程和学科课程标准，获得教学改革中的策略，提高教师实施新课程的能力和水平，促进课程改革向纵深发展。

四是实施“中西部农村义务教育学校教师远程培训计划”。该计划是教育部加强农村教师队伍建设，依托“农远工程”，通过以卫星电视为主、计算机互联网为辅的现代远程教育方式，为中西部23个省（区、市）及新疆生产建设兵团的150个县培训20万名农村义务教育阶段语文、数学和体育学科教师设计的远程培训项目。培训内容以一线教师在新课程实施过程中遇到的问题为主线，由各学科的专家、教研员和优秀一线教师共同参与设计制作课程，信息技术与课程相整合，专家引领与案例分析点评相结合，力图针对农村地区教师教学实际需要，提高驾驭新课程教学的能力，使更多的农村教师受益。

五是实施“中小学班主任专项培训计划”。计划采取网络远程培训与集中研修相结合的方式，组织 100 名中小学骨干班主任进行集中研修并承担相关辅导教师任务，对百县万名中小学班主任进行六个模块的专题培训。突出对班主任日常工作的具体指导，探索班主任培训新模式，帮助改进班主任的教育行为，提高工作实效，促进班主任工作从职业走向专业。

六是实施“中小学体育教师培训计划”。以精专业、懂教学、通技能为培训目标，采取集中面授与学员互动研讨相结合的形式，对西部 13 个省份 600 名初中体育教师进行体育项目基础专业技能与基本教学技能培训。重点解决西部中学体育教师的教学基本功、教学技能与课堂教学设计等方面的问题，全面提高西部中学体育教师的专业素养与教学综合能力。

目前，“普通高中课改实验省教师远程计划”已于 7 月 20 日完成，中小学体育教师培训计划分两期在北京教育学院和西北师大顺利结班；“教育部支持西部边远地区骨干教师培训专项计划”已完成西北师大对口甘肃、浙江对口新疆及新疆生产建设兵团、上海对口云南、广东（广州）对口广西、江苏对口西藏的相关对口援助培训；教育部援助地震灾区中小学教师培训计划已完成前三期 300 名心理康复教育骨干教师培训。中西部农村义务教育学校教师远程培训计划、地震灾区第四、五期中小学心理康复教育骨干教师培训班和中小学教师暑期国家级培训班正在陆续组织实施开展。陕西师大对口青海的培训拟于 8 月 11～20 日进行；中小学班主任专项培训计划拟于 9 月、10 月实施。

教育部 2008 年普通高中课改实验省教师远程培训结硕果

根据教育部《2008 年中小学教师国家级培训计划》及高中新课程实验工作要求，教育部于 2008 年 7 月 11～20 日组织实施了面向山西、江西、河南、新疆 4 省区及新疆生产建设兵团等高中课改实验省份 8 万多名高中起始年级教师及教研员的“普通高中课改实验省教师远程培训”。此次培训采取网络培训的方式，将分散学习与集中学习相结合，充分利用网络平台组织学员收看视频课程、学习相关资料、参与案例研讨和专题讨论等，通过采用班级化管理方式，保障远程培训的过程管理与培训质量。

此次培训中，继续教育网承担了语文、数学、英语、历史、地理、体育、音乐、美术共 8 个学科的技术支持及教学辅导工作。根据工作安排，继续教育网与课程团队密切配合，完成了培训资源的开发制作与配送任务，与各地通力合作完成了培训的组织和答疑指导任务，培训达到了预期目标，取得了良好效果，受到各地学员的欢迎和好评。

浙江省 2008 年普通高中新课程地理学科骨干教师省级培训

根据《浙江省教育厅办公室关于开展 2008 年普通高中新课程学科骨干教师省级培训的通知》精神，省教育厅决定 2008 年继续组织开展普通高中新课程学科骨干教师省级培训，高中地理新课程省级培训由浙江教育学院承担。

2008 年 7 月 28～31 日，培训活动在杭州市山水宾馆顺利结束。参加培训活动的老师来自浙江省各县市的普通高中，总人数达 380 余人。浙江省普通高中新课程实验工作专业指导委员会地理学科组的 8 位专家承担本次培训授课任务。此外，来自承担高中地理新课程教学任务的一线教师也在培训活动中作了专题报告或经验介绍。其中学会副理事长李小东老师、秘书长毛明海老师和副秘书长朱光良老师分别做了题为“积极稳妥，逐步推进——浙江省高中地理新课程探析”“新课改与高考”和“‘自然地理环境中的物质运动和能量交换’教学指导意见解读”的报告。

根据省教育厅对此次培训工作的要求精神，培训承办单位细心、周到地做好各项准备工作，授课专家精心备课，参训老师认真听课，培训工作取得了预期的效果。参训老师普遍反映，本次培训活动，既有学科专家组专家高起点、宽视野的学科教学指导意见解读，又有一线老师贴近基层实际的专题发言，还有青年教师基于新课程新教材的说课活动，活动内容丰富多彩，实效性强。

浙江省地理学会秘书处

江苏省教育厅关于 2008 年中小学教师省级培训工作

苏教师［2008］6 号

为贯彻落实《省政府关于进一步加强师资队伍建设的意见》(苏政发［2007］125 号）精神，加快建设高素质的中小学师资队伍，现就 2008 年中小学教师省级培训工作通知如下：

一、任务与项目

（一）农村中小学教师素质提升培训

2006～2007 年，连续实施苏北农村教师素质提升培训，取得了良好效果。为进一步提高全省农村中小学教师的专业素养和教育教学水平，2008～2010 年，将面向全省义务教育阶段学校开展农村教师素质提升培训。

（二）中小学骨干教师培训

1. 优秀教师高级研修。实施江苏省中小学高层次人才培养工程（简称“155 工程”）。2008 年计划以省为主，省、市共同选拔培养 100 名左右中小学领军人才；以市为主，省、市共同选拔培养 500 名左右的特级教师后备人才；以县为主，市、县共同选拔培养 5 000 名左右学科带头人，培养周期三年。

2. 新课改骨干教师培训。采取过程性培训、送培到县、集中培训及网络培训等方式，培训全省高中语文、数学、外语和综合实践课教师 4 000 人，经济薄弱县初中教师 10 200 人，幼儿园教师 500 人。

3. 教育技术骨干教师培训。培训教育技术中级培训者 500 人；培训英特尔未来教育核心课程项目学科教师 2 000 人，师范生 400 人。

4. 中小学校（园）长高级研修。采取集中研修方式，培训 460 名中小学校（园）长，其中高中、初中和幼儿园各 50 人，小学 200 人，特殊教育学校 110 人。

（三）中小学班主任培训

1. 网络培训。在去年我厅组织开展万名中小学班主任网络培训的基础上，进一步丰富班主任网络培训课程资源，继续开展中小学班主任网络培训，计划人数 10 600 人。

2. 农村中小学班主任专题培训。集中培训 360 人。

（四）教师国际合作培训

2008 年中小学英语教师、中小学理科教师、中等职业学校专业教师、学校管理者出国培训共 1 380 人。

（五）“四项配套工程”教师培训

配合实施“四项配套工程”，对省援建的 3 650 所小学每校培训 3 人，共培训 10 950 人。

二、组织和管理

各地参加省级培训的计划，依据当地事业发展规模确定。农村教师素质提升培训、班主任培训、骨干教师培训等工作由省教师培训中心、省教育行政干部培训中心、省中小学教研室等协助落实，教师国际合作培训、“四项配套工程”教师培训、特殊教育学校校长培训由省教育国际交流服务中心、省教育装备与勤工俭学管理中心、省特殊教育师资培训中心协助落实，教育技术培训由省电化教育馆、南京师范大学现代教育技术中心协助落实。省电化教育馆要进一步完善和加强省教师教育网的培训平台建设，保证各项网络培训的顺利实施。

三、工作要求

加强教师培训，提高教师队伍整体素质，是促进教育均衡发展、全面提升教育质量的迫切需要，是建设教育强省、率先基本实现教育现代化的迫切需要。各地要根据本通知精神和当地教师队伍建设的实际，加强对教师培训工作的组织领导，加大教师培训经费的投入力度，突出重点、难点，制订行之有效的教师培训年度计划，确保本地教师培训工作高质量、高水平的开展。

甘肃省启动2008年普通高中教师远程培训试点工作

为全面适应高中新课改要求，提升全省高中教师队伍素质，甘肃省教育厅下发了《关于印发〈利用全国中小学教师继续教育网在我省开展普通高中教师远程培训试点工作实施方案〉的通知》（甘教师［2008］13号），结合即将开展的高中新课程改革实验，利用现代远程手段在嘉峪关市等14个市（区、县）组织开展为期一年的普通高中教师继续教育远程培训试点工作。

此次试点工作目的是帮助各试点市（区、县）的高中教师初步了解和把握高中新课程改革的目标和要求，了解和掌握高中新课程改革实施的情况和方法，促进教师教育观念和教学行为的转变，提高教师实施新课程的能力和水平，为顺利实施高中新课程改革提供培训示范和师资保障。同时通过试点探索利用现代远程培训手段进行教师培训的新模式，为省内分阶段、分层次开展中小学教师培训，尤其是开展高中教师新课程培训探索行之有效的途径。

为做好此项工作，省教育厅于2008年5月28日在兰州举办了首批普通高中教师非学历教育远程培训试点市（县、区）网络管理员培训班。截至2008年9月底，已有4 267名高中教师完成在线注册并开始学习。甘肃省各级教育行政部门高度重视此次培训工作，各地积极组织，教师踊跃参训。民勤、民乐、宿州、西和、临洮、永昌等县（区）分别制定了符合本地实际情况的远程培训实施方案，并将培训与教师年终考核挂钩，督促教师参加网络培训。临洮县、民乐县教育局要求今年新聘用的高中教师全部参加网络培训，且教育局主管领导、教育局教研室管理干部和各学校领导也主动要求参加培训，熟悉高中新课程内容，为明年高中新课改管理工作做准备。试点市（县、区）的教师纷纷称赞：

“这种培训是解决教师工学矛盾的最佳方式，而且学习资源丰富、信息传递迅速、学习方式灵活、有较强的针对性，对教学实践具有一定的指导作用。”部分试点县（区）建议尽快开展初中、小学教师的远程培训工作。

黑龙江省高中新课程 2008 年寒假地理学科骨干教师培训

黑龙江省高中新课程 2008 年寒假地理学科骨干教师培训班于 2008 年 3 月 17～20 日在哈尔滨市举办。来自全省不同地市、不同学校的 364 名地理教师及教研员参加了培训。这次培训是我省高中课改进行半年后，在全面调研的基础上，基于实践操作层面、基于问题解决的一次特殊培训。

学院副院长张晓明在培训班上针对我省高中新课程实验的总体状况作专题报告。培训班聘请了南通市地理教研员陈林森老师，介绍实验区新课程实施过程中的经验、教训、问题解决策略，并带来了实验区最新课改信息，同时就下学期必修Ⅱ课程，进行教材辅导，帮助我省教师分析教材、把握教材重点、难点，提出教学建议。南通市教师佘树平、哈六中齐明强和哈九中孙阳教师共拿出三节研讨课，就新课程的教材处理、高初中衔接、新增“活动”栏目的设计等关键问题进行了课例研讨和个案引领。

在培训中，反响最好的是哈三中高一备课组和教研组校本教研整体展示。8 名不同教龄、不同特点的教师，围绕课改实施的共性问题，把同课异构、同课同构、同课重构等备课组工作的新思路、新思考和教研组校本教研探索性的成功经验与大家交流、分享，这种行动研究和典型示范对培训班骨干教师、教研组长有很大的启发。

这次培训侧重行动研究、实践操作、问题解决、个案引领、教师参与，更侧重对今后课改工作的预演，对我省高中课改工作健康发展、稳步推进具有深远意义。

黑龙江省 2008 年暑假普通高中新课程
地理学科骨干教师教材培训

根据省教育厅《黑龙江省普通高中新课程培训方案》的计划安排和省教育学院新课程教师培训的工作部署，2008 年 8 月 18～26 日，黑龙江高中地理新课程骨干教师教材培训在哈尔滨市金三角招待所举办了为期 10 天（高一、高二各 5 天）的新教材培训，高一 400 余名、高二 800 余名教师参加了本次培训。这次教材培训与以往的教材培训有所不同，因为这次教材培训是在我省高中课改启动一年后，广大教师对新课程、新教材有了一定的感性认识，有相当一批老师已经使用了新教材，对新教材已经有了一定的实践体会后进行的，因此这次教材培训在内容安排和形式设计上，我们更侧重经验交流和成果分享；更侧重问题研讨和行动反思；更侧重实践操作和个案引领；更侧重教师参与和互动沟通。

我们设计的教材辅导板块，是让我省在课改第一线、已教过此教材的学科骨干教师，逐章逐节地将他们在实际教学中，经过反思和感悟了的、对新教材的理解和把握、对教材中重难点问题、关键问题的分析和处理以及具体实施建议、教学设计等经验性体会介绍给广大教师，重点谈自己在实践过程中的做法、经验、教训、体会、反思、感悟等。教师们普遍反映：这种安排针对性强、实效性强，丰富的课程资源可直接“为教学所用”，具体的实施建议可直接“受益于教学”，不仅有效地提高了广大教师对新课程的实施能力，同时使广大教师感受到了同伴专业发展的脚步，对促进教师工作方式的转变有很大帮助。

我们所请的专家，是先期实验省份课改实践操作层面专家，来为我们解析新教材，介绍实验省课改信息、介绍实验省广大教师教学实践疑难问题及应对策略，剖析课堂教学典型案例，交流新课程实施的经验与体会。

我们所研讨的问题是一年来，老师们反映比较多的高中课改关键问题“高初中衔接问题”“选修课开设问题”“新课程、新高考问题”等。

反思全省普通高中地理新课程骨干教师教材培训工作，还有许多需要加强和改进之处，比如：要进一步加强与省外和专家的前期沟通和交流，让专家们了解我省培训工作的任务与要求，提高专家讲座的针对性与实效性；还要进一步探索在这种人数多、场地小、时间紧的条件下，有利于广大教师的参与和互动的新的培训组织形式。

福建省 2008 年高中教师新课程培训项目正式启动

为深入推进高中新课程改革，提高广大教师实施新课程的能力与水平，根据教育部、福建省教育厅有关文件精神，南安市高中新课程国家级远程研修班于 12 月 21 日在市教师进修学校举行开班仪式，参加开班仪式的有南安市教育局人事科负责人、教师进修学校副校长傅健全，各班辅导教师及班主任（管理员）和接受此次培训的高中（语文、数学、英语、地理）四个学科学员。

面对新课改，师资素质的提高成为关键，举办高中教师远程研修是加强师资队伍建设的重要举措。对此，提出三点要求：一、提高认识，珍惜机会。希望老师们能够珍惜培训机会，解决好工学矛盾。要体会到“培训是一种福利”，认识到培训是一种投资，是促进自己专业成长的大好时机，要静下心，钻进去，高质量地完成培训任务。二、积极参与，勤思力学。要认真学习各专题内容，做好读书笔记，积极参加网上在线研讨以及班集体组织的网下合作学习、教研等活动，发表自己对教育教学问题的见解。三、教学相长，提升素质。老师们要把远程培训与自主学习紧密结合，使短期阶段性的加压、“充电”为长远的“解压”做铺垫，将学习和工作紧密地结合起来，把培训的成果及时进行应用，把理论转化为行动的指南。

之后，教育部全国中小学教师继续教育培训中心有关教师，就平台操作过程中常见问题进行了指导。

最后，培训处黄海水主任组织学员一同学习了《南安市高中教师新课程远程培训学习手册》，并布置下阶段的工作任务。

此次培训时间为 2008 年 12 月 15 日至 2009 年 2 月 25 日。

江西省中小学教师 2008 年远程培训工作顺利启动

2008 年 5 月 26 日，“江西省中小学教师远程培训中心”在南昌召开了 2008 年全省中小学教师远程培训工作布置会议。

“省远程培训中心”首先总结了 2006 年和 2007 年全省中小学教师远程培训工作，提炼了经验，展示了成果，分析了不足，同时还对 2008 年全省中小学教师远程培训工作提出了希望和要求：远程培训工作要做到“三个紧密结合”“五个更加关注”，“三个紧密结合”是将 2008 年的远程培训与学习实践科学发展观紧密结合、与教育系统的规范管理年活动紧密结合、与全省整个教师教育工作紧密结合。“五个更加关注”是要求 2008 年的远程培训更加关注认识的提高和统一、更加关注队伍建设、更加关注制度建设、更加关注监督检查、更加关注针对性和实效性，使 2008 年的全省远程培训工作再上新的台阶。

与会同志都表示，一定按照省教育厅的要求，扎实做好 2008 年的远程培训工作，努力创出本省师训工作品牌，争取成为全国中小学教师远程培训的排头兵。

四川省关于 2008 年高中地理培训的通知

四川省教师继续教育四川师范大学培训中心

根据《四川省教育厅关于下达 2008 年民族地区中小学校长、

教师省级培训分解任务的通知》（川教函［2008］200号）文件的安排，我培训中心承担了部分培训任务，但由于“5·12”大地震的原因，培训工作有所推迟，现决定首批高中地理学科的培训，现将培训具体安排通知如下：

一、参培对象

高中地理：甘孜19人，阿坝14人，凉山18人，马边1人，峨边1人，金口河1人，盐边1人，米易1人，仁和1人，石棉1人，北川1人，平武1人，共计60人。

二、培训时间及地点

高中地理：11月22日报到，11月23日～12月3日培训。

报到地点：新松苑宾馆大厅（川师大校本部，成都锦江区5号）

三、培训内容

培训以新课程、新知识、新技能为主要内容。旨在通过培训，提高民族地区中小学教师的素质和能力，特别是实施新课程的水平和能力，接近或达到内地优秀教师水平，引领和指导学校校本研修，促进中小学教育质量明显提高。

四、培训经费

培训费、资料费、住宿费、交通费、伙食补助费由省统一支付。

国外和中国港澳台地区地理课程与教学改革动态评述

地理基础教育的发展，是教育理念与社会发展不断适应的具体体现。对一些国家中学地理课程与教学的研究表明，国外地理教学改革的共同特点是：不严格把地理科学体系作为地理课程的内容体系；关注现实社会的重大问题和学生生活实际问题，充分考虑学生的学习兴趣和个体发展的需要；注重地理技能、能力和地理思想的培养；倡导探究式的学习方式；为地理教师创造性地开展教学活动提供条件等。

国外地理教育概况

英　国

英国在欧美各国中历来重视地理教育。初中学习区域地理，高中地理课程着重讲授系统地理。内容以产业地理以及人口、聚落、文化地理等为主，围绕资源利用方式、地区发展与环境保护、城市化问题、城市及区域规划、南北问题、人与环境等中心开展讨论。要求学生不仅了解“是什么”和“在哪里”等有关地理区位、分布、类型、空间联系的基本知识，而且要进一步认识“怎样”和“为什么”以及“影响及后果”等涉及人地关系、自然和经济过程、物流、客流及信息流等动态变化，还要对“应该怎样”做出判断，并在探究过程中，贯穿社会公德、环境和生活质量、经济利益、冲突和调和、规划和决策等情感态度价值观教育的目标。

课程多采取主题形式，通过探究学习，将自然和人文地理融为一体，培养学生从观察、描述，到分析、综合，进而作出判断和解决问题的能力，并在学习过程中完成情感教育的目标。例如，《探索我们的世界：新世界地理学入门》（A new approach to world geography Discovering our world，1986），从引导学生从观察自己所居住的村庄入手，由近及远地探究居民及区域差异，了解“我们的世界”，再通过案例研究，培养学生技能，深化对课本的理解。

剑桥大学出版社 1997 年出版的 World Geography，包括 World Geography Core Book，World Geography Case Studies 以及 World Geography Teacher's Resource Book 三册。其中，第一册涉及人口、聚落、生态、地形、景观和自然过程、经济活动和地理学发展等。第二册收集的 16 个案例中，都包括地理背景，人文、自然和环境等方面的资料，需关注的主要问题以及不同水平的各种活动等，较好地体现对学生能力的培养。第三册教师教学用书中最有特色的是“活动”设计，结合给出的资料，层层深入提出问题，不断启发和引导，学生成为学习的真正主人。

英国地理课程普遍引入的地理概念，一定程度上体现了现代地理学思想的发展变化。例如，20 世纪 50 年代强调空间，即数量化，注重理论、法则和假设。60 年代由强调自然，注重过程和系统的方法转变为强调行为，注重个人决策和主观印象。自 70 年代中后期以来，强调人文、福利，注重地方研究，关心区域不平等和社会福利。

值得一提的是，英国地理课本中对所谓“繁、难、偏、旧”的传统经典内容，并不采取“一刀切”，而是充分考虑其内容是否贴近社会、贴近学生生活，是否是学生关心的、感兴趣的、能引起共鸣的话题，是否有助于提高课程学术品位及学生的思维品质，例如《中等教育普通证书·地理复习指南》（GCSE Geography The Revision Guide，供中四、中五 2 年使用）已涵盖大地构造运动、岩石与地形、河流、冰川、海岸、天气与气候、生态系统与土壤、人口、聚落、工农业、资源管理、发展、地图及地理图表等诸多内容，某些方面的能力要求并不亚于我国现行高考试题。

美　国

20 世纪末，地理教育在美国受到前所未有的重视。1991 年地理被列为中学五大核心课程之一。此后颁布的《生活化的地理学：美国国家地理标准》(Geography for Life：National Geography Standards，1994）要求“通过对地理课本的教和学，使学生成为‘地理上见多识广的人’，能从空间视角理解人类、区域和环境，能重视、欣赏我们所居住的不同环境之间的相互依赖”。美国地理课程比较宽松，各地可因地制宜编写适合本地的课本，同时也允许在编写课本时应用不同的材料和选择不同的事例。

美国地理课本种类繁多，涵盖的内容涉及地球科学与宇宙科学、环境科学、经济地理等诸多领域。例如，美国 20 世纪六七十年代由国家科学基金资助、全美地理学家协会主持开发，Mc Millian公司出版的《城市时代的地理》，全套六册分别为城市地理、制造业和农业、文化地理、政治地理、环境和资源、日本。该课程以学生为中心，成功地将角色扮演、游戏和模拟等引入地理课堂教学，深受欢迎。

表 《政治地理》中的教学活动、学时和教学策略

教学活动	学时	类　型	活　动　内　容
部门	5～8	角色扮演	学生分成“国会议员”“管委会成员”和“公民”三方来决定各部门如何分配国家预算
一人一票	3～4	研讨	学生尝试在某州重新划分选区，以解决选票分配不公平问题，并根据政党与登记选民的联系等信息作评价
学区设置	2	问题解决	学生根据标明工商业区、家庭收入和人口密度分布等内容的城市地图，配置学校的数量及合理位置
伦敦	4	阅读和讨论	学生以英国首都伦敦为例，讨论大都市的管理、政府功能、行政单位的规模与重组等问题

高中《地球科学》课本在编写目的和指导思想上，与我国《高中地理课程标准》对课本的要求确有不少相近或相通之处。例如，选择联系学生实际、反映时代特征的素材，教学内容的组

织要为教学提供必要的空间，内容的呈现方式要符合学生的身心特点和接受能力，引导学生的地理理性思维等。

Scott Foresman 公司 1990 年出版的《地球科学》课本体系结构和体例有助于开展探究性学习。书中设有“活动”“相关职业介绍”“科学技能”等众多栏目，不少“活动”由学生实际动手操作。例如“探索海洋”学习单元中，要求学生观测水压随深度不同而变化、海水蒸馏实验、观察海水运动等，最后还要制作一幅潮汐变化图表。“探索宇宙”学习单元中，要求学生自己动手制作一台折射天文望远镜及一台射电望远镜模型。另一套高中课本《地球科学》(Glencon Earth Science Mc Graw－Hill 公司 1997 出版)，除设有“技术应用”、科学人物、学生自己设计小实验栏目外，地理科学与艺术、历史、文学等其他学科的联系，以及地图制作的艺术等同样是其重要组成部分，使地理切实起到了“各科学习平台”的作用。

法　国

首先，法国地理教育根据学生不同的专业发展方向（如文理专业方向、旅游专业方向、音乐舞蹈专业方向等，规定不同的学习内容，体现了课程的多样性和选择性。

其次，法国地理课程在内容上继承“法国国家学派”创立者白兰士、白吕纳等人的人生地理学思想：自然和人文两者的平衡发展，既不像其他国家出现的二者的明显分家；也没有发生区域地理与系统地理之间的方向性分歧，体现了联系实际的务实作用。

最后，法国地理课程在体系结构方面特色明显。以高中课本 Geographie(1997 版）为例，上册从“展望法国”入手，将法国置于欧洲和世界大背景下，讨论区域地理为主的问题。例如，“法国在欧洲的特色”“文化一致性和根深蒂固的特色主义”“小国家、大抱负”“法国还是非洲很强的政治实体吗”以及“地区和组织”“入境移民”“人口年龄金字塔”“领土整治”本国和周边国家（地区）等。下册以“人—地相互关系”为主旨，从系统地理学角度在“地球——人类的星球”宏观层面讨论人口分布和文化差异、人口的动力差异，并通过“人与地形”“人在气候、生物地理环境中”，以及“社会结构和领土整治”“城市的空间组织”“农村和农业”“地域政治和经济全球化”等，探讨“服务于人类的地理环境”。课本中没有简单乏味的说教，最终结论通过“地球是一个下‘金蛋’的鸡吗”“危险、不合理利用和灾害是不是可以避免”“发展是不是可持续的”等问题的讨论得出。

值得注意的是，这种体系结构正好与我国一些地理课本相反，虽然看似别扭，但就学生认识和掌握宏观世界而言，确实是降低了“准入门槛”。

德 国

德国地理课程在指导思想方面十分重视“地理学参与空间规划”和“对生态环境负责”，往往结合小城镇或特定地区的实例，探讨环境及区域规划等问题。例如德国地理课本 *Erdkunde*，在第五、六两册介绍本国及邻国区域自然、经济地理的基础上，第七册以全球各地大量典型、生动实例，讨论“自然因素影响我们的生存空间”“人类适应自然条件”“人类受到自然灾害的威胁”“人类利用生存空间并因此而改变自然”，以及“人类保护自然”。第八册从人口、资源、环境和发展等问题入手。探讨“发展中国家和发达国家”“人类改变空间结构”“经济和社会贫困产生的问题”以及“帮助发展中国家的途径”、德国“原材料的确保和国外投资”、世界“各民族的合作”等。

德国地理课程在内容选择和编排上科学、严谨。其主要特点：一是强调区域地理结构，例如，引导学生探讨欧盟经济结构、西欧社会结构、人口结构、城市空间结构、工业结构、农业结构等。二是重视区域地理结构的发展变化过程，以加深对今天区域地理结构的认识，并预测未来的发展。三是重视日常生活中的案例。例如，以“地球人口悄悄膨胀”重点介绍中国——世界上人口最多的国家，并以居民家庭中“三大件”的变化介绍中国人生活的改善，生动、具体，使区域地理结构及其发展、变化过程等比较抽象的内容，变得直观、容易理解，学生获得了活生生的地理。

俄罗斯

从20世纪80年代到现在，俄罗斯正在努力普及十一年制教育，苏联解体后的俄罗斯地理课程就体系结构而言，既延续苏联的传统，又形成创新特色。课程的继承性表现在：结构上沿袭从自然到经济、社会地理，从世界自然地理、本国自然地理，再到世界经济、社会地理，其中区域地理、经济地理所占比重大，内容上体现了系统性、逻辑性、简约性的特点。此外，还开设有天文学、地质学等选修课程。创新性表现在：课程结构改变了以往自然与人文地理完全割裂的状况，并且极大地关注人类面临的人口、资源、生态等全球性问题。

俄罗斯 1991 年以后地理课程（高中）内容涉及：

1. 地球的基本生态和地理规律。主要研究全球范围内各自然要素相互作用的机制，生物圈、生命物质的特殊作用、限制要素及其对生物分布的影响，地球景观和区域特征。

2. 历史地理。研究不同文明对自然的影响，自然在文明和国家命运中的作用。地球上最古老的文明，人类起源，自然界变化，文明对自然的影响取决于人文发展的类型和方向。探讨当代全球文明发生的前提条件，了解人文圈（智能圈）学说。

3. 现代世界。中心内容是人文圈的发生和发展，讨论全球性和区域性生态问题。

4. 生态问题。主要内容是模拟和预测人类活动对环境影响的后果，用过去和现今的实例研究全球生态危机的形势。

为理解上述内容，必须学习社会经济地理，研究现代文明的特点，从地理学的角度研究国家以及各自然要素间相互作用的机制，认识人为因素影响下破坏自然生态平衡等问题。以十年级《世界经济社会地理》课本为例，主要包括“世界自然资源”“世界人口地理”“世界政治地图”“世界经济”以及“演变中的世界区域”等，最终以探讨“人类所面临的全球性问题”结束。其编写目的和指导思想定位在：通过教学，培养学生对大自然的情感，认识自然界及其发生的过程；培养学生运用各种信息资源的能力，学会使用测试环境污染程度的仪器；培养学生在实际生活中运用所学知识，理解当代复杂的生态形式，预测人类活动对自然环境影响的后果。

日　本

日本地理课程在初中把历史和公民合在一起，组成社会科。高中地理课程包括：社会科中的地理 A、B；理科中的地学Ⅰ、Ⅱ。《地理 A》和《地理 B》属文科课本，区域地理和人文地理内容占绝大部分，主要包括：(1)现代世界的自然环境、资源、产业、都市、村落、文化生活等系统地理；(2)现代世界的地区性考察（本国以及在世界有重要影响的并且与日本关系密切的国家）；(3)全球性问题的考察，认识全球问题，国家现状与存在的问题，近邻诸国的考察，环境、能源问题的重要性，人口、粮食问题的地域性，城市问题的地域性，民族、领土问题的地域性以及国际协作。编写目的和指导思想是“从区域性出发考察现代世界各种地理现象”和“通过对现代世界地理现象的学习考察”，提高对现代世界地理现象认识，培养地理观念、地理思维方式和分析地理问题的能力，突出本国在世界的地位和作用，强调“造就作为国际社会主体的日本的国民意识和素质”。例如清水书院出版的两套教材：

表 1 全球性问题的考察

《新地理 A》	《现代地理 B》
资源的利用和消费 全球的人口问题 老龄化社会的诸国 粮食与饥饿 全球环境问题 工业发展和环境破坏 酸雨、核污染 拉丁美洲的外债	世界人口的分布和地区特点 人口剧增地区和停滞地区 环境问题（历史演变、大气污染、海洋污染、地球温暖化和臭氧层的破坏） 发达国家城市问题 发展中国家城市问题 日本的城市问题 城市化进展和城市问题

表 2 关于“国际协作”

《新地理 A》	《现代地理 B》
热带雨林保护和国际协作 难民问题和联合国角色 日本政府对外开发援助 国际社会和日本的角色 战后的国际协作体制	人口问题和国际协作 今日的环境问题和国际协作 国际协作和可持续发展 海外援助和人类交流 国际社会中日本的角色

《地学 1》和《地学 2》属理科课本，以自然地理为主，内容包括生活中的地学、宇宙与天体运动、地球构造与演化史、资源与灾害，地球与人类等，深度和难度均超过我国现行高中地理课本。其中《地学 2》为选修课课本，涉及地质学、天文学等比较专业性的知识。

日本地理课程内容编排是从“作为国际社会主体的日本”出发，强调学生关心世界地理事物，掌握加工处理地理资料等多项技能和分析世界地理问题的方法，并形成基本地理思维方式和基本地理观念。教学目标明确，注重日本及日本的周国有什么，日本公民将来会用到什么，强调直接效用，重视培养学生国际社会生存意识和独立思考的能力，这与日本近年来一贯试图从“世界经济大国出发，谋求国际政治大国”甚至“军事大国”的地位是一脉相承。前事不忘，后事之师，全世界爱好和平的善良民族须对日本“课本问题”绝不能掉以轻心。

新加坡

新加坡地理教育受到英国影响。如：地理课本（Secondary School Geography），在内容编排上，以“系统科学”框架体系分为：“系统”“生态系统”“自然生态系统”“人类生态系统”“自然系统和人类生态系统间的相互作用”，以及“气候系统和生物系统”“农业系统”“工业系统”“旅游服务系统”“城乡聚落系统”等。每个单元结束都安排总结性的“概要”，以便使学生能把握学习要领。该课本突出案例研究，其中“文莱的石油工业：连绵的油田”“马来群岛的锡矿开采业”“新加坡的电子工业和电子工业产品”“KUKUP——柔佛州一个正在消失的乡村”等案例的设计都十分精彩。在地图技能培养方面，该课本也形成特色：第一册中，将最基本的地图知识放在学习之初，而三、四两册最后一个单元“地图阅读”，专门总结“地形图上有什么”“文化景观图”“自然景观图”以及“土地利用和图像研究”“图像解读”等，以达到强化学生读图、用图能力。

中国港台地区地理课程与教育概况

中国香港特别行政区

由于特殊的政治、社会和历史原因，中国港台地区地理课程与祖国内地有很大不同。香港地理课程内容及编排受英国影响大，采取用“螺旋式、上升式”，重专题和景观分析。例如，人文地理占有相当重要的分量；重视全球观教育并联系香港实际；知识结构不追求学科的系统性；重要地理概念反复出现，要求不断提升，最终达到辨别人类所处的社会及其与所居住环境之间的关系。例如，香港高中地理教材《新地理》（第三版，R. B. BUnnett Bryan. Massingham 编写，香港文达出版有限公司，2001 年），中四年级（相当于内地高一）主要是自然地理内容，包括“系统与地图工作”“构造地形与风化作用”“塑造陆地外貌”“天气与气候”“生态系统”“灾害”“能源资源”等七部分内容，每一部分又分解为若干课题。像第四部分“天气与气候”就有“天气和气候介绍”“温度：天气与气候要素”“气压和风”“气压和风系”“凝结和降水”“气候类型”“香港天气图阐释”“香港气候”等八个课题。地理教科书同时使用中文和英文两种文字。

每个课题的编写风格和栏目设置基本一致，对知识要求、能力要求、观念培养等方面规定具体、系统，可操作性强。例如，“凝结和降水”的编写体例如下：

参考指引（以纲目形式呈现本课题的知识点，即教学因子）

教学因子（以文字、图表形式呈现地理概念、原理及事实材料），习作 1

教学因子，习作 2

教学因子，习作 3

教学因子，多项选择题、简答题、历届会考题

要点（课文中核心概念归纳）

教材每部分结尾处都由以若干方框构成的联系图形式组成的小结，以使学生把握知识点的相互关系，从而形成本部分的整体知识结构。此外，教材还附有中英文对照的地理专用术语以及地理学习光碟，方便了学生的学习。

中国台湾地区

中国台湾地区地理课程在内容上，主要介绍区域地理和自然地理，而人文地理往往结合在区域地理中讲述，在知识呈现上缺乏趣味性和可读性，编排死板，基本没有摆脱传统意义上的“地理八股”的模式。乡土地理受到重视，课本中安排有“收集、整理土地、生态、人口、产业等台湾乡土资料并进行问题讨论”等内容。但从观念教育的要求来看，潜含着强调台湾“本土意识”，把祖国大陆看做是“与台湾邻近的大国”而给予特别重视，这与近年来岛内“台独”势力强调灌输台湾本土思想有一定内在关联，应引起高度地警觉。

总之，中国港台地区的地理课程和教育体现了多样性和选择性特点，内容中融入地理科学观念，并加强广泛的应用性。其中中国香港地区地理教材编写在体现本土文化的基础上更多地借鉴英国教材，而中国台湾教材则在继承旧中国传统的地理教材的编写基础上，借鉴当今的日本教材。

国外和中国港台地区地理课程与教学特征分析

地理课程目标特征

1. 注重反映社会发展需要，强调地理有用性

地理学是一门应用性很强的学科。从社会发展需要以及培养合格的公民（而不是为高一级学校输送生源）的需要出发，中学

地理不再停留于机械地介绍地理知识和阐述地理原理，而是密切联系实际，反映社会发展需要。这样使教学既反映时代气息，又具有实用价值。课程将所述知识与案例分析有机结合起来。这种案例不仅起到验证作用，而且起到分析作用，但是这种案例并不完全替代知识的讲述和原理的分析。在此基础上更进一步，将所述知识蕴涵于案例分析和有意识的引导之中（如德国教材《环境的组成》）。这种案例完全替代了传统的课文功能。

中学地理课程在反映世界社会经济新发展的同时，还应反映该国（或地区）社会经济的新发展。例如，自 20 世纪 80 年代以来，日本将许多制造业企业转移到其他国家（或地区），使国内出现了制造业产业“真空”，国内则大力发展第三产业。为反映这种变化，并顺应国民就业和生活需要，日本的中学地理课程对传统的制造业内容进行删减，而充实了第三产业的内容和休闲活动的内容。

2. 地理课程目标有比较清晰的层次

尽管各国的课程设置不尽相同，但是普遍比较重视地理教育。例如，英国，在 20 世纪 80 年代后期制订的“国家课程”中，地理被列为 7 门基础课程之一。20 世纪 90 年代，美国政府规定了国家五项核心课程，地理被列为五项核心课程之一，并且地理课程的开课年限和课时分配有比较充分的保证。开课年限从小学高年级到高中连续开设地理课，或从初中第一年到高中第三年均开设地理课。

如英国《国家地理课程标准》遵循由浅入深、循序渐进的原则，将教学要求分为 8 个等级（或水平）。例如，关于区域有不同的目标要求：从低到高分别为“认识自己居住的区域”“认识其他区域”“比较不同的区域”。加拿大安大略省的地理课程目标也同样表现出清晰的层次，例如，在八年级“经济系统”学习中，对“发展调查研究和交流的技能”的目标要求为：使用适当的词汇描述调查和观察；提出问题，综合各种信息和观点；分析、综合、评价资料；为不同的目的绘制各种类型的图表和模型；使用媒体、口头表述、书写注解和报告、图画、表格等交流调查的结果，说明有关某一问题的不同观点。这种考虑到教育发展的地区差异和学生能力的差异，在统一的课程标准中，制订出不同层次的要求，体现了对特殊情况和学生差异性的重视。

除了上述的特点外，国外地理课程设置大多根据地区、学校、专业而设置，例如，法国除了为一般学生（文理专业）设置的地理课程外，还分别为高中的旅游方向、音乐舞蹈方向、科技方向等学生设置了专门的地理课程。

这些国家地理课程设置大体分为两种情况，一种情况是初中和高中均单独开设地理课，例如，英国、法国、加拿大、俄罗斯、德国等国家；另一种是在初中开设包含地理在内的综合课，高中单独开设地理课，例如，澳大利亚、日本。美国初中阶段既有单独开设地理课的，也有开设综合课的。

3. 突出地理技能和能力培养

国外地理课程目标突出地理技能和能力的培养，以技能和能力培养带动地理知识的学习。具体而言：

淡化、粗化具体知识内容，强化、细化地理技能和能力的要求。这便于教师创造性地开展教学，而不拘泥于具体知识点的束缚。如日本地理课程标准中：以观念和能力的培养立意，不具体规定教学知识点。细化则便于教师以类似的方式理解课程标准。例如，加拿大安大略省的课程标准中规定，在概念和技能应用方面，7 年级结束时，学生应会撰写一篇有关新闻报道过的当前环境事件的报告，但并没有规定必须写哪方面的报告，为了便于实施，只在括号中给出例子（例如，发现一种新的资源；环境；渔业资源的损耗）。

以强化教学要求的形式突出技能和能力的培养，淡化对具体地理知识的要求。例如，英国《国家地理课程标准》中对知识点没有很详尽、具体的规定，只是从“地理技能”“地区”“主题学习”等方面选择切入点。但是，每个主要阶段的教学要求是十分明确的，而且表述也是从“要求”的视角出发。一些具体的教学内容只是为了配合教学要求而提出的，并且指出，这些教学内容并非必须要学习，具体教学内容应由教师自行确定。

对地理技能和能力的要求充分体现地理学科的特点和社会发展的新要求。对使用和绘制地图技能及能力提出具体要求，这与我国基本相同。对地理实践能力特别是野外实践的能力要求比较多，这是我国地理课程目标的一个弱点。突出现代信息技术应用和地理信息处理能力的培养，使用计算机及网络技术进行地理学习以及从各种来源获取有用的地理信息并学会处理和应用，是大多数地理课程技能和能力目标的重要组成部分之一。

地理课程内容体系及结构特征

1. 以可持续发展为主线，突出人地关系

人地关系是现代地理学研究的核心内容之一。中学地理教育把阐明人地关系放在核心位置起于 20 世纪 80 年代。在突出阐明人地关系的思想指导下，中学地理课程，不强调地理知识的系统性，而是从人地关系的角度来选取教学内容。因此，自然地理、人文地理、区域地理知识不再作为有系统的知识整体出现于教材中，而是作为人地关系的基础知识，或典型区域分析，分散出现在有关知识中，并且其广度和深度也视所讲述内容的需要而定。

可持续发展的概念自从于 20 世纪 80 年代后期提出以后，很快成为人类的共识，并被认为是处理人地关系的最高目标。中学地理课程一般结合讲述人类面临的全球性问题，如人口问题、资源问题、粮食问题、环境问题、城市化问题、发展问题等，阐述可持续发展。仅以环境问题为例，教材不仅讲述环境污染、生态破坏等问题，还讲述臭氧层破坏、大气“温室效应”等问题，甚至将太空垃圾也作为课程内容，以使学生关注人类的家园地球以及人类发展的未来。在阐明问题的基础上，课程一般都介绍了解决问题的目标和措施，以使学生了解人类在对待这些问题上的态度和努力。

2. 重视人文地理，加强人文地理和自然地理之间的整合

地理学是一门综合性的学科，内容很广。当今人类活动的范围不断扩大，对自然的利用、改造程度也在不断加深，加之世界各地区间人们的经济、文化等方面的交流越来越广泛。在中学地理有限的容量内，课程从人类活动的自然环境基础来讲述有关的自然地理知识，从而大大减少了系统自然地理的知识量，并降低了内容难度。同时，课程将人文地理内容放在重要位置，加大人文地理知识的比重，以阐明人文环境的形成，以及人类各种活动与地理环境的关系。可供讲述人文地理的教材容量扩大，相应使人文地理内容得到充实。除传统的农业、工业、交通、贸易等经济地理内容外，人口地理、城市地理、文化地理、政治地理、休闲地理等内容也出现于中学地理教材中。

现在，课程比较重视自然地理和人文地理的结合，以体现讲述自然地理的目的。例如，法国地理教材（1997 年版），把水和水资源、太阳和太阳能放在一起讲述，美国 MCGRAW-HILL（迈克格劳—希尔）出版公司 1997 年出版的《地球科学》每一章都是前面讲述自然地理要素，接着讲述有关环境问题、资源利用等人文地理内容，较好地融合了自然地理和人文地理的内容。

3. 打破严格的地理学科知识体系，重新构建教材知识结构

长期以来，中学地理课程严格按照地理科学体系安排教学内容。由于地理科学体系庞大，内容广泛，尽管只选取一些最基本的内容，中学地理课程仍显出许多不足，诸如内容多，难点多，

重点不突出，主题不明显，实用性差等，给教学带来一定的困难。因此，许多国家新出版的中学地理教材，都努力摆脱地理科学系统的束缚，逐渐根据中学地理教育的特点，探索建立新的知识结构体系。

4. 构建螺旋循环上升的区域地理内容体系和结构

例如，德国从 6 年级到 9 年级的区域课程安排从德国本身到德国所在欧洲再到空间上更远些的亚洲、美洲和大洋洲，是一种常见的由近及远的结构。到了 11 年级，再次安排“德国——欧洲——世界”的内容，但在内容深度上有了明显变化。13 年级的内容已接近专题方式，法国初高中阶段的地理课程采用“世界地理——非洲、亚洲、美洲地理——欧洲地理——法国地理——欧洲地理——世界地理”的结构，也是一种循环上升的安排，其中贯穿着人文地理和地球科学的内容。1997 年版的法国的世界地理教材，按大洲进行地理分区，非洲、亚洲和美洲分别只选取 1～2 个典型国家和区域进行讲述，突出了重点，便于学生把握区域主要的地理特征。再比如日本新的高中《世界地理》（帝国书院株式会社），以全球为视点，以世界的地域联系和地域研究、不同自然环境下人们的文化生活及其交流、全球性问题及其解决途径构建知识框架。

5. 主题形式的课程内容体系和结构

以德国萨尔州文理中学 7 年级的内容为例，内容基本是以一个个相对独立的主题呈现的，既没有明显的地理学科体系，又没有刻意的区域划分，可以被认为是一种主题方式。加拿大安大略省的地理课程年级安排，虽然划分上 7 年级以自然地理内容为主，8 年级以人文地理为主，但总体也是一种主题式。这些发展向人们展示，教材编写者都在努力打破传统中学地理知识结构体系，并从不同途径建立新的体系。很显然，新体系的建立仍处在探索阶段，尚未形成一种公认的比较完善的体系。

地理教学方法特征

探究式的学习方式是一种适合于科学教育的方式，这已经被国内外普遍接受并积极提倡。国外的课程标准已不只是简单的教学目标和知识内容载体，而是包含丰富的教学方式方法。其根本原因在于，国外对学生地理学习的技能和能力要求较多且较细，这些技能和能力培养自然会形成以探究式和实践活动为主的学习方式。例如，在加拿大安大略省的课程标准中规定：“学生应会从各种原始资料（如访谈、统计、实况广播等）和第二手资料

（如地图、图表、录像、光盘、互联网）中查找相关信息。”这样，教师在组织教学活动时，必然要采用学生实践活动的方式。

除了在课程标准中直接提出对探究式地理教学方法的要求外，减少规定的主题和增加单元教学时间，为安排学生探究式学习活动创造条件。国外地理课程安排的主题较少，但每个主题给的时间相对较多；而我国地理课程与此正相反，要求学的主题和知识点很多，每个主题规定的教学时间很少。例如，法国地理课程标准中，“印度”的教学为 3～4 课时，充足的教学时间可以使教师组织以学生为主体的实践活动。我国地理课程中“印度”只有一课时教学时间，造成教学只能以教师简单描述为主。

地理课程评价与管理特征

国外地理课程评价体系可分为两种，一种是类似加拿大安大略省的表述方法，使用行为目标确立课程的目标和内容，教师可直接使用这部分课程标准实施评价。另外一种是以罗列具体知识内容的方式安排课程标准的内容，评价的目标和标准单独安排。总的是课程标准多采用行为目标表述评价要求，增强了评价的指导性、可操作性。注重对学生的全面评价，建立学习结果和学习过程并重的评价机制，提倡多样化的评价方式和手段。

高等院校　学术机构

高等学校地理院（系）

北京师范大学地理学与遥感科学学院

北京师范大学是中国历史上第一个师范大学，教育部直属师范院校，全国首批被列入“211 工程”建设大学。以教师教育、教育科学和文理基础学科为主要特色。

本校地理学与遥感科学学院的历史，可上溯于京师大学堂师范馆史地类，1902 年开始招生，1912 年称史地部，1928 年独立设系，称地理系。1993 年地理系改名为资源与环境科学系。2003 年成立地理学与遥感科学学院。

本院拥有“自然地理学”国家重点学科、“遥感科学国家重点实验室”“环境遥感与数字城市北京市重点实验室”以及 1 个教育部重点实验室，3 个野外研究实验基地和 4 个教学野外实习基地。主要研究方向有：遥感机理及应用、土壤侵蚀与水土资源管理、环境演变、城市开发与地价评估、地理教育与环境教育等。现拥有地理科学（师范类）、资源环境与城乡规划管理、地理信息系统 3 个本科专业；自然地理学、人文地理学、地图学与地理信息系统、全球变化、区域经济学、课程与教学论、水土保持与荒漠化防治、摄影测量及遥感和土地资源管理 9 个硕士点；自然地理学、人文地理学、地图学与地理信息系统、全球环境变化、课程与教学论 5 个博士点，以及地理学博士后流动站。是地理学“国家理科基础科学研究和教学人才培养基地”之一，并被评为“优秀基地”。

全院现有教师 53 人，其中院士 2 人、长江学者特聘教授 2 人、教授 23 人。2000 年以来承担科研项目 250 多项，获省部级以上奖 15 项。近年来主持与参加省部级教改项目 9 项，获国家优秀教学成果奖等教学奖励 7 项，出版面向 21 世纪课程等教材 10 多部。

地址：北京市海淀区新街口外大街 19 号

邮编：100875

电话：010－58807657
网址：http：//geog. bnu. edu. cn

首都师范大学资源环境与旅游学院

首都师范大学资源环境与旅游学院的历史可上溯至始建于1954年的地理专业，1957年建立地理系，2001年正式更名为资源环境与旅游学院。

学院建有“资源环境与GIS北京市重点实验室”“三维信息获取与应用教育部重点实验室”“国家城市环境污染控制工程技术研究中心——环境生态过程分中心”和“城市空间信息技术应用教育部工程研究中心”。设有地理系、旅游系和地理信息系统系，均招收本科生。具有自然地理学、地图学与地理信息系统、人文地理学、环境科学、地理教育学、地图制图学与地理信息工程、环境工程、旅游管理、第四纪地质学、水文学及水资源10个硕士点；自然地理学、地图学与地理信息系统2个博士点和地理学博士后流动站。

教师中现有中国工程院院士1人、正副教授33人。主持和参加国家863项目7项、国家973项目4个子专题、主持国家自然科学基金14项、主持和参加国际合作项目6项、主持教育部、北京市等科研项目50余项，获省部级以上奖励5项。

地址：北京市西三环北路105号
邮编：100037
电话：010－68902376
网址：http：//www. cnu. edu. cn/acadamic/res. asp

天津师范大学城市与环境科学学院

本学院位于天津师范大学新校区，是天津市唯一的集地理科学、城市科学和环境科学于一体的教学科研单位。学院现有环境科学、人文地理、课程与教学论（地理方向）3个硕士点；地理科学、资源环境与城乡规划管理、地理信息系统3个本科专业以及资产评估与交易、物业管理2个高职专业。学院目前下设环境与发展研究所、地理教育研究中心、城市社区研究中心、国土资源研究所，建有地理信息系统、遥感、地质、植物、土壤、气象，摄影等教学实验室。

学院现已形成以教学科研为主体、教师教育与学科教育并举、结构合理，层次多样的办学格局。学院拥有一支具有丰富教学经验和较强科研能力的教师队伍，曾多次完成国家、部委

（市）和地方各级科研任务，取得了丰硕的科研成果，为国家和天津市培养了数千名中学教师和其他领域专门人才。

地址：天津市西青区大学城天津师范大学主校区

邮编：300684

电话：022－23766028

网址：http：//202.113.96.50/chxy/introduce.htm

河北师范大学资源与环境科学学院

河北师范大学是河北省属重点大学。本学院由原地理学系和人口研究所于1998年合并而成。地理学系的前身为1950年的河北师范学院文史系史地专业。1951年，扩建为史地系。1952年，建立地理系。

学院现有专职教师50人，其中教授17人，副教授14人。现有地理科学（师范类）、地理信息系统、资源环境与城市规划管理、旅游管理、环境科学5个本科专业和房地产经营与估价专科专业。有自然地理学、人文地理学、地图学与地理信息系统和人口资源与环境经济学4个硕士点，同时招收地理学教育硕士研究生，又与生命科学学院共建生态学博士点，2005年获得地理学一级学科硕士授予权。有自然地理学省级重点学科和“环境演变与生态建设”省级重点实验室。

学院多年来为河北省乃至全国培养了大批地理学专门人才，是河北省高中以上地理师资的摇篮和河北省国土资源与环境管理、地理信息技术等高层次人才培养基地。

学院2003年以来，主持研究课题152项。获省部级自然科学奖二、三等奖各1项、科技进步二等奖2项、三等奖3项。获教学成果一等奖1项，社会科学优秀成果三等奖4项，发表的学术论文被SCI、EI、ISTP收录17篇，出版学术专著32部。

地址：石家庄市裕华东路265号

邮编：050016

电话：0311－86268430

网址：http：//202.206.99.219

山西师范大学城市与环境科学学院

山西师范大学城市与环境科学学院是该校最早建立的学院之一，从建校之日起就开始招生。学院现有地理科学、资源环境与城乡规划管理、地理信息系统3个本科专业，人文和自然及教育硕士3个硕士点和1个地理科学三大专业。学院现有教授、副教授15名，博士12名；学院在国家一级刊物《地理学报》、《中国科学》等学术刊物上发表论文多篇。

学院现有省级品牌专业1个，省级名师1名，校级名师2名。近年来学院在科研教学及管理等各方面取得了长足的进步，本院地理科学系，2006年被山西省教育厅授予"品牌专业"。拥有地球概论、地质地貌、土壤与环境、遥感与地图、气象与水文、地理信息系统、区域规划、多媒体演示室等10个实验室。拥有藏书万余册的资料室1个。

地址：山西省临汾市贡院街1号

邮编：041004

电话：0357－2051200

网址：http：//www.sxtu.edu.cn/change/xyxs/chxy/index.html

内蒙古师范大学地理科学学院

内蒙古师范大学地理科学学院前身是1952年成立的内蒙古师范学院史地科，1955年设立为地理科，1958年升格为地理系，2001年更名为地理科学学院。

学院有地理科学、城市规划、土地资源管理、资源环境与城乡规划管理、地图与地理信息系统、测绘工程6个本科专业。其中地理科学、土地资源管理、地图与地理信息系统为蒙汉双语授课。有人文地理、自然地理、土地资源管理、地图与地理信息系统、课程教学论（地理）5个硕士点。2008年开始招收MPA。成人教育招收地理教育、土地管理、城市规划、资源环境与城乡规划管理4个专业的三年制后期本科生。招收同等学历教育硕士。

学院现有教职员工64人，其中教授12人，副教授27人。下设地理科学、国土资源、城市规划与测绘工程3个系；地理科学系设地理教育、资源环境与城市规划管理、地理信息系统3个专业；设内蒙古地理研究所和城市规划设计所2个研究所；还有资料室、仪器室、实验室等教学辅助机构。学院实验中心包括6个实验室，分别为：自然地理与环境分析实验室、自然地理标本与模型实验室、地图遥感与测量实验室、地理科学教学论实验室、GIS实验室及多媒体实验室。

地址：呼和浩特市昭乌达路295号

邮编：010022

电话：0471－4392363

网址：http：//www.innu.edu.cn/academics/geowww

辽宁师范大学城市与环境学院

辽宁师范大学是辽宁省属重点大学。城市与环境学院始是由地理系和海洋资源研究所组建而成。下设 4 个系：地理科学系（师范类）、城市环境学系（非师范类）、地理信息科学系（非师范类）和水文与水资源系（非师范类）；3 个研究所：资源环境研究所、区域经济研究所和地理信息系统研究所；12 个室：人文地理重点学科研究室、图书资料室、气象实验室、气象观测室、地质地貌系统实验室、岩石标本室、岩土实验室、植物实验室、环境实验室、土壤实验室、地理信息系统实验室以及天象馆。

学院现有地理科学、资源环境与城乡规划管理和地理信息系统 3 个本科专业。有课程与教学论（地理）、自然地理学、人文地理学、环境科学、地图学与地理信息系统、水文与水资源工程、第四纪地质学和生态学 8 个硕士点。人文地理学和自然地理学 2 个博士点。人文地理学科 2003 年被批准为省级重点学科；自然地理学科、地理信息系统学科 2008 年被批准为省级重点学科。

城市与环境学院现有教师 41 人，其中教授 12 人，副教授 19 人。3 年以来，承担并完成国家自然科学基金 4 项，863 项目 1 项，省部级和地方项目 20 余项。

地址：大连市黄河路 850 号

邮编：116029

电话：0411－84258364

网址：http：//www.lnnu.edu.cn/dandu/chenghuan/index.htm

东北师范大学城市与环境科学学院

东北师范大学是教育部直属全国重点大学，是国家“211 工程”重点建设大学。东北师范大学城市与环境科学学院成立于 1996 年，其前身为地理系和环境科学系。地理系建立于 1949 年，环境科学系成立于 1986 年，其前身是 1978 年建立的东北师范大学环境科学研究所。地理系设有人文地理、城乡规划、自然地理、地理信息系统和湿地科学 5 个教研室；环境科学系设有环境科学、环境生态学和环境工程 3 个教研室。学院还包括东北亚地理研究所、泥潭沼泽研究所、环境科学研究所、城市规划研究设计院等科学研究单位。

学院设地理科学（师范类）、资源环境与城乡规划管理、地理信息系统、环境科学和生态学5个本科专业；自然地理学、人文地理学、地图与地理信息系统、区域经济学、环境科学、环境工程、人口资源与环境科学、城市规划与设计、土地资源管理9个硕士点；地理科学一级学科博士授权点和区域经济学、环境科学2个博士点；建有地理学一级学科博士后流动站。

学院师现有教职员工110人（其中专业教师85人），其中教授34人（博士生导师18人）、副教授26人。近年来不断发展对外学术交流。与俄罗斯、日本、德国国家和地区的有关科研部门、大学建立了长期的学术交流与科学研究的合作关系。

地址：长春市人民大街5268号

邮编：130024

电话：0431－5893471

网址：http：//city. nenu. edu. cn

吉林师范大学旅游与地理科学学院

吉林师范大学是吉林省属重点大学，坐落在吉林省四平市。吉林师范大学旅游与地理科学学院创办于1984年，办学规模、办学效果、师资队伍在吉林省师范院校旅游与地理科学学院中居首位。旅游与地理科学学院有地理科学、旅游管理、地理信息系统3个本科专业，下设生态环境研究所、东北旅游研究与规划中心及自然地理、人文地理、教法、旅游管理、地理信息系统、遥感与地图、函授8个教研室，现有土壤、气象与气候、地质地貌、教法、酒店模拟、地理信息系统、地图、地球概论等多个实验室，及自然地理标本陈列室、5个多媒体教室和秦皇岛地质地貌实习基地、叶赫自然地理实习基地、丹东人文地理实习基地，四平市十四中学、二十中学、第三高级中学、师大附中、二十四中等地理科学专业教育实习基地，广州凤凰城大酒店、上海紫金山大酒店、杭州西子宾馆、南京山水大酒店、北京艾蒙西商务顾问有限公司等旅游实习基地，北京超图公司、北京山海易绘、北京泰坦等地理信息系统实习基地。学院教学设施和教学设备先进，能够满足教学和科研的需要。

地址：吉林省四平市铁西区海丰大街1301号

邮编：136000

电话：0434－3292077

网址：http：//web. jlnu. edu. cn/ldxy

哈尔滨师范大学地理系

哈尔滨师范大学是黑龙江省属重点大学。地理系成立于1958年，1971年与历史系合并为史地系。1972年恢复地理系。1980年更名为哈尔滨师范大学地理系，2002年与生物系合并，成立生命与环境科学学院。

目前设地理科学、资源环境与城乡规划管理、地理信息系统3个本科专业，自然地理学、人文地理学2个硕士点。地理系现有专职教师34人，其中有教授、副教授及其他系列副高职员19人。

地理系下设4个教研室：自然地理教研室、人文地理教研室、地理信息系统教研室、教学法教研室。2个综合实验室：自然地理综合实验室、地理信息与地图遥感实验室。黑龙江省地理学会、哈尔滨师范大学环境科学研究所挂靠在地理系。

近5年，承担国家863子项目1项，国家自然科学基金项目4项，省自然科学基金项目5项；获省部级科技进步二、三等奖6项，省社会科学科技二等奖2项、三等奖2项，生教学成果一、二等奖共3项；主编或参编学术专著及教材20余部。

地址：哈尔滨市南岗区和兴路50号（松北校区）

邮编：150080

电话：0451－88060524

网址：http：//www.hrbnu.edu.cn/map/xueyuanjianjie/shengming.htm

华东师范大学资源与环境科学学院

华东师范大学是教育部直属全国重点大学，是国家“211工程”“985工程”重点建设高校。

华东师范大学资源与环境科学学院由地理学系、城市与区域经济系、环境科学系、河口海岸研究所、河口海岸动力沉积和动力地貌综合国家重点实验室、地理信息科学教育部重点实验室、中国现代城市研究中心（教育部人文社会科学研究基地）等机构组成，设有5个本科专业、15个二级学科硕士点、9个二级学科博士点。地理学既是国家理科基础科学研究与教学人才培养基地，又是一级学科博士点和博士后流动站；自然地理学、生态学为国家重点学科和上海市重点学科。自然地理学及地理信息系统与生态学进入“十五”期间“211工程”建设学科，“长江学者”特邀教授设岗单位。现有教授65名副教授45人，在读本科生

700 余人，研究生 800 余人。藏有中外文图书 15 万余册，学术期刊近 400 种。

先后承担和参与了“六五”“七五”“八五”“九五”国家攻关项目，“973”科研项目，“863”科研项目，国家自然科学基金，国家及省市部委社会科学基金，教育部博士点基金，跨世纪学科带头人基金，各类青年基金，上海市重大咨询决策课题以及各地方企、事业单位委托的生产科研课题。20 世纪 80 年代以来，获国家和部委省市级科技进步奖 100 余项，出版学术专著、教材 130 部，发表学术论文 3 000 余篇；与联合国教科文组织、美国、英国、法国等国家和地区的有关科研部门、大学建立了长期的学术交流、人才培养和科学研究的国家合作关系。

主编《世界地理研究》和《地理教学》学术期刊。其中《地理教学》是中国中文核心期刊，中国教育学会地理教学研究会会刊，内设地理纵横、教学研究、高中地理、初中地理、教学经验、试卷交流、考试研究、华夏风采、教海拾贝、资料集锦和地理景观图片多个栏目，为中学地理教育教研人员提供了良好的教育平台。

地址：上海市中山北路 3663 号

邮编：200062

电话：021－6223302

网址：http：//www. re. ecnu. edu. cn

上海师范大学旅游学院

上海师范大学旅游学院与上海旅游高等专科学校是同时采用两个名称的合一教育机构，其中上海旅游高等专科学校是独立法人单位。

学院是世界旅游组织（WTO）附属成员，现为联合国亚太经社会亚太旅游教育培训机构（APETIT）执委会副主席，上海旅游行业学会教育分会会长单位，中国旅游行业协会教育分会副会长单位。

学院有一支结构合理、专兼结合的专业师资队伍。拥有专业旅游类教师 160 余名，其中有高级教师类职称的教师 50 余名。并与众多的国际和港澳台地区院校建立合作关系。

学院设旅游管理、会展经济与管理、地理科学、地理信息系统、资源环境与城乡规划管理 5 个本科专业；旅游管理、自然地理学、人文地理学 3 个硕士点以及课程与教学论硕士专业（地理教育方向）；环境科学二级学科博士点，中国古典文献学博士学位专业旅游文学与文化研究方向。

学院是上海旅游会展本科教育高地建设单位和上海旅游资源与文化发展创新基地，2008 年度国家示范性高职院校建设单位。学院设上海旅游标准化研究室、上海旅游法制研究室、上海师范大学城市生态与环境修复重点实验室、上海师范大学城市生态与环境研究中心等科研机构。学院学报《旅游科学》为“中国社会科学引文索引（CSSCI）”来源期刊。学院图书馆旅游类专业藏书近 30 万册。

地址：上海市桂林路 100 号

邮编：200234

电话：021－64322763

网址：http：//sit. shnu. edu. cn

南京师范大学地理科学学院

南京师范大学是国家“211 工程”重点建设的江苏省属重点大学。南京师大地理科学学院的历史可追溯到 1919 年南京高等师范学校的文史地部，增设地理学科。1920 年南京高等师范学校扩建为东南大学，1921 年建地学系，竺可桢为创办人，任系主任。1952 年著名地理学家李旭旦教授奉调创办地理系。1997 年成立地理科学学院。本院坚持以团结、稳定、充实、提高、发展的方针营造宽松、和谐、向上的发展思路；以建设、培育国家重点学科为主导，以建设学术梯队为根本；以提升科研条件为基础，以产、学、研相结合为动力，以科学管理为保障，脚踏实地地建设一流的学科、一流的管理和一流的学院。

学院下设地理系、旅游系、土地管理系、地理信息系统和遥感系 5 个系，均招收本科生；拥有地图学与地理信息系统、自然地理学、人文地理学、第四纪地质学、遥感技术与应用、环境地理学、海洋地理学、旅游管理、课程与教学论 9 个硕士点；地图学与地理信息系统、自然地理学、人文地理学、第四纪地质学、遥感技术与应用、环境地理学、海洋地理学 7 个博士点，并拥有地理学博士后流动站和地理学一级学科博士授权点。地图学与地理信息系统学科为国家级重点学科，自然地理学为江苏省重点学科。学院还设有 1 个长江学者特聘教授岗位和 1 个省重点实验室。2004 年起研究生招收人数超过本科生。

学院现有教职员 106 人，其中共有院士 2 人，特聘教授 6 人，教授 37 人。目前在研的“863”和“973”专题或二级课题、国家科技攻关项目、国家自然科学基金等国家级项目共 34 项。

论文1篇、入选全国优秀百篇博士学位论文并获得国家杰出青年科学基金。2002年沙润等5位教授获国家优秀教学成果二等奖1项，获国家自然科学二等奖、中国高校自然科学奖和国家海洋局创新成果奖等省部级以上奖励，《现代自然地理学》和《地理信息系统》获国家精品课程称号。

地址：南京市宁海路122号南京师范大学

邮编：210097

电话：025－83598807

网址：http：//202.119.104.100/data/dky/index.html

浙江师范大学旅游与资源管理学院

浙江师范大学是一所以教师教育为主的多科性省属重点大学。旅游与资源管理学院师资力量雄厚，现有教职工49人，其中教授9人，副教授11人。

学院设地理科学系和城市规划系；建有卫星遥感与环境灾害、城乡规划与景观设计两个校级研究中心和非洲地理、旅游开发与规划、生态规划与环境评价研究所等院级科研和应用开发机构；学院以综合实验室、地理过程和卫星遥感信息处理3个实验室作为技术支撑，拥有地理信息系统、水土分析和CAD等10余个功能先进的教学实验分室。

现有校级自然地理学重点学科和地理科学重点专业；有地理科学（师范）和城市规划两个本科专业；有自然地理学、人文地理学硕士点、课程与教学论硕士点的地理教育学方向等，同时招收地理学教育硕士和旅游管理中职硕士。

地址：浙江省金华市中山北路299号

邮编：321004

电话：0579－2282273

网址：http：//lyxy.zjnu.net.cn

安徽师范大学国土资源与旅游学院

安徽师范大学国土资源与旅游学院前身是国立安徽大学史地系和省立安徽学院史地系。1952年，安徽师范专科学校筹建地理科，同年9月并入安徽大学，地理科隶属师范学院专科部。1957年地理科扩建为系。1958年，安徽师范学院文、理分院。地理系迁往合肥。1970年年初，合肥师范学院撤销，地理系迁回芜湖，并入皖南大学，1972年定名为安徽师范大学地理系。

学院拥有地理科学、旅游管理、土地资源管理、地理信息系统4个本科专业。学院有人文地理学博士点，地理学一级学科硕士点以及自然地理学、人文地理学、地图学与地理信息系统、旅游管理、土地资源管理、区域经济学和人口资源环境经济学7个二级学科硕士点，拥有地理学科教育硕士和人文地理学高校在职教师硕士点。

学院设有地理系、旅游系、土地系、地理信息系统系、饭店管理系5个系和安徽地理研究所、旅游发展与规划研究中心、地理信息科学研究中心、遥感考古工作站等科研机构，安徽省地理学会挂靠在该院。其中，旅游发展与规划研究中心为省级文科重点研究基地，地理信息科学研究中心为校级重点实验室。

学院始终坚持“以人为本，求真务实”的工作原则，坚持以育人为中心，以就业为导向，努力强化实践教学，注重学生动手能力培养。目前，学院已在北京、深圳等地开辟专业实习基地10多个。同时，开辟了巢湖地质、皖南区域地理、庐山自然地理等野外实习基地。

地址：安徽省芜湖市北京东路1号

邮编：241000

电话：0533－3869388

网址：http：//www.ahnu.edu.cn/nic/index.html

福建师范大学地理科学学院（旅游学院）

福建师范大学地理科学学院源于1907年的福建优级师范学堂史地专科。1952年福建师范学院始建地理系，1958年成立中科院华东分院福建地理所；1972年和1982年先后复办福建师范大学地理系（后增设旅游系和土地与城市系）和地理研究所；1999年8月，由地理系和地理研究所组建地理科学学院。

学院拥有地理科学（国家理科基地）、地理科学（师范）、地理信息系统、资源环境与城乡规划、生态学、旅游管理6个本科专业。自然地理学、人文地理学、地图学与地理信息系统、自然资源、生态地理学、生态学、土地资源管理、水土保持与荒漠化防治、旅游管理9个硕士点和教育硕士点地理教育方向。自然地理学、人文地理学、地图学与地理信息系统、自然资源、生态地理学5个博士点。地理学博士后科研流动站，地理学一级学科博士点。

设地理学国家理科基地、地理系、资源与城市规划系、地球信息科学系、生态环境系、旅游系，有福建省亚热带资源与环境重点实验室、福建省高校湿润亚热带生态地理过程重点实验室、福建省地理实验教学示范中心等教学科研单位。福建省地理学会、自然资源学会、天文学会、生态文明研究会、教育学会地理教学研究会挂靠学院。

学院拥有一支结构日趋合理的师资队伍，现有专任教学科研人员 116 人，其中国际欧亚科学院院士 2 人，博士生导师 12 人，国家自然科学基金委员会第十二届专家评审组成员 1 人，教授 20 人，副教授 32 人。

近 5 年来，学院先后承担国防科工委项目 1 项，国家自然、社科基金以及国家部委项目 16 项。科研成果获省部级以上奖励 23 项。发表论文 733 篇，其中 SCI、EI 收录 39 篇。出版专著 38 部。

地址：福建省福州市仓山区上三路 32 号

邮编：350007

电话：0591－83465214

网址：http：//geo. fjnu. edu. cn/default. asp

江西师范大学地理与环境学院

江西师范大学地理与环境学院前身为 1958 年的江西师范学院地理系，1962～1978 年期间停办。1979 年地理系恢复招生，1999 年更名为城市与环境学院。2003 年学校在对原城市与环境学院的有关专业进行调整的基础上成立地理与环境学院。

学院现有地理科学、地理信息系统 2 个全日制本科专业和人文地理学、区域经济学、地理教学论 3 个硕士学位授予点。学院现有教职员工 30 余人，其中教授 8 名，副教授 12 名。

学院有自然地理综合实验室、遥感与地理信息系统实验室、天文观测实验室和地理标本陈列室、气象实验园等教学科研实验室，另外还建有一批相对稳定的校外教学、实习和科研实验基地。

学院设有江西地理研究所、城市与人口研究所、土地评估所等研究和科技服务机构。由江西师范大学和江西省发展计划委员会共同领导的江西省国土开发整治研究所以及江西省地理学会等多个学术团体挂靠学院。

多年来先后主持和参与完成了国家计委、科技部、教育部项目 4 项，国家自然科学、社会科学基金项目 2 项，国务院其他各部门项目 4 项，地方政府项目 13 项，国际组织资助或国际合作项目 4 项。多项成果荣获国家和省级奖励。

地址：南昌市紫阳大道 99 号

邮编：330022

电话：0791－8120440

网址：http：//210.35.160.9/web/dlxy/default.asp

山东师范大学人口·资源与环境学院

山东师范大学人口·资源与环境学院的前身地理系，是 1950 年建校时即设立的 6 个系科之一。1952 年改称地理系，1995 年改称人口·资源与环境学院。

学院下设地理科学（教育）、旅游管理、房地产经营与管理、环境科学 4 个系。设有地理科学（教育）、资源环境与城乡规划管理、地理信息系统、旅游管理、工商管理（房地产经营与管理）、环境科学 6 个本科专业。有地理学一级学科硕士点。有自然地理学、人文地理学、地图与地理信息系统、环境科学、旅游管理、区域经济学、土地资源管理 7 个硕士点。有环境与自然资源管理（MPA）和地理学科教学论 2 个独立硕士学位方向。自然地理学，人口、资源与环境经济学，区域经济发展与资源优化管理（在学校信息管理与工程一级学科下自设）3 个博士点。

学院现拥有教育部地理信息系统软件及其应用工程研究中心（与中地数码科技有限公司联合）设立的中心实验室——MAPGIS工程中心实验室、山东师范大学区域人口研究中心、地理研究所、房地产研究中心等研究机构。

学院现有 60 名专任教师，其中教授 16 人，副教授 23 人。近年先后主持、完成国家自然科学基金资助项目 6 项，国家社科基金资助项目 3 项，国家部委委托课题及省部级课题 20 项。出版学术著作及发表论文 400 余篇（部）。先后获国家科技进步三等奖 1 项，国家“八五”攻关重点科技奖 1 项；省社科一等奖 2 项，省优秀教学成果二等奖 1 项等奖项。

地址：山东省济南市文化东路 88 号

邮编：250014

电话：0531－86182550

网址：http：//www.pre.sdnu.edu.cn/index2.htm

河南大学环境与规划学院

河南大学环境与规划学院前身为始创于 1923 年的河南大学地学系。2006 年 6 月，学院党总支被中共中央组织部授予“全国先进基层党组织”荣誉称号。

学院设地理科学、区域与城市科学、地理信息科学、环境科学 4 个系。设有国家教育部人文社科重点研究基地“黄河文明与可持续发展研究中心”、河南省人文社科重点研究基地“河南省区域经济研究中心”等 6 个研究机构；建有河南省重点学科开放实验室数字区域模拟实验室等 2 个科研试验室和自然地理、地理信息系统、环境科学 3 个教学实验室。

学院现有教职工 80 人，其中教授 19 人、副教授 25 人。

学院设有地理科学、资源环境与城乡规划管理、地理信息系统、环境科学 4 个本专科专业。拥有土地资源管理、旅游管理、环境科学、地图制图与地理信息系统工程等 11 个二级学科硕士点；拥有地理学一级学科博士学位点、博士后科研流动站，设有人文地理学、区域经济学、自然地理学、地图学与地理信息系统 4 个博士点。

学院先后主持完成各级教学改革研究项目 50 余项，建设有《自然地理学》、《土地管理学》两门省级精品课程。相继承担了国家自然科学基金重点项目与国家自然科学基金面上项目 19 项等。5 年来，共出版专著 60 余部，在国内外核心期刊发表学术论文 800 余篇，获国家和省部级奖励 46 项。

地址：河南省开封市西开发区河南大学新校区

邮编：475004

电话：0378－3881850

网址：http：//218.196.194.3

华中师范大学城市与环境科学学院

华中师范大学是国家“211 工程”重点建设的教育部直属重点综合性师范大学。其城市与环境科学学院的历史可追溯到 1924 年的私立华中大学史地专业，1958 年正式成立地理系，1996 年成立华中师范大学旅游学院，2002 年更名为华中师范大学城市与环境科学学院。

学院现设地理科学、旅游管理、资源环境与城乡规划管理 3 个本科专业，有地图学与地理信息系统、人文地理学、自然地理学、区域经济学、政府经济学、旅游管理和土地管理 7 个硕士专业，拥有地理学一级学科硕士专业，还拥有政府经济学专业和历史地理方向两个跨院系设置的博士学位专业以及地理学科论硕士研究生方向。

学院专职教师队伍中教授 10 人，副教授 13 人，其中博士生导师 4 人，硕士生导师 18 人。拥有新洲发展研究院、旅游规划与景观设计研究院、可持续发展研究中心以及土地科学研究中心等科研机构；建有自然地理综合实验室、地理信息系统实验室、旅游模拟实验室以及地理学与旅游管理资料中心等辅助教学系统。

近年来，学院先后承担国家自然科学基金项目、国家社会科学基金项目及省部级基金项目和横向课题 50 多项，发表学术论文 100 多篇，出版著作和教材 20 多部，获得省部级奖励 19 项。学院先后同美国、英国、加拿大、日本、新西兰等国家及香港和台湾等地区建立了良好的学术交流关系。

地址：武汉市珞瑜路 152 号

邮编：430079

电话：027－67868305

网址：http：//www. ccnucity. com

湖北大学资源环境学院

湖北大学资源环境学院于 2003 年在原湖北大学地理系、环境工程系、湖北省农业资源与区域规划研究所等基础上组建而成。湖北大学地理系的前身是 1942 年国立湖北师范学院史地专修科，1958 年成立武汉师范学院地理系，1984 年调整为湖北大学地理系。

学院下设地理科学系、环境工程系、湖北省农业资源与区域规划研究所、国家遥感考古实验室湖北工作站、湖北省自然保护研究所等教学、研究机构。目前设有地理科学（师范类）、地理信息系统、资源与城乡规划、环境工程 4 个本科专业和人文地理学、自然地理学、地图学与地理信息系统、生态学（与生科院联办）4 个硕士点。

学院现有教职工 32 人。其中教授 5 人，副教授 11 人。近年来先后承担德国国际合作基金、德国德意志学术交流中心基金、法国农科院、澳大利亚国际农业研究中心等机构资助的国际合作研究项目 10 余项，主持完成了国家自然科学基金、国家发改委、农业部、湖北省自然科学基金、湖北省重大咨询决策课题以及各地方政府、企事业单位委托的科研课题 80 多项。学院获国家和部委、省市级科技进步奖 20 余项，出版学术专著、教材 30 多部；发表学术论文 500 余篇。

地址：武汉市武昌区学院路 11 号

邮编：430062

电话：027－88665838

网址：http：//zhxy. hubu. edu. cn/zhxy. asp

湖南师范大学资源与环境科学学院

湖南师范大学是国家“211 工程”重点建设的大学、教育部普通高等学校本科教学工作水平评估优秀高校。其资源与环境科学学院是在原地理系基础上于 2001 年建立的。

学院现有地理学、地理信息工程、资源环境与城乡规划管理、土地科学 4 个系，资源与环境研究所与国土研究所，并为湖南师范大学地理信息系统（GIS）研究中心、湖南师范大学区域社会与经济发展研究中心的依托单位。学院现有教职工 67 人，其中教授 18 人，副教授 17 人。

学院开办有地理科学、地理信息系统、土地资源管理（含房地产经营管理方向）、资源环境与城乡规划管理 4 个全日制本科专业。有自然地理学、人文地理学、土地资源管理、人口资源与环境经济学、水文学与水资源、水土保持与荒漠化防治、学科教学论等 8 个硕士点。还有自然地理学博士点，自然地理学为省级重点学科。

学院自 2000 年以来，先后在国内外各类学术刊物发表学术论文 400 多篇，其中在《中国科学》等国内权威学术刊物和 SCI、EI 收录论文 100 多篇。出版专著（教材）30 余部。荣获湖南省科技进步奖、国土资源部优秀成果奖等省（部）级奖 7 项，国家“五个一工程”奖 1 项，高校人文社科奖 2 项。先后主持和参加了 8 项国家自然科学基金和社会科学基金，国家“863”项目子题 1 项，“973”项目子题 2 项，国际合作项目 3 项等省（部）级课题 40 余项，厅局和横向项目 130 多项。

地址：湖南省长沙市麓山路 36 号

邮编：410081

电话：0731－8872536

网址：http：//www. hunnu. edu. cn/hnsd/yxsz/xy22/xyjj

华南师范大学地理科学学院

华南师范大学地理科学学院是 1951 年 11 月在广东省国立文理学院地理系的基础上组建的。广东省国立文理学院地理系的前身是 1933 年的勷勤大学博地系，1952 年全国高等院系调整时，南昌大学地理系、湖南大学经济地理专业相继并入，成立华南师范大学地理系，至 2004 年 12 月成立地理科学学院。

华南师范大学地理科学学院现有教职工 45 人，其中教授 9 人，副教授 8 人。

近年来，学院共主持了4项国家自然科学基金以及国家重大基础研究“973”项目（研究专题）、教育部“霍英东”基金、广东省自然科学基金等省部级研究课题达20余项，各级横向课题30余项。共发表学术论文200余篇。出版著作近20部。获得广东省科技进步二等奖1项。

我院建立有完整的教学和科研组织，确保教学、科研的顺利进行。现设有3个系：地理科学系、地理信息科学系和资源环境与城乡规划管理系。另设有热带地貌研究室、旅游研究所、区域和城镇规划研究中心、历史地理研究室、港澳研究室和热带地理研究室等科研机构，以及自然地理、区域自然地理、经济地理、地图遥感函授教学法、地质地貌5个教研室和导游培训中心。本院主编、出版的专业学术期刊《热带地貌》面向全国发行。

地址：广州市天河区石牌

邮编：510631

电话：020-85211380

网址：http：//www.geography.scnu.edu.cn

广西师范大学环境与资源学院

广西师范大学环境与资源学院从1999年起开始招收全日制本科生，当时名为环境科学系，2001年曾改名为资源与环境学系，2005年年底学校进行资源整合，相应成立学院。

现全院有教职工49人，其中教授8人、副教授15人、博士9人、硕士16人。

该院下设环境科学、环境工程、地理科学3个系，有1个广西重点实验室（环境工程与保护评价实验室（共建））、2个校级研究所（材料科学与工程研究所、环境科学与工程研究所）和1个桂林市高新企业（思特公司）。1999年被团中央命名为中国青年科技创新行动教育基地。

学院设有环境科学、环境工程和地理科学3个本科专业，拥有环境科学硕士点。同时还招收化学工艺、应用化学、分析化学、有机化学、无机化学、生态学等专业的硕士研究生。

2004年以来，学院共承担了国际合作、国家自然科学基金、广西自然科学基金等各类科研项目62项，其中省部级以上项目20项；在国内外学术刊物发表论文247篇；获得广西科技进步二等奖1项，广西师范大学科研二等奖2项、三等奖1项，专利申请受理23项，其中已授权4项。近3年来，学院还承担新世纪广西高等教育教学改革工程等各类教育教学改革研究项目13项，发表教学论文 5 篇；获广西师范大学教学成果奖一等奖 1 项、二等奖 1 项、三等奖 2 项。

地址：南宁市明秀东路 175 号

邮编：530001

电话：0771－3908060

网址：http：//department. gxtc. edu. ccn/GeoWeb

海南师范大学地理与旅游学院

海南师范大学地理与旅游学院的前身是地理系，始建于 1982 年 7 月，是海南省唯一培养地理科学及相关专业专门人才的教学科研单位，也是海南省各高校唯一具有环境影响评价资格证书的单位。

现有地理科学、资源环境与城乡规划管理、旅游管理等专业和自然地理学硕士点。“自然地理学”为校级重点学科。

现有资源与环境研究所、海南旅游发展规划研究中心、热带海岛资源环境实验室、地理科学基础实验室、旅游技能实验室、地理教研室、中教法教研室、旅游管理教研室、旅游环境与城乡规划管理教研室等教学、科研机构。2004 年，《自然地理学》课程被评为“海南省精品课程”。

学院拥有一批职称、学历、年龄、结构合理的师资队伍，现有教职工 35 人，其中专职教师 31 人，专职教师中，正高职称教师 3 人，副高职称教师 11 人。

近年来，获得纵向课题 21 项，其中国家自然科学基金 2 项，国家环保总局项目 1 项，省级课题 16 项，横向课题 20 余项。出版著作 2 本，参加编写著作 3 本，发表论文 86 篇，会议宣读论文 7 篇，其中核心刊物论文 41 篇。获得科研、教学奖励 18 项。

地址：海南省海口市龙昆南路 99 号

邮编：571158

电话：0898－65884244

网址：http：//www. hainnu. edu. cn/yuanxisz/Dili/new/index. asp

西南大学地理科学学院

西南大学是教育部直属重点综合大学，国家“211”工程重点建设学校。西南大学地理科学学院伴随西南师范大学建校而诞生。1950 年，经中央人民政府教育部批准，原国立女子师范学院与四川省立教育学院合并，更名为西南师范学院。这两个学院的史地系合并为西南师范学院史地系。1952成立独立的地理系。地理系发展至今几经变更成为现在的“地理科学学院”。

目前全院教职工85人；中国科学院院士1名；教授15名、双聘教授2名、副教授24名。

学院下设地理科学、资源环境与规划、地理信息与工程3个系；现有地理科学、资源环境与城乡规划管理、地理信息系统3个本科专业，自然地理学、人文地理学、地理信息系统、第四纪地质学4个硕士点和自然地理学博士点以及地理学博士后科研流动站，自然地理学、人文地理学被列为重庆市首批省级重点学科。拥有自然地理、地理信息系统、岩溶环境3个实验室以及岩溶环境与沙漠化治理、亚热带生物地理、西亚地理、区域经济、国土资源等研究所。

学院科学研究涉及岩溶环境与石漠化治理、区域自然地理、区域规划、土地利用与规划、自然区划、亚热带地理、城市地理、灾害防治、环境保护、地图编制、志书编撰、西亚地理、地理教育改革等领域，学院办学50余年来，在人才培养、科学研究和为社会服务做出了较大的贡献。

地址：重庆市北碚区天生路1号

邮编：400715

电话：023－8252370

网址：http：//cyber. swnu. edu. cn/geography/xyjj. HTM

重庆师范大学地理科学学院

重庆师范大学地理科学学院始建于1954年，现已发展成为重庆市市属高校中规模较大的地理教学与科研基地。2004年6月，成立重庆师范大学地理科学学院。中国地理学会、中国地理信息系统协会、中国教育协会地理教学研究会等理事单位，重庆市教育学会地理教学研究会挂靠学院。

学院下设3个教研室，2个研究所，1个基础地理学合格实验室和1个GIS重点实验室及藏书2万多册的资料室。学院设有“人文地理”和“区域经济”2个硕士授权点及“课程与教学论”（地理）硕士专业方向。有地理科学、地理信息系统2个本科专业。

地理科学学院师资力量雄厚，教学科研实力强。现有教授7人，副教授12人。

近年来，共承担35项科研课题。其中国家级课题12项，省部级及市教委课题16项。获得国家级优秀成果、重庆市市级优秀成果奖多项。主要形成了城市环境与生态、三峡库区自然灾害与防治、区域经济规划、三峡库区旅游开发、遥感与地理信息系统、地理教育学 6 个主要研究方向。获国家级和省部级科技进步奖、社会科学奖、教学成果奖 20 余项。

主办的面向全国发行的《地理教育》杂志连年被评为全国优秀地理期刊。自 1980 年创刊以来，恪守“为中学地理教学、教研服务”的宗旨，普及地理科学知识、传播地理课改信息、提供教学参考资料、交流教学科研成果，在全国地理教育界有较高的声誉，是全国公开发行的三大中学地理教育类期刊之一。

地址：重庆市沙坪坝区天陈路 12 号

邮编：400047

电话：023－65362776

网址：http：//www. geo. cqnu. edu. cn

四川师范大学地理与资源科学学院

四川师范大学地理与资源科学学院前身为创建于 1985 年 4 月的四川师范大学地理系，2001 年 3 月组建为四川师范大学资源与环境学院，2006 年 1 月更名为四川师范大学地理与资源科学学院。

目前学院设有地理科学、资源环境与城乡规划管理和地理信息系统 3 个本科专业。2005 年，学院拥有地理学全部二级学科 3 个硕士点，即：自然地理学、人文地理学、地图学与地理信息系统。

学院还设有 5 个研究中心和研究所，分别为：四川师范大学城镇土地评价研究所、四川师范大学城乡规划与景观设计研究所、四川师范大学房地产与区域发展研究所、四川师范大学遥感与 GIS 应用研究中心、四川师范大学资源生态学研究中心。

地址：四川省成都市锦江区静安路 5 号

邮编：610068

电话：028－4760566

网址：http：//222. 196. 208. 7/chn/yxjs/index1. asp? id=11

贵州师范大学地理与环境科学学院

贵州师范大学地理与环境科学学院建于 2008 年 9 月，由原资源与环境科学系组建而成。资源与环境科学系，原名地理系，始创于 1941 年。

地理与环境科学学院共有专任教师 64 人，教师中教授 10 人，副高职称14人。

学院下属岩溶与自然地理、园林、人文地理学、地理信息系统、环境科学等学科组；其中自然地理学、人文地理学为省级重点学科；建有“贵州省山地信息系统与生态环境保护”重点实验室（共建）、“中国中小学绿色教育行动可持续发展教育中心”、贵州省省级高校文化素质教育基地；地图学与地理信息系统、环境科学、动物生物学3个校级重点学科；设有地理科学、资源环境与城乡规划管理、地理与地理信息系统、园林4个本科专业；地理学一级学科、自然地理学、人文地理学、地图学与地理信息系统、环境科学5个学术性硕士点。地理教学论研究方向具有硕士生招生权。

学院现有地理信息系统和自然地理学2个省级评估合格双基实验室；建有岩矿标本室等教学科研实验场所；多处省内野外教学科研实习基地；学院资料室共计中外文藏书数万册，中外文期刊509种。

地址：贵州省贵阳市宝山北路116号

邮编：550001

电话：0581－6750047

网址：http：//www.gznu.edu.cn/college/dsy/index.asp

云南师范大学旅游与地理科学学院

云南师范大学旅游与地理科学学院前身是1938年成立的西南联大地质地理气候学系和联大师范学院史地系。又经国立昆明师范学院、昆明师范学院生地系、史地系等，于1982年恢复地理系。1994年更名为资源环境与地理学系，1996年加挂旅游系系名，1999年成立旅游与地理科学学院。

现有地理科学系、旅游学系、地理信息科学系、教师教育系以及旅游规划研究中心、区域规划与西部发展研究中心、“3S”技术应用研究中心、环境教育培训中心、国土开发与整治所、区域经济与人口所、艾滋病与社会发展研究所。

现有教职工68人，其中教授11人，副教授24人。有地理科学、地理信息系统、旅游管理与服务教育等全日制本科专业；有自然地理学、人文地理学、地图与地理信息系统、旅游管理、区域经济学、地图制图学与地理信息工程、地理教育、学科教学论(地理教学)、高校师资“人文地理学”9个硕士点或方向；有地理信息系统、地理、旅游、教学技能等实验室；有国家旅游局批准的旅游规划等资质，是云南省旅游导游、旅游景区管理等的培训单位。近年来，学生在“大学生挑战杯”课外科技作品竞赛等国家级、省级、校级竞赛中获奖 220 余项。

地址：昆明市一二一大街 298 号

邮编：650092

电话：0871－5516077

网址：http：//www. ynnu. edu. cn/ynnuxy/sdldxy

西藏大学理学院城市与资源学系

本系隶属于西藏大学理学院。该院在原西藏大学数理系、化生地系的基础上，于 2003 年组建而成。

该系有地理科学、地理信息系统、地质学 3 个本科专业，地理实验中心等 4 个实验中心。设有西藏大学人口研究所、西藏大学可持续发展研究所。

地理系所在的学院重视师资队伍建设。近年来，学院教师的学历结构、职称机构、年龄结构、民族比例日趋合理化。学院现有教师 94 人，教授 4 人，副教授 25 人。

学院目前共承担各类科研课题 26 项，其中国家自然科学基金课题 10 项，国家社会科学基金课题 1 项，省部级课题 10 项，中外合作课题 2 项。其他课题 3 项。发表论文 100 余篇，其中有 5 篇学术论文被 SCI 收录。

学院现有 3 个野外科学观测站，高原生态野外观测站设在拉萨市墨竹工卡县甲玛乡，高原冰川和生态环境野外观测站设在拉萨市当雄县羊八井镇。

多年来，学院藏、汉、回、满、苗、白、仡佬、土家等 10 余个民族的师生紧密团结，坚持以教学为中心，加强常规管理，促进了各项工作的开展。通过全院师生的共同努力，学院的育人、科研环境有了明显的改善，在思想政治与党建工作、精神文明建设、民族团结、教学科研、学生管理等诸多方面取得了可喜的成绩。

地址：西藏自治区拉萨市江苏路 36 号

邮编：850000

电话：0891－6322954

网址：http：//www. utibet. edu. cn/Portal. aspx

陕西师范大学旅游与环境学院

陕西师范大学是国家“211 工程”重点建设的教育部直属重点师范大学。陕西师范大学旅游与环境学院是一所在国内具有较好影响和特色的综合性研究型学院。学院下设地理科学系、旅游管理系、环境科学系、地球信息科学系、西部资源环境研究所、旅游规划设计研究中心、资源开发与环境演变实验室、遥感与地理信息系统实验室、环境科学实验室、旅游教育培训中心等机构。

学院有地理科学、旅游管理、地理信息系统、环境科学4个本科专业。有自然地理学、人文地理学、旅游管理学、环境科学、地图学与地理信息系统、水土保持与荒漠化防治、第四纪地质学、地理教育学8个硕士学位点。有地理学一级学科、旅游管理学博士点和地理学博士后流动站。

学院现有教职工73人，其中博士生导师12人，教授17人，副教授18人。学院严格教学管理，不断进行教学改革，提高教学质量，连续三届获学校优秀教学单位称号。

由中华人民共和国教育部主管、陕西师范大学主办，陕西师范大学出版集团出版的《中学地理教学参考》是被国家权威部门连续3次认定为全国中等教育类核心期刊、全国优秀地理期刊，也是全国地理教育类唯一的“全国中等教育核心期刊”。《中学地理教学参考》杂志秉承“为中学地理教学服务、为提高中学地理教师专业化水平服务”的办刊宗旨，坚持科学性、导向性、知识性和实用性的方针。创刊至今260多期，拥有最持久、最权威的专家支持和最广泛的读者和作者群，坚持积极倡导现代教育理念，着力体现最新教研成果，提供最有效、最权威、最持久的交流平台，努力为地理教育改革和发展提供优质的内容与服务。

地址：西安市长安南路199号

邮编：710062

电话：029-85308445

网址：http：//www. snnu. edu. cn

西北师范大学地理与环境科学学院

西北师范大学1958年前为教育部直属重点高师院校之一，1958年划归甘肃省领导，改称甘肃师范大学。1981年复名为西北师范学院。1988年更名为西北师范大学。西北师范大学地理与环境科学学院依托原地理系和西北资源环境研究所发展而成。

学院现设有地理科学、环境科学与工程、城市与资源学、地理信息学4个系，拥有GIS开发应用研究中心、旅游开发与规划研究中心、建设项目环境影响评价中心、生态经济研究中心、国土资源与城乡规划研究院、西北资源环境与区域发展研究所、实验中心、图书信息资料中心等多个机构。

学院现有地理科学、资源环境与城乡规划管理、地理信息系统、环境科学、环境工程 5 个全日制本科专业。自然地理学、人文地理学、地图学与地理信息系统、环境科学、人口资源环境经济学、旅游管理学 6 个硕士点。自然地理学、人文地理学 2 个博士点。

学院现有教职员工 70 余人，其中教授 14 人，副教授 18 人。近 5 年来，学院教师主（参）编国家部委和地方组织的各类教材、专著 20 余册（部），发表论文 350 余篇，承担国家、省级项目 60 多项，获厅局级以上奖励 10 余项。

学院是生态经济学会生态恢复专业委员会、甘肃省地理学会挂靠单位。主办有甘肃省科技厅核准科技期刊《资源环境与发展》和《生态经济学报》2 个学术刊物及学生刊物《北极星》。

地址：兰州市安宁东路 805 号

邮编：730070

电话：0931－7971565

网址：http：//www. nwnu. edu. cn/gesc/index. htm

青海师范大学生命与地理科学学院

青海师范大学生命与地理科学学院是 2004 年在原生命科学系、地理与资源环境系和青藏高原生态研究所的基础上组建而成。学院致力于拓宽基础学科、发展交叉学科、扶植新型学科、加强应用学科，建立合理的学科体系，形成具有高原地域特色，培养综合型、实用型人才，更好地为国家基础教育、经济建设和社会发展服务。

学院下设地理科学系（省级重点学科）、生命科学系、旅游与资源环境系、生物技术系和青藏高原生态研究所。学院现有生物科学、地理科学、生物技术制药专业、生物技术生态专业、旅游管理专业、资源环境与城乡规划管理专业 6 个本科专业。自然地理学、人文地理学和植物学 3 个硕士点。

现有教职工 69 人，其中教授 12 人，副教授 28 人。

学院设有“高原动植物资源实验室”（省级重点实验室）等基础教学实验室、专业实验室、综合实验室等 8 个，外设有 6 个教学野外实习基地。近 3 年，学院承担有国家自然科学基金、科技部、农业部、教育部、青海省科技厅、西宁市科技局等项目 20 余项。出版学术专著及教材 7 部，在各类学术期刊上发表论文 300 余篇，获省部级以上科研教学研究成果奖 12 项。

地址：青海省西宁市五四西路 38 号
邮编：810008
电话：0971－6307617
网址：http：//www.qhnu.edu.cn/depart/shengming-dili/index.php

宁夏大学资源环境学院

宁夏大学资源环境学院前身为宁夏大学地理系，始建于 1983 年。2000 年更名为“城市与环境科学系”。2002 年，在原“城市与环境科学系”发展的基础上组建成了现今的宁夏大学资源环境学院。

学院现有地理科学（师范方向）、地理信息系统、环境科学、房地产经营管理 4 个四年制本科专业，一个人文地理学硕士学位专业，一个房地产经营管理自考本科专业。

学院内设“三办、两系、两所、两室”，即学院行政办公室、教学科研办公室、学生工作办公室；城市与环境科学系（内含环境学教研室，房地产教研室）、地理信息科学系（内含地理学教研室、地理信息系统教研室）；区域开发与环境管理研究所、房地产经营管理研究所；图书资料室和综合实验室，另外学院内有人文地理学自治区重点学科一个，宁夏地理学会挂靠资源环境学院。

学院现有教职工 55 人，专任教师 39 人，其中教授 4 人，副教授 7 人。

学院先后承担了国家自然科学基金资助课题 8 项，教育部重点科研课题 6 项，自治区科技厅、社科规划办及教育厅资助科研课题 13 项；学院教师主编或参编学术著作 20 余部；在国内外著名刊物发表学术论文约 400 篇；获自治区科技进步二等奖、三等奖 3 项。在教学上，学院近年先后承担并完成校级以上重点教改课题 14 项，建设自治区级重点课程 1 门，校级精品课程 6 门、重点课程 5 门、网络课程 10 门；获自治区教学成果奖 1 项等奖项。

地址：宁夏银川市西夏区贺兰山西路 529 号
邮编：750021
电话：0951－2062327
网址：http：//env.nxu.edu.cn

新疆师范大学地理科学与旅游学院

新疆师范大学地理科学与旅游学院由原生命与环境科学学院地理系和旅游系新组建而成。学院现有教职工 53 人，其中教授 6

人，副教授 15 人。

学院现有地理科学（师范专业）、地理信息系统（非师范专业）、旅游管理（非师范专业）3 个全日制本科专业；人文地理学、自然地理学、地理信息系统、旅游管理、人口资源与环境经济学、地理学教学课程论 6 个硕士学位授予点；地理科学、旅游管理、人力资源管理、人口学 4 个成人教育本、专科专业。

学院近 5 年来支持和承担国家级及自治区级各类基金项目 32 项，科研总经费近 300 万元，学院教师出版教材、专著 20 余部，发表学术论文 500 余篇。

学校所属的可持续发展教育（ESD）中心，挂靠在该学院；学院下设新疆绿洲研究所、新疆旅游发展研究中心、新疆宝玉石培训教育中心等研究、教育中心；学院设有绿洲学重点实验室、地理信息绿洲空间信息重点实验室及土壤、植物、气象、水文、地质、地貌、遥感、地图、旅游实训等专业实验室，实验设备逐年更新，实验水平不断提高；学院有各类专业书籍 1 万多册，连续订阅 20 多年的专业期刊 300 余种。这些研究中心、实验室和文献信息资源确保了学院各专业教学与科研质量的稳步提高。

地址：新疆乌鲁木齐市新医路 19 号新疆师范大学

邮编：830054

电话：0991－4332596

网址：http：//www1. xjnu. edu. cn/dlyy/Html/Main. asp

中国香港中文大学地理与资源管理系

中国香港中文大学地理与资源管理系前身为 1951 年成立的崇基学院和 1956 年成立的香港联合书院中的史地学系。1963 年联合书院、崇基学院、新亚书院合并成立香港中文大学，但史地学系仍分设在联合书院、崇基学院。1964 年史地系分立，成立独立的地理学系。1977 年香港中文大学改制，上述两书院的地理系合并。2001 年地理系更名为地理与资源管理学系，现为社会科学院属下八大学系之一。

地理与资源管理学系设有环境政策与资源管理研究中心开展研究与咨询工作。另有多个国际一流的实验室。本校还设有太空与地球信息科学研究所及其香港中文大学－中国科学院地理信息科学联合实验室、香港亚太研究所及其亚太城市区域发展研究计划，由本系教授主持。

该系现有 15 名教师均有海内外著名大学博士学位。其研究和教学主要分为三大专业方向：地理学方法与技术、自然与环境系统、城市与区域系统。教师与研究生研究课题包括：地理信息系统与智能决策支持系统、遥感技术在土地利用中的应用、虚拟地理环境、可持续发展与生态复原、水资源管理与流域模型、人口迁移与城市化、全球化与区域发展等。

该系教师与研究人员长期从事地理科学基础与应用研究，历年来得到香港研究资助局、中国国家自然科学基金及其他机构的研究经费，累计研究项目约 70 项。本系研究成果在许多国际学报上发表，收录 SCI/SSCI 论文总数近 100 篇。

地址：中国香港新界沙田香港中文大学王福元楼 2 楼

邮编：999077

电话：852－26096532

网址：http：//www. grm. cuhk. edu. hk

中国台湾师范大学地理学系

前身为“台湾省立师范学院”，1946 年成立时即设史地学系。1962 年史地学系扩成历史与地理两学系，1967 年改制为“国立台湾师范大学”，地理系仍隶属文学院。本系于 1970 年成立硕士班，1988 年获准成立博士班，1994 年成立“区域研究中心”，2005 年成立“地理资讯研究中心”，2006 年成立“地理教育研究中心”“环境与规划研究中心”“地理影像实验室”。

发展早期以培养中学地理师资为主，近年来除肩负起师资教育的传统任务外，更兼顾学术研究与社会服务等方面的发展及要求，因此专业领域又细分为自然、人文、区域、地理教育及地理方法与应用 5 大学群，各学科群间协同并行发展。

为配合各级教育政策的需求，也开设各种进修课程，如“教育硕士进修班”及其他各类不定期举办的短期进修班等，提供中学教师进修的机会，对中学地理教育有莫大的贡献。

图书计有地理学专用书籍 1 万余册，中外文期刊 300 余种，大比例尺地形图 2 万余张，挂图 200 幅，中外地图集 300 余册，航空照片图 3 000 余张。

为了鼓励研究活动，提高地理学术水准，每年均参编出版各种期刊及专著，目前已出版《地理学研究》16 期、《地理研究》46 期、《地理研究丛书》33 期、《系友会刊》9 期、《地友》61 期、《地理教育》32 期、《地理教育丛书》9 辑、《地理研究专刊》2 号。此外，在多项专门性学术专题研究中成果丰硕。

地址：台湾台北市和平东路一段 162 号

邮编：10610
电话：886-2-23637874
网址：http：//www. geo. ntnu. edu. tw/

其他高等院校地理专业通讯录

北　京　市

北京大学环境学院

地址：北京市海淀区颐和园路5号
邮编：100871
电话：010-62511170
网址：http：//www. environ. pku. edu. cn

中国地质大学水资源与环境学院

地址：北京市海淀区学院路29号
邮编：100083
电话：010-82322281
网址：http：//dept. cugb. edu. cn/Wree/index. html

北京联合大学应用文理学院城市科学系

地址：北京市海淀区北土城西路197号
邮编：100083
电话：010-62004525
网址：http：//urban. homebj. com

北京教育学院生化环境系

地址：北京市西城区德外什邡街2号
邮编：100011
电话：010-68350066转5155
网址：http：//www. bjie. ac. cn/itemla/index. html

河　北　省

石家庄学院资源与环境系

地址：河北省石家庄市高新技术产业开发区长江大道6号

邮编：050035
电话：0311－85961286
网址：http：//ww2. sjzc. edu. cn/zhx/index. htm

保定师范专科学校资源与环境系

地址：河北省保定市七一东路 3207 号
邮编：071051
电话：0312－5972200
网址：http：//www. bdtc. edu. cn/xbzd/geography/index. asp

邢台学院地理系

地址：河北省邢台市桥东区学院南路 3 号
邮编：054001
电话：0319－7300757
网址：http：//www. xttc. edu. cn/dlx/index. htm. htm

山　西　省

山西大学环境与资源学院

地址：山西省太原市坞城路 36 号
邮编：030006
电话：0351－7010600
网址：http：//www. sxu. edu. cn/yuanxi/hzy/default. asp

忻州师范学院地理系

地址：山西省忻州市和平西路 10 号
邮编：034000
电话：0350－3048256
网址：http：//202. 207136. 8/yxdh/geography/index. htm

内蒙古自治区

包头师范高等专科学校地理系

地址：内蒙古包头市青山区科学路 3 号
邮编：014030

电话：0472－3131100
网址：http：//chinacity. net/zgcs/neimenggu/baotou/page75. htm

赤峰学院环境与资源管理系

地址：内蒙古赤峰市赤峰学院环境与资源管理系
邮编：024000
电话：0476－2205923
网址：http：//www. cfxy. cn/show. asp？ id＝295

呼伦贝尔学院旅游与地理系

地址：内蒙古呼伦贝尔海拉尔区学府路
邮编：021008
电话：0470－8259154
网址：http：//61. 134. 117. 105/lydl

辽　宁　省

沈阳师范大学旅游管理学院

地址：辽宁省沈阳市皇姑区黄河北大街 253 号
邮编：110034
电话：024－86592402
网址：http：//210. 30. 208. 142

辽东学院农业与环境学院

地址：辽宁省丹东市振安区临江后街 116 号
邮编：118001
电话：0415－4153186
网址：http：//www. lncz. net/rcpy. htm

吉　林　省

吉林大学资源环境学院

地址：吉林省长春市四民主大街 6 号
邮编：130026
电话：0431－8502606

网址：http：//cer. jlu. edu. cn

吉林师范大学旅游与地理科学学院

地址：吉林省四平市铁西区海丰大街 1301 号
邮编：136000
电话：0434 - 3292077
网址：http：//web. jlnu. edu. cn/ldxy

延边大学师范学院地理系

地址：吉林省延吉市公园路 977 号
邮编：133002
电话：0433 - 2732237
网址：http：//www. ybu. edu. cn

长春师范学院城市与环境科学学院

地址：吉林省长春市吉长公路北线 3 号
邮编：130032
电话：0431 - 6168155
网址：http：//www. cncnc. edu. cn/chhx/index. htm

白城师范学院地理系

地址：吉林省白城市中兴东大路 9 号
邮编：137000
电话：0436 - 3231805
网址：http：//www. bcsfxy. com/gxjj/dlx/index. htm

黑　龙　江　省

东北农业大学资源与环境学院

地址：黑龙江省哈尔滨市香坊区木材街 59 号
邮编：150030
电话：0451 - 55190114
网址：http：//www. neau. edu. cn/dep/zhxy/item1. asp

佳木斯大学资源与环境科学系

地址：黑龙江省佳木斯市学府街 148 号

邮编：154007
电话：0454－8796220
网址：http：//www.jmsu.org/xy/index.html

齐齐哈尔大学地理系

地址：黑龙江省齐齐哈尔市文化大街 30 号
邮编：161006
电话：0452－2738197
网址：http：//lxy.qqhru.edu.cn

哈尔滨学院地理系

地址：黑龙江省哈尔滨市南岗区学府四道街 9 号
邮编：150086
电话：0451－86613350
网址：http：//www.hrbu.edu.cn

绥化学院史地系

地址：黑龙江省绥化市西直南路 18 号
邮编：152061
电话：0458－8103870
网址：http：//www.shxy.net/zhyszhi/sdx1/index.htm

上　海　市

同济大学海洋与地球科学学院

地址：上海市四平路 1239 号
邮编：200092
电话：021－65981389
网址：http：//mgg.tongji.edu.cn/chs/GoodNewsList.asp

江　苏　省

南京大学城市与环境学系

地址：江苏省南京市汉口路 22 号
邮编：210093

电话：025－83597082
网址：http：//www. nju. edu. cn

河海大学水文水资源环境学院

地址：江苏省南京市西康路 1 号
邮编：210098
电话：025－83786621
网址：http：//shxy. hhu. edu. cn

南京农业大学资源与环境科学学院

地址：江苏省南京市卫岗 1 号
邮编：210095
电话：025－84395210
网址：http：//re. njau. edu. cn

南京信息工程大学资源环境与城乡规划系

地址：江苏省南京市浦口区盘城新街 114 号
邮编：210044
电话：025－58731462
网址：http：//www. nuist. edu. cn/zcx

南京晓庄学院地理科学学院

地址：南京市江宁科学园弘景大道 3601 号
邮编：210017
电话：025－86567275
网址：http：//www. njnc. edu. cn/home

江苏教育学院地理教育系

地址：江苏省南京市北京西路 77 号
邮编：210013
电话：025－83758418
网址：http：//www. jsie. edu. cn

徐州师范大学城市与环境学院

地址：徐州市铜山新区上海路 29 号
邮编：221116
电话：0516－3403176

网址：http：//uec. xznu. edu. cn

徐州教育学院资源与管理系

地址：江苏省徐州市苏堤南路 8 号
邮编：221000
电话：0516－5608335
网址：http：//www. xzjy. cn/xkdh/geo _ web/index. htm

淮阴师范学院地理系

地址：江苏省淮安市淮阴区长江西路 120 号
邮编：223001
电话：0517－3511020
网址：http：//202. 195. 112. 8/dili

盐城师范学院地理系

地址：江苏省盐城市开放大道 50 号
邮编：224002
电话：0515－8233921
网址：http：//geog. yctc. edu. cn

苏州科技学院城市与环境学系

地址：江苏省苏州市新区滨河路 1701 号
邮编：215011
电话：0512－68092957
网址：http：//dept. usts. edu. cn

南通大学地理科学学院

地址：江苏省南通市青年东路 40 号
邮编：226007
电话：0513－5015808
网址：http：//geo. ntu. edu. cn

浙　江　省

浙江大学地球科学系

地址：浙江杭州浙江大学地球科学系

邮编：310027
电话：0571－87952611
网址：http：//www. css. zju. edu. cn/～geo

浙江大学建筑工程学院区域与城市规划系

地址：浙江省杭州市浙大路38号
邮编：310027
电话：0571－87951111
网址：http：//www. ccea. zju. edu. cn/new/study. php？ id＝436

杭州师范大学生命与环境科学学院

地址：浙江省杭州市浙大路38号
邮编：310027
电话：0571－87951111
网址：http：//www. ccea. zju. edu. cn/new/study. php？ id＝436

浙江教育学院资源环境学院

地址：中国杭州文三路140号浙江教育学院
邮编：310012
电话：0571－88833520
网址：http：//www. zjei. net

安 徽 省

宿州学院地理与环境科学系

地址：安徽省宿州市汴河中路71号
邮编：234100
电话：0557－3683182
网址：http：//www. ahsztc. edu. cn/yuanxi/dlx

池州师范专科学校地理系

地址：安徽省池州市建设中路20号
邮编：247100
电话：0566－2091948
网址：http：//www. cntc. edu. cn

滁州学院国土信息工程学系

地址：安徽省滁州市琅邪古道 2 号
邮编：239012
电话：0550－3510030
网址：http：//www. cdgis. net

皖西学院城市建设与环境系

地址：安徽省六安市云露桥月亮岛
邮编：237012
电话：0564－3305034
网址：http：//www. wxc. edu. cn/depart/chx

福　建　省

福州大学环境与资源学院

地址：福建省福州市工业路 523 号
邮编：350002
电话：0591－87893070
网址：http：//www. fzu. edu. cn/h06/index. htm

福建农林大学资源与环境学院

地址：福建省福州市金山
邮编：350002
电话：0591－3789216
网址：http：//www. fjau. edu. cn

福建教育学院地理系

地址：福建省福州市梦山路 73 号
邮编：350001
电话：0591－3780304
网址：http：//202. 109. 195. 141/wqan/earth. htm

闽江学院地理科学系

地址：福建省福州市闽侯上街文贤路 1 号
邮编：350108

电话：0591－3761505
网址：http：//www.mju.edu.cn/news/yuanxi/dili/default.asp

泉州师范学院资源与环境科学学院

地址：福建省泉州市东海滨城
邮编：362000
电话：0595－22783038
网址：http：//210.34.120.1/xxgk/zhxy.htm

江　西　省

江西农业大学国土资源与环境学院

地址：江西省南昌市经济技术开发区
邮编：330045
电话：0791－3813884
网址：http：//www.jxau.edu.cn/xiaob/guotu/index/index.htm

上饶师范学院史地系

地址：江西省上饶市信州区南环路85号
邮编：334001
电话：0793－8150633
网址：http：//sdx.sr.jx.cn/sdx

山　东　省

青岛大学师范学院地理系

地址：山东省青岛市宁夏路308号
邮编：266071
电话：0532－5899914
网址：http：//sf.qdu.edu.cn/Sort1.asp？SortID＝66

山东科技大学资源与环境工程学院

地址：山东省青岛市经济技术开发区前湾港路579号
邮编：266510
电话：0532－6057036

网址：http：//cree. sdkd. net. cn

济南大学城市发展学院

地址：山东省济南市济徽路 106 号
邮编：250022
电话：0531－82769233
网址：http：//www. ujn. edu. cn/jdgk/index. php？ cata＝ci

聊城大学环境与规划学院

地址：山东省聊城市文化路 34 号
邮编：252059
电话：0635－8239912
网址：http：//hjxy. lctu. edu. cn

曲阜师范大学资源与规划学院

地址：山东省曲阜市静轩西路 21 号
邮编：273165
电话：0537－4455524
网址：http：//www. qfnu. edu. cn

滨州学院地理旅游系

地址：山东省滨州市黄河路 391 号
邮编：256600
电话：0543－3190099
网址：http：//www. dlly. bzte. edu. cn/BVNews

德州学院地理系

地址：山东省德州市德城区大学西路 2 号
邮编：253023
电话：0534－8985841
网址：http：//www1. dzu. edu. cn/dzxydlx/idex00. htm

临沂师范学院地理与旅游学院

地址：山东省临沂市通达路 18 号
邮编：276005
电话：0539－8297566
网址：http：//211. 64. 240. 16/gts/index. asp

泰山学院旅游与资源环境系

地址：山东省泰安市迎宾大道中段
邮编：271021
电话：0538－6715613
网址：http：//www2. tsu. edu. cn/lyx

烟台师范学院地理与资源管理学院

地址：山东省烟台市世学路184号
邮编：264025
电话：0535－6681043
网址：http：//www. geo. ytnc. edu. cn

枣庄学院旅游与资源环境系

地址：山东省枣庄市北郊
邮编：277160
电话：0632－3786737
网址：http：//www. zz. edu. cn/yxsz. htm

河　南　省

南阳师范学院旅游与环境科学系

地址：河南省南阳市卧龙区卧龙路134号
邮编：473061
电话：0377－3513727
网址：http：//211. 84. 144. 8/yuanxi/dili/index. htm

安阳师范学院地理系

地址：河南省安阳市文明大道中段65号
邮编：455002
电话：0372－2900043
网址：http：//www. aytc. edu. cn/shezhi/dili/home. htm

平顶山学院环境与地理科学系

地址：河南省平顶山建设路240号
邮编：467000

电话：0375－2077263
网址：http：//211.69.16.22/dlx

信阳师范学院城市与环境科学系

地址：河南省信阳市长安路 237 号
邮编：464000
电话：0376－6391700
网址：http：//www.xytc.edu.cn/cityanden

许昌学院城市与环境学院

地址：河南省许昌市八一路 88 号
邮编：461000
电话：0374－4369258
网址：http：//211.67.191.250：8080/dili/index.htm

湖　北　省

武汉大学资源与环境科学学院

地址：湖北省武汉市珞瑜路 129 号
邮编：430079
电话：027－68778381
网址：http：//sres.whu.edu.cn/main.asp

中国地质大学地球科学学院

地址：湖北省武汉市洪山区鲁磨路 388 号
邮编：430074
电话：027－67883001
网址：http：//unit.cug.edu.cn/dxy

襄樊学院地理系

地址：湖北襄樊市隆中路 7 号
邮编：441053
电话：0710－3590914
网址：http：//www.xfu.edu.cn/yxsz.htm

湖北师范学院

地址：湖北省黄石市磁湖路 82 号

邮编：435002
电话：0714－6572179
网址：http：//www. hbnu. edu. cn/

咸宁学院城乡规划与资源科学系

地址：湖北省咸宁市永安大道2号
邮编：437000
电话：0715－8338013
网址：http：//www. czx. xnc. edu. cn

湖　南　省

中南林学院资源与环境学院

地址：湖南省株洲市
邮编：412006
电话：0733－8703329
网址：http：//www. cfstu. com/pub/znlxy/yxsz/hjxy

湖南科技大学建筑与城乡规划学院

地址：湖南省湘潭市西湖区桃源路
邮编：411201
电话：0732－8290255
网址：http：//dep. hnust. cn/arc/default. asp

湖南农业大学资源环境学院

地址：湖南省湘潭市南湖区桃源路
邮编：411201
电话：0732－8290255
网址：http：//61. 187. 55. 45/zhxy

南华大学经济管理学院

地址：湖南省衡阳市常胜西路
邮编：421001
电话：0734－828510
网址：http：//www. nhu. edu. cn/yxjs/jgxy/jgsy. htm

衡阳师范学院地理旅游系

地址：湖南省衡阳市黄白路 165 号
邮编：421008
电话：0734－8486615
网址：http：//www. hynu. edu. cn

湖南文理学院经济与资源环境系

地址：湖南省常德市洞庭大道四段 170 号
邮编：415000
电话：0736－7186059
网址：http：//www. huas. cn/xb/eeonline

广　东　省

中山大学地理科学与规划学院

地址：广州市新港西路 135 号
邮编：510275
电话：020－84112834
网址：http：//gp. sysu. edu. cn/geopweb/

广州大学地理科学学院

地址：广州市番禺区大学城外环西路 230 号
邮编：510006
电话：020－31876192
网址：http：//geo. gzhu. edu. cn

广东商学院旅游与环境学院

地址：广东省广州市海珠区赤沙路 21 号
邮编：510320
电话：020－84096438
网址：http：//ly. gdcc. edu. cn

佛山科学技术学院旅游与地理系

地址：广东省佛山市江湾一路 18 号

邮编：528000
电话：0757－83961117
网址：http：//www. fosu. edu. cn/hjtmjz/index2. asp

嘉应学院地理系

地址：广东省梅州市梅松路
邮编：514015
电话：0753－2186956
网址：http：//www. jyu. edu. cn/dili/index. htm

重　庆　市

重庆大学资源及环境科学学院

地址：重庆市沙坪坝区沙正街 174 号
邮编：400044
电话：023－65102421
网址：http：//www. res. cqu. edu. cn

西南大学历史文化与旅游学院

地址：重庆市北碚区天生路 1 号
邮编：400715
电话：023－68252320
网址：http：//cyber. swnu. edu. cn/history

四　川　省

西华师范大学国土资源学院

地址：四川省南充市育英路 44 号
邮编：637002
电话：0817－2314208
网址：http：//218. 6. 128. 139/yxsz-gtzy. htm

成都理工大学遥感与地理信息系统研究所

地址：四川省成都市成华区二仙桥三路 1 号

邮编：610059
电话：028－84078820
网址：http：//www. ces. net. cn/china/default. aspx

绵阳师范学院资源与环境科学系

地址：四川省绵阳市游仙区仙人路一段 30 号
邮编：621000
电话：0816－2200073
网址：http：//www. mnu. cn

内江师范学院管理与资源环境系

地址：四川内江市桐梓坎东桐路 705 号
邮编：641000
电话：0832－2340634
网址：http：//210. 41. 176. 13/gz/index. asp

云　南　省

云南大学资源环境与地球科学学院

地址：云南省昆明市翠湖北路 2 号
邮编：650091
电话：0871－5033733
网址：http：//crees. ynu. edu. cn/o

昆明理工大学国土资源工程学院

地址：云南省昆明市 121 大街文昌路 68 号
邮编：650093
电话：0871－5153408
网址：http：//gzy. kmust. edu. cn

玉溪师范学院地理系

地址：云南省玉溪市凤凰路二段 4 号
邮编：653100
电话：0877－2052169
网址：http：//geography. yxtc. net.

西藏自治区

西藏大学城市与资源学系

地址：西藏拉萨市金珠东路5号
邮编：850012
电话：0891－6361801
网址：http：//www.utibet.edu.cn/cn/structures.jsp? flag＝学院介绍&menuId＝3

陕　西　省

西北大学城市与资源学系（环境科学系）

地址：西安市太白北路229号
邮编：710069
电话：029－88302463
网址：http：//www.nwu.edu.cn

长安大学地球科学与国土资源学院

地址：陕西省西安市雁塔路126号
邮编：710054
电话：029－82339083
网址：http：//zyonline.chd.edu.cn

咸阳师范学院资源环境与城市科学系

地址：陕西省咸阳市
邮编：712000
电话：0910－3720888
网址：http：//www.xync.edu.cn/structure/gxgk/zyhj/zcx_1

宝鸡文理学院地理科学与环境工程系

地址：陕西省宝鸡市宝光路44号
邮编：721001
电话：0917－3364342

网址：http：//bjwlxy. cn/department/dili/mainpage. htm

甘　肃　省

兰州大学资源环境学院

地址：兰州市天水南路 222 号
邮编：730000
电话：0931－8912627
网址：http：//geosicence. lzu. edu. cn/

甘肃林业职业技术学院资源与环境学系

地址：甘肃省天水市麦积区马跑泉路 58 号
邮编：741020
电话：0938－2111030
网址：http：//www. gslyxy. com/zhx/zh. htm

新疆维吾尔自治区

新疆大学资源与环境学院

地址：新疆乌鲁木齐市胜利路 14 号新疆大学
邮编：830046
电话：0991－8580173
网址：http：//202. 201. 252. 2/zhx/

石河子大学地理系

地址：新疆石河子市北四路
邮编：832003
电话：0993－2058111
网址：http：//sfxy. shzu. edu. cn

中国香港特别行政区

香港大学地理系

地址：香港薄扶林道

邮编：999077
电话：852－2859－2836
网址：http：//geog. hku. hk

香港浸会大学地理系

地址：香港九龙塘
邮编：999077
电话：852－34115990
网址：http：//geog. hkbu. edu. hk

中国台湾地区

“国立”台湾大学地理环境资源学系

地址：台湾台北市罗斯福路四段一号
邮编：10617
电话：886－2－33665820－1
网址：http：//www. ntu. edu. tw/chinese/main. html

“国立”高雄师范大学地理系

地址：台湾高雄市和平一路116号
邮编：80201
电话：886－7－7172930转2701
网址：http：//www. nknu. edu. tw/－geo

“国立”彰化师范大学地理系

地址：台湾彰化市进德路1号
邮编：50007
电话：886－4－7232105转2805－2807
网址：http：//www. tmtc. edu. tw/_social/index_c. htm

台北市立教育大学社会科教育学系

地址：台湾台北市爱国西路1号
邮编：10048
电话：886－2－23113040
网址：http：//www. ntptc. edu. tw

文化大学地理系

地址：台湾台北市阴明山华冈路55号
邮编：11114
电话：886－2－28610511
网址：http：//sgo. pcuu. edu. tw/sgo

科 研 院 所

中国科学院地理科学与资源研究所

该所于1999年9月经中国科学院批准，由中国科学院地理研究所（前身是1940年成立的中国地理研究所）和自然资源综合考察委员会（1956年成立）整合而成。

该所围绕社会经济发展目标，在自然资源合理利用、生态环境保护、国土综合整治、区域可持续发展、资源与环境信息系统等重要领域，取得了一批国家级重大科研成果。

该所现有职工537人，其中研究员110人，设有陆地表层系统、人地关系地域系统、生态网络综合、地球信息科学、资源科学、农业政策等7个研究中心，资源与环境信息系统国家重点实验室，陆地水循环及地表过程、生态系统网络观测与模拟等院重点实验室。该所拥有自然地理学、人文地理学、地图学与地理信息系统、生态学、气象学、自然资源学、环境科学和农业经济管理8个硕士点，地理学一级学科与生态学、环境科学、农业经济管理二级学科4博士点，以及地理学和生物学2个博士后流动站。

该所主办的刊物有《地理学报》（中、英文版）、《自然资源学报》、《资源科学》、《地理研究》、《地理科学进展》、《AMBIO－人类环境杂志》（中文版）、《中国地理科学与国土资源文摘》、《地球信息科学》、《中国国家地理》等；挂靠的国家一级学会有中国地理学会、中国自然资源学会和中国青藏高原研究会。该所与欧、美、亚50多个国家和地区的相关科研与学术机构建立良好的合作关系，签署了数十项国际合作协议。

地址：北京市朝阳区大屯路甲11号
邮编：100101
电话：010－64889276
网址：http：//www. igsnrr. ac. cn

中国科学院南京地理与湖泊研究所

该所前身是中国科学院地理研究所，1958年经调整后成立南京地理所，后一度更名为“江苏省地理研究所”（1970年），“中国科学院南京地理研究所”（1979年），1987年改现名至今。

现已发展成为全国唯一以湖泊一流域系统为研究对象的综合研究机构，主导着中国湖泊科学的发展方向，并在国际上具有重要影响。在湖泊物理、湖泊化学、湖泊生物、湖泊沉积与全球变化，以及经济快速发展地区可持续发展等领域形成了鲜明的学科特色和不可替代的研究优势，为我国湖泊资源开发、环境治理以及长江中下游与东南沿海经济发达地区经济可持续发展作出了历史性的重要贡献。

该所现有职工171人，其中研究员35人；设有湖泊与环境国家重点实验室，湖泊生态与环境工程、区域发展与规划等研究中心，数个湖泊野外观测与数据中心。该所拥有自然地理学、人文地理学、地图学与地理信息系统和环境科学4个硕士点，自然地理学、人文地理学和环境科学3个博士点，以及地理学博士后流动站，主办《湖泊科学》、《地理-湖泊》等学术期刊。

地址：江苏省南京市北京东路73号

邮编：210008

电话：025－86882010

网址：http：//www. niglas. ac. cn

中国科学院・水利部成都山地灾害与环境研究所

该所成立于1966年，简称中科院成都山地所。

该所自建立以来，承担并完成了千余项国家和地方重大科研项目，解决了国家在经济建设和社会发展中的一系列重大科学问题，为我国的山地灾害研究与防治、脆弱生态环境的恢复与重建，以及山区可持续发展作出突出贡献。

该所现有职工246人，其中研究员42人。设有山地灾害与防治、山地环境与发展和数字山地应用等研究中心，中国科学院山地灾害与表层过程院级重点实验室，四川省山区减灾工程技术研究中心和应用分析测试中心。该所现有自然地理学、人文地理学、地图学与地理信息系统、环境工程、岩土工程、防灾减灾工程及防护工程、土壤学7个硕士点，自然地理学、岩土工程2个博士点，以及地理学博士后流动站；主办《山地学报》、Journal of Mountain Science（《山地科学学报》（英文版））等学术期刊。

地址：四川省成都市人民南路四段九号
邮编：610041
电话：028-85228816
网址：http://www.imde.ac.cn

中国科学院东北地理与农业生态研究所

该所由成立于1958年的中科院长春地理研究所和原中科院黑龙江农业现代化研究所整合而成。

该所针对湿地科学研究的国际前沿和我国对湿地生态、资源、环境的战略需求，结合东北地区农业生态和现代农业的发展，系统地开展了资源、环境、生态、现代农业和区域可持续发展研究，创建了基于地表系统过程的湿地科学与农业生态学自主创新研究体系，为国家生态安全、粮食安全以及东北地区的区域可持续发展作出重要贡献，并先后获得国家科技进步一等奖1项、二等奖15项，2001年全国“五一”劳动奖状。

该所现有在职职工290人，其中高级科技人员108人。该所设有湿地生态与环境、区域农业、地理遥感信息、东北区域发展4个研究中心，三江平原湿地、海伦农业、大安碱地3个生态实验站，以及长春净月潭遥感实验站。该所拥有环境科学、自然地理学、人文地理学、地图学与地理信息系统、生态学5个硕士点，环境科学、地图学与地理信息系统、生态学3个博士点，以及环境科学与工程博士后流动站；主办《地理科学》、《湿地科学》、《农业系统科学与综合研究》以及Chinese Geographical Sciences等学术期刊。本所与德国、俄罗斯、日本、韩国、澳大利亚、加拿大等国家的大学及科研机构建立了长期稳定的合作关系，为研究所的国际化发展奠定了基础。

地址：吉林省长春市高新区蔚山路3195号
邮编：130012
电话：0431-85542269
网址：http://www.neigae.ac.cn

中国科学院新疆生态与地理研究所

该所前身为1961年建立的新疆水土生物资源综合研究所，于1965年拆分为新疆生物土壤研究所（后更名为：新疆生物土壤沙漠研究所）和新疆地质地理研究所（后更名为：新疆地理所），1998年两所联合重组为新疆生态与地理研究所。

该所服务于国家西部大开发战略需求，在绿洲生态过程与演化机制、绿洲生态建设与环境治理、资源开发利用与区域发展三大领域，开展前瞻性、战略性和基础性研究，共获科研成果奖 218 项，其中获联合国 UNEP 奖 2 项，国家级奖项 22 项。

该所现有职工 308 人，其中研究员 21 人；设有绿洲生态室、荒漠环境室和区域发展室，阜康荒漠生态系统观测试验站，新疆遥感与地理信息系统应用实验室，以及荒漠绿洲生态建设工程技术研究中心。该所拥有自然地理学、人文地理学、地图学与地理信息系统、植物学、生态学、环境科学 6 个硕士点，以及自然地理学、人文地理学、地图学与地理信息系统、植物学、生态学 5 个博士点；主办《干旱区研究》，《干旱区地理》汉、维文版 4 种学术期刊。

地址：新疆乌鲁木齐市北京南路 40－3 号

邮编：830011

电话：0991－7885304

网址：http：//www. egi. ac. cn

中国科学院青藏高原研究所

该所是根据国家经济社会发展重大战略需求，面向世界科学前沿，按照新的体制和模式，于 2003 年正式成立。

该所坚持“立足高原，研究高原”的宗旨，围绕青藏高原隆升过程及其对亚洲和北半球气候环境影响这一核心科学问题，研究青藏高原地球动力、地表过程与环境变化和极端环境下生物的生态适应性及生物遗传资源等若干领域的国际前沿科学问题，作出独创性的、有重大国际影响的新成果，为适应和改善东亚地区人类生存环境服务。

该所现有职工 70 人，其中研究员 20 人。该所实行“一所三地”的特殊运作方式，分别在拉萨、北京、昆明设“部”。其中，拉萨部主要负责野外实验研究和支撑系统台站的运行与管理；北京部主要负责建立高水平的研究室和开展室内科研工作，以及提供便利的国际学术交流舞台，吸引国际一流研究人才，组建具有国际水平和创新能力的科研队伍等工作；昆明部主要负责开展极端环境生物种质资源研究和建立种质资源库等工作。

地址：北京市海淀区双清路 18 号

邮编：100085

电话：010－62849252

网址：http：//www. itpcas. ac. cn

中国科学院寒区旱区环境与工程研究所

该所简称“寒旱所”，由中国科学院原兰州冰川冻土研究所、兰州沙漠研究所和兰州高原大气物理研究所于1999年整合而成。

该所以西部干旱、高寒的特殊环境为背景，开展以冰川、冻土、沙漠、高原大气、寒旱区水土资源、脆弱生态与农业为主要领域的科学研究，为国土资源合理开发利用、环境保护与生态工程建设提供理论基础和关键技术，为西部大开发的国家目标服务，先后获国家科技进步特等奖1项，国家科技进步一等奖3项，国家自然科学一等奖1项。

该所现有科技人员百余人，其中研究员60人。设有冰冻圈与全球变化、沙漠与沙漠化、高原大气物理、冻土与寒区工程、水土资源、生态与农业、遥感与地理信息7个研究室，全面突出干旱、沙漠、高寒区资源生态环境与可持续发展研究特色。该所拥有自然地理学、人文地理学、地图学与地理信息系统、大气物理学与大气环境、气象学、生态学、岩土工程7个硕士点，以及自然地理学、人文地理学、地图学与地理信息系统、大气物理学与大气环境、生态学、岩土工程6个博士点。主办《冰川冻土》、《中国沙漠》、《高原气象》等学术期刊。

地址：甘肃省兰州市东岗西路320号

邮编：730000

电话：0931－8275129

网址：http：//www.casnw.net

中国科学院遥感应用研究所

该所成立于1979年，是我国遥感科学与综合应用技术国家级、开放型研究机构。

该所以遥感科学与技术创新为基础，面向国家经济建设、国防安全和社会大众对空间信息的巨大需求，着力打造天空地一体化遥感论证、综合国情遥感监测与预警两大重点领域和遥感科学与试验、遥感技术前沿与信息挖掘、遥感综合应用、遥感信息工程四大科研方向，先后取得了数百项科研成果，其中78项获国家级和部级科技成果奖。

该所现有职工189人，其中研究员29人。拥有遥感科学国家重点实验室、国家航天局航天遥感论证中心、国家遥感应用工程技术研究中心3个国家级科研机构，设有遥感辐射传输、环境遥感前沿、高光谱遥感、微波遥感、遥感定标与真实性检验、遥感图像处理、农业与生态遥感、减灾与应急遥感监测、遥感空间信息系统、数字地球与导航定位、国土资源遥感、非再生资源遥感12个研究室，建有国家航空遥感中心、遥感卫星数据接收站、遥感综合试验场、遥感数据网络中心等科研支撑系统。该所拥有信号与信息处理、地图学与地理信息系统2个硕士点和2个博士点，以及地理学博士后流动站；主办《遥感学报》、《中国图像图形学报》等学术刊物。

地址：北京市朝阳区科学院天地科学园

邮编：100101

电话：010－64879268

网址：http：//www.irsa.ac.cn

中国科学院教育部水土保持与生态环境研究中心

该所前身是1956年成立的“中国科学院西北农业生物研究所”，后历经“中国科学院西北生物土壤研究所”“中国科学院西北水土保持生物土壤研究所”“中国科学院西北水土保持研究所”等多次所名演变。1987年，该所由中国科学院和水利部双重领导，更名为“中国科学院水利部西北水土保持研究所”，1995年经国家科委批准更名为“中国科学院水利部水土保持研究所”。2001年，中国科学院与教育部在该所联合共建“水土保持与生态环境研究中心”。

该所面向全国，以黄土高原为重点，开展半干旱、半湿润地区水蚀环境中的水土保持科学研究，在水土保持和生态环境建设的战略性、综合性研究方面取得突破性进展，为国家宏观决策提供科学依据，为黄土高原生态环境建设提供适度超前的试验示范样板。

该所现有职工202人，其中研究员33人。设有工程技术部，杨凌农业高新技术产业示范区，试验设施，以及安塞、长武、固原、神木4个野外生态站。该所拥有土壤学、生态学、水土保持与荒漠化防治3个硕士点，土壤学和生态学2个博士点，以及农业资源综合利用博士后流动站。

地址：陕西省杨凌区西农路26号

邮编：712100

电话：029－87012411

网址：http：//www.iswc.ac.cn

中国科学院亚热带农业生态研究所

该所前身是成立于1978年的中国科学院桃源农业现代化研

究所，1979 年更名为“中国科学院长沙农业现代化研究所”，2003 年起更为现名。

该所围绕亚热带区域农业与生态环境协调发展这一重大科学问题开展了大量的研究并取得了一批重要成果，发展了区域农业格局和农业生态系统物质循环过程与调控管理、农区畜牧生态与健康养殖等新兴研究领域。

该所现有职工 97 人，其中研究员 12 名。设有区域农业生态研究中心、农区畜牧健康养殖研究中心和湖南省农业生态重点实验室 3 个科研部门，分布在亚热带的山地、红壤丘陵和平原湖区设置了农业生态实验站。该所拥有生态学、动物营养学与饲料科学 2 个硕士点，以及生态学博士点。主办《农业现代化研究》等学术刊物。

地址：湖南省长沙市芙蓉区马坡岭

邮编：410125

电话：0731－4615204

网址：http：//www. isa. ac. cn

广州地理研究所

该所成立于 1958 年，原隶属中国科学院，“文革”期间一度停办，1978 年恢复，现隶属于广东省科学院，是华南地区综合性专业地理科学研究机构。

该所根据我国地理科学研究的地域分工要求，突出热带亚热带资源与环境演变研究特色，立足广东，面向华南，积极辐射东南亚地区。本所瞄准广东经济社会发展的重大需求，重点开展广东省资源开发利用动态监测、自然灾害综合防治、区域生态环境安全、区域发展战略与规划、资源环境基础地理信息库等领域的研究。

该所现有职工 110 人，其中研究员 11 人；设有广东省遥感与地理信息系统应用重点实验室，风景与旅游、城镇与区域 2 个规划中心，环境地质、资源环境 2 个研究中心，资源环境信息中心。该所拥有水资源与水环境学、环境生态学、环境生态整治、环境地质与灾害防治、环境地理学、区域发展与城市规划、风景与旅游规划、遥感与地理信息系统 8 个硕士研究生培养方向，主办《热带地理》学术期刊。

地址：广州市先烈中路 100 号

邮编：510070

电话：020－87685006

网址：http：//www. gig. gdas. ac. cn

河北省地理科学研究所

该所始建于 1958 年，是全国成立最早的五大区域地理研究所之一，曾是中国科学院的直属所，先后隶属于中国科学院华北分院、河北省科委，1990 年实行河北省科学院和河北省计划委员会双重领导体制，更名为“河北省科学院河北省计划委员会地理研究所”，2002 年起由河北省科学院直接领导，更为现名。

该所以自然地理、经济地理学等理论方法为基础，从事全省地貌形成与过程，森林、海洋与湿地，河北省生态灾害研究，产业结构调整与生产力布局，GIS、GPS 和 RS 技术，旅游资源设想与评价，地学信息图谱，国土资源评价与利用，城乡发展环境整治，区域发展规划与开发利用等方面的科学研究和技术服务业务，面向社会提供公共服务，为河北省经济社会的可持续发展提供科学技术支撑。

该所现有职工 72 人，其中高级技术职称 22 人；设有河北省旅游开发研究中心，河北省土地评估中心，地理信息与地图研究室，环境评价中心和区域经济研究室；主办《地理学与地理信息科学》学术期刊。

地址：河北省石家庄市西大街 94 号

邮编：050011

电话：0311－86049375

网址：http：//www. geoheb. com

河南省科学院地理研究所

该所成立于 1958 年，原隶属于中国科学院，1979 年划归新成立的河南省科学院。

该所在丰富我国地理学研究、为河南资源综合利用和社会经济可持续发展等实践方面进行了大量具有开创性的工作，取得了丰硕成果，为河南省社会经济可持续发展乃至我国地理科学研究作出了重要贡献。

该所现有职工 134 人，其中研究员 13 人；设有生态环境、地图与 GIS 研究、城市与旅游规划、区域发展、土地科学、农业与农村发展等研究中心，河南省遥感与地理信息系统重点实验室，河南省硅肥工程技术研究中心，河南省科学院环境技术工程中心，以及中国科学院、教育部、国家文物局遥感考古联合实验室河南遥感考古工作站；主办《地域研究与开发》、《中国地理与资源文摘》等学术刊物。

地址：河南省郑州市陇海中路 64 号

邮编：450052

电话：0371－7447875

网址：http：//www. hagis. cn

学 术 团 体

中国地理学会

中国地理学会（The Geographical Society of China ，GSC）是由全国广大地理工作者自愿组成、在中华人民共和国民政部依法登记注册，具有独立法人资格的全国性、公益性、学术性的社会团体，是中国科学技术协会的重要组成部分，是我国发展地理科学事业的重要社会力量。学会挂靠在中国科学院地理科学与资源研究所。

学会宗旨：联系和团结全体会员和广大地理工作者，遵守宪法、法律、法规和国家政策，遵守社会道德风尚，以国家经济建设为中心，促进地理科学技术的繁荣与发展，促进地理科学技术的普及和全民族地理科学文化素质的提高，促进地理教育事业的发展和地理科技人才的培养和提高，促进科学技术与经济的结合，为社会主义物质文明和精神文明建设服务，为加速实现我国社会主义现代化作出贡献。贯彻“百花齐放，百家争鸣”方针，坚持民主办会原则，充分发扬学术民主，开展学术上的自由讨论；提倡辩证唯物主义和历史唯物主义，坚持实事求是的科学态度和优良学风；弘扬“尊重知识，尊重人才”的风尚，积极倡导“献身、创新、求实、协作”的精神；高举爱国主义旗帜，维护民族团结，促进祖国统一。

学会的主要任务：组织和支持会员开展国内外地理学科及相关学科的学术交流活动；编辑出版地理科技书刊；宣传普及地理科学知识，传播科学精神、思想和方法，推广先进技术；组织开展对国家科技发展战略、政策和经济建设中涉及地理学科及相关学科范围内的重大问题进行研讨并提出政策建议；组织进行涉及地理学科及相关学科范围内的科技咨询和技术服务工作，接受委托进行涉及地理学科及相关学科范围内的科技项目论证、科技成果评价、专业技术职称评定，组织举办展览；开展对会员和地理工作者涉及学科及相关学科范围内的继续教育和培训工作；反映会员的意见和呼声，维护地理科技工作者的权益；表彰优秀地理工作者，评选优秀地理论著、图集，发现举荐优秀地理人才；举办为会员服务的事业和活动。

中国地理学会是我国成立最早的学术团体之一，它的前身是1909年在天津成立的中国地学会，创始人张相文。1934年竺可桢等在南京发起成立中国地理学会。1949年以后，中国地学会与中国地理学会合并为中国地理学会。1953年在北京召开合并后的第一次全国会员代表大会，选举产生了第一届理事会，竺可桢任理事长。当时全国会员有500多人。合并后中国地理学会发展迅速，20世纪50年代各省区陆续成立地理学会或分会，60年代以来各专门委员会也陆续成立。1956年8月、1963年11月选举产生第二、第三届理事会，竺可桢连任理事长。1979年12月、1985年5月选举产生第四、第五届理事会，黄秉维连任理事长。1991年6月选举产生第六届理事会，吴传钧、陈述彭、施雅风、张兰生任理事长。1995年12月选举产生第七届理事会，吴传钧任理事长。1999年11月选举产生第八届理事会，陆大道任理事长。2004年5月选举产生第九届理事会，陆大道任理事长。

目前，中国地理学会拥有全国会员2万人，学会下设16个专业委员会、7个分会、6个工作委员会，联系地方学会31个（未含港、澳、台地区），主办与联合主办有《地理学报》、《地理学报》(英文版)、《冰川冻土》、《遥感学报》、《山地学报》、《经济地理》、《人文地理》、《世界地理研究》、《历史地理》和《中国国家地理》10种学术和科普刊物。

中国地理学会已加入的国际科技组织有：国际地理联合会(IGU)、国际冻土协会（IPA）和国际地貌学家协会（IAG)。此外，还与日本、加拿大、法国和韩国等相关学术组织建立了互访进行学术交流的联系。

地址：北京市朝阳区大屯路甲11号

邮编：100101

网址：http：//www. gsc. org. cn

中国教育学会地理教学研究会

中国教育学会地理教学研究会是进行地理教育教学研究的全国性群众性学术团体，是中国教育学会的分支机构，由中国教育学会直接领导，由全国广大地理教育工作者自愿组成，在中华人民共和国民政部依法登记注册，具有独立法人资格的全国性、公益性、学术性的社会团体，是中国教育学会的重要组成部分，是我国发展地理教育事业的重要社会力量。会员主要是从事理教育研究的广大高等学校地理教学论教学与研究工作者；从事地理教育教学研究、地理教材编制与研究、教学地图研制、地理教育书刊和电子出版物编辑工作者；中学地理教研员和中学地理教师；热心地理教育教学工作、并积极支持本会工作的社会人士。

中国地理教学研究会成立于1981年9月，创始人是中国地理教育界的著名专家学者张子桢、褚绍唐、褚亚平、陈尔寿、徐建滨等。研究会成立暨第一届代表大会在吉林长春东北师范大学举行，大会选出理事41人，推选张子桢为理事长，褚绍唐、褚亚平、陈尔寿、徐建滨为副理事长，褚亚平兼秘书长。

1986年，地理教学研究会确定《地理教学》为中国教育学会地理教学研究会会刊。长期以来，地理教学研究会一直致力于中国地理教育教学的研究，为我国地理教育的发展作出了巨大的贡献，受到我国教育战线，特别是基础教育战线广大地理教师的重视和信赖。

学会目前下设计算机辅助地理教学专业委员会、中学地理教学专业委员会、高师地理教学专业委员会、出版编辑工作专业委员会4个专业委员会，并与32个省级地理教学研究会（未含我国台湾、西藏）密切联系。

秘书处地址：上海市中山北路3663号（200062） 华东师范大学资源与环境科学学院地理系

电话：021－62232756 021－62232350

网址：http：//www. gezhi. sh. cn/geography/CN/Grow. aspx

学 术 期 刊

地理学报(中文版)

《地理学报（中文版）》1934年创办，由中国科学院、中国科学技术协会主管，是中国地理学会和中国科学院地理科学与资源研究所主办的学报级综合性学术刊物，为月刊。该刊2008年被列入“中国科协精品科技期刊工程资助项目”，获中国科学技术信息研究所的“中国百种杰出学术期刊”奖和国家科技基础条件平台建设项目（No. 2005DKA43504）评选的首届“中国精品科技期刊”奖。

该刊主要刊登能反映地理学科最高学术水平的最新研究成果，地理学与相邻学科的综合研究进展，地理学各分支学科研究前沿理论，与国民经济密切相关并有较大应用价值的地理科学论文。涉及的领域主要有地理资源利用、产业规划布局、生态环境保护、遥感与地理信息系统应用。主要阅读对象为地理及相关学科的科学工作者、国土资源环境等部门的政府工作人员、相关专业的本科生和研究生等。

主办单位：中国地理学会　中国科学院地理科学与资源研究所

通信地址：北京市安外大屯路甲11号 《地理学报》编辑部

邮编：100101

电话：010－64888895

邮箱：acta@igsnrr. ac. cn（自然地理、环境科学、遥感与地理信息系统在自然地理应用的稿件）

geog@igsnrr. ac. cn（经济地理、土地利用、遥感与地理信息系统在经济地理应用的稿件）

刊号：CN 11－1856/P，ISSN 0375－5444

地理学报(英文版)

《地理学报(英文版)》（*Journal of Geographical Sciences*）自2001年由《中国地理》英文版改版而成，由中国科学院、中国科学技术协会主管，是中国地理学会和中国科学院地理科学与资源研究所主办的学报级综合性学术刊物，为季刊。该刊国际影响不断扩大，被美国科学引文索引（扩展版）、美国当代地理出版（CGP）、俄罗斯文摘（AJ）、日本科技期刊速报（JST）、剑桥科技文摘（CSA）、中国科学引文数据库（CSCD）、中国科技论文与引文数据库（CSTPCD）和中国学术期刊综合引证报告（CAJCCR）等国内外检索机构收录，2004 年获中国地理学会“第三届全国优秀地理期刊”奖。

该刊主要刊登反映地理学科最高学术水平的最新研究成果，地理学与相邻学科的综合研究进展，地理学各分支学科研究前沿理论，与国民经济密切相关并有较大应用价值的地理科学论文。本刊涉及的领域主要有地理资源利用、产业规划布局、生态环境保护、遥感与地理信息系统应用。主要阅读对象为国内外地理及相关学科的科学工作者和研究生等。

主办单位：中国地理学会　中国科学院地理科学与资源研究所

通信地址：北京市安外大屯路甲 11 号《地理学报》编辑部

邮编：100101

电话：010－64888893

邮箱：jgs@igsnrr. ac. cn

刊号：CN 11－1856/P，ISSN 0375－5444

地理研究

《地理研究》1982 年创刊，由中国科学院主管，是中国科学院地理科学与资源研究所主办的综合性地理学学术期刊，也是中国地理科学领域最具权威性、代表性的学报级核心期刊之一。该刊 2008 年荣获“2008 年度中国精品科技期刊”称号。

该刊主要刊登地理学及其分支学科、交叉学科的具有创新意义的高水平原创性学术论文，以及对地理学应用和发展有指导性的研究报告、专题综述、热点讨论与书评等，并欢迎对《地理研究》发表的文章进行评论和讨论。主要阅读对象为地理及相关学科的科学工作者、高校师生等。

通信地址：北京市安外大屯路甲 11 号《地理研究》编辑部

邮编：100101

电话：010－64889584

邮箱：dlyj@igsnrr. ac. cn

地理科学

《地理科学》1981 年创刊，由中国科学院主管，是中国科学院东北地理与农业生态研究所主办的综合性学术期刊，为双月刊。该刊是中国科学院出版基金资助刊物，荣获2000年中国地理优秀期刊奖，是中国自然科学核心期刊。

作为综合性地理学术期刊，本刊主要介绍我国地理学及各分支学科具有先进水平的学术论文和研究成果、地理学的新理论、新观点、新方法，服务于经济建设，促进国内外学术交流，繁荣和发展地理科学事业。该刊特色在于“新、精、博、活”，促进地理学与相邻学科的交叉；以中青年地理学家为主；刊物的大部分版面为全国地理学家使用。

该刊主要刊登我国地理学及各分支学科、边缘学科和学科间交叉的具有创新性、前沿性和探索性的学术论文；侧重报道国家自然科学基金项目、国家重点实验室基金项目、国家科技攻关项目和国际合作项目的最新研究成果；支持反映环境遥感和地理信息系统等技术方法在地理学研究中的应用成果；注重区域性和综合性以及人地关系研究；关注资源、人口、环境、能源以及全球气候和海平面变化等重大课题的学术论文、研究报道、综述、问题讨论、技术方法、书评、国内外学术动态和学术活动等。主要阅读对象为地理及相关学科的科学工作者、政府工作人员、高校师生等。

主办单位：中国科学院　东北地理与农业生态研究所

通信地址：吉林省长春市高新路3195号　中国科学院东北地理与农业生态研究所《地理科学》编辑部

邮编：130012

电话：0431－5542324、5542212

邮箱：geoscien@neigae. ac. cn

刊号：CN 22－1124/P，ISSN 1000－0690

经济地理

《经济地理》1981年创刊，由中国科学技术协会主管，是中国地理学会、湖南省经济地理所联合主办的专业学术性刊物，月刊。为全国经济类核心期刊、中国科技核心期刊、中国自然科学核心期刊、中国人文社会核心期刊、湖南省一级期刊，荣获第一、第二届“全国优秀地理期刊奖”等多项荣誉称号。

该刊以“倡导和谐人地关系、服务社会经济建设”为宗旨，突出战略性、综合性、指导性。该刊重点反映经济地理学研究的前沿理论、区域经济开发以及与国民经济相关的工业、农业、交通、旅游、生态环境等方面的最新科研成果和研究动态。主要栏目有：理论探讨、区域经济与产业发展、城市与交通、土地与农业、交通地理、旅游研究、西部大开发、问题讨论、新书交流与介绍等。读者对象为地理工作者、经济学研究人员、大专院校师生及中学地理教师。

主办单位：中国地理学会　湖南省经济地理研究所

通信地址：湖南省长沙市青园路 506 号

邮编：410004

电话：0731－5584716

邮箱：moeg5584716@163. com

刊号：CN 43－1126/K，ISSN 1000－8462

冰川冻土

《冰川冻土》1979 年创刊，由中国科学院主管，是中国地理学会和中国科学院寒区旱区环境与工程研究所联合主办的我国冰、雪、冻土和冰冻圈研究领域的学报级学术期刊，为双月刊。该刊获第二届“全国优秀地理期刊”等荣誉称号，是中国自然科学核心期刊。

该刊积极支持在冰、雪、冻土和冰冻圈及全球变化基础研究和应用研究中具创造性、高水平和面向国民经济建设的新思想、新观点、新方法和新学说；促进国内外学术交流，传播与冰冻圈和全球变化相关的科学知识，为寒区国民经济建设服务。刊登的论文、报道和综述内容主要包括：冰、雪、冻土（含人工冻土）的性质、过程及其控制；冰冻圈的资源与环境；冰冻圈各组分的动态变化及相互作用；冰冻圈与大气圈、水圈、生物圈、岩石圈和人类活动之间的相互作用；寒区水文水资源；寒区生态与建设；全球变化；寒区工程与减灾、防灾；先进技术在寒区开发与研究中的应用。主要阅读对象为相关学科领域科研人员，工程技术人员，大专院校师生。

主办单位：中国地理学会　中国科学院寒区环境与工程研究所

通信地址：甘肃省兰州市东岗西路 260 号《冰川冻土》编辑部

邮编：730000

电话：0931－4967248

邮箱：edjgg@lzb. ac. cn；shenyp@lzb. ac. cn

刊号：CN 62－1072/P，ISSN 1000－0240

中国沙漠

《中国沙漠》1981年创刊，由中国科学院主管，是中国科学院寒区旱区环境与工程研究所主办的以沙漠学研究为主的综合性学术刊物，为双月刊。该刊获第二届“全国优秀地理期刊奖”、中国科学院“优秀期刊三等奖”“中国期刊方阵—双效期刊”“百种中国杰出学术期刊”等多项荣誉称号。

该刊侧重报道国家自然科学基金项目和国家科技攻关项目在沙漠科学方面的最新研究成果，以及沙漠学及相邻学科研究的前沿理论；注重区域性和综合性、可持续发展研究，关注资源研究与全球变化等重大课题在沙漠学科上有创新的新思想、新观点和新学说；促进沙漠科学研究和整治水平进一步提高以及国内外学术水平的交流。设置的栏目有：古气候与环境演变；沙漠与沙漠化；生物土壤与生态；天气与气候；水文与水资源。主要读者对象是从事防沙治沙，环境保护，地质地理学，生态学，农、林、牧学，交通学等有关专业的广大研究人员和大专院校的师生以及沙漠地区建设的广大干部群众。

主办单位：中国科学院寒区旱区

通信地址：甘肃省兰州市东岗西路320号《中国沙漠》编辑部

邮编：730000

电话：0931-4967253

邮箱：CAIedit@lzb. ac. cn

刊号：CN 62-1070/P，ISSN 1000-694X

遥感学报

《遥感学报》的前身是1986年创刊的《环境遥感》，1997年起更为现名，由中国科学院主管，是中国科学院遥感应用研究所和中国环境遥感学会联合主办的学术性刊物，为双月刊。该刊获第二届“全国优秀地理期刊奖”、中国科学院“优秀期刊奖”“中国期刊方阵—双效期刊”“百种中国杰出学术期刊”“中国精品科技期刊”等多项荣誉称号。

该刊的宗旨是及时反映遥感领域及其相关学科的高新技术发展及应用状况，探讨遥感及地球信息科学领域的新理论、新方法及新的应用领域，关注国内外遥感领域的具有创新性、前沿性和探索性的学术成果，促进学术交流，推动学科发展、技术进步以及人才培养。主要刊登内容为遥感基础理论，遥感技术发展及遥感在农业、林业、水文、地矿、海洋、测绘等资源环境领域及灾害监测中的应用，地理信息系统（GIS）的研究，遥感与 GIS 及空间定位系统（GPS）的结合及其应用，遥感在定量分析中应用与全球定位等方面的科研成果和学术论文，同时也刊载综述性文章、问题讨论、学术动态等。主要读者对象为相关学科的科学工作者和技术人员，大中院校师生。

主办单位：中国科学院遥感应用研究所　中国环境遥感学会

通信地址：北京市大屯路甲 20 号中国科学院遥感应用研究所《遥感学报》编辑部

邮编：100101

电话：010－64889543

邮箱：jrs@irsa. ac. cn

网址：http：//www. jors. cn/jrs/ch/index. aspx

刊号：CN 11－3841/TP，ISSN 1007－4619

山地学报

《山地学报》原名是 1983 年 3 月创刊的《山地研究》，1998 年改为现名，由中国科学院主管，是中国科学院水利部成都山地灾害与环境研究所和中国地理学会共同主办的山地研究领域的综合性学术刊物，为双月刊。该刊曾获全国、中国科学院、四川省、中国地理学会“优秀科技期刊奖”，是中文核心期刊、中国自然科学核心期刊。

该刊是目前我国专门报道山地科学研究理论与山区开发、环境整治、灾害防治、生态建设实践相结合的综合性科技期刊。内容涵盖自然科学与人文科学两大门类中的与山地有关的多学科知识，重点报道和发表山地资源开发与山地生态环境演变、山区工程建设与山地灾害防治、山区社区发展与城镇规划、山区经济发展与产业结构调整等领域的理论、应用技术、研究和实验方法、管理经验等方面的内容和文章。主要阅读对象是从事相关工作的科技人员、决策者、管理干部和大专院校师生阅读、参考。

主办单位：中科院水利部成都山地灾害与环境研究所中国地理学会

通信地址：四川省成都市一环路南二段 10 号　中科院成都山地所《山地学报》编辑部

邮编：610041

电话：028－85223826

刊号：CN 51－1516　ISSN 1008－2786

邮箱：hyfeng@imde. ac. cn

干旱区地理

《干旱区地理》1978年创办，由中国科学院主管。从2008年起由中国地理学会和中国科学院新疆生态与地理研究所联合主办，为双月刊。该学术性刊物被评为中国自然科学核心期刊、中国优秀地理期刊、中国科学院优秀期刊、新疆维吾尔自治区一级期刊及优秀期刊。

该刊主要反映干旱区范围内的地理学及其分支学科、边缘学科和交叉科学的重要研究成果，重点刊载原创性的学术论文以及少量具有科学前瞻性、前沿性的研究述评。该刊涉及领域主要有：干旱区自然地理、大气科学、水文与水资源、生物与土壤学研究、环境变化、生态及生态系统建设、地理信息与遥感技术应用、动物生态学与动物地理学、区域地理与可持续发展、灾害与防治、资源开发与利用，以及干旱区与地球圈层和人类活动等。主要阅读对象为地理及相关学科的科学工作者、高校及中学教师、大学本科生和研究生等。

主办单位：中国科学院新疆生态与地理研究所　新疆地理学会

通信地址：新疆乌鲁木齐市北京南路818号　中国科学院

新疆生态与地理研究所《干旱区地理》编辑部

邮编：830011

电话：0991－7885506

邮箱：aridlg@ms. xjb. ac. cn

刊号：CN 65－1103/X，ISSN 1000－6060

地理科学进展

《地理科学进展》1982年创刊，曾用名《地理译报》，由中国科学院主管，是中国科学院地理与资源所主办的综合性学术性刊物，为双月刊。该刊荣获中国科学院“优秀期刊三等奖”，入围“中国期刊方阵—双效期刊”，是中文核心期刊。

该刊主要刊登地理学及其分支学科的最新研究成果，反映国内外地理学最新研究动态。发表论文的领域为资源与环境、全球变化、可持续发展、区域研究及地理信息系统等方面的成果与新技术。主要栏目有论文、综述、专家论坛、研究方法、学术动态、成果报道、重大课题进展、院系介绍及书评、书讯等。主要读者对象为地理科学研究人员、高等院校地理系和相关学科师生，规划、经济、农、林、水利、环保、地质、气象等部门或机构的管理人员。

主办单位：中国科学院地理科学与资源研究所

通信地址：北京市东区朝阳区安外大屯路甲 11 号 《地理科学进展》编辑部

邮编：100101

电话：010－64889313

邮箱：dlkxjz@igsnrr. ac. cn

刊号：CN 11－3858/P，ISSN 1007－6301

人文地理

《人文地理》1986 年创刊，由陕西省教育厅主管，是中国地理学会与西安外国语大学人文地理研究所联合主办、专门研究人文地理学的综合性学术刊物，为双月刊。该刊是中文核心期刊、中国地理科学核心期刊。

该刊是我国面向国内外公开发行的人文地理学刊。本刊主要发表我国人文地理学具有先进水平的学术论文和研究成果，力求及时反映我国人文地理学研究的新理论、新观点和新方法。主要栏目有文化、旅游、政治、城市、经济、政治等。主要读者对象是从事人文地理工作科研人员和管理人员、大专院校师生。

主办单位：中国地理学会人文地理专业委员会　西安外国语学院人文地理研究所

通信地址：陕西省西安市长安南路 437 号《人文地理》杂志社

邮编：710061

电话：029－85319374

邮箱：rwdl@xisu. edu. cn

刊号：CN 61－1193/K，ISSN 1003－2398

世界地理研究

《世界地理研究》1992 年创刊，由中国科学技术协会主管，是中国地理学会主办的学术性刊物，为季刊。

该刊围绕人口、资源、环境和经济协调发展等主题，主要刊登有关全球性的自然、社会、经济、政治事象的空间格局及动态趋势；国际的经济联系和经济要素的空间运动规律；国外区域开发、城乡建设、生产力布局、产业结构调整理论与实例；世界地理教育改革和世界各国地理学发展动态等方面的学术论文和研究报告。同时围绕“中国经济国际化”这一主题刊登有关中国外向型经济发展的研究成果。主要栏目有区域开发与区域政策、城市研究、产业与布局、国际经贸、生产与环境、教学研究等。主要读者对象是世界问题研究工作者，高等学校地理、经贸、旅游等专业师生，国家外交、外经、外贸、新闻及其他有关业务部门的工作人员、大型企业管理人员。

主办单位：中国地理学会

通信地址：上海市中山北路 3663 号　华东师范大学西欧北美地理研究所内《世界地理研究》编辑部

邮编：200062

电话：021－62233749

邮箱：worldgeo@126. com

刊号：CN 31－1626/P，ISSN 1004－9479

中国历史地理论丛

《中国历史地理论丛》1985 年创刊，由教育部主管，是陕西师范大学主办的历史地理学领域的学术性期刊，为季刊。该刊由教育部人文社会科学重点研究基地陕西师范大学西北历史环境与经济社会发展研究中心编辑出版。

该刊主要刊登历史地理学基本理论和方法研究、历史自然地理和历史人文地理研究、地名学研究、方志学研究、古都学研究、历史地理学史研究等方面的学术论文以及历史地理学和相关学科重要的学术动态、学术评论、资料索引和出版信息等。

主办单位：陕西师范大学

通信地址：西安市陕西师范大学 42 号信箱　《中国历史地理论丛》编辑部

邮编：710062

电话：029－85303935

邮箱：zglsdllc@snnu. edu. cn

刊号：CN 61－1027/K，ISSN 1001－5205

中国国家地理

《中国国家地理》原名是 1950 年创刊的《地理知识》，1998

年全新改版，2000年更为现名，由中国科学院主管，是中国科学院地理科学与资源研究所和中国地理学会联合主办的中国地理最高水准的科普期刊，为月刊。该刊获第二届“全国优秀地理期刊”第二届“国家期刊奖百种重点期刊”第三届“国家期刊获奖提名奖”“最受读者欢迎杂志奖”“最受读者欢迎的科普传媒第一刊”，以及“最具品牌价值杂志十强”等多项荣誉称号。

该刊是一本介绍中国及世界不同区域的自然、人文景观和事件，并揭示其背景和奥秘的杂志，是中国同类杂志中的顶级品牌。目前在我国台湾、香港等地区推出繁体字版，并在日本推出日文版。杂志目前有常规版和专辑两种形式，常规版涉及自然、人文各方面有趣的话题和新近发生的重大事件；专辑则全面、综合地介绍一个地理区划（行政区划或自然区划）内的自然景观和人文地理，并随刊附送由本刊设计制作的精美地图，目前已经发行了新疆、山西、中国台湾、中国澳门、北京、云南等专辑，深受读者欢迎。

主办单位：中国科学院地理科学与资源研究所　中国地理学会

通信地址：北京市东区朝阳区安外大屯路甲11号《中国国家地理》编辑部

邮编：100101

电话：010－64842202

邮箱：bjb@cng. com. cn

刊号：CN 11－4542/P

地域研究与开发

《地域研究与开发》原名是1982年创刊的《中原地理研究》，由河南省科学院主管，是河南省科学院地理研究所主办的地理学综合性学术刊，为双月刊。该刊是全国中文核心期刊。

该刊贯彻“百花齐放，百家争鸣”的方针，突出地理学综合性、区域性特色，促进学术交流，为我国地理科学事业的发展和社会主义现代化建设服务。主要刊载地域研究及其开发方面的理论、方法和实践性文章。主要栏目有：重大问题专论、理论与方法、可持续发展研究、区域开发与发展、农业研究、城市研究、环境保护研究、旅游研究、灾害研究、遥感与制图研究、学术动态等。主要读者对象是相关领域的科研人员、管理决策人员，大专院校师生。

主办单位：河南省科学院地理研究所　河南省发展计划委员会地理研究所

通信地址：河南省郑州市陇海中路 64 号　河南省科学院地理研究所《地域研究与开发》编辑部

邮编：450052

电话：0371－67939201

邮箱：yjkf@371.net

刊号：CN 41－1085/P，ISSN 1003－2363

亚热带资源与环境学报

《亚热带资源与环境学报》原名是 1986 年创刊的《福建地理》，2006 年更为现名，由福建省教育厅主管，是福建师范大学主办的学报级学术期刊。

该刊为亚热带资源环境和地理综合研究提供学术交流平台，鼓励学术争鸣，推崇前瞻性探索，注重反映具有区域特色和学科交叉的研究，优先发表原创性成果，传播学术信息，为区域人与自然和谐发展、社会经济可持续发展提供信息支撑。报道内容以地球上自然对比度最高、环境敏感性最强、自然之谜最多的亚热带区域为重点，全面报道国内外亚热带及其相关区域的资源、环境及其相关的地理基础、地理背景和重要社会经济因素的研究动态、研究成果，特别是资源环境和地理学交叉综合研究的重大理论、方法、技术、应用实践，资源环境与社会、文化、经济因素的交互作用问题。重点报道这些领域的研究前沿理论、最新技术方法、最新科考和实验研究成果、综合研究进展、热点问题专题讨论以及与国际问题和国计民生密切相关的资源环境问题。主要读者对象是相关领域的科研人员、管理决策人员，大专院校师生。

主办单位：福建师范大学

通信地址：福建省福州市仓山区上三路 32 号　福建师范大学地理科学学院《亚热带资源与环境学报》编辑部

邮政编码：350007

电话：0591－83465371

邮箱：jsre@fjnu.edu.cn

刊号：CN 35－1291/N，ISSN 1673－7105

中学地理教学参考

《中学地理教学参考》1972 年创刊，由教育部主管，是陕西师范大学主办的历史最悠久的、发行量最大的地理教育期刊，为月刊，是全国中等教育类核心期刊、全国优秀地理期刊。

该刊秉承“为中学地理教学服务、为提高中学地理教师专业化水平服务”的办刊宗旨，坚持科学性、导向性、知识性和实用性的方针。主要刊登对地理教学具有较强的实用性或对实际操作具有指导意义的文章。主要栏目有：地学前沿、课改视窗、区域地理、系统地理、备课参考、人教走廊、教学实录与点评、案例教学、精彩瞬间、实践活动、教学研究、教材探讨、图表解析、研究性学习、信息技术应用、学生园地、话题争鸣、考试辅导、试题研究、试题设计。主要读者对象是中学地理教师、相关专业的大专院校师生。

主办单位：陕西师范大学

通信地址：陕西省西安市陕西师范大学 《中学地理教学参考》编辑部

邮编：710062

电话：029-85308484

邮箱：dljxck@163.com

刊号：CN 61-1035/G4，ISSN 1002-2163

地理教学

《地理教学》1959 年创刊，原名为《地理教学丛刊》，1980 年更为现名，由教育部主管，是华东师范大学主办的地理教育期刊，为月刊，是中国教育学会地理教学研究会的会刊。

该刊的内容以讨论地理教学方法，交流地理教学经验为主，针对教材中重点、难点、关键问题进行分析和研究。同时为中学地理教师的业务进修提供资料，也适当介绍国内外地理科学的新发展和新成就。主要栏目有：地理纵横、教学研究、高中地理、初中地理、教学经验、国外地理、教育之窗、教海拾贝、资料集锦。主要读者对象是中学地理教师，兼顾师范院校地理专业师生。

主办单位：华东师范大学

通信地址：上海中山北路 3663 号 华东师范大学《地理教学》编辑部

邮编：200062

电话：021-62232756

邮箱：dilijx@263.net

刊号：CN 31-1022，ISSN 1000-078X

地理教育

《地理教育》1980年创刊，由重庆市教委主管，是重庆师范大学主办，中国地理学会教育工作委员会协办的中等教育类期刊，为月刊。该刊多次荣获“全国优秀地理期刊”奖。

该刊坚持党的出版方针，遵循教育规律和市场需求规律，始终以提高杂志质量，扩大社会效益，为广大中学地理教师及地理教育工作者服务好，为地理教学改革发挥指导、参谋、咨询的作用。主要栏目有：卷首语、本刊专稿、高中新教材知识讲座、高中新教材研讨、高中地理、初中地理、试题研究、复习指导、地理多媒体教学、高中地理重难点解析及综合训练、初中地理释疑解难、省区专题、旅游教育、优秀教案选登、教坛广角、学生习作等。主要阅读对象是中小学地理教师及师范类院校的广大地理师生。

主办单位：重庆师范大学

通信地址：重庆市沙坪坝区陈家湾　重庆师范大学《地理教育》编辑部

邮编：400030

电话：023-65362774

邮箱：dljy@cqnu.edu.cn

刊号：CN 50-1089/K

中学历史、地理教与学

《中学历史、地理教与学》1991年创刊，由教育部主管，是中国人民大学书报资料中心主办的中等教育类学术期刊，为月刊。该刊从国内公开出版的涉及中学历史、地理的期刊和报纸上精选研究文献，编辑、出版的二次文献期刊，是评价中学历史、地理领域期刊和论文成果学术影响力的标准之一。

该刊的目标是支持、引领历史、地理课程改革，提高中学史地教师、史地教研员、师范大学该领域专家及该研究方向的硕士和博士理解新课程、实践新课程的能力和水平。重点表现在：提高历史教师、地理教师的专业水平和实践能力。解读历史地理课程改革精神，传递新编历史地理教科书的新动向，推广新的历史地理教学理念和改革经验，提供有益的教学资料以供教学参考。密切跟踪中高考历史地理的最新进展，为您的教学备考提供及时、准确的考试信息。主要读者对象是中学历史、地理教师，科研管理人员，以及师范类院校广大师生。

主办单位：中国人民大学
通信地址：北京市张自忠路 3 号　中国人民大学书报资料中心《复印报刊资料：中学历史、地理教与学》编辑部
邮编：100007
电话：010 - 84040746
刊号：CN 11 - 4302/G4，ISSN 1009 - 2978

中 学 名 校

北 京 市

中国人民大学附属中学

中国人民大学附属中学创办于1950年，是教育部直属重点中学，北京市首批示范高中校。它位于北京市中关村高科技园区的中心地带，与北京大学、清华大学、中国人民大学和中国科学院相邻，具有良好的人文地理优势，是一所环境优美的花园式学校。本校先后被教育部、北京市授予“全面育人，办有特色”“全面育人，培养学科特长生成绩显著”“全国劳技教育先进校”“北京市科技示范校”“全国现代技术教育示范校”“全国培训高水平体育后备人才优秀学校”“全国体育卫生工作先进学校”“北京市首批示范高中校”“全国网络文明工程绿色网络示范学校”等称号。

该校拥有一支热爱教育事业，师德高尚，业务精湛，富有创新精神和实践能力的教职员工队伍，是清华、北大、人大等名牌大学的主要生源学校。为全面实施素质教育，从20世纪90年代初开始引进和开设一批新课程，并逐步形成自身的特色课。人大附中大力实施现代教育技术工程，开创以电脑网络为基础、以图书馆为信息源、以数字化为模式、以现代教育技术为手段的现代化教学环境，被评为“全国现代教育技术示范校”。人大附中与国外多所中学建立友好关系，其国际部招收了16个国家和地区的百余名学生，并已开办英国剑桥高中课程（A－Level）班。

地址：北京市海淀区中关村大街37号

邮编：100080

网址：http：//www. rdfz. cn

北京大学附属中学

北京大学附属中学创办于1960年。以北大“勤奋、严谨、求实、创新”校训为校训；坚持“打好基础、培养能力、发展个性、提高素质”的教育教学指导方针；现已形成“重人才能力培养、重人才素质全面发展”的办学特色，在基础教学和素质教育及特长生培养等方面都取得了显著的成绩。

该校拥有一支专业基础扎实、知识视野开阔、理论研究深刻、学科全面、年龄结构合理、热爱教育事业、热爱学生的教师队伍，并培养和吸纳了一批优秀青年骨干教师；有相当一批教师在区、市乃至全国教育界享有声望，成为本学科领域的专家和学科带头人。

学生思想活跃，富于理想，敢于质疑，勇于创新，教师支持鼓励学生大胆探索、创新，注重学生综合素质和个性特长的发展。相对较轻的课业负担，使广大学生有独立思考、独立钻研的时间，各学科的教学都努力为学生主体性作用的发挥和创造才能的展现提供舞台和机会，为北大、清华等重点高校输送优秀毕业生和培养国际、国内学科竞赛优秀人才。共培养了 9 位“奥林匹克”金牌获得者和 3 位“雷达杯”少年科学英才第一名。26 名学生获北京市中学生最高奖“金、银帆奖”，千余名学生在各级各类学科竞赛中获奖。

地址：北京海淀区海淀黄庄

邮编：100080

网址：http：//www. pkuschool. edu. cn

北京师范大学附属中学

北京师范大学附属中学始建于 1901 年，是我国成立最早的公立中学之一。现为北京首批市级重点中学和示范性高中校。

它位于北京市中心区——宣武区和平门南新华街，毗邻天安门广场和琉璃厂文化区，交通十分便利。学校现有高中 36 个教学班，初中 22 个教学班，在校学生 2 000 余人；外国留学生 100 余人。学校现有教师 221 人；其中具有高级职称的有 82 人。

师大附中在学制、课程、教材研究和实验等方面不断探索，积累了厚实的教育教学理论和实践基础。师大附中对教师的要求高，名师多，注意培养学生多方面的能力。学校开办了培养拔尖人才的理科实验班、外语实验班，授课均由各科一流教师担任。外语教学突出是师大附中的一个特色。学校有步骤地发展学生特长，注重提高学生的能力，积极参加各项竞赛，并取得优异成绩；选择教师要求高，教师基本来自名牌大学，有深厚的功底。

目前达到研究生水平的教师近百人，30 位教师从国外学习、工作归来。

师大附中教学的特点：起点高、方法活、要求严、学生能力强，负担不太重。

建校一百多年来，北师大附中为国家输送了大批优秀人才。历届校友中，中国科学院院士和工程院院士有 30 多位。著名革命家赵世炎、科学家钱学森等都是该校学子的杰出代表。

地址：北京市宣武区南新华街 18 号

邮编：100052

网址：http：//www.bjsdfz.com

北京师范大学附属实验中学

北京师范大学附属实验中学是北京市首批示范高中校，是国家教育部和北师大进行中学教育改革的实验基地，是培养优秀中学生的摇篮。

学校创建于 1917 年，前身为师大女附中，有着优良的教育教学传统和深厚的文化积淀，以治学严谨，育人有方享有盛誉。1983 年学校率先进行德育工作改革探索，构建以学生发展为本、以学生为主体、学生自主参与的学校德育工作新模式。1984 年学校率先在北京市进行课程改革。1995 年起，经市教委批准，学校高中进行新一轮课程改革，课程结构为必修＋专修＋选修＋活动课。1996 年开始探索新的办学模式，在以实验中学为中心的基础上，已建成中外合作学校“北京中加学校”、体制改革校“实验中学分校”。

“追求发展、追求卓越”是学校办学的指导思想，让学生得到充分发展，使每个人都达到她所能达到的最高水平是学校的教育追求。学校拥有一支高素质的教师队伍。近几年承担国家级、部委级科研项目，出版专著或学科教育著作近百本，有较大的影响。

90 年的发展历程，学校取得成绩显著。先后评为北京市全面育人、办有特色学校、北京市教育科学研究先进校、北京市中小学科技活动示范校和科普教育基地、北京市外事先进学校、健康促进金牌校、北京 2008 年奥林匹克教育示范学校、全国卫生保健先进校和传统项目（排球）先进校等荣誉。

地址：北京市西城区二龙路甲 14 号

邮编：100032

网址：http：//www.sdsz.com.cn

北京第四中学

北京第四中学是北京市重点中学，创建于1907年，初名为顺天中学堂，1912年改名为京师公立第四中学校，1949年定名为北京市第四中学；1988年由完全中学改为纯高中校。北京四中以“勤奋、严谨、民主、开拓”为校训，以全面育人和培养精英人才为目标，坚持全面的素质教育，引进先进的教育理念，不断深化教学改革，严格控制课程总量，减少必修课课时，增设选修课和活动课，取得了令人瞩目的教学成绩。

多年来，四中从实际出发，形成了以养成教育，情感教育，人生观、价值观教育和理想信念教育为内容的多层次德育工作体系；四中教学工作的指导思想是遵循教育规律和坚持全面育人，它不断深化教学改革，严格控制课程总量，减少必修课课时，增设选修课和活动课，使学生全面、主动、健康、和谐地发展是北京四中的根本所在。四中拥有一支优秀的教师队伍，他们学识渊博、治学严谨、循循善诱且锐意进取。目前90多名在岗教师中有特级教师3名，高级教师50名。近年来，每年有100余人次在市区以上各种竞赛中获奖。在国际奥林匹克学科竞赛中，共获得6枚金牌、2枚银牌、1枚铜牌。

地址：北京市西城区西黄城根北街甲2号

邮编：100034

网址：http：//www. bj4hs. edu. cn

北京一零一中学

北京市第一零一中学是北京市重点中学，北京市高中示范校。建校于1946年，前身为张家口市立中学，后因国民党三面大举进攻张家口，与回民中学、女子中学全体师生撤离，并合为晋察冀边区联合中学，然后演变为华北育才中学，最后迁至北京，与师大附中合并，定名北师大附中二部，最后迁于现址，定名为北京一零一中学，原师大附中二部改为今天的北师大二附。北京一零一中学是中国共产党在老区创办并迁入北京的唯一一所中学。1955年，学校定名为北京一零一中，郭沫若同志亲笔题写校名，并释其含义为“百尺竿头，更进一步”。

学校拥有一支优秀教师队伍。其中，全国教育系统劳动模范、全国优秀教师、北京市劳动模范、首都五一劳动奖章获得者7人，特级教师10人等。

在国际奥林匹克竞赛、全国、市区学科竞赛，以及国际国内的中学生体育比赛、艺术大赛和科技创新大赛中连年取得优异成绩，为国家培养了3万多名优秀毕业生。近年来，学校获得许多荣誉称号：北京市校园环境示范校、北京市科技教育示范校、北京市电化教育优类校、北京市科技教育先进校、北京市艺术教育示范校、全面育人办有特色校、全面育人培养学科特长生显著校、全国群众性体育工作先进单位、全国优秀家长学校。学校还荣获北京市科技教育最高奖“金鹏奖”，北京市艺术教育最高奖“金帆奖”。

地址：北京市海淀区颐和园路11号

邮编：100091

网址：http：//www.beijing101.com

北京汇文中学

北京汇文中学始建于1871年，是首都百年名校。学校2005年起恢复初中部，现为包括高中部、初中部以及国际部在内的完全中学。在新中国成立后历次市级重点中学的评审中，汇文均名列其中。2001年，汇文中学成为北京市首批示范性普通高中校。

学校办学理念是“以人为本，重在发展”，办学特色是“全面发展，学有特长，宽松开放育人”。强调学校教育要主动适应社会发展和人的发展需要，学校教育要为学生终身学习奠定坚实基础，为学生可持续发展创造良好条件。获先进学校、北京市爱国卫生先进单位，北京市绿化美化先进单位等荣誉。

学校拥有一支具备较高学历层次、敬业精神和学术水平的教师队伍，把教会学生做人放在第一位。汇文中学中国部设有初、高中5个年级（初中部2005年起招生，现有初一、初二两个年级）共40个教学班。学校硬件完善，水平一流。2006年，学校获北京市精神文明先进单位、北京市基础教育研究先进学校、北京市爱国卫生先进单位、北京市绿化美化先进单位等荣誉称号。“八五”以来，汇文中学的干部和教师积极参加国家、市、区各级科研活动，取得了丰硕的成果。近年来，汇文中学学生在全国、市、区各级各类竞赛中每年都有上百人次获奖，其中，2007年获第二届全国中学生地理奥林匹克竞赛团体二等奖。

地址：北京市崇文区培新街6号

邮编：100061

网址：http：//www.huiwen.edu.cn

天津市

南开中学

天津市南开中学原名天津南开学校，始创于 1904 年，是由我国著名爱国教育家严范孙和张伯苓创办的南开系列学校的发祥地。1978 年天津南开中学被教育部确定为全国重点中学，现为天津市教委直属的国家级示范高中。

学校设有高中部、国际部。现岗教师均接受过大学以上的本科教育或研究生教育，同时还有一批从大学及有关单位聘请的客座教授队伍及外籍教师队伍。近几年，百余人次教师被评为全国级及市区级优秀教育工作者，百余人次获全国、市、区研究课、创优课奖励，一批青年教师脱颖晋升为高级、特级教师。

天津南开中学与时俱进，以“整体高素养教育”为办学的主导思想，形成具有现代南开特色的办学理念和实践体系。整体的内涵是要把握教育的整体性、办学的整体性。学校的育人目标是“使南开的学生具有强烈的社会责任感，具有健全的身躯及心理素质，科学素养、人文素养兼备，创新思维、实践能力两翼齐飞，为祖国的繁荣、世界的和平与发展培养创新型、拔尖型后备人才”。以“以德立教，严谨治学，学生为本，注重创新”为治校方略，并以把南开中学努力建设成具有中国教育特色的国际著名一流学校作为奋斗目标。

地址：天津市南开区四马路 22 号

邮编：300100

网址：http：//www. nkzx. cn

天津市第一中学

天津市第一中学组建于 1947 年 9 月，原名为天津市立中学，新中国成立后改名天津市第一中学，简称天津一中。它是天津市教委直属的重点中学，是联合国教科文组织亚太地区教育革新为发展服务计划联系中心。

“育人为本，教学为主，全面发展，学有所长”正是天津一中的办学宗旨。“敬业、爱生、奉献”的精神是学校教师师德的集中体现。

天津一中已经在教育教学及管理领域普及现代化技术手段。

并与国际多所学校一直保持着友好往来。

多年来，天津一中对教育教学及管理进行了一系列全面改革，并取得了丰硕成果，教育教学质量一直保持在全市高水平上。一批有特长的学生多年来在全国，市各学科奥林匹克竞赛中均取得优异成绩。天津一中被评为天津市实施中小学日常行为规范示范校、贯彻国务院批准的学校体育卫生两个《条例》示范校、天津市教学改革先进学校、天津市文明单位、全国现代教育技术实验学校、全国计算机教育先进集体、全国教育系统先进集体、是天津市普教系统首批三A学校。

地址：天津市和平区西安道117号

邮编：300051

网址：http：//www. tjyz. org

耀华中学

天津市耀华中学是市教委直属的公立重点高级中学，校训为"勤朴忠诚"。

耀华中学拥有一支师德高尚、业务精湛、治学严谨、敬业乐群的教师队伍。现有教职工284人，其中15名特级教师，89名高级教师，国家级、市级骨干教师、名教师10余人。现有教学班83个，在校生4500余人。

近几年，耀华中学每年为全国各类高等学校输送700多名优秀毕业生，数量居全市中学之冠。更有特长的学生在全市、全国历年的各种竞赛中捷报频传。

如今全体耀华人正以"为成功的人生奠基"为办学目标，勤朴忠诚，奋发有为，在新世纪中不断超越自我，追求卓越，为天津教育事业的腾飞作出更大的贡献。

地址：天津市和平区南京路106

邮编：300040

网址：http：//www. yaohua. edu. cn

河 北 省

河北衡水中学

河北衡水中学创建于1951年，是河北省首批示范性高中。学校占地200亩，有5 000名在校生，400名教职工。

学校指导思想是"以人为本、科学管理、求真务实、质量第一”，校训是“追求卓越”，办学理念为“以学生发展为本”，大力倡导“尊重的教育”，积极推进以“教会学生学习”为目标的教学改革。

目前，学校有专任教师300余名。其中，获国家级荣誉称号的6人、获河北省有突出贡献的中青年专家称号的1人、特级教师6人、国家级骨干教师4人、高级教师75人。学生素质不断提高。近五年来，学生在各类竞赛中获得国家级奖励的有72人次，获得省级奖励的达356人次。

2005～2006学年，学校获得“全国依法治校示范校”“全国‘双合格’优秀家长学校”“全国中小学信息技术创新与实践活动先进单位”“全国《贯彻学校体育工作条例》优秀学校”“联合国教科文组织‘朝阳计划基地’”“宋庆龄少年儿童科技发明示范基地”、首批“全国中小学机器人教学实验校”“全国青少年普法教育示范校”等荣誉称号。近年来，学校的素质教育办学经验引起了全国教育界的广泛关注，《中国教育报》、《人民教育》、《中小学管理》等国家级新闻媒体先后做专题报道。

地址：河北省衡水市英才路228号

邮编：053000

网址：http：//www.hbhz.net

石家庄市第二中学

石家庄市第二中学（河北省实验中学），创建于1948年9月，是河北省首批办好的重点中学，河北省对外开放的窗口学校，也是教育部“现代教育技术实验学校”，中国人才研究会超常人才专业委员会成员校。

学校教学设施先进，校园环境优美，师资队伍雄厚，学子学风严谨，教学质量优异。学校先后获得“全国教育系统先进集体”“全国德育先进校”“全国体育传统项目先进学校”“全国群众体育先进集体”“河北省文明单位”“河北省电化教育示范学校”“河北省中小学素质教育先进学校”等国家、省、市各级多种荣誉称号。学校作为优质教育品牌入选“清华大学校长职业研修中心”优秀案例。

二中的教学改革实现为莘莘学子搭建了施展才华的舞台。在各学科奥林匹克竞赛中连年摘取省级桂冠并获得国家级金银牌奖励；每年为高等学校输送大批高素质新生；篮球比赛、作文大赛连连在全国获得大奖。

地址：河北省石家庄市栾城县裕泰路1号河北省实验中学

邮编：051430

网址：http：//www.sjz2hs.he.edu.cn

保定市第二中学

河北保定市第二中学是省示范性重点高中。目前学校有49个教学班，在校学生3 000余人，教职工200余人。

经过近十年来的建设，学校已经成为环境典雅优美、文化气氛浓郁的学习场所。教学、办公、实验室、运动场、学生生活空间一应俱全。近年来，学校注重教学设施的现代化，数字化校园已经形成。现在每个教室均安装了计算机和多媒体教学系统，全部教室均在校园网和校园有线电视网覆盖之下，教师在教学中可随时使用多媒体进行教学，为学校大幅度提高教育教学质量创造了优越的条件。学校在竞赛中取得了良好的成绩，2007年获第二届全国中学生地理奥林匹克竞赛团体二等奖。

地址：河北省保定市天威中路351号

邮编：071000

网址：http：//www.bdez.cn.net

山西省

山西大学附属中学

山西大学附属中学是山西省教育厅直属的省级示范性高中，正式成立于1955年。它的前身是太行军区和太岳军区干部子弟学校迁到太原合并而成的山西省干部子弟学校，1963年被确定为省重点中学。

在长期的办学实践中，山西大学附中逐步形成了“以人为本、持续发展”的办学思想和“科学与人文交融、厚德与博学并举”的育人理念，创建了学生“自主发展、全面发展、个性发展、特长发展”的育人模式。在全国中学生最高水平的数学、物理、化学、生物、信息五大学科竞赛以及其他类别的竞赛中，山大附中的学生一路领先，独占鳌头。

学校还先后被授予“全国教育系统先进集体”“全国民族团结进步模范集体”“国家级体育传统项目学校”“全国贯彻《学校体育工作条例》优秀学校”“全国中小学民族团结教育先进集体”“山西省五一劳动奖状”“山西省文明和谐单位”“山西省具有特色的优秀学校”“山西省德育示范学校”“山西省文明学校”“太

原市教育教学质量综合优胜奖”“优秀领导班子奖”“太原市培养优秀学生突出贡献奖”等荣誉称号，先后被确定为“中国科技创新人才培养基地”“山西省基础教育课程改革实验基地”“山西省中学教师培训中心教学观摩基地”“对外汉语教学推广基地学校”“国家留学基金委留学预科学院出国人才选拔基地”等。

地址：山西省太原市坞城西街 9 号

邮编：030006

网址：http：//www. sxdxfz. cn

山西大同县一中

山西大同县一中是一所省级重点高级中学，已有 50 多年的办学历史。在半个世纪的历程中，学校以严谨的校风、良好的学风、优异的成绩培养了数以万计的优秀人才。学校先后获得了“省级文明学校”“省级德育示范校”“山西省新教材实验先进校”“山西省体育传统项目学校”“省级绿色校园”“山西省公众满意办学单位”等荣誉称号。

地址：山西省大同县第一中学

邮编：037300

网址：http：//www. dtxyz. net

康杰中学

康杰中学创建于 1945 年 4 月，前身是“晋冀鲁豫边区太岳行政干部学校第五分校”。1952 年 5 月 1 日，山西省人民政府为纪念晋南地区最早的共产党人、优秀的革命家、教育家嘉康杰烈士，将学校命名为“山西省康杰中学”。

学校现有教学班 90 多个，在校学生 5300 余名，教职工 500 余名。其中，特级教师 8 名，高级教师 93 名。

学校提出“以人为本、全面发展、彰显个性、追求卓越”的办学理念，学校的教育思想、教育理念、教学管理已为社会瞩目。学校以“培养有知识的康杰人，有文化的康杰人，有思想的康杰人，大气的康杰人”为育人目标；坚持“用创新精神激励学生，让人文关怀常驻校园”和“用欣赏的眼光看待学生的优点，用发展的眼光看待学生的缺点”的育人原则。形成了“人人都能成才，各有各的舞台”的人才观和“只有有了教师的真正发展，学生的真正发展，才会有学校的真正发展”和“所有的努力都是为了康杰人的全面发展”的发展观。“人的发展才是最大的发展”的理念已深入人心。

不懈追求“让每一位学生都扬起希望的风帆，让每一位教师都能领略教育的趣味”，努力实现由传统名校向时代名校的跨越。

地址：山西省运城市空港新区康杰北路

邮编：044000

网址：http：//www. kangjiezx. net

内蒙古自治区

内蒙古师范大学附属中学

内蒙古师范大学附属中学是一所蒙汉合校的民族中学，是内蒙古自治区首批重点中学和首批示范性普通高级中学，是具有地区特点、时代特征和民族特色的自治区窗口学校。

学校师资力量雄厚，教师梯队合理。现有教职工 220 人，专任教师 182 人。专业技术职务人员中教授 1 人，副教授 1 人，特级教师 3 人。在校学生 2 700 余人，其中少数民族学生约占 1/3。初、高中共 50 多个教学班，设蒙、汉两种教学班。

内蒙古师大附中以“科学、民主、人文、创新”为办学理念，把学生的全面、健康、终身发展作为根本出发点和归宿。民族教育独具特色，在全国少数民族地区首创“三语”（蒙语、汉语、英语）教学模式，并于 1996 年荣获“全国师范院校基础改革实验研究项目成果奖”，在全国予以推广。为内蒙古自治区培养了大批蒙汉兼通的少数民族优秀人才。

建校 50 年来，学校积累了丰富的办学经验，取得了丰硕的教育成果。为高等院校培养了大批人才。

地址：内蒙古自治区呼和浩特市大学西路 238 号

邮编：010020

网址：http：//fz. imnu. edu. cn

内蒙古杭锦后旗奋斗中学

内蒙古杭锦后旗奋斗中学于 1942 年由傅作义先生在绥西河套地区指挥抗战期间创建。1952 年，改为公办，与普爱中学、陕坝师范合并，称“陕坝中学”。1958 年，学校更名为“杭锦后旗中学”。10 月，被确定为自治区重点中学；1961 年，学校更名为“杭锦后旗第一中学”，1989 年恢复“奋斗中学”校名。学校的办学理念是“弘扬志存高远，自强不息”的奋斗精神。

目前，奋斗中学已发展成为占地总面积 26 万平方米，建筑总面积 15 万平方米，教学班 98 个，在校学生总人数 6 402 人（不含初中部）的历史名校。全校有教职工 354 名，专业教师 256 名。特级教师 3 名，高级教师 82 名。

学校取得了很多荣誉，2002 年、2007 年两度被评为“内蒙古自治区示范性普通高级中学”。又相继被评为“中国基础教育网络实验学校”“国家教育质量管理示范基地”“内蒙古自治区教育科学研究实验基地”“北京 2008 奥林匹克教育示范学校”“全国学校规范化管理示范单位”“全国教育信息化示范基地”等。

地址：内蒙古巴彦淖尔市杭锦后旗陕坝镇

邮编：015400

网址：http：//www.fdzx.com.cn

辽 宁 省

辽宁省实验中学

辽宁省实验中学是辽宁省教育厅直属重点中学，是辽宁省首批示范性普通高中。前身为东北实验学校，创建于 1949 年。现有 36 个教学班，2 000 多名学生，162 名教师，其中特级教师 8 名、高级教师 73 名。

多年来，学校认真落实“以人为本的思想，和谐发展的理论，改革创新的精神”，不断发扬“团结、爱校、敬业、奉献”的实验精神。学校先后被教育部授予“全国中小学德育工作先进集体”“全国学校艺术教育工作先进单位”“全国体育卫生工作先进单位”“全国现代教育技术先进单位”“全国中小学心理健康教育示范学校” “全国优秀家长学校”，被教育部、国家科委授予“全国青少年科技活动先进集体”，被教育部、国家体委授予“全国贯彻《中小学体育卫生工作条例》先进学校”，被教育部、总政部、总参部授予“全国学生军事训练先进单位”。辽宁省实验中学为教育事业的发展作出了自己应有的贡献，已成为培养优秀人才的摇篮。

目前，学校已成为全面贯彻教育方针示范学校，教育研究、教育改革的实验校，是辽宁对外开放的窗口学校，东北三省重点中学科研体主席学校，是全国高级中学校长协会和中国中学校长工作研究会副理事长学校。学校与美国、日本、德国等许多国家的中学、大学建立了校际协作关系，学校正逐步走向国际化。

地址：辽宁省沈阳市皇姑区黄河南大街 89 号
邮编：110031
网址：http：//www.lnsyzx.com

东北育才学校

东北育才学校于 1949 年建校。现在是直属沈阳市教育委员会管辖的一所辽宁省重点中学。树立了“现代教育是面向全体学生，尊重个性，承认差异，允许选择，因人施教，因材施教，人尽其才的教育”的教育观念。创建了为高层次创新型杰出人才培养打基础的中学素质教育模式，取得了突出的办学成果，1999 年被省政府评为省先进集体、省模范学校。

学校现有三个校区。北校区为初中部，新建的浑南校区为高中部和小学部，还有 1998 年与日本关西语言学院合作创建的东北育才外国语学校。共有 106 个左右教学班。

近几年来，东北育才学校深入进行了教育教学改革，全面实施素质教育。在德育工作中实施了《东北育才学校德育系统工程》，使德育成为硬性实体，形成立体教育网络，达到知识性德育，养成性德育和情感性德育有机的统一；在教学工作中进行了研究性学习、双语教学、分层次教学、考试评价改革、信息技术与学科教学整合、高中学分制、导师制、建立科学研究实验室等多项教学改革实验，取得了很好的成果。

学校学生数学、外语、信息能力见长。东北育才学校正在为实现“创建融合中西方教育优势的现代化、高效能、国际化的世界名校”而奋斗。

地址：辽宁省沈阳市高新产业开发区高功路 2 号
邮编：110179
网址：http：//www.neyc.cn

大连市第二十三中学

大连市第二十三中学是辽宁省示范性高中，是辽宁省首批办好的重点高中，学校是一所规模大、设施全、环境优美的现代化寄宿制高中。

该中学有一支业务精湛，开拓进取，甘于奉献，结构合理的教师队伍，其中高级教师 76 人。学校与美国、日本、加拿大国家和我国香港地区的名校建立友好校。先后有十几名教师和多名学生到英美等国和我国香港地区交流和学习。

学校重视学生的全面发展，重视培养学生的创新能力和社会实践能力，弘扬学生的个性，着力于学生的良好素质的培养，提出“为学生一生奠基，对民族的未来负责”的办学理念。重视学生良好的学习习惯养成，校园内学习气氛浓郁，学生的基础学力扎实、生活朴实、师生关系融洽。教育教学质量突出，高考升学率和升入名牌大学的人数在全市名列前茅，学科竞赛中成绩突出。

地址：辽宁省大连市甘井子区华东路校园街 3 号

邮编：116031

网址：http：//www. dl23zx. com

吉 林 省

长春市实验中学

长春市实验中学是吉林省首批办好的重点中学，国家级示范性高中，全国现代教育技术实验校，全国中学生心理健康教育示范校，全国优秀体育传统项目学校，吉林省电化教育实验校，联合国教科文组织俱乐部成员。先后获吉林省模范集体、吉林省教育先进集体、长春市教育科研先进学校等多项殊荣。学校以培养学生创新精神和实践能力为重点，全面推进素质教育。师资力量雄厚，178 名教职员工中，特级教师 8 名，高级教师 73 名，中级教师 42 名，其中还有省市骨干教师、学科带头人和劳模。

学校坐落于风景名胜净月潭畔，占地 20 公顷，建筑面积 13 万平方米，建有现代化的教学楼、实验楼、图书馆、音乐厅、大型餐厅和公寓。是一所具有国际一流水平的森林花园式新型学校。

学校高考成绩优异，进线率和重点率一直在长春市名列前茅。各项体育赛事摘金夺银。建校 85 年来，为国家的各个战线培养了大批优秀人才，校友遍布世界各地。

地址：吉林省长春市净月旅游开发区福祉大路 2002 号

邮编：130117

网址：http：//www. ccssy. cn

东北师范大学附属中学

东北师范大学附属中学创建于 1950 年。学校现有自由、清华和明珠三个校区，包括小学、初中、高中三个学部，总占地面积 97 900 平方米。全校有一线教职工 572 人（含外聘教师和职员），146 个教学班，9 000 名左右在校学生。

20 世纪 80 年代末，学校以“研究型”“实验性”的特色，跻身于全国知名重点中学的行列，成为全国“教育系统先进集体”和“德育先进校”。21 世纪初学校获得“长春市模范集体”“吉林省模范集体”“全国五一劳动奖状”“国家级体育传统项目学校”“全国教育科学‘十五’规划重点课题研究基地校”“现代教育技术实验学校”“全国学校对口支援工作先进单位”等称号。

学校形成了一支力量雄厚、结构合理、素质过硬的教师队伍。现有教授 1 人，特级教师 10 人，高级教师 178 人，一级教师 183 人等。

学校近年来，在全国中学生奥林匹克竞赛中，学校获一等奖人数一直占吉林省赛区的 1/3 到 1/2。2004～2008 年在全国中学生数、理、化、生联赛中，学校蝉联四个学科；20 世纪 80 年代以来，学校在国际奥林匹克学科竞赛中取得了 6 块国际奖牌。

地址：高中部，自由大路 506 号；清华校区，清华路 818 号；初中部、小学部，人民大街 9000 号

邮编：130021

网址：http：//www. msannu. cn

吉林省辽源第五中学

吉林省辽源第五中学始建于 1953 年，从建校之日起，便立足于基础教育的高起点，成为辽源市著名的人才培养基地。改革开放以来，学校确立了“实施关爱、心智双修”的现代办学理念，沿着科研兴校、精师强教的道路阔步前进，形成了鲜明的办学特色。

学校骨干教师队伍不断壮大，教师整体素质显著提高，在全省学科教学竞赛中，多人次获吉林省第一名。在全市基本功和说课大赛中获团体冠军。

学校教学与德育成绩突出，构建学校、家庭、社会三结合教育网络和职责明确、流程清晰、反馈及时、健康和谐的优化管理模式。通过开展丰富多彩的德育活动，坚持不懈地对学生进行爱国主义、集体主义、民族精神和文明礼仪等方面的教育；形成了“文明、勤奋、坚韧、博大”的优良校风。

学校先后被教育部授予现代教育技术示范校、中华传美教育实验学校，被省委、省政府授予省级精神文明建设标兵单位。是省级办学水平 A 等学校、省级教育科研实验基地和省级绿化标杆

单位。多次荣获市级模范集体、教育先进集体、完成教育工作目标优秀单位、尊重人才先进单位和基层先进党组织奖励。2003 年通过省级首批示范性高中验收。随着办学声望的扩大，学校与国内诸多名校建立起密切的校际往来，俄、美、加等外宾多次到访。

地址：吉林省辽源市龙山区东吉大路 109 号

邮编：136200

网址：http：//www.0437.gov.cn

黑龙江省

哈尔滨市第三中学

哈尔滨市第三中学具有八十年历史的哈尔滨市第三中学，是一所久负盛名的省级重点中学，是全国百所名校之一。学校拥有一批享誉国内外的专家学者型教师。其中，特级教师 8 名，高级教师 110 名，骨干教师国家级培训 5 名，省级骨干教师 14 名，市级骨干教师 66 名。

学校目前拥有 92 个教学班，有 3 500 多名学生。学校以分层次教育为突破口，面向全体学生施教，全面实施素质教育，使学生的个性特长得到充分的培养和发展。三中已成为黑龙江省基础教育的排头兵，龙头学校。未来的三中将成为世界知名，国内一流的现代化中学。

地址：黑龙江省哈尔滨市南岗区奋斗路 415 号

邮编：150078

网址：http：//www.hrb3z.net

哈尔滨师范大学附属中学

哈尔滨师范大学附属中学创办于 1958 年，是黑龙江省首批重点中学之一。学校占地面积宽阔，教学楼、实验楼、体育场等教学设施完备。

学校现有在岗教师 208 人，其中高级教师 92 名，特级教师 10 名。

学校坚持“全面发展、学有特色”的育人思想，以“公、诚、勤、毅”为校训，以“刻苦、求实、生动、活泼”为校风，以“团结务实、拼搏进取、崇尚科学、追求一流”为动力，业已取得显著成果。学校重视特长生的培养，因而大批数、理、化、生等学科的特长生脱颖而出，代表黑龙江省参加全国及国际数学奥林匹克竞赛的学生有 95 人次，成绩突出。2005 年全国数学奥赛总决赛黑龙江赛区前 7 名由附中学生包揽，2006 年全国数学奥赛总决赛黑龙江赛区前 8 名由附中学生包揽，并有 7 人代表黑龙江省参加全国冬令营。培养高素质人才，培养迎接未来挑战的国家栋梁，正是附中人的理想与追求，也正是附中办学价值之所在。

地址：黑龙江省哈尔滨市南岗区学府路 30 号

邮编：150080

网址：http：//www. hsdfz. com. cn

黑龙江鹤岗一中

黑龙江鹤岗一中始建于 1950 年 3 月，1963 年被省列为施行国家教育部颁发《全日制中学暂行工作条例（草案）》的重点中学，1980 年被省批准为首批办好的重点中学，1992 年在全省重点中学评估检查中，被评为省先进重点中学，1998 年被省委、省政府命名为省级文明单位标兵。2000 年首批跨入省级示范性高中行列，2004 年被评为全国绿色学校，2005 年被评为全国文明单位、全国百强中学。

学校现有教学班 88 个，在校学生 5 500 多人。有教职工 436 人，其中特级教师 10 人，高级教师 125 人。学校恪守“创新，为了每个学生一生成功”的办学理念；树立了“关注人文，体验成功，追求卓越”的办学目标；形成了“诚信、严谨、务实、创新”的校风，“立德、敬业、博学、竞先”的教风和“善思勤行、厚德求是”的学风；立足“办特色学校，培养合格加特长人才”的目标。

学校重视教学科研，现承担国家级重点科研课题 1 项，省级重点科研课题 6 项，市级重点科研课题 18 项。近 3 年来有 100 多篇论文或专著，在省级以上学术刊物上发表或学术会议上交流，学校被评为省级教育科研先进单位，省级教育学会先进单位。

学校教学质量逐年提高，近 10 年来，学生参加各种学科竞赛有 765 人次获市级以上奖励，其中国家级的 121 人次，省级的 96 人次，1995 年以来学校高考升学成绩始终位居全省前列。学校先后被省评为教育科研先进单位、教育学会工作先进单位、省市“三育人”先进集体、省改善办学条件先进集体、省甲级院庭绿化单位。

地址：黑龙江省鹤岗市工农区禾友路 12 号

邮编：154108

网址：http：//www. hgyz. net

上 海 市

华东师范大学第二附属中学

华东师范大学第二附属中学创建于 1958 年，是华东师范大学的教育实验基地。1963 年成为上海市重点中学，1978 年成为教育部直属重点中学。是经教育部批准有高中理科实验班办学资格的全国四所中学之一。学校是上海市文明单位、全国中小学现代教育技术实验学校、上海市科技特色学校和联合国教科文组织“亚洲教育革新为发展服务计划联系中心”（APEID）成员单位。

二附中拥有一支学历层次较高、年龄结构合理的师资队伍，建校以来先后有 20 多位教师被评为上海市特级教师。目前 120 多位在职教师中，有特级教师 12 位，国家级骨干教师 12 位。

学校十分重视学生德育工作，对不同年级学生提出不同层次德育目标，构建了“寓德育于教学之中”的育人模式和基础型课程、拓展型课程、研究型课程相结合的课程结构，重视因材施教，提倡研究型学习，开展社团活动，特别注重培养学生的创新意识和创造能力。自 1991～2007 年，有 20 多位学生在国际中学生奥林匹克学科竞赛中荣获了 19 枚金牌、4 枚银牌和 2 枚铜牌；有 7 位学生分别在第 51 届、52 届、53 届英特尔国际中学生科学与工程大赛中获 8 个奖项。最近几年来每年都有学生入选国家队，为祖国争得了荣誉，被誉为“金牌学校”。

地址：上海市祖冲之路 736 号

邮编：201203

网址：http：//www. hsefz. com/hsefz

复旦大学附属中学

复旦大学附属中学是复旦大学和上海市教育委员会共同领导的市首批实验性示范性高中。1950 年建校以来，始终秉承复旦“博学而笃志，切问而近思”的光荣传统，逐步形成了“重基础、重能力、重创新和重个性”的特色和“求真务实、崇尚一流”的风格。

20 世纪 90 年代起，我们提出引导学生争当“学习的主人，学校的主人，国家的主人，时代的主人”，突出“以学生发展为本”的思想。进入新世纪以来，复旦附中依据全国和上海市教育改革新的目标，结合学校的特色和一贯作风，适时地把学校管理、教育教学，后勤服务统一为“服务育人”，进一步明确了“一切为了学生健康发展”工作方针的内涵，为学生全面而有个性的多元发展提供思想、方法、手段、知识、物质的全方位优质服务。

提出了“以兴趣促励学生，以理趣启发学生，以情趣打动学生，以知识丰富学生，以能力提升学生”的人性化课程教学目标，重视拓展研究型课程的个性化、特色化和多样化。在研究性学习方式、创新人才培养、科技教育、德育教育、艺术教育等多方面探究新的做法，在“一切为了学生全面而有个性地发展”方面进行了许多卓有成效的探索，并确立了在全市、全国高中乃至部分国家的地位与影响力。

地址：上海市杨浦区国权路 383 号

邮编：200433

网址：http：//www. fdfz. cn

上海中学

上海市上海中学是上海市教育委员会直属的实验性示范性大型寄宿制高中，创始于 1865 年的龙门书院。现有行政班 98 余个，中外学生 3 200 余名，其中累计有来自 57 个国家和地区的 1980 余名国际部学生。

学校素以管理严谨、名师荟萃、教育高质、英才辈出而饮誉海内外。被誉为“一流大学的摇篮”。升学率较高，一批批同学进入哈佛大学、麻省理工学院、斯坦福大学、多伦多大学、早稻田大学、法国巴黎音乐学院等世界名校深造。

学校坚持“乐育精英”的办学理念，与时俱进，不断创新，形成的主要特色有：全国最早提出“资优生德育”并进行创造性实践。教育的国际化基本形成，是上海最早加入国际文凭组织的中学，也是上海唯一的联合国教科文组织联系项目学校；与美、英、法、德、加、日等国的十余所世界顶级中学建立了合作伙伴关系。

近年来，本部学生获世界数学奥林匹克竞赛与世界中学生乒乓球锦标赛金牌 24 枚，银牌 9 枚。2003～2007 年获世界、全国、上海市、区各类竞赛奖项 2 300 多个。其中有英特尔国际科学与工程学大奖赛团体奖、中国青少年科技创新奖——邓小平奖、首届“未来杯”全国中学生创意设计竞赛团体第一等多项高层次奖。

地址：上海市百色路 989 号（南大门：上中路 400 号）

邮编：200231

网址：http：//www. shs. sh. cn

格致中学

格致中学是我国近代科学和教育的先驱——徐寿先生（1818～1884 年）创办的中国第一所培养科技人才的新型学堂，于 1874 年筹建，1876 年建成。

学校的办学理念是在教育信息化带动教育现代化、实现教育跨越式发展和中国加入 WTO 的时代背景下按照我国实行“两个转变”、实施“两个战略”和 21 世纪知识经济时代对人才素质的要求，为格致中学的文化传统注入新的时代精神，形成具有中国特色、时代特征和格致特点的新的办学理念。

本校创建上海市汇中学第一座天象厅、全国中学第一个数字话地理专用教室、第一个中学地理资源库，并积极开展天文、气象活动，多次组织学生赴美国、德国、泰国和我国漠河地区等成功观测多种罕见天象。

学校连续七次被评为上海市文明单位，并获得先进基层党组织、科技教育特色学校、上海市行为规范师范学校、上海普教系统德育工作先进集体、体育传统项目学校、国际奥林匹克活动特色学校、全国科普先进集体、全国中学生明星社团、现代教育技术学校等荣誉称号。

地址：上海市广西北路 66 号

邮编：200001

网址：http：//www. gezhi. sh. cn

延安中学

延安中学创建于 1946 年 10 月，初名上海真如中学。新中国成立后迁址延安西路并更为现名。1960 年定为市重点中学，1979 年邓小平同志亲笔为学校题写了校名，1998 年迁至现址，2005 年成为上海市首批实验性示范性高中。

学校拥有一支“师德高尚、理念先进、业务精湛、团结协作”的教师队伍，现有特级教师 7 名，高级教师 70 多名，现有学生近 2 000 名，有 40 个班级。学校努力构建并优化以“轻负担、高效益、多类别、分层次、个性化”为特色的课程体系，形成了“数学特色、科技见长、人文相济、和谐发展”的办学特色。

学校办学成绩斐然，被评为“全国精神文明建设工作先进单位”“全国绿色学校”“全国模范职工之家”，并连续9次被评为“上海市文明单位”。学校还获得“联合国EPD项目实验学校”“全国青少年科技创新2049计划实验校”“中国创造学会创造教育专业委员会实验基地”“上海市中小学课程教材改革研究基地”“上海市中小学二期课改实验基地学校”“上海市科技教育示范学校”“上海市艺术教育示范学校”等殊荣。一名学生2006年获第一届全国中学生地理奥林匹克竞赛个人一等奖。

地址：上海市长宁区茅台路1111号

邮编：200336

网址：http：//www.shyahs.com

江苏省

南京师范大学附属中学

南京师范大学附属中学是江苏省重点中学、江苏省模范学校、首批国家级示范高中，其前身可以溯源至清末两江总督张之洞1902年创办的三江师范学堂的附属中学堂。在一个世纪的办学过程中，学校十易校名，六迁校址，以慎聘良师、锐意实验、校风诚朴、善育英才而著称。

学校现有教师150人，其中高级教师80人；国务院政府津贴获得者1人；江苏省、南京市名师4人。20世纪80年代以来，附中先后有多名教师参与国家教委颁布的初中语文教学大纲、高中课程改革计划与人教版教材教参的研究和编写工作。

锐意改革是该校最重要的特色之一。1922年，附中率先采用三三制新学制并编定新学制课程大纲，实验道尔顿制；20世纪50年代，进行高中文理农分科教学实验和四二制试点班教学改革；60年代，进行了旨在推动学生生动活泼主动发展的教育改革；80年代进行了高中课程结构改革；90年代，附中实行高中阶段必修课分层次教学实验，被列为国家“八五”科学规划重点项目的子课题；进入21世纪，学校正在构建“塑造创造性人格”的育人模式，推动高层次、高质量的素质教育，使学生的素质得到全面均衡又富有个性的发展。获得了多项奖励，其中，2006年获第一届全国中学生地理奥林匹克竞赛团体二等奖。

为了把附中办成国内、国际一流的学校，学校一直非常重视通过多种渠道，加强与世界各国的友好合作。附中先后与日本樱丘高校、韩国檀大附中等学校结成友好学校。

地址：江苏南京察哈尔路 37 号

邮编：210003

网址：http：//www. nsfz. net

南京外国语学校

南京外国语学校是在周恩来总理直接关心下，于 1963 年创办的全国首批外国语学校之一。南京外国语学校倡导“求实、奋进、博学、谦逊”的校风和“严、新、细、活”的教风，以“有外语特长、文理兼通、综合能力强的国际化复合型人才”为培养目标。

学校坚持“以人为本”的教育理念，重视培养学生的主体意识，发掘学生的潜在能力，积极开展素质教育，取得了骄人的成绩。学校开设英语、德语、法语、日语 4 个语种，现有班级 50 多个，在校生 2 800 余人，教职工 260 余人，其中特级教师 7 人，高级教师 63 人。

学校在强调勤、实、专、博学风的基础上，充分尊重学生的个性发展，营造平等、民主、开放、活泼、和谐的教育教学氛围。开展丰富多彩的活动，提供各种各样的机会，锻炼学生的各种能力。外语节、艺术节、读书节、科技周、体育节等，使学生们在学中“玩”，在“玩”中学，知和行得到了统一。

学校与日本的东邦高校、美国的华盛顿大学附属中学、法国的枫丹白露中学、澳大利亚的泰勒学院等 34 所学校建立友好姐妹学校关系，经常组织我校师生与外国师生留学、互访或开展夏令营等活动。学校与加拿大合作开办中加双文凭国际高中实验班、与澳大利亚共同进行“中澳班”的合作教学，吸收了来自德国、意大利等国家的数十位留学生就读。在不同背景文化的碰撞中，开阔了学生们的视野，各方面的能力均得到了锤炼。

南京外国语学校每年都有一大批学生在国内外各种比赛和竞赛中脱颖而出，成绩名列前茅，其中 2007 年获第二届全国中学生地理奥林匹克竞赛团体一等奖，季军。每年都有一大批优秀学生被国内外著名大学录取，在北大、清华，美国的哈佛、麻省理工，英国的剑桥、牛津大学，法国的巴黎大学，德国的柏林自由大学，日本的东京大学、早稻田大学等世界著名高等学府中都能看到南京外国语学校学子在那里勤奋求学的身影。

地址：南京市北京东路 30 号

邮编：210008

网址：http：//www. nfls. com . cn

扬州中学

江苏省扬州中学始于1902年创立的仪董学堂，是一所有百年办学历史的名校。学校连续3年被江苏省人民政府命名为省级文明单位，是江苏省首批通过国家示范高中省级评估的学校、江苏省重点中学、江苏省模范学校、江苏省“四星级”普通高中。

学校形成了一支结构合理、学养深厚、教导有方、安于久任的教师队伍。全校现有享受国务院特殊津贴的专家1人，特级教师、省市中青年专家、省“333”工程培养对象、省市学科带头人等30多名。

学校办学特色是追求“科学与人文相融合”，并力求在学校管理、教育、教学等方面全面体现这一特色。课程设置体现能力本位和文理并重的思想，注重建设高品位的校园文化，保证学生自主发展的空间。

扬州中学将以江泽民同志两次为母校题词“怀念前贤，激励后昆，继往开来，团结奋进”和“弘扬优良传统，致力基础教育，再创世纪辉煌”为指针，坚持继承百年优良办学传统与锐意改革创新相结合，发挥品牌优势，强化办学特色，努力把扬州中学办成一所“管理科学、文化精深、教育优质、科研领先”的自主创新型省“五星级”高中。

地址：江苏省扬州市淮海路18号

邮编：225009

网址：http：//www. yzzx. org

扬州大学附属中学

扬州大学附属中学是首批办好的省重点中学。扬大附中师资力量雄厚，有享受国务院特殊津贴的专家1人、全国优秀教师1人、全国模范教师2人、全国优秀音乐教师1人、省特级教师6人等；有高级教师100多人。扬州大学附属中学教师教学业务水平高，近几年在全国、省、市教学竞赛中有数百人次获奖，其中全国特等奖1名、一等奖4名、省一等奖10多名。

扬州大学附属中学有着优良的校风、学风，教学特色鲜明，教学成果显著。学校实施分层教学，因材施教，取得明显的效果；学校文科教学特色鲜明，在我市乃至全省都享有盛誉，理科教学蒸蒸日上，在全国、省级学科竞赛和高考中都取得显著成绩；教育现代化水平高，信息技术和学科整合走在全省前列。近5年，在数学、物理、生物、信息学、创造发明等奥林匹克学科竞赛和其他竞赛中，有数百人次获奖，其中获得省以上一等奖的达数十人。2006年获第一届全国中学生地理奥林匹克竞赛团体二等奖。

地址：江苏省扬州市淮海路180号
邮编：225002
网址：http：//www.ydfz.net

浙 江 省

杭州学军中学

杭州学军中学（原杭大附中）创建于1956年，1978年被省政府批准为浙江省首批办好的重点中学，1995年被省教委确认为浙江省首批一级重点中学，1997年被教育部确定为全国中小学现代教育技术实验学校。学校还是国务院侨办华文教育基地、浙江省和杭州市重点涉外单位。

学军中学坚持"立德树人"。重视对学生综合素质的培养，重视以开拓创新的精神从事教学改革，重视教育教学质量的高标准，重视学生兴趣特长的培养与学生个性的发展，重视创设浓厚的校园文化氛围，把学校办成一所高水平、现代化、在全国具有较高知名度的一流学校，使之成为教学改革和科学研究的实验性学校、教育教学示范性学校、对外开放的窗口学校。学校素以教学设施精良、师资队伍强、教学质量好、学生品德优秀蜚声省内外，先后被评为浙江省文明单位、浙江省首批绿色学校、浙江省中小学德育工作先进集体、教育部首批全国现代教育技术实验学校评估成果突出学校、联合国教科文组织环境人口与可持续发展项目实验学校。

地址：浙江省杭州市文三路188号
邮编：310012
网址：http：//www.hzxjhs.com

浙江省瑞安中学

瑞安中学创办于1896年，是浙江省历史最悠久的学校之一，现为省一级重点中学、全国文明单位。学校现有功勋教师1人、特级教师4人、高级教师82人，学生2 286人。

瑞安中学具有先进的办学理念，坚持以高标准的道德、文化和科学的要求培养学生，鼓励学生朝着“学会学习、学会做人、学会生存、学会创新”的目标不断努力，实现德、智、体、美、劳全面发展。学校具有鲜明的办学特色，20世纪80年代以来，坚持进行科技小发明小创造教育，取得累累硕果，有1 000多项作品参加省和全国比赛，获国家级奖65项、省级奖200余项，获国家发明专利46项。学校课程改革具有示范作用，学生的研究性学习活动受到专家的肯定，被誉为“瑞安中学模式”，学生的发明创造事迹被选入全国高中《思想政治》课本。学校现有22个学生社团，开展了形式多样、内容丰富的课外活动，每年的科技节、体育节、艺术节更是为学生提供了展示才华和绝技的舞台。

瑞安中学以“国内一流、国际知名”为目标，具有开放的办学胸怀，学校已取得聘请外籍教师资质，并有英国教师在校任教；学校领导多次赴国外考察，学习先进的教育理念，并选派优秀教师赴国外进修、培训；近年来，有意大利等国家的多批教育代表团来学校考察和交流，促进了瑞安中学与其他学校的了解与合作。

地址：瑞安市瑞湖路398号

邮编：325200

网址：http：//www.razx.cn

绍兴市第一中学

绍兴市第一中学于1954年就被评为重点中学，1981年列入浙江省首批办好的18所重点中学行列，1995年成为浙江省首批13所一级重点中学之一。在一百多年的办学历程中，绍兴一中走出了两位北大校长，17名院士，四万余名德才兼备的优秀毕业生。

学校现有班级48个，学生2 500余人，教工181人，专任教师167人，其中特级教师4人，教授级高级教师8人，高、中级职称127人，国际中学生奥林匹克竞赛金牌教练2人，全国教育先进工作者和优秀教师3人；浙江省功勋教师、有突出贡献的中青年专家、劳动模范3人，浙江省优秀教师、教坛新秀、名师培养对象10人，浙江省优质课一等奖获得者5人等。学校重视学生素质全面发展，取得了较好的成绩，其中，2007年获第二届全国中学生地理奥林匹克竞赛团体二等奖。

地址：绍兴市胜利西路1199号

邮编：312000

网址：http：//www.sxyz.net

绍兴县柯桥中学

1996 年绍兴县柯桥中学被评为浙江省一级重点中学、省首批文明学校。是省“招飞”先进单位。学校教科研成绩显著，获浙江省 2000～2003 年度教科研先进单位。学校还被评为省现代教育技术学校，省劳技教育先进单位，省图书馆工作先进学校，省一级综合档案室，省田径项目传统学校，连续十几年被评为省体育“达标”先进集体，1997 年获全国体育工作先进单位荣誉称号，1999 年评为全国民族团结进步模范集体。2004 年被确立为全国青少年体育俱乐部创建单位。

学校教学成绩突出，竞赛辅导优势独特，成绩优异，组建实验班实行重点培养的模式已为各校竞相学习仿效并在各校实施，学科竞赛特别是生物学、信息学、物理学成绩位于全省前列。1998～2004 年全国生物竞赛（浙江赛区）共有 36 名学生获一等奖，占全省获此殊荣的 32.3％，并连续 6 年获省生物竞赛集体优胜奖；2002～2004 年连续两届全国信息学奥林匹克联赛共有 20 余人获省一等奖，均居全省第二位。2006 年获第一届全国中学生地理奥林匹克竞赛一等奖。学校多次被评为全国中学生数学、物理、化学、生物、信息学竞赛（浙江赛区）优胜单位。

地址：绍兴县柯桥中学

邮编：312030

网址：http：//www.kqzx.org

安 徽 省

安徽省安庆市第一中学

安徽省安庆市第一中学前身为 1906 年的安徽全省师范学堂。后经分合变迁，先后易名为安徽省立第一师范学校、安徽省立第一中学等，至 1956 年始定为今名。1959 年确定为省首批重点中学，1988 年确定为国家教委直接联系的学校，1999 年确定为省示范高中，2001 年确定为全省高中理科实验班承办学校。

学校有着光荣的革命传统，是安徽学生反帝爱国斗争的主要策源地。学校坚持社会主义办学方向，贯彻党和国家的教育方针，遵循教学规律，注重素质教育。全面发展打基础，发挥特长育人才。教育教学质量高，学科竞赛硕果累累。1992 年，高二学生何斯迈荣获第33届国际中学生数学奥林匹克竞赛金牌。

学校现有高初中57个教学班，学生3 500余人，教职工200余人，其中特级教师4人，高级教师68人。学校本部占地面积100余亩，建筑面积27 673平方米，分校468亩，被命名为“省文明单位”“省花园式单位”“省绿色学校”。

学校以“严谨、文明、勤奋、求实”为校训，在长期办学中形成了严谨治学的优良校风，办学规模、质量和效益不断提高，多次受到国家、省、市表彰，先后荣获“全国教育实践先进集体”“全国群众体育运动先进单位”“全国活跃的中学生活先进学校”等称号。近年来，先后接待过美、日、英、德等10多个国家学者和友好人士的来访与讲学。

地址：安徽省安庆市龙门口街38号

邮编：246004

网址：http：//www. aqyz. net

合肥市第一中学

合肥市第一中学的前身是李鸿章之子李经方利用科举时代的庐阳书院遗址于1902年创办的庐州中学堂。1908～1934年，先后六易校名为：庐州府官立中学堂、庐州中学校、省立三中、省立庐州中学等。抗日战争爆发以后，师生辗迁往后方。抗日战争胜利后，在霍山诸佛庵的省立第六中学部分师生奉命返回合肥，组建省立合肥中学。新中国成立后，曾名皖北区合肥高级中学。1952年秋，正式改名为合肥市第一中学。1955年定为安徽省重点中学。1956年秋，新校舍建成，迁至现址。

合肥市第一中学，现有高中37个班级，在校学生2 295名，在编教职工129人，中专职教师90人，特级教师6人，高级教师56人，整体力量雄厚、教学成果卓著。学校培养了大批人才，历年高考成绩均在全省名列前茅。2007年获第二届全国中学生地理奥林匹克竞赛团体二等奖。

地址：安徽省合肥市滨湖新区西藏路2356号

邮编：230601

网址：http：//www. hfyz. net

福 建 省

福州第一中学

福州第一中学早在1938年即被列为全国最优秀的10所中学

之一，受当时教育部传令嘉奖。1957～1959 年连续三年获得全国高考红旗；1963 年被定为福建省首批办好的十所重点中学之一；1979 年又以办学成绩优异受国务院“通令嘉奖”；1993 年被确认为全省第一所一级达标中学。学校历年的高考成绩稳居全省前列。学生参加全国各项竞赛屡获佳绩并已夺两块国际奥赛金牌、入围 INTER 国际科学与工程大奖赛；在中学生体育赛事中已连续多年团体夺冠；学校音乐会向社会公演受到广泛赞誉。

学校名师荟萃，教风以“严、实、细、活”著称。一批学者型、专家型的教师已构成师资的核心力量。“创建全国一流示范性高中”是福建省政府、省教育厅为 21 世纪福州一中的发展提出的思路，为此学校正努力与时俱进，跨越巅峰，再铸辉煌。

地址：福州市东街 66 号

邮编：350001

网址：http：//www. fzyz. net

福建厦门一中

厦门一中创办于 1906 年，是福建省首批办好的重点中学暨福建省普通中学一级达标学校，是福建省省级文明单位。校区占地约 12 万平方米。环境优美、布局合理、设备先进。

学校先后获得“全国巾帼示范岗”“全国五四红旗团委”“全国教育科研实验校”“全国青少年科技活动先进集体”“中国科协青少年科技创新人才培养项目优秀实验学校”“中国科协青少年科技创新人才培养项目优秀实验学校第一名”“全国青少年体育工作先进集体”“国家安全教育基地”“省五一奖状”“省文明学校”“省先进基层党组织”“福建省青少年科技教育示范学校”“省实施素质教育先进学校”“省普通中学教学常规管理先进集体”“省创安活动先进集体”“省校园综合治理先进单位”等一大批省级以上表彰。

学校师资力量雄厚，教学质量稳居省市前茅。现有特级教师 9 名，市拔尖人才 3 人，奥赛国家级金牌教练 12 人，省市学科带头人 13 人等。学校现有高、初中共 83 余个教学班，在校学生 4 000多人。

学校全面推进素质教育，信息学奥林匹克竞赛、机器人工作室、生物基地和科技发明基地是学校创新工作的四大亮点。1997 年以来，学校在各类科技竞赛中，获得省级以上奖牌的学生高达 177 人次。生物与环境科学活动基地设施齐全，成绩斐然，已取得省级以上奖励300多项，国家级奖励32项（其中全国一等奖12项）；国内外权威媒体称其为“国际金牌的摇篮”，已成为“福建省青少年科技教育基地”“福建省青少年科技教育重点示范点”和“厦门市环境教育基地”。

学校历年高、中考成绩优异，多项指标达到全省前列、全市最高。各类学科竞赛频频夺冠，生物、化学、计算机、发明创造等屡获国际、国家金牌，其中化学奥赛金牌曾是厦门市中学生参加国际奥林匹克学科竞赛金牌“零”的突破。

地址：厦门市文园路93号

邮编：361003

网址：http：//www. yizhong. xm. fj. cn

福建师范大学附属中学

福建师范大学附属中学前身是三所私立教会学校（英华中学、华南女中、陶淑女中），其中英华中学创办于1881年。1951年，三校由人民政府接办合并为一所新型的公立学校，1973年起定为今名。

福建师范大学附属中学是福建省首批办好的重点中学之一，1994年被省教委确认为省一级达标学校，2003年9月被省教育厅确认为首批省级示范性普通高级中学。师资力量雄厚，现有教职工177人，其中高级教师74人。目前有36个高中教学班，在校学生1 800多人。

120余年来，福建师大附中为高等学校和社会各界培育输送了数以万计的优秀学生和建设人才。改革开放以来，福建师大附中进一步继承和发扬优良的办学传统，树立“以人为本，立德为先，全面发展，求实创新”的办学理念，秉承“以天下为己任”的校训，弘扬“文明、勤奋、求实、创新”的校风，大力加强文化建设，积极推进素质教育，取得了卓越的成绩。学校获得全国德育先进学校、全国青少年科技活动先进集体、全国学生军训先进单位、全国体育工作先进集体等14项全国性先进称号，以及省、市文明学校等80多项省、市级荣誉称号。1985年以来，已先后在国际中学生学科竞赛中获得15块奖牌（其中国际奥林匹克竞赛获8金5银1铜计14块奖牌，占全省奖牌数一半）。在全国及省、市各类竞赛中每年均有150人次以上获奖。

地址：福建省福州市仓山区对湖路15号

邮编：350007

网址：http：//www. fjsdfz. org

江西省

江西师范大学附属中学

江西师范大学附属中学拥有 50 多年办学历史。学校创办于 1954 年 5 月，原名江西师范学院附属中学，1983 年因江西师范学院变更为江西师范大学，同年随之更名为江西师范大学附属中学。

学校有教职工 289 人，其中在职 231 人，专职教师 200 人，中学高级教师 131 人。现有 63 个教学班（六个年级），学生达 3 800余人，其中高中 42 个教学班，初中 21 个教学班，初、高中分区办学。

学校多次受到上级领导部门的嘉奖，先后被授予中国百强中学、全国学习科学实验学校、全国奥林匹克教育示范学校、全国群体工作先进单位、全国贯彻《学校体育工作条例》优秀学校、全国优秀体传校、江西省文明单位、江西省德育示范校、江西省科研兴校先进单位、江西省现代教育技术示范学校、江西省十大和谐校园、南昌市园林绿化先进单位等荣誉称号。

学校奥赛成绩斐然，摘金夺银。数学曾获全国奥赛第一和国际奥赛第一，并多次获江西赛区各学科奥赛团体第一。科研成果、教学研双翼齐飞。国家核心期刊、科报会、科研论文榜上有名。

地址：南昌市北京西路 194 号

邮编：330046

网址：http：//www.jxsdfz.com

江西南昌市第二中学

江西南昌市第二中学的前身心远中学创建于 1901 年，与天津南开、长沙明德同为当时中国三大私立名校之一。1949 年，改名为江西省立第二联合中学。1953 年中学改市级建制，正式定名为南昌市第二中学至今。成为教育部在全国重点联系的 30 所中学之一。

1960 年被评为全国先进学校，出席全国文教系统群英会。是省市优秀重点中学、文明单位、园林化单位和综合治理先进单位，南昌市首批花园式学校；为中国教育学会数学、物理奥赛和英语教研培训基地，全国部分重点中学、实验中学联合体成员校。

现分为苏圃路老校与昌北新校（1999 年投入使用）两个校

区，共有教学班 48 个，学生 2 500 多人，学校有特级教师 4 人，高级教师 68 人，南昌市学科带头人 11 人。

学校教学成绩突出，学科竞赛再创佳绩。有 50 人次荣获数、理、化、生、计算机竞赛全国和省级一等奖；在第四届中国西部数学竞赛中勇夺 2 枚金牌等。

学校近年协助筹办了两次大型学科竞赛：包括美国、俄罗斯等国家共 40 个大城市代表队参加的“第三届女子数学奥林匹克”竞赛（2004 年 8 月），“第三届中国东南地区暨希望联盟数学奥林匹克”竞赛（2006 年 8 月）；为提升江西南昌市第二中学知名度产生了深远的影响。

地址：南昌市东湖区苏圃路 1 号

邮编：330006

网址：http：//www.jxncez.cn

江西省临川第一中学

江西省临川第一中学是江西省首批优秀重点中学。现有在职教师 486 人，其中特级教师 8 人，享受国务院津贴 1 人，高级教师 166 人，一级教师 188 人。全校现有教学班 125 个，在校学生 9 800 人。

该校坚持“为了一切学生，一切为了学生，为了学生一切”的办学宗旨，以“江西领先，国内一流，世界知名”为办学目标，培养大批学生进入高校深造，许多学生在各项竞赛中受到嘉奖。

该校已获国家级荣誉 15 次、省级荣誉 23 次。2005 年被评为“中国百强中学”和“江西人民满意的十大品牌中学”。2006 年被评为“和谐中国·首届全国中小学校园文化建设十佳示范学校”、2007 年被评为“2006～2007 年度公众满意·中国十大名牌中学”和“首届江西十大和谐校园”。

地址：江西临川建设路 41 号

邮编：344100

网址：http：//www.lcyz.net

山 东 省

山东师范大学附属中学

山东师范大学附属中学是山东省首批规范化重点高中，创建于1950年。现有两个校区，80个高中教学班，在校学生5 000余人。学校有任课教师299名，其中特级教师3人，硕士研究生导师7人，全国优秀教师4人，国家级骨干教师11人，山东省骨干教师12人，山东省教学能手14人。

山东师范大学附属中学是全国现代教育技术百强实验学校、全国中学教育科研联合体成员、全国部分大学附属中学教学联合体成员、全国青少年科技创新人才培养实验学校、北大附中远程教育联盟成员、中小学骨干教师国家级培训实验基地、全国高中《中学数学实验教材》实验基地。目前承担着国家级课题5个，独立承担山东省“十五”教育规划课题4个。

多年来，有千人次在全国、省、市组织的学科奥林匹克竞赛中获奖，2003年郭琴溪同学获得第14届国际奥林匹克生物学竞赛金牌，使我校在国际奥林匹克竞赛和比赛中的奖牌数达到4枚。近几年，青少年科技创新大赛又成为该校新的亮点，连续三年在全国获得大奖，2005年和2006年该校学生连续两次代表国家参加世界中学生科技创新大赛。2007年获第二届全国中学生地理奥林匹克竞赛团体二等奖。

地址：济南市山师北街3号

邮编：250014

网址：http：//www. fuzhong. sd. cn

山东省实验中学

山东省实验中学是省级重点高级中学，山东省首批规范化学校。其教育理念是：为每一个学生创造主动发展的无限空间。办学指导思想是：全面打好基础，发展爱好特长，培养创新精神，提高人才素质。

尊重学生差异，突出分层次教学。重视学科特长生的培养，突出高层次人才培养。学校加强了对学科特长生培养和学科竞赛的管理，使学科竞赛成绩一直稳居省内首位，并在全国有较大影响。目前，学校在国际奥林匹克物理、化学、数学、生物竞赛和国际中学生体育比赛中获得14金8银3铜的骄人成绩，2006年获第一届全国中学生地理奥林匹克竞赛团体一等奖。学校构建起了普通班、实验班、特色班等多形式的行政班级共同发展的办学格局。

随着素质教育的全面推进，面对日益激烈的教育竞争，全体实验师生正以“改革创新、锐意进取、争创一流”的崭新姿态，为创建齐鲁基础教育第一品牌，为首批跨入“国家级示范性普通高级中学”的行列而奋斗。

地址：济南市经七路 73 号

邮编：250001

网址：http：//www. sdshiyan. sd. cn

青岛市第二中学

山东省青岛市第二中学是一所有 80 多年历史的老牌名校，历年的入学录取成绩、高考成绩、竞赛成绩都保持青岛市第一，被公认为青岛最好的高中。2007 年获第二届全国中学生地理奥林匹克竞赛团体一等奖，亚军。无论是教学成绩、师资力量还是学校硬件，在山东省都位居前列。学校以全面发展素质教育为本，每年向全国各大高校输送大量优秀毕业生。

学校有一支具有高素质、具备终身学习能力和发展能力的教师队伍。

青岛市第二中学以“领先一步，追求卓越”的办学理念为指导，逐步形成了“开放·自主”的办学特色。学校始终遵循教育规律，大力推进“成功园丁模式”“创新教育模式”“学生自主发展模式”和“开放办学模式”。形成了“深化素质教育、优化教育资源、凸显办学特色、创建国际名校”的办学目标和“造就终身发展之生命主体”的育人目标。

地址：山东省青岛市松岭路中段

邮编：266061

网址：http：//www. qderzhong. net

河 南 省

河南师范大学附属中学

河南师范大学附属中学作为河南省教育厅直属学校、中国教育学会实验学校、河南师范大学教育实验与教育实习基地，河南教育学院教育干部培训考察基地，中央党校中共青少年党史教育活动基地，是一所具有示范性和实验性的全日制完全中学。创建于 1954 年，2005 年在河南省首批示范性高中评估认定中荣获全省第一名，2005 年、2007 年连续两届入选“中国百强中学”。

河南师范大学附属中学现有教学班 120 个，其中包括面向全省招生的高中实验班、宏志班 6 个，在校生 6 000 多人。在校教职工 352 人，其中享受国务院特殊津贴专家、国家级骨干教师、

“百千万工程”人才等名师 48 人，高级教师 81 人。

学校占地总面积 19 万平方米，建筑面积 11 万平方米，建有 26 幢建筑及 18 处景观区。校园规划合理，环境优美宜人，素有“花园式学校”之美称。

近年来教学质量大大提高。该校中、高招成绩一直位居省市前列。学科竞赛成绩显著：共有 1 000 多人次获得省级以上奖励，50 多人次进入国家集训队，7 人次获得全国冬令营金牌。360 多名保送生进入北大、清华等全国著名高校深造。

学校曾获得全国青少年科技活动先进单位等国家级、省级荣誉 42 项次。

地址：新乡市建设东路 85 号

邮编：453007

网址：http：//www. hnsdfz. cn

郑州一中

郑州一中创建于 1949 年 3 月 5 日，1959 年被确定为河南省重点中学，1980 年又被确定为河南省首批办好的重点中学。

现有 30 个教学班，1 600 余名在校生。139 名在编教职工，其中特级教师 2 人，高级教师 51 人。学校长期坚持全面贯彻党的教育方针，本着“以学生为本，培养学生自主发展”的教育思想，以增大学生学习自由度，改革教学内容和教学方法为理念；以提高课堂效率，减轻学生负担为切入点；以培养学生的创新精神与自主发展能力为方向。自 1998 年以来，郑州一中荣获“全国高中化学竞赛先进集体”“全国青少年体育工作先进集体”“河南省文明单位”“河南省依法治省先进集体”等省级以上荣誉称号 60 余次。该校学生高考成绩突出。2002 年学科竞赛更是全面丰收，在数、理、化、计算机等学科竞赛中，获省一等奖的有 45 人次。

地址：郑州市桐柏路 35 号

邮编：450000

网址：http：//www. zzyz. com. cn

洛阳第一高级中学

洛阳第一高级中学建校于 1904 年，是一所具有百年历史的老校，1959 年被省政府命名为首批“省级重点高中”。目前，洛阳第一高级中学分东西两校区。

学校现有 67 个教学班，现有一线教职工 200 余人，其中硕士生导师1人，国家级专家、骨干教师5人；省级教育专家、学科带头人、骨干教师等14人，特级教师4人，高级教师53人（占专有教师总数的37.33%）。

一百年来，洛阳第一高级中学为国家培养了数万名优秀毕业生。近十年来，我校共有38人获省、市高考全科或单科状元，400余人在全国学科竞赛中获省级以上奖励，其中省级一等奖以上的达187人。一学生2006年获第一届全国中学生地理奥林匹克竞赛个人一等奖。

地址：洛阳市瀍河区爽明街1号

邮编：471002

网址：http：//www.lyyg.com

湖北省

湖北黄冈中学

黄冈中学是基础教育的全国名校，湖北省省级重点中学。创建于1904年，文化底蕴深厚。占地600多亩的新老校区布局整齐，设施完善，风景宜人，是一座园林式中学。

现有68个教学班，在校学生4 000余人；现在黄冈中学在岗教职工310余人，两人名列湖北省十大名师，陈鼎常校长和龚霞玲老师同时为十届全国人大代表，3人为享受国务院政府特殊津贴的专家，10人为省部级专家，先后评选出28位特级教师，现在岗的特级教师有14人，高级教师113人。

“惟楚有才，鄂东为最”，黄冈中学，人杰地灵，英才辈出。改革开放以来，黄冈中学教学成绩斐然，培养了大批学生去重点高校深造；数理化学科竞赛成绩始终居全省首位，共获省级以上奖励3 000余人次，获国家级奖励2 000余人次。学校被誉为“孕育英才的基地”“培养国手的摇篮”。

1986年以后，学校先后荣获“全国教育系统先进集体”“全国德育先进学校”“全国贯彻学校体育工作条例优秀学校”“全国学校民主管理先进单位”等20块国家级奖匾，四年间两次获得“全国精神文明建设先进单位”，是“全国科技教育活动示范基地”“湖北省普通中学示范学校”“湖北省教育教学科研实验学校”“湖北省最佳文明单位”“黄冈市社会主义精神文明建设红旗单位”，被树为“湖北省普通中学的一面旗帜”。

在办学实践中，学校提炼出“宽而不严，和而不同”的办学理念。上下一心，坚持“以人为本，以德立校”的办学思想，致力于推进教育教学改革。按照“严谨、求实、团结、奋进”的校训，培养“全面＋特长＋创新”的人才，为把黄冈中学建设成为国内领先、国际知名的国家级示范高中而努力奋斗！

地址：湖北黄冈开发区明珠大道

邮编：438000

网址：http：//www. hbshgzx. com

湖北武钢三中

湖北武钢三中 1978 年被命名为首批湖北省重点中学，是“中国数学奥林匹克协作体核心学校”、华中科技大学“艺术人才培养基地”“中国百强中学”。2002 年被评为湖北省省级示范学校，2008 年通过复评。

学校先后被评为湖北省办学水平示范学校、武汉市办学水平示范学校，湖北省、武汉市教育科研基地学校，湖北省、武汉市教育科研“五十强学校”，湖北省、武汉市绿色学校，湖北省、武汉市数学奥林匹克明星学校，湖北省园林式学校，武汉市文明单位，武汉市素质教育先进学校，武汉市德育基础建设示范学校，武汉市科技教育先进学校等。

学校的办学理念：着眼于学生的终身发展，着重于学生的全面发展，着力于学生的主动发展，着意于学生的个性发展。培养目标：培养素质全面、基础扎实、个性优良、特长突出的具有发展潜质和创新品质的 21 世纪新人。教育模式：自主创新教育。

学校拥有一支高素质的教师队伍。专职教师 225 人，其中特级教师 3 人，高级教师 115 人。科学规范的教学管理，保证了教学的高质量。并与新加坡莱佛士书院等校建立长期交流合作关系，利用中、新两国政府奖学金交流项目，选派学生赴新加坡公费留学。

学科竞赛，享誉中华：截至 2008 年 9 月，武钢三中学生已有 14 人次参加国际数学奥林匹克竞赛并获奖，先后获得 9 枚金牌，2 枚银牌，创造了一所中学在一个学科领域获得国际大奖最多的全国纪录。

地址：武汉市青山区红钢城 16 街坊

邮编：430080

网址：http：//www. wgsz. cn

华中师范大学附属第一中学

华中师范大学附属第一中学前身为中南实验工农速成中学，

创建于1950年。1958年学校更名为华中师范学院第一附属中学，1962年被确定为湖北省首批重点中学，1985年学校改名为华中师范大学第一附属中学，1992年被湖北省人民政府命名为湖北省窗口学校，1997年被评为首批省级示范高中。2005年8月，学校由武昌大东门搬迁到武汉东湖高新技术开发区。

华中师范大学附属第一中学现有三个校区，教学班80个，学生4 500余人，在职教职工320余人，特级教师13人，高级教师153人。学校秉承“追求卓越，永争第一”的精神，凝练出了“厚德博雅、笃学敏行”的新校训。

建校以来，学校坚持正确的教育方针，励精图治，严谨治校，办学水平不断提高，形成了优良的校风和学校文化。学校学科竞赛、高考成绩连年雄居湖北省榜首，德育活动、心理教育、科技、体育、艺术活动卓有成效。截至1988年以来，学生获国际中学生奥林匹克竞赛化学、物理、信息学、生物学金牌9枚、银牌1枚、铜牌1枚。2006年获第一届全国中学生地理奥林匹克竞赛团体一等奖。

地址：湖北省武汉市东湖高新技术开发区汤逊湖北路特1号

邮编：430223

网址：http：//www.hzsdyfz.com.cn

黄石市第三中学

湖北省黄石市第三中学为湖北省首批办好的重点中学，黄石市一等示范学校。近年来，学校先后被授予“湖北省素质教育实验学校”“湖北省教改教研示范学校”“湖北省电化教学先进学校”“湖北省绿色学校”“全国聘外先进单位”“全国青少年体育工作先进集体”等荣誉称号。

学校创建于1956年，现有在校学生近3 000人，教职员工195人，学校师资力量雄厚，其中特级教师5人，具备高级职称教师88人，省、市学术学科带头人8人。

学校教学设施先进齐备，校园教育教学基本实现信息化，教师可利用笔记本电脑进行网上备课和教学，现代化的实验室、多媒体室、电子阅览室和心理咨询室规范配套；功能齐全的形体房、艺术楼、心理咨询中心、学术报告厅一应俱全。学校2006年获第一届全国中学生地理奥林匹克竞赛团体二等奖。

地址：西塞山区沿湖路191号

邮编：435000

网址：http：//www.hssz.net.cn

武汉外国语学校

武汉外国语学校是在周恩来、陈毅等老一辈国家领导人亲切关怀下，于1964创建的全国首批7所外国语学校之一。1982年被列为湖北省重点中学，2000年成为省级示范学校。设有小学部、初中部、高中部、国际部和培训部。开设英、法、德、日等语种。现有学生4 500余人，教职工309人。其中享受国务院政府津贴1人，湖北省有突出贡献的中青年专家1人，享受省政府津贴1人等，高级职称教师95人。

学校坚持“外语特色、文理并重、国际合作”的办学方针，努力培养走向世界和未来的人才，突出对学生人格塑造和创新能力培养，提高学生未来的国际竞争力，为学生可持续发展和终身学习打下坚实基础。

建校45年来，学校以优美的育人环境、现代化的教学设施、过硬的师资队伍、高规格的人才培养模式和一流的教育质量，赢得了社会高度赞誉。学校创办以来，为社会输送了大批一流人才，毕业生已遍布祖国各条战线和世界各地。2007年获第二届全国中学生地理奥林匹克竞赛团体二等奖。

地址：武汉市汉口万松园路48号

邮编：43002

网址：http：//www. wfls. com. cn

湖 南 省

长沙市南雅中学

长沙市南雅中学是2002年由长沙市政府批准，依托百年名校雅礼中学创办的高起点、有特色、现代化的完全中学。学校秉承百年雅礼优良传统，围绕“为学生终身发展奠基”的教育理念，实施“开放教育、个性教育、自主教育”三大策略。建校以来，学校先后取得湖南省传统体育项目学校、湖南省园林式单位、长沙市文明单位、长沙市爱卫先进单位、长沙市依法治校示范学校、长沙市教育局德育工作先进单位、长沙市教育局综合治理先进单位等称号。

学校坚持德育为先，以培养素质全面、能力突出的学生为己任，注重学生特点，着眼学生综合素质的提高。科技创新、机器人制作、定向越野、女子足球是学校传统项目，科技创新3人获全国中学生科技创新大赛金奖，机器人制作、机器人足球先后有300余人次荣获国内外大奖，定向越野频频在各级比赛中摘金夺银，12名队员入选国家队，学校女子足球一枝新秀，成为省内翘楚。2007年获第二届全国中学生地理奥林匹克竞赛团体二等奖。

学校坚持英语特色传统，聘请哈佛、耶鲁等美国名校的教师担任英语教学。与新加坡思源中学缔结为姊妹学校，实现每年互派师生访问交流。学校将进一步拓展国内外的合作，为英语教学交流打造更多交流平台。

地址：长沙市雨花区香樟东178号

邮编：410007

网址：http：//www1. yaliedu. com

长沙市雅礼中学

雅礼中学是一所历史悠久、质量一流、特色鲜明、具有国际影响力的百年名校。前身是美国耶鲁大学民间团体雅礼协会于1906年长沙西牌楼创办的“雅礼大学堂”。一百年间，雅礼中学先后历经长沙私立雅礼中学、湖南私立雅礼中学、解放中学、长沙市第五中学等阶段，校名几易，1985年8月经湖南省委省政府同意复名为“长沙市雅礼中学”。

学校是湖南省首批挂牌的八所重点中学之一、省重点中学督导评估五所受到综合表彰和奖励的学校之一、首批“全国现代教育技术实验学校”首批“全国体育传统项目学校”首批“全国学校文化建设示范学校”首批“全国科普创新示范基地”“全国精神文明建设工作先进单位”“全国师德建设先进单位”“全国中小学科研兴校示范学校”“全国心理教育实验优秀学校”“北京2008奥林匹克教育示范校”首批“湖南省依法治校先进单位”1993年起连续14年“湖南省文明单位”。

学校与美国、加拿大、英国、日本、新加坡、澳大利亚等数十个国家的大中学校建立了友好往来，并先后与美国圣保罗中学、福特学校、澳大利亚马奇精英学校、日本鹿儿岛女子高中等缔结为友好学校，搭建了师生互访交流的国际平台。

学校中高考成绩始终名列省市前列，学科竞赛，成绩斐然。30余人入选国家集训队，多名同学获得金牌。学校注重通过艺术陶冶学生情操，艺术教育享誉中外，雅礼交响乐团多次参加国家、省市文艺调演。学生社团活动异彩纷呈，注重创新意识培养，雅礼机器人代表队多次荣获国际金奖，选修课、研究性学习内容丰富，成果突出。

地址：长沙市劳动西路 428 号

邮编：410007

网址：http：//www. yali. hn. cn

湖南师范大学附属中学

湖南师范大学附属中学是教育部基础教育司“国家级示范性普通高中建设”项目执行学校、湖南省教育厅直属重点中学，是湖南省实施素质教育的示范学校。学校历史已近百年，其前身是民主革命先驱禹之谟于 1905 年创办的唯一学堂，1912 年学校更名为湖南私立广益中学，1955 年 1 月更名为湖南师范学院附属中学。

校园占地 10.7 万平方米，建筑总面积近 9 万平方米。教职工近 300 人，高级教师 114 人，先后有 24 名教师被评为湖南省特级教师，有 15 人先后获得全国或湖南省优秀校长、优秀教师、劳动模范等荣誉称号。20 多年来，学校共获全国教育系统先进集体、全国中小学德育工作先进集体、全国青少年科技活动先进集体、全国群众体育先进集体等国家级荣誉称号 9 次，教育教改成果获省级以上奖励 16 项次。

1978 年以来，学校进入一个崭新的发展时期，教育教学质量稳居全省前列，教改教研成果丰硕喜人，形成了“科研兴校、全面育人”的鲜明办学特色，享有“金牌摇篮”的美誉。自 1991～2003年，在国际中学生奥林匹克竞赛中，共获得数、理、化、生等学科奥赛金牌 18 枚、银牌 7 枚。2000 年 8 月，学校被湖南省教育厅确定为“湖南省高中课程改革实验学校”，全面实施课程改革，确立了“以人为本、承认差异、发展个性、着眼未来”的学校课程改革理念，构建了“两性四型”的课程框架。新课程体系的构建与实施，为学生提供了前所未有的学习发展空间。

十年树木，百年树人；改革进取，任重道远。湖南师范大学附属中学是蕴蓄着湖湘文化历史积淀的育人沃土，又是具有改革创新精神的实施素质教育的前驱，在新的世纪中，必将展现出新的风采。

地址：湖南长沙岳麓区桃子湖路 48 号

邮编：410006

网址：http：//61. 187. 64. 124

长沙市第一中学

湖南省长沙市第一中学创建于 1912 年，原名湖南省立第一中学，是湖南省最早的公立中学。该校现为湖南省教育厅直属的省示范性普通高级中学、湖南省文明单位、教育部现代教育技术实验学校、国家培养体育后备人才重点中学、篮球和足球省级传统项目学校、湖南省中小学德育工作先进集体、省级园林式单位、长沙市花园式单位和涉外接待单位。

学校现有 83 个教学班，5 043 余名学生。拥有一支高素质的教师队伍，在职中学高级教师有 110 余人。学校每年聘请 10 名左右外教，担任口语和其他学科教学工作。

该校一直重视素质教育。多年来，始终以“面向现代化、面向世界、面向未来”为指针，以“德育为首、教学为主、教研领路、质量第一”为宗旨，基本形成了“素质＋个性，规范＋创新”的办学特色。学校现有“十五”“十一五”规划课题 14 个，40％左右的教师参与课题研究。近两年来，学校共有 120 多位教师在国家、省、市级赛课中获奖，公开发表、出版的教学论文或著作达 500 余篇（部），在国家、省、市级教学论文评比中，共 300 余篇论文获奖。

学校坚持树德育人，严谨治学，学校每年中高考成绩骄人。近 10 年来，学校先后有 160 余名学生在全国学科竞赛中获奖，在国际中学生 5 个学科的奥林匹克竞赛中共夺得 32 枚奖牌，奖牌总数位居全国第一。

地址：长沙市开福区清水塘路 53 号

邮编：410005

网址：http：//www. hnfms. com. cn

广东省

广东广雅中学

广东广雅中学是中国名校，其前身为广雅书院，由两广总督张之洞于 1888 年创建，被称为是“中国近现代教育史活的见证”，更被誉为是“培育中华英才的摇篮”。

广雅中学是省、市重点中学，广东省首批省一级学校，联合国教科文组织中国教育学术交流中心教育实验专业委员会《21 世纪学校优质教育》科研课题单位，联合国教科文组织“环境人口与可持续发展教育（EPD）项目”实验学校，全国首批“科研兴教示范基地”学校，中国科协“青少年科技创新人才培养项目实验学校”，全国现代教育技术实验学校，全国劳动技术教育示范性学校，广东省普教系统“百千万”人才工程实验基地学校。

广雅中学校园面积达 10.5 万平方米，现有教学班 44 个，其中内地新疆班 4 个，学生 2 200 多人。广雅拥有一流的师资队伍，共有特级教师 10 人，182 名专任教师中具有高级职称或研究生学历的教师 76 人。

广雅中学办学成绩卓越，曾多次得到国家、省市级的嘉奖，连续多年被评为教育系统先进单位。20 世纪 90 年代，实施“和谐教育”办学模式，教育教学质量再跃新台阶，该模式获得“广东省教育教学成果”一等奖。学生中大批尖子与各类人才脱颖而出，在全国及省市竞赛中获大量奖项，在高考中一直取得大面积丰收，并屡夺状元桂冠。

当前广雅中学正以创建国家级示范性高中为契机，以和谐理念推进优质教育，齐心协力、团结拼搏，在 2005 年前把广东广雅中学建设成为高质量、有特色、现代化、示范性的省内一流、国内著名、国际知名的学校。

地址：广州市西湾路 1 号

邮编：510160

网址：http：//www. gyzx. edu. cn

广东培正中学

广东培正中学是广州百年名校之一，创办于 1889 年。1907 年始建东山新校，30 年代又在香港、澳门建分校。广东培正中学占地 6 万平方米，校舍古朴典雅，环境优美，是广州市花园式单位。1994 年广东培正中学首批被省教育厅评为广东省一级学校。近年来，粤、港、澳、培正三校加强了联系和交流，有效地促进了教学的发展。

全校师生以“至善至正”为校训，弘扬培正“爱国爱校”的优良传统，以严治校，教书育人，校风正，学风好，教育教学质量不断提高。高考成绩突出，连年获得高、初中毕业班工作一、二等奖，参加省、市毕业会考及学科竞赛成绩显著，成为社会公认的“加工能力强”的学校。培正中学有一支以特级、高级教师为骨干的师德素养好、业务水平高、责任心强的教师队伍。

从 1984 年起培正创办英语试验班，多次获全国单列城市英语竞赛一等奖，在高考、初中会考中均取得优异成绩。十几年不间断聘请外籍教师，探索英语教学改革新路。1994 年开始，老校友胡应洲先生每年在美国普林斯顿大学聘请四位外籍教师来校担任口语课教学工作，进一步强化英语教学气氛，很受师生欢迎。

既是培正体育达标先进单位，又是足球传统项目重点学校，多次荣获“市长杯”“可口可乐”杯冠、亚军，新组建的女子垒球队获市“东风”杯赛冠军。培正管乐队、红蓝摄影社、电脑俱乐部、学生电视台等也硕果累累，令人瞩目。由于广东培正中学全面贯彻教育方针，取得显著的成绩，学校连续几年被评为广州市教育系统先进单位，1994 年被评为广州市先进单位和广东省先进单位。

地址：广州市越秀区培正路 2 号

邮编：510080

网址：http：//www. pzms. com

华南师范大学附属中学

华南师范大学附属中学是广东省教育厅和华南师范大学双重领导的省重点中学，是广东省一所全面贯彻党的教育方针、坚持改革创新、办学成绩卓著的完全中学，也是广东省首批“省一级学校”。该校拥有一支以本科以上学历为主，以高级教师为骨干的师资队伍。其中广东省杰出教师 3 名，特级教师 13 人，高级教师 68 人。

该校自 1952 年由中山大学附中、岭南大学附中、华南联大附中、广东文理学院附中四所中学合并成华南师院附中以来，人才辈出，已经培养出两万多名毕业生。

近十多年来，华附学生中有 40 多人次参加国家中学生奥林匹克集训队。截至 2008 年 9 月，获国际数学奥林匹克竞赛金牌 8 枚，银牌 3 枚，铜牌 2 枚；获国际物理 1 枚，化学奥林匹克竞赛金牌 2 枚，银牌 1 枚，国际天文奥赛金牌 1 枚，国际天文及天体物理奥赛金牌 1 枚，还获得国际地理奥赛中国的唯一两枚奖牌；获国际环境科研项目奥林匹克竞赛金牌 1 枚；获亚洲物理奥林匹克竞赛金牌 1 枚；获俄罗斯数学奥林匹克竞赛金牌 4 枚，银牌 7 枚。国际奥赛金牌居全国之首。2007 年获第二届全国中学生地理奥林匹克竞赛团体一等奖，冠军。

地址：广州天河石牌中山大道西 1 号

邮编：510630

网址：http：//www. hsfz. net. cn

深圳市福田中学

深圳市福田中学前身系宝安县附城中学，创建于 1969 年。20 世纪 70 年代末到 80 年代初，深圳特区建立以后，宝安县附城中学正式更名为深圳市福田中学。进入 90 年代，福田中学飞速发展，1995 年通过区一级学校评估，1996 年通过市一级学校评估，1999 年被福田区政府批准为区重点中学，2000 年成功实现初、高中分离办学，2002 年年底通过广东省一级学校评估。2006 年获第一届全国中学生地理奥林匹克竞赛团体二等奖。

今天的福田中学，已成为特区内规模最大的一所全日制高级中学，现有 44 个教学班，在校学生 2 100 余人，教职工 180 余人，教学设备现代化，教学环境优美，教学质量优良，已成为一所名副其实的现代化特区城市中学。

地址：深圳市福田区福田路 98 号

邮编：518033

网址：http：//www.szftzx.net

广东省珠海市斗门第一中学

（一学生 2007 年获第二届全国中学生地理奥林匹克竞赛个人一等奖）无法找到资料

地址：广东省珠海市斗门区井岸镇黄杨大道

邮编：519100

网址：http：//www.zhdmyz.com

广西壮族自治区

广西南宁二中

南宁二中创建于 1906 年，是广西壮族自治区首批重点中学，广西首批示范性高中。南宁二中校本部占地面积 70 亩。校园浓厚的人文积淀，使这里人才辈出。南宁二中新校区位于琅东开发新区，占地面积 423 亩。校园设施齐全、环境优美，景色宜人，是一所规格高、设备一流的现代化校园。

南宁二中现有 62 个教学班，学生 4 000 多人。现有专任教师 168 人，有特级教师 12 人，在岗高级教师 93 人，国家中小学骨干教师 10 人。

学校形成了“以人的发展为本，师生员工与学校共同发展”的办学理念，确定了以“办知名学校，造福一方；创优质教育，回报社会”的办学宗旨。为国家输送了数以万计优秀毕业生。学校各学科在奥林匹克竞赛中获省级以上奖励 400 多人次。

为了培养具有二中特色的、可持续发展的、综合素质高的新世纪人才。从2001年起，学校又开始启动“研究性学习的实践与探究”和“创造性实施国家新课程计划”两项教改科研课题。志在为学生创设一种宽松的，有利于创新的，体现教育民主，有利于学生自主发展的教育、教学环境。

地址：广西南宁市新民路29号

邮编：530022

网址：http：//www.nnez.com.cn

广西南宁三中

南宁三中是广西首批重点中学、广西首批示范性高中。学校始于1897年维新人士余镜清创办的南宁乌龙寺讲堂，曾用过的校名有广西省立第一中学、广西省立第一高中、广西省立第一联中、南宁高中、南宁中学等，1955年改为现名。

学校师资力量雄厚，在职的189名教师中有特级教师16人，高级教师93人。学校的国际交流活动日益频繁，先后与美、英、法、德、日、韩、澳、加拿大、俄罗斯等数十个国家的教育组织和学校进行互访和交流。

学校历年高考成绩优异，重点、本科率长期名列广西前列，尖子生成绩突出。学校每年均有学生代表广西参加全国奥赛决赛并勇创佳绩。在全国高中数学、物理、化学赛、信息学联赛或奥林匹克竞赛、全国中学生机器人大赛、全国青少年科技创新大赛、全国中学生作文大赛、全国新概念作文大赛、全国英语能力大赛等知识能力竞赛中，三中学生或团队屡获一等奖或第一名。

近年来，学校先后荣获一系列自治区、市级荣誉称号，及下列国家级荣誉称号：中国百强中学、全国文教系统先进单位、全国群众体育先进单位、全国现代教育技术实验学校、全国青少年科技活动先进单位、全国中小学科研兴校示范基地、全国活跃的中学生活动先进单位、北京2008奥林匹克教育示范学校、全国青少年科技创新实验项目学校、全国思想道德建设教育活动先进单位、国家教师基金“十一五”规划重点课题实验校、和谐中国一首届全国中小学校园文化建设百佳学校。

地址：南宁市青山路5号

邮编：530021

网址：http：//www.nnsz.com

广西师范大学附属中学

广西师范大学附属中学1941年建校。几经变更于1955年定为广西师范学院（今广西师范大学）附属中学。1959 年起被确定为广西省级重点中学。2002 年成为广西素质教育水平一级甲等学校，2003 年成为广西壮族自治区首批示范性普通高中。新中国成立后，学校不断发展壮大。经过几代附中人的不懈努力，形成了“团结、勤奋、严谨、创新”的校风、“高、严、勤、细”的教风和“刻苦、进取、尊师、守纪”的学风，教育教学工作硕果累累，优秀教师不断涌现。

学校现有专任教师 132 人。有特级教师 5 人，高级教师 43 人，一级教师 40 人，二级教师 30 人。

学校素以治学严谨、校风学风优良、教学质量高著称，高中毕业生在历年高考中成绩处于广西前列。在全区全国的学科竞赛中，也有一大批学生获奖，其中英语、数学、化学、生物学科有学生代表广西参加全国奥赛决赛。2006 年荣获第一届全国中学生地理奥林匹克竞赛团体二等奖。

地址：广西桂林市中山北路 15 号

邮编：541001

网址：http：//www.gxsdfz.net

海 南 省

海南中学

海南中学的前身是创建于 1923 年的私立琼海中学。新中国成立后，琼海中学改为公办，并由琼南中学、匹瑾女中、建华中学三所学校先后并入，改称广东海南中学。1959 年被定为广东省首批重点中学之一。1988 年海南建省后，被定为海南省重点中学，全国名校。近几年又被评为全国中小学现代教育技术实验示范学校、海南省科技教育示范学校、海南省基础教育教研先进单位、全国学校艺术教育工作先进单位、全国体育卫生工作先进学校、全国绿色学校、全国奥林匹克竞赛一等奖学校，成为海南省基础教育的一面旗帜。中共中央政治局常委、国务院副总理李岚清视察海南中学后说，这是一所“办得很不错的学校”；原国家教委副主任、现教育部总督学柳斌来海中视察，欣然题词“治校的模范，育人的摇篮”，对学校的办学水平作了高度的评价。

地址：海南省海口市龙昆南路

邮编：571158

网址：http：//www. haizhong. edu. cn

琼海嘉积中学

琼海嘉积中学创办于1917年，原名“崇实学堂”，历经传承演变，1923年改称“广东省立第十三中学”，是当时海南岛唯一的省立中学，也是当时海南最高学府。1933年，“十三中”易名为“广东省立琼崖中学”，中华人民共和国成立后更名为“嘉积中学”，1993年嘉积中学成为中国名校，2005年相继被评为“海南省一级甲等高级中学”和“中国百强中学”。

琼海嘉积中学校园环境优美，风景如画。学校现有专任教师210人，国家级骨干教师5人，省级骨干教师19人，市级骨干教师28人，现有教学班60个，在校生3 500余人。嘉中人创业九十年来，硕果累累，各项办学指标均列海南省前列，每年都有一大批琼海嘉积中学学子走进清华、北大等名校校园。近年来，一大批中青年教师脱颖而出，在教育界崭露才华，担当起嘉中在新世纪、新阶段再铸辉煌的历史重任。

嘉积中学办学特色鲜明，艺术教育成果显著。学校紧紧依托琼海市“三色文化”，坚持特色兴校，走艺术特色的办学之路，坚持普及与提高相结合，课堂教学与课外活动相结合，把加强学校艺术教育作为实施素质教育的有效突破口，全面贯彻教育方针，坚持面向全体学生提高审美素养。嘉积中学艺术团成绩斐然，曾荣获国内外多项大奖，两次参加全国中小学生艺术展演均获一等奖，并荣获中央电视台全国电视舞蹈大赛铜奖，获邀赴维也纳、悉尼、泰国、我国香港和澳门等演出，享誉海内外。

地址：海南省琼海市富侨路1号

邮编：571400

网址：http：//www. hnjjzx. net

海南师范大学附属中学

海南师范大学附属中学创建于1980年，是海南省教育厅直属的重点完全中学、一级甲等学校。学校现分东西两校区，共有72个教学班，学生人数近4 000人，教职工296人。其中特级教师有3人，高级教师81人。

二十多年来，秉着创办“省内一流，国内知名，东南亚有影响”示范学校的办学宗旨，在“敏而好学，自强不息”的校训激励下，海师附中在实施教育改革，推进素质教育，创办名校的过程中，着力营造“规范而自由”的校风，锐意进取，开拓创新，教育教学质量不断上新的台阶。

我校还是海南省中学里公认的体育强校，我校学生在全省中学田径运动会上捷报频传。经过附中人二十七年艰苦卓绝的不懈努力，我校办学条件和教育教学质量逐年提高，社会影响不断扩大，在省内外取得良好的口碑，荣获了一系列的荣誉：2002 年被评为海南省一级学校；2004 年海南省科普工作先进单位；2006 年被评为一级甲等学校，海南省自然保护研究会理事单位，先进团组织，工会财务管理先进单位，海南省安全文明生态学校，现代教育技术实验合格学校，实验教学优秀学校，海南省教育人才智力扶持工作先进单位。

地址：海南省海口市美兰区灵山镇新大洲大道机场北路

邮编：571126

网址：http：//www. hsfzedu. cn

重 庆 市

重庆巴蜀中学

重庆巴蜀中学从 1933 年建校以来的 70 年间，人才辈出。重庆巴蜀中学是重庆市教委直属重点中学，全国现代教育技术实验学校，全国德育先进学校，重庆市教育科研实验基础，重庆市民主管理示范学校。全校现有 121 个教学班、六七千学生，是全国中学办学规模最大的中学之一。

师资一流。其中享有国务院特殊津贴专家 1 人，国家级骨干教师 10 人，重庆市学科带头人 25 人，中国数、理、生、化、信息学奥赛高级教练 16 人，高级、特级教师、研究员共 100 余人，先后有 10 余人赴美、英、澳、加等国家学习交流。

学校对素质教育有独特的理解，素质教育以发现发掘学生潜能，培养学生个性爱好及特点为出发点，注重学生人格塑造的情商开发，张扬个性又有团队合作精神的教育。走自己的路，办好初中，为高中输送优质生源，从初中九五级到初二零零级，连续六年获得全市重点高中联考第一，成为全市中的一面旗帜。初中基础扎实雄厚，高中出彩夺魁，高 96 级高考上级人数屡次升位，高 98 级进入全市前三强。近几年数、理、化、生参加各科竞赛，2000 年到 2003 年，共有近 500 人次获全国一、二、三等奖，17 人进入数、理、化冬令营，一人进入国家集训队。

其中高 2001 级数、理、化三竞赛的全市第一均由巴蜀中学夺得。

地址：重庆市渝中区北区路 51 号

邮编：400013

网址：http：//www. bashu. com. cn

重庆南开中学

重庆南开中学（重庆三中）由张伯苓先生于 1936 年创办。学校因抗战而生，因爱国而名。位于重庆著名文化区沙坪坝，是重庆市教委直属的最著名的重点中学，年年被评为“中国百强中学”且名列前茅。并且被中共中央党校党史教育办公室确定为“中共青少年党史教育活动基地”（重庆市第一所）。

七十多年岁月沧桑，南开中学，校园宽阔、扬名海内外、人才辈出，成为重庆市数十万名中学生“梦寐以求的知识殿堂”。多年以来，南开中学的高考成绩总是保持全市领先的位置，受到社会好评。

学校的目标是把重庆南开中学建设成为具有现代化的国际知名中学。每个从南开走出的学子都满怀“今天我以南开为荣，明天南开以我为荣”的荣誉感与使命感。

地址：重庆市沙坪坝区沙南街一号

邮编：400030

网址：http：//www. nk. cq. cn

西南师范大学附属中学

西南师范大学附属中学隶属于国家教育部直属重点综合大学，国家“211”工程重点建设学校西南大学（原西南师范大学和西南农业大学于 2005 年合并而建）。它是重庆市教委直属重点中学，依托师范大学雄厚的教育科研、人文科技资源等优势，形成“大学里的中学，中学里的大学”的办学风格。学校荟萃自然与人文教育之精髓、以“人”的培养和完善为终极目标，以办学的示范性强、教育质量高、育人环境好而声名远播。

学校现有在职教师 208 名，其中研究员级教师 8 名，特级教师 5 名，西南大学硕士生导师及兼职教授 4 名，市级学科带头人 2 名等，会聚了一支师德高尚、治学严谨、学术造诣深厚、科研能力强、结构合理、综合素质过硬的师资队伍。

学校的办学理念是“学校教育必须立足学生终身发展”，校风是“求真、向善、唯美”，教风是“勤学、笃行”和“为范、求实”的学风。学校积极加强国际合作与交往，现与英国、美国、加拿大、新加坡、日本、澳大利亚等 10 个国家的多所学校建立了友好联系。

自 1997 年重庆成为直辖市以来，西师附中孕育出一批又一批优秀学子。在历年高考中，学校的重点率、本科率始终居于重庆市重点中学最前列。学校近几年来获得了教育部“全国科学教育基地”“中国青少年素质教育研究实践基地”“全国中小学生信息技术创新与实践活动先进单位”“重庆市首批国家级绿色学校”“重庆市首批德育示范学校”“重庆市依法治校示范学校”“重庆市中小学思想道德建设先进集体”“重庆市科技教育先进单位”“重庆市教育行风评议先进集体”等多项国家级和市级奖励。

地址：重庆市北碚区杜家街 43 号

邮编：421000

网址：http：//www. xnsdfz. net

重庆第二外国语学校

四川外语学院重庆第二外国语学校前身是创办于 1940 年的重庆市立女子中学。1952 年，更名为重庆市第四女子中学。1969 年，更名为重庆市第四中学。1997 年，经重庆市人民政府批准改制为四川外语学院重庆第二外国语学校，成为一所股份制、全日制、全封闭完全中学，是重庆市目前唯一一所股份制市级重点中学。它是国家基础教育实验中心外语教育研究中心首批授予的全国 13 所“外语实验学校”之一，是西南基础教育研究中心教育实验基地。

学校由重庆市南岸区政府和重庆宏声集团控股，共占 51% 股份。北京共同愿景投资公司占 49%股份。南岸区政府委托区教委代表区政府管理学校，使学校运行和发展有了强有力的保障。两家公司投资教育都是本着回报教育回报社会的良好愿望。

学校坐落在著名的南山风景区，毗邻重庆邮电学院，依黄、南二山，傍涂山镜湖，隔离喧嚣城市，空气新鲜，交通便利。占地近 200 亩，全部校舍按园林式、花园式布局，绿化面积达 53%。

地址：重庆市南岸区黄桷垭龙东坡 70 号

邮编：400065

网址：http：//www. cqew. com. cn

四川省

石室中学

石室中学是四川省首批通过验收的国家级示范性普通高中，先后被评为四川省文明单位、四川省首批“校风示范校”、首批“艺术特色学校”、首批“实验教学示范学校”、四川省第五届职业道德建设十佳标兵单位、体育达标先进集体。学校继承“爱国利民、因时应事、整齐严肃、德达材实”的优良传统，坚持“继承优良传统·打好素质基础·培养创造能力”的办学思想，突出“科学精神与人文精神相结合”的办学特色。

石室中学有成都市教育专家3人，全国优秀教师13人，特级教师21人，市学科带头人23人，省市级学会负责人23人等。

多年来，石室中学以一流的办学水平和高质量的教育教学成绩著称。学分制的全面实施、双语课的开设、研究性学习的规范性管理、科技创新活动连创佳绩、学科竞赛保持优异成绩、对外开放合作办学不断加强等，集中体现了学校的办学水平。每年源源不断地为国内外大学输送大批优秀学子，受到社会各界的广泛称赞；学生艺体特长突出，学生管弦乐团在省内享有盛名，在国际交流中获得高度赞誉。据统计，近年来，我校学生有109人在奥林匹克学科竞赛中获全国一等奖，161人获全国二等奖；有151人次获全国、省、市各级各类科创发明奖，有743人为艺体特长学生，获得全国、省、市一、二、三等奖，我校女子篮球多次进入全国决赛，两次获得冠军。参加省艺术节演出比赛获一等奖两个，其中学校管弦乐团被选送参加全国第二届中小学艺术节决赛和展演。

地址：成都市文庙前街93号

邮编：610041

网址：http：//www.cdshishi.net

成都七中

成都七中创建于1905年，从成都县立高等小学堂到成都县立中学校，再到成都第七中学校。1986年，首批被四川省教育厅确定为省级重点中学；1986年，被确定为教育部在四川的定点联系学校；2000年，首批被四川省教育厅评定为国家级示范性普通高中，并被教育部确定为国家级示范性高中建设项目样板学校。

学校以突出的成绩和良好的声誉先后荣获全国计算机教育先进集体、全国现代教育技术实验学校、全国课外科技活动先进单位、全国“五一”劳动奖状、四川省首批校风示范校、四川省文明单位、四川省艺术教育特色学校、四川省体育传统项目示范学校、中国中学生体育学会排球分会会员校等荣誉称号。

近年来，学校除高考上线率、重点大学上线率、名牌大学上线率等指标居同类学校前列外，学科竞赛、网校发展、特色学校建设等尤其引人注目。学校五大学科竞赛每年获奖数约占四川省获奖人数的 1/3，约占成都市获奖人数的 1/2；有 4 人获国际金奖，239 人获全国一等奖，223 人获全国二等奖。全面发展，特长明显是学校特色校建设的基本指导思想，学校男子排球队曾代表中国参加世界青少年排球锦标赛亚洲预选赛；学校管乐团曾荣获西安国际中学生管乐节金奖。

地址：四川省成都市武侯区林荫中街 1 号

邮编：610015

网址：http：//www. cdqz. net

四川绵阳中学

四川省绵阳中学始建于 1957 年，1985 年成为绵阳市教委直属学校，1994 年晋升为四川省省属重点中学，2000 年 12 月荣升为四川省首批国家级示范性高中。2003 年 12 月被四川省省教育厅评为 35 所国家级示范性高中办学水平排行榜第一名。学校青山环抱，绿树成荫，环境优美。占地 300 亩，建筑面积 16 万平方米；拥有全省一流的功能齐全的现代教育设施和生活设施；本部在校学生 7 000 余人，在岗教职工 400 余人，中高级教师达 80%。

多年来，绵阳中学坚持全面贯彻党的教育方针，与时俱进，在“和谐、自主、创新”的办学思想指导下，不断探索新时代教育发展的新路子。在创新与发展的过程中，学校始终把自身的发展与人民群众对优质教育资源日益增长的需求相结合，与科技城的经济发展相结合，与世界先进的教育相结合，不断做大做强。通过努力，绵中建构了一支具有现代教育理念，掌握现代化管理手段和技术，高效精干的干部队伍；造就了一支教育理论水平高、教学科研能力强、个体素质优秀、群体结构合理的师资队伍；完善了独具特色、高效运转、符合现代化教育发展的管理运行机制。

绵阳中学是全国基础教育领域里屈指可数的超大规模学校；

是全省首批国家级示范性高中；是全省一流的升学大户；是全省各学科竞赛金牌大户；是莘莘学子接受最佳教育的地方，是英才辈出的摇篮。

地址：四川绵阳科技城剑门路西段26号

邮编：621000

网址：http：//www. scmyzx. com. cn

仁寿一中

仁寿一中现占地217亩，教学班83个，在校学生5 000余人。教职工347人，其中特级教师4人（未含离退休2人），高、中级教师166人。

仁寿一中经过数十年的实践探索，孕育出“向学好善，思进有为”的办学理念；“上报国家，下立人品”的校训；“勤、诚、勇、朴”的校风；“自育育人”的教风；“自治治事”的学风。

学校先后被命名或授予：国家级示范性普通高中、全国群众体育先进集体、全国培养体育后备人才试点学校、全国读书育人特色学校、全国勤工俭学先进集体、四川省校风示范学校、四川省最佳文明单位、四川省德育工作先进集体、四川省“五四”红旗团委、四川省现代教育技术示范学校、四川省体育传统项目示范学校、四川省高水平运动员训练基础、四川省卫生先进单位、四川省档案工作一级单位、四川省校务公开先进单位、四川省模范职工之家、眉山市普法先进单位、眉山市依法治校示范学校。其办学经验入选《中国名校》。

学校教育科研硕果累累。先后完成了21个重点课题实验，获得多项奖励。群众性教育科研经验发表文章600余篇，获各级奖800余篇，出版专著10余部。教育科研促进了教育质量的提高，促进了教师队伍的成长，形成了新的课堂教学模式，促进了学校的发展。

仁寿一中于1999年与重庆南开中学建立了友好关系，先后两次互派教师学习指导教育教学和教育科研工作。2004年又与加拿大同等级学校建立友好合作关系，将互派师生考察、学习、指导学校管理、教育教学和科研工作，交流学习经验。将学校建设成管理一流、质量一流、设施一流，充分发挥实验性、示范性作用的学校。

地址：四川省眉山市仁寿县文林镇南坛路203号

邮编：620500

网址：http：//www. rsyz. net

贵 州 省

贵阳市第一中学

贵阳市第一中学是贵州省唯一的一所一类省级示范高级中学，创办于1906年，时称“贵州通省公立中学堂”。之后，依次易名为私立南明中学、省立第二中学、省立高级中学、省立贵阳高级中学。1950年，省立贵阳高级中学、省立贵阳中学、私立中山中学、贵阳师院附中等校合并，始称贵阳一中。1997年，在小河开办分校。

现本部、分校共有72个教学班，3 998名学生，平均每班55.5人。学校在职教职工264人，教师223人。有高级教师65人，一级教师98人。

1996年以来，学校被国家体委评为“全国群众体育先进单位”，被教育部确认为“全国中小学现代教育技术实验学校”，被教育部、国家体育总局评为“全国体育卫生先进单位”，被省教委评为“电教工作先进单位”，被市政府评为“文明单位”“校园绿化先进单位”“卫生先进学校”，被市教委定为“卫生免检学校”，原国家教委副主任王明达、柳斌，教育部副部长张宝庆先后视察该校，对一中的办学给予了较高的评价。

地址：贵州省贵阳市金阳新区兴筑东路1号

邮编：550081

网址：http：//www. gyyz. com. cn

云 南 省

云南师范大学附属中学

云南师范大学附属中学是云南省教育厅首批评定的省一级完全中学，是云南省教育厅主管的唯一一所省级重点中学，是云南省科技教育的示范学校，是国家基础教育重点科研课题基地学校，是全国现代教育技术实验学校，是全国部分大学附中协作体、全国知名中学科研联合体的理事单位。

云南师范大学附属中学创建于1940年11月21日，其前身是抗日战争期间北京大学、清华大学和南开大学组建的“国立西南联合大学师范学院附属中学”（简称“联大附中”）。1984 年昆明师范学院更名为“云南师范大学”，附中随之更名为“云南师范大学附属中学”。

现设 51 个高中班，在校学生有 3 400 余人，学校配有一流的师资队伍，全校教职工共 214 人，其中特级教师 15 人，高级教师 92 人。

云南师范大学附属中学一贯十分重视学生的全面发展，全面实施素质教育，本着“一切为了学生，为了学生的一切”，“以育人为目标，以教学为中心，把德育放在首位”的原则，要求学生“先学会做人，再学做学问，不仅要学会，关键要会学”，做到“做人、求知、健体、办事”等协调发展。并开设了多门活动课和选修课，学生课余活动和文化活动丰富多彩。

地址：昆明市高新开发区洪源路 36 号

邮编：650106

网址：http：//www. ynsdfz. net

西藏自治区

西藏拉萨中学

西藏拉萨中学成立于 1956 年，是西藏和平新中国成立后人民政府在西藏创办的第一所中学，也是西藏历史上的第一所中学。

学校有专职教师 178 人，其中藏族教师 68 人，汉族教师 108 人，回族教师 2 人。有高级职称的教师 18 人，一级职称教师 68 人，总体结构合理。

学校直属自治区领导，是西藏最早的重点中学。学校有设施完备的教学楼，综合实验楼，图书馆和行政办公楼。学校目前有高中教学班 48 个，学生 2 800 多名。

建校四十多年，共培养了初中毕业生 12 854 名，高中毕业生达 6 200 名，向高等学院输送学生 5 800 余名，为西藏的社会主义现代化建设事业培养了大批合格的劳动者和建设者。学校多次被教育部评为“全国足球传统项目优秀学校”“全国现代教育技术实验学校”，被自治区教委评为“西藏自治区合格中学”和“文明学校”。

地址：西藏拉萨市林廓北路

邮编：850000

陕 西 省

西北工业大学附属中学

西北工业大学附属中学创建于 1971 年，1985 年首批被命名为陕西省重点中学。2008 年首批被命名为陕西省示范性高中。学校现占地 51 亩，建筑面积 30 437 平方米，各项教学设施齐全。

学校现有特级教师 3 人，高级教师 88 人。学校高考成绩显著，每年培养大量学生去全国重点大学深造。数、理、化等学科竞赛获奖规格和总人数在全省遥遥领先。

经过 30 多年的发展，学校在陕西省范围内实现了师资力量、办学条件、教风学风、校园文化“四个一流”，教育理念、学校管理、教育质量“三个领先”，形成了“以人为本、质量第一、崇尚务实、追求卓越”的办学特色，被誉为“古城管理之星，三秦质量之光”。

在新的世纪里，西北工业大学附属中学正在深化改革，加快发展，致力于把学校办成既出人才，又出经验，在国内有重要影响、有鲜明特色的名牌学校。

地址：陕西省西安市友谊西路 127 号

邮编：710072

网址：http：//www. xgdfz. com

西安交通大学附属中学

西安交通大学附属中学的历史可追溯到交通大学的前身南洋公学。1896 年，南洋公学建立之初就设立中院即附属中学，为大学输送合格生员。交通大学从上海迁至西安后，于 1959 年成立了西安交通大学附属中学，1981 年恢复重建。

西安交大附中求实创新，锐意进取，取得了丰硕成果，1991 年被命名为陕西省、西安市两级重点中学，2008 年 12 月，被评为陕西省首批示范高中，先后获得“全国科研兴校示范基地”“全国青年文明号”“全国创新型学校”“全国红十字模范校”“陕西省艺术示范校”“陕西省科技创新教育示范学校”“中国人民解放军国防生生源基地”“陕西省中学生物理竞赛培训基地”“西安市绿色学校”等上百项荣誉称号。

西安交大附中依托百年名校的文化底蕴和人文氛围，恪守“努力追求适合每一个学生发展的教育”的办学理念，把“培养有涵养、有责任心、有创新能力、有领袖素养、有国际视野的品学兼优的现代人才”作为育人目标。

交大附中坚持素质教育和创新教育，激活了学生的个性优势潜能，同时也促进了学生成绩的不断提高。在国际、国内中学生各学科奥林匹克竞赛决赛中，整体成绩在陕西省遥遥领先。学校重视在各学科教学中渗透科技创新教育。2006 年 12 月，交大附中被陕西省知识产权局命名为“陕西省中小学知识产权教育示范学校”。在澳大利亚举行的第八届国际机器人奥林匹克竞赛上，交大附中队代表中国参赛并喜获铜牌。2007 年 7 月，交大附中在首届全国青少年创意大赛中成绩斐然，荣获团体金奖（全国中学组第二名）。

兴庆校区地址：西安市兴庆南路 135 号

邮编：710048

曲江校区地址：西安市雁翔路 99 号

邮编：710054

网址：http：//www. fz. xjtu. edu. cn

甘 肃 省

兰州第一中学

兰州第一中学创建于 1902 年，是省属省级示范性高中。现有教职工 180 名，其中特级教师 4 名，高级教师 68 名，有教学班级 36 个，学生 2 000 多名。甘肃省中小学计算机教育中心、甘肃省中学人口教育及师资培训中心也设在校内。学校教育教学设施齐全，综合实力雄居全省中学前列。

兰州一中坚持以“弘毅”为校训，培养学生有远大的理想、坚强的意志，团结勤奋，求实创新，全面发展，学有特长。兰州一中的教育理念是“养德、开智、健体、立美”。兰州一中的办学目标是：以升学预备教育为主，兼创名校特色，全面理解贯彻党的教育方针，稳步科学推进素质教育，因材施教，发展特长，不断提高学生的综合素质，培养学生的创新精神和实践能力，为学生升入高一级学校打下坚实基础，为高一级学校输送合格人才。

学校教学成绩突出，高考上线率、录取率、学科平均分均名列全省首位，各学科尖子学生、特长生更是成倍涌现，1992 年以来，在各级各类学科竞赛中，获国家级奖 73 人次，省级奖 800 多人次。重视体育艺术教育，培养了一大批体育、艺术特长人才，被确定为排球、田径传统校，在第七、八届全运会上被授予全国群众体育先进集体；学生交响乐团闻名遐迩，多次参加全国、省市重要演出及文艺活动并屡屡获奖，还应邀对匈牙利、美国进行了友好访问。

学校多次被评为全国、省、市教育系统先进集体，全国先进体育传统项目学校，甘肃省中小学德育先进单位，全国学校艺术教育先进集体，全国未成年人保护先进单位。

地址：甘肃省城关区甘南路

邮编：730000

网址：http：//www. lzyz. net

西北师范大学附属中学

西北师大附中，源起于北平“五城学堂”，前身为北平师大附中，1937 年 9 月西迁办学，迄今已有 102 年的历史。兰州办学以来，先后被省教育厅命名为省级重点中学和省级示范性高级中学。校名由周培源题写，李政道为学校题赠“崇尚科学、培育英才”匾额。现实办学的核心理念是“和谐容大、卓越发展”。

改革开放以来，为高等院校输送学生 6 000 多名，其中多数到重点大学学习，并有近 2 000 人次的学生在省级以上学科竞赛和各种评优活动中获奖。近几年来，学校全面推行素质教育、创新教育和研究性学习，教育教学质量大幅提升。

学校占地 156 亩，教育教学设施先进，校园环境幽雅。西北师大附中辉煌的办学历史，优良的办学条件，科学而严格的管理，高水平的教育教学质量，源源不断地吸引着省内各地的优秀初中毕业生来这里享受优质高中教育，时刻牢记着“勤、慎、诚、勇”的校风，不断创造新的辉煌。

地址：兰州市安宁区十里店南街 21 号

邮编：730070

网址：http：//www. nwnusch. cn

青 海 省

湟川中学

青海湟川中学，是西宁市的重点中学。青海湟川中学始建于

1938年。1943年，学校移交当时的中央教育部，改名“国立湟川中学”直至西宁解放（1949年9月5日）。1950年3月，以湟川中学为基础，并入了“省立西宁中学”和西宁女子师范学校的初中班，定名为青海省西宁第一中学。1958年，由于进行学制改革实验，改为青海省实验中学。1962年年初，学校划归西宁市领导，遂更名为西宁市实验中学，至9月，又改名为西宁市第二中学，至1984年，复名为青海湟川中学。2002年，西宁市政府将位于苏家河湾的原青海省电力学校整体移交给湟川中学，成立“青海湟川中学海湖路分校”，2005年正式命名为“青海湟川中学”。

湟川中学是一所全日制省级标准化高级中学。现有30个高中教学班，1 700余名学生；教工130人，专职教师119人，其中特级教师1名，高级教师52名。从20世纪90年代以来，学校曾先后获得国家级“两个‘有’活动先进集体”“中学生社会实践合格单位”，省级“德育试点优秀成果”奖、“省模范集体”，市级“模范集体”“民主管理先进集体”“校容校貌先进单位”“德育先进学校”“勤工俭学先进集体”等荣誉称号。

地址：西宁市城西区海晏西路苏家河湾2号

邮编：810012

网址：http：//www.hc2.cn

宁夏回族自治区

银川一中

宁夏银川一中，始建于1906年，在宁夏高等院校诞生之前，一直有“宁夏最高学府”的美誉。1929年宁夏建省开始，校名易为“宁夏省立第一中学”。1958年宁夏回族自治区成立，学校更名为“宁夏回族自治区银川市第一中学”；1980年被宁夏教育厅确定为自治区首批重点中学；2005年，银川一中被确立为宁夏首批一级示范性高中。

学校现有48个教学班（其中，民族班12个、宏志班3个）；拥有一流的可持续发展的教师团队：有218名教职工，其中特级教师1人，高级教师98人。

近年学校荣誉：2004年以来，学校获人事部、教育部“全国教育系统先进集体”、教育部“北京2008奥林匹克教育示范校”“全国中小学图书馆先进集体”“国家级语言文字规范化示范学校”“全国高中数学联赛优胜单位”“全国中小学外语教研工作示范学校”“全国高中化学新课程实验先进学校”“全国中小学信息技术道德教育示范学校”、宁夏回族自治区“安全文明校园”、银川市“文明单位”、银川市“园林式单位”等各类表彰奖励 64 项。

地址：银川市民族南街 656 号

邮编：750001

网址：http：//www. ycyz. com. cn

新疆维吾尔自治区

新疆实验中学

新疆实验中学创建于 1956 年，曾先后被命名为新疆师院附中、新疆大学附中、乌鲁木齐市第十七中学、乌鲁木齐实验中学，1995 年改名为新疆实验中学。

学校秉着文理并重，古今贯通的办学理念，继承着自强不息、厚德载物的人文精神，培养出了一大批德才兼备的优秀毕业生，目前实验中学设有高一、高二、高三 3 个年级，共有 66 个班，其中汉语部 12 个理科实验班、民语部 6 个实验班、3 个重点班、4 个文科班，及 41 个平行班，在校人数达 3 700 余人，办学规模日益壮大。

实验中学教师队伍结构合理，其中高级教师 80 余人。

实验中学注重学生素质的全面发展，更重视学生特长的培养，“理科实验班”富有特色的培养方式以及深厚的基础教学水平和“面向世界，面向未来”的教学理念，备受学生和社会的欢迎，50 年来，实验中学已经为国家和社会培养了无数的精英和栋梁。

地址：乌鲁木齐市天山区延安路 3 号

邮编：830000

中国香港特别行政区

皇仁书院

皇仁书院（Queen's College）是香港最早的官立中学，也是香港著名的男子中学，以英语为教学语言。中文校训是“勤有功”。皇仁书院前身是创立于1862年的中央书院（The Central School），1889年，校名更改为维多利亚书院（Victoria College）。1894年，校名再更改为皇仁书院，一直沿用至今。

皇仁书院的办学宗旨，是为学生提供各方面的教育，目的是使学生在德、智、体、群、美各方面均有卓越的发展，借此让他们在人生各方面都有成就感和能成为明日的领袖。2004年，皇仁书院在校学生约1200人，分布于33个班别。中一至中五设5个班别（A，B，C，D，E），每班约40人；中六至中七设4个班别（A，E，M，S），每班约30人。校内所有中一学生是由香港教育统筹局实施的中一学位派位机制中招收，绝大部分学生均为第一组别（Band 1）的学生，学术成绩一般较佳。皇仁书院为香港114间使用英文作为教学语言的中学之一。除中国语文、中国历史、中国文学、普通话及中国文化科外，其余所有科目均使用英文作为教学语言。

地址：香港高土威道120号

网址：http：//www. qc. edu. hk

中国澳门特别行政区

澳门培正中学

1889年，培正学校创办于广州，是中国第一所由华人基督徒开办之新型学校。一百多年来，历尽艰辛，校务日晋，不断发展。由广州至香港、澳门，鼎足而三，屹立至今。1938年学校由广州迁澳，是为澳门培正中学之始。战后澳校设办小学，于1947年重办初中，1953年开办高中，澳门培正遂成为一所完整的非牟利的私立中学。

学校秉承“至善至正”的校训，坚持“德智体群美灵，六育均衡发展”的教育目标，积极贯彻“提高教学质量，改善学习环境，保持严谨校风”的办学方针。本校包括幼儿园、小学及中学部，全校学生人数超过三千人，教职员过百位。学制上，幼儿园实施两年制、小学六年制及初、高中各三年制。

提高教学质量，是本校的首要任务。该校是一所文法中学，在坚持以母语教学的同时，重视加强英文科的教学。课程的设置参照外地课程，结合澳门的实际情况及该校学生的升学路向，同时加强课外辅导，以确保学生的程度。毕业生以升学为主，每年有90%以上考进国内外及澳门等地的大专院校深造。

提高教师素质，建立与时代同步的教师队伍，是保证教学质量重要的一环。校方鼓励教职员业余进修，参加教学研讨，又经常邀请专家学者来校为教师作专题讲座；不少国内外教育团体莅校参观访问，座谈交流。

学校非常重视“第二课堂”活动的开展，校方每学年均举办多类型、常规性的校内活动及比赛，既提高了学生的学习兴趣和运用知识的能力，培养了学生的责任感和自信心，又奠定了同学们参与各项校际或公开比赛的基础。不少同学不但取得优异成绩，夺得奖项，更获选为澳门代表，参加多项埠际以至国际性比赛，为校争光，为本澳争取荣誉。

地址：澳门高士德马路七号

网址：http：//www. puiching. edu. mo

中国台湾地区

“国立”台湾师范大学附属高级中学

“国立”台湾师范大学附属高级中学是台北（或甚至全台湾）的诸多公立高级中学里，排名前几名的知名学校。

关于师大附中最早可以回溯到日治时代的 1937 年（昭和 12 年、民国 26 年）设置的“台北州立第三中学校”。1945 年，州立第三中学改名为“省立台北第三中学”，但又在来年 1 月 25 日改名为“省立台北和平中学”。1947 年正式更名为“台湾省立师范学院附属中学”，同时设有高中部与国中部。1967 年改制成为“国立台湾师范大学附属中学”。1979 年，因国中部即将再度开办，校名再次更改为“国立台湾师范大学附属高级中学”，并一直沿用至今。

有鉴于师大附中原本就是教育专业大学——师大——的附属实验中学，因此在校风上它与一般升学导向的其他公立高中较为不同。课程与编制的实验性很强，升学主义的气息较其他知名高中少，教育风格则是公认较活泼但遵守教育理论，但相对于其他顶尖的高中而言，这点也让附中在升学率方面的表现稍显吃亏。

除了一般标准招收的班级外，师大附中向来拥有非常多特殊用途的实验班，例如在 1950 年到 1961 年间曾招收过“四二制实验班”，1980 年开办“音乐教育实验班”，1986 年接受教育部的指定开办“数学及自然科学实验班”，2004 年成立“语文资优班”等，都是一般公立高中比较少见的特殊班级制度。

除了是课程上的试验对象外，师大附中另外一个重要的功能是作为师大即将毕业的学生一个教育实习练习场。虽然其他学校每年也都会有发配到一些实习教师的名额，但是只有师大附中的教育实习是全面性的，遍及各科全都是由实习教师执教，原本的任课教师在此期间暂时作为监督与教学评鉴负责人。

由于师大附中的班号早已累计突破一千个班级，因此目前的班号是四位数的。高中部的特殊实验班之班号与一般班并无差别，但是国中部与高中部的班号是分开计算的。高中部一年约新增二十七班，国中部一年约新增七班。

地址：台北市大安区和安里信义路 3 段 143 号

邮编：10658

网址：http：//www. hs. ntnu. edu. tw

大 事 记

1月

10日起浙江、江苏、安徽、江西、河南、湖北、湖南、广东、广西、重庆、四川、贵州、云南、陕西、甘肃、青海、宁夏、新疆和新疆生产建设兵团19个省级行政单位均受到低温、雨雪、冰冻灾害影响。其中湖南、湖北、贵州、广西、江西、安徽6省区受灾最为严重。截至1月31日18时，因灾造成的直接经济损失已达537.9亿元。

2月

2日 “世界湿地日”。今年世界湿地日的主题为：健康的湿地，健康的人类（healthy wetland，healthy people）。目的是唤起更多的人关注《拉姆萨湿地公约》，了解保持湿地健康对人类健康的影响。湿地生态系统与森林、海洋生态系统并称三大生态系统，具有极高的生态效益，人类从湿地提供的食物、清洁的水源、药材等直接受益，而湿地管理不当造成的负面影响也将直接危害人类健康。例如，洪水以及洪水过后的瘟疫、水污染等，可能使人类失去生命。

15日 “中国12亿人口日”（1995，括号内为起始年份，以下同）。

28日 “世界居住条件调查日”。

3月

1日 “国际海豹日”（1983）。

6日 中国科学院资深院士、国际杰出第四纪地质环境学家、2003年度“国家最高科学技术奖”获得者、中国科学院地质与地球物理研究所研究员刘东生在北京逝世，享年91岁。刘东生院士1917年11月22日出生于辽宁省沈阳市，从事地球科学研究近70年，创立了“新风成说”；建立了250万年来最完整的陆相古气候记录，带领中国第四纪研究跻身世界领先行列。他还在环境医学、环境地球化学、环境考古学、青藏高原与极地科考等领域取得大量开创性研究成果，是中国地学界的一面旗帜。2002 年，刘东生院士荣获国际环境科学最高奖——“泰勒环境科学成就奖”。

12 日　我国“植树节”(1979)。

17～20 日　黑龙江省高中新课程 2008 年寒假地理学科骨干教师培训班在哈尔滨市举办。来自全省各地市、各个不同学校的 364 名地理教师以及教研员参加了培训。这是全省高中地理课改进行半年后，在全面调研的基础上，基于实践操作层面、基于问题解决的一次培训活动。

21 日　“世界林业节”，又称“世界森林日”(1972)。

22 日　“世界水日”，确立于 1993 年。今年世界水日的主题是：涉水卫生 (Sanitation)。联合国秘书长潘基文在宣布今年主题时介绍：目前全世界上有 20 多亿人缺乏基本环卫服务；发展中国家 90％以上污水无处理排放，造成水源污染；全世界每星期有 4 万多人死于与水质低劣和与卫生条件差相关的疾病，水卫生是环境卫生的关键。

23 日　“世界气象日”确立于 1950 年。世界气象组织将今年世界气象日的主题确定为：观测我们的星球，共创美好的未来。目的是使人们认识到，各国气象、水文部门和世界气象组织及其成员作为一个整体而广泛开展的综合性权威观测，具有较好的科学和社会经济效益；各国气象、水文部门和世界气象组织及其成员要加强合作，建立一个开展观测、收集、处理和分发气象、水文与相关资料及产品的国际综合系统，共同提高气象灾害监测预报预警能力，以更好地应对全球气候变化对经济社会可持续发展的挑战。

4 月

2 日　“吴传钧院士 90 华诞贺寿座谈会暨人地关系地域系统学术研讨会”在北京隆重举行。吴传钧是我国杰出的地理学家、中国科学院资深院士、中国地理学会名誉理事长、国际地理联合会 (IGU) 原副主席、中国科学院地理科学与资源研究所研究员。他还是一位德高望重的地理教育学家，除关心高等地理教育外，还受教育部聘请，亲自审查中学地理课程标准以及实验教科书，并对我国基础教育阶段的地理教育提出许多指导性意见。

22 日　“世界地球日”。今年世界地球日中国确定的主题是：认识地球，和谐发展。保护地球环境要从节约资源开始，近年来国际社会正逐步采取相关措施保护地球环境。2000 年制定的《联合国千年宣言》将环境保护问题纳入其中。2006 年 2 月，旨在控制温室气体排放的《京都议定书》正式生效，标志着人类在控制全球环境方面迈出了一大步。每一位社会公民都要从自身做起，节约每一滴水、每一度电、少开汽车、多用节能产品和节制使用空调，为保护地球环境作出自己的贡献。

5 月

12 日 14 时 28 分，四川汶川县发生 8.0 级地震。这次特大地震涉及四川 18 个市（州）和甘肃、陕西、重庆部分地区，受灾面积超过 10 万平方千米，直接受灾人口达 1 000 多万。截至 6 月 9 日 12 时，汶川大地震已造成 69 142 人遇难，374 065 人受伤，失踪 17 551 人，累计受灾人数达 4 600 多万人。此外，受灾地区交通、电力、通信、供水、供气等基础设施均受损严重。“一方有难，八方支援”，截至 7 月 31 日 12 时，灾区共接收国内外捐赠款物 592.49 亿元。

22 日　今年“国际生物多样性日”的主题是：生物多样性与农业——保护生物多样性，确保粮食安全。生物多样性指的是地球上生物圈中所有的生物（即动物、植物、微生物），以及它们所拥有的基因和生存环境。它包含三个层级：遗传多样性、物种多样性和生态系统多样性。生物多样性是地球上生命经过几十亿年发展进化的结果，是人类赖以生存的物质基础。1992 年在巴西里约热内卢召开“联合国环境与发展大会”，153 个国家签署了《保护生物多样性公约》。1994 年联合国大会通过决议，将每年的 12 月 29 日定为“国际生物多样性日”。2001 年，第 55 届联大通过第 201 号决议，将“国际生物多样性日”改为 5 月 22 日。

31 日　“世界无烟日”(1988)。

6 月

5 日　“世界环境日”（1974）。联合国环境规划署确定今年世界环境日的主题为：转变传统观念，推行低碳经济（Kick the habit! Towards a low carbon economy）。我国环境保护部今天向媒体发布了中国主题：“绿色奥运与环境友好型社会”以及主题标识（运用中国传统书画艺术技法，通过地球、奥运五环等设计元素，体现主题），并要求全国各地以宣传“办绿色奥运，促节能减排，倡导生态文明，建设环境友好型社会”为重点，动员全社会力量参与环境保护，掀起一次环境宣传热潮。

6 日　据《中国教育报》报道：教育部在京召开高中新课程

实验省份联席会议。会议宣布到2007年秋季，全国共有包括北京、上海、广东、宁夏等16个省市自治区实施高中新课程。至2008年6月，已有316万毕业生结束高中新课程学习。今年秋季，山西、江西、河南、新疆（包括兵团）4个省区将进入高中新课程实验。

11日 “中国人口日”。

17日 “世界防止荒漠化和干旱日”。

25日 “全国土地日”（1991）。

7月

13～15日 “中国地理学会2008年学术年会”在长春举行。来自祖国内地、港澳台地区和澳大利亚地理学界和相关学科的科技工作者1 000余人出席。会议由中国地理学会、中国科学院东北地理与农业生态研究所、东北师范大学、中国科学院地理科学与资源研究所联合主办，大会主题是：“地理学与生态文明建设”。25个分会场中第18分会场专题讨论中学地理教育，其主题是“新课程与有效教学及高考评价与课程整合”。会后，组织长白山、辉南三角龙湾国家森林公园、世界文化遗产集安，以及俄罗斯海参崴地区科学考察。

11～20日 教育部组织实施面向山西、江西、河南、新疆4省区及新疆生产建设兵团等高中课改实验省份的高中起始年级地理教师及各级教研员的“普通高中课改实验省教师远程培训”。首都师范大学承担了今年新进入课改实验省区的高中地理教师远程培训任务。

28～31日 浙江省举办高中地理教师培训活动。来自全省各县市的普通高中地理教师380多人在杭州市参加培训。浙江省普通高中新课程实验工作专业指导委员会地理学科组的8位专家授课，并由担任高中地理新课程教学的一线教师作专题报告和经验介绍。

8月

5日 据新华网济南电：山东省教育厅下发《山东省普通高中课程设置及教学指导意见（试行）》，要求从2008年秋季学期开学起，文理分科时间不得早于高二年级末，并且逐渐废止高中文理分科。

7～12日 第7届国际地理奥林匹克竞赛在非洲国家突尼斯的迦太基举行，24个国家和地区的代表队参加比赛。中国队由华南师范大学附属中学的四名学生组成，结果是雷辛、黎敏丹两名学生均获得铜牌，实现了奖牌“零的突破”。

8～24日　第29届奥林匹克运动会在我国首都北京举行。“北京奥运会”设置了三大理念：“绿色奥运”“科技奥运”“人文奥运”。举行了28个大项、38个分项的比赛，产生302枚金牌。共有2万多名运动员、教练员和官员参加北京奥运会。大部分比赛在北京举行，帆船比赛在青岛举行；马术比赛在香港举行；部分足球预赛在天津、上海、沈阳和秦皇岛举行。

9月

10日　我国“教师节”（1985）。

14日　“世界清洁地球日”。

16日　“毒奶粉”事件再度对我国的食品安全问题敲响警钟。2008年9月初，全国各地医院发现许多数月大的婴儿患上泌尿结石病症，这些婴儿的共同点是长期食用同一品牌奶粉，后被证实三鹿牌婴幼儿奶粉等三聚氰胺超标。卫生部的统计数据显示，从2008年9月12日至17日8时，各地报告临床诊断患儿6 244例，另有3例婴儿死亡病例。10月7日，国家质量监督检验检疫总局、国家标准化管理委员会批准发布了《原料乳与乳制品中三聚氰胺检测方法》（GB/T22388—2008）国家标准，规定了三聚氰胺的检测方法的检测定量限。

16日　今天是第14个“国际臭氧层保护日”，其主题是：《蒙特利尔议定书》——国际合作保护全球利益。

25日　21点10分04秒988毫秒，我国“神舟”七号载人航天飞船在甘肃酒泉卫星发射中心发射升空。飞船于2008年9月28日17点37分在内蒙古四子王旗主着陆场成功着陆。“神舟”七号飞船共飞行2天20小时28分钟，我国航天员首次在太空出舱。“神七”升空标志我国火箭等技术的成熟，以及在载人航天飞船、太空行走等技术的突破，并为我国建立宇宙空间站打好前哨战，对于提高我国的大国地位，增强世界影响力等都有着重要意义。

27日　今天是第29个“世界旅游日”。今年世界旅游日的主题是：“旅游应对气候变化的挑战”。

10月

4日　“世界动物日”（1949）。

16日　“世界粮食日”（1979）。

17 日　“世界消除贫困日”。

10 月第二个星期三　“国际减轻自然灾害日”(1990)。

11 月

4 日　中国科学院资深院士、我国著名的自然地理学与海岸科学家、南京大学教授任美锷在南京逝世，享年 96 岁。任美锷院士 1913 年 10 月 7 日出生于浙江省宁波市，在 60 多年教学、科研生涯中，为我国的地理与海洋事业作出卓越贡献。他在对云南热带生物资源综合考察研究中，创立“准热带”等新的科学理论，为扩大我国热带作物种植基地，提供了理论基础。其著作《中国自然地理纲要》，以精确的科学描述，展现了我国锦绣河山，论述了综合自然区划原则，提出了热带化界、热带山原等新观点，丰富和发展了我国自然地理的内容，并被译成英、西班牙和日文出版发行。为表彰他在海岸地貌学和岩溶地貌学研究领域的卓越贡献，1986 年英国皇家地理学会授予他国际地理学最高荣誉——维多利亚奖章；2000 年荣获何梁何利基金科学与技术进步奖。任美锷院士晚年关心中学地理教育改革，亲自为南京师大－鲁教版高中地理课程标准实验教科书的编写立项写推荐书。

11 日　中国共产党优秀党员，中国科学院资深院士，我国著名的地理学、地图学、遥感应用专家，中国科学院地理科学与资源研究所研究员、中国科学院遥感应用研究所名誉所长陈述彭在北京逝世，享年 88 岁。陈述彭院士 1920 年 2 月生于江西省萍乡市。他从事地球科学研究近 70 载，开拓了我国现代地图学和地球信息科学领域，带领我国遥感和地理信息系统研究跻身于世界先进行列，并在地学分析、野外科学考察、地学信息图谱、地球系统科学与空间信息科学对接研究等领域作出卓越贡献，被尊称为“中国遥感地学之父”。陈述彭院士晚年十分重视中学地理教育改革，受教育部聘请，亲自对中学地理课程标准及实验教科书等进行审定，并提出许多指导性意见。

12 月

18 日　据教育部网站、教育部办公厅、国家民委办公厅联合发布《学校民族团结教育指导纲要（试行）》，要求将民族团结教育贯穿于学校教育工作各环节。全国中小学要设置专门的民族团结教育课程，并在不同年级开设不同课程、保证相应学时。

19 日　据联合早报网报道：全国人大常委会表决通过的《防震减灾法（修订草案）》明确规定：学校建设工程应高于当地房

屋建筑抗震设防要求。该修订草案还规定县级政府及其有关部门应当组织开展地震应急知识的宣传普及活动和必要的地震应急救援演练。学校应当把地震应急知识教育纳入教学内容，培养学生的安全意识和自救与互救能力。

19～21 日　中国教育学会地理教学研究会 2008 年学术研讨年会暨第 7 届理事会第二次会议在福建省南安市召开。会议围绕“地理课程改革回顾与展望”主题，在改革开放 30 年之际，对地理课程改革进行了深入的研讨和反思。第 7 届理事会第二次会议对学会的日常工作及会员发展等问题进行了磋商。

著作、论文索引

2008 年度地理科学著作摘编

自然地理学

林爱文

本书以地球系统科学为指导，构建了以适应现代社会环境与可持续发展为目的，以突出地球表层环境系统整体性为特征的内容体系，并按照“地、气、水、土、生”的次序，分别阐述了地球表层系统及其构成这一系统的岩石圈、大气圈、水圈、土壤圈、生物圈的组成、结构、物质迁移、能量转换、动态演变过程以及相互作用规律。全书既注意保持自然地理学科体系的完整性，又强调环境意识与系统思维，内容新颖、结构合理、资料丰富、图文并茂、实用性强。

全书共分 15 章，包括绪论、地球系统、地球演化、岩石圈系统、地貌过程、地貌系统、地球大气、气候与环境、水循环与水分运动、地球水环境系统、土壤过程、土壤环境系统、生物圈系统、地球上的生态系统、自然地域系统。

本书可作为地理、资源、环境、农林、土地、生物、测绘等相关专业本科生的教材或参考书，也可供相关专业的科研人员及社会学者参考。

武汉大学出版社 2008 年

地理科学概论

程先富

地理科学是介于自然科学和社会科学之间的跨学科的科学，是建设可持续发展信息社会的重要支柱之一，在提高国民综合素质、培养复合型人才等方面具有重要作用。本书分为绪论、地理学基本理论、理论地理学、地理信息科学、地理系统工程、发展与展望六章，融地理科学基础理论、技术科学和工程技术于一体，力图为提高国民综合素质，培养复合型人才作出自己的贡献。

本书既可以作为大学生工科类基础课教材，也可以作为地理科学、地理信息系统、资源环境与城乡规划管理、土地管理等专业本科生、研究生教材，还可以供政府和企业相关部门的管理人员阅读参考。

安徽人民出版社 2008 年

数字城市三维地理空间框架原理与方法

李成名　王继周等

本书针对当前“数字城市”建设中城市三维地理空间框架建设所面临的三维数据获取、三维建模、海量数据三维可视化、三维空间分析、行业应用等瓶颈问题，经过长期研究试验，探索出一套符合我国当前数字城市三维空间框架建设需求的技术路线，经过在山东、浙江、河北等省份十几座城市的应用，验证了其实用性与高效性。

本书适宜于作为测绘、遥感以及地理信息系统专业高年级本科生、研究生和从事数字城市研究与建设的科技人员的重要参考资料。

科学出版社 2008 年

地理辞典

谭见安

本辞典的编撰旨在普及地理知识。“上知天文，下知地理”常被人们用来作为比喻聪慧、衡量学问的象征和指标。确实，地理知识关系到每个人的工作、学习、生活以及旅游休闲的方方面面。不管你是从事什么职业，处于哪个阶层，若有好的地理涵养，定能从中获益，在生活、社交和事业上得到独特的收获、启迪和指引。

同时，一个人是否具有良好的地理知识，反映了公民的一种文化素养，具备良好的地理知识素养，就可开阔眼界和视野，提高认识世界、了解客观事物运行规律的能力，有助于形成正确的世界观，以及爱祖国、爱人民、爱家园的美德，并从高层次上关爱地球、环境、生态、动物、植物、社区和健康。

本辞典将整个地理知识内容分为星球地理，地球与地理学，洲洋地理，自然地理，人文地理，人类发展地理，资源地理，景观与区域地理，国家与政区地理，地理技术科学（遥感、地理信息化技术、地图学与地学信息图谱、计量地理），区域开发与地理建设，地理纪事 12 大板块。总计有 7000 多个条目。

本书的特点：第一，突出知识性，兼及趣味性，行文通俗易懂，深入浅出；第二，涉及面广，包括了整个地理学及其相关学科的知识；第三，特别加强了地理知识新内容的介绍，增添和突出了人类发展与环境、生态和健康，以及地理遥感与地理信息系统等领域的新知识、新术语条目；第四，本书编写注重了地理知识的系统性，书中列有专业分类目录，不仅使读者能查阅单项地理知识，还能给读者一个完整的、系统的地理知识体系；第五，本书虽然主要面向具有中等文化水平的人员，但其内容丰富，适应面广，可为不同文化水平、不同职业、不同工作岗位的群体参阅使用，可作为其生活和工作中的伴侣和小顾问。

化学工业出版社 2008 年

中国文化地理

王恩涌　胡兆量等

本书系《中国人文地理丛书》之一。全书分为历史文化篇、专题文化篇和区域文化篇共三篇十九章。历史文化篇包括第一章至第七章内容，着重从中国地理环境分析其与中国政治、经济、军事和宗教文化方面的联系；专题文化篇包括第八至第十一章内容，论述了中国语言、宗教、民俗和建筑文化；区域文化篇为中国各区域文化概述，包括第十二章至第十九章内容，分别阐述了中国文化分区原则和华北、东北、华东、华中、华南、西北、西南 7 大文化区概况。本书特色在于有历史文化部分、专题文化部分和区域文化部分。这与其他文化地理著作有不同之处。它表现了地理在历史文化中的作用、区域的分布，表现了与地理环境有关联的那一部分文化，而不包括文化的所有方面。

本书可供地理、文化、历史、宗教、区域研究等有关科研、教学人员参考使用，亦可供广大读者阅读。

科学出版社 2008 年

海岸带地理环境学

沈　庆

海岸带地理环境学针对地球表层的海岸带区域，研究其形成、结构、特征、演化过程以及相互分化、产生差异的区域分异规律。本书第一章绪论介绍海岸带的范围、地理环境共性和有关海洋权益法规。第二章至第五章为海岸带动力部分，论述大气运动和海水运动对海岸带的动力作用，介绍了海岸带的工程环境条件和环境载荷分析计算方法。第六章至第九章为海岸带地质部分，论述地球演化和岩石性质、地质构造对海岸带的影响和海岸带泥沙、海岸带地下水的运动变化规律。第十章至第十三章为海岸带地貌部分，论述各种不同类型海岸的地貌特征及其发育演化过程。第十四章论述人类活动与海岸带地理环境的关系。

为便于未开设自然地理类、气象类和地质类选修课程的专业进行教学，有关章节简要系统地介绍了相关的基础知识，节名前加了☆号。

本书可作为高等学校与海岸带地理环境有关的工程、管理和指挥类专业的本科教材。

人民交通出版社 2008 年

地理科学导论

白光润

本书用一元地理科学观和方法论，阐述现代地理科学的基础理论、基本研究方法、最新研究成果和前沿学术思想。比较全面地反映了现代地理科学的学术地位、学术领域、社会影响和发展概貌。本书分四大部分：第一部分地球系统，介绍与地理科学有关的宇宙知识、地球的运动及其地理效应、地球表层的结构、物质循环和能量转换；第二部分地理空间，介绍地理空间规律，区位理论、行为地理理论、区域理论、地缘理论；第三部分人类活动与地理环境，介绍人地关系、经济、文化与环境的关系等方面的理论；第四部分地理科学思想与方法，介绍地理学发展简史，地理科学方法论、地理科学体系、地理学方法以及地理科学的社会文化意义等。每一节附有参考书目和讨论题，书后附有术语索引。书中配有大量生动有趣的专栏，图表丰富多样，可读性很强。

高等教育出版社 2008 年

中国生态地理区域系统研究

郑　度

以人类居住的地球表层为传统研究对象的地理学，具有跨越自然科学与社会科学的性质，一直以综合性和区域性为其特色。区域研究是地理学悠久而重要的传统，发展成为区域学派。地表自然界是由各自然地理要素组成的。具有内在联系、相互制约的统一整体。一个自然地理要素的地域变化往往影响其他要素的地域变化，从而导致不同区域自然地理环境的差异。因而，区划是地理学的传统工作和重要研究内容。

商务印书馆 2008 年

环境灾害学

张丽萍

本教材围绕人类活动、环境问题和灾害的关系，系统地阐述了环境灾害的孕育、发生、发展过程。

全书共 11 章。首先，系统地阐述了环境灾害学的基本概念、原理、灾害形成过程、研究方法和学科体系；其次，就环境灾害形成的主要原因，从环境污染灾害、资源开发对环境破坏所诱发的灾害和环境退化灾害等方面，全面、系统地论述了各具体灾种的形成过程、特点、危害等，对各灾种的典型案例进行了详细分析；最后，基于环境灾害可预测性和人为可控制性的特征，对环境灾害的评估方法进行了系统论述，对环境灾害的防治和应急预案的制定进行了研究。为了便于学生掌握重点、系统学习，每章章末附有思考题。

本书可供环境科学与环境工程、资源科学、地理学、管理学、生态学、农学等专业的本科生、研究生作为教材和参考书，还可作为高等院校环境类学科的公共平台课教材，也可供从事环境、资源、灾害研究及规划、管理的专业人员使用和参考。

科学出版社 2008 年

黄河下游洪水灾害风险与后备流路

刘燕华　康相武　吴绍洪等

本书针对黄河治理这一经典论题，从宏观的时空视野、多学科结合的角度，用翔实的数据、先进的技术和缜密的逻辑研究了目前黄河下游存在的洪水灾害风险，系统总结了黄河下游河道发育的自然规律，并据此提出为现行黄河预留后备流路作为治黄的远景战略，将黄河之害限于可控的范围内，具有重要的理论和实践意义。

科学出版社 2008 年

中国测绘与人文社会：测绘科技对社会文明的驱动

牛汝辰

本书试图把测绘科技史材料同相应的人文环境和社会背景融合在一起，从新的角度提出问题，然后加以分析和评论，以阐述测绘科技同各时代人文环境和社会生活之间的复杂关系。通过我国测绘科技发展的人文社会环境分析，解释我国测绘科技与人文环境和社会背景的关系及相互间是如何相互影响和发展的。深入挖掘每一个主要阶段的社会背景、民族文化特点、价值观念、科技政策、思维方式及人文成果对测绘科技和地图学的影响。

民族文化传统对科学传统的形成和发展具有举足轻重的作用。中国文化传统的思维方式是重历史经验，轻逻辑推理，这就直接决定了中国古代科学传统在顺应自然基础上的重实用、轻理论的特点。这种科学传统在科学尚不发达的古代尚能促进科学的发展，但却无法催生近代自然科学。深入研究我国测绘科技发展与人文环境和社会背景的关系，就能充分发挥科技的积极作用，营造适应测绘科技发展的良好的科技环境，使科技真正造福于人类，并对我国测绘科技创新工程的实施都会产生积极作用。

中国社会出版社 2008 年

自然地理学（第四版）

伍光和　王乃昂等

本书在简要介绍地球和地壳基本知识的基础上，分别论述了气候、水文、地貌、土壤和生物的特征，分析这些要素在自然地理环境中的地位和相互作用，引导学生确立自然地理环境整体性理念。本次修订仍保持了一、二、三版的基本框架，但对具体内容进行了更新，反映学科新面貌。本书特点是以综合视角观察和认识自然，进而实现人与自然的和谐。

本书除适合高校地球科学各专业作为基础课程教材使用外，还可供环境、生态等有关科研、教学人员阅读。

高等教育出版社 2008 年

地理信息系统概论

黄杏元　马劲松

本书是在面向 21 世纪课程教材《地理信息系统概论》（修订

版）的基础上修订而成。主要介绍了地理信息系统的基本理论、技术体系及其应用方法。全书共分 8 章，主要内容包括：地理信息系统的基本概念、基本理论、空间数据特征和数据结构、空间数据库、空间数据处理、空间分析、应用模型、应用设计、产品输出等。

本次修订过程中，广泛听取了专家和读者对原教材的意见，进一步理清了地理信息系统的学科结构框架和内容体系，对教材章节结构作了较大调整，内容也有较多的更新，使本书在科学性、实用性和可读性等方面有增进和提高，更便于读者自学。

本书可以作为大学地球科学类专业本科生专业基础课教材、研究生主要参考书及供有关科研和产业部门科技人员参考。

高等教育出版社 2008 年

地理学是什么

王恩涌　许学工

很多自然科学方面的知识也许会让我们觉得高深莫测，但它确是与我们联系最紧密，影响最深远的知识，我们需要从多方面、多角度了解这些知识。北京大学拥有百年的基础科学教育和研究的历史，一大批杰出的科学家曾在或正在这里学习和工作，既有邓稼先、于敏等“两弹一星”元勋，也有黄昆、王选等“国家最高科学技术奖”获得者，他们为中国乃至世界范围内的理论创新、科技发展、社会进步都作出了重要贡献。北京大学继出版《人文社会科学是什么》丛书后推出这套《自然科学是什么》丛书，深入浅出地介绍了自然科学领域的知识，为大、中学生展示了一个五彩缤纷的自然科学世界。相信这套书的出版会对提高中华民族的科学素养、普及自然科学知识起到重大的推动作用。

北京大学出版社 2008 年

地理学思想史

郑昭佩

地理学思想史是介绍地理学思想发展历史的学科。本书首先介绍了地理学的研究对象和学科体系，并重点介绍了人与自然的辩证关系这一地理学的主要研究内容，包括自然环境对人类社会的影响和人类社会发展对地理环境的影响两个方面。其次，按照地理学思想的发展历程，将地理学思想发展阶段分为古代地理学、近代地理学和现代地理学 3 个阶段进行了介绍，其中重点介绍了近代地理学的产生及其在世界范围内的传播。最后，概述了科技进步与地理学的发展以及地理学的发展前景。

本书适合地理系本科生和研究生使用，也可以作为了解地理学发展过程的读物，供地理学爱好者和相关研究人员参考。

科学出版社 2008 年

地理信息系统在环境科学中的应用

李旭祥等

本书针对地理信息系统在环境科学中应用的实际需要，全面阐述了地理信息系统的特征、类型、功能、数据采集和数据库设计，着重介绍地理信息系统在环境科学应用中的技术和方法，强调基础，内容精练易学。

全书共分 8 章，首先，介绍了地理信息系统的组成、功能及其发展与现状，实用地理信息系统的数据特征、数据来源及数据质量，地理信息系统数据库设计的主要内容和方法，国内外常见的 GIS 软件及其功能。其次，介绍了环境信息系统建立方法和 GIS 在环境科学中的应用。最后，介绍了 GIS 应用功能开发技术的新进展。为便于学习，每章章末给出了一定量的思考题。

本书主要用作环境科学与工程专业高年级本科生和研究生的学习用书，也可供从事环境科学与工程方面的科技工作者、信息资源开发等领域的技术人员参考。

清华大学出版社 2008 年

地理信息系统原理及应用

刘贵明

本书全面系统地阐述了地理信息系统的基础理论和应用方法，同时注意反映地理信息系统领域的最新研究成果，并将其与应用相结合。

本书共分两篇：第一篇介绍地理信息系统的基础理论，主要内容包括地理信息系统相关的基本概念，地理信息系统的组成，空间数据结构与空间数据库，空间分析模型以及应用型地理信息系统的设计、开发、评价等；第二篇介绍地理信息系统的应用，主要内容包括应用模型的构建，GIS与GPS、RS的集成开发，并通过实例详细介绍地理信息系统的应用与开发，地图矢量化，GIS数据模型与数据库，GIS空间分析与数字高程模型的建立，GIS的设计与实现等。

本书可作为普通高等院校测绘、地理、地质、城市规划、市政管理、土地资源管理、环境科学等专业的本科生以及高职高专学生的教材或参考书，也可供从事地理信息系统、资源与环境管理信息系统、土地利用信息和地籍管理信息系统、城市管理和各种专业信息系统的科技人员和管理人员参考。

科学出版社 2008 年

城市地理信息系统——原理、应用与项目管理

上海市信息化委员会

本教材是在上海市信息化委员会的支持下，以培训城市地理信息系统信息项目管理人员为主要目的而编写的。本教材分为基础篇、应用篇、项目管理篇。基础篇叙述地理信息系统原理针对当前我国信息项目管理人才培训的需求，介绍地理信息系统的相关概念，论述GIS与地图、GIS中的数据、GIS分析与决策、GIS开发环境和系统建设等原理与技术，使项目主管对地理信息系统的基础知识有总体把握。应用篇讲述地理信息系统应用，通过上海市有关单位对地理信息系统在政府管理、应急决策、城市规划、公安消防、国土农业、商业金融等各个方面的应用与分析，使读者对地理信息系统在各个领域的应用发展有较全面的了解。项目管理篇讲述地理信息系统项目管理，讨论GIS工程管理、GIS业务运行管理、城市GIS综合应用规划等内容，重点是GIS工程项目管理，这也是本教材编写的出发点。在此基础上，本教材讨论了数字城市与城市信息化管理、政务GIS与城市网格化管理等前沿内容。

本教材已在上海市申信信息技术专修学院作为GIS项目管理培训教材被多次使用，为推进上海市GIS建设与应用发挥了很大作用。

本教材既可作为政府、企事业单位培养地理信息系统主管的教材，也可作为高等学校地理学、地理信息系统、区域经济学等专业的教学参考书，还可作为GIS研究人员和工作人员的参考书。

科学出版社 2008 年

数字国土设计、实现与应用

赵文吉等

本书介绍了数字国土的基本概念与技术体系。全书共13章，系统阐述了数字国土的设计与实现以及在土地资源信息系统、水资源信息系统、气象资源信息系统、矿产资源信息系统、旅游资源信息系统、森林资源信息系统、生态环境信息系统、洪涝灾害监测与应急响应决策支持系统和数字国土三维可视化系统等方面的应用。

本书凝聚了笔者多年数字国土教学和科研工作成果，在介绍数字国土技术的基础上，着重论述了数字国土的设计、实现与应用。本书反映了"863"计划、国土资源大调查等科研项目的最新研究成果，具有信息全、技术新、应用性强的特点。

本书可供从事资源管理、地理信息系统开发、地理信息系统教育等相关行业的管理人员、技术人员和师生参考。

科学出版社 2008 年

中国乡村地域经济论

乔家君

乡村在我国经济发展中起着重要作用，农户是重要的经济活动主体，其依托的相对独立的最小空间——是一个重要经济活动载体。在目前国内外研究成果分析的基础上，本书根据实地调查的大量农户数据，从全国、沿海发达区、省城、县域等不同空间尺度对村域经济差异及发展形势进行了多方位剖析与总结，从点、面等不同视角分析了村庄选址、外出务工、商业活动、农业活动、居住空间的区位特征，认为制度条件、村域所处环境、精英文化等是形成不同村域经济模式的内在机理，体现于村域自主发展能力的空间差异，最后指出中国村域经济的发展走势，并提出引导中国村域经济发展的相关措施。

本书可供从事经济地理、农村经济等专业科研人员和有关发展的相关人员及一些实践工作者参考。

科学出版社 2008 年

地理科学教授文集

袁孝亭　王士君

本书收录的论文有：《关于建立地缘学新学科的构想》、《中国城市规划制度创新刍议》、《松花江上游地区污染的化学生态效应》、《莫莫格保护区湿地土壤均化洪水效益研究》等。

东北师范大学出版社 2008 年

地理教学理论与实践

张杏梅

在基础教育改革推广实施的今天，学科教学理论与实践的研究具有重要意义。本书以地理新课程为主线，以学生发展为最终目标，运用系统论观点、教育科学和地理科学等学科理论与方法，对地理教学中的地理课程、教学方法、课堂教学、教学评价乃至新课程下地理教师应具有的素养等重要方面进行了透彻的理论分析，其中穿插较多案例，以适应时代发展对地理教学理论研究与实践开展的需要。这不仅有利于地理教学基本理论体系的构建，而且对于地理教学实践具有较好的指导作用。

气象出版社 2008 年

地理信息微观经济分析

景贵飞

地理信息技术所涉及的遥感、地理信息系统、卫星导航系统等领域正在发展成为新兴的产业，用户、投资正在迅速多元化，但是地理信息的经济行为，尤其是涉及企业和个体用户的微观经济行为，其理论和指导思想的研究还处于起始阶段，无论研究的广度、深度，还是研究内容的共识性方面都处于起步阶段，但对于地理信息工业的最终形成具有举足轻重的作用，能够使地理信息工业的成长和发展在经济理论的指导下少走弯路。本书对地理信息的经济特性、社会化需求的可行性、生产和供给特征进行研究，揭示地理信息产业的微观经济特征，为地理信息的生产和消费提供借鉴。

读者对象：与 GIS 相关的政府官员、企业管理者，以及 GIS 领域的科研开发人员。

电子工业出版社 2008 年

地理课堂教学技能训练

江　晔　刘　兰

本书为教育部中小学教师继续教育教材。内容取材新、立意新、案例多、重实践，有助于中小学地理教师巩固提高传统的地理课堂教学技能，并形成新的教学技能，更新教学观念，提高教学水平。地理课堂教学活动是一个完整而又复杂的系统，它包括课前的准备、课中的实施和课后的反思总结。本书 12 章既涉及课前教学设计和说课技能，又包含课中导入、讲授、提问、变化、媒体运用、活动组织和结课等技能，还包含课后的教学反思、评课等技能。

华东师范大学出版社 2008 年

地图学

胡圣武

本书系统、完整和全面地介绍了地图学的基本原理与应用。主要内容包括地图和地图学的基本特性及定义、基本内容、分类、功能、学科体系，地图的分幅与编号，地球椭球体基本要素和公式，地图投影基本理论，常见的几种投影理论与应用，地图语言、普通地图与专题地图内容的表示方法，制图综合的基本理论和基本规律，地图成图的方法，地形图应用等。作为地球空间信息科学的组成部分，本书强调原理与方法相结合、理论与实际相结合、经典与现代相结合，内容具有可读性、客观性和便于自学等特点，为培养学生的抽象思维和视觉思维能力提供了一个平台。

本书既可以作为高等院校测绘、地理、资源环境与城乡规划管理、土地资源管理、地质、资源勘察工程、林业、城市规划、环境、建筑、旅游管理、园林、生态学等专业的教材，亦可作为科研院所、生产单位的科学技术人员的参考用书。

清华大学出版社 2008 年

动力地貌学概论：人工建筑的地基——地貌环境

马蔼乃

地球表面上的人工建筑，无一不是建设在地貌环境之中的，研究地貌与建筑力学相适应的力学，无疑是极为重要的方向。动力地貌学是研究力学与地貌学之间的交叉学科。《动力地貌学概论》立足于理论力学、流体力学、固体力学、流变力学、颗粒力学等力学基础，普通地貌学、部门地貌学基础，以及地理数学基础上的一部关于地形圈、岩石圈与土圈的专著。涉及数学力学、地貌学基础，地表形态在内动力与外动力作用下的各种地貌过程。

全书共分十八章，包括：动力地貌学的背景；大地构造地貌力学、褶皱与断层地貌力学、火山动力地貌、地震动力地貌等内动力地貌；坡地动力地貌、河流动力地貌、泥石流动力地貌、喀斯特（岩溶）动力地貌、粒雪与冰水流动力地貌、冰川动力地貌、冻土动力地貌、风沙动力地貌、黄土动力地貌、海岸动力地貌、海底动力地貌等外动力地貌；陨石动力地貌和人工地貌力学。

可以作为大学生、研究生的教科书、参考书，也可供资源、能源、环境、灾害、矿山、城建、交通、土木、水利等有关研究人员、专业人员、技术人员参考。

高等教育出版社 2008 年

地理学教学研究改革与实践

宫辉力

本科教育是整个高等教育的重中之重，质量工程的核心是人才培养，关键是本科教学。这本论文集反映了资源环境与旅游学院师生近期在本科教学、教学改革、教学管理等诸多方面的探索和实践，其中不乏真切的直接经验、鲜活的案例和创新的思想，这对于提高教学质量、促进教学改革具有启迪与借鉴意义。

北京大学出版社 2008 年

地理学与环境科学的交叉和综合

刘培桐文集

本书是刘培桐先生的文集，内中具体收录了《中国气候与土壤之关系》、《汉渝公路中段暨渠江流域之土壤与土地利用》、《试论地理环境发生、发展中的异质化和空间分异过程》、《关于在我国开展化学地理研究的几点意见》、《我国化学地理学的三十年》文章。

北京师范大学出版社 2008 年

地球科学概论

赵旭阳

本书是根据教育部有关高等院校小学教育师资培养的要求而编写的。全书共分 12 章。第 1 章至第 5 章以研究地球空间环境为主，包括地球的宇宙环境和地球自身结构的基本特征等内容。第 6 章至第 12 章以研究地球表层环境为主，包括地壳的运动、地球大气、地球上的水、地表形态变化、地球上的土壤、地球上的生物圈以及人类活动与地球环境之间的关系等内容。

本书力求突出“重视基础，突出原理，吸收新知，拓展思维，强调实践”的思想，书中内容丰富、全面系统，在系统介绍地球科学基础知识的基础上，更加突出资源与环境的保护。本书吸收了学科发展的最新知识，延伸了学科知识体系，便于学生了解学科前沿知识和发展趋势；书中采用了大量示意图和实景图片，图文并茂，增强了教材的直观性，提高了可读性；书中安排了大量的阅读资料，便于延伸学生思维空间、扩大学生阅读内容、拓宽学生的知识面；书中还安排了大量实践环节和思考题，可以提高学生的实践实验能力。

本书适用于高等院校小学教育专业教学用书和其他大专院校各专业公共选修课使用教材，也可用于一般科技人员阅读使用。

人民教育出版社 2008 年

GPS 测量原理及应用（第三版）

徐绍铨　张华海等

本书为中国全球定位系统技术应用协会“教育与发展”专业委员会组织编写，旨在普及 GPS 知识，推广 GPS 应用技术。本书系统论述 GPS 的基本原理、测量方法、应用范围、测量技术设计与实施，数据处理与实用数学模型。本书特点是尽可能规避 GPS 系统的烦琐理论，注重 GPS 测量应用技术，因而概念清晰，通俗易懂，适应面宽，可操作性强。可作 GPS 课程（40 学时）的教材，可作测量工程技术人员参考用书。

武汉大学出版社 2008 年

植物地理学

马丹炜

本书为四川省精品课程“植物地理学”的配套教材，根据学生认知规律编排教材内容，系统论述了植物的形态结构、植物界各大类群的基本特征、植物分布区和植物区系、植物与生态因子之间的相互关系、植物种群、植物群落的基本特征以及世界植被类型的特点和分布。教材注重体现学科的最新成就，内容取舍恰当，篇幅适宜，语言精练、流畅，图文并茂。

本书可用作高等院校地理科学、环境科学、生态学、生物科学及相关专业的本、专科生教材，也可作为相关专业人员、研究生和环境影响评价人员的参考书。

科学出版社 2008 年

地理环境与冰川研究续集

施雅风

这部论著是一位地学大师古稀之年勤耕不缀的创新之作，内容涵盖西北地区水资源与环境变化、海平面变化与影响、青藏高原隆升与环境变化、冰川与气候以及长江洪水演变等研究方向，均为当今相关领域研究的热点和国家迫切需要解决的重大科学问题，充分体现了作者施雅风院士对国际学术前沿和对国家需求的准确把握。

气象出版社 2008 年

地图学与地图绘制

王　琴

本书全面系统地阐述了地图学的基本概念、基本理论及地图绘制的基本技术和方法，全书分四部分十章，第一部分为地图基础理论；第二部分为地图制图；第三部分为地图分析与应用，第四部分为课程实验，使学生更好地掌握基本的理论知识，提高实践操作的能力。

本书可作为高职高专院校地学类、测绘类等地图制图与地理信息系统专业的教学用书，也可作为相关专业和工程技术人员的参考用书。

黄河水利出版社 2008 年

地质学基础

张　琴

本书叙述了地质学的基本研究方法、地质作用、矿物、岩石、沉积相、古生物与地层、地质构造及石油地质基础知识。与同类教材相比，本教材加强了地质作用、岩石学、沉积相和石油地质基础知识。

石油工业出版社 2008 年

自然地理与生态

赵昭昞

本书由 52 篇相关论文整合而成。分三部分：第一部分为环境，揭示区域环境特征，分析其形成原因和演变的过程；第二部分为资源，对各种自然资源的优势和劣势进行全面评价，并对资源如何开发利用提出合理化建议。这两部分都是自然地理基本内容；第三部分是生态，它主要反映在环境保护、水土保持和自然灾害等几个方面，并对生态现状、存在的问题及其产生的原因提出了防治对策和措施。

中国环境科学出版社 2008 年

地学基础

姬亚芹

本书针对环境科学、生态学等专业本科生的知识结构和特点，系统介绍了地学的基本概念、基本理论、基本规律和基本技能。全书分为 7 章。第一章绪论部分主要介绍了地学的研究内容、领域和研究方法。第二章至第五章分别介绍了岩石圈（地壳）、大气圈、水圈、土壤圈四个圈层的基础知识、基本规律。为了使学生进一步掌握地学的基本技能，第六章和第七章分别介绍了地图和遥感的基础知识。本书结合地学的最新研究进展，内容新颖，图文并茂，为便于学生自学和复习，各章后面附有参考文献、思考与练习题。针对高中阶段各地区地理教学与考试内容具有较大差异的现状，书中以小字形式介绍了一些背景知识，供读者参考阅读。

本书具有较强的知识性与实用性，可作为高等院校环境、生态、农业、地理等领域的专业基础课教学用书，同时也可作为研究生或相关领域科技人员的参考书。

化学工业出版社 2008 年

旅游地理基础

张志宇

本书是《中等职业教育旅游系列教材》之一。全书共有 11 章，内容包括绪论，中国旅游资源概述，京、津、冀旅游区，黑、吉、辽旅游区，甘、新、内蒙古、宁旅游区，秦、晋、豫、鲁旅游区，沪、苏、浙、皖、赣旅游区，蜀、渝、鄂、湘旅游区，滇、黔、桂旅游区，青、藏旅游区，闽、台、粤、琼、港、澳旅游区。最后附有《世界遗产名录》中国部分。为便于中职学生阅读，本书适当增加了“小知识”“猜猜看”等知识片段，每章之后有“本章小结”“思考与练习”，以及建议浏览网站和建议阅读书目，其目的是让学生开阔视野，引发学习兴趣，扩大知识面。

本书可作中等职业教育餐旅服务专业教材，也可作餐旅行业员工的培训教材或旅游爱好者的参考书。

中国金融出版社 2008 年

水文地质勘察

蓝俊康　郭纯青

本书内容分为两篇。第1篇主要介绍水文地质勘察的基本方法和基本技能，内容包括水文地质勘察概述、水文地质测绘、水文地质物探、水文地质钻探、水文地质试验、地下水动态与均衡、地下水的监测、水文地质调查成果的整理等方面内容。第2篇则针对当今社会各个行业的水文地质勘察进行专门介绍。限于篇幅，本书仅阐述供水水文地质勘察、水利水电工程水文地质勘察、矿山水文地质勘察及其他领域（农田灌溉、缺水地区找水、热水资源、地下水库）水文地质勘察。各类院校可根据自己的专业服务方向来挑选授课。

本书的附录部分介绍了水文地质勘察中的一些成果整理方法。为使学生能够深入领会，本书还提供了相应的练习。此外，为配合教材中介绍的内容，附录中还列出了一些水质标准和地下水水样采集的技术规范。

本书可作为各类本科高等院校中的水文与水资源工程、勘察技术与工程（水工方向）、地下水科学与工程专业、地质工程专业（水工方向）、资源勘察工程专业（水工方向）、水利水电工程、农业水利工程，以及各类专科院校中的水文地质与工程地质专业和在职工程师的培训教材。

水利水电出版社2008年

气象气候与人类社会发展

陈　良

应用气象气候学是一门利用气象气候学理论，解决国民经济各部门的具体气象气候应用问题的实用性很强的学科，近几十年已经受到世界各国人民的普遍重视。相信随着人类文明和社会经济的发展，应用气象气候学的理论应用和实践，会越来越广泛的为社会所重视。

但是应用气象气候学目前正式出版的书籍不多，特别是系统地全面地论述这门科学的著作就更少。相信《气象气候与人类社会发展》的出版定会推动应用气象气候学这门学科的建设和发展，同时《气象气候与人类社会发展》也会对应用气象气候学在国民经济各部门的实践起到一定的技术指导作用。

《气象气候与人类社会发展》以气象学与气候学的基本理论

和方法为依据，比较全面地介绍了气象气候学在国民经济各部门的实践和应用。主要内容包括气象气候与农牧业、气象气候与林业、气象气候与交通运输业、气象气候与人类健康、气象气候与商业、气象气候与旅游等部门的实践应用，以及气候变化与国际公约、全球气候变暖对人类社会环境的影响及人类应采取的对策等多方面的内容，共计 10 章。

人民出版社 2008 年

地籍管理（第四版）

谭　峻　林增杰

《地籍管理》由原国家土地管理局科技宣教司组织编写，作为土地管理专业第一轮规划教材，于 1990 年由林增杰主编、中国人民大学出版社出版。《地籍管理》的出版，丰富和完善了土地管理教材体系。随着土地管理事业的发展和地籍管理工作体系的进一步完善，《地籍管理》（1994 年修订本）被列入原国家土地管理局科技宣教司组织编审的第二轮全国高校土地管理专业和土地规划与利用专业的统编教材，于 1994 年由严星、林增杰主编，中国人民大学出版社出版。该版《地籍管理》由原国家土地管理局推荐，通过了教育部普通高等教育“九五”国家级重点教材的评审。2001 年版《地籍管理》的编写是根据教育部关于“九五”国家级重点教材编写的要求和土地管理工作的新形势进行的，由中国人民大学土地管理系林增杰、严星、谭峻主编，中国人民大学出版社出版。该版教材又通过了教育部普通高等教育“十一五”国家级规划教材的评审。本版教材编写过程中遵循了教育部普通高等教育“十一五”国家级规划教材的编写要求，注重教材的思想进步性、技术先进性、内容全面性。本版教材与过去几版相比较，为适应社会进步和教学改革的需要，在体系和内容上进行了比较大的调整，从 2001 年版的 5 篇 15 章，缩减为 7 章，删减了与土地专业其他书籍重叠的内容，突出了地籍的本质与特征。

中国人民大学出版社 2008 年

自然地理学

吴成基

《自然地理学》系普通高等教育“十一五”国家级规划教材，其内容适应自然地理学教学改革形势，在吸纳多版本自然地理学教材精华的基础上，力求突出自身的特点，以适应特定群体师生的需要。《自然地理学》主要介绍了自然地理各要素的特征、类型、形成及发展，力求将最基本的理论和知识传授给读者。为此《自然地理学》始终贯彻少而精的原则，在内容上取舍有据、深浅适度、结构紧凑、图文并茂、简练易懂、启迪思考、联系实际、综合分析。《自然地理学》特别附有学习光盘一张，将大量的精美图片和扩充内容以新颖的展示方式奉献给读者。

《自然地理学》可作为高等师范院校地理教育专业以及高等院校资源环境、农林水保、城建规划、地理信息系统和地质等相关专业的本科生教材，亦可供科研工作者和中学地理教师阅读参考。

科学出版社 2008 年

长江口滨海湿地生态系统特征及关键群落的保育

葛振鸣等

长江口滨海湿地面积约 3 000 km^2，是我国重要的河口滨海型湿地。由于近年来经济的高速发展，长江口湿地生态系统特征发生了巨大变化，并形成退化趋势。为了保证湿地生态系统的健康发展和资源可持续利用，本书对在长江口滨海湿地典型地区——九段沙开展的植被、底栖动物、鸟类、基底养分等专项研究作了一定介绍，并结合崇明东滩和南汇边滩湿地，进行了不同干扰程度下湿地生态系统健康评价和关键群落（水禽）的保育技术研究。

本书可供各级政府有关管理人员以及从事湿地生态学、环境规划、生态经济、野生动植物资源保护等大专院校师生及科研人员参考。

科学出版社 2008 年

地理课程与教学论博士、硕士学位论文摘编

中学地理学科中的环境伦理教育研究——基于目标和内容体系构建

Research on Environmental Ethics Education of Geography Subject in Middle School

作者：韩梅

导师姓名：袁孝亭
学位授予单位：东北师范大学
关键词：中学；地理学科；环境伦理教育；目标；内容；体系；构建

摘要：

环境问题的产生，从深层次上讲是对人与自然关系的不正确认识，即环境伦理问题。因此，环境问题的解决不能仅依赖科技和法律手段，还必须诉诸伦理信念。教育对于促进可持续发展和提升人们的环境伦理素养具有重要作用，环境伦理教育也由此引起了人们的关注。地理学科是学科渗透环境教育的主导和优势学科，但主要局限于环境科学知识的传授，对于其中蕴涵的伦理成分挖掘不够。基于此，开展地理学科中的环境伦理教育研究是有其必要性的，它不仅有助于提高地理学科渗透环境教育的实效性，也有助于提升地理学科的价值和功能。

本研究的理论基础试图构筑于地理学、环境伦理学、教育学、环境教育、教育心理学等学科的理论基础之上。采用理论研究与实证研究相结合的方法，理论研究主要涉及的研究方法有文献分析法、比较法；实证研究以问卷调查法为主，并辅以访谈法。

本研究旨在深入挖掘地理学科与环境伦理教育内在关联，审视中学地理学科环境伦理教育现状的基础上，构建出中学地理学科的环境伦理教育目标体系、内容体系，并针对现状调查存在的问题提出中学地理学科加强环境伦理教育的策略。具体来说，本研究主要取得了以下成果：

第一，从地理学与环境伦理、中学地理课程与环境伦理教育两个维度来探讨地理学科与环境伦理教育的内在关联，以深入挖掘地理学科的环境伦理教育因素。

第二，以中学生和中学地理教师两类目标人群为对象展开中学地理学科的环境伦理教育现状调查，调查结果显示：中学生的环境伦理素养水平和中学地理教师渗透环境伦理教育的状况均不容乐观。

第三，在相关研究文献分析和中学地理教师观点调查的双重维度基础之上，构建出中学地理学科的环境伦理教育目标体系。该目标体系力图进行三级细化，采用“总目标—分目标”的表述方式，在总目标的基础上，从认知、情感、行为 3 个维度进行细化。其中，认知目标主要围绕 5 个分目标展开；情意目标也主要围绕 5 个分目标展开；行为目标主要围绕 4 个分目标展开。

第四，在相关研究文献分析和中学地理教师观点调查的双重维度基础之上，构建出中学地理学科的环境伦理教育内容体系。该内容体系从理论和实践两个层面来展开，具体涉及的环境伦理教育内容有：自然价值和自然权利、尊重自然规律的原则、公正原则、人口伦理、资源伦理、环境伦理（狭义）、发展伦理、生产伦理、消费伦理、全球伦理等。本研究所构建出的目标体系、内容体系，不仅具有一定的层次性，而且内容涵盖较为完整，与同类研究相比有一定的突破。

第五，针对现状调查存在的问题，提出地理学科加强环境伦理教育的策略。具体包括：地理课程内容要合理选择和配置有关环境伦理教育的内容；地理教学方式的选择要关照学生环境伦理素养的培养；地理学习评价要关注学生环境伦理素养的测评；地理师资培训应注重教师环境伦理教育水平的提高。本研究所获得的上述结论，对于今后同类的理论研究和实践研究均具有参考和借鉴价值。

中学区域地理的主题选择、目标构建和教学策略研究

Study on the Subject Choice, Target Construction and Teaching Strategy of Regional Geography in Secondary School

作者：王向东

导师姓名：袁孝亭

学位授予单位：东北师范大学

关键词：区域地理；主题选择；内容编制；目标构建；区域地理素养

摘要：

区域地理是中学地理课程的核心内容，对学生的发展具有独特的价值。但长期以来，中学区域地理教学在教学方式、目标培养、教学设计等方面存在一些不容忽视的问题。与此同时，地理教育工作者多从地理学科的一般特征出发进行地理教学理论研究，忽略了系统地理和区域地理之间的差异性。因此，从区域地理的角度探讨主题选择、内容编制、目标构建和教学策略等问题是当前摆在地理教育工作者面前的重要课题和紧迫任务。

文章以吉林省长春市六所不同层次中学为样本调查区，对初、高中学生的区域地理素养水平和中学区域地理教学状况进行了调查分析，并以此为基础对区域地理教学中主题选择和内容编

制、目标构建、教学策略等核心问题进行了研究。

全文包括引言、正文和结论三个组成部分，正文部分共分为五章，基本遵循了从理论到实践的研究思路。

引言　从区域地理对学生发展的独特价值、区域地理的课程地位、区域地理的教学现状以及区域地理教学理论研究的现状等角度，阐述了研究背景。在此基础上，明确了研究意义、研究方法和研究过程。

第一章是中学区域地理教学的研究综述。从区域地理教学内容、教学目标、教学方法等角度对区域地理教学的研究现状进行了梳理与评述。在此基础上，确定了本主题的研究起点和研究视角。

第二章是中学区域地理教学的现状调查与分析。文章运用SPSS 14.0 for Windows 统计软件对调查数据进行了信效度检验与结果分析。调查结果显示，初中生和高中生的区域地理素养水平都不高。此外，通过对学生区域比较能力、综合分析能力、区域地理空间定位能力、区域地理信息加工能力、区域可持续发展等的分析，能够反映出在中学区域地理教学中应该加强学生能力目标和方法目标的培养，提升学生运用各种信息解决区域地理问题的能力。

第三章是中学区域地理的主题选择和编制策略。文章对国内外区域地理课程、我国近百年里课程区域地理内容、新课程初中和高中地理实验教科书进行了比较分析，并确立了区域地理的内容主题：区域位置、区域特征、区域差异、区际联系、区域可持续发展等。同时，文章还从均衡性和典型性、综合性和区域性、基础性和探究性、权威性和趣味性、连续性和阶段性等方面提出了区域地理内容的编制策略。

第四章是中学区域地理教学目标体系的构建。文章提出，区域地理教学的终极目标是培养具有全球视野的中国人，核心目标是养成学生的区域地理素养。作者对区域地理素养的构成进行了如下界定：第一，必备的存量区域地理知识；第二，认识区域的方法，包括区域比较法、区域综合分析法、区域观察法和区域调查法；第三，研究区域的能力，包括区域地理空间定位能力、区域地理空间觉察能力、区域地理信息加工能力、区域地理因果关系分析与推理能力；第四，认识区域的观点，包括空间观点、生态观点、人地协调观点、因地制宜观点。

第五章是中学区域地理教学的优化策略。文章提出了区域地理教学设计的模式和基本要领，归纳总结了区域地理案例的选编与呈现策略，并梳理了区域地理探究学习的重点内容领域。

结论与展望　通过对中学区域地理教学内容主题、目标构建和教学优化等内容的归纳和总结提炼出文章的基本结论。同时，通过对区域地理教学研究现状的认识，概括出本文的创新点。此外，对本文主题的相关研究进行了展望，并指出了本文研究的不足之处。

地理教师课堂教学行为研究

Research on Geography Teachers Classroom Teaching Behavior

作者：闫龙

导师姓名：夏志芳

学位授予单位：华东师范大学

关键词：地理教师；地理课堂教学；教学行为

摘要：

地理教师课堂教学行为是指教师在地理课堂教学过程中，基于自己的地理教育理念、教学个性、专业知识与技能、教学实践知识与地理课堂实践智慧，在具体地理课堂教学情境中所表现出的教学行为操作方式。从课堂教学行为导向上看，地理教师课堂教学行为以课堂教学目标为导向，与课堂教学内容密切相连。从操作程序上看，地理教师教学行为受教育心理学、教学设计和地理教学理论等制约，具有特定的学科教学操作规程和行为要求。作为一种外显的活动方式，地理教师课堂教学行为具有可观察性、可测量性，可以被学生感知和理解。

在课堂上地理教师教学行为，一方面，体现着地理教师的教学理念、专业知识、教学技能和教师的教学机智等教师主观因素；另一方面还受地理学科、教学内容、教学环境、学生表现等客观因素的影响，因而表现出具有地理学科特色的行为特征。一般而言，地理教师课堂教学行为具有以下特征：1. 运用地理语言开展教学；2. 运用地图、图表、图像开展教学；3. 运用地理板书、板图、板画开展教学；4. 运用地理教具辅助课堂教学。教师教学行为的发生不仅有科学的基础，而且还可以用科学的方法来研究。

高中地理课堂中进行史地整合教学的研究

The Research of Geography and Historical Teaching of Integration in High School Geography

作者：石丽丽
导师姓名：林培英
学位授予单位：首都师范大学

关键词：高中地理；历史知识；整合教学

摘要：

地理学科，融合了自然科学和社会科学等多种知识，是一门综合性很强的学科。“史地不分家”，地理环境是人类生存以及文明创造的载体。在高中地理课堂教学中，经常会遇到与历史知识相关的地理问题，笔者发现学生找不到史地知识之间的联系，将地理、历史两门学科割裂开来，泾渭分明，耗费大量时间做了很多重复性的工作。当今，各国都要求现代教育要变单一型的专才教育为综合型的通才教育，我国高考“3＋X”方案则明确要求学生具有跨学科综合思维能力，注重各学科间的系统联系。

本文结合高中地理课堂教学的实际经验，从史地整合教学的理论与实践出发，从不同角度，多层次地分析了史地整合教学的意义与方法，力图通过地理学科与历史知识的有机结合，探索一条史地整合的有效途径，使学生对中学阶段相关的地理和历史知识有深入而系统的理解，提高跨学科的综合能力，从而提高其综合素质。

论文主要有五部分内容：

第一部分阐述了史地整合教学提出的背景及研究的理论和实践意义，旨在探索一条史地整合的有效途径，培养学生的综合素质。

第二部分阐述了国内外有关地理与历史整合教学研究的发展和概况。

第三部分介绍了本文所用的研究方法，主要有行动研究法、访谈法、问卷调查法和教育实验法。

最后两部分详细介绍了史地整合教学的实验，并得出结论。作者提出史地整合教学的三种方法。第一种方法是在常规教学中渗透整合，学习用历史知识创设情境，激发学生的学习兴趣：结合历史知识，加深学生对地理知识的理解；渗透中华文明，增强民族自豪感。第二种方法是在复习中促进史地整合教学，主要有从地理的空间角度和历史的时间角度出发，结合历史思维，引导学生对所学知识进行更深入地挖掘；分析近年高考文科综合试卷，研究史地综合题的特征，寻找地理与历史整合的切入点，提出文科毕业班文综复习的有效方法。第三种方法是在研究性学习中进行史地整合教学活动。

高中生地理空间能力现状分析及教学策略研究

Research on Teaching Tactics and Current Status Analysis of Senior High School Students' Geography Spatial Ability

作者：于永德
导师姓名：袁孝亭
学位授予单位：东北师范大学

关键词：空间能力；地理空间能力；教学策略

摘要：

空间能力是培养学生创新精神和实践能力的基本要素，地理教育在培养学生空间能力的过程中有着不可替代的作用。但目前国内还没有针对高中生地理空间能力的系统研究，地理学对空间能力的研究远远落后于其他学科。

本文首先对空间能力的相关理论以文献探讨的方式加以研究，以确立本研究的理论基础，通过对心理学、教育学以及其他学科对空间能力研究的综合分析，并结合地理学科对空间能力培养的要求，对地理空间能力进行了界定和类型划分。以此为基础，编制地理空间能力调查问卷。通过问卷对长春市两所中学的高三文科班学生进行调查研究。共发放问卷220份，回收201份，有效问卷196份，其中男生89人，女生107人，通过对问卷进行统计和分析，调查结果表明：(1) 目前高中生地理空间能力水平偏低，特别是空间分析能力较差。(2) 地理空间能力是地理学习能力的重要组成部分，地理空间能力与学生的地理学习成绩呈明显的正相关。(3) 高中生地理空间能力存在明显的性别差异，表现为男生具有一定的优势。

结合自己调查研究的结果，本文深入分析了形成这种现状的原因。并从教学内容的选择、教学内容的呈现、教学设计以及学习结果的评价4个方面提出了培养高中生地理空间能力的具体措施和建议。以期能为中学地理教师教学以及中学生在地理学习中培养空间观念，发展空间能力方面提供理论指导和实践参考。

地理教师对地理教科书中探究式“活动”选择的倾向性研究

Research on the Trend of Geography Teacher's Selection on the Column of “Activity” in Geography Textbook

作者：王炳钦

导师姓名：袁孝亭
学位授予单位：东北师范大学
关键词：地理教师；地理教科书；“活动”
摘要：

初中地理教材经过了多次的改编，随着新一轮课程改革的深入，在教材现代化发展目标的要求下，我国初中教科书的编写呈现多样化的趋势。2001 年 7 月教育部颁布了《全日制义务教育地理课程标准（实验稿）》。对应于地理新课程标准，教育部审查通过了四套义务教育课程标准实验教科书。这四套初中地理新教材的一个共同特点就是，加大了“活动”的力度。

本文以人教版初中地理教材中的探究“活动”为研究对象，对“活动”栏目的分类、实施、教育功能等方面进行了阐述。由于本文针对的是对探究式“活动”，所以对探究方面的相关问题也进行了一些探讨。本研究旨在抽样调查长春市初中地理教师对教科书中探究性“活动”的选择倾向性。作者把活动分为 5 种类型：A. 阐述观点类；B. 动手操作类；C. 提取信息类；D. 知识迁移类；E. 联系实际类。调查发现：1. 在教师看来，各类“活动”在学生进行探究过程中所起到的作用，依重要程度排序是：联系实际类、提取信息类、动手操作类、知识迁移类、阐述观点类；2. 在实际教学过程中，教师用于探究各种类型“活动”的课时安排上来看，从多到少依次为：提取信息类、联系实际类、知识迁移类、阐述观点类、动手操作类；3. 教师观念中倾向的“活动”和实际教学过程中倾向的“活动”之间存在偏差；4. 教科书中探究“活动”各个类型的比例需要调整；5. 需要设置一些学生更感兴趣的“活动”探究形式；6. 教育部门需要适当增加地理教学课时，同时教师需要更加合理地利用好已有课时。

《地理》（人教版·必修 1）图像系统的特点及教学对策研究

Research on the Features and Teaching Strategies of Imaging System in Geography (Compulsory 1) of Renjiaoban

作者：祁国强
导师姓名：袁孝亭
学位授予单位：东北师范大学
关键词：人教版；地理《必修 1》；图像系统；教学对策
摘要：

图像系统作为教材三大系统之一受到了越来越多的重视。但是我国因为长期以来实行“一纲一本”，不存在教材的选用和比较，所以对于教材的理论研究比较少，其中对于教材中图像系统的研究就更少；以往在图像教学过程中就存在不少问题，在新人教版地理教材图像系统的使用上也将会遇到，如何克服这些问题，目前尚缺乏系统的研究，而且新图像系统在设计上呈现出的新特点对于培养学生地理科学素养有没有其独特的价值还有待研究。

本文从图像系统的构成方面、图像系统对教学的指导作用方面、图像系统在地理知识与技能的掌握、过程与方法的形成、情感态度价值观的培养方面的作用以及图像系统的呈现方式4个方面对人教版地理《必修Ⅰ》图像系统在设计上的主要特点做了探讨。通过对长春市第十二中学和东北师范大学附属实验学校两所学校的高一地理教师及学生的调查得出：地理教师对新教材图像系统满意率很高，大部分图像都被教师运用到课堂中；但是学生对图像系统的掌握情况并不好，在对学生地理认知结构的完整性、地理图像知识的掌握情况以及地理过程与方法目标的达成的调查中，平均得分只有52.3分（满分100分）。在教学中，图像可以作为载体，对培养学生的地理观点、地理科学思维方式以及地理认知结构具有特殊的作用。

本研究以人教版地理《必修Ⅰ》的图像系统为研究对象，对图像系统的设计特点及教师对其使用现状以及学生对图像系统的掌握情况做了初步探索。研究结果对于正确认识人教版地理《必修Ⅰ》的图像系统及如何更有效地运用图像系统进行教学有较强的指导意义。

影响中学生脑中地图构建的因素研究

Research on Influence Factor in the Construction of Middle School Students' Mental Map

作者：李玲玲
导师姓名：袁孝亭
学位授予单位：东北师范大学

关键词：脑中地图；中学生；影响因素；教学策略

摘要：

地图是地理学研究的重要工具。在中学地理教学和学习中，地图也是非常重要的工具和手段。学生在学习过程中所遇到的地理问题，有的是利用问题中给出的地图获取地理信息加以解决，而有的则属于“无图考图”——未给出地图，但是需要根据地图来解决该问题，这时脑中地图的作用就凸显出来了。所谓脑中地图，是人们头脑中一幅形象的地图，用来有效地记忆和储存各种自然和人文地理信息，以便顺利地解决地理问题。教师应尽量帮助学生构建出脑中地图，使学生形成自我构建完善的脑中地图的意识与能力。这样，无论是教师的“教”，还是学生的“学”，都会事半功倍。

首先，本文收集、整理了大量关于脑中地图的文献，在已有的脑中地图研究的基础上，界定了脑中地图的概念，并概述了脑中地图的国内外研究现状。

其次，本文采用自行编制的量表对长春市高一、高二学生进行了测验，有效样本数共计 159 人，得到的数据运用 SPSS for Windows 12.0 进行统计处理。

统计归纳的结果表明：(1)从总体上看，中学生脑中地图的现状水平较差；(2)从个体上看，不同学生之间的脑中地图水平差异较大，但不同性别学生的脑中地图几乎没有差异；(3)中学生脑中地图的影响因素有空间定位能力、知识的迁移能力、空间格局的觉察力、分析问题能力、运用地图的能力和教师的教学方法。

最后，通过上述影响因素的研究，本文提出了行之有效的中学生脑中地图的构建策略：(1)培养空间定位能力，使学生能够准确地确定区域的空间位置关系，从而构建脑中地图；(2)培养地理知识的迁移能力，使学生理解地理知识之间的内在联系，从而构建脑中地图；(3)培养空间格局的觉察力，增强学生对地理事物空间排列状态等的认识，从而构建脑中地图；(4)培养分析问题能力，使学生学会综合、对比、分析地理成因等知识，从而构建脑中地图；(5)教师要有“地图意识与能力”，善于培养学生运用地图去解决地理问题的习惯，从而构建脑中地图。

构建脑中地图体现了新课程理念，也为中学生学习地理知识、掌握地理技能奠定了基础。地理教师在一方面要不断提高自我的地理专业水平；另一方面更要注重训练学生从读图、用图、绘图到进行无图思考，帮助学生构建或引导学生自主构建脑中地图，最终达到发展学生的空间想象能力、形象思维能力和解决问题能力的目的。

中学地理教师对不同类型直观教学手段选择的倾向性研究

Research on the Tendentious of Middle School Geographical

Teachers' Selection to Different Types Visual Teaching Way

作者：陈亚川

导师姓名：袁孝亭

学位授予单位：东北师范大学

关键词：地理直观教学；直观手段；选用策略

摘要：

著名的教育实践理论家夸美纽斯指出："一切知识都是以感官的感知开始的。"直观教学不仅符合学生的学习应从感性认知到理性认知的感知规律。同时，它也符合地理知识尺度大、范围广、时间跨度长、不易观察的学科特点。化文为图、化静为动、化抽象为具体，大大降低了教学难度，增加了教学的趣味性，受到广大地理教师的青睐，在教学中被广泛使用。但是，由于教师缺乏系统的理论指导，在直观教学手段的应用过程中出现了很多误区，影响教学质量，导致教学效率不高。如何帮助教师摆脱目前所面临的困境，真正充分发挥直观教学的功效，这是每个教育者应该努力探索的问题。

本文第一部分为引言，主要对本文问题的提出背景、研究的内容及研究的意义作简要说明。第二部分运用文献阅读法，总结前人的研究成果，并对地理直观教学的定义、分类、教学原则及教学功能进行了归纳总结。第三部分对实施地理直观教学的必要性及几种常用的地理直观教学手段进行简要说明，为后文教学策略的提出打下理论基础。第四部分通过问卷调查，得出中学地理教师在面对不同类型地理知识的教学时，对直观手段选用的倾向，并从中分析得出教师在选用直观手段时存在两个突出的问题：第一，滥用多媒体的现象严重；第二，对不同类型地理知识应如何选用合适的直观手段进行教学，没有统一的理论指导。论文第五部分针对直观教学过程中存在的问题，根据不同类型地理知识的教学重点和不同种类直观手段的特点，理论联系，提出针对不同类型地理知识教学的直观手段的选用策略。为中学地理教师在面对不同类型地理知识的教学时，如何合理选用直观教学手段，提供理论参考，具有较高的应用价值。

一般型与专家型地理教师教学策略比较研究

Research on the Teaching Strategies between Geography Teachers in General and Expert Geography Teachers

作者：王仰东

导师姓名：娄晓黎
学位授予单位：东北师范大学
关键词：教学策略；专家型地理教师；一般型地理教师

摘要：

本文在对国内外不同类型教师教学策略进行充分研究的基础上，运用自编的中学地理教学策略量表作为研究工具，对一般型与专家型地理教师教学策略进行了比较研究。旨在探索一般型与专家型地理教师在教学策略上的差异所在，进而为地理教师的专业发展提供参考。

笔者通过应用社会科学统计软件 13.0 对施测结果进行统计分析，得出以下结果：总体上，专家型地理教师教学策略水平显著高于一般型地理教师。具体表现，在课前策略上，二者差异较小，专家型地理教师与一般型地理教师都很重视这一环节，但专家型地理教师更注重教学媒体的选择，而且有很强的预见性。在课中策略上，与一般型地理教师相比专家型地理教师以学生为主体，能创造性地运用地理教学方法培养学生的地理能力。随机问题解决、学生活动的指导等方面表现流畅、熟练。在课后策略上，专家型地理教师善于深刻反思，关注学生地理能力的发展，地理观念的形成，而且善于修正教学策略来提高教学水平。

笔者结合访谈内容深入分析后，发现教师知识、个体教学效能感、教学观念等是地理教师教学策略形成的主观因素。培训机构在对地理教师进行专业培训时，只有对一般型地理教师开展有针对性的理论知识和实践技能的培训，为其形成科学的教学观念、提高个体教学效能感创造良好的环境条件，才能切实帮助一般型地理教师提高教学策略水平。

中学地理教学中生命教育取向的策略研究

A Study on the Orientation towards the Life Education of Senior High's Geographical Teaching and Learning

作者：李晓翠

导师姓名：孙鹤娟
学位授予单位：东北师范大学
关键词：生命教育；地理教学；实践策略

摘要：

生命教育的源头始于美国。它的最初形式是 20 世纪 20 年代美国学者开始探索的死亡教育（death education），在不断发展中，成为探讨生命与死亡的一门教育学科，称为“生死教育”(life-and-death education)。西方许多发达国家也随之在中小学开展生命教育，至 20 世纪末已基本普及。20 世纪 90 年代生命教育引入我国，并逐渐成为探讨与研究的热点。

地理学是一门古老的科学，它以自己独特的接近自然，接近生命宏观发展的视角在中学教学中发挥着理性和感性的作用。那么将生命教育与中学地理教学结合不仅是热点也具有实际的思考意义。

本文在对生命教育综述的基础上，对目前诸多种生命教育的定义进行了抽象和概括。然后以该定义作为依据，搜集大量素材，对地理教学与生命教育的结合进行了实践策略的研究，分为以下 4 个部分：第一部分对生命教育及其意义进行了总结；第二部分阐述了地理学科教育与生命教育的关系，即中学地理教学中生命教育取向的意义；第三部分探讨了当前地理教学中生命教育的缺失及原因；第四部分为本文核心，分析了在中学地理中生命教育内容的分布和地理学科进行生命教育的实施形式及教学方法。

地理特级教师专业发展——个案研究

A Geography Expert-teacher s Professional Path—A Case Study

作者：李梅

导师姓名：夏志芳

学位授予单位：华东师范大学

关键词：地理特级教师；教师专业发展；个案研究

摘要：

英国的伊万·古德森认为“教师的实践领域十分广泛，甚至可以延伸到课堂以外。研究教师应该倾听教师的声音，对‘教师的工作与生活’给予关注”。从教师专业的纵向发展上来看，特级教师是教师职业发展的最高阶段，是其他所有非特级教师成长的典范和专业发展目标。地理学科在中学课程中常常被忽视，地理教师的地位和作用也不如、语、数、外老师，因此无论是对成长中的青年地理教师、还是对社会而言，对地理特级教师的研究都是一个有意义的课题。

本研究选取了一位上海市地理特级教师作为研究对象，采用个案研究的方式，通过大量访谈和资料搜集，展现地理特级教师专业成长的故事，叙述完整、连贯，第一人称的叙述方式增强了可读性，清晰呈现了一条地理特级教师的专业发展路径，有助于广大教师对地理特级教师成长过程的经验化的理解，寻找促成或制约其成长方向和速度的真实因素，并在一定程度上对研究对象自身专业发展的总结和自传的编写奠定基础。本文把特级教师的发展看成是一个整体的、系统作用的结果，而非绝对的实践—反思趋向，是为数不多的地理特级教师个案研究，丰富了地理教师研究领域的本土案例。

高中地理课程“地理信息技术”专题研究

Research on Geography Information Technology in Geography Curriculum at Senior School Level

作者：胡妮妮

导师姓名：夏志芳

学位授予单位：华东师范大学

关键词：地理信息技术；地理课程；地理教科书

摘要：

本文以普通高中地理课程中的“地理信息技术”为研究内容。从地理信息技术基础教育的宏观层面、课程标准、教材和教学四方面分别论述。本文共分为四章：第一章，论述地理信息技术与基础教育的关系，地理信息技术基础教育的发展以及相关的研究现状；第二章，分别介绍美国国家地理课程标准、我国台湾地区的地理课程标准中和我国大陆地区地理课程标准中“地理信息技术”部分的特色。通过比较分析，得出对我国课程标准的启示；第三章，结合问卷调查和访谈，分析了四个版本教材“地理信息技术”部分的特点，并分别指出其修改意见；第四章，提出现阶段“地理信息技术”部分的教学策略和保障措施。

多元文化视角下的“世界地理”教学研究——以上海版六年级教材为例

The Study of “World Geography” Teaching under the Perspective of Cultural Diversity——The Case Study of Shanghai Geography Textbook Grade6

作者：王周杨

导师姓名：陈昌文

学位授予单位：华东师范大学

关键词：多元文化；世界地理；多元文化教育

摘要：

"世界地理"是中学地理课程的重要组成部分，也是学生认识世界的主要窗口。随着全球化进程的不断深入，在"世界地理"教学中融入多元文化教育已成为社会发展、学科发展和学生发展的必然要求。本文试图从一个全新的视角——多元文化的视角，对"世界地理"教学目标、教学内容和教学策略进行研究，希望能够为中学地理教师在"世界地理"教学中融入多元文化教育提供有效的指导，同时也为中学地理课程改革的进一步发展提供一些有益的建议。

首先，论文在分析全球化时代背景和多元文化教育目标的基础上，结合"世界地理"教学内容的特点，从知识与技能、过程与方法、情感态度与价值观3方面对多元文化视角下的"世界地理"教学目标进行设置。

其次，基于多元文化视角下的"世界地理"教学目标，以上海版六年级地理教材为例，从多元文化的视角分别对教材中的"景观·地图篇""世界分国篇"和"全球篇"3个篇章进行分析，阐述"世界地理"教学内容与"多元文化"之间的联系。

再次，根据多元文化视角下的"世界地理"教学目标和教学内容，列举五种比较适合在多元文化视角下"世界地理"教学中采用的教学方法演示教学法、参观教学法、发现教学法、案例教学法和角色扮演教学法，并通过案例分别对各种教学方法的内涵、优点和注意点加以论述。

最后，结合新课程理念，提出多元文化视角下"世界地理"教学的5条实施建议贴近学生生活，有效创设教学情境注重探究过程，增强学生学习体验，开设文化专题，丰富地理学习内容，加强科际联系，拓宽学生文化视野开展乡土实践，关注本地文化发展。

我国1996—2007年地理科高考"区域地理"试题的命题研究

1996～2007 Study of Test Questions of Involved "Areal Geography" in National Matriculation Test

作者：吴祺
导师姓名：陈昌文
学位授予单位：华东师范大学

关键词："区域地理"试题；考试内容；能力目标；评分方法

摘要：

"区域地理"是我国基础教育地理课程内容的一个重要组成部分，不仅在我国初中、高中的地理教学内容中有所涉及，而且在全国普通高等学校招生统一考试（以下简称“高考”）地理试卷中也占有较大的比重。地理课程改革以及高考改革的不断发展，使地理科高考试卷中以“区域地理”内容为载体的试题命题技术也不断改进，命题逐渐呈现出对考生知识与技能、过程与方法、情感态度与价值观 3 维目标全面评价的趋势。那么具体的改革措施如何体现在地理科高考有关“区域地理”内容的试题中，今后对命题技术的改进还有哪些努力方向，对以上问题进行研究十分必要。

本文以我国年高考中有关“区域地理”内容的试题为研究对象，着重从“区域地理”试题的考试内容、题型特点、能力目标、评分方法等方面进行研究。

全文共分为以下四章：

第一章“‘区域地理’考试内容的变化”。通过对文献资料的研究发现，我国及“分省命题”（指目前我国高考以省级行政区为单位招生考试的单独命题制度）各地的地理科考试大纲、考试手册“考试内容”“区域地理”部分在多年的增、删、改的微调过程中普遍出现了一些“共性”。本章主要以 2008 年《上海卷考试手册》地理科“考试内容” “区域地理”部分为例，阐述了“区域地理”考试内容的依据、“区域地理”考试内容的组织结构和内容变化等研究结果。

第二章“‘区域地理’考试内容的能力目标研究”。通过对大量试题的分析，论证目前我国“区域地理”试题侧重从隐性信息的获取能力、联系多种地理要素深刻分析地理过程探因的能力、区位评价能力、问题探究能力等方面对考生进行考查的趋势和特点。

第三章“‘区域地理’试题的题型特点及存在问题研究”。对全国年高考各地区的地理单科试卷、文科综合试卷中的“区域地理”试题进行研究，分析“区域地理”试题材料选择、问题设置的特点，并就“区域地理”命题存在的具体问题进行思考。

第四章“‘区域地理’主观性试题答案标准及评分方法研究”。在概括了“区域地理”主观题答案标准特点的基础上，借鉴国外学者的分类评价理论，提出运用分类评价法评价“区域地理”开放性问题的基本方法。

1980—2005 年《地理教学》期刊发展研究

The Research on the Journal：“Geography teaching” from 1980 to 2005

作者：刘必波
导师姓名：陆玨
学位授予单位：华东师范大学

关键词：《地理教学》；分类；统计分析；变革

摘要：

《地理教学》期刊创刊于1959年，至今四十九年，为推动我国地理教学的发展起到了重大的作用。在当前课程改革的时代背景下，为了使期刊更好地服务于地理教育事业，为了更好地建设《地理教学》期刊，本文回顾了期刊发展的历程，总结了期刊的优秀成果。

本文对1980年至2005年《地理教学》期刊文章进行了统计，按照一定的标准，对其中多数文章进行了分类。这些文章分为“地理一般知识”类文章与“教学”类文章，这两类文章又各分多个子类。在此基础上，对各类文章的数量、内容进行了总结、分析。

《地理教学》期刊的发展阶段，与我国地理教学发展的阶段是一致的。在1980年至2005年的3个阶段中，期刊的文章基本是结合当时教学的实际，反映了时代特征，为解决地理教学中的重点、难点、关键问题起到了应有的作用。多年以来，《地理教学》期刊形成了注重与读者沟通的优良传统，并形成自身的特色，如文章的图表丰富、知识量大、注重政策与动态的报道等。

为了促进《地理教学》期刊进一步发展，本文从办刊的理念、期刊的风格、期刊的文章的内容等方面，提出了改革期刊的建议。对期刊定位的转型，提出了强化教育性与强化地理性两种取向的思考，进而选取了中庸的定位，并对该种定位的市场运行模式作了初步的构建。认为《地理教学》期刊只有面向广大的地理教师，拓宽市场的占有率，才是期刊进一步发展的有效保障；用网络运营模式优化机制，这是期刊发展的一个重要契机。

地理双语教学“学科损伤”及其对策研究

“Subject Damnification” and Its Strategies in Bilingual Geography Teaching

作者：蔡婷婷
导师姓名：陆玨
学位授予单位：华东师范大学

关键词：地理双语教学；学科损伤；归因分析；对策研究

摘要：

本论文以上海市几所普通中学为研究样本，通过问卷调查法、访谈法、课堂实录法、文献分析法等调查方法对上海市“地理双语教学”现状进行了初步的探究。在调查中发现，尽管目前地理双语教学的试验得到了一定的认可，但是在实践的过程中，由于学校各方面条件的限制，无法有效地实现地理双语教学的预期成果，由此笔者提出了“学科损伤”。围绕“学科损伤”问题，笔者进行了归因分析，并针对这些原因提出了相应的应对策略。

本论文共分为五章。

第一章介绍了本研究的意义、研究背景、研究方法以及地理双语教学“学科损伤”的相关概念界定等内容。

第二章实证调查，以问卷调查为主，包括对学生、对地理教师的问卷调查，并对问卷进行数据汇总，得出调查结果。

第三章在第二章的数据汇总基础上，对问卷调查研究的结果做归因分析，包括学校层面的归因分析、教师层面的归因分析和学生层面的归因分析。

第四章针对第三章的归因分析结果，提出三条应对策略。第一条针对学校管理层，以地理双语教师师资培训和地理双语课型定位为切入点。第二条从“地理双语教学”学科目标实现的角度出发，阐述如何在一堂地理双语课中实现地理学科目标，避免本末倒置，造成“学科损伤”。第三条主要是针对地理双语课教学内容的选择来讲，并选择其中一个角度，即从学生熟悉的英语教材中如何选取难度适宜的地理双语教学内容。

第五章结语，对本研究中发现的几个问题和相应解决对策进行归纳，并对本课题进一步研究提出了思考。

中国区域地理内容的比较研究——以人教版、湘教版和中图版初中地理教材为例

The Comparison Study of the Regional Geography of China/Based on the New Three Editions of Geography Textbooks for Junior High School

作者：张若岭

导师姓名：陈昌文

学位授予单位：华东师范大学

关键词：初中地理教材；比较研究；中国区域地理；课程标准

摘要：

《全日制义务教育地理课程标准（实验稿）》（简称课程标准）的颁布，使区域地理的教学要求发生巨大变化，同时使区域地理教材的编写有了很大的自由空间。依据新课程标准，人民教育出版社、湖南教育出版社和中国地图出版社分别组织编写并出版了初中地理实验新教材（简称三版教材），在区域地理内容的呈现上表现出各自的特点。

本文主要依据《课程标准》对中国区域地理部分的要求，对三版教材中相应内容的表层系统进行比较研究。

本文共分为六章。

第一章导论主要阐述研究的缘起、研究的内容和意义。本文的主要内容部分是第二章、第三章、第四章、第五章。第二章内容主要是研究分析三版教材中国区域地理部分与《课程标准》的契合度。结论是三版教材均体现了《课程标准》的新理念，并以不同的方式划分、选择和组织不同的区域呈现了《课程标准》所要求的全部内容。

本文的第三章、第四章、第五章主要从课文系统、图像系统和活动系统这三大教材表层系统来研究三版教材的中国区域地理内容的呈现特点。结论是与以往旧教材相比，三版教材语言生动，形式活泼，内容丰富、时代性很强。教材内容不仅注重区域地理基本知识的承载，更注重引导学生掌握区域地理学习的一般方法。

但三版教材之间对比分析，各有不同的特点。从表层系统分析得出，三版教材的课文系统，相对而言，人教版教材较古板，湘教版和中图版较活泼。三版教材的图像系统和活动系统，改变了以往的配角地位，而成为与课文系统并立的重要部分。三版教材的图像系统整体上质量不高，不够美观，比较起来，中图版教材的图像内容相对比较新奇。三版教材的活动系统中，人教版教材的内容繁难，分布较集中；中图版教材的活动则小而活泼且形式多样；湘教版教材中，学习情境设置的多，读图分析的多。但三版教材的活动需要增加小尺度区域的实地调查研究，而不应仅为问题形式的活动。

第六章针对本研究中发现的几个问题提出一些解决建议和期望。

总之，三版教材区域地理的内容选择及组织形式有很大改进，取得显著成果，但仍需要进一步优化教材内容选择和呈现形式。

高中课程改革新背景下的地理科学专业（师范类）地理信息技术教育发展对策初探——以江苏省为例

作者：唐敏
导师姓名：仇奔波
学位授予单位：南京师范大学

关键词：高中课程改革；地理科学专业（师范类）；地理信息技术教育；初探

摘要：

现代社会要求国民在科学地认识人口、资源、环境、社会相互协调发展的基础上，树立可持续发展观念，形成健康文明的生活与生产方式。地理科学的迅速发展和地理信息技术的广泛应用，对高中地理课程改革提出了富有挑战性的新课题。在我国当前深入开展的基础教育课程改革中，地理信息技术应用已正式列为高中地理课程内容，中学地理教师开始承担培养地理信息技术应用能力的重任。作为中学地理师资最主要培养源地的高等师范院校地理科学专业师范类，如何积极有效地发展地理信息技术教育，切实提高师范生的地理信息素养，具有十分重要的意义。

本文以我国东部经济、文化、科技、教育发达的江苏省为例，在研究地理科学相关学科及地理教育新近发展动态、调查高等师范院校地理科学专业师范类地理信息技术教育现状的基础上，对比地理科学专业师范类本科培养方案并结合《普通高中地理课程标准》相关要求，分析高师地理信息技术教育存在问题，反思其产生原因。从思想理念、教育与教学目标、课程设置、课程内容、师资与教学能力、学生实践活动等不同层面，初步探讨了本科地理科学专业师范类地理信息技术教育的发展对策，以期进一步优化地理信息技术教育，为更加切实有效地提高师范生地理信息素养提供参考。

新课程背景下高中地理教学本土化研究——以地理案例教学为例

作者：王娟
导师姓名：赵媛
学位授予单位：南京师范大学

关键词：新课程；地理教学本土化；内容体系；案例教学本土化

摘要：

在全球化与本土化交互发展的今天，新课程的教学改革应更多地立足于国内，应走基于本土化的全球化道路，以一种现实改良的态度来关注和推动我国教学的发展，而不是完全的否定既有的传统教学理论，或者完全照搬那些“舶来式”的教学理论。其研究重点应放在对教学理论实质的把握，进行本土化的探索，从而进行创造性的应用。因此笔者认为新课程背景下的地理教学应该从教学区域的地理特色出发，采用适合本区域学生的教学内容和教学方法，实践新课程的教学目标，这正是地理教学本土化的核心。由此可见地理教学本土化的研究是对教育本土化的精神继承，是对教育全球化趋势的有效应对，也是对我国新课程改革精神的体现，并将对新课程改革目标的实现起到重要的推动作用。

本文前两章从全球化与本土化的发展、教育本土化的发展、我国新课程改革三方面进行论文背景和意义分析，为地理教学本土化意义与内容体系的研究奠定基础。第三章和第四章从地理教学本土化学科基础进行分析，在此基础上探讨中学地理教学本土化的含义与内容体系。第五章以教学方法中的案例教学为例，具体分析中学地理案例教学的概念与特征、案例教学本土化的内涵、案例教学本土化的现状与问题及案例教学本土化的实施原则，并以原则为指导，进行地理案例教学本土化的设计。

中学地理有效教学影响要素分析及策略研究

作者：李雅婕

导师姓名：刘树凤

学位授予单位：南京师范大学

关键词：有效教学；中学地理；课程改革；要素

摘要：

有效教学是在西方“教育科学化”思潮的影响下提出的一种现代教学理念，其核心在于通过教师积极主导，激发学生主动学习，从而将师生从大量的重复学习、机械学习中解放出来，促进学生全面持续发展。在当前地理新课程改革不断深化的背景下，将有效教学理念与中学地理教学实践相结合，明确地理有效教学内涵，发展符合地理学科特点和地理学习规律的地理有效教学理论，无论对于有效教学理论与地理学科教学论的发展，还是对于地理教师与学生自我完善及发展都具有重要意义。

本文运用文献分析、理论研究和案例观察等方法，从有效教学的基础理念出发，从中学地理教学的新视角提出地理有效教学的内涵，即地理教师按照课程标准的要求，从学生学习特点和地理学科特点出发，在规定的时间内，通过有效的教学行为，发挥教学中的主导作用，创设平等融洽的师生互动关系，引导学生主动学习地理，最终使全体学生达到地理课程标准的基本要求，实现学生地理认知、能力和情感态度全面发展的教学活动。同时，从外部环境、学生心理、教师教学行为三个维度对影响中学地理有效教学实施的基本要素进行分析，并通过对具体地理教学案例的比较分析，提出地理教师在教学过程中应遵循“激发兴趣和动机——维持注意力——学习策略指导——评价与反馈”的基本策略，从而促进学生的有效学习，实现中学地理有效教学。

基于网络平台的中学生评教初探——以金陵中学为例

作者：朱燕
导师姓名：许建国
学位授予单位：南京师范大学
关键词：学生评教；网络评教；影响因素
摘要：

学生评教是指学生作为评价主体对教师的教学做出评价。学生评教始于美国，20 世纪 80 年代后我国开始正式使用学生评教，并把它作为收集教师教学有效性的最常见的资源和考核教师的重要依据。目前，学生评教已被广泛运用到大学和中学教师教学的评价中。因此，对学生评教进行研究具有重要的现实意义。

本文以南京金陵中学为例，进行了中学生网络评教的尝试。网络评教实践分析显示：影响中学生评教的因素主要有教师的背景特征中的年龄、学生背景特征中的性别等因素，而教师背景特征中的性别、职称，教师所任教的课程是主课还是副课，参评班级和人数等因素对中学生评教无显著性影响。中学生评教不同于高校评教，影响评教的因素也不同。研究成果为中学生评教评价量表的制定及评教结果的运用提供了科学的依据。

与传统纸质评教相比，采用网络评教这种形式实现了学生评教手段的现代化，提高了工作效率，增强了评教结果的客观性。网络评教使学生评教不受时间与空间的制约，对于消除学生的戒备心理起到了较好的缓冲作用。

网络评教是一种高效、经济、快速、客观的评教手段，在软硬件设施较好的城市星级中学，开展网络评教条件已基本具备，应提倡进行网络评教。但在城乡多数普通中学，由于受到软硬件设施的限制，开展网络评教条件尚不成熟。

地理生成性教学理论研究与实践

Theory Research and Practice on Geographical Generative Teaching

作者：孔丹丹
导师姓名：李家清
学位授予单位：华中师范大学

关键词：生成性教学；地理教学；价值取向；实施策略

摘要：

生成性教学是当前课程改革中所倡导的新的教学理念，生成性教学观下的地理教学更加关注学生的个性化发展。因此，生成性教学的实施为实现新课程改革的最高宗旨“为了每一个学生的发展，为了学生的全面发展”，也为教师成长，提供了可操作性的途径。国内外学者对生成性教学的理论和实践进行了一定研究。以此为基础，作者探讨地理生成性教学的价值取向，并结合优秀地理教学工作者的教学成果进行实践研究，以期促进师生的共同发展。

本文主要包括四部分，分别阐述了选题背景和研究思路，生成性教学概况，地理生成性教学的价值取向，以及地理生成性教学的实施策略研究。

第一部分归纳当代社会、地理学、学生发展对地理课程的要求，确定地理生成性教学研究的意义。综述国内外生成性教学和地理生成性教学研究现状，借鉴经验，发现问题，确立本文研究的方向。

第二部分在归纳“生成”含义的基础上，分析生成性教学的内涵。概述生成性教学的理论依据，分析总结生成性教学的基本特征：教学过程的非线性、教学主体的参与性、教学客体的多样性、教学系统的开放性、教学结果的创造性。

第三部分论述生成性教学符合地理课程发展的要求。通过对生成性教学机制分析，总结地理生成性教学中的师生角色和生成类型，进而得出地理生成性教学的实施原则：地理性、过程性、开放性、互动性、启发性、反思性。

第四部分指出地理生成性教学的实施是一个复杂的过程。以具体实施原则为指导，结合优秀地理教师教学实践，本文从三个方面，即教学实施前教学设计的准备，教学实施中教学过程的展开，教学实施后总结反思中升华，进行地理生成性教学实践研究。

生成性教学关注学生主体、激发学生的生命活力，提升教学智慧、促进教师生成。开展理论和实践研究，进行理论转化，将使地理课堂真正成为“教学相长”、引导学生终身学习的主阵地。

地理探究式教学评价模型的研究

Research on Evaluation Model of Geography Inquiry Teaching

作者：龚荣军

导师姓名：李家清

学位授予单位：华中师范大学

关键词：地理探究式教学；评价；模型建构

摘要：

当今教育学的一大热点，就是探讨如何提高学生的学习技能和学习积极性，而探究式教学是最好的选择。中学地理，作为一门提高个人基本技能和基本科学素质的学科，它的探究式教学更有必要。地理探究式教学作为一种有效的教学手段，需要对其实施评价，才能给下一阶段的地理探究式教学提供一个完善的机会，这就需要一个相对合理的评价模型。国内外学者对地理探究式教学从理论和实践方面进行了研究，但是对于地理探究式教学评价方面的研究十分薄弱。本文试图构建一个地理探究式教学的评价模型，为地理探究式教学提供反馈信息，从而指导地理探究式教学过程。

本文主要内容有四个部分：选题意义、理论基础、模型建构和模型的实验。

第一部分，归纳当代关于地理探究式教学评价的研究现状，分析所取得的研究成果和存在的问题，借鉴已有的经验，提炼出本文研究的意义。

第二部分，从教育学、心理学、地理新课程标准、地理课程教学论、教育测量学等方面为本文的研究寻求理论依据和方法支持。

第三部分，主要论述地理探究式教学评价模型的建构。从模型建构的目的、模型建构的理念、模型建构的标准、模型的指标及其权重的确定和模型的运行机制等方面进行论述。

第四部分，是对中学地理探究式教学评价模型的实验。实验分两个组，即高一年级和高二年级两个组进行，用于验证该模型的有效性。

地理探究式教学评价模型的建构是一个新颖的想法，该模型为地理探究式教学提供反馈信息，用以指导下一阶段的地理探究式教学，从而使得地理探究式教学不断完善。

中学地理教学实践中的真实性评价

Authentic Assessment of Students in Learning Geography

作者：黄晓明
导师姓名：李家清
学位授予单位：华中师范大学

关键词：地理；真实性评价；教学实践

摘要：

在新一轮的地理课程和教学改革中，课程和教学评价改革乃是整个新课程体系中的核心问题，“立足过程、促进发展”是课程评价改革的指导思想，在第四代评价思想浸润下的真实性评价迎合了这种改革需求，对我国中学地理教学评价有较强的借鉴价值。

本文采用文献分析、问卷调查和实践研究等方法，分析了地理真实性评价的内涵和特点，并就我国开展地理真实性评价进行了可行性分析和修正，进而提出了地理真实性评价的基本流程，最后结合具体案例进行了分析。

文章第一部分论述了论文研究的背景、研究意义、研究现状和思路，阐明了研究的必要性。

第二部分论述了真实性评价的理论基础。阐明地理真实性评价脱胎于建构主义、多元智能的评价观，符合当前地理教学评价改革要求。

第三部分介绍了真实性评价的内涵和特点，对地理教学中开展真实性评价展开了可行性分析，最后提出了地理真实性评价的基本流程。

第四部分则主要是在前面研究成果的基础上，对地理教学中的真实性评价进行了实践研究。

第五部分为文章结论部分，同时指出了存在的问题和未来的研究方向。

中学地理课堂师生互动行为观察与分析

School Geography Teacher - student Interaction of the Classroom

Observation and Analysis

作者：姜小燕

导师姓名：李家清

学位授予单位：华中师范大学

关键词：地理课堂师生互动；言语行为；非言语行为；观察；分析

摘要：

新课程改革倡导在教学过程中，建立积极、和谐的师生互动，以促进师生共同成长。地理作为基础教育中的学科之一，也责无旁贷地应该施行师生互动的课堂教学。地理课堂上有效的师生互动行为，不仅有利于教师高效地完成课堂教学，增加地理教学的吸引力，也有利于学生更好地吸收地理知识，培养实际运用知识的能力，增长本领。当然，当前中学地理课堂教学中还有许多不尽如人意的地方，笔者认为有必要对当前中学地理课堂师生互动行为的现状进行实地观察，分析现存的问题，并探讨解决的办法。

本文从中学地理课堂教学实际出发，采用了文献研究和观察研究相结合的方法，在定量研究基础上，找出中学地理课堂师生互动行为所存在的问题，并提出了相应的解决策略。

全文共分为六个部分。

第一部分，引言。该部分介绍了本研究的背景和意义，阐述了课堂师生互动行为在国内的研究概况，指出已有研究的特点与不足，并对本课题的研究方法进行了整体概述。

第二部分，地理课堂师生互动行为的理论认识。该部分阐述了中学地理课堂师生互动行为的内涵、类型和特点，并对支持本研究的理论进行了概括，为后四部分的进一步探讨提供必要的理论基础。

第三部分，地理课堂师生言语互动行为的观察与分析。该部分着重从课堂教学实际出发，根据理论制定言语互动行为观察表，进而对录像和课堂实录的言语行为观察统计，并对其进行分析。

第四部分，地理课堂师生非言语互动行为的观察与分析。该部分同样依据非言语行为的理论制定观察表，对课堂录像和课堂实录观察，并对数据加以分析。

第五部分，中学地理课堂师生互动行为存在的问题及解决策略。该部分利用前面观察的数据，分析归纳中学地理课堂师生互动行为存在的问题，并提出相应的解决对策。

第六部分，结语。该部分介绍了研究实践取得的成果及存在的问题，并对本课题进一步研究提出了思考。

中学地理个性化教学的理论研究与实践

The Research on the Theory and Practice of Personalized Teaching of Geography in Middle School

作者：李靖宇
导师姓名：李家清
学位授予单位：华中师范大学

关键词：中学地理；个性化；个性化教学

摘要：

新课程改革的宗旨是“为了每个学生的发展，为了学生的全面发展”，但是学生是千差万别的，正是这种差异性构成了学生发展的个性特色。国内外学者就此进行了一系列的个性化教学的理论与实践研究。在此基础上，作者探讨目前地理个性化教学的理论与实践，以期促进每个学生的发展。本文的中心论题是“中学地理个性化教学”。围绕这一论题，本文用四个部分分别讨论了个性化教学及其教育价值，中学地理个性化教学的含义及特点，中学地理个性化教学的理论探讨，中学地理个性化教学的实践探索。

第一部分：到目前为止，对个性化教学的含义还没有统一的定论，综合不同的解释，我们认为个性化教学就是为了适应学生个体差异和发展的多样性，教师不断调整教学方法、形式，创设个性化的教学环境，促进个体人格健康发展的教学活动。在个性化教学中，教学活动是在考虑了学生的个体差异的基础上进行的，学生是积极主动的，教学手段是多样的。作为素质教育的目标，个性化教学的教育价值就是要促进学生个性的发展，形成民主平等的主体间的师生关系。

第二部分：中学地理个性化教学是个性化教学在地理学科的具体应用，所以中学地理个性化教学就是以地理教学理论和课程理论为指导，在多元智能理论、人本主义思想等的基础上，遵循因材施教的原则，以促进学生的个性发展为目标的教学。它具有教学理念人性化、教学目标多样化、教学内容生活化、体现学生个性差异性等特点。

第三部分：对中学地理个性化教学的理论探讨主要从实施的条件、实施的原则两个方面分析。

第四部分：笔者从地理教学设计和地理教学过程、地理教学评价和地理课程资源等几个方面进行了实践探索，设置实验班和对照班进行对照，对实验班也进行了实施前后的对比分析。结论是：由于地理个性化教学是在了解个体需要的基础上，提供了更多的学习方法，有效地照顾了学生的差异，所以在地理学习的过程中，每个学生的潜能得到充分发挥，学生的个性获得不同程度的发展。

在本文的最后，作者进行了前瞻性分析，即随着地理教学改革的深入，信息技术的广泛应用，班级规模的不断缩减，中学地理个性化教学实现的程度将会更大。

高中地理课堂教学行为的理论与实践

The Theory and Practice of Instruction Behavior in Geography Classes of Senior High School

作者：胡剑飞

导师姓名：李家清

学位授予单位：华中师范大学

关键词：高中；新课程；地理课堂教学行为；教师教学行为；学生学习行为

摘要：

地理课堂教学是地理教育的主阵地，中学地理新课程改革倡导的先进理念最终要在地理课堂教学中得到落实，而建起地理课堂教学架构的，正是师生在地理课堂教学中发生的一系列教学行为。因此，地理课堂教学行为研究对于促进当前的中学地理新课程改革具有重要作用。

本研究共分六个部分。

第一部分是引言，介绍了论文的研究背景、研究综述、研究内容和研究意义以及创新点和技术路线。

第二部分探寻了地理课堂教学行为的含义和理论基础，为本研究寻找理论支持和方法指导。

第三部分以《基础教育课程改革纲要》试行和《普通高中地理课程标准》实验提出的基本理念为指导，分教师教学行为和学生学习行为两个方面，分析了高中地理新课程课堂教学行为的价值取向。

第四部分是本文的重点，通过解读两组课改前后的高中地理教学设计，观察课改区和非课改区的共三节高中地理优质课教学课例，采用定性和定量相结合技术，以第三部分提出的价值取向为依据，分析高中地理课堂教学行为已经发生的积极转变和仍然存在的问题。

第五部分针对第四部分提出的问题，以地理新课程理念对高中地理课堂教学行为所规定的价值取向为指导，提出高中地理课堂教学行为的优化策略，最后展示了高中地理课堂教学行为设计的案例。

第六部分总结了本论文的研究结论，并提出了研究存在的问题和值得进一步研究的课题。

新课程理念下地理思维能力培养研究

The Cultivation of Geographic Thinking Ability under the Idea of the New Curriculum

作者：刘伟星

导师姓名：李家清

学位授予单位：华中师范大学

关键词：地理教学；地理思维能力；培养原则和途径

摘要：

在新一轮的地理课程和教学改革中，要一切从学生的需求出发。培养学生的地理思维能力成为新课程理念下地理教学中心所在，同时也是中学地理教师面临的新挑战。

本文采取文献分析、经验总结和实践研究等方法，结合地理思维能力的特点尝试构建新课程理念下教学实践中学生地理思维能力的培养原则和途径，并结合具体的教学实践加以分析，本文主要分为六大部分。

第一部分追溯了地理思维能力培养的选题背景和研究现状。文中指出在中学地理教学中培养地理思维能力势在必行，地理思维能力的培养有助于提高学生运用地理思维解决生活中的一些问题。

第二部分阐述了地理思维能力培养的理论基础。任何一门学科都是离不开理论指导的，地理思维能力的培养也不例外，其主要是以思维科学、心理学、教育学、地理教学论以及其他相关科学理论为基础而进行的。

第三部分根据思维科学、地理学科以及心理学的特点，提出了新课程理念下培养地理思维能力的五个原则，分别是综合思维原则、比较思维原则、发散思维原则、空间思维原则和符合学生心理发展原则，并分别加以论述。

第四部分在新课程理念下，提出地理教学中培养学生地理思维能力的途径。主要是在认知结构的形成中培养地理思维能力、在知识技能的迁移中培养地理思维能力、在探究学习中培养地理思维能力，以及在问题解决中培养地理思维能力。

第五部分主要是根据上述的原则和途径在教学中加以实践。主要体现在自然地理、人文地理、区域地理以及乡土地理的教学中是怎样培养学生地理思维能力的。

第六部分是本文的重要结论，同时指出存在的问题和未来的研究方向。

探究式教学模式的应用研究——以农村高中地理教学为例

The Application Study of the Investigation Type Teaching Mode—Take the Geography Teaching of the Village Senior High School as an Example

作者：胡刚

导师姓名：李家清

学位授予单位：华中师范大学

关键词：农村；高中地理；探究式教学

摘要：

随着《基础教育课程改革纲要试行》的颁布及《国家课程标准》的推行，我国基础教育课程改革与发展进入了一个崭新时代。探究式教学作为一种新教学理念被引入到课程改革中，立即引起了教育理论界及广大中小学教师的广泛关注。但在农村地区，由于多方面的原因，探究式教学还未能顺利实施。因此，本文选择农村高中地理教学作为研究探究式教学在农村地区推行的切入点，结合笔者从事地理教学的经历和经验，在对部分农村中学地理教师、学生采用问卷、访谈进行调查的基础上，综合运用文献研究法、调查研究法、比较研究法、个案研究法、经验总结法、实验法等方法，分析了农村高中地理实施探究式教学的现状及存在的问题，根据农村的实际情况运用相关理论，对农村高中地理探究式教学的目标、探究式教学的基本过程、活动设计以及实施策略等问题作了一些探讨。

全文分为五个部分。

第一部分，概述了国外地理探究式学习的理论与实践以及地理探究式学习在我国的发展，并指出了开展该课题研究的研究思路与技术路线。

第二部分，阐述探究式教学的含义、理论基础及一般模式，为后续研究打下基础。

第三部分，从地理探究式教学的目标出发，结合农村高中的实际情况，通过问卷调查、实际访谈的方式分别从教师、学生、课程资源、教学环境四个方面对农村高中的基本情况进行了阐述。

第四部分，在介绍了农村高中地理探究式课堂教学实施的原则与策略的基础上提出了问题探究式学习、情景探究式学习、案例探究式学习、实验探究式学习几种农村高中地理探究式课堂教学实施的形式及其典型课例。

第五部分，对农村高中地理课堂教学中实施探究式学习的个案分析与结论。通过实验班与对照班的对比分析表明探究式学习对学生成绩、地理兴趣、学习态度、创新能力都有很大影响。同时提出了农村高中地理探究式学习应注意的问题。

中学地理教学媒体优化选择与整合的实验研究

The Experimental Study of Optimal Choice and Integration of Middle School Geography Teaching Media

作者：曾乾辉
导师姓名：李家清
学位授予单位：华中师范大学
关键词：中学地理；教学媒体；优化；整合；原则；策略
摘要：

随着时代的发展，科技日新月异，教育理念逐步更新，新课程改革日益深化，而地理教学媒体的实践研究和应用水平却落后于时代发展的水平和要求。因此，我们有必要研究其中的原因，找到解决的方案。

本论文主要包含以下几个部分。

第一部分对地理教学中教学媒体的应用现状做了案例研究，对应用不当的案例分为三种类型，某些知识点整体忽略教学媒体的选择，选择教学媒体时考虑不周，已有优化方案则墨守成规。分析了每种案例的原因，指出了解决的方向。

第二部分针对实际教学中教师对地理教学媒体的认识不足和理论素养薄弱的状况，详细介绍了地理教学媒体的特性——呈现力、重现力、传播力、可控性、参与性、经济性等。对教学媒体应用的决定意义引入系统理论、地理教育理论、心理学理论、传播学理论阐明地理教学媒体选择和整合的理论指导。在此基础上，提出了地理教学媒体组合的六大原则：目标控制原则、内容符合原则、对象适应原则、科学性原则、启发性原则、有效性原则和四大策略：目标性策略、主体性策略、主导性策略、现代性策略。以这些原则和策略为指导，进行实验研究。

第三部分在理论研究的基础上，本文将地理教学内容分为自然地理、人文地理、区域地理三大部分分别进行实验研究。实验中，采取实验班与对照班比较的实验方法，实验班中根据理论研究的原则和策略对教学媒体进行了优化选择与整合，而对照班则按照平常上课的方式进行教学，观察两个班的实验进程与实验结果的差异，比较得出相关的结论。优化的媒体组合促进学生素质的全面提高，有效的媒体组合要兼顾时空、整体和经济等因素，教学着眼点决定媒体组合策略，媒体的性能要符合教学内容的特性。

第四部分，总结实验的经验得失，指出研究的主要不足和今后努力的方向。

高中地理课堂图像教学行为观察与分析

Observe and Analysis the Graphic Instruction Behavior in Senior Geography Classroom

作者：林通

导师姓名：李家清

学位授予单位：华中师范大学

关键词：高中地理课堂；图像教学行为；观察与分析

摘要：

地理新课程和教学改革已经进行多年了，要求有新课堂和新行为。无论是实验区还是非实验区，高中地理课堂师生图像教学行为确实发生了一些变化。那么，我们地理教师和学生的课堂行为应该怎么转变，价值应该是什么，同时地理图像在高中地理教学中的价值功能无论怎样强调都不过分，基于这些考虑，以“高中地理图像教学”为例从行为角度解析既呼应了高中地理新课程改革，又体现了地理学科性质，同时追踪地理课程与教学论研究进展。这具有重要的理论和实践价值。

文章共分为六个部分，前言是提出问题，接下来的理论基础和价值取向这两个部分是从理论上分析问题，实地观察和实效性分析是从实践上分析问题，最后两个部分即建议和启示是解决问题。

在研究方法上，采用了量性研究和质性研究相结合的方式，主要有文献法、观察法、比较法和访谈法。文献法主要是收集和评述了地理图像教学行为的相关文献，一定程度上结合了发现模式、草根理论等方法，进行编码、概念图等处理。观察法主要是采用了某种观察者角色，用录像等仪器对高中地理课堂进行观察记录。比较法主要是依据一定的比较点对相同的高中地理课题进行比较研究。访谈法主要是对一些地理教师和学生的采访，结合了个案分析的方法技术。

通过研究，得到如下基本结论。明确了高中地理课堂图像教学行为的内涵，从行为链角度来分析，高中地理课堂图像教学行为有选图—呈图—指图—析图—评价—收图，从表现形式来分析，高中地理课图像教学行为主要有提问和回答、讨论、讲授和聆听，还有课堂作业、口头视听报告、示范表演等，其理论基础主要有行为科学理论、教育心理学理论、学习理论以及地理课程和教学理论。确定了高中地理课堂图像教学行为的价值取向，这应该是强调行为目标的整体性和差异性、追求行为过程的系统优化合理的选图行为、恰当的呈图行为、清晰的指图行为、多元的析图行为、发展的评价行为、适时的收图行为和积极的用图行为同时达到行为效果的有效反馈。

最后通过对高中地理课堂图像教学行为的实地观察和实效性分析高中地理课堂图像教学行为中现存的问题，并提出以下建议给予解决：给予地理课堂良好的支持、明确地理课堂图像教学行为的操作化含义、改进地理图像教学行为实践。

情感教学策略促进学生地理学习主动性研究——以初中地理新教材教学为例

Study on Initiative of Geography Leaning Promoted by Affective Teaching Strategy—The Case of New Geography Material Teaching in Junior High School

作者：胡淑飞
导师姓名：黄京鸿
学位授予单位：西南大学

关键词：情感教学策略；初中地理；课程改革；学习主动性；学生发展

摘要：

21世纪是以“和平发展”“和谐发展”为理想目标追求的世纪。和谐社会、和谐世界殷切期盼认知、情感和谐发展的素质教育。我国新一轮基础教育地理课程改革把“情感态度价值观”作为与“知识与技能”“过程与方法”协同的三维重要教学目标之一，倡导以积极情感为动力，充分激发学生潜能，培养学生健全人格，反映了当代世界教育改革的突出特征。基于认知教学、认知策略普遍重视，而情感教学、情感策略长期薄弱甚至缺失的问题，情感教学策略研究更显重要与迫切。

本研究在情感教学理论、实践及地理情感教学现状调研基础上，构建了地理情感教学策略体系。进而深入中学进行了一些初步实验研究，以检验地理情感教学策略对促进学生地理学习主动性的有效性及可操作性。并提出了丰富与完善该研究的进一步思考。

全文共分四部分。

第一部分绪论。主要介绍本研究的研究背景和意义，国内外研究现状及研究思路与方法。

第二部分地理情感教学策略体系构建。首先对情感、情感教学、情感教学策略、学习主动性及地理学习主动性等重要概念进行界定，再根据有关资料及调查问卷分析中学地理情感教学中存在的主要问题，继而在较广泛深入研究情感教学、素质教育等有关基础理论，情感教学实践、地理新教材丰富情感教学要素及地理素质教育有关实践的基础上，构建了适应初中地理新课程改革的情感教学策略体系。

第三部分情感教学策略促进学生地理学习主动性实验研究。选择西南大学附中部分班级进行了本课题的初步实验研究，审美化地理教学的相关实验研究也体现了地理情感教学策略的重要作用。

第四部分结论与讨论。对本研究的有关结论和思考进行了概括。

根据对情感教学理论及实践的研究，本文得出以下结论：

(1) 地理情感教学是学生地理素质全面和谐发展的需要。

(2) 地理情感教学在提高学生地理审美情趣方面发挥了积极作用。

(3) 地理情感教学能有效促进学生学习主动性的提高。

(4) 地理新课程为情感教学提供了广阔的发展空间。

(5) 地理情感教学要求教师提高自身的综合素质。

根据对情感教学理论及实践的研究，本文提出以下思考：

(1) 广泛深入研究国内外情感教学的先进理论及丰富实践，促进地理情感教学的新发展。

(2) 积极利用、开发地理课程资源，拓展地理情感教学的广阔空间。

(3) 认真持久开展教育实验，构建并完善与认知教学互相协同的地理情感教学策略体系。

(4) 完善、优化教学评价和学习评价，将情感类教学目标有效纳入地理素质教育评价体系。

（5）将情感态度价值观的时代演进作为地理教师专业化发展的优先内容。

（6）地理情感教学的大力推进还需要教育科研、教育行政管理等多方面的支持。

论文索引

专论

1. 夏志芳，陈大路．兴趣：地理宝库之门——地理教学问题系列访谈之一[J]．中学地理教学参考，2008(1)：1.
2. 李家清，张胜前．论新课程高中地理课堂教学行为的价值取向[J]．中学地理教学参考，2008(1)：4-7.
3. 王树声．体现课改要求，突出学科特点——谈在地理教学中培养学生潜能的问题[J]．中学地理教学参考，2008(1)：10-11.
4. 郭瑛．新课程标准对地理教师的挑战[J]．中学地理教学参考，2008(1)：19-20.
5. 彭晓萍．论新课程下地理教师的素养[J]．中学地理教学参考，2008(1)：20-21.
6. 王宏刚．地理效应知多少[J]．中学地理教学参考，2008(1)：31.
7. 王建，仇奔波．对地理新课标的理解以及对地理学新动态的认识[J]．中学地理教学参考，2008(2)：4-5.
8. 林培英．以行为动词为标识　研究教科书“活动”设计初探——以高中地理课程标准实验教科书《地理 2》为例[J]．中学地理教学参考，2008(3)：4-6.
9. 邵英．根植学科基础主干　把握解题细节关键[J]．中学地理教学参考，2008(3)：7-8.
10. 徐勤．社会生活的变化对中学地理教学的影响[J]．中学地理教学参考，2008(3)：9.
11. 林宪生．新课程下文化对地理课堂教学的影响[J]．中学地理教学参考，2008(4)：4-5.
12. 周一星，汤茂林．是“郊区化”，不是“郊区城市化”——对高中地理教材中一个问题的商榷[J]．中学地理教学参考，2008(5)：4-5.

13. 田学和．新课程标准下地理高考测量目标的确定[J]. 中学地理教学参考，2008(5)：6－7.
14. 于蓉．高中地理新课程中选修模块与必修模块的衔接教学[J]. 中学地理教学参考，2008(5)：8－9.
15. 相炜，刘娟．新课改下地理教学的现状与反思[J]. 中学地理教学参考，2008(5)：10－11.
16. 夏志芳，陈大路．活动：地理盛会之舞——地理教学问题系列访谈之五[J]. 中学地理教学参考，2008(6)：1.
17. 陆静．基于新课程背景的高中自然地理教学“难度”的研究[J]. 中学地理教学参考，2008(6)：4－6.
18. 余春喜．走出地理新课改的迷惘——如何应对高中地理新课改[J]. 中学地理教学参考，2008(6)：11－12.
19. 李成月．构建生活化的地理教学[J]. 中学地理教学参考，2008(6)：12－13.
20. 夏志芳，陈大路．测试：地理巅峰之歌——地理教学问题系列访谈之五[J]. 中学地理教学参考，2008(7)：1.
21. 李万涛．地理课程资源的区域性开发与整合[J]. 中学地理教学参考，2008(8)：4.
22. 陆静．中学地理教师的环境教育素养研究（上)[J]. 中学地理教学参考，2008(9)：4.
23. 陆静．中学地理教师的环境教育素养研究（下)[J]. 中学地理教学参考，2008(10)：4.
24. 汤吉舜．农村中学地理教师与新课程适应性的研究[J]. 中学地理教学参考，2008(11)：4.
25. 严士清，朱宝树．城市化的“稀释”效应与“浓缩”效应[J]. 中学地理教学参考，2008(12)：4.
26. 孟胜修．关于生态的可持续发展——谈在地理教学中形成可持续发展观念的问题[J]. 中学地理教学参考，2008(8)：7.
27. 吴岱峰．新课改下地理课堂教学有效性的思考[J]. 中学地理教学参考，2008(9)：6.
28. 关克勇．例谈地理课堂教学的“激情增效”[J]. 中学地理教学参考，2008(11)：7.
29. 王树声．地理教师的自我更新与持续发展[J]. 中学地理教学参考，2008(12)：6.
30. 樊笑英．后现代主义课程观下的地理课程与教学[J]. 地理教育，2008(1)：4－5.
31. 陈尔寿．对地理课程“学科中心”“知识本位”问题的商榷

[J]. 地理教育，2008(2)：1.
32. 张继武，李家清. 论专家型地理教师的成长途径[J]. 地理教育，2008(2)：64-65.
33. 周泽扬. 创新教师教育培养模式　服务重庆城乡统筹发展[J]. 地理教育，2008(3)：1.
34. 林培英. 我国地理教具发展及应用三十年回顾与思考[J]. 地理教育，2008(3)：4-5.
35. 褚亚平.《石坚文存》是当代地理教师之必读[J]. 地理教育，2008(4)：1.
36. 王建，张茂恒等. 圈层相互作用与自然地理学[J]. 地理教育，2008(4)：4-7.
37. 李延敏，程菊. 地理新课程对生命教育的呼唤——地理课堂教学中生命教育的实施策略[J]. 地理教育，2008(4)：8-9.
38. 陈继革. 尊重学生——地理教师成功教学的一剂良药[J]. 地理教育，2008(4)：9-10.
39. 杨林仙，邓秀艳，钟作慈. 把握及处理高中地理新课程实验教材探讨[J]. 地理教育，2008(5)：7-8.
40. 韦志榕. 三十年地理教科书（人教版）回顾[J]. 地理教育，2008(5)：4-5.
41. 袁书琪，刘丽. 我国旅游开发失误的人地观根源与校正对策[J]. 地理教育，2008(6)：4-5.
42. 李晴. 我们一同走过　三十年学校地理课程改革与《地理教育》[J]. 地理教育，2008(6)：1.
43. 王向东，袁孝亭. 国际视野下中学区域地理教学的主题选择与目标定位[J]. 课程、教材、教法，2008(1)：60.
44. 韩梅. 初中地理新课程与环境教育的相关性分析[J]. 课程、教材、教法，2008(2)：63.
45. 王后雄，汪永鑫. 新课程下高考地理考试评价标准及试卷结构技术指标构想[J]. 课程、教材、教法，2008(5)：70.
46. 林培英. 地理教师网络远程研修的意义和课程开发初探——以 2007 年高中地理新课程远程研修为例[J]. 课程、教材、教法，2008(7)：83.
47. 吴岱峰. 以地方课程“环境与可持续发展教育”为例，谈高中地理选修Ⅱ地方教材的编写[J]. 课程、教材、教法，2008(10)：74.
48. 张胜前，李家清. 美国基于“标准”的地理教学设计案例评析——以“美国人口密度透视”为例[J]. 课程、教材、教法，2008(10)：93.

49. 陈大路，谷晓红．从高中地理教科书看课程标准中概念的编订——以“城市的空间结构”和“城市地域结构”为例[J]．课程、教材、教法，2008(11)：69.
50. 赵媛，何寅昊．浅析环境问题、资源问题和生态环境问题——兼论对“高中地理选修 6 环境保护”课标的修改建议[J]．课程、教材、教法，2008(12)：57.

课程与教材研究

1. 李奕．用地理科学的思想方法指导、推进普通高中课程改革[J]．中学地理教学参考，2008(1)：12－13.
2. 张军海，吴炳义．GIS 的发展趋势及面临的主要问题[J]．中学地理教学参考，2008(1)：14－15.
3. 李琴．人教版“问题研究”的实施[J]．中学地理教学参考，2008(1)：32－34.
4. 杨金燕．新课标教材高中《地理》(人教版·必修3) 教学反思三则[J]．中学地理教学参考，2008(1)：34－36.
5. 刘继英．浅谈“问题研究”的作用与教学[J]．中学地理教学参考，2008(1)：37－39.
6. 周顺彬．乡土教材《广东地理》的编写评述[J]．中学地理教学参考，2008(1)：65－66.
7. 沈斌，朱志刚．对《全日制义务教育阶段地理课程标准（实验稿)》的修改建议[J]．中学地理教学参考，2008(1)：67－68.
8. 于蓉．让“海洋地理”与高中地理新课程共同起航——“海洋地理”模块的教学与评价[J]．中学地理教学参考，2008(3)：10－11.
9. 刘丽丽．关注课堂动态生成　打造生命化地理教学[J]．中学地理教学参考，2008(3)：22－23.
10. 李卫华．高中地理课程标准实验教科书《地理Ⅱ》四版本对比及教学建议[J]．中学地理教学参考，2008(3)：40－42.
11. 李日永．立足乡土，探究乡土，服务乡土——探索地理研究性学习的特色之路[J]．中学地理教学参考，2008(3)：43－44.
12. 陆群．依循“课程标准”是地理教学之本——浅读 2008 年江苏高考地理考试说明[J]．中学地理教学参考，2008(3)：44－46.
13. 王俊友，朱良，周盈科．俄罗斯中学地理教科书的图像系统

[J]. 中学地理教学参考，2008(3)：58-60.
14. 柳青．新课程备课的几个具体做法[J]. 中学地理教学参考，2008(4)：6-7.
15. 王旭，王韬．初中地理课改札记[J]. 中学地理教学参考，2008(4)：8-10.
16. 黄雷．新理念呼唤作业“四化”[J]. 中学地理教学参考，2008(4)：11-12.
17. 凌锋．新课改下“讨论式”教学的误区及对策[J]. 中学地理教学参考，2008(4)：12-13.
18. 陈炳飞．亟待建设的高中地理实验教学[J]. 中学地理教学参考，2008(4)：22-24.
19. 陈式如．案例教学盛行中的反思[J]. 中学地理教学参考，2008(4)：35-36.
20. 蔡平，王国福．中学地理活动课教学模式分析[J]. 中学地理教学参考，2008(4)：36-38.
21. 廖来兴．高中《地理》(人教版·必修1)“地理要素的变化会牵一发而动全身”精彩教学片段[J]. 中学地理教学参考，2008(4)：39-40.
22. 徐健．学生地理想象能力的培养与发展途径[J]. 中学地理教学参考，2008(5)：32-33.
23. 张荣．正确认识台风，树立科学思维[J]. 中学地理教学参考，2008(5)：31.
24. 陈霞．浅议高中地理新课程教材的有效使用[J]. 中学地理教学参考，2008(5)：35-36.
25. 高润，路紫．地理课后思考题发展趋势评述与实践[J]. 中学地理教学参考，2008(6)：6-7.
26. 李琳．空间概念的建立及其认知能力的培养[J]. 中学地理教学参考，2008(6)：8-10.
27. 李光明．新课程理念下地理生态课堂的构建[J]. 中学地理教学参考，2008(6)：14-15.
28. 郑明进．高中地理新课程教学设计应着眼于“整合”[J]. 中学地理教学参考，2008(6)：36-37.
29. 程南云．心理地图的训练与构建[J]. 中学地理教学参考，2008(6)：37-38.
30. 陈林森．高中地理新课标教科书“活动”教学策略研究[J]. 中学地理教学参考，2008(7)：4-6.
31. 岳志杰，寇建新．从“鸡蛋汤”中学习地理[J]. 中学地理教学参考，2008(7)：7.
32. 王岚．高中地理新课程教学的系统设计探讨[J]. 中学地理教学参考，2008(8)：8.
33. 梁嘉明．地理新课程改革中的校本课程开发——以“探索星空”校本课程为例[J]. 中学地理教学参考，2008(8)：11.
34. 相炜，耿顺传．同课异构——新课程背景下校本教研的有效途径.(陕西)中学地理教学参考，2008(9)：8.
35. 佟柠．新课程背景下高中地理教学目标叙写方式的转变[J]. 中学地理教学参考，2008(9)：10.
36. 王刚．删除地理知识点，列举地理能力点——地理新课标高考大纲修改探讨[J]. 中学地理教学参考，2008(10)：7.
37. 鄂傲君．高中地理新课程教学中如何开展课题研究[J]. 中学地理教学参考，2008(10)：10.
38. 陈茜．新课程“试卷评析课”的价值取向及模式[J]. 中学地理教学参考，2008(11)：9.
39. 张言顺．“地理头脑”的内涵及其对地理教育改革的启示[J]. 中学地理教学参考，2008(12)：8.
40. 王晨光．新课标教材高中《地理》（人教版·必修 3）各节知识体系[J]. 中学地理教学参考，2008(8)：18.
41. 李倩．对高中地理新课标教材（人教版）案例的认识与处理技巧[J]. 中学地理教学参考，2008(9)：18.
42. 胡星荣．解析高中《地理》（人教版·必修 1）的“新”变化[J]. 中学地理教学参考，2008(10)：20.
43. 韩梅．中学地理教科书中的环境伦理教育内容分析——以人教版地理课程标准实验教科书为例[J]. 中学地理教学参考，2008(11)：17.
44. 肖金花．先行组织者策略在地理生活化教学中的运用——以“自然资源总量丰富 人均不足”为例[J]. 中学地理教学参考，2008(12)：14.
45. 李书伟，唐芝．编制教学地图册的新思路——基于新课程标准的教学地图册的编制思考[J]. 中学地理教学参考，2008(9)：41.
46. 胥艳．从内地与香港教材的对比中反思“气候”教学[J]. 中学地理教学参考，2008(10)：38.
47. 张广花，王民．高中地理实验教科书中城市地理内容设计的比较研究——以中图版和鲁教版为例[J]. 中学地理教学参考，2008(11)：35.

48. 蒋郑颖．《英国国家地理课程标准》中的地理探究及其借鉴意义[J]. 中学地理教学参考，2008(12)：58.
49. 秦红阳．地图文化在地理教学中的渗透[J]. 地理教学，2008(1)：16－18.
50. 王晓，孔云．美国地理活动教学若干案例解读[J]. 地理教学，2008(1)：39－42.
51. 陈炳飞．高中地理实验教学存在的问题与改进[J]. 地理教学，2008(2)：20－23.
52. 邓桂芳．灵活用好各种版本的高中地理新教材[J]. 地理教学，2008(2)：23－25.
53. 张胜前，李家清．英国中学地理教材《Green Pieces》的编写特色[J]. 地理教学，2008(2)：40－42.
54. 王向东，王海霞．地理课程内容的历史演变与编制基准[J]. 地理教学，2008(3)：7－10.
55. 程玉霞．运用学习迁移　构建地理新知[J]. 地理教学，2008(3)：10－13.
56. 陈顺富．追求动态生成的地理课堂教学[J]. 地理教学，2008(3)：13－15.
57. 赵丽欣．新课程高考试题对探究式教学的启示[J]. 地理教学，2008(3)：15－17.
58. 侯玉娟．高中地理隐性课程资源开发浅议[J]. 地理教学，2008(3)：17－19.
59. 于吉海．教海拾贝——撰写教研论文　促进专业成长[J]. 地理教学，2008(3)：43.
60. 贺慧梅．强化图表教学　克服思维障碍[J]. 地理教学，2008(3)：43－44.
61. 黄承波．把握教材特色　合理安排教学[J]. 地理教学，2008(3)：44－45.
62. 沈斌．把握好地理教学的起点[J]. 地理教学，2008(4)：8－10.
63. 张大来．构建回归生活世界的地理课堂[J]. 地理教学，2008(4)：10－12.
64. 李土发．地理新课程教学需注重过程与方法[J]. 地理教学，2008(4)：13－14.
65. 李志伟．基于新课标的地理课程科学与人文教育的融合[J]. 地理教学，2008(4)：15－16.
66. 梅筱燕．高中地理教学观摩课引发的思考[J]. 地理教学，

2008(4)：17-19.

67. 陈世敏．新课程背景下初中地理教学设计规范化研究[J]. 地理教学，2008(5)：7-9.

68. 黄莉敏．运用形成性评价理念进行学习过程设计[J]. 地理教学，2008(5)：9-11.

69. 杨国栋，尚炜．不同版本教材对“地域分异规律”表述的比较[J]. 地理教学，2008(6)：9-10.

70. 李金国．高中地理实验教材作业系统比较及教学建议[J]. 地理教学，2008(6)：11-13.

71. 凌锋．新课改下“讨论式”教学的误区及对策[J]. 地理教学，2008(6)：14-15.

72. 马旭丹，段玉山．浅谈新课改背景下的中学地震灾害教育[J]. 地理教学，2008(6)：16-18.

73. 李家清，张胜前．创新之路：我国地理教学改革研究与发展30年[J]. 地理教学，2008(7)：10-13.

74. 丁国庆．从“活动”设计谈高中地理的有效教学[J]. 地理教学，2008(7)：14-17.

75. 叶育萌．例谈高中地理教材处理的几个误区[J]. 地理教学，2008(7)：18-19.

76. 陈亚颦，施平．非物质文化遗产传承教育与学校地理教育的整合探讨[J]. 地理教学，2008(8)：7-9.

77. 廖书庆．如何培养学生的地理语言表达能力[J]. 地理教学，2008(8)：9-11.

78. 方习明，王玲．进行探究式地理教学的尝试和探索[J]. 地理教学，2008(8)：12-14.

79. 尚炜．不同版本高中地理教材“宇宙中的地球”一章的比较[J]. 地理教学，2008(8)：14-17.

80. 胡星荣．人教版教材必修1内容的新变化[J]. 地理教学，2008(11).

81. 李功爱，杨志荣．编写《校园地理》构建多种多样的地理校本教材[J]. 地理教学，2008(11).

82. 黄逸恒．澳门地理课程与教师专业发展[J]. 地理教育，2008(1)：6-7.

83. 刘宏友．名优地理教师成长规律与自我发展[J]. 地理教育，2008(1)：8-9.

84. 黄志刚．新课程理念下评价一节课的关键[J]. 地理教育，2008(1)：9.

85. 李云吾，林章．反思教学究竟反思什么[J]．地理教育，2008(1)：10.

86. 陈鹏飞．怎样进行地理教育叙事[J]．地理教育，2008(1)：11.

87. 高梅．易混淆的“农业概念”[J]．地理教育，2008(1)：23.

88. 冯丹．“人口的数量变化”重、难点突破[J]．地理教育，2008(1)：24.

89. 韩明礼．产业活动的区位分析[J]．地理教育，2008(1)：25.

90. 杨建标．解读非洲“热带草原干湿季气候”[J]．地理教育，2008(1)：26.

91. 江静华．地理案例教学的有效性及提高策略初探[J]．地理教育，2008(1)：58-59.

92. 杨光瑞．谈新课程标准下的地理案例教学[J]．地理教育，2008(1)：59.

93. 贺慧梅．地理课堂上的新形式主义[J]．地理教育，2008(1)：60-61.

94. 董元贵．地理新课程教学要谨防“四误区”[J]．地理教育，2008(1)：61.

95. 李宏定．网络环境下地理研究性学习的实验研究——以高中地理教学为例[J]．地理教育，2008(1)：62.

96. 卢俊莉．博客在地理教学中的作用探讨[J]．地理教育，2008(1)：63-64.

97. 范文娟．身未动心已远——Google Earth 在地理教学中大显身手[J]．地理教育，2008(1)：65-66.

98. 王丽，宫作民．地理探究式学习的教师思考[J]．地理教育，2008(2)：6-7.

99. 陈丽娟．形成良性互动　走向和谐课堂——浅析新课标下地理课堂中的良性互动要素[J]．地理教育，2008(2)：8-9.

100. 黄亚非．地理新课程课堂不需要教师讲授吗[J]．地理教育，2008(2)：10-11.

101. 向先文．高中地理“新课改”，地理教研员干什么[J]．地理教育，2008(2)：11.

102. 潘建．地理教学公开课，你准备好了吗[J]．地理教育，2008(2)：12.

103. 李顺莲．地理教学培养学生地理素养初探[J]．地理教育，

2008(2)：58－59.
104. 敬大海．创新思维培养刍议[J]．地理教育，2008(2)：59－60.
105. 陈季，张英．中学地理与灾害教育浅议[J]．地理教育，2008(2)：60－61.
106. 于蓉．眼观图层　心生丘壑——论高中地理新课程中学生地图技能的培养[J]．地理教育，2008(2)：66.
107. 林元龙．打造教研组团队　促进教师专业发展——温州第八中学地理教研组团队建设的实践与探索[J]．地理教育，2008(2)：63－64.
108. 林智中，冯通．香港“梧桐河的管理与整治”学习软件的设计理念[J]．地理教育，2008(3)：6－7.
109. 刘勇斌．地理研究性学习评价体系构建与实施[J]．地理教育，2008(3)：8.
110. 王万里．地理校本课程的开放性评价策略[J]．地理教育，2008(3)：9－10.
111. 王本金．“可持续发展思想”面面观[J]．地理教育，2008(3)：12.
112. 王洪霞．有关“地理信息技术”的知识[J]．地理教育，2008(3)：13.
113. 陈大路．寻找地理学科的“地理性”[J]．地理教育，2008(3)：58－59.
114. 王培芳，吴奎．地理教学与创建科技示范学校[J]．地理教育，2008(3)：59.
115. 杨少英．澳大利亚中学地理课外实践活动的启示[J]．地理教育，2008(3)：60.
116. 陶梅．美国地理图像技能培养简介[J]．地理教育，2008(3)：61.
117. 刘必波，蔡婷婷．《爱弥儿》教育思想对现代地理教学的启示[J]．地理教育，2008(3)：62－63.
118. 李云吾．儒家思想：现代课堂管理的新解读[J]．地理教育，2008(3)：63－64.
119. 尤秀淼．善抓地图变式　凸显地图本质[J]．地理教育，2008(3)：65.
120. 程南云．心理地图的训练与构建[J]．地理教育，2008(3)：66.
121. 胡继中．地理教学创新贵有“三问”[J]．地理教育，2008

(4)：11.

122. 陈鹏飞．地理教师如何开展行动研究[J]．地理教育，2008(4)：12.

123. 宋庆寿．学好乡土地理　培养技能型人才[J]．地理教育，2008(4)：59.

124. 刘勇斌．整合社会资源开展科技教育[J]．地理教育，2008(4)：60－61.

125. 李小妹．对构建地理课堂心理环境的认识[J]．地理教育，2008(4)：61－62.

126. 凌锋．地理学习非智力障碍的分析与诊治策略[J]．地理教育，2008(4)：63.

127. 李志伟．做富有激情和人格魅力的研究型地理教师[J]．地理教育，2008(4)：64－65.

128. 李映菲．我们曾经共同快乐——地理教师给学生的毕业留言[J]．地理教育，2008(4)：65.

129. 项熙，夏志芳．从文学读物中挖掘地图教学元素[J]．地理教育，2008(4)：66.

130. 成锦波．如何开发学生对地形图的空间想象力[J]．地理教育，2008(4)：67.

131. 刘振泉，姚智君．让学生参与地理教学　让课堂呈现平等和谐[J]．地理教育，2008(5).

132. 王显荣．新课程地理教学反思能力探析[J]．地理教育，2008(5).

133. 卢永飞．变教为探：创设学生自主学习空间——以《湘教版·必修1》“洋流”为例[J]．地理教育，2008(5).

134. 李清杰，程军委．什么是“自主学习”[J]．地理教育，2008(5).

135. 沈斌．如何对地理教材进行二度开发[J]．地理教育，2008(5).

136. 李光明．新课程标准下地理课堂教学现象观察与思考[J]．地理教育，2008(5).

137. 黄蓉．中、德地理教学目标比较研究[J]．地理教育，2008(6).

138. 李元平．理念创新、各具特色的高中地理教科书——普通高中课程标准实验教科书评析[J]．教育理论与实践，2008(5).

139. 徐有道．高中地理课程标准的过程与方法目标设计[J]．池州学院学报，2008(2).

140. 臧凤平．人教版高中《地理》新教材指瑕[J]．教学与管理，2008(5)．

141. 丁运超．地理教材中应增加有关海洋国土教育的内容[J]．教学与管理，2008(6)．

142. 张士龙．我国中学地理教育发展方向分析[J]．教育科学研究，2008(4)．

143. 林培英，孙玥．学校地理教科书作用变化的讨论——我国地理课程变革中的继承与发展研究之教科书篇[J]．首都师范大学学报（社会科学版），2008(2)．

144. 马骏．地理教师应提倡草根式的教学研究[J]．今日中国教研，2008 (10)．

教学实践与教学评价

1. 黄勤雁．“困惑”与“思考”——高中课改实验初期地理课堂教学存在问题及解决策略[J]．中学地理教学参考，2008(1)：7－9.

2. 郑明进．高中地理新课程课堂教学评价的几个基本视角[J]．中学地理教学参考，2008(1)：16－18.

3. 林志胜．第二节“北方地区和南方地区”教学设计[J]．中学地理教学参考，2008(1)：38－41.

4. 张永华．5．1“长江三峡工程建设的意义和作用”教学设计[J]．中学地理教学参考，2008(1)：42－44.

5. 郑海森．高中《地理》（必修 3）“试题讲评课”教学案[J]．中学地理教学参考，2008(1)：44－46.

6. 闫陆军．第三节“人口迁移”教学设计[J]．中学地理教学参考，2008(1)：47－48.

7. 刘志杰．“人口的数量变化”教学设计[J]．中学地理教学参考，2008(1)：49－51.

8. 董瑞杰．测量记录——“气温”的研究性学习[J]．中学地理教学参考，2008(1)：52－54.

9. 王苇．地理实验专题复习[J]．中学地理教学参考，2008(1)：54－55.

10. 戴资星．化尴尬为精彩——巧妙处理课堂上“非预设生成”案例分析[J]．中学地理教学参考，2008(1)：56－57.

11. 李树民．浅谈参与式小组教学活动的设计[J]．中学地理教学参考，2008(1)：58－59.

12. 欧阳井国．探究式学习在中学地理教学中的运用[J]．中学地理教学参考，2008(1)：59－60.
13. 户清丽，白文新．如何确保地理课堂“提问”的有效性[J]. 中学地理教学参考，2008(1)：61－62.
14. 王洪生．例谈太阳高度图解读方法[J]. 中学地理教学参考，2008(1)：63－64.
15. 张文革．高考文综地理应试要领与解题指导[J]. 中学地理教学参考，2008(1)：68－70.
16. 李广水．怎样正确运用分析说明的方法描述和阐释事物[J]. 中学地理教学参考，2008(1)：71－73.
17. 杨胜良．高考复习专题研究——如何在第一轮复习中提高解题能力[J]. 中学地理教学参考，2008(1)：74－76.
18. 虞志奇，苏延新．高考地理第二轮复习策略[J]. 中学地理教学参考，2008(1)：76－77.
19. 雷尚学．培养能力　拓展思维　巧解选择题——2004—2007年高考地理选择题重难点解析[J]. 中学地理教学参考，2008(1)：78－80.
20. 王刚．高中地理读图选择题的实用解法[J]. 中学地理教学参考，2008(1)：81－85.
21. 杨厚文．“年昼长最大差值”“年正午太阳高度最大差值”解析及其应用[J]. 中学地理教学参考，2008(1)：85－86.
22. 张兵，李现军，黄绢．以手表定方向的理论、实质及解题技巧[J]. 中学地理教学参考，2008(1)：87.
23. 张付山．工业区位选择及其计算[J]. 中学地理教学参考，2008(1)：88.
24. 卢大亮．热点试题（一）[J]. 中学地理教学参考，2008(1)：89－90.
25. 吴智勇．热点试题（二）[J]. 中学地理教学参考，2008(1)：90－91.
26. 叶兵．新教材（人教版·必修 2）高一地理期末试卷[J]. 中学地理教学参考，2008(1)：92－95.
27. 孔祥群．2008 年江苏省普通高中学业水平测试（必修科目）模拟试题[J]. 中学地理教学参考，2008(1)：96－99.
28. 赵裕军．2008 年高三地理高考模拟试卷[J]. 中学地理教学参考，2008(1)：100－103.
29. 贾国强．2008 年高考模拟试题[J]. 中学地理教学参考，2008(1)：104－107.
30. 杜志忠．2008 年高考地理模拟试卷（新课程版）[J]. 中学地理教学参考，2008(1)：108－113.
31. 黄春玲．2008 年高考文科综合模拟试卷[J]. 中学地理教学参考，2008(1)：114－120.
32. 杨远珍．初中地理表现性作品评定的问题及对策[J]. 中学地理教学参考，2008(3)：12.
33. 窦立祥．高中地理学习过程性评价可行性操作办法[J]. 中学地理教学参考，2008(3)：13.
34. 林志胜．《地理》八年级下册（人教版）第六章“认识省级区域”：第四节“西部开发的重要阵地——新疆维吾尔自治区”教学设计[J]. 中学地理教学参考，2008(3)：24－26.
35. 邱晓玖．高中《地理》选修（第一册）第三单元“文化景观”：3.5“文化的空间扩散”教学设计[J]. 中学地理教学参考，2008(3)：27－28.
36. 刘艾青．高中地理综合实践活动的实践与反思[J]. 中学地理教学参考，2008(3)：29－30.
37. 林元龙．打造教研组团队　促进教师专业发展——温州第八中学地理教研组团队建设的实践与研究[J]. 中学地理教学参考，2008(3)：31－32.
38. 汪红艳．运用混合学习提高地理课堂教学的有效性[J]. 中学地理教学参考，2008(3)：33－34.
39. 张明．地理关联图的解题技法[J]. 中学地理教学参考，2008(3)：35－36.
40. 李成月．山地垂直自然带、山地雪线与高山林线的判读[J]. 中学地理教学参考，2008(3)：37－39.
41. 刘春慧．中国区域地图的判读[J]. 中学地理教学参考，2008(3)：39.
42. 程立，杨晓波．“西北地区”复习指导[J]. 中学地理教学参考，2008(3)：47.
43. 周训昕．高考地理第二轮复习的思路[J]. 中学地理教学参考，2008(3)：48.
44. 华颖洁．2007 年重大地理时事盘点[J]. 中学地理教学参考，2008(3)：49－50.
45. 张昕．河流流向的判断及其应用[J]. 中学地理教学参考，2008(3)：51－52.
46. 韦勇．“京沪高速铁路”试题设计[J]. 中学地理教学参考，2008(3)：54.
47. 李跃进．“世界第三大水电站——溪洛渡水电站”试题设计

[J]. 中学地理教学参考，2008(3)：55.

48. 张付民. 2008 年高考地理模拟综合试题[J]. 中学地理教学参考，2008(3)：56-57.

49. 杨金燕. 高中《地理》(人教版·必修3)“产业转移——以东亚为例”教学案例探讨[J]. 中学地理教学参考，2008(4)：24-26.

50. 朱红. 新课标教材（人教版）七年级《地理》第九章“西半球的国家”——第一节美国（第一课时）教学设计[J]. 中学地理教学参考，2008(4)：27-28.

51. 林志胜. 新课标教材（人教版）七年级地理第八章“东半球其他的国家和地区”——第一节“中东”教学设计[J]. 中学地理教学参考，2008(4)：29-32.

52. 朱庆龙. 新课标教材高中《地理》(人教版·选修3)（旅游地理）第四章——第一节“旅游规划”教学设计[J]. 中学地理教学参考，2008(4)：33-34.

53. 钱慧龙. 新课程背景下课堂教学的实践和思考——以“地理环境的整体性”一节为例[J]. 中学地理教学参考，2008(4)：43-44.

54. 刘绍华，杜元伟. 煤炭，“干”了的石油——关于煤炭石油形成的质疑与思路[J]. 中学地理教学参考，2008(4)：45-46.

55. 孙俊鹏. 如何进行等值线图的有效备考[J]. 中学地理教学参考，2008(4)：48-49.

56. 戴资星. 义务教育新课程学业考试地理病误试题的分析及对策[J]. 中学地理教学参考，2008(4)：50-53.

57. 刘志勇，杨才旺. 2008 年高考地理模拟试题[J]. 中学地理教学参考，2008(4)：54-58.

58. 陈振权，卢定群. 让地理应试能力在精心引导中稳步提升[J]. 中学地理教学参考，2008(4)：47-48.

59. 卢凤琪，张蕊.《地理》八年级下册（中图版）第七章“认识国家”：第三节“澳大利亚”教学设计[J]. 中学地理教学参考，2008(5)：22-24.

60. 邹桂雪. 新课标教材高中《地理》(鲁教版·必修第二册）第四单元“人类活动的地域联系”：第二节“交通运输布局”（第1课时）教学设计[J]. 中学地理教学参考，2008(5)：24-26.

61. 向军. 如何指导学生绘制环境地图[J]. 中学地理教学参考，2008(5)：27-29.

62. 刘儒伦. 以建构主义为指导　训练学生心理地图[J]. 中学地

理教学参考，2008(5)：29－30.

63. 张建涛．培养学生地理学习兴趣应注意的问题[J]. 中学地理教学参考，2008(5)：31.

64. 张雁鹏．巧借晨昏线　突破光照图[J]. 中学地理教学参考，2008(5)：34－35.

65. 周宏生．应用 Flash 软件绘制地理图[J]. 中学地理教学参考，2008(5)：38－39.

66. 田继峰，黄生荣．“我国铁路运输线”专题复习[J]. 中学地理教学参考，2008(5)：40－41.

67. 郭芳英．“自然灾害”专题复习[J]. 中学地理教学参考，2008(5)：42－45.

68. 张明．提高地理主观题得分的策略探讨[J]. 中学地理教学参考，2008(5)：46－47.

69. 罗亚明．高考地理论述题的答题基本思路和方法[J]. 中学地理教学参考，2008(5)：47－48.

70. 刘洁晶，郭程轩．网络资源库——中学地理教学的新平台[J]. 中学地理教学参考，2008(5)：37－38.

71. 胡龙成．来自《地理》教科书插图的高考试题赏析[J]. 中学地理教学参考，2008(5)：49－50.

72. 吴强．等值线图判读方法探讨[J]. 中学地理教学参考，2008(5)：51.

73. 程菊．2008 年高考地理模拟试卷[J]. 中学地理教学参考，2008(5)：52－55.

74. 吕铁军，徐一涵．热点试题设计[J]. 中学地理教学参考，2008(5)：56.

75. 刘红．新课程理念下高中地理教学整合策略谈[J]. 中学地理教学参考，2008(6)：26－27.

76. 王凤飞．新课标教材高中《地理》（湘教版·必修 3）第二章“区域可持续发展”第三节“流域综合治理与开发——以田纳西河流域为例”教学设计[J]. 中学地理教学参考，2008(6)：28－30.

77. 齐露明．新课标教材（人教版）《地理》八年级下册第八章“认识跨省区域”第一节“沟壑纵横的特殊地形区——黄土高原”导学案[J]. 中学地理教学参考，2008(6)：30－31.

78. 江虎成．一个预设引发的辩论[J]. 中学地理教学参考，2008(6)：32－33.

79. 冯丹．谈寒、暑假地理实践活动的学科性、严谨性和完整性

[J]. 中学地理教学参考，2008(6)：34-36.
80. 冯霞. 浅议高中地理作业评价的形式[J]. 中学地理教学参考，2008(6)：39-40.
81. 孙景岩. 拖拽类地理课件的制作[J]. 中学地理教学参考，2008(6)：40-41.
82. 朱雪梅. 测试命题：从经验走向科学——以2008年春季扬州市高三地理调研测试命题为例[J]. 中学地理教学参考，2008(6)：42-44.
83. 周云进. "1"＋"1"＞2——江苏地理新高考应对策略初探[J]. 中学地理教学参考，2008(6)：45-46.
84. 杨小华. 社会热点与高考地理情境设置应用[J]. 中学地理教学参考，2008(6)：47-49.
85. 邹国华. 自然地理专题复习基础能力训练[J]. 中学地理教学参考，2008(6)：50-51.
86. 高效清. 学生地理综合素质评价测试题[J]. 中学地理教学参考，2008(6)：52-54.
87. 王本金. "生活与地理"试题赏析[J]. 中学地理教学参考，2008(6)：54-57.
88. 杨燕勤. 高中地理教学中的"课题"研究[J]. 中学地理教学参考，2008(7)：8-10.
89. 杨士军，曹列文. 地理教学实现"过程与方法"目标的途径[J]. 中学地理教学参考，2008(7)：11-12.
90. 张言顺，肖文才. 换一种方式来读图——初中地理分布图阅读教学策略[J]. 中学地理教学参考，2008(7)：18-19.
91. 徐洁冰. 高中地理教科书（人教版）的图像系统与功能[J]. 中学地理教学参考，2008(7)：20-21.
92. 查镜梅. 案例在地理专题复习中的设置[J]. 中学地理教学参考，2008(7)：22-23.
93. 赵建军. 守望生命——关注四川汶川大地震专题课[J]. 中学地理教学参考，2008(7)：23-24.
94. 褚荣伟. 动态生成——让地理课堂闪烁智慧的火花[J]. 中学地理教学参考，2008(7)：25-26.
95. 户清丽. 教师"随堂观课"操作层面的范式构建[J]. 中学地理教学参考，2008(7)：27-28.
96. 应官封. 课堂限时训练的选择与创新[J]. 中学地理教学参考，2008(7)：29-30.
97. 徐桂红. 学生地理学习能力的培养途径[J]. 中学地理教学参

考，2008(7)：31.

98. 周立．让作业改变教师与学生的行为[J]. 中学地理教学参考，2008(7)：32－33.

99. 郭小舟．地表运动载体的昼夜问题初探[J]. 中学地理教学参考，2008(7)：34.

100. 李国堂．例析等高线地形图中的“通视线”问题[J]. 中学地理教学参考，2008(7)：35.

101. 高梅，郝东．高考地理专题复习——地图与地球（连载一）[J]. 中学地理教学参考，2008(7)：36－43.

102. 张永华．高中地理教学中的地理信息技术[J]. 中学地理教学参考，2008(7)：44－46.

103. 李碧英．高考自然地理复习策略[J]. 中学地理教学参考，2008(7)：47.

104. 李玉钧．例谈地理选择题的命制[J]. 中学地理教学参考，2008(7)：48－49.

105. 张明．一题一议[J]. 中学地理教学参考，2008(7)：50.

106. 郭全其，李成芳．“粮食安全”试题设计[J]. 中学地理教学参考，2008(7)：51－52.

107. 卢大亮．“博鳌亚洲论坛 2008 年年会”试题设计[J]. 中学地理教学参考，2008(7)：53－54.

108. 金忠星．《地理》八年级上册（人教版）第一章“从世界看中国”第一节“辽阔的疆域”教学设计[J]. 中学地理教学参考，2008(8)：22.

109. 全跃标．新课标教材高中《地理》（湘教版·必修 1）第一章“宇宙中的地球”第一节“地球的宇宙环境”教学设计[J]. 中学地理教学参考，2008(8)：24.

110. 牟方青，李淑春．新课标教材《地理》（人教版·八年级上册）第二章“中国的自然环境”第二节“气候多样，季风显著”教学设计[J]. 中学地理教学参考，2008(9)：20.

111. 李文利，韩黎莉等．新课标教材高中《地理》（人教版·必修 1）第二章“地球上的大气”第二节“气压带和风带”（第 1 课时）教学设计[J]. 中学地理教学参考，2008(9)：23.

112. 张国宝．新课标教材高中《地理》（鲁教版·第一册）第二章“从地球圈层看地理环境”第二节“大气圈与天气、气候”中“大气的受热过程”教学设计[J]. 中学地理教学参考，2008(9)：25.

113. 朱红．新课标教材《地理》（人教版·七年级上册）第三章“天气与气候”第三节“降水和降水的分布”（第一课时）教学设计[J]. 中学地理教学参考，2008(10)：24.
114. 黄娟．新课标教材《地理》（湘教版·八年级上册）第二章“中国的自然环境”第二节“中国的气候”“气候复杂多样”中“多温度带”教学设计[J]. 中学地理教学参考，2008(10)：25.
115. 蔡林梅．新课标教材高中《地理》（人教版·必修1）第三章“地球上的水”第二节“大规模的海水运动”教学设计[J]. 中学地理教学参考，2008(10)：27.
116. 张洪钧．新课标教材《地理》（人教版·八年级上册）第三章“中国的自然资源”第二节“土地资源”教学设计[J]. 中学地理教学参考，2008(11)：19.
117. 周静．新课标教材高中地理（人教版·必修1）第三章“地球上的水”第一节“自然界的水循环”课堂实录[J]. 中学地理教学参考，2008(11)：22.
118. 茅娉婷．新课标教材高中《地理》（鲁教版·第一册）第四单元“从人地关系看资源与环境”第三节“全球气候变化及其对人类的影响”教学设计[J]. 中学地理教学参考，2008(12)：17.
119. 单永地理研究室．高中地理新课程教学辅导（连载）[J]. 中学地理教学参考，2008(9)：28.
120. 单永地理研究室．高中地理新课程教学辅导（连载）[J]. 中学地理教学参考，2008(10)：30.
121. 单永地理研究室．高中地理新课程教学辅导（连载）[J]. 中学地理教学参考，2008(11)：25.
122. 单永地理研究室．高中地理新课程教学辅导（连载）[J]. 中学地理教学参考，2008(12)：19.
123. 臧锋．让案例教学充满生命力——以人教版高中地理教科书（必修）为例[J]. 中学地理教学参考，2008(11)：24.
124. 蔡明．如何进行案例的拓展学习——以“我的家乡怎样发展”为例[J]. 中学地理教学参考，2008(12)：24.
125. 杨思穷．地球自转偏向力的实验探究[J]. 中学地理教学参考，2008(9)：31.
126. 周霞．高中地理课堂探究活动的设计——以“大气的保温作用”为例[J]. 中学地理教学参考，2008(9)：32.
127. 雷辉．采玉与拾遗——初中地理教学案例二则[J]. 中学地理教学参考，2008(9)：34.

128. 相炜，王龙．重视演示法突破重难点——以对流层特点的演示教学为例[J]. 中学地理教学参考，2008(10)：34.

129. 李淑春．利用乡土资源开展地质灾害教育——“太白岩崩塌及危岩治理”学生实践活动设计 [J]. 中学地理教学参考，2008(11)：29.

130. 李新运．“体验大自然　野外辨方向”探究活动设计[J]. 中学地理教学参考，2008(12)：26.

131. 李淑聘．西樵乡土地理资源开发的研究方法[J]. 中学地理教学参考，2008(12)：27.

132. 侯蕊芳．浅析地形和洋流对四种气候的影响[J]. 中学地理教学参考，2008(8)：26.

133. 陈铁飞．对《历史与社会》教学中小组合作学习的反思[J]. 中学地理教学参考，2008(8)：27.

134. 常华锋，邹晓玲．构建心理地图　搞好区域识别教学[J]. 中学地理教学参考，2008(9)：36.

135. 陈永刚．新课程背景下高中地理课堂学案设计思考[J]. 中学地理教学参考，2008(9)：38.

136. 王影．开展地理探究式教学的思考[J]. 中学地理教学参考，2008(9)：40.

137. 李春红．教学目标设计中亟待解决的矛盾[J]. 中学地理教学参考，2008(10)：35.

138. 焦洁．学生地理学习档案袋的建立及其使用[J]. 中学地理教学参考，2008(10)：37.

139. 张建春．类比：地理课堂教学的有效性策略[J]. 中学地理教学参考，2008(11)：31.

140. 户清丽．课堂教学中“生问”策略的构想与实施[J]. 中学地理教学参考，2008(11)：33.

141. 肖本军．新课程视野下如何有效实施生命化教育[J]. 中学地理教学参考，2008(12)：29.

142. 邓士木．地理坐标统计图解析技巧[J]. 中学地理教学参考，2008(12)：32.

143. 张莹．地理漫画“四步解读法”[J]. 中学地理教学参考，2008(12)：34.

144. 张军．PPT 课件实现“交互”[J]. 中学地理教学参考，2008(9)：43.

145. 刘长根．Google Earth 辅助地理教学初探[J]. 中学地理教学参考，2008(10)：41.

146. 苏峰.PowerPoint 让地理课件也精彩[J]. 中学地理教学参考，2008(10)：42.

147. 郭文成.怎样在 PPT 中制作地理动画[J]. 中学地理教学参考，2008(11)：37.

148. 张亚君.我是这样学地理的[J]. 中学地理教学参考，2008(11)：38.

149.《中学地理教学参考》第一研究室.高考地理专题复习——大气（连载二）[J]. 中学地理教学参考，2008(8)：29.

150. 崔超英，刘洋.将探究式教学引入高三地理复习之中[J]. 中学地理教学参考，2008(9)：44.

151.《中学地理教学参考》第一研究室.高考地理专题复习——海洋和陆地、自然资源和自然灾害（连载三）[J]. 中学地理教学参考，2008(9)：46.

152.《中学地理教学参考》第一研究室.高考地理专题复习——农业与工业（连载四）[J]. 中学地理教学参考，2008(10)：44.

153.《中学地理教学参考》第一研究室.高考地理专题复习——城市与交通（连载五）[J]. 中学地理教学参考，2008(11)：39.

154. 张永华.区域地理复习中结构图的建立与应用[J]. 中学地理教学参考，2008(11)：44.

155. 黄道才.2007 年、2008 年广东高考“文基”地理卷对比及备考建议[J]. 中学地理教学参考，2008(11)：46.

156.《中学地理教学参考》第一研究室.高考地理专题复习——人口、旅游和环境问题（连载六）[J]. 中学地理教学参考，2008(12)：36.

157. 周建男.学业水平测试有效复习的探索[J]. 中学地理教学参考，2008(12)：41.

158. 刘辉.漫谈高考地理审题[J]. 中学地理教学参考，2008(12)：43.

159. 张建春.新课程背景下高三地理复习策略[J]. 中学地理教学参考，2008(12)：45.

160. 李岳樵.热点载体复习课——高三地理复习的新模式[J]. 中学地理教学参考，2008(12)：47.

161. 郎宇，连淑方.浅谈地理学科命题方法[J]. 中学地理教学参考，2008(10)：51.

162. 余中元，赵志忠．2008 年高考地理试卷（海南卷）评析[J]. 中学地理教学参考，2008(10)：53.
163. 魏喜武．2008 年高考文综全国卷Ⅰ第一题组的讨论[J]. 中学地理教学参考，2008(10)：56.
164. 韩英英．例谈高考地理选择题的突破[J]. 中学地理教学参考，2008(11)：49.
165. 王蓉．对 2008 年高考广东卷几道地理试题的看法[J]. 中学地理教学参考，2008(11)：52.
166. 金今．2008 年高考地理试题考查特色浅析 [J]. 中学地理教学参考，2008(11)：53.
167. 杜若杰．全国普通高考山东卷“基本能力测试”中地理相关问题的类型和特点[J]. 中学地理教学参考，2008(12)：49.
168. 张月琴．“凤凰”台风试题设计[J]. 中学地理教学参考，2008(10)：56.
169. 虞志奇．“地理信息技术应用”综合练习[J]. 中学地理教学参考，2008(11)：55.
170. 鲁爱华．“黑瞎子岛回归祖国”综合试题设计[J]. 中学地理教学参考，2008(12)：51.
171. 丁树荣．“神舟”七号试题设计[J]. 中学地理教学参考，2008(12)：52.
172. 王乐祝，李洪军等．2008 年普通高等学校招生全国统一考试文科综合能力测试（全国卷Ⅰ·地理部分）全国卷Ⅰ试题解析大家谈[J]. 中学地理教学参考，2008(8)：36.
173. 廖来兴，鲁爱华等．2008 年普通高等学校招生全国统一考试文科综合能力测试（全国卷Ⅱ·地理部分）全国卷Ⅱ试题解析大家谈[J]. 中学地理教学参考，2008(8)：39.
174. 陈炳飞，侯桂东等．2008 年普通高等学校招生全国统一考试地理试题（江苏卷）江苏卷试题解析大家谈[J]. 中学地理教学参考，2008(8)：47.
175. 李兴防，左兴俊等．2008 年普通高等学校招生全国统一考试（山东卷）文科综合能力测试（地理部分）山东卷试题解析大家谈[J]. 中学地理教学参考，2008(8)：52.
176. 曹新富，陈东梅．2008 年普通高等学校招生全国统一考试（北京卷）文科综合能力测试（地理部分）[J]. 中学地理教学参考，2008(9)：53.
177. 2008 年普通高等学校招生全国统一考试（宁夏卷）文科综合能力测试（地理部分）[J]. 中学地理教学参考，2008

(9)：55.

178. 2008年高考文综（全国卷Ⅱ）地理试题浅析[J]. 中学地理教学参考，2008(9)：57.

179. 赵善民．中学地理教师反思性教学的现状调查[J]. 地理教学，2008(1)：8.

180. 张旭如，王民．中学生地理学习自我监控能力培养探析[J]. 地理教学，2008(1)：12.

181. 郑于艺．怎样设计地理合作学习的主题[J]. 地理教学，2008(1)：12－13.

182. 何美珑．高中地理新教材的教学建议[J]. 地理教学，2008(1)：18－21.

183. 成继龙．"城市化"一节问题设计[J]. 地理教学，2008(1)：22－24.

184. 孙海平．"工业区位因素和工业区位选择"教后心得[J]. 地理教学，2008(1)：24－25.

185. 刘书奇．"北方地区和南方地区"一节教学设计[J]. 地理教学，2008(1)：26－27.

186. 刘小唤．"降水和降水的分布"一节教学设计[J]. 地理教学，2008(1)：28－30.

187. 李景霞，张英．中学灾害教育的若干教学策略探讨[J]. 地理教学，2008(1)：31－34.

188. 周云华．加强教研组建设　促进教师专业发展[J]. 地理教学，2008(1)：34－36.

189. 姚伟国．地理视角观奥运　激发学生求知欲[J]. 地理教学，2008(1)：37－39.

190. 宋晓花．教海拾贝——学生随口打岔　教师顺势发挥[J]. 地理教学，2008(1)：42－43.

191. 林钟苗．增强教学互动　促进学生发展[J]. 地理教学，2008(1)：43－44.

192. 张宽衡．精心设计提问　活跃课堂气氛[J]. 地理教学，2008(1)：44－44.

193. 张雅茹．强化专题复习　增强复习效果[J]. 地理教学，2008(1)：44－45.

194. 赵守拙，杭生根．教师比作土壤　生命价值升华[J]. 地理教学，2008(1)：45.

195. 张文革．重庆市初中地理新课程课堂教学调研分析[J]. 地理教学，2008(2)：7－9.

196. 姚卫新．关于地理学科网络教学的思考[J]．地理教学，2008(2)：10－12.
197. 王万里．《民俗文化地理》校本课程的开发实践[J]．地理教学，2008(2)：12－15.
198. 张言顺，武胜．地理课堂教学情境创设的若干误区[J]．地理教学，2008(2)：16－17.
199. 束炯．高师“气象学与气候学”课程教学体系修改与教学[J]．地理教学，2008(2)：18－19.
200. 尤玉明，高林根．敢于节外生枝　课堂方显生机[J]．地理教学，2008(2)：25－27.
201. 乐萍萍．“人口迁移”一课的教学预设与生成[J]．地理教学，2008(2)：28－29.
202. 张焱．新课程标准下地理学习评价方法初探[J]．地理教学，2008(2)：29－32.
203. 卢庆洪，刘晓鸣．“十一五”规划中的西部铁路[J]．地理教学，2008(2)：33－34.
204. 张玉强．好“课”多磨——地理教研的有效形式[J]．地理教学，2008(2)：34－36.
205. 孙继虎．利用摄影作品优化地理课堂教学[J]．地理教学，2008(2)：36－37.
206. 袁玉玲．捕捉课堂生成资源　珍惜学生心灵体验[J]．地理教学，2008(2)：38－39.
207. 曹军．教海拾贝——提高学习兴趣　激发学习热情[J]．地理教学，2008(2)：42－43.
208. 庞甲法．注重教学反思　师生共同成长[J]．地理教学，2008(2)：43.
209. 蒋浩军．基于网络环境　设计教学过程[J]．地理教学，2008(2)：43－44.
210. 李永明．挖掘乡土资源　培养探究能力[J]．地理教学，2008(2)：44－45.
211. 成继龙．“行星地球”一章“活动”板块的教学[J]．地理教学，2008(3)：19－22.
212. 孔海君．“地球的结构”一节教学设计[J]．地理教学，2008(3)：22－23.
213. 郭能读．非洲、澳大利亚部分内容备课参考[J]．地理教学，2008(3)：24－26.
214. 冯斌斌．如何提高初中地理课堂教学的有效性[J]．地理教学，2008(3)：27.

215. 曹锁庆．激活初中地理课堂的四把“钥匙”[J]．地理教学，2008(3)：28-29.

216. 孙永珍．地理教学中如何巧妙地突破难点[J]．地理教学，2008(3)：30-31.

217. 梁晓灵．地理课堂对话的话题设置[J]．地理教学，2008(3)：31-33.

218. 潘为国．地理课堂启发式提问举要[J]．地理教学，2008(3)：33-34.

219. 梁东成．浅谈高考文综的学科间综合[J]．地理教学，2008(3)：35-37.

220. 鲁爱华．高三地理复习练习卷[J]．地理教学，2008(3)：38-42.

221. 赵丽欣．谈高中地理探究学习中的知识铺垫[J]．地理教学，2008(4)：20-21.

222. 包鹰．大胆实践：让地理课堂焕发异彩[J]．地理教学，2008(4)：22-23.

223. 包燕．新课标下初中地理评价方式初探[J]．地理教学，2008(4)：23-24.

224. 陆静．初中地理教学中人文精神的培养[J]．地理教学，2008(4)：25-26.

225. 程南云．在地理教学活动中培养学生空间思维能力[J]．地理教学，2008(4)：26-28.

226. 徐艳．浅谈心理学若干原理在地理学习中的应用[J]．地理教学，2008(4)：28-29.

227. 李航．营造富有美感的地理课堂[J]．地理教学，2008(4)：32-33.

228. 郑明进．地理教研与课题研究的有效整合[J]．地理教学，2008(4)：34-36.

229. 贾验宏．2007年高考地理上海卷试题的难度区分度简析[J]．地理教学，2008(4)：37-38.

230. 黄雷．以语言之魅力　燃爱国之激情[J]．地理教学，2008(4)：43.

231. 鲍建华．创设学习情境　提升人文素养[J]．地理教学，2008(4)：43-44.

232. 孙永珍．写好课后“三记”效果事半功倍[J]．地理教学，2008(4)：44-45.

233. 程雅．唤醒主体意识　塑造主体人格[J]．地理教学，2008(4)：45.

234. 李云吾．运用现代教育技术提高《历史与社会》教学质量[J]．地理教学，2008(5)：12－13.

235. 夏礼财．从鞍钢、宝钢、首钢谈工业区位因素的发展变化[J]．地理教学，2008(5)：14－15.

236. 栗宁．“商品谷物农业”说课设计[J]．地理教学，2008(5)：16－17.

237. 李坚．“工业区位条件”一节的教学过程设计[J]．地理教学，2008(5)：18－19.

238. 杨静．“美国工业”的教学设计与反思[J]．地理教学，2008(5)：20－24.

239. 宋加铸．“欧洲西部自然环境”说课设计[J]．地理教学，2008(5)：25－26.

240. 张言顺，孔雪芳．例谈课堂教学节奏的缺失[J]．地理教学，2008(5)：27－28.

241. 石培军．高三地理复习中对学生答题表述能力的培养[J]．地理教学，2008(5)：28－30.

242. 雷海燕．地理案例教学把握好的几个关系[J]．地理教学，2008(5)：31.

243. 陈立新．地理区位分析综合题的答题技巧[J]．地理教学，2008(5)：32－33.

244. 王海珍．考前指导：选择题答题技巧[J]．地理教学，2008(5)：33－35.

245. 姜家余．“活动”如何实施　依据课标而行[J]．地理教学，2008(5)：41.

246. 江虎成．调整教学内容　注意课堂容量[J]．地理教学，2008(5)：41－42.

247. 徐晓华．创建和谐课堂　唱出和谐之歌[J]．地理教学，2008(5)：42.

248. 宋加铸．理清教材意图　突破教学难点[J]．地理教学，2008(5)：42－43.

249. 朱懿，王宝剑．做到五项注意　提高复习质量[J]．地理教学，2008(5)：43－44.

250. 袁绍萍．一则反面材料　获取深刻反思[J]．地理教学，2008(5)：44.

251. 杨学峰．环境意识提高“查找”乃为良方[J]．地理教学，

2008(5)：44.
252. 刘丽．“工农业地域的形成与发展”知识小结[J]. 地理教学，2008(6)：19.
253. 孟兴辉．高考复习中地理知识整理三例[J]. 地理教学，2008(6)：20.
254. 李云吾．《历史与社会》中起居文化教学的尝试[J]. 地理教学，2008(6)：21-22.
255. 苏英，胡琳琳．“特别行政区——香港和澳门”的教学设计[J]. 地理教学，2008(6)：23.
256. 尹辅朝．“南极洲”教学应抓住的“闪光点”[J]. 地理教学，2008(6)：24.
257. 魏春东．浅谈日常生活情境在地理课堂中的作用[J]. 地理教学，2008(6)：27-28.
258. 汪孟吉．用“活动”设计课堂教学[J]. 地理教学，2008(6)：29.
259. 王晨光．例谈高中地理知识记忆方法[J]. 地理教学，2008(6)：30-31.
260. 鲍建华．体现三维发展性目标的教学实例[J]. 地理教学，2008(6)：32-34.
261. 曹锁庆．乡土味：地理课堂的一抹新绿[J]. 地理教学，2008(6)：35-36.
262. 杨绮雯．阿布扎比：沙漠里建“绿洲”[J]. 地理教学，2008(6)：36-37.
263. 梁燕．开平漫步[J]. 地理教学，2008(6)：38-39.
264. 胡继中．挖掘隐性信息突破解题瓶颈[J]. 地理教学，2008(6)：40-41.
265. 高梅．高考命题的切入点——自然资源与自然灾害[J]. 地理教学，2008(6)：42.
266. 陈延红．接住学生来“球”　发现教学问题[J]. 地理教学，2008(6)：43.
267. 欧永娟．书写教学体会　得到教学启示[J]. 地理教学，2008(6)：43-44.
268. 张广道．环境教育多样　环保意识增强[J]. 地理教学，2008(6)：44.
269. 曹军．关注时事热点　引领学生思维[J]. 地理教学，2008(6)：44-45.
270. 王晨光．巧打形象比喻　他山之石攻玉[J]. 地理教学，2008

(6)：45.
271. 陈竞宇．利用课外活动课进行“日晷制作”探究[J]．地理教学，2008(7)：20－22.
272. 郭能读．“中国的自然环境”备课参考[J]．地理教学，2008(7)：23－25.
273. 彭梅辉．“俄罗斯”一课的情境教学设计[J]．地理教学，2008(7)：26－28.
274. 蒋献珍．如何在初中地理教学中做好与高中的衔接[J]．地理教学，2008(7)：28－29.
275. 杨富民，宋俊勇．如何引导学生进行有效的交流[J]．地理教学，2008(7)：30－31.
276. 潘建．听课笔记：教师专业成长的重要资源[J]．地理教学，2008(7)：31－32.
277. 任春．世界各地奇特旅馆一览[J]．地理教学，2008(7)：39－40.
278. 廖书庆．交给学生钥匙　正确处理信息[J]．地理教学，2008(7)：40.
279. 朱浩．认真辨析概念　防止谬误蔓延[J]．地理教学，2008(7)：40－41.
280. 沈实．何妨歌上一曲　活跃课堂气氛[J]．地理教学，2008(7)：41－42.
281. 沈昌普，栾建勇．构建知识体系　强化迁移能力[J]．地理教学，2008(7)：42.
282. 李守军．锤炼课堂语言　努力实现“四化”[J]．地理教学，2008(7)：42－43.
283. 王洪生．谈高考中国地理部分的复习[J]．地理教学，2008(8)：18－21.
284. 刘晓露，李卫．“海陆变迁”一节的教学实践及反思[J]．地理教学，2008(8)：22－23.
285. 顾珺．“撒哈拉以南非洲”一节的教学[J]．地理教学，2008(8)：24－27.
286. 孔海君．关注“动态生成”，让地理课堂流光溢彩[J]．地理教学，2008(8)：28－30.
287. 赵福仙，刘清巧．坚持写“地理教学反思”的体会[J]．地理教学，2008(8)：31－32.
288. 左东奇．2008 年文科综合能力测试(全国卷甲)地理试题解析[J]．地理教学，2008(8)：37－38.

289. 王乐祝，李洪军．2008 年高考文综(全国卷乙)地理试题分析[J]. 地理教学，2008(8)：39－40.
290. 郑明进．"同题上课"后的议课活动[J]. 地理教学，2008(8)：41－42.
291. 吴锡镇．"地球热量平衡"可用计算解释[J]. 地理教学，2008(8)：43.
292. 江虎成．跳出预设思路　顺势即席创造[J]. 地理教学，2008(8)：43.
293. 梅筱燕．激活课堂气氛　绽放思维之花[J]. 地理教学，2008(8)：43－44.
294. 顾锋．通过活用教材　及时加"趣"增"鲜"[J]. 地理教学，2008(8)：44－45.
295. 邹扬．借助数学坐标　解读中国地理[J]. 地理教学，2008(8)：45.
296. 陈继革．国外防灾教育漫谈[J]. 地理教学，2008(9).
297. 蒋文庆．学生合作学习能力培养的策略和思考[J]. 地理教学，2008(9).
298. 耿夫相．基于"思维导图"的地理教学设计[J]. 地理教学，2008(9).
299. 王玉民．"行星地球"一章教材分析[J]. 地理教学，2008(9).
300. 彭海明，卢吉新．"地球的公转"(湘教版)的教学设计[J]. 地理教学，2008(9).
301. 杨兴红．"世界气候类型公布"复习步骤[J]. 地理教学，2008(9)：15－16.
302. 李兴防．地表水平运动物体偏转难点的突破[J]. 地理教学，2008(9)：17.
303. 乐敏．自主学习融入初中地理课堂教学[J]. 地理教学，2008(9)：18－20.
304. 韩晓粉．关于"中国行政区划"的教学探索[J]. 地理教学，2008(9)：21－22.
305. 贺丹君．浅谈高中地理选修模块教学的策略[J]. 地理教学，2008(9)：23－24.
306. 王邦柱．谈高三地理课堂有效教学的策略[J]. 地理教学，2008(9)：25－26.
307. 2008 年普通高等学校招生全国统一考试文科综合能力测试(宁夏卷)地理部分[J]. 地理教学，2008(9)：27－28.

308. 张修顺．2008 年江苏省高考地理试题解析[J]．地理教学，2008(9)：29－37.

309. 郭迎霞．怎样的地理课才能称为“好课”：要体现以学生发展为本的理念[J]．地理教学，2008(9)：40.

310. 冯丹．好课应体现本校特点[J]．地理教学，2008(9)：41.

311. 陈玲玲．好课要有好的结构[J]．地理教学，2008(9)：41.

312. 凌锋．凸显三维目标　贵在学生参与[J]．地理教学，2008(9)：42.

313. 黄雷．设计游戏活动　活化课堂教学[J]．地理教学，2008(9)：42－43.

314. 王清霞．利用学案导学　构建高效课堂[J]．地理教学，2008(9)：43－44.

315. 高素梅．识记地理数据　帮你快速解题[J]．地理教学，2008(9)：44.

316. 骆福权．如何组织有效的地理课堂教学[J]．地理教学，2008(10)：7－8.

317. 陈伟．怎样让学生在课堂上“说”[J]．地理教学，2008(10)：9－10.

318. 舒德全，闫雪燕．一字之差，谬之千里——地理学科常见的易错字辨析[J]．地理教学，2008(10)：11.

319. 相炜，耿顺传．高中地理（必修一）“活动建议”的解决方案[J]．地理教学，2008(10)：12.

320. 任登峰．“热力环流”教学过程设计[J]．地理教学，2008(10)：13－14.

321. 虞志奇．南水北调的“利与弊”专题辩论活动[J]．地理教学，2008(10)：15－16.

322. 梁玮．“日本”一节的教学构想[J]．地理教学，2008(10)：17－19.

323. 刘小唤．“印度”(人教版)一节的教学设计（第一课时)[J]．地理教学，2008(10)：20－21.

324. 李淮涛．放手让学生去发现地理问题[J]．地理教学，2008(10)：22－23.

325. 杨富民．关于城市热岛效应的探究学习活动[J]．地理教学，2008(10)：23－24.

326. 张玉成．山地雪线的判断方法[J]．地理教学，2008(10)：25－26.

327. 郭四化．新高考模式下的地理有效教学[J]．地理教学，2008

(10)：26－28.
328. 2008年普通高等学校招生全国统一考试·地理（海南卷）[J]. 地理教学，2008(10)：29－32.
329. 王永民.2008年高考试卷中“城市与地理环境”试题简析[J]. 地理教学，2008(10)：33－35.
330. 单永.浅谈高考试题对高中地理教学的影响[J]. 地理教学，2008(10)：36－39.
331. 罗定.“资源化＋个性化”备课的尝试[J]. 地理教学，2008(10)：40－42.
332. 蒋献珍.营造合作情境　打造高效课堂[J]. 地理教学，2008(10)：42－43.
333. 段金叶.手表上“一分钟”　突破教学难点[J]. 地理教学，2008(10)：43.
334. 黄雷.回归生活实践　解决实际问题[J]. 地理教学，2008(10)：43－44.
335. 李淮涛.通过“顾”名“思”义　解决疑难问题[J]. 地理教学，2008(10)：44.
336. 孙惠敏.容易混淆的地理概念[J]. 地理教学，2008(11).
337. 贾笑玲.“澳大利亚”一节的教学反思[J]. 地理教学，2008(11).
338. 王洪生.“众多的人口”一节的教学设计[J]. 地理教学，2008(11).
339. 王伟东.构建以自主学习为主的地理教学模式[J]. 地理教学，2008(11).
340. 林元龙，刘妙挺.打造精彩细节　彰显课堂教学魅力[J]. 地理教学，2008(11).
341. 2008年上海市初中学生学业考试地理试卷[J]. 地理教学，2008(11).
342. 高梅.自然灾害试题解析及重、难点突破[J]. 地理教学，2008(11).
343. 耿夫相.地理简答题的立意、情境与设问[J]. 地理教学，2008(11).
344. 孙惠敏.整理计算公式　便利指导学生[J]. 地理教学，2008(11).
345. 李爱民.剖析试题内容　启迪学生智慧[J]. 地理教学，2008(11).
346. 康晓青.两种教学方法　不同教学效果[J]. 地理教学，

2008(11).
347. 夏林益．亲身观察实践　运用活的资源[J]．地理教学，2008(11).
348. 司品芳．长江流域的水能开发[J]．地理教学，2008(11).
349. 周云华．高中地理新课程教学实践[J]．地理教学，2008(11).
350. 徐波，兰原．教学情境创设过程中应处理好几种关系[J]．地理教学，2008(11).
351. 瞿汉荣．地理教材“本土化”的途径[J]．地理教学，2008(12)：5-6.
352. 王跃华．对“课堂观察”课例研究方式的几点思考[J]．地理教学，2008(12)：7-8.
353. 姚秀元．“诱思探究教学”在新高中地理教学中的运用[J]．地理教学，2008(12)：9-11.
354. 王清霞．“滔滔黄河”一节（湘教版）学案设计[J]．地理教学，2008(12)：18-19.
355. 包燕．“发展中国家和发达国家”一节教学设计[J]．地理教学，2008(12)：20-22.
356. 董瑞杰．初中地理“活动”内容的处理与学生能力的培养[J]．地理教学，2008(12)：25-26.
357. 刘建沛．高中地理学习的主要瓶颈及突破策略[J]．地理教学，2008(12)：30-31.
358. 田始善．新一届高三地理复习构想与策略[J]．地理教学，2008(12)：32-35.
359. 王军．提高审题能力的几个问题[J]．地理教学，2008(12)：33-35.
360. 兰原，徐波．美国小学 GIS 教学案例浅析[J]．地理教学，2008(12)：36-38.
361. 陆弘德，盛莉芬．教研员如何指导青年教师备课[J]．地理教学，2008(12)：39-40.
362. 倪普．“交通运输布局变化的影响”教学设计[J]．地理教育，2008(1)：27-28.
363. 张勇．“四大地理区域的划分”课堂实录[J]．地理教育，2008(1)：29.
364. 殷春庆．走出误区革新理念大胆探索——高中地理新课程教学反思[J]．地理教育，2008(1)：30.
365. 朱其山．优化活化操作化[J]．地理教育，2008(1)：31.

366. 黄雷．创设有效情境优化课堂教学[J]．地理教育，2008(1)：32.

367. 陈得保．活用情感共鸣提高课堂效率[J]．地理教育，2008(1)：33.

368. 王树声．科学进行备考　提高复习效率[J]．地理教育，2008(1)：34－35.

369. 鲁爱华．关于地理二轮复习的几点建议[J]．地理教育，2008(1)：36.

370. 代泽斌．重视区域地理知识复习　培养地理空间思维能力[J]．地理教育，2008(1)：37.

371. 雷玉香，杨佰智．地理等值线的几种新图[J]．地理教育，2008(1)：38－39.

372. 陈立新．城市区位选择的思路与知识拓展[J]．地理教育，2008(1)：40－41.

373. 侯志坚．地理信息的提取与处理典型例析[J]．地理教育，2008(1)：41－42.

374. 刘卫中．解析在晨昏线图上如何判读隐含时间[J]．地理教育，2008(1)：43.

375. 刘宋东．2008 年高考地理模拟试题（一）[J]．地理教育，2008(1)：46－49.

376. 于见宝．2008 年高考地理模拟试题（二）[J]．地理教育，2008(1)：50－53.

377. 罗华明．2008 年高考地理模拟试题（三）[J]．地理教育，2008(1)：54－57.

378. 李虎．"商业布局与生活"的教学辅导[J]．地理教育，2008(2)：25.

379. 何仕敏．"影响城市的区位因素"解析[J]．地理教育，2008(2)：26.

380. 尹辅朝．"南亚"教学中应抓住的亮点[J]．地理教育，2008(2)：27.

381. 高梅．"西亚和北非、撒哈拉以南的非洲"重、难点点击[J]．地理教育，2008(2)：28.

382. 孙兴云．"城市化过程对地理环境的影响"教学实录[J]．地理教育，2008(2)：29－30.

383. 张建立．"中东"教学设计[J]．地理教育，2008(2)：31－32.

384. 乐萍萍．"预设"与"生成"：共同演绎地理新课堂的精彩

[J]. 地理教育，2008(2)：33－34.

385. 尤玉明，高林银．节外生“新”枝 课堂显生机[J]. 地理教育，2008(2)：34－35.

386. 管秀娟，徐学军．学生是地理课堂的主人——“河流的综合开发”一课授后感[J]. 地理教育，2008(2)：35.

387. 林胜前．精心设计活动 掀起课堂高潮[J]. 地理教育，2008(2)：36.

388. 张思先．2008 年地理高考备考策略[J]. 地理教育，2008(2)：37.

389. 耿夫相．运用心理地图 提高复习效果——谈思维导图、概念图、脑中地图在地理复习中应用[J]. 地理教育，2008(2)：38－39.

390. 梁文福．全面理解 灵活迁移 关键突破——略谈地球运动与日照图复习策略[J]. 地理教育，2008(2)：39－40.

391. 黄志刚．让富有实效的环保教育渗透新课程教学[J]. 地理教育，2008(2)：62.

392. 高艳辉．“环境问题的表现与分布”难点剖析[J]. 地理教育，2008(3)：22.

393. 杜忠花，王筱．“美国”重、难点突破[J]. 地理教育，2008(3)：24.

394. 郭钢岁．“沟壑纵横的特殊地形区——黄土高原”教材解析[J]. 地理教育，2008(3)：25.

395. 严建华．“区域发展阶段”探究教学设计[J]. 地理教育，2008(3)：26－27.

396. 丁爱华．“西南边陲的特殊旅游区——西双版纳”教学设计[J]. 地理教育，2008(3)：28－29.

397. 王永民．情景、问题与训练教学探微[J]. 地理教育，2008(3)：30.

398. 叶岱夫．地理思维中的一元论范例实践教学方法[J]. 地理教育，2008(3)：31.

399. 陈胜．走出地理学习的瓶颈效应[J]. 地理教育，2008(3)：32.

400. 金忠星．地理教学要通“情”达“理”——由一节地理课看新课改理论在实际教学中的应用[J]. 地理教育，2008(3)：33.

401. 胡伟兴，应慧英．高三复习后期地理“弱科”的补差策略[J]. 地理教育，2008(3)：34－35.

402. 唐桂玲．佳题哪得新如许　生活源头活水来[J]. 地理教育，2008(3)：35.
403. 华颖洁．地理高考临考策略摘编（Ⅰ-Ⅲ)[J]. 地理教育，2008(3)：36-37.
404. 邹松刚，黄贵生．地理主观题的答题策略[J]. 地理教育，2008(3)：37.
405. 刘宏友．浅谈高考地理题的解答[J]. 地理教育，2008(3)：38-39.
406. 李跃进．2008年高考地理模拟试题（八)[J]. 地理教育，2008(3)：46-49.
407. 王君威，潘东勋．2008年高考地理模拟试题（九)[J]. 地理教育，2008(3)：50-53.
408. 樊英，党喜奎等．2008年高考地理模拟试题（十)[J]. 地理教育，2008(3)：54-57.
409. 黄晓雯．"地理环境与区域发展"重难点突破[J]. 地理教育，2008(4)：25.
410. 赵毅．图表解析"地球运动"[J]. 地理教育，2008(4)：26.
411. 苏延清．"中国的疆域"教学中涉及的几个问题[J]. 地理教育，2008(4)：27.
412. 肖添生．矿产资源合理开发和区域可持续发展——以德国鲁尔区为例[J]. 地理教育，2008(4)：28-30.
413. 张传利．"世界气候类型"教学策略[J]. 地理教育，2008(4)：30-31.
414. 杨娅娜，李晴．利用课程资源优化课堂教学——以"大气运动"为例[J]. 地理教育，2008(4)：32.
415. 冯云．放下包袱以生为本[J]. 地理教育，2008(4)：33.
416. 陈伟．新课程背景下学生怎么"说"[J]. 地理教育，2008(4)：34-35.
417. 胡永明．体现地理特色　提高课堂质量[J]. 地理教育，2008(4)：36.
418. 陈立新．略谈高三地理复习效率[J]. 地理教育，2008(4)：37-38.
419. 王乐祝．高三地理一轮复习的几点做法[J]. 地理教育，2008(4)：38-39.
420. 廖文惠．等值线专题训练三环节[J]. 地理教育，2008(4)：39-40.

421. 任爱翔．太阳光照图的动感探究与变式训练[J]. 地理教育，2008(4)：40-41.
422. 汪叶兵．2008 年高考文综地理试题（全国卷 I）解析[J]. 地理教育，2008(4)：42-44.
423. 张军．2008 年高考文综地理试题（全国卷Ⅱ）解析[J]. 地理教育，2008(4)：44-46.
424. 鲁爱华．2008 年高考文综地理试题（北京卷）解析[J]. 地理教育，2008(4)：46-48.
425. 吴重远．2008 年高考文综地理试题（天津卷）解析[J]. 地理教育，2008(4)：49-51.
426. 李福中．高考留给我们无尽的思考——2008 年高考文综地理试题（全国卷 I）研究与赏析[J]. 地理教育，2008(4)：51-52.
427. 方春金．2008 年高考文科综合能力测试地理试题（全国卷Ⅱ）评析[J]. 地理教育，2008(4)：53-54.
428. 付华，韩磊．2008 年高考文科综合能力测试地理试题（北京卷）简评[J]. 地理教育，2008(4)：55-56.
429. 苏睿先．2008 年高考文科综合能力测试地理试题(天津卷)评析. [J]. 地理教育，2008(4)：57-58.
430. 刘登刚．地理试卷的有效讲评[J]. 地理教育，2008(5).
431. 杨学峰，王博．地理教学过程探讨[J]. 地理教育，2008(5).
432. 高梅．气候类型判断技巧[J]. 地理教育，2008(5).
433. 柳晓飞，陈华安．浅谈地理知识与初中历史教学的联系[J]. 地理教育，2008(5).
434. 张士龙，张士宝．教师专业素质刍议[J]. 地理教育，2008(5).
435. 周柯，秋成．关于建立动物观测系统进行地震预测的思考[J]. 地理教育，2008(5).
436. 李夕宏，程玉华．十年磨一剑——我的 2008 高考地理心得[J]. 地理教育，2008(5).
437. 徐哲，王万里．地理学习的成功之路[J]. 地理教育，2008(5).
438. 任秋云，周豪霞．“福娃”与文化[J]. 地理教育，2008(5).
439. 陈顺典．浅谈地理图像的学习程序[J]. 地理教育，2008(5).
440. 琚艳丽．转绘地图练习　培养学生能力[J]. 地理教育，

2008(5).

441. 汤标，张胜前．法国中学地理课程设置特点探析[J]. 地理教育，2008(5).

442. 林秀春．从高中地理课程跨文理设置议研究性学习的开展[J]. 地理教育，2008(5).

443. 杨少英，赵芳．结合地理教学内容开展研究性学习的尝试——以正午太阳高度的观测和应用为例[J]. 地理教育，2008(5).

444. 赵怡．随“新”所欲，探索高中地理“相长教学”[J]. 地理教育，2008(5).

445. 杨胜．创设“同频”情境　实现师生“共振”[J]. 地理教育，2008(5).

446. 蔡珍树，杨小华．2008年江苏高考地理命题规律的启示[J]. 地理教育，2008(5).

447. 唐昌彪．2008年高考文综地理试题(重庆卷)评析[J]. 地理教育，2008(5).

448. 王智勇．2008年高考文综地理试题(四川卷)简评[J]. 地理教育，2008(5).

449. 卢大亮．2008年普通高等学校招生全国统一考试地理单科测试试题（上海卷）[J]. 地理教育，2008(5).

450. 刘锋，张文革．2008年普通高等学校招生全国统一考试文科综合能力测试地理试题（重庆卷）解析[J]. 地理教育，2008 (5).

451. 陈争一，张白峡．2008年普通高等学校招生全国统一考试文科综合能力测试地理试题（四川卷）解析[J]. 地理教育，2008 (5).

452. 李建国．关于“海洋”专题复习的几个问题[J]. 地理教育，2008(5).

453. 杨鑫．建立学情“病理”档案　提高地理复习有效性[J]. 地理教育，2008(5).

454. 华颖洁，武强．高三地理复习：重在“双基”贵在“三高”[J]. 地理教育，2008(5).

455. 林志胜．“海陆的变迁”教学构想[J]. 地理教育，2008(5).

456. 沈隽．忽如一夜春风来　千树万树梨花开——“锋面系统”教学设计[J]. 地理教育，2008(5).

457. 马斌．谈世界气候类型中“同事异因”现象[J]. 地理教育，2008(5).

458. 杨春凤．“三圈环流”要点归纳[J]．地理教育，2008(5).
459. 赵俊甫．高中地理两个疑难问题剖析[J]．地理教育，2008(5).
460. 潘建．听课笔记：新教师成长的有效途径[J]．地理教育，2008(6).
461. 戴述文．中学地理概念的广义与狭义辨析[J]．地理教育，2008(6).
462. 赵天虎．建模型图熟识视太阳周日运动[J]．地理教育，2008(6).
463. 徐西锋．西北地区和青藏地区重难点分析[J]．地理教育，2008(6).
464. 张玉强．如何磨课[J]．地理教育，2008(6).
465. 李虎．论集体备课[J]．地理教育，2008(6).
466. 潘东勋，甘玉莲．“自然环境的整体性和差异性”专题复习设计[J]．地理教育，2008(6).
467. 马卫标．地理试卷讲评课刍议[J]．地理教育，2008(6).
468. 文彧．多角度整合地理知识　全方位活化复习思路[J]．地理教育，2008(6).
469. 吴春燕．例谈地理教学设计[J]．地理教育，2008(6).
470. 成继龙．“全球气候变化”一节的“问题教学”[J]．地理教育，2008(6).
471. 梁惠群．地理课堂教学提问的设计[J]．地理教育，2008(6).
472. 郭永辉．“秦岭—淮河线”教学设计[J]．地理教育，2008(6).
473. 乐萍萍．“人口迁移”教学构想[J]．地理教育，2008(6).
474. 宋昌华．浅析澳大利亚地理课程标准——以新南威尔士州HSC为例[J]．地理教育，2008(6).
475. 王甦奕．地理教学中人文精神体现刍议[J]．地理教育，2008(6).
476. 李仁科．优化地理课堂教学　推进地理课程改革[J]．地理教育，2008(6).
477. 常华锋，王英昌．30年高考地理命题指导思想的演变[J]．地理教育，2008(6).
478. 熊星灿．理性回归　凸显课改　推陈出新——关于2008年高考地理试题（广东卷）的思考[J]．地理教育，2008(6).
479. 于吉海．2008年普通高等学校招生全国统一考试　文科综合能力测试地理试题（宁夏卷）解析[J]．地理教育，2008(6).

480. 左兴俊，卢俊杰．2008 年普通高等学校招生全国统一考试文科综合能力测试地理试题(山东卷)解析[J]．地理教育，2008 (6).

481. 曹文权．区域地理专题中应注意的问题[J]．地理教育，2008 (6).

482. 管秀娟，徐学军．自然带专题点拨[J]．地理教育，2008(6).

483. 李文翎，林媚珍．关于地理学人才培养的思考[J]．地理教育，2008(6).

484. 娄彩荣，余建华．资源环境与城乡规划管理专业实践能力培养方案设计——对区域与城乡规划方向实践教学体系的构想[J]．地理教育，2008(6).

485. 尚志海．地理师范专业本科《地图学》教学方法探讨[J]．地理教育，2008(6).

486. 叶回玉．2008 年高考文综（第Ⅱ卷）地理部分考生答题情况分析及教学建议[J]．福建教育：B 版，2008(7).

487. 梁晶日．高三地理区位问题的全面分析方法[J]．中学文科，2008(8).

488. 梅筱燕．思维导图在地理教学中的应用[J]．新课程研究（基础教育)，2008(9).

489. 巫常清．中学地理教学如何培养学生的地图意识[J]．福建教育学院学报，2008(6).

490. 胡剑飞．新课程下高中地理教材的创造性使用——以“全球气候变化对人类活动的影响”为例[J]．内蒙古教育，2008 (6).

491. 吕祖瑶．浅谈光照图的判读方法与技巧[J]．四川文理学院学报，2008，专辑期．

492. 徐凤．地球的自转方向在地理解题中的巧用[J]．课程教材教学研究，2008(15).

493. 王刚．高中生改正地理错题中的“四重四轻”现象及改善措施[J]．中学政史地（高中文综)，2008(4).

494. 孙继虎．如何做地理学科内综合题[J]．中学政史地（高中文综)，2008(2).

495. 苑文春，肖瑞萍．地理板图及其科学使用[J]．教学与管理，2008(4).

496. 赵淑梅．中学地理“开放式”教学策略初探[J]．中小学教学研究，2008(3).

497. 骆福权．新课程理念下地理“问题教学”策略[J]．内蒙古师范大学学报（教科版），2008(2).
498. 杜宗勇．新课程高中地理教学评价的研究——以必修（1）“宇宙中的地球”为例[J]. 天津市教科院学报，2008(1).
499. 姜妮．地理教学与诗歌欣赏[J]. 山东教育，2008(3).
500. 贝志权．构建生活化的地理教育[J]. 广东教育（综合版），2008(3).
501. 詹小强．浅谈乡土地理知识在高中地理教学中的运用[J]. 中小学教学研究，2008(1).
502. 钟道华，袁万生．地理计算专题[J]. 广东教育（高中版），2008(1).
503. 田佩淮．把握地理命题特色，找寻 08 备考捷径[J]. 高校招生（高考升学版），2008(2).

课程资源及其开发利用

1. 何玉凤，朱学芹．中国冻土概述[J]. 中学地理教学参考，2008(1)：22－23.
2. 佚名．我国科考队员对南极海冰进行“体检”[J]. 中学地理教学参考，2008(1)：22－23.
3. 杨英杰．川气东送——我国又一条绿色能源大动脉[J]. 中学地理教学参考，2008(1)：24.
4. 纪林国．黄河三角洲湿地与生态城市——东营[J]. 中学地理教学参考，2008(1)：25.
5. 康爱玲．第四纪冰川对欧洲现代地貌的影响[J]. 中学地理教学参考，2008(1)：26－27.
6. 潘东勋．蓬勃发展的港口城市农业[J]. 中学地理教学参考，2008(1)：28－29.
7. 刘志勇．谈“副高”的认识误区[J]. 中学地理教学参考，2008(1)：29－30.
8. 杨永廷，郭全其．我国的保税港区[J]. 中学地理教学参考，2008(1)：121.
9. 张俊．抑制全球升温的十大奇思妙想[J]. 中学地理教学参考，2008(1)：122－123.
10. 黄成光．从“嫦娥一号”说起[J]. 中学地理教学参考，2008(1)：123－124.
11. 于鹏，赵媛．我国石油管网建设的发展[J]. 中学地理教学参考，2008(1)：124－125.
12. 孟爱华．“世界尽头”——基里巴斯[J]. 中学地理教学参考，

2008(3)：14－15.

13. 栗宁．巴厘岛路线图——应对气候变化的新路标[J]. 中学地理教学参考，2008(3)：15.

14. 经言祥．中东石油的“优”与“忧”[J]. 中学地理教学参考，2008(3)：16－17.

15. 戴述文．我国六大新特区漫谈[J]. 中学地理教学参考，2008(3)：17－18.

16. 周立军，张秀强．走向可持续发展的未来之城——生态城市[J]. 中学地理教学参考，2008(3)：19－20.

17. 杨通智．秦岭—淮河，我国重要的文化地理分界线[J]. 中学地理教学参考，2008(3)：20－21.

18. 徐勇．奇异独特的巴尔喀什湖[J]. 中学地理教学参考，2008(3)：28.

19. 刘小龙．应对全球变暖新方法[J]. 中学地理教学参考，2008(3)：46.

20. 孟凡光．妙趣横生的一图多问[J]. 中学地理教学参考，2008(3)：53－54.

21. 马守知．中国献给地球的礼物[J]. 中学地理教学参考，2008(3)：60－61.

22. 张恒会．京杭大运河的申遗与保护[J]. 中学地理教学参考，2008(3)：62.

23. 任日照．石油国家——科威特的多元化经济发展之路[J]. 中学地理教学参考，2008(4)：14.

24. 姚广标．漫话新一轮南极“圈地”运动[J]. 中学地理教学参考，2008(4)：15－16.

25. 赵常德．我国旅游合作的区域特征分析[J]. 中学地理教学参考，2008(4)：16－18.

26. 孙建忠，孙旭．浅谈冻雨的形成及影响[J]. 中学地理教学参考，2008(4)：19.

27. 张付山．泥石流及其避险[J]. 中学地理教学参考，2008(4)：20.

28. 张恒会．聚焦极端天气[J]. 中学地理教学参考，2008(4)：21.

29. 彭琰清．地理课堂中生成性教学资源的有效利用[J]. 中学地理教学参考，2008(4)：40－42.

30. 经言祥，高礼功．2008北京奥运中的环保元素解读[J]. 中学地理教学参考，2008(4)：53.

31. 周晓钟，江波．国际反坝运动与中国大坝建设[J]．中学地理教学参考，2008(4)：59-60.

32. 王立彬．2007 年我国新发现五大金矿[J]．中学地理教学参考，2008(4)：62.

33. 田改凤．南北半球的西风漂流为何性质不同[J]．中学地理教学参考，2008(5)：11.

34. 刘义泉．我国的海上石油生命线——马六甲海峡[J]．中学地理教学参考，2008(5)：12.

35. 吴晓敏．北部湾（广西）经济区——中国沿海经济第四增长极[J]．中学地理教学参考，2008(5)：13-14.

36. 杨荣宇．铁路家族的新成员——太中银铁路[J]．中学地理教学参考，2008(5)：14.

37. 汪修建．沿江通道的关键段——宜（昌）万（州）铁路[J]．中学地理教学参考，2008(5)：15-16.

38. 陈述坤．快速发展的西部交通枢纽——重庆港[J]．中学地理教学参考，2008(5)：17.

39. 相晓东．西气东输二线工程[J]．中学地理教学参考，2008(5)：17.

40. 李振东．我国的著名盐场及其成盐条件[J]．中学地理教学参考，2008(5)：18-19.

41. 潘东勋，董夫杰．统筹交通条件　追求合理运输[J]．中学地理教学参考，2008(5)：19-20.

42. 张俊．我国的高速公路[J]．中学地理教学参考，2008(5)：21.

43. 经言祥，高礼功．绿色奥运漫谈[J]．中学地理教学参考，2008(5)：57-58.

44. 张恒会．漫话日本捕鲸[J]．中学地理教学参考，2008(5)：59.

45. 王纲．缅甸的新首都——内比都[J]．中学地理教学参考，2008(6)：16.

46. 梁运斌．话说以色列北水南调[J]．中学地理教学参考，2008(6)：17.

47. 卢大亮．世界最长的高速铁路——京沪高速铁路[J]．中学地理教学参考，2008(6)：18.

48. 张军．内蒙古自治区[J]．中学地理教学参考，2008(6)：19.

49. 顾婵，赵媛．风电场选址的影响因素及我国风电场建设[J]．中学地理教学参考，2008(6)：20-21.

50. 张继林．关于中国可持续发展的思考[J]. 中学地理教学参考，2008(6)：22－23.

51. 陆海明．“绿水”资源及其开发利用[J]. 中学地理教学参考，2008(6)：23.

52. 经言祥．数字地球与“3S”技术[J]. 中学地理教学参考，2008(6)：24－25.

53. 陈文文．高原与墨西哥城奥运会奇迹[J]. 中学地理教学参考，2008(6)：58.

54. 王恩涌．中国文明的历程与地理环境[J]. 中学地理教学参考，2008(6)：59－60.

55. 宋传瑛．“地球时间”熄灯一小时[J]. 中学地理教学参考，2008(6)：60.

56. 杨英杰．中国五大汽车工业集群区域[J]. 中学地理教学参考，2008(7)：13.

57. 岳现云．从“南粮北运”到“北粮南运”[J]. 中学地理教学参考，2008(7)：14.

58. 廖书庆．“海洋沙漠”为什么扩大[J]. 中学地理教学参考，2008(7)：15.

59. 郑文钵．灰霾——一种区域性的气象灾害[J]. 中学地理教学参考，2008(7)：16－17.

60. 张恒会．漫话奥运经济[J]. 中学地理教学参考，2008(7)：54－55.

61. 王恩涌．我国境内人种化石的发现与特点[J]. 中学地理教学参考，2008(7)：56－57.

62. 张俊．何谓“碳中性国家”[J]. 中学地理教学参考，2008(7)：57.

63. 吴志荣．世界地图上的“维多利亚”[J]. 中学地理教学参考，2008(7)：58.

64. 曲忠厚，田孝东．新中国疆界地理概述[J]. 中学地理教学参考，2008(8)：14.

65. 马林平．世界自然遗产新成员——三清山[J]. 中学地理教学参考，2008(9)：12.

66. 苏建华，郭全其．我国首个南极内陆科考站呼之欲出[J]. 中学地理教学参考，2008(9)：13.

67. 刘传懿．浅谈东海油气田之争[J]. 中学地理教学参考，2008(9)：14.

68. 李成芳，郭全其．日本琵琶湖——从死亡走向新生[J]. 中学地理教学参考，2008(10)：13.
69. 董宝艳．曹妃甸——中国未来的“鹿特丹”[J]. 中学地理教学参考，2008(10)：14.
70. 郭全其，郑恩才．联系西北和西南的黄金通道——兰渝铁路[J]. 中学地理教学参考，2008(11)：11.
71. 何昭．中国的石油进口及其运输[J]. 中学地理教学参考，2008(11)：12.
72. 江海风，邱杨兵．中国第一个南极内陆考察站——昆仑站[J]. 中学地理教学参考，2008(11)：13.
73. 付丽英．海盗猖獗的索马里[J]. 中学地理教学参考，2008(12)：11.
74. 胡星荣，邱杨兵．南广高速铁路——桂粤“大动脉”[J]. 中学地理教学参考，2008(12)：12.
75. 陈祥林．聚焦中国气象卫星[J]. 中学地理教学参考，2008(8)：16.
76. 雷延金．地球和月球的“尾巴”[J]. 中学地理教学参考，2008(8)：17.
77. 齐全利．解读我国历法[J]. 中学地理教学参考，2008(9)：16.
78. 周晓钟，蔡安宁．从奥运圣火5月登顶珠峰谈起[J]. 中学地理教学参考，2008(9)：17.
79. 邓明红．2008年6月影响我国南方汛期的主要天气系统[J]. 中学地理教学参考，2008(11)：15.
80. 姚伟国．从地理视角看航天中心的布局[J]. 中学地理教学参考，2008(10)：17.
81. 权许锋．浅谈雾霾天气对体育锻炼的影响[J]. 中学地理教学参考，2008(10)：19.
82. 张恒会．郯城特大地震的遗迹——熊耳山大裂谷[J]. 中学地理教学参考，2008(11)：15.
83. 陈文文．黄河中下游分界线的不同“版本”[J]. 中学地理教学参考，2008(11)：16.
84. 陈廷杆．浅论黄土高原的范围[J]. 中学地理教学参考，2008(12)：13.
85. 陈继革．中国国家级典型地震遗址[J]. 中学地理教学参考，2008(8)：61.
86. 张玉红，张国．日本如何防震抗灾[J]. 中学地理教学参考，2008(8)：62.

87. 崔准．3S技术在汶川地震救灾中的应用及其启示[J]. 中学地理教学参考，2008(10)：60.
88. 刘存荣．太空经济与我国的太空经济[J]. 中学地理教学参考，2008(11)：60.
89. 张继云．漫话奥运会的人文精神[J]. 中学地理教学参考，2008(8)：54.
90. 刘建沛，贾广侠．奥运会给北京带来了什么[J]. 中学地理教学参考，2008(8)：55.
91. 颜廷真，白梅．北京奥林匹克森林公园的景观命名[J]. 中学地理教学参考，2008(8)：56.
92. 刘中奎．浅谈气象条件与奥运会体育运动[J]. 中学地理教学参考，2008(8)：57.
93. 王恩涌．我国农业的起源（一）[J]. 中学地理教学参考，2008(8)：58.
94. 徐克帅，朱海森．埃及的交通格局及发展现状[J]. 中学地理教学参考，2008(8)：59.
95. 王恩涌．我国农业的起源（二）[J]. 中学地理教学参考，2008(9)：58.
96. 张启慧．我国城市市辖区名称探究[J]. 中学地理教学参考，2008(9)：60.
97. 王恩涌．我国农业的起源（三）[J]. 中学地理教学参考，2008(10)：58.
98. 王恩涌．我国新石器晚期的农业发展与社会演变（一）[J]. 中学地理教学参考，2008(11)：58.
99. 王恩涌．我国新石器晚期的农业发展与社会演变（二）[J]. 中学地理教学参考，2008(12)：53.
100. 蔡安宁，周晓钟．地理标志物知多少[J]. 中学地理教学参考，2008(12)：54.
101. 丁运超．前景广阔的我国乡村旅游业[J]. 中学地理教学参考，2008(12)：56.
102. 宋成摘．绕月探测工程：中国航天史上第三座里程碑[J]. 地理教学，2008(1)：1.
103. 郑文钵．太湖流域湿地及其治理保护[J]. 地理教学，2008(1)：4.
104. 王岳川．亚洲形象与大国文化竞争力[J]. 地理教学，2008(2)：1-3.
105. 张恒会．国内外主要航天发射场简介[J]. 地理教学，2008

(2)：3-6.
106. 诸大建. 中国发展循环经济的路径选择[J]. 地理教学，2008(3)：1-4.
107. 经言祥. 城市发展新趋势——数字城市[J]. 地理教学，2008(3)：4-6.
108. 张新生. 巴西三位一体的生物柴油战略[J]. 地理教学，2008(4)：1-4.
109. 王海霞. 城市湿地的功能与价值[J]. 地理教学，2008(4)：5-7.
110. 孙汉群. 网上电子地图资源及其教学应用[J]. 地理教学，2008(4)：30-32.
111. 宣桂鑫，宣佳宁. 爱之圣地——维罗纳[J]. 地理教学，2008(4)：39-40.
112. 王晓. 地理学的另类范本——读房龙《人类的家园》[J]. 地理教学，2008(4)：41-42.
113. 杨学祥. 灾害链规律不容忽视[J]. 地理教学，2008(5)：1-3.
114. 陈继革，张莹等. 生态城市——生态文明的试验田[J]. 地理教学，2008(6)：5-7.
115. 张玉红，张国. 冰雪灾年话冻雨[J]. 地理教学，2008(6)：7-8.
116. 郑雁波. 从西域大漠到世外桃源[J]. 地理教学，2008(6)：26-27.
117. 王维国，王秀荣. 2007年城市极端天气事件及其危害分析[J]. 地理教学，2008(7)：1-4.
118. 潘东勋，董夫杰. 我国的五大改革试验区[J]. 地理教学，2008(7)：4-7.
119. 朱雪梅. 汶川特大地震后的痛与思[J]. 地理教学，2008(7)：8-9.
120. 李钢. 中国特色的区域经济合作总体布局与自由贸易区战略[J]. 地理教学，2008(8)：1-5.
121. 张恒会. 漫话缅甸神秘迁都[J]. 地理教学，2008(8)：6.
122. 郭全其，郑恩才. 我国列入世界文化遗产名录古聚落概览[J]. 地理教学，2008(9)：4-7.
123. 李理. 英国的气象服务[J]. 地理教学，2008(9)：38-39.
124. 选摘. 英国绿色革命风再起[J]. 地理教学，2008(9)：45.
125. 选摘. 西班牙议会通过使用节能灯提案[J]. 地理教学，2008

(9)：45.

126. 选摘．火星与地球土壤酸碱度相似[J]．地理教学，2008(9)：45.

127. 选摘．新能源：2030年升格为主流[J]．地理教学，2008(9)：45-46.

128. 选摘．福建土楼入选世界遗产[J]．地理教学，2008(9)：46.

129. 选摘．最新水星观测成果丰富[J]．地理教学，2008(9)：46.

130. 选摘．柴达木盆地西部发现巨大盐矿层[J]．地理教学，2008(9)：46-47.

131. 选摘．飓风“多莉”横扫美国和墨西哥[J]．地理教学，2008(9)：47.

132. 选摘．北极圈石油储量900亿桶[J]．地理教学，2008(9)：47.

133. 选摘．探索白令海生态系统变化[J]．地理教学，2008(9)：47-48.

134. 选摘．再生水使用有望超过自来水[J]．地理教学，2008(9)：48.

135. 选摘．“神舟”七号载人飞船10月升空[J]．地理教学，2008(9)：48.

136. 选摘．中俄4300多千米边界全线勘定[J]．地理教学，2008(9)：48.

137. 选摘．鲸群“围堵”“雪龙”[J]．地理教学，2008(9)：48.

138. 选摘．广西石漠化治理初见成效[J]．地理教学，2008(9).

139. 选摘．浙江兰溪尝试“烧草”发电[J]．地理教学，2008(9).

140. 选摘．全球近四分之一土地发生退化[J]．地理教学，2008(9).

141. 苏小兵．上海的湿地　您关注过吗[J]．地理教学，2008(9).

142. 张博，程圩．文化旅游视野下的非物质文化遗产保护[J]．地理教学，2008(10)：1-4.

143. 丁树荣．形态各异的谷地[J]．地理教学，2008(10)：5-6.

144. 选摘．三峡工程效益日益显现[J]．地理教学，2008(10)：45.

145. 选摘．生物燃料需改变生产模式[J]．地理教学，2008(10)：45.

146. 选摘．火星上有水存在[J]．地理教学，2008(10)：45-46.

147. 选摘．火星“找水”大事记[J]．地理教学，2008(10)：46.

148. 选摘．荷兰气候变暖速度快[J]．地理教学，2008(10)：46.

149. 选摘．科学家绘地球“裸”图[J]. 地理教学，2008(10)：46.
150. 选摘．京九铁路电气化改造工程全面启动[J]. 地理教学，2008(10)：46.
151. 选摘．绿色造纸[J]. 地理教学，2008(10)：46－47.
152. 选摘．“中国制造”，世界第一[J]. 地理教学，2008(10)：47.
153. 选摘．“哈勃”已经绕地10万圈[J]. 地理教学，2008(10)：47－48.
154. 选摘．回收塑料瓶　转化成衣衫[J]. 地理教学，2008(10)：48.
155. 选摘．澳大利亚数千人哀悼最大河流[J]. 地理教学，2008(10)：48.
156. 选摘．青海湖变得日渐“丰盈”[J]. 地理教学，2008(10)：48.
157. 选摘．中国目标：建设基本型空间站[J]. 地理教学，2008(10)：48.
158. 选摘．我国总用水量年均增长不到1%[J]. 地理教学，2008(10).
159. 选摘．核泄漏对人类有何影响[J]. 地理教学，2008(10).
160. 选摘．我国的风电建设和太阳能利用[J]. 地理教学，2008(10).
161. 子越．气候，驱动多姿彩带[J]. 地理教学，2008(10).
162. 王苇．三种基塘农业模式[J]. 地理教育，2008(1)：12.
163. 陈雅君，李万龙．我国人口迁移对经济发展的影响[J]. 地理教育，2008(1)：13.
164. 张国萍．高新技术产业的区位选择[J]. 地理教育，2008(1)：14.
165. 孙利．中国的种植业概要[J]. 地理教育，2008(1)：15.
166. 韩建功．热带草原气候与热带季风气候的差异[J]. 地理教育，2008(1)：16.
167. 任春霞．亚洲湖泊的成因类型[J]. 地理教育，2008(1)：16.
168. 彭万臣．形形色色的海峡[J]. 地理教育，2008(1)：17.
169. 郑文钵．全球变暖给我国农业生产带来的负面影响及其对策[J]. 地理教育，2008(1)：18－19.
170. 陈继革．保护性耕作及其在我国发展的必要性[J]. 地理教育，2008(1)：20－21.

171. 胡天杨，陈慧君．认识“新特区”——武汉1+8城市圈漫谈[J]．地理教育，2008(1)：21-22.
172. 姚伟国．地理视角看夏季奥运[J]．地理教育，2008(1)：67.
173. 项熙．奥林匹克运动会中的文化地理知识[J]．地理教育，2008(1)：68.
174. 刘文莎，李万龙．兴趣+方法×正确运用=成功[J]．地理教育，2008(1)：69.
175. 李园真，李万龙等．文科学习的几点体会[J]．地理教育，2008(1)：70.
176. 史秦青．“资源节约型社会在学校”的调查与分析[J]．地理教育，2008(1)：71.
177. 高婷煜，邹玉萍．爱的“回报”[J]．地理教育，2008(1)：72.
178. 梅剑，经言祥．江·湖·人[J]．地理教育，2008(1)：72.
179. 牛云博，谷莹吉．基于Blog的高等师范地理教学可行性分析及应用[J]．地理教育，2008(1)：73-74.
180. 赵建龙，周福．地理教学实习中存在的问题及其对策[J]．地理教育，2008(1)：75-76.
181. 刘超，曾克峰等．地理教学中科学发展观的培养与系统思维的建立——以庐山综合地理实习为例[J]．地理教育，2008(1)：76-77.
182. 经言祥．矿物国名拾零[J]．地理教育，2008(1)：78.
183. 王书彬．中国西部自然地理之最[J]．地理教育，2008(1)：78.
184. 封玉军．中国的聚落形态与地理环境[J]．地理教育，2008(2)：13.
185. 杨崇广．桥梁文化与地理环境[J]．地理教育，2008(2)：14.
186. 邓征宇．城市发展中的高层建筑[J]．地理教育，2008(2)：15.
187. 卢俊杰．北极的海[J]．地理教育，2008(2)：17.
188. 郭建设．日本的主要城市[J]．地理教育，2008(2)：18.
189. 张福俊．福建客家土楼[J]．地理教育，2008(12)：19.
190. 韩小荣．漫谈江南三大名楼[J]．地理教育，2008(2)：20.
191. 茹强慧．中国城市化历程及面临的问题[J]．地理教育，2008(2)：21.
192. 郑良银．浅析城市化问题解决方案[J]．地理教育，2008(2)：22.

193. 经言祥．中东石油的“优”与“忧”[J]．地理教育，2008(2)：22.

194. 潘东勋．世界地理专题指导[J]．地理教育，2008(2)：40-41.

195. 唐岱洪．气候特殊性专题点拨[J]．地理教育，2008(2)：42-43.

196. 秦晋．《中国共产党十七大报告》地理热点简析[J]．地理教育，2008(2)：44-45.

197. 胡龙成．如何寻找解题切入点[J]．地理教育，2008(2)：46-47.

198. 汪美．地形剖面图的判读[J]．地理教育，2008(2)：47-48.

199. 陆才稳，彭福娟等．一题一议[J]．地理教育，2008(2)：48-49.

200. 王旗．春之颂[J]．地理教育，2008(2)：53.

201. 张军．神奇的制图软件——CorelDRAW[J]．地理教育，2008(2)：67.

202. 谢青云．奥运北京　好运北京[J]．地理教育，2008(2)：68.

203. 张丽萍．数字奥运与地理信息技术[J]．地理教育，2008(2)：69.

204. 华旦丹．学习自然地理的“三法则”[J]．地理教育，2008(2)：70.

205. 林亚萍．紧抓三轮复习　成功迎接高考[J]．地理教育，2008(2)：70.

206. 傅竹雅．点点花香[J]．地理教育，2008(2)：71.

207. 陈珊，宋婷婷等．来自“腐竹之乡”的调查[J]．地理教育，2008(2)：72.

208. 赵登峰．冷眼看待“室内滑雪热”[J]．地理教育，2008(2)：72-73.

209. 刘恋．我的旅游见闻[J]．地理教育，2008(2)：73.

210. 曹诗图，罗培美．试谈地理环境对人口的影响[J]．地理教育，2008(2)：74-75.

211. 周冰，陈华安．中学地理教育与非物质文化遗产整合功能初探[J]．地理教育，2008(2)：75-76.

212. 吴云华．人类活动的地理效应[J]．地理教育，2008(2)：77-78.

213. 何昭，吴艳蕊．地球上几条重要的矿产富集带[J]．地理教育，2008(2)：78.

214. 张付恒．新兴“工业作物”种植[J]. 地理教育，2008(2)：79.
215. 张俊．“第三亚欧大陆桥”构想[J]. 地理教育，2008(2)：79.
216. 张继云，王建．垃圾新用[J]. 地理教育，2008(2)：79.
217. 李振东．我国著名的盐场[J]. 地理教育，2008(3)：14.
218. 韦强．绿色食品知多少[J]. 地理教育，2008(3)：15.
219. 胡学发．成都、重庆在西部地区的重要地位[J]. 地理教育，2008(3)：16.
220. 邱效琴．中国的丹霞地貌[J]. 地理教育，2008(3)：17.
221. 刘刚．巴西的酒精产业[J]. 地理教育，2008(3)：18.
222. 曹锡鼎．资源枯竭型城市的可持续发展问题[J]. 地理教育，2008(3)：19-20.
223. 周祥恩．生物多样性的作用[J]. 地理教育，2008(3)：21.
224. 杜艳婷．点击“人地关系思想发展的历史演变与可持续发展”重、难点[J]. 地理教育，2008(3)：23.
225. 刘锦晖，马翠敏．回归课本　提升能力[J]. 地理教育，2008(3)：69.
226. 朱晓泳．带着思考学习[J]. 地理教育，2008(3)：70.
227. 侯春阳．关于我市城市占道经营问题及解决措施的调查报告[J]. 地理教育，2008(3)：71.
228. 吴一钒，吴智勇．前往巅峰之路[J]. 地理教育，2008(3)：72.
229. 刘丹，马社雄．体味自然　保护环境[J]. 地理教育，2008(3)：72.
230. 张彦丽，潘竞虎．《遥感技术基础》课程教学策略探究[J]. 地理教育，2008(3)：73-74.
231. 刘富刚．《自然地理学》教学改革与创新[J]. 地理教育，2008(3)：74-75.
232. 蔡晓，胡良民．面向信息化的地理教师专业发展[J]. 地理教育，2008(3)：76-77.
233. 石洪春．与气候类型不相对应的特殊自然带[J]. 地理教育，2008(3)：78.
234. 毕智宏．海岸类型[J]. 地理教育，2008(3)：78.
235. 高礼功．绿色奥运漫谈[J]. 地理教育，2008(3)：67-68.
236. 廖未兴．为何要让奥运圣火上珠峰[J]. 地理教育，2008(3)：68.

237. 刘建沛，贾广侠．自然界十大怪异天气现象[J]．地理教育，2008(4)：13.
238. 郭玉庆．世界著名的航天中心[J]．地理教育，2008(4)：14.
239. 张小梅．透视“海平面上升”[J]．地理教育，2008(4)：15.
240. 蒋文庆．城市“多岛”效应——城市气候的特征[J]．地理教育，2008(4)：16.
241. 郭建设．世界语言及其分布[J]．地理教育，2008(4)：17.
242. 邹鑫．太阳系八大行星名称的由来[J]．地理教育，2008(4)：18.
243. 朱雪梅，吴春燕．地震知识漫谈[J]．地理教育，2008(4)：20.
244. 陶鹏程．构建我国资源节约型社会[J]．地理教育，2008(4)：21-22.
245. 张颖，赵金宝．天赐“良源”太阳能[J]．地理教育，2008(4)：23-24.
246. 封玉军．从“时、空、动”三方面突出天气系统的教学[J]．地理教育，2008(4)：24.
247. 陈文文．图说历届夏季奥运会举办地[J]．地理教育，2008(4)：68.
248. 叶青，常乐．奥运圣火[J]．地理教育，2008(4)：68.
249. 王诚忠．人文奥运与北京[J]．地理教育，2008(4)：69.
250. 管书旋．注重环节夯基础　迁移发散提能力[J]．地理教育，2008(4)：70.
251. 王敬，吴文成等．为什么不这样轻松搞定地理[J]．地理教育，2008(4)：71.
252. 陈根龙，徐锋等．绍兴市区固体垃圾状况调查[J]．地理教育，2008(4)：72.
253. 卢晓茹，马社雄等．我想种棵树[J]．地理教育，2008(4)：73.
254. 侯才秀，廖来兴．退耕说[J]．地理教育，2008(4)：73.
255. 王泽泉．构建环京津休闲旅游带促进京津冀协调发展[J]．地理教育，2008(4)：74-75.
256. 韩小荣．浅析云合山自然景观的奥秘[J]．地理教育，2008(4)：75-76.
257. 熊建新，杨新．活动化课堂教学模式实验与探索[J]．地理教育，2008(4)：76-77.
258. 张继云．“濒危”世界遗产名单又添新成员[J]．地理教育，

2008(4)：78.

259. 张爱丽．初识地热资源[J]. 地理教育，2008(4)：78.

260. 张恒会．地震种类知多少[J]. 地理教育，2008(4)：79.

261. 谢章勇．能源信息化：助解中国能源之困的必由之路[J]. 地理教育，2008(5).

262. 赵桂升．我国主要煤炭生产基地[J]. 地理教育，2008(5).

263. 艾弋．地下水资源问题[J]. 地理教育，2008(5).

264. 李秀玉．我国各类河流径流变化曲线图解析[J]. 地理教育，2008(5).

265. 王永民．“厄尔尼诺”六问[J]. 地理教育，2008(5).

266. 韩增林．海洋经济地理研究的回顾与展望[J]. 地理教育，2008(5).

267. 王刚．西风带对我国气候的影响[J]. 地理教育，2008(5).

268. 王大鹏．地震成因浅析[J]. 地理教育，2008(5).

269. 黄就顺．地震名词简释[J]. 地理教育，2008(5).

270. 时振清．宇宙与生物起源及演化的时序特征[J]. 地理教育，2008(5).

271. 朱万贤．我国的风能资源[J]. 地理教育，2008(5).

272. 卢秀芹，卢庆洪．世界石油国雅称[J]. 地理教育，2008(5).

273. 王治敏．世界四大运河[J]. 地理教育，2008(5).

274. 李兴防．自然地理要素之间的相互关系[J]. 地理教育，2008 (5)．

275. 王书彬，田彦平．中国九大钢铁基地[J]. 地理教育，2008 (6)．

276. 陈小妮．浅识环北部湾经济圈[J]. 地理教育，2008(6)．

277. 张起铭，党丽娟．天使在审判[J]. 地理教育，2008(6)．

278. 王超飞，李成彬．家乡经济发展之我见[J]. 地理教育，2008 (6)．

279. 周超，刘小伟．来自“限塑令”的调查[J]. 地理教育，2008 (6)．

280. 马国，庭陈茜．热爱科学　持之以恒[J]. 地理教育，2008 (6)．

281. 张欢欢，茅婷婷．我是这样达到地理 A＋的[J]. 地理教育，2008(6)．

282. 张继云．奥运后中国经济展望[J]. 地理教育，2008(6)．

283. 郭瑛．浅议图文转换能力培养[J]. 地理教育，2008(6)．

284. 叶健明，张笑一．化学地质灾害[J]. 地理教育，2008(6)．

285. 郭建设．重要的国际组织[J]. 地理教育，2008(6)．
286. 栗宁．大湄公河——次区域经济合作的纽带[J]. 地理教育，2008(6)．
287. 刘存荣．我国人口的新问题[J]. 地理教育，2008(6)．
288. 于紫艳．深海资源漫步[J]. 地理教育，2008(6)．
289. 康欣文．我国面临的生态问题和自然灾害[J]. 地理教育，2008(6)．
290. 相晓东．世界高速铁路概况[J]. 地理教育，2008(6)．
291. 董军．“湿地”知识解析[J]. 地理教育，2008(6)．
292. 陈召平．海洋灾害知多少[J]. 地理教育，2008(6)．
293. 刘育蓓．“寒潮”知识梳理[J]. 地理教育，2008(6)．

其　他

1. 张国友．第 31 届国际地理大会在突尼斯举行[J]. 地理教育，2008(5)．
2. 陈亦权．一条路，在时间里发光——诗颂改革开放三十周年[J]. 地理教育，2008(5)．
3. 王民．第七届国际中学生地理奥林匹克竞赛介绍与分析[J]. 地理教育，2008(6)．